ANTIDOTE

DU MÊME AUTEUR :

• *Manifeste pour le salut de la vraie Droite*, Éditions Vincent Reynouard, 2002 (en collaboration avec Vincent REYNOUARD).
• *L'Universalité du danger gnostique, vrai ou faux ?*, Éditions Vincent Reynouard, 2004.
• *Réflexions sur le nationalisme : En relisant 'Doctrines du nationalisme' de Jacques Ploncard d'Assac*, Samizdat Publications, 2005 / Reconquista Press, 2019 (enrichi d'une préface d'Yvan BENEDETTI).
• *Abécédaire mal-pensant : Manuel de combat du traditionalisme révolutionnaire*, Reconquista Press, 2019.
• *Une réponse nationaliste au mondialisme : Doctrine élémentaire du bien commun*, Reconquista Press, 2020.

Jean-Jacques STORMAY

ANTIDOTE

Pour une pensée libérée de la tyrannie judéo-maçonnique

Préface de Jérôme BOURBON

2ᵉ édition

Reconquista Press

© 2018 / 2021 Reconquista Press
www.reconquistapress.com

ISBN 978-0-9933993-6-7

« Quand les habitants de la planète seront un peu plus difficiles, je me ferai naturaliser humain. En attendant, je préfère rester fasciste, bien que ce soit baroque et fatigant. »

Le Hussard bleu, Roger NIMIER.

PRÉFACE

Notre monde est effrayant. Nous vivons l'époque du triomphe de toutes les impostures, de tous les mensonges, de toutes les médiocrités, de toutes les fausses valeurs, de tout ce qui est avarié, faisandé, frelaté. Ce que l'on appelle le camp national, patriotique ou nationaliste ne fait hélas pas exception à la règle. Le mal est si profond que l'on observe en son sein, comme dans la société en général, un relativisme moral et doctrinal mortifère, un scepticisme philosophique désastreux, une absence quasiment totale de principes directeurs, de colonne vertébrale, d'idéaux nobles et de vertus authentiques. Nous vivons la période du grand vide : vide moral et spirituel, vide d'existences mornes et sans but, vide d'organisations politiques, religieuses ou associatives qui ne pensent qu'à leur survie et non à la défense de la vérité, quoi qu'il en coûte.

C'est pourquoi il faut rendre grâce à Jean-Jacques Stormay qui, dans ce livre d'analyse et de combat d'excellente tenue intellectuelle, dans cet essai de haut niveau à la fois politique et philosophique, *Antidote : Pour une pensée libérée de la tyrannie judéo-maçonnique*, s'emploie, avec le talent, l'érudition, la compétence et l'aisance qu'on lui connaît et qu'il a déjà manifestés dans nombre de publications et travaux antérieurs, à doter la droite nationale d'un corps de doctrine, de principes clairs, solides et immuables, d'une pensée forte, cohérente et radicale — au sens étymologique du terme : qui va à la racine des choses, qui ne se contente pas de naviguer à la surface mais qui va au fond, qui approfondit le sujet, qui ne recule pas devant les difficultés, qui ne les contourne pas mais qui les traite avec courage, avec méthode, avec discernement, avec esprit d'analyse et de synthèse.

Car oui, nous sommes de droite. Résolument, catégoriquement, totalement. Nous ne nous reconnaissons nullement dans la droite cosmopolite, parlementaire et politicienne mais nous sommes philosophiquement, politiquement et spirituellement de droite, au sens où nous faisons nôtre la devise de saint Éloi « Dieu-Famille-Patrie », où nous reconnaissons un ordre dans l'univers, où nous sommes catholiques, où nous affirmons par conséquent la dépendance totale de l'homme à l'égard de Dieu, du Dieu à la fois un et trine, où nous avons pour références suprêmes le Décalogue (dans sa version chrétienne, néo-testamentaire), la Sainte Écriture et la Tradition catholique. Hélas les positions que nous défendons et auxquelles nous voulons rester inébranlablement fidèles sont devenues aujourd'hui marginales dans la société. Il faut se demander pourquoi (il ne suffit pas de se plaindre en rêvant, impuissant et nostalgique, à un passé révolu) et essayer de proposer un chemin de reconquête (si toutefois il est possible de l'emprunter). Mais avant même de penser à reconquérir, il y a un travail de déblayage à faire pour savoir où nous en sommes précisément aujourd'hui, quelles sont les causes et manifestations de la situation présente, ce qu'il est possible actuellement de tenter et sur quels principes, sur quels fondements faire reposer actuellement son action, son combat, son espérance.

Disons-le ouvertement, beaucoup d'échecs de notre famille de pensée, que l'on appellera pour faire simple la droite catholique et contre-révolutionnaire, s'expliquent par l'insuffisance et la lâcheté des hommes. Le professeur Faurisson qui n'appartient certes pas au camp de la droite catholique et contre-révolutionnaire mais qui est un intrépide combattant de l'exactitude historique aime à répéter que lorsqu'on lui demande de parler du courage il ne sait quoi dire tant il en a vu si peu d'exemples tout au long de son existence mais qu'en revanche il pourrait parler pendant des heures de la lâcheté et de la couardise humaines tant il en a vu de manifestations dans sa longue vie, et singulièrement dans ses quarante-cinq ans de combat révisionniste. Il faut toujours avoir le courage de désigner l'ennemi. Jean-Jacques Stormay le fait sans aucune ambiguïté dans ce livre : oui, la franc-maçonnerie et le judaïsme talmudique sont des ennemis. Il faut les désigner comme tels et les combattre à visage découvert et sans aucune concession. Oui, la maçonnerie et le judaïsme s'emploient à détruire tout ce que nous aimons, tout ce que nous chérissons, tout ce à quoi nous croyons, tout ce que nous voulons servir, défendre et honorer de tout notre cœur, de toute notre âme, de toutes nos forces, de tout notre esprit. Il importe donc de s'opposer à ces forces maléfiques avec constance et détermination, de dénoncer les faux et mauvais principes qui animent ces ennemis de l'ordre social chrétien. Dans la perte des défenses immunitaires de l'Europe et de l'Occident il faut particulièrement pointer du doigt l'humanitarisme maçonnique, son adogmatisme délétère, son subjectivisme émollient, son égalitarisme mortifère, son antiracisme unilatéral destructeur, son féminisme corrosif. Mais il faut tout autant dénoncer la religion de la Shoah qui contribue puissamment à empêcher toute renaissance de la France et de l'Europe. Entend-on arrêter l'immigration et inverser les flux migratoires, aussitôt est-on accusé de vouloir déporter les immigrés et les étrangers comme naguère les Juifs. Veut-on rétablir la peine capitale pour lutter contre le crime et la sauvagerie, aussitôt est-on soupçonné de vouloir recréer un régime totalitaire et liberticide comme dans les années trente. Souhaite-t-on défendre la famille, la morale et les valeurs traditionnelles, aussitôt est-on traité de pétainiste, ce qui est très mal car, nous assure-t-on, Pétain a été complice actif d'un génocide.

PRÉFACE

Il faut bien comprendre que le dogme de la Shoah qui est à la fois une contre-morale et une contre-religion agit comme un gaz incapacitant (c'est le cas de le dire !) qui annihile toute défense immunitaire, qui tétanise, qui crée la panique, l'autocensure et conduit à l'abdication totale du combat et de la volonté même de combattre, qui désarme et qui tue. La religion de la Shoah est à la fois une inversion et une singerie diaboliques de la religion catholique. Elle en est d'abord une inversion : à la vérité elle oppose le mensonge, à l'amour la haine, à l'esprit de pauvreté l'appât du gain, au pardon chrétien des offenses la sempiternelle vengeance talmudique, à la remise des peines l'imprescriptibilité des crimes, au respect des anciens la traque aux vieillards, au silence, à la discrétion et au silence des vertus domestiques le bruit et la fureur médiatiques, à l'esprit de concorde et de conciliation l'esprit de querelle, le bûcher médiatique et les grands procès à spectacle, à l'amour du prochain la diabolisation de l'ennemi.

Mais elle en est aussi une singerie avec son culte des martyrs (les six millions), des saints (les Justes récompensés par l'État d'Israël), des bienheureux (les amis et affidés de l'entité sioniste), ses reliques (les dents, les cheveux des déportés), ses processions et pèlerinages (à Auschwitz, au Struthof, etc.), ses édifices religieux (les mémoriaux de la Shoah et de l'holocauste, les musées de la résistance et de la déportation), ses hagiographies (le journal d'Anne Frank...), ses saintes congrégations religieuses (le CRIF, la LICRA, le Bureau national de vigilance contre l'antisémitisme, le Congrès juif mondial, le B'nai B'rith), ses grands prêtres (Klarsefeld, feu Simone Veil, Elie Wiesel, et derrière eux l'Éducation nationale, le cinéma, la télévision, toutes les institutions), son Évangile (la Déclaration des droits de l'homme), ses Tables de la loi (le jugement du tribunal militaire international de Nuremberg), sa loi contre le blasphème (la loi Gayssot), son inquisition (les tribunaux de la République), son enfer (les historiens et militants révisionnistes, la droite nationale, tous les nationalistes, sauf les Israéliens, les catholiques fidèles à la doctrine sur le nouvel Israël, à la théologie dite de la substitution), les Palestiniens et leurs soutiens), son paradis (l'entité sioniste), ses anges et archanges (Tsahal et le Mossad dont la mission est de protéger la cité sainte et d'éliminer ses ennemis, réels ou fantasmés), ses fidèles (quasiment l'humanité entière, tous les judéo-soumis et judéo-serviles), ses élus (les Juifs).

La contre-religion de la Shoah joue un rôle déterminant à la fois dans l'impunité et l'immunité totales de l'entité sioniste qui peut tout se permettre, qui tous les jours tue, menace, massacre des civils désarmés, met le Proche-Orient voire la planète entière à feu et à sang au nom de la Mémoire, et dans l'anéantissement des nations européennes et occidentales, la transmission obsessionnelle et obsédante de la Shoah, du jardin d'enfants jusqu'au cimetière, agissant comme un sida mental sur les Européens de notre temps.

Les défaites répétées de la droite de conviction ne s'expliquent toutefois pas seulement par la lâcheté des bons et la force colossale de l'adversaire mais aussi par l'absence ou le manque de principes et de doctrine ou par l'existence, au sein de la pensée de droite, de contradictions non résolues, non surmontées, voire d'incohérence, par un inachèvement doctrinal qui favorise des abdications voire des trahisons du combat initial. Feu Henry Coston aimait à répéter : « *On crée un journal pour défendre des idées et on trahit les idées pour défendre le journal.* » Rien hélas n'est plus vrai que ce constat. Et cela ne vaut pas seulement pour la presse et l'édition, ce jugement terrible et sans appel vaut également pour beaucoup d'organisations politiques et religieuses : des hommes se regroupent pour s'opposer à une évolution néfaste sur le plan temporel ou spirituel mais très vite le but de l'organisation dévie. Soit que les chefs trahissent, soit que la vigueur du message soit atténuée, attiédie, soit que l'on n'ose plus désigner l'ennemi, soit que l'on perde le sens du combat à force de compromis et de compromissions, d'accommodements, de concubinage et de liaisons dangereuses avec l'adversaire, avec ses méthodes, avec son langage, avec ses codes, avec sa vision du monde, avec ses principes (ou son absence de principes), voire *in fine* avec ses objectifs.

L'exemple du Front national et de la Fraternité sacerdotale Saint-Pie X, pour ne prendre que deux exemples récents et connus — mais on pourrait en prendre d'autres, comme la disparition du journal de l'Action française qui a sombré à force d'attiédir sa ligne politique et éditoriale et de renoncer notamment à l'antisémitisme maurrassien — montre à quel point, avec quelle facilité et avec quelle rapidité, on peut renoncer au combat, aux principes et à l'objectif pour lequel on s'était regroupé. Avec Marine Le Pen à sa tête, le Front national a ainsi renoncé au combat en faveur de la vie innocente et de la famille traditionnelle. Mais ce parti né le 5 octobre 1972 et qui va en principe disparaître en juin 2018 pour laisser la place au Rassemblement national a également tourné le dos dans son programme de gouvernement au rétablissement de la peine capitale pour les assassins, à l'inversion des flux migratoires, à la volonté d'abroger les législations liberticides (comme les lois Pleven et Gayssot qui servent à désarmer les Français, à abattre leurs défenses immunitaires), il a fini par sombrer dans le politiquement, l'historiquement et le moralement correct. Pis, il est même devenu une cage aux folles, un lupanar pédérastique, la plupart des proches conseillers de Marine Le Pen et des dirigeants du parti étant des invertis notoires. À l'issue du congrès de Lille, la présidente du parti a ainsi nommé au bureau exécutif du parti, l'instance suprême du mouvement, Sébastien Chenu, le fondateur de Gay Lib, un des plus actifs et puissants représentants du lobby LGBT et elle a procédé en 2015 à l'exclusion de son père biologique et politique qui se trouve être de surcroît le fondateur du mouvement parce qu'il avait défendu l'honneur du maréchal Pétain et manqué d'un respect religieux à l'égard du Dogme holocaustique. On le voit, un chef peut, en quelques années, changer l'âme d'un mouvement, sa doctrine, sa vie, son idéal. Et finalement sans grande difficulté. Certes il y a des purges, des exclusions, des épurations mais à l'arrivée le chef parvient à se maintenir et à faire perdurer la structure.

PRÉFACE

Ce qui est vrai dans l'ordre temporel l'est également dans l'ordre spirituel. La Fraternité sacerdotale Saint-Pie X qui se faisait fort de s'opposer à la nouvelle messe, à Vatican II et à toutes les réformes qui en sont issues, négocie sa "normalisation canonique" depuis des années et se tait de plus en plus sur les actes publics d'hérésie et d'apostasie des occupants modernistes du siège de Pierre. Dans le préambule doctrinal qu'il a signé le 15 avril 2012, Mgr Bernard Fellay, supérieur général de la Fraternité Saint-Pie X, professe que « *le Concile Vatican II à son tour éclaire — c'est-à-dire approfondit et explicite ultérieurement — certains aspects de la vie et de la doctrine de l'Église, implicitement présents en elle ou non encore formulés conceptuellement* », ce qui n'est ni plus ni moins qu'une approbation et une légitimation de Vatican II, une capitulation en rase campagne du combat de résistance catholique au modernisme, une odieuse trahison du combat de la foi, simplement pour se faire une place au soleil. On remarquera qu'à quelques années d'écart le Front national et la Fraternité Saint-Pie X sont passés au révélateur des chambres à gaz : Jean-Marie Le Pen et Mgr Richard Williamson ont été exclus de l'organisation dont ils étaient membres, et non des moindres, pour avoir manqué de soumission, l'un et l'autre, l'un plus que l'autre, à l'égard du Dogme holocaustique, le premier en août 2015, le second en octobre 2012. Comme l'écrivait déjà en son temps Louis-Ferdinand Céline « *la magique chambre à gaz permettait tout* ». Elle permet toujours tout. Et même de plus en plus.

Mais ce qui se passe actuellement au sein de la Fraternité Saint-Pie X ne se réduit pas à la question des chambres à gaz. C'est plus largement une répétition de ce que l'on a connu il y a un demi-siècle environ dans le monde catholique. Jean XXIII, puis Paul VI, en l'espace de quelques années seulement, ont réussi à bouleverser de fond en comble l'Église catholique, sa foi, sa doctrine, son culte, ses sacrements, sa liturgie, sa discipline, ses constitutions religieuses, son bréviaire et son rituel, l'agencement, le mobilier et la décoration de ses églises, etc. Ils ont donné naissance à une contre-Église, à une fausse église sans que cela suscite d'oppositions massives dans le clergé et parmi les fidèles. Il y eut certes des résistances mais au final très minoritaires et, qui pour beaucoup, ont été neutralisées et absorbées au cours du temps comme en témoignent tous les ralliements successifs depuis une trentaine d'années.

Il importe, nous semble-t-il, dans cette préface de revenir sur Vatican II et ses conséquences funestes et incommensurables car ce grand bouleversement religieux, moral, et civilisationnel explique en très grande partie la profondeur du mal actuel, la laideur de la société d'aujourd'hui et l'extrême difficulté qu'il y a à y porter remède.

Plus de cinquante-cinq ans se sont écoulés depuis ce jour d'octobre 1962 qui vit la réunion dans la basilique Saint-Pierre de Rome de 2 381 évêques venus du monde entier (hormis les pays communistes, à quelques exceptions près) à l'appel de Jean XXIII pour la cérémonie d'ouverture du « *Second Concile œcuménique* », qui allait s'éterniser jusqu'au 8 décembre 1965. Si l'on devait répertorier les principaux événements du XXe siècle, Vatican II y figurerait à l'évidence tant il a occasionné dans les consciences, les mœurs et les institutions des bouleversements fondamentaux dont nous n'avons pas encore pris toute la mesure. Cette assemblée d'évêques qui, à la différence des vingt conciles œcuméniques de Nicée à Vatican I, n'a pas défini ni explicité des dogmes, n'a pas procédé par canons et anathèmes, a ouvert la voie à une nouvelle religion qui porte toujours officiellement le nom de catholique mais dont la substance et les finalités ne sont plus du tout les mêmes. Est-ce un hasard si les sectateurs de Vatican II ont parlé dès le début, tel le cardinal Benelli, d'« *église conciliaire* » ou comme Paul VI de « *nouvelle Pentecôte* » ? De même, le cardinal Suenens remarquait-il que « *Vatican II, c'est 1789 dans l'Église* », tandis que le Père Congar ajoutait éloquemment que par le concile « *l'Église avait accompli pacifiquement sa révolution d'Octobre* ». Expressions qui démontrent que Vatican II marque une rupture radicale avec près de 2000 ans de catholicisme et inaugure une nouvelle religion, celle de l'humanité.

Le concile a introduit une nouvelle manière de se situer par rapport à Dieu. Prétendant que l'homme a changé, les Pères conciliaires en déduisent qu'il faut aussi modifier le rapport de l'homme à Dieu en passant du théocentrisme à l'anthropocentrisme. Inversion radicale des fins : la religion n'est plus au service de Dieu mais au service de l'humanité. « *L'homme est la seule créature de Dieu créée pour elle-même* », « *L'homme est le centre et le sommet de toutes choses* » ose clamer la constitution *Gaudium et Spes*. Et Paul VI, dans son ahurissant discours de clôture de Vatican II, ira jusqu'à dire : « *La religion du Dieu qui s'est fait homme s'est rencontrée avec la religion — car c'en est une — de l'homme qui se fait Dieu. [...] Nous aussi, nous plus que quiconque, nous avons le culte de l'homme.* »

Si ce dernier est la fin et le sommet de tout, il faut évidemment repenser toute la théologie catholique. L'église conciliaire se définit comme un moyen, une institution (parmi beaucoup d'autres), un signe au service de l'homme. C'est la fameuse théorie de l'Église-sacrement. Jean Paul II pourra ainsi dire que « *l'Église a révélé l'homme à lui-même* », ou encore que « *l'homme est le chemin de l'Église* ». Si tel est le cas, l'on comprend que la liturgie ait alors pour objectif de célébrer l'humanité, sujet du rite sacré et du sacerdoce. D'où les autels retournés vers l'assemblée des fidèles dont le prêtre n'est que l'animateur, la nouvelle messe n'étant pas hiérarchique mais démocratique. D'où le rejet du caractère propitiatoire du saint sacrifice de la messe. La « *messe de Luther* » (*dixit* Mgr Lefebvre) dont des études détaillées ont prouvé les origines non seulement protestantes mais talmudiques, se définit comme la « *synaxe sacrée des fidèles* », ainsi que l'affirme l'article 7 du *Novus ordo missae* de Paul VI. La célébration dite de l'eucharistie n'est plus le mémorial de la croix mais celui de la cène. C'est la doctrine de la messe-repas.

PRÉFACE

Selon cette nouvelle théologie, ce n'est plus l'Église catholique qui est le royaume de Dieu mais l'humanité tout entière. La mission de l'église conciliaire sera alors de préparer l'avènement de ce royaume temporel vers lequel convergent toutes les religions puisque le genre humain tend en effet à une unité croissante dont les signes sont « *la socialisation de toutes choses, le partage des richesses, la revendication des droits de l'homme* ». Le rôle de la nouvelle église se réduit à hâter ce processus d'unification. C'est ainsi que se justifient le dialogue interreligieux, l'œcuménisme libéral, lesquels sont au service d'une paix en devenir. D'où des rassemblements syncrétistes comme Assise ou cathodiques comme les Journées mondiales de la Jeunesse (JMJ) destinés, selon les desseins de l'ONU, à préparer l'avènement d'un mondialisme politico-religieux, c'est-à-dire d'un gouvernement mondial et d'une religion elle-même mondiale confinée dans le rôle d'animatrice de la démocratie universelle. Dans ce schéma, la royauté sociale de Jésus-Christ apparaît évidemment obsolète. Aussi l'église conciliaire se rallie-t-elle d'enthousiasme à la laïcité de l'État et au besoin l'impose par la force comme en Espagne (1967) et en Colombie (1973) qui, à la demande expresse de Paul VI, abandonnent leurs constitutions catholiques.

Cette unité spirituelle du genre humain se décline en différents degrés de communion, en multiples cercles concentriques ; les consciences sont plus ou moins éclairées par la foi mais personne ne saurait être exclu, car « *d'une certaine manière, le Christ s'est uni à tout homme* » (*Gaudium et Spes*). Plus besoin alors d'être baptisé et de croire pour être sauvé. La question du salut et de la damnation a perdu toute urgence et même tout sens. Et en effet la pastorale conciliaire fait l'économie du péché originel et de la déchéance de la nature humaine. Le salut n'est jamais qu'une prise de conscience personnelle, l'homme affirmant son extraordinaire dignité.

C'est dire que Vatican II est en rupture totale non seulement avec la Tradition catholique mais plus généralement avec la religion catholique puisque ce concile consiste à exalter la personne humaine et à assurer l'unité du genre humain.

Quel est le déroulement des événements qui a conduit à une telle révolution copernicienne ? En fait, tout débute, dix-neuf jours après la mort de Pie XII, avec l'élection à soixante-dix-sept ans, au onzième tour de scrutin, le 28 octobre 1958, du patriarche de Venise Angelo Giuseppe Roncalli. Ce dernier qui, de façon très révélatrice, prend le nom d'un antipape du Moyen Âge impliqué dans le grand schisme d'Occident, Jean XXIII, entend rompre spectaculairement avec les grandes orientations définies par Pie XII. Roncalli met en œuvre une stratégie qui aboutira à ce qu'il appellera « *l'aggiornamento* » c'est-à-dire à la révolution dans l'Église.

À peine élu, celui qui sera appelé par les médias « *le bon pape Jean* » reçoit significativement les plus vifs encouragements des principaux ennemis de l'Église catholique. Yves Marsaudon dans son livre *L'Œcuménisme vu par un franc-maçon de tradition* écrit ainsi : « *Nous eûmes tout d'abord la très grande joie de recevoir dans les 48 heures un accusé de réception à nos respectueuses félicitations. Pour nous c'était une grande émotion, mais pour beaucoup de nos amis ce fut un signe.* » De même, Jean XXIII reçoit les félicitations du grand rabbin d'Israël Isaac Herzog, de l'archevêque anglican Geoffroy Fischer, de Paul Robinson, président des Églises fédérées et enfin du chef de l'Église orthodoxe russe, le patriarche Alexis.

Dès le 25 janvier 1959, soit moins de trois mois après son élection, Roncalli annonce publiquement de la basilique Saint-Paul-hors-les-Murs la convocation du « *Second concile œcuménique du Vatican* ». Pie XII avait lui aussi songé à réunir une telle assemblée, mais, devant les dangers de l'entreprise, il s'était rapidement ravisé : « *J'entends autour de moi des novateurs, disait-il, qui veulent démanteler la Chapelle sacrée, détruire la flamme universelle de l'Église, rejeter ses ornements, lui donner le remords de son passé historique... Un jour viendra où le monde civilisé reniera son Dieu, où l'Église doutera comme Pierre a douté. Elle sera tentée de croire que l'homme est devenu Dieu, que son Fils n'est qu'un symbole, une philosophie comme tant d'autres, et dans les églises, les chrétiens chercheront en vain la lampe rouge où Dieu les attend, comme la pécheresse criant devant le tombeau vide : où l'ont-ils mis ?* » (Mgr Roche : *Pie XII devant l'Histoire*).

Pie XII et Jean XXIII étaient tous les deux au courant de cette situation pré-révolutionnaire dans l'Église, mais alors que le premier ne voulait pas céder aux sirènes des nouveautés, le second au contraire brûlait de tout transformer. Appeler à la convocation d'un concile le 25 janvier 1959 n'était à cet égard pas un acte innocent, puisque cette date marquait la clôture de la semaine de prières pour l'unité des chrétiens. Le concile à venir ne serait donc pas œcuménique (c'est-à-dire universel, comme le furent les vingt conciles de Nicée à Vatican I), mais œcuméniste. Au reste, dès l'année suivante, le 5 juin 1960, Jean XXIII crée un Secrétariat pour l'unité des chrétiens dont il confie la direction au cardinal Bea, lequel est directement à l'origine du décret sur l'œcuménisme de Vatican II qui rompt radicalement avec le magistère antérieur.

Dans son discours d'ouverture, Jean XXIII tient un discours qui fit sensation et dans lequel il disait sa "foi" en l'avenir et dans le progrès. À cinquante ans de distance, cet optimisme tapageur apparaît totalement déplacé. Qu'on en juge : « *Dans la situation actuelle de la Société, certains ne voient que ruines et calomnies ; ils ont coutume de dire que notre époque a profondément empiré, par rapport aux siècles passés... Il nous semble nécessaire de dire notre complet désaccord avec ces prophètes de malheur qui annoncent toujours des catastrophes, comme si le monde était près de sa fin... Il faut que l'Église se tourne vers les temps présents qui entraînent de nouvelles voies à l'apostolat catholique.* »

Dès lors, le décor était en place, pour la plus grande révolution que l'Église ait subie depuis sa naissance. Parmi les 2 381 évêques présents, seuls quelque trois à quatre cents Pères conciliaires (dont Mgr Lefebvre et Mgr de Castro Mayer) tentèrent de résister aux assauts des modernistes en se regroupant au sein du *Cœtus internationalis patrum*, mais ce combat ne fut hélas pas couronné de succès, tant la minorité activiste était habile dans la manipulation des masses, experte dans les formules volontairement équivoques, d'autant, et c'est là l'essentiel, qu'elle pouvait s'appuyer sur un allié indispensable en la personne de Jean XXIII puis à partir de 1963 de son successeur Paul VI.

Il faudrait des études détaillées — et ces dernières décennies n'en ont pas manqué — pour analyser, disséquer, commenter les quelque deux mille pages de documents signés par les Pères conciliaires et "promulgués" par Paul VI le 7 décembre 1965 et pour expliquer l'absence d'autorité et de légitimité de Vatican II et des hommes en blanc qui s'en réclament. On peut à bon droit considérer que Vatican II était en fait un conciliabule, et non un vrai concile, tant ces décrets ont rompu avec le magistère traditionnel. Il est clair que Vatican II a voulu faire passer l'Église du théocentrisme à l'anthropocentrisme. Rien à cet égard n'est plus parlant que le discours de clôture de Paul VI : « *L'Église du concile s'est aussi beaucoup occupée de l'homme, de l'homme tel qu'en réalité il se présente à notre époque, l'homme vivant, l'homme tout entier occupé de soi, l'homme qui se fait non seulement le centre de tout ce qui l'intéresse, mais qui ose se prétendre le principe et la raison dernière de toute réalité. L'humanisme laïc et profane, enfin, est apparu dans sa terrible stature et a, en un certain sens, défié le concile. La religion du Dieu qui s'est fait homme s'est rencontrée avec la religion — car c'en est une — de l'homme qui se fait Dieu. Qu'est-il arrivé ? Un choc, une lutte, un anathème ? Cela pouvait arriver, mais cela n'a pas eu lieu. La vieille histoire du Samaritain a été le modèle de la spiritualité du concile. Une sympathie sans bornes l'a envahi tout entier. La découverte des besoins humains (et ils sont d'autant plus grands que le fils de la terre s'est fait plus grand) a absorbé l'attention du concile. Reconnaissez-lui au moins ce mérite, vous, humanistes modernes qui renoncez à la transcendance des choses suprêmes, et sachez reconnaître notre nouvel humanisme. Nous aussi, nous plus que quiconque, nous avons le culte de l'homme.* »

On ne saurait mieux dire que les hiérarques de l'Église ont renoncé à être un signe de contradiction, en s'ouvrant totalement au monde c'est-à-dire à l'erreur, au mensonge et à l'apostasie, tournant le dos aux injonctions de l'Apôtre saint Jacques qui dans son Épître s'écrie fortement : « *Adultères, ne savez-vous pas que l'amitié du monde, c'est l'inimitié contre Dieu ? Quiconque veut être ami du monde se rend ennemi de Dieu.* » Par là même, l'Église catholique s'éclipsait, était mise au tombeau, cédant la place à l'église conciliaire et à sa « *révolution d'Octobre* ».

De fait Vatican II a réussi à mettre en application la devise de la révolution : la "liberté" s'est introduite par la liberté religieuse ou liberté des religions qui met sur le même plan l'erreur et la vérité, promeut la laïcité de l'État et nie le règne social de Jésus-Christ ; l'"égalité" s'insinue par la collégialité et le vénéneux principe de l'égalitarisme démocratique (dans ce schéma l'évêque n'est plus le maître dans son diocèse avec les conférences épiscopales, le curé dans sa paroisse avec les conseils paroissiaux, etc.) ; enfin la "fraternité" s'accomplit sous la forme de l'œcuménisme libéral qui embrasse toutes les erreurs et les hérésies et tend la main à tous les ennemis de l'Église catholique, à commencer par les Juifs considérés comme « *frères aînés* ». L'église conciliaire va même jusqu'à enseigner que l'Ancienne Alliance est toujours valable et qu'elle n'a pas été abrogée par la Nouvelle Alliance, ce qui est une façon de dire, si l'on est logique, que la venue du Christ sur terre, sa Passion, sa mort et sa Résurrection étaient finalement inutiles.

L'académicien Jean Guitton, confident et ami de Paul VI, aimait à répéter que Vatican II marquait la disparition (au moins apparente) de l'Église catholique et sa substitution par l'église œcuménique romaine. De fait, la nouvelle église conciliaire ne possède aucune des quatre notes qui permettent de reconnaître à coup sûr l'Église catholique : elle n'est ni une puisqu'elle est démocratique et pluraliste (à chaque prêtre son hérésie), ni sainte puisqu'elle a profondément altéré les sacrements en créant de nouveaux rites douteux voire invalides pour la plupart (sujet essentiel dont on ne se préoccupe pas assez), s'acharnant ainsi à obstruer les canaux de la grâce sanctifiante, ni catholique puisqu'elle est œcuméniste et qu'elle rompt radicalement avec le magistère antérieur, ni apostolique puisqu'elle n'a pas la foi des Apôtres.

Dans cette gigantesque entreprise de destruction rien n'est laissé intact : ni la liturgie désacralisée, ni le catéchisme traditionnel interdit et remplacé par une vague catéchèse droit-de-l'hommiste et œcuméniste, ni les constitutions religieuses, ni l'habit ecclésiastique, ni les États, syndicats, écoles et partis chrétiens tous appelés à faire leur mue. À Église nouvelle correspondent sacerdoce nouveau, ecclésiologie nouvelle, messe nouvelle, catéchisme nouveau (1968 avec *Pierres vivantes* et 1992 avec le « *Catéchisme de l'Église catholique* »), sacrements nouveaux, communautés nouvelles, nouveau chemin de Croix (1991), nouveau Rosaire (2002), nouveau code de droit canon (1983), nouveau rite d'ordination (1968), nouveau baptême et nouveau mariage (1969), nouvelle confirmation (1971), nouvelle extrême-onction (1972), nouvelle confession (1973), nouveau bréviaire (1970), nouveau calendrier liturgique (1969), nouvelles huiles saintes (1970), nouveau *Notre Père* (1966) (qui introduit la formule blasphématoire « *Et ne nous soumets pas à la tentation* »), nouveau *Credo* (où l'on a remplacé l'expression « *consubstantiel au Père* » par « *de même nature que le Père* »). Tout a été dit sur les origines talmudiques de la synaxe voulue par Paul VI, sur l'abandon du caractère propitiatoire du saint sacrifice de la messe, sur l'hétérodoxie du nouveau code de droit canon du 25 janvier 1983 qui lève l'excommunication des francs-maçons. Il n'est pas jusqu'à la morale qui ne soit elle-même corrompue par l'inversion des fins du mariage, par l'abandon du principe traditionnel de l'autorité de l'homme sur la femme, par les discours ahurissants tenus par nombre de clercs sans que ceux-ci ne soient jamais sanctionnés.

PRÉFACE

Dans une volonté satanique de destruction, on s'en est même pris aux congrégations religieuses dont les constitutions ont toutes été profondément modifiées, y compris celle des Chartreux qui n'avait pourtant jamais été remaniée depuis son fondateur saint Bruno. Et les églises elles-mêmes sont transformées : au maître-autel tourné vers Dieu se substitue une simple table orientée vers l'assemblée ; le prêtre (ou ce qui en tient lieu) étant réduit au rôle d'animateur et de président d'une cérémonie sécularisée. Les confessionnaux sont délaissés et font souvent l'office de placards à balais. La chaire est supprimée ou délaissée, manière symbolique de renoncer au pouvoir d'enseignement de l'Église, car dans la religion conciliaire nous ne sommes plus dans le schéma de l'Église maîtresse de vérité enseignant au monde la voie, la vérité et la vie mais dans celui d'une église enseignée par le monde, apprenant à son contact, réagissant à l'unisson. Il s'agit de mettre en place les conditions d'un mondialisme politico-religieux ; dans le nouvel ordre mondial les religions mises sur un pied d'égalité ne sont en effet que de simples animatrices et de zélés propagandistes de la démocratie universelle et de ses idoles : la Déclaration des droits de l'homme, le philosémitisme, la tolérance érigée en absolu, le laïcisme, la liberté de conscience et de culte, l'antiracisme unilatéral et obligatoire, la lutte acharnée contre toutes les discriminations, même naturelles et légitimes.

D'où les orientations politiques d'une nouvelle église, compagnon de route du communisme, du socialisme, de la franc-maçonnerie, des organisations juives et antiracistes, bref des ennemis traditionnels et séculaires de l'Église catholique. Dès lors, il n'est rien d'étonnant à ce que l'épiscopat français ait toujours pris violemment position contre la droite nationale, préférant soutenir les forces responsables de l'avortement légalisé et remboursé, du délitement de la famille, de l'instauration du Pacs, de la généralisation de la pornographie et de la luxure. Rien de surprenant non plus si cette nouvelle église, après avoir favorisé la décolonisation et montré beaucoup plus de mansuétude pour les assassins et les porteurs de valise du FLN que pour les rapatriés et les partisans de l'Algérie française, soit un des bruyants soutiens de l'immigration massive, essentiellement mahométane, qui ne cesse de se déverser sur notre pays et notre continent. Après avoir trahi Dieu et son Évangile, ces hiérarques ont logiquement trahi leur patrie.

Vatican II, qui est resté muet sur le communisme au moment où il faisait encore des millions de morts, a mis en œuvre l'ouverture au monde qui est en fait une ouverture unilatérale à la gauche. D'où la théologie de la libération en Amérique du Sud. D'où la sympathie incessante manifestée envers le marxisme, le gauchisme (qu'on se souvienne de la déclaration des évêques de France approuvant chaleureusement mai 1968), le féminisme (l'épiscopat moderniste s'est réjoui en 2000 de l'adoption de la parité), l'invasion étrangère. Car la religion de Vatican II consiste à embrasser, et si possible à devancer, toutes les modes, à s'adapter au monde moderne et à s'agenouiller, émerveillée, devant l'Humanité déifiée. Faible avec les forts, les délinquants, les immigrés "sans-papiers", elle est impitoyable envers les faibles, les persécutés, les délaissés. Pas un seul prélat n'a dénoncé le traitement infligé naguère au nonagénaire Maurice Papon ou aux révisionnistes criblés d'amendes et mis en prison. Pas un seul mitré ne s'est démarqué des campagnes de haine contre le président du Front national, pas même lors des manifestations de l'entre-deux-tours de la présidentielle de 2002 où étaient scandés entre autres charmants slogans « *pour Le Pen une balle, pour le FN une rafale* », « *crève charogne* », « *Le Pen facho, salaud, le peuple aura ta peau* ». Au contraire, la nouvelle église se veut en pointe dans le combat antiraciste, antifasciste et antirévisionniste. Car s'il est tout à fait permis dans l'église conciliaire de contester des vérités de foi ou des préceptes moraux, en revanche on ne badine pas avec le dogme holocaustique, comme en témoigne l'affaire Williamson. Mieux vaut pour un séminariste nier la virginité perpétuelle de Marie que d'exprimer un doute sur la Shoah. Servante de l'Humanité, la contre-église de Vatican II est en effet l'un des gardiens vigilants de la contre-religion de l'Holocauste. L'église qui n'est plus catholique est devenue démocrato-holocaustique, la nature ayant horreur du vide. Or, la Shoah ou la Croix, il faut choisir !

Reste évidemment à se demander comment un tel bouleversement a été possible et pourquoi il a suscité si peu de résistances. Il n'y a pas de réponse simple à ces questions. On peut à bon droit incriminer le rôle de la puissance juive et de son bras armé la franc-maçonnerie. Qu'on songe par exemple à la lettre écrite par un haut dignitaire de la Haute-Vente des Carbonari en 1844 et qui tomba providentiellement entre les mains de Léon XII : « *Nous devons arriver au triomphe de la révolution par un pape. Or donc pour nous assurer un pape dans les proportions exigées, il s'agit d'abord de lui former une génération digne du règne dont nous rêvons. Laissons de côté la vieillesse et l'âge mûr ; allez à la jeunesse et, si possible, jusqu'à l'enfance… C'est à la jeunesse qu'il faut aller, c'est elle que nous devons entraîner sans qu'elle s'en doute, sous le drapeau des sociétés secrètes. Une fois votre réputation établie dans les collèges, les gymnases, dans les universités et dans les séminaires, une fois que vous aurez capté la confiance des professeurs et des étudiants, faites que ceux qui principalement s'engagent dans la milice cléricale aiment à rechercher vos entretiens… Cette réputation donnera accès à nos doctrines au sein du jeune clergé, comme au fond des couvents. Dans quelques années, ce jeune clergé aura, par la force des choses, envahi toutes les fonctions : il gouvernera, il administrera, il jugera, il formera le conseil du souverain, il sera appelé à choisir le Pontife qui doit régner et ce Pontife, comme la plupart de ses contemporains, sera plus ou moins imbu des principes humanitaires que nous allons commencer à mettre en circulation… Que le clergé marche sous votre étendard en croyant toujours marcher sous la bannière des clefs apostoliques. Tendez vos filets comme Simon Barjona ; tendez-les au fond des sacristies, des séminaires et des couvents plutôt qu'au fond des mers et, si vous ne précipitez rien, nous vous promettons une pêche plus miraculeuse que la sienne.* […] *Infiltrez le venin dans les cœurs choisis à petites doses et comme par hasard ; puis à la réflexion, vous serez étonnés vous-mêmes de votre succès. [...] Vous aurez prêché une révolution en tiare et en chape, marchant avec la croix et la bannière, une révolution qui n'aura besoin que d'être un tout petit peu aiguillonnée pour mettre le feu aux quatre coins du monde. [...] Ce que nous devons demander avant tout, ce que nous devons chercher et attendre, comme les Juifs attendent le Messie, c'est un pape selon nos besoins. Glissez dans les esprits les germes de nos dogmes, que prêtres et laïcs se persuadent que le christianisme est une doctrine essentiellement démocratique.* »

Mais l'explication par les puissances occultes, pour pertinente qu'elle soit, n'épuise pas le sujet. On ne peut passer sous silence l'état du monde au moment où les Pères conciliaires se réunissent en 1962. La victoire en 1945 des démocraties alliées à l'Union soviétique a incontestablement créé un environnement très défavorable à l'épanouissement de l'Église et des valeurs chrétiennes. L'hédonisme généralisé, l'individualisme exacerbé, l'égalitarisme forcené, le matérialisme radical de la démocratie libérale et du communisme athée ne pouvaient à terme qu'influer négativement sur les hommes d'Église comme sur l'ensemble des catholiques. Plus généralement, le fait que les institutions n'étaient plus chrétiennes depuis assez longtemps dans la quasi-totalité des pays du globe, et singulièrement dans la plupart des pays d'Europe, n'était pas non plus de nature à accroître l'influence de l'Église. Vatican II s'inscrit dans un monde déjà fortement déchristianisé et meurtri par deux sanglantes guerres mondiales. En un siècle et demi, la Révolution française a eu le temps d'instiller le poison de ses idées pernicieuses à l'Europe entière, sinon à toute la terre, venin prolongé par la victoire du protestantisme anglo-saxon et du communisme athée en 1945. Enfin, la domination chaque jour plus insolente de la technoscience a créé un environnement très défavorable au rayonnement de l'Église. Sans doute conviendrait-il de remonter à la Renaissance et à son humanisme pour expliquer la genèse des idées qui ont triomphé au concile. Si l'Église a résisté aux assauts du protestantisme au XVIe, du jansénisme au XVIIe, du naturalisme philosophique au XVIIIe, du libéralisme au XIXe et du modernisme dans la première moitié du XXe siècle, c'est cette dernière hérésie, stigmatisée par saint Pie X dans sa magistrale encyclique *Pascendi* (1907), qui finit par séduire la quasi-totalité de la hiérarchie catholique.

Les fruits de cette subversion religieuse et politique, doctrinale et pastorale ne se sont pas fait attendre : effondrement des vocations religieuses et sacerdotales, affaissement de la pratique religieuse, montée vertigineuse de l'indifférentisme religieux, du relativisme moral, du scepticisme philosophique. Depuis 1960 environ, les nouvelles générations sont élevées dans une totale ignorance de la religion ; la transmission ne se fait plus. Le dépôt de la foi n'a pas été gardé par ceux qui avaient le devoir sacré de le conserver. Dès lors, rien de surprenant si depuis un demi-siècle que l'Église catholique est au tombeau, occupée, occultée et éclipsée par le modernisme triomphant et que nous vivons donc des temps antéchristiques, la société s'est complètement décomposée, liquéfiée. En cinquante ans, le monde a plus changé qu'en deux millénaires. Nous avons quitté la civilisation édifiée par des siècles d'efforts, de sacrifices, de dévouement pour une barbarie infiniment pire que celle de jadis. Notre monde a rejeté avec obstination la vérité connue. Or, comme le prophétisait le cardinal Pie, « *lorsque le Bon Dieu ne règne pas par sa présence, il règne par toutes les calamités liées à son absence* ».

Naguère même ceux qui n'étaient pas chrétiens, même ceux qui faisaient profession de rejeter bruyamment le Christ et sa loi, étaient comme malgré eux imprégnés des valeurs chrétiennes. Ils savaient ce que voulaient dire la parole donnée, l'honneur, la fidélité, le courage, la politesse, l'héroïsme, la vertu. Aujourd'hui tous les mots sont pipés. Chez un enfant de sept ans le mot "amour" est déjà irrémédiablement souillé. L'homme moderne n'est plus relié à rien, sinon à son téléphone portable et à Internet. Toute référence à un principe transcendant lui est étrangère. En voulant supprimer Dieu, on a par là même supprimé la morale. D'où un déferlement de haine, de violence et de nihilisme. D'où des familles divisées, éclatées, décomposées, recomposées. D'où des enfants abandonnés à eux-mêmes. D'où la déferlante de la drogue et de la pornographie. D'où le triomphe satanique de toutes les inversions : mariage homosexuel, théorie du *gender*, vomitives Gay Pride réunissant chaque année un plus grand nombre de participants, etc. D'où le recours massif à des antidépresseurs et à des anxiolytiques, à des psychiatres et à des mages. D'où la contagion des suicides. D'où le règne du néant, le triomphe insolent du mensonge et de Mammon. Nous vivons en ce moment trois épisodes de l'Ancien Testament : la tour de Babel, le veau d'or et Sodome et Gomorrhe. Comment croire que si l'Église catholique n'avait pas été trahie par ceux-là mêmes qui avaient charge ici-bas de présider à sa pérennité nous en serions là ?

Enfin, l'on peut se demander si Vatican II ne marque pas le point final d'un incessant recul de l'Église catholique depuis plusieurs siècles. Au XIe siècle, l'Orient quittait la communion de l'Église romaine avec le schisme orthodoxe ; au XVIe l'hérésie protestante emportait la moitié de l'Europe ; le jansénisme pervertissait le XVIIe ; le naturalisme de la philosophie des Lumières bouleversait au XVIIIe les fondements mêmes de la société, le libéralisme politique et philosophique combattu par le *Syllabus* et tous les papes, de Pie VI à Pie XII, marquait de sa détestable empreinte le XIXe et fort logiquement le modernisme fut et demeure l'hérésie du XXe et du début de ce XXIe siècle. Pourtant, malgré les coups qui lui étaient infligés, malgré ses reculs et ses défaites, l'Église ne baissait pas les bras. Ce qu'elle perdait en Europe, elle le gagnait grâce à l'évangélisation du Nouveau Monde puis grâce aux missions en Asie et en Afrique. De nouvelles congrégations religieuses, d'autres instituts enseignants voyaient le jour.

La nouveauté depuis 1960, c'est qu'il ne s'agit plus d'une crise de croissance mais bel et bien d'une crise de conscience. Si Vatican II a été possible, et s'il y eut hélas si peu de réactions, c'est sans doute finalement parce que les croyances étaient devenues superficielles, sinon factices, purement extérieures. Beaucoup

PRÉFACE

brûlaient de se défaire d'une morale jugée ringarde, de dogmes contraires à l'esprit progressiste et rationaliste, d'une obéissance au Christ et à sa loi vécue comme excessivement coercitive.

Vient alors une ultime question : comment sortir de cette crise ? Il semble vain d'espérer un retour des modernistes à la foi catholique qui ont commis la faute irrémissible de combattre la vérité connue, péché contre le Saint-Esprit, et qui refusent de voir les désastres que leurs hérésies et leur apostasie ne cessent d'engendrer. De plus, les modernistes ont réussi à neutraliser quasiment toutes les résistances, les groupes dits traditionalistes se ralliant les uns après les autres à la Rome apostate ou brûlant de trouver un accord avec ceux-là mêmes qui détruisent la foi. Avant eux, la quasi-totalité des évêques conservateurs regroupés dans le *Cœtus internationalis patrum* avaient fini par accepter Vatican II et les réformes qui en sont issues, en signant d'abord les décrets du conciliabule en 1965 et en appliquant la révolution conciliaire dans leur diocèse respectif.

La crise effroyable que nous vivons a une évidente dimension eschatologique, il faut être aveugle ou de mauvaise foi pour l'ignorer. Si saint Paul a prédit à Timothée que « *les jours viendraient où les hommes ne supporteraient plus la sainte doctrine* », si le cardinal Pie a prophétisé que « *l'Église serait réduite à des dimensions individuelles et domestiques* », si la Sainte Vierge a dit à Mélanie à La Salette que « *Rome perdra la foi et deviendra le siège de l'Antéchrist* », s'il est dit dans la version intégrale de l'Exorcisme de Léon XIII « *Là où fut institué le siège du bienheureux Pierre, et la chaire de la Vérité, là ils ont posé le trône de leur abomination dans l'impiété, en sorte que le pasteur étant frappé, le troupeau puisse être dispersé* », si avec la synaxe de Paul VI nous voyons « *l'abomination de la désolation dans le lieu saint* » (Matthieu XXIV, 15), il est non moins vrai que le Christ, chef de l'Église, a promis à l'institution qu'il a fondée l'indéfectibilité et c'est fort de cette promesse divine que malgré les ténèbres actuelles, les ruines qui partout s'accumulent, les chrétiens fidèles gardent au cœur une invincible espérance surnaturelle. Sûrs que le retour du Christ qui détruira l'Antéchrist « *par le souffle de sa bouche* » (2 Thessaloniciens II, 8) lors de la Parousie rendra à chacun ce qui lui est dû et mettra un terme définitif aux temps apocalyptiques que nous vivons.

En attendant ce jour, il faut vivre en tenant bon sur des principes fermes et clairs. Puisse ce livre passionnant et pédagogique y contribuer puissamment en apportant les munitions intellectuelles et doctrinales nécessaires au combat quotidien dans cette vallée de larmes.

Jérôme Bourbon,
directeur de *Rivarol* et des *Écrits de Paris*.
Paris, le 13 avril 2018.

INTRODUCTION

L'avantage que peut avoir un auteur à ne pas chercher à être lu, c'est qu'il n'a pas à prendre de gants pour essayer de plaire. Il lui en coûte — supposé qu'il ait du talent, au moins celui consistant à plaire — la griserie du succès auquel il renonce, mais en retour il y gagne, outre le plaisir d'écrire selon son cœur et les exigences de sa raison, l'estime d'un rare lectorat fidèle qui l'honore de ses honnêtes et souvent pertinentes observations. L'auteur du présent travail est un catholique fasciste, au sens large de ce dernier terme, un fasciste de droite, résolument fasciste jusque dans la détermination antibourgeoise et révolutionnaire — mais aussi par accident anticléricale et par essence anti-théocratique — de l'expression ; selon les critères actuels couramment acceptés, l'auteur est catholique intégriste, antisémite, antidémocrate, national-socialiste, raciste, xénophobe, organiciste et corporatiste, nationaliste et chaud défenseur de la Grande Europe, antilibéral et anticommuniste. On lui saura gré de sa franchise, qui n'est nullement inspirée par la ridicule coquetterie d'une complaisance dans la provocation, mais par un souci liminaire d'honnêteté ; au reste, il ne s'agit pas tant de signifier que les problèmes philosophiques traditionnels seront ici traités dans une perspective fasciste, que d'annoncer — la rationalité des résolutions proposées l'attestera — ceci : c'est dans le fascisme que les leçons générales de la philosophie traditionnelle trouvent, quant à leur versant politique, les solutions particulières appelées par les problèmes de notre temps, et c'est plus précisément en lui que, pour notre temps, les principes intemporellement vrais de la philosophie politique traditionnelle trouvent la forme adéquate de leur application.

Qu'on nous comprenne bien : on ne trouvera pas ici une apologie des régimes honnis, ou une évocation historique destinée à nourrir les états d'âme des romantiques ou des nostalgiques ; on a dit tellement de mal de ces régimes qu'ils en sont venus à incarner aujourd'hui, dans l'inconscient collectif, le mal absolu ; et c'est à ce dernier titre qu'ils suscitent trop souvent la fascination morbide des esprits faibles, lesquels constituent le pire allié qui soit pour tenter de réhabiliter de telles expériences politiques. Pour nous, le fascisme et le national-socialisme sont des expériences politiques imparfaites menées dans l'urgence, se donnant une caution idéologique faite de bric et de broc, en lesquelles se sont exprimées les dernières forces saines des peuples européens avant leur basculement dans une décadence mondialiste à vue d'homme irréversible. Pour autant qu'il soit permis d'espérer une renaissance politique, le chemin du salut passera par le fascisme pour chaque nation européenne, et par le national-socialisme pour l'Europe ; l'idée fasciste sera adaptée au génie de chaque nation ; l'idée national-socialiste, portée par la nation que l'histoire désignera tel le suzerain légitime des autres nations sœurs, sera la forme moderne que devra se donner l'incarnation renouvelée de ce qui fut le Saint-Empire romain germanique, garant du bien commun des nations indo-européennes ; le fascisme et le national-socialisme doivent être critiqués et repensés à la lumière éternelle du catholicisme intègre ; mais ils ne peuvent être dépassés que pour autant qu'ils sont assumés, reconnus et revendiqués comme tels ; le catholicisme intègre est le catholicisme débarrassé de ses contrefaçons libérale et moderniste d'une part, surnaturaliste d'autre part ; le fascisme et le national-socialisme doivent être libérés tant de leurs insuffisances intrinsèques que de leurs défauts accidentels liés aux circonstances qui les virent naître ; une entreprise de salut de l'Europe et de la Chrétienté, menée sous l'égide des idées fasciste et national-socialiste, ne saurait se limiter à une réflexion strictement politique ; c'est une restauration philosophique et religieuse qui est requise ; et la légitimité du suzerain des nations ainsi reconstruites, lequel ne pourra être qu'une des nations européennes, se définira par deux critères : la force des armes, de l'économie, de la démographie d'une part ; d'autre part la capacité à s'élever au-dessus de ses propres intérêts nationaux pour viser le bien commun de l'Europe, ce qui ne sera obtenu que par l'universalité spirituelle des valeurs culturelles dont une telle nation suzeraine saura se faire le héraut ; si les monarchies d'Ancien Régime et le Saint-Empire romain germanique ont été balayés par l'Histoire, c'est d'abord à cause de l'incomplétude des doctrines qui les inspiraient : l'Empire ne sut pas faire son droit à l'idée nationale qui agitait les peuples dont il avait la garde ; les monarchies ne surent pas fait son droit à l'idée d'organicité.

Toi, lecteur indisposé par les positions radicales peu soucieuses de ménager ta susceptibilité, tes aversions et tes conforts, laisse là ce livre, il n'est pas fait pour toi.

I. Du titre du présent ouvrage

Le sous-titre du présent ouvrage, en soi dépourvu d'ambiguïté et parfaitement approprié, peut cependant, compte tenu des attentes du public d'aujourd'hui, induire en erreur, dans la mesure où d'aucuns, friands de littérature complotiste (le mot n'est pas, ici, pris en mauvaise part), pourraient s'attendre à ce que fussent exposés ici les origines et les arcanes terrifiants de l'Internationale juive et des Loges. Il n'est pas question de cela. On rappellera pour mémoire que la compréhension la plus globale (parce que la plus compréhensive) qui soit

INTRODUCTION

de l'Histoire humaine est de nature *théologique*. À ce sujet, saint Thomas enseigne :

« *Vita autem hominibus veniendi ad beatitudinem est mysterium incarnationis et passionis Christi ; dicitur enim* Act. 4 (v. 12) *: "Non est aliud nomen datum hominibus in quo oporteat nos salvos fieri." Et idem mysterium incarnationis Christi aliqualiter oportuit omni tempore esse creditum apud omnes : diversimode tamen secundum diversitatem temporum et personarum. Nam ante statum peccati homo habuit explicitam fidem de Christi incarnatione secundum quod ordinabatur ad consommationem gloriae ; non autem secundum quod ordinabatur ad liberationem a peccato per passionem et resurrectionem, quia homo non fuit praescius peccati futuri. Videtur autem incarnationis Christi praescius fuisse per hoc quod dixit : "Propter hoc relinquet homo patrem et matrem et adhaerebit uxori suae", ut habetur* Gen. 2 (v. 24) *; et hoc Apostolatus,* ad Ephes. 5 (v. 32) *dicit "sacramentum magnum esse in Christo et Ecclesia" ; quod quidem sacramentum non est credibile primum hominem ignorasse*[1] » (*Somme théologique,* II^a II^{ae} q. 2 a. 7).

Il y eut une Révélation primitive, dont Adam fut dépositaire avant sa chute. Mais le péché assombrit sa connaissance, fit s'insurger ses passions contre sa raison, troubla sa volonté, et ces travers se propagèrent dans tout le genre humain par là rendu incapable de préserver le sens exact du trésor spirituel reçu, lequel sera désormais entaché d'erreurs graves conservant quelque ressemblance avec la vérité ; aussi le genre humain se trouva placé sous la dépendance du démon qui, de plus, par ses mensonges, éloigna la Tradition adamique de son intégrité primitive. Telle est cette « proto-gnose », cette religion de l'humanité déchue, dont on conserve des traces dans toutes les cultures antiques, dans les folklores, dans les religions à mystères, les contes, les mythologies. L'existence et les caractères essentiels d'une telle « proto-gnose », particulièrement repérable et systématiquement thématisée dans la culture indo-européenne, furent récemment mis en évidence, de manière remarquable, par les travaux du professeur Jean-Claude Lozac'hmeur. Le corpus de cette religion, qui resurgit

---

[1] « Or, pour les humains, le chemin qui mène à la béatitude, c'est le mystère de l'incarnation et de la passion du Christ. Il est dit, en effet, au livre des Actes (IV, 12) : "Il n'y a pas d'autre nom qui ait été donné aux hommes par lequel nous devions être sauvés." C'est pourquoi il a fallu que ce mystère de l'incarnation du Christ ait été cru de quelque manière à toute époque chez tous les humains, diversement toutefois selon la diversité des temps et des personnes. En effet, avant l'état de péché, l'homme eut une foi explicite au sujet de l'incarnation du Christ en tant que celle-ci était ordonnée à la consommation de la gloire, mais non en tant qu'elle était ordonnée à la délivrance du péché, parce que l'homme n'avait pas la prescience du péché futur. Mais il semble qu'il ait eu la prescience de l'incarnation du Christ puisqu'il a dit, comme le rapporte la Genèse (II, 24) : "L'homme, à cause de cela, laissera son père et sa mère et s'attachera à son épouse", et c'est là au dire de l'Apôtre (Ép. V, 32) : "Le mystère qui a toute sa grandeur dans le Christ et dans l'Église." Ce mystère, il n'est assurément pas croyable que le premier homme l'ait ignoré. »

en sa virulence et cette fois sans voiles avec les Gnostiques contemporains du christianisme naissant (Marcion, Valentin, Basilide, Carpocrate), est ainsi susceptible de deux lectures : une lecture gnostique, dont la Maçonnerie se veut le dépositaire et l'herméneute, et une lecture catholique discernant, dans ces erreurs, les vérités chrétiennes dont elles sont l'adultération et que donc elles tiennent captives.

Il n'y a donc rien d'étonnant dans le fait que l'aristotélisme et le platonisme, mais aussi le néo-platonisme, issus des Présocratiques eux-mêmes nés d'une rationalisation de la pensée mythique pétrie de gnose archaïque, se soient plus tard révélés tels autant de précieux instruments d'explicitation du dogme catholique : la rupture avec la pensée mythique, définitionnelle de l'invention de la philosophie, joua le rôle de libérateur de vérités captives. Mais la lecture maçonnique de cette religion archéo-gnostique révèle une référence sataniste, en tant qu'il s'agit d'un dualisme :

Un Dieu imparfait, ignorant les effets de son œuvre créatrice, produit le monde des esprits (les éons) dont l'un, pervers (celui qui sera identifié tel le Dieu de la Bible), crée le monde matériel, qui est intrinsèquement mauvais à raison de sa matérialité même ; les Gnostiques postérieurs au christianisme convoqueront le néo-platonisme (pourtant explicitement anti-gnostique : voyez le Traité 33, soit la *Deuxième Ennéade* chapitre 9, de Plotin) pour expliquer cette production d'esprits par la divinité primitive, production par là comprise sur le mode émanatiste permettant aux Gnostiques, grâce à une conception au reste contestable du concept d'émanation (saint Thomas quant à lui n'a pas de scrupule à définir le « *creari* » comme « *emanatio totius esse* ») de déclarer consubstantielles à Dieu les étincelles spirituelles issues de ce dernier ; parmi ces étincelles se trouvent les âmes humaines, ou quelques âmes humaines (celles des futurs « initiés ») qui, par un déficit de vigueur contemplative, chutent dans la matière qui les reçoit et les emprisonne, et, complice du mauvais dieu son auteur, les contraint d'adorer ce dernier. Dans les mythologies et folklores, le mauvais dieu est un roi père d'une veuve représentant la Connaissance, qu'il garde captive ; fécondée par un preux chevalier, ou un héros qui, par jalousie, sera mis à mort par le mauvais dieu ou roi, elle accouche du « fils de la Veuve » (expression par laquelle se nommeront les Maçons) qui vengera son père en mettant son grand-père à mort. Le preux chevalier est évidemment Lucifer, le porteur de Lumière et l'Ami des hommes, le modèle de l'homme libre émancipé de l'obscurantisme du Dieu créateur honoré dans le judaïsme ancien et dans le christianisme qui en est la transfiguration, l'achèvement (aux deux sens du terme). Il est clair que le gnosticisme est un antithéisme sataniste, une inversion radicale du sens de la geste christique. Le salut consistera pour ces âmes à se soustraire à la tyrannie du Dieu de la Bible, à lutter contre la matière mauvaise, ainsi à refaire la création (d'où le constructivisme, l'inflation technicienne du monde moderne et contemporain, le refus de tout ordre des choses, la fascination pour toutes les formes d'inversion ou d'antinature), et ultimement à se déifier soi-même, c'est-à-dire à prendre conscience du fait qu'on est en son fond divin. Cela dit, les « rachetés », dans cette perspective luciférienne, ne sont nullement des pécheurs, mais des victimes de l'inconséquence du Dieu primitif et de la perversité du Dieu créateur. De plus, ils ne sont pas rachetés mais ils *se* rachètent eux-mêmes, par la Connaissance déiformante, sans qu'il leur soit besoin de recevoir une grâce ; et il en est ainsi parce qu'ils sont consubstantiels à Dieu, distraits de la substance divine qu'ils ont vocation, par l'initiation, à rejoindre afin non seulement de réintégrer le plérôme divin, mais encore de le mener lui-même à son point d'achèvement ; en se sauvant, l'homme, sous l'injonction de Lucifer son modèle, sauve Dieu lui-même, parce qu'il est, par le simple fait de sa spiritualité, de la race du divin, de telle sorte qu'en adorant le Dieu primitif, l'Initié se rend hommage à lui-même. Et Lucifer, en tant qu'il est divin lui aussi, reçoit des hommes l'hommage adorateur de la reconnaissance, sans toutefois compromettre la divinité essentielle de l'homme puisque, aussi bien, tous sont de même nature divine.

Il y a là quelque chose de diaboliquement astucieux, de véritablement « malin ». Tout péché est enraciné dans l'orgueil, amour désordonné de soi-même, déification de soi opérée par la créature ; la révolte procède du péché ; le moteur de cette révolte est la liberté se prenant pour fin ; et l'on ne voit pas que l'homme orgueilleux fasse se consumer son insurrection contre le vrai Dieu en adoration — qui crucifie le subjectivisme anthropocentrique de l'homme révolté — d'un anti-dieu satanique, sauf si, en adorant le Dieu primitif et Satan, l'homme ne fait que s'adorer lui-même ; et c'est bien ce que rendent possible la théogonie et la psychologie gnostiques : le subjectivisme y trouve sa satisfaction, sans se priver de cet incoercible appétit de transcendance qui hante tout homme, même l'athée, et qui, s'il n'était satisfait au moins en apparence, rendrait impossible à vivre le subjectivisme lui-même ; si l'homme désire, ainsi manque, c'est qu'il n'est pas parfait et sait qu'il ne l'est pas ; il ne peut se livrer sans retenue au culte de soi-même que s'il trouve le moyen de se croire parfait nonobstant le défaut inhérent à son manque ; ce qui est rendu crédible si, en désirant, il se persuade que Dieu se désire en lui, que Dieu se fait à travers lui ; et c'est bien au fond ce que propose la gnose dès lors que, en opérant sa propre rédemption par la connaissance, l'Initié opère la rédemption de Dieu dont il est la conscience de soi, Lucifer ayant dans cette perspective raison de cause exemplaire du destin humain, mais non point de cause efficiente et de cause finale. On aura compris que la gnose reste la matrice de la maçonnerie, laquelle se révèle par essence antichrétienne. Nonobstant l'antijudaïsme féroce d'un Marcion, les Juifs déicides, conscients du fait qu'ils avaient été infidèles à la vocation que leur prescrivait leur identité d'origine, avaient besoin de justifier leur révolte et par là de se donner une nouvelle doctrine, et c'est à la gnose, dont le paganisme faisait mémoire, qu'ils empruntèrent les thèmes centraux de ce que l'on peut désormais découvrir dans le Talmud et dans la Cabale. Que plus tard, les maçons aient puisé dans l'ésotérisme judaïque pour alimenter leur doctrine, ne laisse pas cette dernière d'être antérieure au judaïsme lui-même, et d'origine non juive. Les maçons se sont contentés de récupérer à leur profit un héritage dont le paganisme de leurs pères était l'origine. Au gré des passions et intérêts des uns ou des autres, les étincelles divines seront les Parfaits (catharisme), les Initiés (maçonnerie), ou les Juifs, ou encore les Initiés de l'ésotérisme nordique (runique) illustré par l'ultra-gauche naturaliste et même naturiste d'un certain national-socialisme issu de la « Thule-Gesellschaft » fermée par Hitler dès son arrivée au pouvoir, et condamnée par ce dernier mais adulée par Himmler et, plus récemment, par les ésotéristes de la Nouvelle Droite retenant du paganisme, dont ils revendiquent la paternité, ce qu'il a de plus mauvais, de plus irrationnel, de moins philosophique, et au vrai de moins païen, parce que cette vision du monde est explicitement opposée à la Nature, au Cosmos, à l'Ordre universel célébré par tous les Anciens, dans la forme, certes, d'un panthéisme plus ou moins accusé mais destiné à célébrer, à toute distance du subjectivisme (et du dualisme ontologique et théologique le rendant pensable), les beautés du Cosmos parlant de Dieu comme l'œuvre de l'artiste. Mais il est par là établi que la vision du monde des Juifs, des maçons et des néo-païens, est en son fond la même : il s'agit chaque fois du gnosticisme dont les écoles ne sont rivales qu'en tant qu'elles diffèrent dans la manière d'identifier les Élus. Quant aux Juifs, petit peuple forgé par l'art divin en vue de préparer l'avènement du Christ et de préfigurer, dans une forme politique et nationale, cette Église catholique transcendant les nations et les États, ils sont, en droit, au christianisme comme la chrysalide l'est au papillon, ils se suppriment dans ce qui les accomplit ; ayant refusé de se sublimer en premiers chrétiens, ils se sont placés en porte-à-faux par rapport à leur propre vocation, et ils tentent de surmonter ce malaise en imitant, mais au prix d'un travestissement, le christianisme, avec cette différence qu'ils se voudront les médiateurs christiques entre Dieu et l'homme, l'immanence en forme collective du Verbe dans l'histoire, les princes de cette Église anticatholique mais universaliste rassemblant l'humanité entière sous leur égide. Autant dire que maçons et Juifs travaillent au même mondialisme, et ont les mêmes ennemis : les défenseurs de l'ordre naturel, les nations, et le catholicisme. Les Juifs aspirent à dominer le monde et, ce faisant, s'attachent à affaiblir, par l'usage systématique du mensonge et la diffusion du vice, les peuples sains et les autorités naturelles ; ils sont corrupteurs par essence. N'étant l'origine ni des vices qu'ils diffusent ni des erreurs qu'ils propagent, ils ne sont pas l'origine première de la corruption qu'ils exercent, mais ses amplificateurs privilégiés.

Au vrai, l'auteur du présent travail ne se reconnaît pas, pour le moins, dans toutes les conclusions que Jean-Claude Lozac'hmeur, érudit et rigoureux dans ses recherches historiques, croit pouvoir tirer de sa précieuse découverte. Jean-Claude Lozac'hmeur est très hostile à la dialectique hégélienne qui serait exprimée dans les trois moments « thèse, antithèse, synthèse » auxquels correspondraient — ce serait bien sûr évident (!...) — les trois points des maçons, et Hegel ne serait qu'un élève des cabalistes ; ce même auteur est violemment opposé au national-socialisme supposé procéder des mêmes origines cabalistes et/ou gnostiques, et insulte — sans grand mérite il est vrai — ceux qui, même de manière critique et sélective, se réclament de l'hitlérisme, les accusant, de surcroît, de risible et grossière incohérence quand ils se disent catholiques. Nous dirons plus bas quelques mots au sujet de ces aversions.

Retenons simplement que la maçonnerie, d'une manière générale, en tant même que gnostique, est la forme privilégiée que se donne le subjectivisme pour se rendre crédible et viable, d'où son succès dans un monde complètement pourri par l'esprit démocratique, l'hédonisme, l'individualisme, le matérialisme. Il n'est pas besoin d'imputer à la maçonnerie, entendue comme institution organisée, la responsabilité première de la décadence ; si l'on se donne le subjectivisme sans la maçonnerie, on obtient les mêmes résultats ; il se trouve que, historiquement, les idées judéo-maçonniques se contentent de répondre à une demande objectivement née du subjectivisme en quoi se consomme l'esprit européen et catholique aussitôt qu'il s'insurge contre sa vocation naturelle et surnaturelle : la gnose, inspiratrice tant de la maçonnerie que du judaïsme moderne, est la forme en laquelle se coule logiquement la pulsion subjectiviste (la déification du moi) ; ce qui le corrobore, c'est la prodigieuse passivité de l'immense majorité de la population qui, surtout depuis la diffusion d'Internet, peut très facilement avoir accès tant aux travaux des révisionnistes qu'à ceux des spécialistes des réseaux sionistes et judéo-maçonniques, par là peut prendre la mesure de l'immense influence de ces derniers, prendre conscience du conditionnement fort peu démocratique auquel elle est soumise, et qui pourtant ne bronche pas, accordant à ces maîtres discrets et tout-puissants son adhésion au moins tacite. Évoquer l'esprit judéo-maçonnique, quelle que soit sa puissance réelle (au reste indéniable), c'est donner au subjectivisme le nom de l'institution qui le sert le plus efficacement, et qui explique la diffusion de cette mentalité expressive de l'esprit de notre temps, inspirée par une doctrine discrète sinon secrète, dotée d'une certaine forme de cohérence rendant raison de l'unité plus ou moins celée des mots d'ordre planétaires auxquels sont soumis, de manière méthodique, et par tous les moyens possibles de contrôle des masses, les peuples d'aujourd'hui.

Le présent travail est développé dans la forme de commentaires de textes et de dissertations ayant vocation à répondre à ces mots d'ordre et à ces erreurs devenues autant de tics de l'esprit de nos contemporains : tolérance, libéralisme, relativisme, antiracisme, féminisme, individualisme, constructivisme, historicisme, foi en la technocratie, égalitarisme, etc.

Comme le disait Louis de Bonald dans ses *Pensées sur divers sujets* (1817), **« un gouvernement ne périt jamais que par sa propre faute, et presque toujours par d'anciennes fautes qui en font commettre de nouvelles »**. Aussi, 1) c'est l'incomplétude des doctrines saines qui est la vraie cause de l'efficacité des doctrines perverses ; 2) ces dernières, se contentant d'exploiter des failles existant chez les défenseurs de l'ordre naturel et surnaturel, sont en quelque sorte porteuses, sinon de réponses valables, à tout le moins de questions que les soldats du bon combat ne peuvent pas se dispenser de poser, précisément parce que les maîtres dont ils revendiquent la paternité ne se les sont pas posées ; il est sous ce rapport opportun de proposer de dénoncer l'esprit maçonnique de notre époque en traitant des problèmes posés par ceux qui sont en phase avec cette époque, à savoir nos ennemis, ce qui légitime en quelque sorte la forme donnée à cet ouvrage puisque les intitulés de devoirs ici traités sont tous empruntés aux examens de l'Éducation nationale, c'est-à-dire à la matrice maçonnique de la République jacobine.

Marx se contentait de rappeler une vérité de bon sens quand il affirmait que l'humanité ne se pose jamais que les problèmes qu'elle peut résoudre. Quand l'algébriste élabore un sujet de devoir pour son élève, il part de la solution ; c'est à elle que sont suspendues les données du problème dont le traitement est en retour générateur de la solution qui, de ce fait, se fait procéder de ce dont elle est positionnelle ; si donc les données sont posées, si la conscience de l'existence d'un problème est actuelle, c'est que la solution est accessible ; en retour, si l'on est incapable de discerner la présence d'un problème, c'est qu'on ne dispose pas des moyens de le résoudre. Si les gouvernements périssent, c'est dans la mesure où ils n'ont pas su prévoir les problèmes qu'ils auraient à rencontrer, faute d'en posséder la solution ; un corps sain n'est pas un corps sans déchet, c'est un corps qui les élimine ; un corps vivant n'est pas un corps qui n'a pas d'ennemis extérieurs, c'est un corps qui sait les combattre et qui se régénère dans l'effort de les éliminer ; s'il succombe à leurs attaques, c'est qu'il manquait de vitalité, de force interne, ce qui prouve qu'il était déjà malade, habité par des problèmes dont il ignorait l'existence et dont il ne possédait pas la solution. Il en est par ailleurs des gouvernements comme il en est des doctrines philosophiques et théologiques : elles périssent par leur propre faute, pour des raisons analogues ; elles sont hantées par une incomplétude, ou une contradiction létale qu'elles ignorent et qu'elles ne savent pas résoudre. Dès lors, les vraies solutions aux problèmes de notre temps n'appartiennent pas, ne peuvent pas appartenir au corpus doctrinal contre-révolutionnaire tel qu'il est offert en son état historique actuel ; il est nécessaire d'en trouver de nouvelles ayant vocation, sans le contredire, à enrichir ce corpus, à le compléter. Et c'est dans les doctrines perverses, en tant que négativement gravides de vérités captives, qu'il convient d'aller chercher de telles solutions. Elles sont gravides de vérités captives parce que, ayant réussi à s'imposer, elles ont prouvé qu'elles étaient capables de discerner les défauts de la cuirasse de ce contre quoi elles se sont définies, mais c'est là précisément apercevoir les problèmes dont ces cuirasses étaient objectivement affligées sans le savoir ; et parce que tout problème procède de sa solution, toute doctrine douée du pouvoir de dénoncer les travers des autres est nécessairement porteuse — dût-elle, en tant qu'elle est elle-même imparfaite, ne les exhiber qu'au prix de son auto-réfutation — des solutions que ces autres doctrines attendent ; c'est donc chez elles qu'il convient de les aller chercher. L'antienne des bien-pensants est qu'ils sont propriétaires de toute la vérité et maîtres de toutes les réfutations susceptibles de nier cette vérité, que donc les problèmes internes dont on a l'outrecuidance de leur montrer l'existence sont de faux problèmes, et que ce tour d'esprit consistant à voir des problèmes à tout bout de champ cèle une dilection inavouée pour la subversion : « Il ne dit pas ce qui a toujours été dit, il est donc un moderniste et un infiltré. » Nous connaissons la chanson. Ceux qui, selon une mentalité d'héritiers figés dans le confort du rentier, ont toujours été incapables d'enrichir, pour le faire vivre, le dépôt doctrinal reçu, ont tout intérêt à se défausser sur des ennemis extérieurs pour celer leur impéritie et conserver leurs privilèges. Se refusant à admettre, à concevoir même qu'une doctrine fausse dans ses conclusions puisse contenir négativement de précieuses vérités captives, les bien-pensants sourcilleux brandissent les conclusions erronées (par exemple le panthéisme gnosticisant de Hegel, si prisé par les théologiens jésuites modernistes) pour nier la présence des vérités captives. Et c'est là une malhonnêteté.

Contre les vertueux contempteurs de la dialectique, on se contentera de faire brièvement mémoire — en évoquant par exemple sa philosophie morale — de ce révolutionnaire moderniste et relativiste que fut, comme chacun sait, Aristote... Le courage est une vertu qui s'oppose à deux vices contraires, à savoir la lâcheté et la témérité. Il est un juste milieu entre deux extrêmes, un milieu quantitatif, mais, qualitativement, il est lui-même un extrême, un maximum : on n'est jamais assez courageux. Le propre d'un milieu est d'être une limite : en-deçà de lui, c'est la lâcheté considérée selon tous ses degrés, au-delà c'est la témérité considérée selon tous ses degrés. Mais le propre d'une limite est d'appartenir aux deux zones qu'elle sépare : le courage est le terme en lequel se suppriment la lâcheté et la témérité parcourant chacune ses degrés du plus grand jusqu'au plus petit, jusques à son point nul ; sous ce rapport, un tel juste milieu a raison d'identité des contraires. Et en et de cette identité des contraires s'opère une sublimation qualitative en cette vertu dont les deux extrêmes, chacun à sa manière, étaient la privation et l'adultération. Le courage n'est pas la « synthèse » de la lâcheté et de la témérité, comme s'il cumulait deux défauts, ou se réduisait à un compromis entre les deux ; il est la conversion des extrêmes contraires à leur identité concrète ; il n'y pas synthèse de deux erreurs, mais surgissement qualitatif instantané d'une vérité ontologiquement première qui, en tant qu'elle se défait, se décompose en deux hérésies sans être composée d'elles. De plus, dans la réalité, il est bien rare de trouver du courage à l'état pur : ce qui s'offre à l'attention est bien plutôt, en chaque homme, un mouvement sinusoïdal dont il s'efforce à faire tendre l'amplitude vers zéro. Aussi, pour accéder à l'essence du courage, qui est un idéal auquel tout homme doit tendre, et qui est accessible (il n'est pas une simple « idée directrice de la raison pure », au sens kantien), est-il nécessaire de partir de ses dénaturations réelles, et de les convertir à leur identité concrète. La dialectique hégélienne n'est pas autre chose. Il n'y a pour elle ni négation du principe de non-contradiction, ni relativisme, ni mouvement dialectique infini, ni évolutionnisme, ni historicisme ; il y a retour à l'origine par sublimation des contraires, dévoilement du vrai par sublimation des erreurs. Pour s'aider d'une représentation pédagogique, on se placera face à une croix celtique, c'est-à-dire un cercle pourvu de quatre extrêmes opposés deux à deux, et figurés par les deux intersections (inférieure et supérieure) entre l'orbite et une ligne verticale, et les deux intersections latérales (de gauche et de droite) entre l'orbite et une ligne horizontale. En parcourant l'orbite dans le sens des aiguilles d'une montre, on obtient, en partant de l'orbite supérieure qu'on nommera A, les points B, C et D. Selon ce dispositif, B et D sont les extrêmes latéraux, figurant la lâcheté et la témérité, les deux règnes de l'immoralité. Ils entretiennent l'un à l'égard de l'autre une relation dialectique, en ce sens qu'ils s'opposent mais, ayant en commun de nier ce à quoi ils sont suspendus, ils sont comme solidaires l'un de l'autre en leur commun refus de la même perfection, et ils s'identifient de ce fait l'un à l'autre : le téméraire ignore intentionnellement le danger pour ne pas le redouter, par là est surpris et désarçonné par sa rencontre avec ce dernier, et devient facilement lâche si l'obstacle n'est pas rapidement surmonté ; et, n'étant pas soutenu par la passion de colère (mouvement naturel — et nullement peccamineux — de l'appétit irascible à l'égard d'un mal ardu présent), le lâche, pathologiquement craintif, ne rencontre jamais l'obstacle à affronter, et il en vient, à force de fuir le danger, à ignorer son véritable contenu, au point de basculer facilement dans des accès sporadiques et compensatoires de témérité. Ainsi donc, B et D se convertissent l'un dans l'autre, de sorte que B bascule en D qui en retour bascule en B, indéfiniment, ce qui a pour résultat que chacun des deux s'identifie réflexivement à soi, dans une coïncidence précaire, avec lui-même, par la médiation de l'autre. Ce qui fait comprendre que B et D sont les deux extrêmes latéraux d'une même orbite, laquelle, par définition, admet aussi deux extrêmes verticaux (A et C). B et D s'identifient négativement en C, où il n'y a plus ni lâcheté ni témérité, ainsi donc en ce moment où chacun des extrêmes s'éclipse pour basculer dans l'élément de l'autre, moment qui, considéré tel l'extrême inférieur de l'axe vertical, désigne le degré zéro du courage, par là le degré nul des deux vices contraires parce qu'ils sont autant de privations de la même vertu : on est là dans le règne de l'amoralité, en situation d'aboulie ou d'inconscience. Et c'est en A, position du courage, que la lâcheté et la témérité s'identifient positivement, mais par là se subliment en ce qui n'est ni l'une ni l'autre, à savoir le courage dont elles sont les résultats de la décomposition, et dont elles procèdent proleptiquement. Ainsi entendue, la dialectique n'est en rien opposée au réalisme thomiste, même si Hegel, qui lui restitua ses lettres de noblesse, fut doté d'un génie gâté par le protestantisme dont il se voulut le penseur (comme saint Thomas d'Aquin le fut du catholicisme) et dont la systématisation rationnelle le fit aboutir à cette erreur foncière, nullement solidaire de la dialectique en tant que telle, selon laquelle le savoir que Dieu a de lui-même se réduirait au savoir que l'homme a de Dieu. Que la raison humaine soit capable de faire l'épreuve du fait qu'elle est dans le sillage de la Raison absolue n'implique nullement qu'elle devrait s'identifier à elle.

Quant aux aversions, compréhensibles jusqu'à un certain point, de maints catholiques contre-révolutionnaires à l'égard du fascisme (pris au sens large), le contenu des dissertations et commentaires de textes en donnera les raisons. On voudra bien ici simplement, après avoir enduré la dangerosité de ce Gnostique enjuivé qu'est Aristote, se souvenir de la leçon du gauchiste subversif qu'est Bonald quant aux raisons de la mort d'un régime ; si les monarchies catholiques d'Ancien Régime sont mortes, c'est qu'elles contenaient dans leurs flancs les germes de leur mort, par là, potentiellement, les possibilités de surgissement du jacobinisme maçonnique. Pour qui entend éviter de réenclencher le processus qui mène au monde contemporain, il appartient au catholique réellement hostile à la judéo-maçonnerie de réinventer l'Ancien Régime, non de le reproduire en cultivant une nostalgie stérile et confortable à l'égard d'une Chrétienté rêvée et, pour le coup, honorée seulement à la manière d'une Idée kantienne de la Raison pure, qui, en tant que reconnue comme inaccessible, seulement régulatrice et non constitutive de l'agir et du faire, ne mange pas de pain, n'oblige pas beaucoup, autorise à « se réfugier dans la prière » et à pratiquer un psittacisme buté, en bramant des lamentations et en fulminant des anathèmes pour se donner l'impression d'être utile. Or cette réinvention — c'est-à-dire cette redécouverte — des grandeurs de l'Ancien Régime, délivrée des pesanteurs résiduelles dynastiques, féodales et théocratiques par lesquelles il était paralysé, passe par l'assomption de l'organicité du fascisme, quelque difficiles qu'aient pu, par accident, être les relations de ses représentants avec le Saint-Siège.

II. De l'aversion contemporaine à l'égard de la philosophie

Il n'est pas facile, en cette fin de deuxième décennie du XXIe siècle, d'intéresser son prochain à la philosophie. Il y a à cela diverses raisons.

Tout d'abord, le mot « philosophie » est confisqué, galvaudé et même souillé par des prostitués de la pensée stipendiés par le système judéo-maçonnique, par là mondialiste — même s'ils se veulent philosophes « républicains », ainsi supposés être attachés à l'idée de nation — auquel ils doivent leur promotion médiatique, académique, universitaire et professionnelle. Est nommé « philosophe » aujourd'hui ce produit télévisé du kantisme mâtiné de spinozisme et modernisé par un zeste de philosophie husserlienne colorée de « pensée » heideggérienne, néanmoins capable de faire mémoire de ses coucheries intellectuelles soixante-huitardes avec le freudisme, le structuralisme, le sartrisme et le marxisme, sans oublier le devoir de conserver quelques traces d'épicurisme et de pessimisme lucrécien accouplés à quelques aspects (les plus subjectivistes) du nietzschéisme pour faire bonne mesure, en se donnant les apparences de la sagesse antique. Au vrai, les « philosophes » contemporains sont les prêtres de la religion de l'homme, les valets de la communauté juive, les agents du mondialisme, par là — au nom d'une conception dévoyée de la liberté — la caution moralisante de l'hédonisme déchaîné par les intérêts de la Haute-Finance. Et l'on comprend sous ce rapport que la philosophie ait pu être dévaluée aux yeux désabusés du peuple souffrant des dysfonctionnements sociaux voulus par les oligarchies qui dirigent les sociétés aujourd'hui : injustices de la fiscalité, de la criminalité, de l'invasion migratoire, de la précarité de l'emploi professionnel, de la domination hautaine et suffisante de la communauté israélite exerçant ce qu'Annie Kriegel osa nommer l'insupportable police juive de la pensée[2]. Ce n'est pas à dire que le peuple serait innocent, nous y reviendrons. C'est-à-dire que le peuple victime de l'oligarchie, qui ne connaît la philosophie que par ceux qui se disent philosophes aujourd'hui, nourrit une suspicion compréhensible à l'égard des bavards improductifs, serviles et amphigouriques, qui prétendent lui donner des leçons de politique et de morale, de savoir-vivre et de savoir penser, mais qui, au nom de cette prétention, se contentent de cautionner les projets et agissements de cette oligarchie spoliatrice et pourrisseuse. Et, quand ils cessent de tancer le peuple, les « philosophes » le flattent en légitimant, au nom de la « dignité de la personne humaine », toutes ses aspirations individualistes, ce qui ne devrait leur mériter — et leur mérite encore, mais de manière seulement implicite — que le mépris du peuple aspirant objectivement, malgré qu'il en ait subjectivement, aux grandeurs politique et morale, et, à travers elles, à la joie abnégative de servir une belle et noble cause.

Une deuxième raison, plus profonde et plus déterminante que la première, explique l'aversion de la modernité pour la philosophie.

On n'a jamais, autant qu'aujourd'hui, célébré dans les mots la dignité de la personne humaine ; jamais on ne l'a aussi mal honorée dans les faits. Devant que de discerner, dans l'homme — en tout homme, quels que soient son sexe, sa race, ses talents naturels, sa position sociale —, une image de Dieu, par là un joyau du Créateur, on s'est mis à réduire l'homme à sa subjectivité, sa nature à sa liberté, son esprit à sa conscience. Ce faisant, on a condamné l'homme à ne plus être capable d'aspirer à d'autres biens que les biens matériels. Les biens sensibles ont raison d'instrument, parce que la personne est irréductible à un paquet de chair et d'os. Quelque système philosophique que l'on convoque pour expliquer la structure ontologique de la personne, tout le monde s'accorde au moins implicitement pour admettre que l'intimité personnelle de l'individu est irréductible à son apparence physique ou à la série de ses manifestations, manières d'agir et manières d'être, même si, il est vrai, celle-là a de fortes raisons — parce qu'il est naturel à l'intérieur de s'extérioriser — de paraître en celles-ci, parfois même à l'insu ou au corps défendant de la première. Mais, parce que la personne est un masque, ainsi que l'indique l'étymologie, elle ne paraît dans sa manifestation que de manière partielle, latérale, fugitive, elle ne s'y épuise jamais, et c'est ce qui fait son mystère célébré par les amoureux et les poètes. Elle est irréductible, en tant qu'être en puissance (de puissance active), à toutes

---

[2] « En confiant au pouvoir judiciaire la tâche détestable de paraître traquer le délit d'opinion et d'expression, en espérant de la concurrence entre organisations "antiracistes" une obsessionnelle chasse aux sorcières qui présente les mêmes excès que n'importe quelle chasse de cette nature, en s'abritant derrière des institutions juives inquiètes pour légitimer une insupportable police juive de la pensée, Michel Rocard devrait s'interroger en conscience s'il ne se prête pas à une assez répugnante instrumentalisation des concepts de racisme et d'antisémitisme en vue d'objectifs peu avouables » (*Le Figaro*, 3 avril 1990).

INTRODUCTION

ses manières phénoménales de s'actualiser. La modernité a absolutisé la subjectivité, elle l'a de ce fait déifiée ; ce qui est divin est infini, répugne à se voir circonscrire dans une manière d'être finie que de surcroît il n'aurait pas choisie, de sorte que ce qui se prétend divin se verra sommé de se soustraire à la causalité d'une nature ou essence, se définissant tel un néant capable de tout, un non-être actif choisissant son être, une indétermination s'autodéterminant ; mais, par là, une subjectivité qui s'absolutise, réduite au néant, maximisera sa prétention à l'aséité en renonçant à elle-même : se définir comme néant d'être, c'est être nihiliste ; être du néant, c'est ne pas être, à moins qu'un tel néant, comme néantisation de toute chose, ne soit aussi immédiatement néant de lui-même et conversion de lui-même en être, néant se réfléchissant, mais c'est là confesser qu'il est créateur et que l'homme est cause de soi, or aucun homme qui n'est pas fou à lier n'en vient à le prétendre. Mais si, par haine d'une nature qui le limiterait, le Moi se réduit au néant, il en vient à plébisciter la réduction de sa personne à son corps, à cette manière chosiste et sensible d'exister chassant la spiritualité d'une âme raisonnable mais marquée par les limites d'une essence. Si par ailleurs les biens matériels ont raison d'instrument, c'est qu'ils sont aimés d'un amour de concupiscence (autant de biens que l'on rapporte à soi) et non d'un amour de bienveillance (les biens que l'on aime en leur étant rapporté, auxquels le Moi est subordonné). Mais en retour l'intériorité déifiée, par là érigée en fin dernière pour elle-même, incapable de tendre vers un bien qui aurait pour elle cette raison de fin à laquelle l'aimant se rapporte, ne pourra par définition aimer que des biens matériels. Parce qu'il est — pour le moins — contre nature de se déifier, le subjectiviste échevelé ne maintiendra son intenable aspiration qu'en ayant recours au mensonge à soi, et l'une des manières, en l'occurrence, de se mentir sera de déifier les sentiments. En son sens vrai, le sentiment n'est autre que ce qu'Aristote, les Scolastiques et le XVIIe siècle français nommaient les passions de l'âme : mouvement de l'appétit sensible (éveillé par une connaissance sensible), irascible ou concupiscible, portant l'homme vers un bien sensible par définition subordonné au Moi ; mais il est dans la vocation de la volonté, appétit rationnel (tendance éveillée par une connaissance intellectuelle, *a priori* focalisée par le Bien qu'elle a vocation à aimer tel un bien qui la dépasse et auquel elle est subordonnée), de se médiatiser dans les passions ; il est ainsi dans la vocation de la volonté de se mettre en relation avec et de s'approprier à l'objet sensible extérieur qu'elle élit en faisant précéder la volition par l'office du mouvement passionnel sur lequel elle exerce un pouvoir politique, de telle sorte que, en tant que mouvements de l'appétit sensible, les sentiments peuvent être exercés en dispensant le Moi qui les éprouve de se subordonner à son objet ; en tant que contigus à la volonté et comme médiatement habités par elle, ils peuvent en venir à se faire passer pour les mouvements de la volonté même, tels des mouvements spirituels, ainsi à se conférer l'apparence et la saveur du sublime sans cesser d'être à la portée des âmes les plus médiocres. Tel est le fond du romantisme, exaltation de la tripe déguisée en esprit, onanisme du cœur, et des derniers avatars du romantisme que sont les productions écrites et cinématographiques célébrant l'amour libre, les campagnes en faveur des pauvres, du Tiersmonde, du respect des immigrés et des animaux, de la démocratie, du droit, de la justice, de l'écologie fondamentaliste, de la solidarité internationale (mondialiste), etc. Quoi qu'il en soit, la promotion de la dignité de la personne humaine ayant été cristallisée, après qu'elle est devenue folle, en subjectivisme, l'homme se voit comme condamné à n'aimer que les biens matériels. Ce qui bien entendu convertit l'art en pornographie, l'esprit d'aventure en expérience des paradis artificiels, le sens du combat guerrier en cette misérable forme de pugnacité résiduelle qu'est l'esprit de commerce, le chevalier et le conquérant en financiers, l'artiste en histrion, l'exigence morale en droits de l'homme, et fait se développer la logique des droits de l'homme selon l'unique pente qu'elle puisse jamais adopter, à savoir la revendication consumériste. Et tout cela est fort nauséabond, qui renvoie les « intellectuels » à la puanteur intestinale des effets d'une intériorité spirituelle dégénérée — par leur office idéologique — en subjectivisme. Leur tâche est dès lors toute tracée, dans la poursuite de leur idéal impossible fondé sur la mauvaise foi : exalter le sens de la transcendance pour donner à nos contemporains le sentiment de s'arracher aux exigences de leurs viscères, ainsi de ne point se réduire à eux, sans toutefois renoncer au subjectivisme ; telle sera la recherche d'une « transcendance dans l'immanence », et c'est sous ce rapport que des philosophies aussi différentes que celles de Husserl, Heidegger, Lévinas, Spinoza, Kant, en viennent à composer les unes avec les autres pour constituer ce corpus idéologique propre à illustrer, en aspirant à la légitimer, la psyché tératologique contemporaine : conserver, sans cesser de se prendre pour fin, toutes les vertus du dogmatisme favorisant en l'homme le souci oblatif des biens spirituels. Depuis le péché originel, il est dans la nature de l'homme de descendre ; seule une authentique aristocratie — celle, religieuse, des saints ; celle, intellectuelle, des théologiens catholiques et des philosophes réalistes capables de ne pas céder aux sirènes du psittacisme générateur de décadence ; celle, militaire et professionnelle, du soldat, du paysan et de l'artisan attachés à leur terre, au souvenir vivant de leurs ancêtres et à leur race — est à même de conjurer cette tendance entropique à la déliquescence définitionnelle des aspirations naturelles de la masse. Or le peuple, quelque gâté qu'il soit par le subjectivisme auquel il ne cessa — pour la raison susdite — de céder complaisamment par suite d'une défection tragique des vraies élites, mais qui ne l'innocente pas pour autant de sa bassesse, nourrit malgré tout la conscience sourde du caractère mensonger du discours dont l'abreuvent les « intellectuels », parce que le productivisme consumériste est structurellement incapable de satisfaire les passions qu'il déchaîne ; il en est incapable d'une part parce que l'infini des passions (infinitisées du fait qu'elles confisquent à leur profit les élans spirituels — en effet infinis — qu'elles détournent de leur vraie fin) répudie par définition toute limite ; il en est incapable d'autre part parce que l'individualisme, corrélat obligé du consumérisme, rend les hommes radicalement ennemis les uns des autres en les rivant à la même chaîne d'une interdépendance technique, dans une hostilité générale qui ne profite qu'au petit nombre des financiers ayant mis la main sur les rouages de l'économie politique, ainsi nationale, mais mondialisée, par là se subordonnant les politiques nationales devenues destructrices du bien commun des nations. Dès lors que le productivisme est incapable de nourrir les frénésies consuméristes tout en entretenant le subjectivisme dont il vit (le déchaînement des appétits sensibles, effet du subjectivisme qu'il renforce en retour, est requis par les conditions techniques de fonctionnement du productivisme), il ne peut que susciter un sentiment croissant de frustration dans les masses abusées, sentiment qui tantôt les dispose timidement à prendre conscience du mensonge des élites, tantôt à renforcer leur subjectivisme en envenimant par là leur frustration. C'est la souffrance qui, dans le peuple, éveille cette timide réminiscence de ses aspirations spirituelles droites, par là lui fait pressentir le caractère mensonger du discours des « philosophes ». Mais, parce qu'il est incapable de se passer de vraies élites, il en vient à développer une animadversion à l'égard de la philosophie elle-même.

Une troisième raison peut être évoquée pour expliquer le désaveu du public à l'égard de la philosophie, et c'est tout simplement que la philosophie s'apprend et suppose effort. Dans un climat intellectuel hédoniste, l'effort est prohibé, puisqu'il s'oppose à la jouissance ; le consumériste n'y consent que pour satisfaire ses désirs immédiats, il répudie par principe tout effort visant à éduquer les désirs eux-mêmes, à les réfréner dans le but de les sublimer ; or c'est à cela que convie la vraie philosophie. À cette raison s'en joint une autre encore, qui consiste dans l'impossibilité radicale pour tout subjectiviste de remettre en question la légitimité de ses appétits et de ses prétentions, puisqu'il se veut absolu ; il se veut parfait en lui-même, n'étant imparfait que par accident (en tant qu'il se trouve être frustré), et ne se révélant frustré que par une « injustice » fondamentale opérée à son détriment par Dieu, par la nature, ou par la société. Posant sa subjectivité telle la norme de toute vérité et de tout devoir, il ne saurait avouer qu'il a vocation à apprendre, à s'assagir, à recevoir un enseignement de quelqu'un de plus savant, de plus sage, de plus intelligent que lui ; il ne saurait même concevoir qu'il pût y avoir des idées vraies destinées à être normatives de sa conscience et de l'usage qu'il fait de sa raison. Il lui suffit d'être une conscience pour être philosophe ; il peut, pour être sage, se passer de maître, de tradition et de travail.

Dans le sillage de la dernière raison évoquée, on peut ajouter ceci :

La profonde décadence intellectuelle, morale et même physique dont sont affligés les peuples occidentaux — et par là tous les peuples de la Terre puisqu'ils n'ont de cesse de vouloir ressembler aux Occidentaux — est l'effet d'une laïcisation — ainsi d'une corruption — de l'idée chrétienne de personne, consistant à substituer à Dieu cette image de Dieu qu'est l'homme, ainsi à mettre l'homme à la place de Dieu. Les effets de cette substitution sont les effets du subjectivisme en lequel elle se résout. Tous les hommes en sont responsables, à des degrés divers, et c'est pourquoi il est injuste, et de surcroît inopérant, de convoquer systématiquement la pression de complots — satanistes, juifs, maçonniques — pour expliquer la décadence ; de même que le corps sain s'accommode, sans rien perdre de sa santé pugnace, de la présence d'une multitude de microbes, de même un peuple non gangrené empêche spontanément les velléités de complots de proliférer dans les sociétés. L'état normal de l'homme capable de subsister en homme, sa condition naturelle, n'est autre que l'héroïsme, c'est-à-dire le choix — toujours à renouveler — de ne jamais consentir à reposer en soi-même, l'irrévocable décision de ne dormir que pour mieux régénérer les puissances de lutter, au lieu de ne consentir à lutter que pour satisfaire les appétits entropiques ; et ce choix est par définition toujours à renouveler, parce que, s'il pouvait être acquis d'une manière définitive sans que son auteur cessât d'être dans le temps, c'est alors que l'on pourrait dormir sans retenue, relâcher sa tension, faire le contraire — en le croyant acquis — de ce que l'héroïsme prescrit. Si l'on se donne le subjectivisme (il suffit pour cela de suivre la pente qui va du nominalisme médiéval à la Réforme, et de cette dernière à l'esprit démocratique, via l'hédonisme de la Renaissance gnostico-panthéiste, en passant par le jansénisme, le gallicanisme et ses succédanés), point n'est besoin de convoquer les Loges ou autres sectes secrètes pour expliquer l'apparition du libéralisme (philosophique et économique : c'est en fait le même[3]), du communisme, du démocratisme égalitaire (entre de petits dieux, seule l'égalité est possible) et de l'hédonisme matérialiste qui les inspire et/ou en lequel ils se consomment en tant qu'ils y trouvent la condition de possibilité de leur exercice. Il reste que les complots se mettent à être terriblement efficaces après que le peuple a consenti à renoncer à l'héroïsme, condition naturelle et normale de toute vie humaine ; c'est l'absence d'héroïsme qui est pathologique, parce que la vie dit la tension, le sommeil se prenant pour fin dit la mort. Et ceux qui fomentent de tels complots agissent dans leur propre intérêt, qui ne coïncide pas avec les raisons avouées de leurs démarches visibles. Le subjectivisme est contradictoire, qui aspire à s'universaliser pour se légitimer (je suis Dieu à raison du fait que je suis homme, or je suis homme parmi les hommes, donc nous sommes tous des dieux : *homo homini Deus*), cependant qu'il est dans la logique du subjectiviste d'affirmer sa toute-puissance au détriment d'autrui (*homo homini deus, quapropter homo homini lupus*) : il n'y a qu'un seul Dieu, car Dieu est raison et fin de toute chose ; s'il y avait plusieurs dieux, chacun serait cause et effet, moyen et fin en même temps et sous le même rapport ; or l'homme est Dieu, donc chaque homme aspire à se faire adorer par autrui en se le subordonnant. L'incompatibilité entre les deux exigences peut être en partie levée si et seulement si, dans une perspective panthéiste, tous reconnaissent l'existence d'une substance divine de type spinoziste, mais qui prend conscience d'elle-même en chacune des subjectivités humaines se révélant ainsi chacune telle une hypostase ineffable de la même divinité ; tel est bien au fond le contenu

---

[3] Thierry Maulnier écrivit avec raison : « Démocratie et capitalisme ne sont qu'un seul et même mal : on les abattra en même temps. » Sa seule erreur est d'avoir cru qu'il pourrait contribuer à les abattre en se faisant « vichyste résistant ».

fondamental du projet mondialiste, de Joachim de Flore à la judéo-maçonnerie actuelle, en passant par le communisme, lequel, au reste, aura vocation à être réhabilité quand le mondialisme bancaire, gravide de toutes les richesses mondiales, n'aura d'autre vocation que de se comporter en gestionnaire socialiste d'une puissance privée mais devenue publique par exténuation à son profit de toutes les autres puissances privées. Pourtant, quelque chose demeure de la contradiction ci-dessus évoquée dans cette solution mondialiste : une substance divine (l'univers), unique à raison de sa perfection aséique même, répugne à ne prendre conscience d'elle-même qu'en une multitude virtuellement infinie d'hypostases qui, pour ne pas se réduire à de pures apparences, doivent différer réellement les unes des autres, mais par là doivent n'exprimer chacune qu'imparfaitement le tout potentiel dont elle se veut l'actualisation ; si en effet le tout de la substance divine se disait exhaustivement, tout entier et totalement, dans chacune de ses manifestations conscientielles, chacune d'entre elles serait parfaite en tant même que divine, mais par là toutes se confondraient les unes avec les autres, car le parfait dit le maximum, or il ne peut y avoir plusieurs maxima dans un genre donné (s'il y en avait plusieurs, chacun serait supérieur et inférieur aux autres en même temps et sous le même rapport). Puis donc que ce mondialisme fondé sur l'affirmation de la divinité de l'homme est au fond contradictoire, il est inévitable que ceux qui entendent le promouvoir — à savoir au fond tous les hommes qui y consentent de manière tacite en plébiscitant le subjectivisme, soit encore l'immense majorité de nos contemporains — procèdent pour ce faire chacun, d'abord, dans son propre intérêt, en convoitant pour un avenir indéterminé une égalité objectivement impossible et subjectivement incertaine, mais précédée par une inégalité certaine au profit de chacun des protagonistes ; et il résultera de cet inévitable conflit la tyrannie des plus forts, c'està-dire des plus riches, des plus démagogues, des plus corrupteurs et des plus furieusement menteurs, ainsi de ceux qui sauront avancer masqués, visant leur propre hégémonie (exaltant leur différence) en diffusant une propagande égalitaire (exaltant le mélange) destinée à affaiblir tout ce qui n'est pas eux. C'est pour cette raison que la forme que prend l'activité de la Subversion est nécessairement celle de sectes inégalitaires intéressées, dans la diffusion du subjectivisme égalitaire, d'une part à détrôner les aristocraties naturelles et réelles, d'autre part à se donner une légitimation morale (tout pécheur doit se mentir pour consentir au péché), en troisième lieu à river le subjectiviste de bas étage à ses vices pour le plonger dans une décadence qui le rend malléable et même complice de la puissance qui l'avilit, en tant qu'elle nourrit ses vices : même une velléité de révolte contre le cynisme de l'oligarchie sectaire du mondialisme bancaire sera assez spontanément refoulée non seulement par les membres de la secte (quelque nom qu'on lui donne), mais encore par les dominés eux-mêmes qui, passionnément attachés à leur subjectivisme, ne pourraient faire le procès de leurs tyrans qu'en faisant leur propre procès. On comprend, dans cette perspective, que les affidés du mondialisme aient intérêt à se subordonner les cohortes de ces misérables professeurs d'idéologie démocratico-mondialiste que sont devenus, avec les hommes politiques et les journalistes, les professeurs de philosophie. Plutôt qu'à enseigner la vérité tout en s'efforçant à approfondir la connaissance qu'ils en ont, ils auront la charge de répandre l'idée selon laquelle chacun a sa vérité, que toute opinion est vérité (sauf le dogmatisme : pas de liberté pour les ennemis de la liberté), que la liberté de conscience est un absolu parce que, au fond, la vérité est inconnaissable. Être adulte, pour ces vieux enfants irréalistes que sont les « enseignants » passés de l'école de leur adolescence à l'école de leur préretraite sans avoir jamais rencontré la vie réelle, c'est « développer son esprit critique », « construire une pensée personnelle », « s'émanciper de tous les dogmatismes », etc. Il n'est pourtant pas un acte d'obéissance qui ne s'accompagne d'une instance d'esprit critique : le poids mort n'obéit pas, il subit dans l'indifférence ; obéir est consentir à l'ordre reçu, ainsi choisir, mais c'est par là délibérer, peser, juger ; tout autant, il n'est pas d'esprit critique qui ne consente à s'accompagner d'obéissance : délibérer, juger, c'est comparer, en appeler à l'aune d'un idéal de perfection mesurant les droits de chaque occurrence à être préférée aux autres, or cet idéal de perfection ne saurait être choisi puisqu'il est principe de choix, ce qui revient à admettre que l'esprit libre responsable de ses choix n'est tel qu'à proportion de son pouvoir de reconnaître la valeur dogmatique de principes de connaissance et de principes moraux donnant à l'esprit d'être maître de ses actes à raison même du fait que ces principes le conditionnent sans lui demander son avis ; aussi, quand il est question d'exténuer le véritable esprit critique, est-il rationnel d'exacerber sans mesure le désir de l'exercer, ainsi de le faire périr d'intumescence ; et c'est bien ce qui se produit : on n'a jamais été aussi conformiste que là et quand on a invité chacun à ne reposer que sur lui-même ; les personnes ne se sont jamais autant ressemblé — au point d'en devenir interchangeables — que lorsque chacune a prétendu cultiver sa différence avec plus d'acharnement. La servilité des masses abruties par la « philosophie » des « Lumières » est aujourd'hui sans précédent ; elles acceptent tout sans broncher : le juge et le gendarme protègent la truanderie contre les gens honnêtes, l'invasion migratoire spoliant le peuple autochtone est financée par les économies de ce dernier, la haute finance ruine les classes moyennes en réduisant l'État au statut de factotum des banques chargé de les enrichir par le moyen de l'impôt, etc. ; et ces masses plébiscitent avec acharnement leur dépendance au nom de la liberté de penser.

Mais, dans ce contexte fondamentalement individualiste et sceptique (le scepticisme étant l'individualisme de la raison : n'adhérer intellectuellement qu'à ce qui ne convient qu'à mon esprit, par là seulement à ce qui perd toute valeur normative de l'intellect), y a-t-il encore quelque chose à apprendre ? La philosophie est évacuée aussitôt que formulée : l'ultime vérité est qu'il n'y a pas de vérité autre que partielle et provisoire.

Pourtant, on ne saurait se passer de philosophie.

INTRODUCTION

D'aucuns considèrent aujourd'hui, dans le camp des réactionnaires, que notre temps n'est plus à penser mais à prier, parce que la pensée relèverait de l'ordre naturel et non de l'ordre surnaturel seul adéquat — tant la crise est profonde — à offrir les moyens d'un salut. De manière générale, il existe contre la philosophie, chez les croyants, un préjugé tenace selon lequel, en dernier ressort, l'activité philosophante est aujourd'hui obsolète : elle fut nécessaire quand il s'agissait d'élaborer les dogmes, elle fut opportune avant la Révélation, mais au fond, à présent que l'homme est doté du vin de la Vérité révélée, de la puissance incomparable des sacrements, il n'a plus besoin de l'eau souvent trouble de la simple sagesse humaine ; une belle famille, une paroisse, un bon prêtre, un métier honorable, quelques passe-temps vertueux, tout cela suffit à assurer son salut, le reste n'est que curiosité et sophistication malsaines.

Il demeure qu'on ne saurait se passer de philosophie, d'abord parce que la religion — qui jouit du privilège évident de dévoiler, en dispensant le croyant de se livrer à des spéculations laborieuses, le règne des fins dernières — invite l'homme à croire ; or il est nécessaire, pour croire, de *savoir* que l'on croit, et de *savoir* ce que l'on croit ; mais si la religion convoque le savoir, elle convoque la raison et, convoquant la raison, elle se met en demeure d'inviter la raison à se donner des raisons de croire ; c'est au reste ce qui fonde les « *preambula fidei* », et qui par là habilite la raison à s'excéder dans la foi sans renoncer à elle-même (en sorte que la nature n'est pas détruite par la surnature mais perfectionnée par elle), et qui permet à la foi de n'être pas aveugle, en sorte telle que la seule vraie foi (la foi catholique) trouve par là le moyen de se distinguer des fausses du point de vue même de la raison. Toutefois, inviter la raison à se reconnaître des raisons de croire, cela revient à dire que la raison doit se donner des raisons de renoncer à rendre raison de tout. Or, pour ce faire, la raison doit se révéler apte à délimiter le champ de ce qu'elle est, naturellement, capable de connaître, ainsi doit-elle être à même de fixer la limite de ce dont elle est capable de rendre raison, afin de savoir qu'il existe un au-delà — accessible à la seule croyance — de la raison, ce qui revient à dire qu'elle doit, pour croire, s'objectiver sa limite, cependant que s'objectiver sa limite revient à l'excéder : affirmer l'existence d'une réalité dont l'intelligibilité est supposée dépasser ses pouvoirs de connaître, c'est, pour la raison — qui, à peine de se trahir, n'affirme rien sans raison — connaître — fût-ce confusément — cet absolu de l'intelligibilité, ainsi de la rationalité, à l'aune duquel elle est à même de prendre acte de sa propre finitude ; mais connaître un tel absolu revient à confesser qu'elle est infinie, au moins potentiellement ; **la raison doit ainsi, paradoxalement, se savoir infinie pour se déclarer finie sans sombrer dans la contradiction, cependant qu'elle doit se déclarer irréductiblement finie pour se reconnaître invitée à croire.** Observons que l'infini concret, à distance de cet indéfini qui n'en finit pas de finir, ou mauvais infini de la réitération indéfinie du fini, est cet infini se donnant la forme d'une victoire éternelle sur le fini qu'il assume, sans quoi, supposé exclusif du fini, l'infini — par là abstrait — serait d'un côté quand le fini serait de l'autre, mais cela reviendrait à laisser le fini limiter l'infini se voyant interdire de prendre toute la place, par là sommé de dégénérer en fini. **Puis donc que la raison doit être, «** *secundum quid* **», infinie (pour se savoir finie), elle doit avoir la forme d'un acte de s'identifier à soi par réflexion (identité à soi par négation de sa propre négation), laquelle est cette forme même définitionnelle de l'infini concret ; mais, parce qu'elle doit se savoir finie (pour accéder à l'ordre de la foi), la raison doit, sans renoncer à sa forme réflexive, n'être pas la raison suffisante de cette réflexion qu'elle exerce, et c'est à cette condition qu'elle est sans contradiction finie et infinie, par là habilitée à se reconnaître des raisons de croire**. Or la philosophie est cette entreprise rationnelle consistant à remonter au principe premier de toute chose, jusques et y compris de la raison elle-même (si la raison était ce principe même, elle n'éprouverait pas le besoin de se mettre en quête de lui), ce qui revient à dire qu'elle présuppose — à charge pour elle de rendre postérieurement raison de la légitimité de cette présupposition — son aptitude à remonter au principe et à l'identifier comme principe, ainsi son pouvoir de s'emparer, sans s'identifier à l'Objet qu'elle cherche, de l'intelligibilité du principe ; force est d'en conclure que l'ouverture à la foi présuppose une démarche au moins implicitement philosophique ; ce n'est pas à dire que cette honorable et émouvante « foi du charbonnier » ne serait pas une vraie foi ; c'est-à-dire que le « charbonnier » exerce sur le mode intuitif la démarche philosophique requise pour consentir à la foi. En retour, une telle démarche menée sans considération de l'ordre de la foi dispose en droit la raison à s'ouvrir à la foi, pour autant que cette dernière — vertu infuse, don gratuit — consente à l'habiter.

Quant aux savoirs non philosophiques, ils ne concernent, comme chacun sait, que la considération des causes secondes et, quand ils se font savoirs expérimentaux, ils n'ont affaire — et encore dans des résultats toujours provisoires — qu'au domaine du « comment » et non à celui du « pourquoi », de sorte que la considération des fins dernières, quand elle n'est pas comblée par la foi, relève exclusivement de la philosophie ; et les résultats de la science sont toujours provisoires, ainsi par définition à jamais insatisfaisants du point de vue spéculatif, puisque le véritable critère de scientificité d'une théorie n'est pas sa capacité d'être vérifiée, mais sa « falsifiabilité », ainsi que l'a établi Karl Popper, qui eût mieux fait, plutôt qu'à se faire le chantre libéral de la « société ouverte », et à ce titre l'inspirateur de la pieuvre nommée George Soros, de limiter ses analyses au domaine de la stricte épistémologie.

De surcroît, non seulement il est impossible de ne pas philosopher sans cesser d'être pleinement homme, mais encore, d'une certaine façon, tout homme a, au moins une fois, philosophé dans sa vie. En effet, si l'acte de définir l'essence des mathématiques n'est pas une opération mathématique, en revanche l'acte de définir la philosophie est un acte philosophique ; on peut s'interroger devant un programme de théâtre ou de concert dont la lecture du contenu conditionnera la décision d'assister au spectacle ou de le négliger ; on pourrait penser qu'il en est de même pour la philosophie : on décide d'en faire ou de n'en point faire en s'enquérant de sa définition ; mais précisément, s'interroger sur

INTRODUCTION

sa définition dont la connaissance serait supposée décider du choix d'en faire ou de n'en point faire, c'est déjà en faire. La philosophie ne nous demande pas notre avis, elle nous requiert, et nous sommes embarqués avant même d'envisager de lui désobéir. Et cela subsiste en contexte de foi religieuse parce que, si la foi nous enjoint, pour sa propre préservation, de développer des raisons de croire, elle nous invite en retour, avec la même autorité — et afin de coopérer à son emprise sur l'intellect — à développer une intelligence de la foi, laquelle intelligence convoquera pour ce faire les résultats de la spéculation philosophique : il est de foi de croire que la foi passera, qu'elle a vocation à se dissoudre — plutôt à s'achever, aux deux sens du terme — dans la vision directe de Ce à quoi elle donne accès ; or, quand une chose se parfait dans l'acte qui la supprime en la convertissant à ce qui la sublime (la chrysalide se parfait dans l'acte de se renier dans la position du papillon), elle procède de ce en quoi elle se sublime (la chrysalide est engendrée par le papillon) ; aussi, puisque la foi a vocation à se sublimer en intellection, c'est qu'elle procède de la Raison, non certes de la raison humaine, mais de cette Raison dont la raison humaine est une similitude participée ; et ce qui procède est analogiquement de même espèce que son géniteur ; la foi est d'espèce rationnelle, de sorte qu'il est dans la vocation de la foi d'offrir son contenu — moyennant le respect de son intégrité, moyennant par là la soumission de la raison à l'autorité qui garantit une telle intégrité — à l'appétit de la raison ; ce qui est bien l'intelligence de la foi.

Aller aussi loin que possible dans la ligne purement naturelle (non surnaturelle) de la simple raison, c'est encore rendre un hommage au Créateur glorifié par l'exercice — par les créatures — des dons naturels qu'Il leur a faits. S'en dispenser équivaut à considérer que, dès que porté par la foi, l'homme peut se dispenser d'user de sa raison spéculative qui pourtant le définit en tant qu'homme, comme s'il pouvait se dispenser d'être homme en devenant croyant. Mais c'est là jouer à l'ange sous couvert d'humilité. Aussi assiste-t-on à ce spectacle navrant et par trop répandu chez les croyants, d'une pratique religieuse régulière farcie de bonne conscience, accompagnée d'un usage exclusivement technique, économique et financier des pouvoirs de la raison (« pour la bonne cause », dira-t-on bien sûr, « afin d'aider les pauvres et de nourrir nos bons prêtres ») trouvant en cet exercice comme une compensation à l'interdit dont elle serait frappée dans l'ordre spéculatif du fait de la primauté de la foi ; et puis, mon bon Monsieur, ma bonne Dame, vous savez combien — c'est là l'édifiant discours mellifue du clerc bien nourri —, prenez acte de la dangerosité de l'activité philosophique, on frôle des précipices à tout instant ; la réflexion personnelle est porteuse d'interrogations inquiétantes gravides de révoltes ; la philosophie est une chose trop dangereuse pour être confiée aux philosophes ; laissons les théologiens s'en charger, qui, dans le souci de ne point prendre de risques inconsidérés, ainsi dans le souci du respect d'une stricte orthodoxie, s'en tiendront à un psittacisme thomiste en lequel il ne sera permis de se poser que les questions que l'Ange de l'École a posées, de telle sorte qu'on évitera par là, soigneusement, de se poser les questions que les modernistes se sont posées, qui étaient de vraies questions, et auxquelles ils ont répondu de manière erronée. Et l'on ne voit pas pourquoi ces derniers se gêneraient pour continuer à professer l'erreur, puisque les réactionnaires supposés les combattre se refusent à répondre à ces questions, en excipant du fait qu'il s'agirait là de fausses questions formulées par de mauvais esprits déjà tournés vers le mal pour oser y penser.

Ce sont là autant d'arguments en vertu desquels, quand bien même l'esprit de ce temps sans esprit interdit de conférer à la philosophie le statut de science et de discipline sérieuse, un reliquat de lucidité, ainsi de liberté, ne peut pas ne pas inviter nos contemporains, du fond de leur abîme de malheur vécu — selon le mot de Robert Musil — sur le mode de « joyeuse apocalypse », à faire retour à l'austère souci de la spéculation philosophique. Puissent les dissertations et commentaires de textes ici proposés contribuer à réveiller un tant soit peu un tel souci. L'auteur s'est efforcé à rédiger ces devoirs selon un contenu et une forme qu'il eût aimé proposer à ses élèves s'il avait joui du privilège de penser sereinement dans un pays libre.

Lorsque la pensée s'expose dans la forme de la dissertation et du commentaire, elle convoque divers éléments de doxographie, diverses analyses conceptuelles, divers raisonnements et segments de raisonnements, qui, parce que la loi du genre veut que chaque devoir soit supposé constituer un tout autonome, sont inévitablement, au gré des problématiques dégagées à partir des intitulés, reproduits à plusieurs reprises. Le lecteur voudra bien pardonner à l'auteur ces fastidieuses répétitions, dont le nombre sera limité autant qu'il sera possible, par le procédé de renvois d'un devoir à l'autre.

PREMIER DEVOIR
— commentaire de texte —

Nul ne peut voir par-dessus soi.

« Nul ne peut voir *par-dessus soi*. Je veux dire par là qu'on ne peut voir en autrui plus que ce qu'on est soi-même, car chacun ne peut saisir et comprendre un autre que dans la mesure de sa propre intelligence. Si celle-ci est de la plus basse espèce, tous les dons intellectuels les plus élevés ne l'impressionneront nullement, et il n'apercevra dans cet homme si hautement doué que ce qu'il y a de plus bas dans l'individualité, savoir toutes les faiblesses et défauts de tempérament et de caractère. Voilà de quoi le grand homme sera composé aux yeux de l'autre. Les facultés intellectuelles éminentes de l'un existent aussi peu pour le second que les couleurs pour les aveugles. C'est que tous les esprits sont invisibles pour qui n'a pas soi-même d'esprit ; et toute évaluation est le produit de la valeur de l'estimé par la sphère d'appréciation de l'estimateur.

« Il résulte de là que lorsqu'on cause avec quelqu'un on se met toujours à son niveau, puisque tout ce qu'on a au-delà disparaît, et même l'abnégation de soi qu'exige ce nivellement reste parfaitement méconnue. Si donc on réfléchit combien la plupart des hommes ont de sentiments et de facultés de bas étage, en un mot combien ils sont *communs*, on verra qu'il est impossible de parler avec eux sans devenir soi-même *commun* pendant cet intervalle (…). On comprendra également qu'en présence d'imbéciles et de fous il n'y a qu'*une seule manière* de montrer qu'on a de la raison ; c'est de ne pas parler avec eux. »

Schopenhauer (Arthur), *Aphorismes sur la sagesse dans la vie*, Quadrige, PUF, 17e édition, 1985, chapitre V (« Parénèses[1] et maximes »), III, 23, p. 127-128.

---

[1] ἡ παραίνεσις : exhortation, conseil.

En notre époque insane qui voit l'homme adorer l'homme et qui proclame l'égalité de tous les hommes en les déifiant, un tel discours, dans sa violence même, a quelque chose de roboratif et de franchement réconfortant ; si, comme le disait Paul Valéry, « voir clair, c'est voir noir », on peut dire que Schopenhauer voit très clair. L'athéisme détestable de cet auteur ne doit pas nous faire oublier qu'il fut antidémocrate, antisémite, et misogyne, ce qui eut le mérite de le dispenser d'être féministe, de s'abaisser à ce « plaisir de pédéraste » (*dixit* Baudelaire, qui avait le tort de parler là des femmes intelligentes) en quoi consiste l'acte de prendre au sérieux la logorrhée des « femmes qui pensent » et qui « prennent leur cul pour leur cœur » en croyant « qu'on a inventé la lune pour éclairer leur boudoir » (Flaubert). Contre l'adoration de l'homme par l'homme, l'excès qu'est la misanthropie est reçu comme un baume. Mais on se souviendra, dans le traitement de la réflexion critique, que ce qui peut avoir valeur de remède ponctuel n'en est pas moins, considéré en soi, quelque chose relevant de l'excès, et l'on se gardera d'oublier que les contraires sont des déterminations qui s'opposent en tant qu'elles appartiennent au même genre, nourrissant par là l'une pour l'autre une solidarité inavouée, et même celée, ainsi d'autant plus dangereuse que plus celée.

L'auteur entend ici souligner les limites de l'intersubjectivité. Il y a possibilité de relations intersubjectives réussies seulement s'il y a possibilité pour les deux protagonistes de s'estimer réciproquement, et cette estime, ou amitié inchoative, suppose une certaine parité dans la répartition des talents. **Il faut voir ce dont on manque pour voir qu'on en manque, mais, dans l'ordre de la connaissance, on le possède aussitôt qu'on le voit, et ainsi on n'en manque pas ; dès lors, si l'on en manque, on ne peut le savoir, et l'on ne peut reconnaître en l'autre ce dont on pourrait s'enrichir.** Il est vrai que Schopenhauer semble aller jusqu'à douter de l'utilité des relations avec autrui quand il est inférieur, parce que d'une part ce dernier ne comprend rien, d'autre part le supérieur n'apprend rien et n'est pas compris, au point que les hommes semblent ne pouvoir communiquer que par le bas : que les crétins fraient avec les crétins, que les génies fraient avec les génies, dans une indépassable incommunicabilité exclusive de tout progrès des masses, de toute solidarité entre humains fondée sur leur identité spécifique. En fait, en considérant le texte avec plus d'attention, on s'aperçoit que l'auteur montre seulement que la relation intersubjective ne va pas de soi, et qu'elle requiert une similitude, une parité de talents certes, mais aussi et peut-être surtout des qualités d'âme, ainsi des qualités relevant des *vertus morales*. L'auteur parle en effet de « **sentiments** et de facultés de bas étage », c'est-à-dire quelque chose qui ne relève pas seulement des performances purement intellectuelles : il y a là un aspect moral, l'indication qu'on est responsable de sa bassesse, car la qualité d'un sentiment n'est pas affaire de seule intelligence ou de pur savoir, cependant qu'elle entretient une relation indirecte ou médiate avec l'intelligence, en ce sens que le pouvoir politique de la volonté sur les passions habilite ces dernières à se rendre porteuses d'une intention volitive elle-même immédiatement liée à l'intellect en tant qu'il en est le principe d'actualisation ; ce qui suggère l'idée que les qualités de cœur et les vertus morales peuvent rendre intelligent jusqu'à un certain point, et favoriser l'exercice de cette perfectibilité inhérente à l'intelligence en tant qu'intelligence : si l'objet propre de l'intellect humain est la quiddité du sensible, son objet adéquat est l'être en tant qu'être ; aussi le dernier des intellects dans la hiérarchie des êtres intelligents, par là qu'il a l'être en tant qu'être pour objet adéquat, contracte quelque forme de cette infinité définitionnelle de l'idée d'être ; si ses performances rationnelles (la raison est l'intellect en tant qu'il se meut) se révèlent de fait limitées, il n'en reste pas moins potentiellement capable — pour autant que soient améliorées les puissances opératives coopérant extrinsèquement à l'acte d'intellection (sensibilité, puissance de perception, imagination, mémoire) — d'un progrès indéfini. L'homme médiocre est un sot, mais il est sot d'abord parce qu'il est impudent, ridiculement suffisant et effronté, quelqu'un qui ramène tout à l'aune de sa propre médiocrité, qui est incapable d'admirer, qui est mû par la vanité, par l'envie, par le ressentiment égalitaire, bref, par le subjectivisme ; et il faut bien avouer, pour le malheur du genre humain, que le subjectivisme n'est pas l'apanage des sots. En fait, l'inégalité des talents n'exclut pas l'universalité de la raison et la présence de cette dernière en tout homme, lequel peut bien, s'il est honnête et humble, reconnaître la supériorité d'autrui et s'ouvrir à elle avec fruit. La problématique dont ce texte se veut le traitement consiste dans le paradoxe qui veut que les hommes doivent être pairs afin d'être complémentaires, c'est-à-dire à la fois égaux (pour être pairs) et inégaux (différenciés afin d'être complémentaires). L'auteur, dont le pessimisme complaisant durcit le fait de l'incommunicabilité entre personnes de niveau intellectuel et culturel différent, s'oppose à la tradition socratique qui plaide pour le dialogue afin d'éviter la violence (ce qui n'empêchait pas Socrate de nourrir une hostilité de principe à l'égard de la démocratie, mais une hostilité raisonnée, non ablative de la sociabilité et de l'amitié naturelle sur laquelle elle se fonde, étant elle-même fondée sur l'unité de l'espèce) ; la sagesse consiste, pour Schopenhauer, à refuser le dialogue.

On croit trop souvent que, la subjectivité étant indivisible et absolue à sa manière, alors, chaque sujet étant aussi absolument une subjectivité qu'un autre, tous les hommes seraient susceptibles, étant des pairs sous le rapport de la vie subjective, de se comprendre également, ainsi de se juger, de s'estimer et de s'aimer également. On croit même, dans cette perspective, que ce sont les barrières et conventions sociales qui compromettraient la réussite des relations intersubjectives, et que l'égalité politique rendrait possible l'instauration de la fraternité universelle. Rien n'est plus faux. Il y a une certaine incompréhension, une certaine incommunicabilité entre les personnes qui ne sont pas du même du rang, et cette incommunicabilité, fondée sur des différences de talents, est paradoxalement l'envers de la condition de l'amitié entre les hommes : ils ne sont amis que s'ils sont complémentaires, ils ne sont complémentaires que s'ils sont différents, ils ne sont différents que s'ils sont inégaux. C'est en effet seulement s'il y a conscience — facilitée par les différences sociales reconnues comme telles dans leur légitimité — de ces différences, qu'il est donné aux hommes inférieurs d'entrevoir la supériorité des meilleurs, ainsi de la reconnaître, de l'apprécier, et d'exercer leur jugement en s'élevant eux-mêmes au niveau de leurs interlocuteurs. C'est donc l'inégalité politique, seule capable d'entériner et de rendre visibles les inégalités naturelles, qui rend possible l'intersubjectivité entre personnes inégales.

Dans les phrases 1 et 2, l'auteur établit qu'on ne peut juger autrui qu'avec l'intelligence dont on dispose, et, même avec la meilleure volonté, on ne peut voir de lui que ce que l'on est capable d'apercevoir, qui dépend de ce qu'on est. **Juger, c'est comparer, et l'on ne peut comparer, selon l'auteur, qu'avec le critère de comparaison dont on dispose, à savoir sa propre intelligence limitée. Ce qui est à voir est ce par quoi l'on voit, l'homme peu intelligent se connaît mal et ignore sa propre limite ; aussi ne voit-il pas ce qui la dépasse, et cela, d'une certaine façon, condamne tout imbécile à être un imbécile satisfait, soit encore à être doublement un imbécile, qui plus est un imbécile insupportable.** C'est pourquoi, au reste, la démocratie est toujours un leurre, même avec des gens vertueux, même dans le contexte d'une démocratie dite chrétienne supposée innocente du dogme de la souveraineté populaire ; un homme médiocre ne peut élire que ceux qui lui ressemblent, ceux dont il saisit les vertus.

Dans les phrases 3 à 5 (fin du premier alinéa), l'auteur procède au développement de sa thèse centrale ; d'un homme supérieur, le médiocre ne saura pas apprécier la supériorité, il aura même tendance, par envie ou ressentiment, par subjectivisme, à n'en voir que les défauts ; plus on est intelligent, mieux on est capable de savoir que l'on peut être dépassé, mieux on est attentif à la supériorité d'autrui. Plus on est bête, plus on a tendance à se comparer, parce que, dans cette comparaison, on vise à se hausser au-dessus d'autrui en faisant de sa propre médiocrité la norme de ce qui doit être. Ce qui revient à dire que l'égalité n'est un dogme que pour les médiocres, pour ceux qui sont trop faibles pour oser s'affirmer supérieurs aux autres mais qui convoitent secrètement cette prétention à travers leur passion furieuse pour l'égalitarisme. La revendication égalitaire est le moyen, pour les médiocres, de se soustraire à l'épreuve de la supériorité des meilleurs, qui les offense ; à défaut de leur être supérieurs, ils les abaissent. Ce diagnostic, pessimiste et unilatéral, mais porteur d'une triste vérité, nous invite à proposer une remarque critique : si seul l'esprit reconnaît l'esprit, c'est parce que la raison reconnaît sa nature dans celle de l'autre, de sorte que celui qui est privé de raison ou n'en possède que peu ne saurait reconnaître la raison dans l'autre ; il ne la reconnaît pas en lui-même, est incapable de se l'objectiver, par là de la dépasser, et de ce fait de s'ouvrir à plus que soi ; il ne se fait de l'intelligence en général que l'idée qu'il s'en forge à partir de sa propre intelligence qu'il prend pour mesure ou étalon, maximum possible, et il n'en peut être autrement semble-t-il, parce que, si juger est comparer à un maximum (telle chose est grise parce que je la compare au blanc idéal), juger l'intelligence est la comparer au maximum de l'intelligence, lequel ne peut être connu, au premier abord, que par l'intelligence absolue parce que, ici, l'objet et le sujet sont un, et plus précisément parce que si j'ai en moi-même l'idée du maximum de l'intelligence, c'est que je suis cette intelligence maximale, dès lors que *l'intelligible en acte est l'intellect en acte* : **on peut connaître quelque chose sans le posséder, mais, dans le cas de l'intelligence, c'est-à-dire de la possession intellectuelle, connaître est posséder ; on ne peut connaître ce que c'est que d'être intelligent qu'en étant soi-même intelligent (on ne peut savoir qu'on manque de quelque chose qu'en sachant ce dont on manque, mais savoir, pour l'intelligence, c'est posséder, donc elle ne peut savoir ce dont elle manque que si elle n'en manque pas)** ; cela dit, s'il fallait être doté d'intelligence divine ou absolue pour être en mesure de reconnaître qu'on est intelligent et pour s'habiliter à mesurer son propre degré d'intelligence, personne ne serait capable de développer des relations intersubjectives réussies, fors le Dieu Trinitaire seul disposé à faire dialoguer des Personnes dans l'immanence d'une unique substance, et nous ne serions pas là pour nous interroger sur les conditions de possibilité d'une intersubjectivité féconde. En retour, s'il est possible de reconnaître dans l'autre la nature de sa propre raison (l'auteur l'admet quand les hommes sont d'intelligence égale), c'est que les deux hommes sont les individuations d'une même raison : ils ont même nature, ils sont commensurables, la différence n'est que de degré dans l'usage que chacun fait d'une raison qui leur est commune, et, parce qu'elle leur est commune, l'inférieur peut s'ouvrir — contre l'avis de l'auteur — à ce qui le dépasse. Au reste, si l'auteur avait absolument raison, les génies ne seraient accessibles qu'à leurs pairs, et l'éducation serait impossible : les peuples progressent sous l'influence des génies dont le savoir est de ce fait communicable. Tout homme a en lui-même de manière infiniment obscure le maximum de la raison sous la forme du cogito : le cogito, la conscience de soi, est une identité à soi réflexive, un acte de s'atteindre par retour circulaire sur soi, un acte de *poser* le point de départ ; le modèle de l'intuition, ou donation immédiate d'un connaissable évident, est le cogito : on ne peut douter qu'on pense puisqu'il faut penser pour douter ; mais ce qui est identité à soi réflexive, comme acte de position terminale du départ, est la forme non développée, rassemblée dans l'acte d'une intuition simple, d'un discours systématique idéal consistant à rendre raison de ce dont on part, ainsi est-ce la forme de ce qui rend raison de soi ; on peut ainsi constater que l'opposition pascalienne entre l'esprit de finesse fait d'intuition, et l'esprit dit « de géométrie » fait de discursivité nécessaire, se résorbe quand on considère ces deux esprits dans leurs réalisations absolutisées. Un ordinateur doté d'intelligence artificielle, quel que soit son formidable degré de complexité (d'aucuns craignent qu'il n'en vienne à supplanter le magistère humain sur les choses), ne sera jamais capable de tenir un discours systématique. Il ne sera jamais capable de philosopher, c'est-à-dire de remonter au principe premier de toute chose : le Premier est ce qui rend raison de toute chose *et* qui rend raison de soi, autrement il est suspendu dans le vide ; et il est ce qui est capable de rendre accessible au philosophe, dont il rend ontologiquement raison, le processus logique à raison duquel il rend raison de toute chose en rendant raison de soi ; le Premier est ce qui sait faire se *réfracter*, dans l'esprit de ceux dont il rend raison (ainsi dans les effets dont il est la cause première), le processus par lequel il rend raison de lui-même en rendant raison d'eux ; il donne libéralement, à ceux dont il rend ontologiquement raison, le privilège de rendre logiquement raison de leur affirmation de lui. Et un ordinateur sera à jamais incapable d'être constitué en organe d'une telle réfraction, car il y a, quant à la forme, convertibilité entre rationalité absolue ou systématique, et cogito ; or l'ordinateur ne saurait exercer un cogito parce qu'il est requis pour cela d'être immatériel : la matière est « *partes extra partes* », incapable de coïncider tout entière avec elle-même tout entière, l'œil ne voit pas l'acte de voir, alors que l'acte de penser est pensable ; donc un ordinateur ne saurait philosopher. Mais le dernier des esprits peut ce dont le plus puissant ordinateur est incapable, parce qu'il est cogito en tant qu'il est esprit. Tout homme étant capable d'exercer le cogito, tout homme a potentiellement le maximum de la raison, sans être raison suffisante de la raison qu'il exerce et en laquelle un Moi se constitue, et c'est en quoi tout Moi est naturellement « *imago Dei* », et gratuitement « déformable ».

Dans le deuxième alinéa, Schopenhauer entreprend de montrer que l'on ne peut instaurer une relation intersubjective qu'en se mettant au niveau de l'autre et, parce que le petit est incapable de s'élever, c'est au grand qu'il appartient de s'abaisser, mais de ce fait il masque ce qu'il est, et la relation intersubjective est brisée : le meilleur ne se livre pas, il ne livre qu'un fantôme de lui-même. Même l'effort visant à s'abaisser pour se mettre au niveau d'autrui (vertu morale, abnégation) n'est pas aperçu de lui, qui de ce fait n'en conçoit aucune reconnaissance, mais trouve le moyen de fausser encore plus la relation en instaurant une égalité fictive, et une égalité qui, de surcroît, masque un désir de dominer, de supplanter le meilleur. Et c'est pourquoi, avec les fous et les insolents, les impudents, les imbéciles, il n'est qu'une façon, sinon d'avoir de la raison, à tout le moins d'agir selon la raison, et c'est de refuser le dialogue, c'est d'admettre que la relation intersubjective est impossible.

La thèse de l'auteur est, à bien des égards, criante de vérité. On peut néanmoins, et l'on doit la nuancer en évoquant l'amitié selon Aristote, dont il est traité au Livre VI de l'*Éthique à Nicomaque* :

Parce que l'amitié est fondée sur l'identité de nature, parce que cette identité est certaine nonobstant la différence des talents, alors celui qui s'aime — ainsi qui s'accepte, qui aime sa nature (tel est le vrai sens de la « philautie », à toute distance de l'égoïsme), qui donc éprouve de la reconnaissance à l'égard de la manière dont sa nature condescend à s'individuer en lui — sait aimer sa nature non seulement en lui-même mais aussi dans l'autre : nos amours procèdent de notre nature (l'âne préfère la paille à l'or) et, comme manques, elles sont autant de tendances à nous rendre adéquats à notre nature, de sorte que c'est notre nature qui, en nos amours, se veut en nous, au point que nous aimons notre nature en tant que nous lui sommes rapportés, et c'est pourquoi nous l'aimons en nous-mêmes, mais aussi en autrui ; de ce fait, celui qui s'aime sait aimer l'autre jusque dans sa supériorité, il sait aimer la manière dont cette même nature s'individue en l'autre en lui dispensant des talents supérieurs, et celui qui s'aime est capable par là de se réjouir de ce que d'autres le dépassent, il sait admirer. L'admiration est la seule voie de salut pour qui est tourmenté par l'envie. Et la modestie, et même la vertu surnaturelle d'humilité, se révèlent sous ce rapport comme ayant le mérite de rendre intelligent. L'homme humble sait s'ouvrir à ce qui le dépasse, il se hausse au niveau de l'autre sans convoiter ses mérites, il s'augmente de ses vertus par là qu'il se rend apte à les reconnaître. De plus, parce que les hommes ont même nature, parce que la raison est virtuellement infinie, il est toujours possible à un entendement limité de s'ouvrir aux vertus d'un entendement plus puissant, de le reconnaître à défaut de l'égaler. La modestie, et l'humilité qui la transfigure surnaturellement, rendent intelligent parce qu'elles chassent le subjectivisme ; au Ciel, tous les hommes seront intelligents, même les crétins d'ici-bas ; ils seront même philosophes, et il y a là quelque chose de singulièrement réconfortant.

Il est ontologiquement possible de reconnaître les vertus de celui qui nous dépasse, car la raison est virtuellement infinie en tant qu'elle s'objective sa propre limite ; les différents degrés d'intelligence entre les hommes sont ainsi les différents degrés d'actuation d'une même raison qui est « *tota sed non totaliter* **» immanente à chacun, et qui diffère de l'un à l'autre non en elle-même mais dans l'inégale répartition des conditions de possibilité de son actualisation ; mais si une telle raison est virtuellement infinie, il n'est aucun intelligible qui puisse lui demeurer indéfiniment opaque ; et si l'acte de l'intellect est l'acte de l'intelligible, alors, en connaissant son objet, l'intellect connaît, tout autant, une virtualité de lui-même, et, en retour, s'il se connaît lui-même (de manière infiniment confuse) dans l'expérience du cogito, il accède par là,** *a priori,* **d'une certaine manière à tout le connaissable. Et c'est ce qui explique que toute connaissance soit reconnaissance (on a déjà ce qu'on cherche pour savoir qu'on le cherche, nous sommes plus riches que nous ne le pensons), et que le thème platonicien de la réminiscence appelle d'être maintenu sans qu'il soit requis de le rendre solidaire du mythe au reste peu rationnel de la métempsycose. C'est dans l'exercice de la conscience de soi qu'éclot l'idée d'être, non ce «** *caput mortuum* **» de l'abstraction opéré dans la ligne générique de ce que les Scolastiques nommaient une «** *abstractio totius* **», mais, paradoxalement du sein même de sa nescience (le « je pense » donne l'impression de vide par le fait de l'indifférenciation de ce qui se fait pensée en lui), quelque chose qui s'approche au mieux, pour nous, de la plénitude de l'essence de l'acte d'être : vérité captive du cartésianisme au reste aperçue et développée par Hegel ; le « je pense, je suis », signifie en son fond : la pensée absolument pensante est une même chose avec l'être absolument être.**

De plus, il ne serait même pas possible de prendre acte de la différence des degrés d'intelligence si cette différence était absolue. Il est définitionnel de toute intelligence, en tant qu'intelligence, de s'ouvrir à l'infini, ce qui distingue les hommes (soit par nature, soit par éducation) est leur aptitude plus ou moins développée à se soustraire aux conditionnements de la chair, car la raison se fait dépendre de conditions physiques d'exercice (facultés sensibles) ; ce qui nous dépasse, de plus, est pour nous obscur, mais par excès d'intelligibilité et non par défaut ; or l'excès se signale par une souffrance imposée à la faculté de connaître, et ce signalement peut éveiller en nous le désir de nous soustraire aux pesanteurs du corps, ce qui suppose des vertus morales. Tout homme est potentiellement perfectible, s'il consent à se faire actualiser par un autre, il est savant en puissance, non en acte. Toute intelligence sait s'ouvrir à ce qui la dépasse par le simple fait que toute intelligence est au moins capable de se connaître dans la forme d'un moi, ainsi d'une réflexion circulaire, laquelle est infinie (tout point du cercle est à la fois un moment et un terme) ; les hommes diffèrent par l'usage que chacun fait d'une raison identique en tous, ils voient tous la même chose (tout est connaissable sous la raison d'être, dire d'une chose qu'elle est de l'être est, d'une certaine façon, tout savoir d'elle, puisque tout est de l'être) mais plus ou moins confusément, aussi sont-ils capables de reconnaître la nature de leur raison dans celle d'un autre.

Enfin, de même que l'architecte ou le capitaine ne sait pas faire ce que fait le maçon ou le matelot, de même l'intelligence supérieure ne sait pas s'exercer dans des domaines plus humbles que ceux auxquels elle se destine. En droit pourtant, « qui peut le plus peut le moins », et c'est dans l'épreuve du pouvoir de faire excellemment le moins, qu'est attestée l'aptitude à faire plus ; en droit, le supérieur n'est supérieur que par assomption et dépassement des perfections de l'inférieur ; n'est véritablement infini que ce qui est habilité à exercer la finitude jusqu'au bout d'elle-même ; mais est infini à sa manière ce qui est circulaire ou *réflexif*, qui contient en soi-même sa propre négation puisqu'il est en tant que circulaire négation de négation, et, comme inclusif de sa limite, est illimité ; donc n'est véritablement infini ou parfait que ce qui, atteignant le rang de premier dans un genre, exerce tous les degrés inférieurs de ce genre. Aussi, s'il est vrai que le supérieur n'est tel que comme assomption de l'inférieur (deux intelligences de degré différent ont en commun d'être chacune une identité à soi réflexive de la conscience ou raison s'apparaissant à soi), alors le supérieur peut se réjouir d'être dépassé par l'inférieur dans l'exercice de tâches plus humbles que les siennes, et il peut apprendre quelque chose de l'inférieur : tous les degrés de perfection doivent être réalisés, et les modes inférieurs d'actualisation d'une perfection renseignent eux aussi sur l'essence de cette perfection même. En étant modestement attentive à un monde d'humbles richesses spirituelles appartenant à un ordre inférieur au rang de l'intelligence supérieure, cette dernière ne perd pas

son temps ; elle s'enrichit de cette condescendance, en même temps qu'elle enrichit ceux sur lesquels elle se penche.

Le spectacle des sots, pour le moins, ne remplit pas de commisération le cœur de Schopenhauer. Il a même tendance à exacerber son mépris et sa haine, son exaspération à l'égard du genre humain tout entier dont la misère à lui consubstantielle est exemplairement exprimée dans la condition des médiocres. Ces derniers, pour cette raison même, sont de loin les plus nombreux, ce qui, encore une fois, condamne la démocratie dans son principe : si tout dialogue est impossible avec les imbéciles, c'en est fini de l'espoir de les éduquer au vrai bien, ainsi de leur faire aimer ce qui les dépasse, mais, parce qu'ils sont les plus nombreux, leur suffrage ne peut mécaniquement produire que l'adoption des plus mauvaises décisions politiques ; qui pourrait contester ce constat, s'il est réaliste et de bonne foi ? Quelque excessif, unilatéral, peu charitable et métaphysiquement infondé que soit le diagnostic de l'auteur, force est de convenir que l'homme marqué par le péché originel, en tant que livré à lui-même, c'est-à-dire l'homme qui ne se fait pas violence avec la plus héroïque énergie, présente des affinités congénitales avec la bassesse, l'ignominie, la sous-humanité, qui semblent presque invincibles : égotisme, égoïsme, gourmandise, luxure, paresse, lâcheté, duplicité, vanité, méchanceté, perversité, et évidemment sottise. Le genre humain, disait déjà Jules César, vit en peu d'hommes. Ce même spectacle suscite aussi, on le pressent, la secrète et peu charitable satisfaction de Schopenhauer de se voir pris pour un imbécile par un crétin manifeste.

Pourtant cet auteur, dans *Le Fondement de la morale* (dans lequel, soit dit en passant, il revendique la paternité de la philosophie de Jean-Jacques Rousseau qui tenait l'homme pour naturellement bon...), entend fonder l'obligation morale sur le sentiment de pitié. Sa métaphysique est un monisme oriental du vouloir-vivre ou désir, coulé dans les catégories du kantisme, par là dans l'opposition de la chose en soi — pour lui unique, aséique et sans raison suffisante, par là absurde — et des phénomènes innombrables condamnant la diversité des personnes à se réduire à une apparence : les formes *a priori* de la sensibilité (espace et temps) constituent seules le principe d'individuation et, à ce titre, il n'existe pas d'individualité numérique réelle ; aussi la morale est-elle, à partir de tels présupposés, fondée sur cette idée selon laquelle si toi et moi différons, ce ne peut être qu'au niveau de la réalité phénoménale, mais non à celui de la réalité en soi ; le sage sait qu'il est les autres et qu'en pleurant sur eux il pleure sur lui-même ; que, tout autant, en pleurant sur lui-même il pleure sur tous, qu'autrui est à aimer non seulement en tant qu'il est un autre moi-même, mais plus radicalement en tant que lui et moi sommes un, éternelle volonté impersonnelle s'objectivant dans les corps. Il est naturel à l'homme de pleurer sur lui-même et de se vouloir du bien, puisque le désir — étoffe de l'être en tant qu'être — est désir de se soustraire à la souffrance qui le constitue en tant qu'il est manque ; or autrui et moi sommes un en vérité, par-delà l'illusion de la personnalité individuelle ; donc il est naturel à l'homme de vouloir du bien à son prochain, de pleurer sur son prochain comme sur soi-même, par là d'avoir pitié de lui.

Comment donc concilier une morale de la pitié avec ce sombre jugement selon lequel « pour Schopenhauer, l'humanité considérée du point de vue esthétique est une taverne pleine d'ivrognes ; du point de vue intellectuel, un asile d'aliénés ; du point de vue moral, un repaire de brigands » (Robert Misrahi) ? Car enfin, selon les exigences de la logique, condition d'intelligibilité de toute thèse, en soumettant la philosophie de Schopenhauer à l'aune critériologique de son propre contenu, il semble bien que l'on aboutisse à une contradiction elle-même expressive, en fait, de toute philosophie fondée sur l'opposition entre l'empirique et le nouménal. En effet, c'est au niveau du moi phénoménal, où les différents en tant que tels se manifestent, que se dévoile la conscience — par définition singulière (même si la pluralité des personnes n'est qu'apparente, la conscience de soi du Moi de l'homme supérieur, pour lui-même et pour son interlocuteur, n'est pas celle du Moi du rustre) — de l'identité profonde, dans le moi nouménal, des différents phénoménaux ; si cette apparition phénoménale est tenue pour expression illusoire de ce qu'il en est de la réalité en soi, alors tout le contenu de ce que cette apparition révèle doit être aussi tenu pour illusoire, jusques et y compris la conscience du caractère illusoire des différents et l'affirmation de leur identité nouménale. Et si, pour contourner cette difficulté, on en vient à poser l'existence d'une conscience pure *a priori*, ainsi d'une « aperception *transcendantale* » qui, comme condition de possibilité de la synthèse du divers sensible donatrice d'objets, serait, en son unicité, immanente à toute conscience empirique singulière, force est de convenir que, comme détermination unique œuvrant en des consciences empiriques différentes, elle relève de l'en soi, cependant que, comme *conscience* transcendantale, elle ne peut pas ne pas être l'apparaître à soi *comme en soi* de cet en soi, ce qui derechef met à mal l'intelligibilité de l'opposition entre l'empirique et le nouménal. On voit là moralement poindre, sur le fond théorique de cette contradiction, le renversement dialectique à l'œuvre dans le pessimisme anti-anthropocentrique (sous ce rapport légitime), *mais athée*, de Schopenhauer : c'est, dans sa condamnation sans appel de tout désir de dialoguer avec des inférieurs, sa propre condition humaine finie qu'il vitupère et contre la finitude de laquelle, en tant que corrélative de la causalité d'une nature ou essence déterminée non choisie par lui, il est orgueilleusement insurgé ; s'il se réduit à l'expression personnelle finie d'un désir cosmique impersonnel infini, c'est parce que, en s'identifiant à la Volonté-substance où s'engloutissent toutes les différences, *par là toutes les limites*, il exalte subrepticement sa conscience même, celle qu'il tient au fond pour la conscience de soi de cette Volonté aséique et que son identification à elle lui permet de s'éprouver comme déifié : par où il appert que la philosophie de Schopenhauer, supposée pourfendre avec une rare énergie tout surgeon de subjectivisme abrutissant, est elle-même un subjectivisme. L'antisubjectivisme qui se veut ablatif du respect de la subjectivité bascule dialectiquement en subjectivisme. Et les commentateurs modernes de Schopenhauer, que leur servilité aux poncifs de notre temps devrait détourner d'un philosophe misogyne, réactionnaire et antisémite, ne s'y sont pas trompés : Schopenhauer est à la racine de l'existentialisme tragique des philosophies de l'absurde, d'où leur complaisance à son égard.

Le désespoir, qui invite à refuser de souffrir dans l'attente d'un salut dont on n'est pas le maître, à se reposer — parce qu'on ne doit un tel repos à personne — dans le renoncement à tout bien, est une modalité de l'orgueil et, à ce titre, le comportement de celui dont il est dit : « *stetit in se* ». La condamnation, formulée par Schopenhauer, de toute tentative de dialogue entre un sage et un faquin, un homme bien né et une racaille, une intelligence supérieure et un pauvre hère, procède elle-même du désespoir, et d'un désespoir corrélatif d'une dose de scepticisme à l'égard des vertus salvatrices de la raison, comme si les exigences logiques de cette dernière demeuraient impuissantes à la rendre capable, par leur portée ontologique, à unir les hommes dans le service d'un même Bien que le caractère incontestablement inégalitaire de leur aptitude à y participer n'empêche pas d'accéder à une certaine communion entre eux. Autrui est, en vérité, notre frère, même s'il nous horripile, nous maltraite, nous humilie, se pousse du col en montrant sa stupidité, prétend nous supplanter en érigeant sa médiocrité en exemple. En le haïssant (au lieu de haïr ce qui le défigure), c'est nous-mêmes que nous haïssons, nous lui en voulons de nous reconnaître en lui. Tout différend n'est certes pas soluble dans le dialogue, mais cela ne tient pas au fait que la raison ne serait pas dotée d'un pouvoir originaire de dévoilement du vrai, et à ce titre ne serait pas unitive de soi. Cela tient au fait que la passion des protagonistes les empêche de maintenir les exigences du dialogue — écoute, attention, rigueur rationnelle, modestie, patience, honnêteté, bienveillance — et le laisse dégénérer en coexistence de monologues hostiles bientôt convertis en insultes.

Il est cependant un point sur lequel les mises en garde de Schopenhauer méritent d'être retenues aujourd'hui en particulier, qui n'est pas directement abordé dans le texte, mais qu'il est permis de développer ici, et qui concerne le sens profond de l'apologie tous azimuts, très contemporaine, de la « communication ».

Le langage, et avec lui — voire par lui (s'il est vrai que toute pensée est, selon l'observation de Platon, *dialogue* silencieux de l'âme avec elle-même) — le dialogue, est l'instrument privilégié de la communication entre les hommes. Si le langage n'est pas contingent, alors l'homme est un être de communication, par essence : il n'est lui-même qu'en tant qu'il échange, qu'il fait partager quelque chose qui est en soi communicable, quelque chose dont l'essence comprend la communicabilité ; tel est l'universel, telle est l'Idée qui, par son immatérialité, reste identique à soi bien que possédée par plusieurs. Aussi, l'avènement des sociétés économisées (qui promeuvent des biens matériels, ainsi des jouissances privées communicables moyennant leur morcellement, ainsi par soi incommunicables) s'accompagne nécessairement d'une pénurie du langage au profit de l'image ; de l'inflation du langage technique qui dit les choses sans dire quelque chose ; de l'inflation de l'« information » dont le but réel n'est pas d'informer, mais de maintenir artificiellement l'unité entre des hommes devenus virtuellement hostiles les uns aux autres, par suite d'un oubli des valeurs spirituelles unitives d'elles-mêmes. C'est un fait que les moyens de communication se développent infiniment quand il n'y a plus rien de diffusif de soi ou de communicable à partager, puisque le connaissable relève de l'idée, de l'universel, alors que l'inflation des moyens de communiquer relève ou bien de la technique de transmission des échanges financiers et des moyens matériels de jouir (non participables), ou bien du souci de dire sa différence, sa singularité par définition incommunicable. Il en est ainsi parce que le **matérialisme implique le subjectivisme (car un bien matériel est un bien qu'on rapporte à soi), donc induit la tendance à l'autocélébration du Moi, laquelle concrétisera cette liturgie qu'elle s'adresse à elle-même dans l'intersubjectivité où le Moi se célèbre en tant que Moi, en négligeant l'importance de ce qui est à communiquer et qui n'est qu'un prétexte, de sorte que l'inflation de la communication, et des moyens techniques de communiquer, est corrélative d'une exténuation des contenus ; on invente d'autant plus de moyens de communiquer qu'on a moins de choses à se dire.** Par là, la communication devient une fin, qui prend la place de ce qui est à transmettre. Il n'y a plus rien à transmettre, fors l'acte même de communiquer, et c'est l'intersubjectivité qui est voulue pour elle-même, c'est la célébration des subjectivités dans la communication qui a raison de fin, et c'est alors là que plus personne ne se comprend. La communication devient inflationniste à partir du moment où les gens n'ont plus rien à se dire, à communiquer : chacun étant vide, ils cherchent à se donner une consistance en s'agrégeant les uns aux autres. Si en retour la communication est voulue pour elle-même, il y a alors tendance à oblitérer le contenu, parce que ce dernier nous force à penser, à nous oublier dans l'effort extatique de compréhension, à crucifier notre subjectivité qui se perd dans l'objet qui est à connaître (elle doit accepter d'être informée par l'objet pour le penser), et alors il y a tendance à hypertrophier l'efficacité des conditions techniques de la communication. Faire de la communication l'essence du langage (thèse de Jakobson et de Searl par exemple), et, corrélativement, aspirer au dialogue pour le dialogue, sans considération de la valeur de ce qui est échangé, c'est faire de l'intersubjectivité une fin en soi, et ce subjectivisme consiste à rechercher l'intersubjectivité immédiate sans la médiation de l'intelligible objectif (l'Idée), ou à rechercher la fusion intuitive avec autrui sans la médiation de la parole objectivante parce qu'incarnée.

Par l'Internet, le téléphone portatif et autres gadgets du même acabit, l'homme moderne communique plus que jamais avec autrui, mais sans rien avoir à communiquer qui mérite véritablement de l'être. En nous invitant à ne pas perdre notre temps à « communiquer » avec des imbéciles, Schopenhauer — pour autant qu'il désigne par là ceux que la mauvaise foi, le règne des passions et le subjectivisme ont rendus tels — invite nos contemporains à se détourner du mirage des relations intersubjectives déconnectées de la valeur intrinsèque de la vérité objective que les subjectivités ont vocation à contempler et en laquelle, seule, elles s'unissent.

DEUXIÈME DEVOIR
— commentaire de texte —

La religion berceau du despotisme

« Oui, citoyens, la religion est incohérente au système de la liberté ; vous l'avez senti. Jamais l'homme libre ne se courbera près des dieux du christianisme ; jamais ses dogmes, jamais ses rites, ses mystères ou sa morale ne conviendront à un républicain. Encore un effort ; puisque vous travaillez à détruire tous les préjugés, n'en laissez subsister aucun, s'il n'en faut qu'un seul pour les ramener tous. Combien devons-nous être plus certains de leur retour si celui que vous laissez vivre est positivement le berceau de tous les autres ! Cessons de croire que la religion puisse être utile à l'homme. Ayons de bonnes lois, et nous saurons nous passer de religion (…)

« Remplacez les sottises déifiques, dont vous fatiguiez les jeunes organes de vos enfants, par d'excellents principes sociaux ; qu'au lieu d'apprendre à réciter de futiles prières qu'ils se feront gloire d'oublier dès qu'ils auront seize ans, ils soient instruits de leurs devoirs dans la société (…)

« Revenez ensuite à l'utilité de la morale ; donnez-leur sur ce grand objet beaucoup plus d'exemples que de leçons, beaucoup plus de preuves que de livres et vous en ferez de bons citoyens ; vous en ferez de bons guerriers, de bons pères, de bons époux ; vous en ferez des hommes d'autant plus attachés à la liberté de leur pays, qu'aucune idée de servitude ne pourra plus se présenter à leur esprit, qu'aucune terreur religieuse ne viendra troubler leur génie (…)

« Qu'on ne doute pas que les religions ne soient le berceau du despotisme ; le premier de tous les despotes fut un prêtre ; le premier roi et le premier empereur de Rome, Numa[1] et Auguste[2], s'associent l'un et

---

[1] Roi légendaire de Rome (715-672 av. JC), organisateur de la vie religieuse romaine.
[2] Auguste (Rome, -63, +14), Imperator en -38, entreprit la restauration des traditions religieuses et devint en -12 le chef religieux de l'empire.

l'autre au sacerdoce ; Constantin[3] et Clovis[4] furent plutôt des abbés que des souverains ; Héliogabale[5] fut prêtre du soleil. De tous les temps, dans tous les siècles, il y eut dans le despotisme et dans la religion une telle connexité qu'il reste plus que démontré qu'en détruisant l'un, l'on doit saper l'autre, par la grande raison que le premier servira toujours de loi au second. »

Sade (Donatien Alphonse François de), *La Philosophie dans le boudoir*, 1795.

L'idée même de religion, pour ce pauvre athée ravagé par le vice, qui passa presque la moitié de sa vie en prison et mourut chez les fous, et dont la perversité charnelle se nourrissait d'une révolte métaphysique accompagnée d'un probable complexe d'Érostrate, est intrinsèquement mauvaise parce qu'elle induit une conception despotique du pouvoir politique et ruine la liberté, celle d'agir comme celle de penser. La formule de l'Ancien Régime était : « le trône et l'autel ». Celle du nouveau régime, la République jacobine, est la devise maçonnique : « liberté, égalité, fraternité ». Sade qualifie un tel régime de « système de la liberté ». Il conviendra de se demander ce qu'il entend par « liberté », et pourquoi il parle de « système ». L'homme est fait pour la liberté, et la religion détruit la liberté, donc il faut supprimer la religion, l'éradiquer des mœurs, des institutions, de l'éducation, afin que l'homme soit homme. Dans le 1er alinéa, il est affirmé que l'homme libre rejette tous les dieux, en particulier le Dieu du christianisme et ses saints, il rejette toute transcendance, parce que la religion est le berceau (ainsi la racine ou l'origine) de toutes les formes de servitude. La liberté ne peut admettre d'autres lois que les lois qu'elle se donne, et la raison exclut toute autorité qui se voudrait supérieure à elle. Dans le 2e alinéa, est expliqué que l'éducation civique doit se substituer au catéchisme et aux pratiques religieuses (dont la prière), que les maximes de morale républicaine doivent se substituer à la prière. Le 3e alinéa est un prolongement du 2e, avec cette précision que la suppression de la religion supprime l'idée de servitude et la tendance à la servitude, qu'elle favorise le patriotisme, le dévouement à la nation, ce qui suggère qu'un croyant est un mauvais patriote ; il y a donc, selon l'auteur, solidarité entre liberté et civisme, liberté et raison, contre la servitude et l'obscurantisme. Dans le 4e alinéa, il donne divers exemples historiques pour étayer l'idée selon laquelle la religion est le berceau du despotisme, c'est-à-dire de l'esclavage, sa

---

[3] Empereur romain de 306 à 337, reconnut le christianisme comme religion d'État.
[4] Roi des Francs de 481 à 511, se convertit au catholicisme dont il fut un fervent défenseur.
[5] Empereur romain de 218 à 222, prêtre du soleil ; organisa la pratique de la religion solaire.

cause première. Il rappelle là que le dépositaire du pouvoir royal avait une fonction religieuse, même avant l'avènement des religions se voulant révélées : César était « *pontifex* ». **Il y a une relation si nécessaire entre despotisme et religion que la suppression de l'un implique celle de l'autre : instaurer la république en tolérant la religion reviendrait à réenclencher le processus qui a pour résultat le despotisme.**

Pourtant, Robespierre engendre la Terreur, Staline le goulag, et historiquement le christianisme est, en revanche, le promoteur de la dignité de la personne humaine et de la suppression de l'esclavage, au point que la République est comme la récupération laïcisée de valeurs chrétiennes. *La religion est-elle ce qui libère l'homme du totalitarisme politique, ou ce qui l'induit ?* Selon Notre Seigneur Jésus-Christ, trois maximes résument le rapport entre politique et religion : « mon royaume n'est pas de ce monde » (Jn XVIII, 36) ; « rendez à César ce qui est à César et à Dieu ce qui est à Dieu » (Matth. XXII, 21) ; « tu n'aurais sur moi aucun pouvoir s'il ne t'avait été donné d'en haut » (tout pouvoir procède de Dieu) (Jn XIX, 11). Les deux premières expressions plaident en faveur d'une distinction entre les pouvoirs temporel et spirituel, qui les limite réciproquement ; la troisième tend à faire reposer la légitimité politique sur Dieu et indirectement sur la religion (naturelle ou surnaturelle) : le chef politique a vocation à mener son peuple à sa fin dernière, qui excède le politique, et c'est cette subordination du politique au religieux qui limite le politique ; ce qui suggère, au rebours des thèses de Sade, que sans religion le politique est illégitime, c'est-à-dire despotique, le pouvoir proprement politique étant celui d'hommes libres sur des hommes libres (Aristote), avec cette précision que, pour les Grecs, la liberté était d'abord une détermination sociale : l'homme libre était celui qui n'était pas esclave, celui auquel revenait l'honneur de se dévouer au bien commun ; on était libre en tant que « libre pour » et non en tant que « libre de ». La thèse provocante et scandaleuse de Sade invite le lecteur à se poser la question suivante : *la religion est-elle ce qui libère l'homme, ou ce qui l'asservit ?* Notons que la liberté républicaine est liée à la philosophie des Droits de l'Homme, qui exige la tolérance, qui plaide en faveur de la liberté de conscience, ainsi qui, de manière toute théorique, fait ou devrait faire sa place à la religion. *D'où vient que cette même liberté républicaine puisse en même temps exiger le refus de la religion ? La contradiction est-elle du côté de Sade, ou du côté des Droits de l'Homme ?* S'il appert qu'elle n'est pas du côté de Sade, le raisonnement de ce dernier se révélera être doté du mérite en vérité non négligeable d'invalider tout ce qui, de près ou de loin, relève de l'esprit du Ralliement, de la démocratie chrétienne, et du catholicisme libéral.

Dans le 1er alinéa l'auteur entend nous signifier que la religion est incohérente au système de la liberté. La religion confesse la dépendance de l'homme à l'égard de Dieu : s'il existe un Dieu créateur, il existe un ordre des choses, il existe une essence humaine paradigmatique qui, comme Idée créatrice, fait que l'essence précède l'existence et que la liberté se limite à ratifier une « *intentio naturae* », une prédétermination de l'homme par la causalité de fins dont sa volonté ne décide pas ; et si ce Dieu a de surcroît l'outrecuidance de se révéler, il se permet — ô scandale ! — d'ordonner à l'homme les différentes manières dont son Maître absolu entend être adoré, qui vont ainsi constituer une religion qui se voudra *la* religion ; si Dieu existe, il n'y a qu'un seul Dieu ; s'il n'y a qu'un seul Dieu, il n'y a qu'une seule religion vraie. Au contraire, la liberté dit l'indépendance, la souveraineté sans limite ; comme l'enseignera plus tard l'anarchiste Bakounine — autre contempteur du libéralisme philosophique et politique —, la liberté est absolue ou n'est pas, en retrancher une partie pour la rendre compossible avec celle des autres la détruit tout entière. Il convient ici de souligner la présence d'une contradiction apparente entre « liberté » et « système » : le système est ce qui repose sur soi, ce qui pose ce qu'il présuppose, et cela désigne la souveraineté de la raison rendant raison de toute chose, y compris d'elle-même, et cela exprime la nécessité plus que la liberté. En fait, l'expression de Sade signifie que la liberté est à la fois fondement ou origine, et cause finale ou résultat. En république, on décide librement d'entrer en société (au rebours de la position d'Aristote, la société n'est pas naturelle et n'est, comme l'illustra Jean-Jacques Rousseau, que le résultat d'un contrat), et la société n'a d'autre office, dans une perspective foncièrement individualiste et revendiquée comme telle, que de promouvoir la liberté, qui est origine et fin ; et ainsi l'homme est déclaré absolument souverain, d'où l'idée de souveraineté populaire : le pouvoir procède de l'homme et non de Dieu. Rien ne doit être au-dessus de la raison humaine, de la liberté humaine, tout est accessible à l'homme, il n'y a pas de dogme ou de mystère, lesquels propagent la mort de l'esprit critique et la superstition. La religion obscurcit et asservit. Elle est ce préjugé générateur de tous les autres parce qu'elle repose sur la foi qui atteste l'impuissance de la raison à tout connaître clairement, qui induit la confiance, la dépendance (donc la servitude) à l'égard de Dieu, et ce consentement à la dépendance est la racine de toute soumission, en particulier politique. Elle n'est possible que quand les lois civiles sont mauvaises, ne sont pas justes, et en retour elle engendre des lois injustes. La République est une nouvelle Église, et l'athéisme (sous couvert de laïcité), qui est l'expression négative (« a-théisme ») de la déification de l'homme, ainsi son absolutisation, est une nouvelle religion, la religion non du Dieu qui se fait homme mais de l'homme qui se fait Dieu.

Dans le 2e alinéa, Sade évoque ce qu'il nomme « sottise déifique » ; il s'agit des prières et rites propitiatoires, ainsi supposés procurer l'intervention bienfaisante de Dieu. Selon l'auteur, les prières ne produisent aucune intervention divine, tout simplement parce que Dieu n'existe pas, et c'est pourquoi, dès l'avènement de l'âge de raison, l'auteur note qu'on les oublie ; il vaut mieux s'en remettre à l'homme plutôt qu'à Dieu ; accepter le principe de la Providence, c'est cautionner toutes les tyrannies, la passivité, le quiétisme de la servitude, démission de la liberté. Les principes sociaux et les devoirs envers l'État doivent se substituer à la prière, ce qui signifie que la morale civique épuise toute l'exigence morale de la condition humaine : nous n'avons des devoirs qu'envers la société, nous lui devons tout et totalement, elle est notre mère et notre dieu, elle est au fond l'absolu. De plus, l'activité théorétique est ultimement justifiée et accomplie en et par la connaissance de Dieu, de sorte que, si Dieu n'existe pas, il ne reste que l'activité pratique ; si la liberté est pour elle-même sa fin, elle exclut de se subordonner à l'activité théorétique, et il ne lui reste plus qu'à se célébrer dans l'action.

Dans le 3ᵉ alinéa, l'auteur s'efforce à établir que la morale est morale en tant qu'elle est utile, et qu'elle est utile en tant qu'elle rend possible la pérennité de la société, laquelle n'est que par l'homme, de sorte que la moralité est, en dernier ressort, ordonnée à l'homme en tant que liberté. Adhérer à une religion, c'est adopter une attitude de soumis ; « *non sumus nostri* » comme l'enseignait saint Augustin ; l'homme religieux — ainsi aliéné — embrasse une foi qui va en retour induire une soumission à l'égard du chef politique supposé représenter ce Dieu dont il détient l'autorité déléguée ; la religion invente la domination. Elle inspire la terreur du Dieu tout-puissant rémunérateur et vengeur, elle paralyse l'intelligence, elle rend ainsi idiot. Être libre pour Sade, c'est s'appartenir absolument, disposer de soi, être souverain, être au fond son propre créateur, car se reconnaître comme libre sans être sa propre origine, c'est se reconnaître comme donné à soi, en dette de soi, ainsi en demeure d'accepter l'obligation morale et religieuse, avec l'idée d'un Donateur. Être libre, c'est donc être absolument maître de son être, par là choisir d'être ce que l'on est, c'est s'engendrer.

Ce qui transforme vraiment l'homme, ce qui est efficient, c'est l'instruction, et l'instruction pratique (un agir et non une simple activité contemplative), à savoir l'exemplarité des saints laïques, et cette instruction fait que l'homme reconnaît ses devoirs envers la société. On a des devoirs à l'égard de la société parce qu'elle nous libère en étant ordonnée à la liberté, pour autant que la société soit la république, de telle sorte que, s'ordonnant à elle qui n'existe que par lui, l'homme ne s'ordonne qu'à lui-même. Sade veut une morale qui soit fondée sur la liberté même, non sur Dieu ou sur un ordre des choses (qui en son fond suppose Dieu). L'espèce de morale que prône Sade peut en premier lieu s'apparenter au kantisme (formalisme, système de la liberté) : celle de l'impératif catégorique ; mais en son fond elle est existentialiste. Le choix de Sade pour la pédagogie pratique repose sur deux raisons : d'abord, le Christ et ses disciples ont converti par leur sainteté, par l'exemplarité plus que par des dogmes (qui se révèlent pourtant nécessaires ensuite), et dans cette perspective Sade entend suggérer que la république est une religion, avec ses dogmes (égalité, liberté, fraternité ; on ajoutera plus tard : antiracisme, culte de la Shoah, etc.) et ses saints (Elie Wiesel au tatouage improbable, Martin Luther King agent de l'URSS et pédophile), mais que c'est la religion de l'homme et non de Dieu : « *homo homini deus* », comme le dira Feuerbach. Il est éclairant de montrer l'actualité des thèses de Sade en évoquant la « philosophie » d'un Vincent Peillon, juif alsacien et franc-maçon virulent, un temps ministre de l'Éducation nationale :

« C'est à elle [l'école] qu'il revient de briser ce cercle [celui des déterminismes culturels et familiaux], de produire cette auto-institution, d'être la matrice qui engendre en permanence des républicains pour faire la République. République préservée, république pure, république hors du temps au sein de la République réelle, l'école doit opérer ce miracle de l'engendrement par lequel l'enfant, dépouillé de toutes ses attaches pré-républicaines, va s'élever jusqu'à devenir le citoyen, sujet autonome. C'est bien une nouvelle naissance, une transsubstantiation qui opère dans l'école et par l'école, cette nouvelle Église, avec son nouveau clergé, sa nouvelle liturgie, ses nouvelles tables de la Loi. La société républicaine et laïque n'a pas d'autre choix que de "s'enseigner elle-même", d'être un recommencement perpétuel de la République en chaque républicain, un engendrement continu de chaque citoyen en chaque enfant, une révolution pacifique mais permanente » (*La Révolution française n'est pas terminée*, Seuil, 2008, p. 17). « La laïcité elle-même peut alors apparaître comme cette religion de la République recherchée depuis la Révolution » (*ibid.*, p. 162).

On comprend, dans la perspective de Sade, que l'homme soit absolument souverain sur toute chose, et que ses désirs soient tous légitimes ; d'autre part Sade est matérialiste (nous verrons ci-après les raisons de cette erreur : c'est toujours la pathologie subjectiviste qui hante les esprits fourvoyés dans l'erreur), et ainsi il ne croit que ce qu'il voit ; n'est prouvé que ce qui est senti, de sorte que seule une morale qui fait ses preuves matérielles est valable ; le critère dernier de la vérité est la raison, et le modèle de la vraie raison est la raison scientifique. Substituer la morale républicaine à la piété religieuse, c'est considérer que la citoyenneté épuise ou actualise toute l'humanité dans l'homme ; or la cité n'est que par l'homme, donc cette substitution a pour sens la déification de l'homme. Au reste, si la religion trouble le génie des hommes, c'est qu'elle est contre nature. Les lois sont faites par les hommes, expressions tout au plus de la raison des hommes (16 ans désigne ici l'âge de raison), laquelle est souveraine, de sorte que la loi des hommes est l'expression de leur liberté.

Dans le 4e alinéa, l'auteur s'efforce à établir qu'il n'y a pas vraiment de tension entre l'affirmation selon laquelle le despotisme est la loi de la religion, et celle qui fait de la religion le berceau du despotisme ; le despotisme est la loi de la religion, en ce sens qu'il est son mode de fonctionnement naturel, et c'est pourquoi la religion appelle le despotisme comme la condition de sa diffusion, et en retour le despotisme appelle la religion comme sa caution, sa légitimation. Le roi est lieutenant (le « tenant lieu ») du Christ. La conception sadienne de la liberté est celle d'une indépendance absolue, d'une souveraineté parfaite, de sorte que seul quelque chose de sacré ou d'absolu, ainsi quelque chose de religieux, peut soumettre la liberté, et c'est pourquoi le despotisme ne peut s'imposer à cet absolu qu'est la liberté humaine qu'en revendiquant une absoluité qu'il doit emprunter à la religion ; la liberté est bien un absolu pour l'auteur : tout ce que je désire est légitime. Et la religion est si contraire à la liberté que seul le despotisme peut parvenir à l'imposer. De plus l'indépendance nationale a raison de fin, car elle est l'expression collective de la souveraineté individuelle.

DEUXIÈME DEVOIR

Il est temps de se risquer à développer une réflexion critique :

D'abord, si la liberté humaine est un absolu, pourquoi devrait-on priver quelqu'un de la liberté de religion ? Il est au redoutable pouvoir de la liberté de renoncer librement à elle-même, de s'affirmer jusque dans l'acte de se nier. Et qui pourra l'en blâmer, si elle est pour elle-même sa propre fin et n'a vocation à se reconnaître d'autres devoirs que ceux qu'elle se donne ? Du point de vue de l'athée, une telle démission de la liberté est irrecevable en tant que contradictoire, mais enfin pourquoi la liberté, si elle est sa propre fin, devrait-elle être rationnelle et s'interdire de se suicider selon les modalités qu'elle élit ?

De plus, un homme non affligé de délire libertaire a quelques raisons de penser que l'homme n'est pas absolument souverain, parce qu'il n'est pas sa propre origine, de sorte qu'il ne saurait être sa propre fin ; même sa liberté, il la tient d'un autre, quand bien même il ne serait pas capable d'identifier cet Autre en tant que Dieu, se contentant verbalement d'invoquer le hasard, ou les propriétés de la matière. L'homme est donc naturellement religieux, et c'est pourquoi, en supprimant l'objet réel de la religion, on invite l'homme à se fabriquer une idole, à sacraliser ce qui n'est pas sacré, à déifier l'homme et la société, ce qui est tout simplement la doctrine du marxisme : l'essence humaine est l'ensemble des rapports sociaux, la religion est l'opium du peuple ; il s'agit de transformer le monde et non de le connaître ou de l'interpréter, de le transformer — ainsi de s'y opposer — afin de se poser soi-même en s'opposant, par là de s'engendrer. Si l'homme est souverain, pourquoi aurait-il des devoirs, et en particulier le devoir d'être patriote et de se subordonner à la société, sinon parce que cette liberté souveraine est, en dernier ressort, ordonnée à la déification de l'homme ainsi contraint — **par ceux-là seuls qui ont décidé, au nom d'une religion inavouée les sommant de se déclarer consubstantiels à Dieu, de se déifier** — de s'adorer en lui-même et en autrui (Feuerbach) ? On aura reconnu, en une telle religion inavouée, la religion juive moderne, cette religion trahissant la doctrine du Pentateuque et inventée par les Pharisiens après la déchirure du Voile du Temple, afin de se contre-diviser au christianisme naissant qui, véritable héritier (chronologiquement, cependant qu'origine du judaïsme sous le rapport de la causalité) du judaïsme intègre, l'accomplissait en le réduisant à un moment de sa propre genèse, par là le supprimait en sa différence d'avec lui ; on aura aussi reconnu la religion gnostique, inspiratrice de la franc-maçonnerie, inspiratrice au reste du judaïsme moderne lui-même. Sous ce rapport, le refus jacobin du « despotisme » est lui-même le despotisme d'une petite minorité élitiste, judéo-maçonnique, affairée à se déifier en se subordonnant le genre humain, et à le convaincre de se prêter à ses entreprises en le persuadant de vouloir son bonheur ; ce qui n'enlève en rien sa responsabilité au genre humain fourvoyé dans l'erreur, qui ne se réduit au rôle de valet des Juifs que parce qu'il y consent. On peut même suggérer que, à terme, c'est le judaïsme qui se révélera tel l'instrument objectif de la gnose qu'il crut se subordonner mais qui en vérité, par l'exigence de « catholicité » attachée à sa vocation satanique de singe de

Dieu, s'émancipera du cercle étroit d'une communauté ethnique particulière, et montrera, en se faisant célébrer par l'humanité entière, qu'elle se l'est subordonné.

Cela dit, si je dois adorer l'homme, alors la société est l'ensemble de petits dieux souverains, par là rivaux et hostiles entre eux, et le pouvoir politique doit alors se faire d'autant plus coercitif que les atomes dont il est fait répugnent plus à s'agglomérer, ce qui se manifeste dans la contradiction entre liberté et égalité. La philosophie des Lumières, dont procède Sade, est contradictoire en tant qu'elle prône la souveraineté de l'homme et l'abandon de toute religion révélée, tout en maintenant à la fois l'existence d'un Être suprême (et sous ce rapport Sade l'athée est plus cohérent que Robespierre le déiste), à la fois l'existence de la propriété privée (que son libéralisme absolutise). Sade a le mérite de montrer que la république est athée par essence, et que la liberté de religion et de conscience, ou la neutralité, sont des mythes : d'abord la neutralité n'est pas neutre puisqu'elle met au même niveau la vérité et l'erreur, le bien et le mal, ce qui est déjà l'effet d'un choix ; ensuite, elle n'est que le paravent de l'anti-religion. Par ailleurs, cette république est en fait la négation ou la dénaturation de l'idée de patrie : la patrie des Droits de l'Homme est la suppression de toute patrie charnelle et enracinée, de toute piété filiale, qui dit dépendance assumée et reconnue, devoir de l'héritier de transmettre l'héritage dont par définition il n'est pas l'auteur et qu'il n'a pas choisi. La république est mondiale ou n'est pas, car toute patrie historique est limitée, définie par ses limites mêmes, ne prétendant pas épuiser le contenu de l'essence humaine qui trouve sa raison dernière en Dieu. Et, que la république soit par essence un projet mondialiste, c'est bien ce que signifiait, au moins implicitement, l'Assemblée constituante, par le décret suivant du 16 août 1790 : « L'Assemblée Constituante, considérant que le droit d'aubaine est contraire aux principes de fraternité qui doivent lier tous les hommes, quels que soient leur pays et leur gouvernement ; que ce droit, établi dans des temps barbares doit être proscrit chez un peuple qui a fondé sa constitution sur les Droits de l'Homme et du Citoyen, **et que la France doit ouvrir son sein à tous les peuples de la terre, en les invitant à jouir sous un gouvernement libre des droits sacrés et inviolables de l'humanité**, a décrété et décrète ce qui suit : "le droit d'aubaine et celui de la détraction sont abolis pour toujours". »

Ainsi, cette liberté qui est sa propre fin (refus de toute entrave) alors qu'elle n'est pas sa propre origine (elle n'a pas de contenu et elle doit s'en trouver un) se résout collectivement dans l'érection de la société mondiale entendue telle l'essence humaine (ensemble des rapports sociaux : essence que l'homme se donne), et individuellement dans la tyrannie des désirs (qui ont un contenu, qui font jouir tel un substitut de béatitude céleste, et qui en même temps font s'exprimer en eux les exigences infinies de la liberté, car ils sont indéfiniment réitérables), comme le montre le reste de l'œuvre de Sade : éloge des perversions supposées naturelles parce que désirables. Il convient à ce sujet de noter qu'il y a solidarité entre matérialisme et liberté absolue : si l'homme est un dieu, il ne peut aimer des biens diffusifs de soi, c'est-à-dire des biens qui peuvent être possédés par plusieurs sans avoir à être divisés (ils sont participables et indivisibles), parce que ces biens appellent d'être aimés tels des biens auxquels on se rapporte, et non tels des biens que l'on rapporte à soi ; on n'aime pas la vérité ou la vertu, ou les œuvres d'art, pour les confisquer et en jouir, mais pour les servir en se faisant l'instrument de leur gloire et de leur rayonnement, et c'est dans l'exercice de ce rôle d'instrument que consiste le plaisir spirituel qui y est attaché ; mais de tels biens diffusifs de soi sont eux-mêmes spirituels puisqu'ils sont indivisibles ; donc un être qui se veut souverain, qui par définition rapporte tout à soi, ne peut aimer que des biens matériels (divisibles et non participables). Mais un bien matériel, non diffusif de soi, est potentiellement un principe de haine entre les hommes, il est incapable de les unir, étant toujours fini (ce que l'autre a, c'est ce dont je suis privé) quand les désirs humains sont infinis (livré à lui-même, le désir veut tout avoir pour lui). L'individualisme fondé sur la souveraineté populaire est donc objectivement générateur de destruction de la société, de son bien commun, auquel il faudra substituer la recherche d'un intérêt général supposé rendre compossibles des biens unilatéralement privés : tous seront également libres et égaux en droits ; mais l'égalité des droits est une fiction si elle ne s'accompagne pas de l'égalité de moyens d'exercer les mêmes droits : l'égalité des talents deviendra fin en soi, et l'égalité des conditions une exigence. La logique du « système de la liberté », c'est le communisme que la république jacobine porte dans ses flancs comme son idéal inavoué, au rebours des intentions libérales et inégalitaires de ses promoteurs bourgeois. On pourra toujours suggérer que l'État républicain ne prône que la laïcité et non l'athéisme, qu'il est « neutre », mais en fait la « neutralité » est contradictoire ; la religion, qui pour le croyant aura toujours plus d'autorité que le pouvoir politique, est reléguée dans la sphère du privé, de sorte que, ou bien la majesté de l'État est offensée (c'est le privé, à cause de la religion qui s'y repose, qui est fin de l'État), ou bien la religion, porteuse pour le croyant de sa fin dernière, est offensée : c'est le privé, avec la religion, qui est subordonné à l'État. De plus, si la république est bien effectivement le « système de la liberté », la souveraineté de l'homme sur toute chose, elle exclut au fond l'idée même de religion qui dit dépendance et soumission.

Le croyant dira, quant à lui, que seule la vérité rend libre, et que seule la religion est en dernier ressort porteuse du système de la vérité, et il se prononcera en faveur d'une religion d'État, ce qui est la seule manière de concilier sans contradiction le primat de la religion sur l'État et la soumission à l'État — hypostase du bien commun — de la personne humaine. L'athée et le croyant sont cependant d'accord sur un point : la tolérance, c'est cette maladie de l'esprit qui consiste à cautionner l'erreur et le mal, soit encore à imposer un dogmatisme de la relativité, qui est évidemment contradictoire.

L'absence de religion d'État en vient à faire de l'État une religion, et à faire de l'individu l'objet de cette religion, ce qui en dernier lieu, en finalisant le tout par la partie, détruit l'État. Contre tout antitotalitarisme bien-pensant celant une dilection honteuse pour l'individualisme saupoudré de vertu cléricale, il est dans l'ordre que l'État se subordonne, en les respectant dans leurs ordres respectifs propres, la morale et l'éducation publique, parce qu'il est de l'essence du bien commun — d'autant meilleur qu'il est plus commun — de se subordonner le bien particulier ; en revanche, quand l'État en vient à se substituer aux instances qu'il a vocation à régir, ainsi à les supprimer, il dépérit, conformément aux prédictions de Marx (qui s'en réjouissait) : un tout qui prétend se substituer à ses parties (familles, métiers, régions, provinces) se réduit, nonobstant sa prétention à se faire tyrannique sur les atomes résiduels que sont les individus sans racines, à une partie parmi d'autres parties qui lui seront hostiles, en particulier cette partie tératologique issue de la démission de l'État et constituée par le regroupement d'intérêts financiers ayant désormais vocation, par exténuation de l'État, à se substituer à lui. Et telle est bien cette oligarchie ploutocratique en laquelle se résout aujourd'hui l'idéal jacobin passionnément plébiscité par les Français, et destructeur de la France en même temps que spoliateur de l'épargne des Français. Quant à l'Éducation nationale — contre les défenseurs de l'« école libre » défilant comme des veaux au nom de l'idéal républicain —, ayant des relations directes avec le bien commun, elle relève en vérité, en tant que catégorie politique, du public et non du privé ; mais, parce qu'il est dans la nature de l'État rationnel d'être catholique, l'Éducation nationale devrait être catholique, ne concédant aux hérétiques, agnostiques et incroyants, qu'une tolérance exclusive de tout droit.

L'intérêt de ce texte tient dans le fait qu'il est établi, par lui, qu'il n'existe pas de différence fondamentale (ainsi de nature) entre le jacobinisme, le marxisme et le mondialisme, qui sont autant de philosophies politiques destinées à faire de la vie sociale l'instrument de la déification de l'homme. Si l'on entend n'être pas un jour communiste et/ou mondialiste, on doit abandonner l'idée même de composer avec la République. Un homme politique contemporain, dont la vulgarité, le népotisme et la pensée doctrinalement pauvre ne l'empêchaient pas, avec un rude bon sens et un incontestable talent de grand tribun, d'oser certaines formules suggestives dans leur trivialité, faisait observer qu'un libéral est au fond telle une femme qui a le sentiment d'avoir remporté une très grande victoire en obtenant de ses ennemis le droit de plier sa jupe avant de se faire violer. Empruntée au registre des misérables préoccupations frénétiques de Donatien de Sade, cette image illustre assez bien, somme toute, la leçon que l'on peut tirer de son fanatisme antireligieux.

TROISIÈME DEVOIR
— commentaire de texte —

Raison et sociabilité

« Tous les autres êtres ont été constitués en vue des êtres raisonnables, comme, dans n'importe quel ordre, les choses inférieures en vue des supérieures, mais les êtres raisonnables l'ont été les uns pour les autres. Dans la constitution de l'homme, le caractère essentiel est donc la sociabilité. Le second, c'est la faculté de résister aux sollicitations corporelles, car le propre du mouvement de la raison et de l'intelligence est de se donner sa limite à lui-même et de ne jamais être vaincu par les mouvements des sens ni par ceux de l'instinct. Ces deux mouvements, en effet, sont de nature animale. Mais le mouvement de la raison veut prédominer et ne pas être maîtrisé par eux, et cela à juste titre, car il est d'une nature à pouvoir se servir de tous les autres. En troisième lieu, il est dans la constitution d'un être raisonnable de ne pas se montrer prompt à juger, ni facile à duper. »

Marc Aurèle, *Pensées pour moi-même*, Livre VII, § 55.

Selon l'empereur-philosophe adepte de ce qu'il est permis de nommer l'optimisme stoïcien, la raison est divine mais impersonnelle, immanente à l'univers entier, principe logique d'organisation du monde lui conférant cohérence et raison d'être, intelligibilité et finalité, ainsi conjurant l'absurde, la gratuité, l'arbitraire, la démesure, et ayant vocation à prendre conscience de soi-même en l'homme. Que le réel soit en son fond rationnel n'exclut pas qu'il contienne de l'irrationnel, du monstrueux, de l'inhumain, du terrible et du tragique mais au sens où, comme le soutiendra plus tard Hegel, il est en quelque sorte rationnel qu'il y ait de l'irrationnel. Il est rationnel que la raison s'éclipse sporadiquement ou régionalement, pour se ressaisir sur les débris de son échec ponctuel et s'affirmer souveraine en se faisant victorieuse de son autre, la déraison, l'impensable qui n'est qu'à être la matière sacrificielle de l'auto-affirmation de l'être en tant qu'être pris comme identité du rationnel et du réel. Si le rationnel était unilatéralement exclusif de l'irrationnel, incapable de l'assumer, il en serait dépendant puisqu'il l'aurait hors de lui, telle une limite qui, l'empêchant de se confondre — selon une exigence totalitaire — avec l'être en tant qu'être, lui enjoindrait de se réduire à une région de l'être, à une partie de ce dernier, par là circonscrite par ce qu'elle n'est pas : la négation de ce qu'elle n'est pas serait en soi définitionnelle de son identité, la contraignant de se définir par rapport à lui, mais alors on aboutirait à ceci que la raison, privée — en tant que supposée exclusive de la déraison — de l'initiative de la poser, elle lui serait suspendue, et l'on aboutirait à cette incohérence selon laquelle le rationnel serait par essence conditionné par l'irrationnel, au titre de parenthèse précaire elle-même sans raison — ainsi irrationnelle — dans la mer déchaînée de l'irrationnel. Si le réel est exclusif de l'irrationnel, selon le vœu illusoire d'une identité *abstraite* du réel et du rationnel, il est lui-même irrationnel. Et si le réel est en soi irrationnel, il est rationnellement impossible ou arbitraire de l'identifier comme tel, parce que l'irrationnel n'est saisissable ou compréhensible que par référence à la rationalité dont il est la privation ; or la rationalité de l'être ou du réel n'est telle qu'à proportion de son aptitude à *être*, ainsi à être elle-même réelle, dès lors que, aussi bien, il faut être, pour être quelque chose ; et s'il est impossible d'identifier l'irrationalité du réel qu'on déclare pourtant être en soi irrationnel, c'est qu'une telle affirmation est gratuite, violente, réduite en son irrationalité à un «*flatus vocis*», de sorte qu'il faut dans ce cas confesser que le réel est rationnel. Que l'on veuille souligner la rationalité ou l'irrationalité du réel, on est toujours mis en demeure de faire l'aveu de l'identité *concrète* — inclusive de leur différence — du réel et du rationnel. C'est pourquoi l'irrationalité de l'affirmation stoïcienne du matérialisme (être, c'est être matériel) est elle-même gravide d'une vérité captive : le réel est rationnel à raison d'un Logos (intelligible et intelligent) immanent à la matière elle-même pensée telle cette dimension nécessaire d'irrationalité requise par la concrétude du rationnel ; la matière est non-être, instance de non-être dans l'être, mais en tant que dimension d'irrationalité dans cet être, de telle sorte que, si l'irrationnel est non-être, alors l'être est bien rationnel. Cela dit, si l'être en tant qu'être est rationnel, il est ordre et finalité (l'ordre étant la disposition des choses en vue d'une fin), il est sens (intelligibilité et direction), quelque insensé qu'il puisse momentanément paraître aux hommes à courte vue, et le bonheur est possible, qui consiste à s'intégrer en cet ordre, à plébisciter le cours des choses, quelque hostilité qu'il puisse sembler nourrir à l'égard de l'homme assuré, en tant qu'il est philosophe, que la raison, en dernier ressort, aura toujours raison. Ce qui n'est pas autre chose que de reconnaître l'existence d'une Providence.

Il existe dans la nature, selon Marc Aurèle, une hiérarchie universelle qui veut que l'inférieur obéisse au supérieur, que le moins raisonnable obéisse au plus raisonnable, aussi bien en ce qui concerne les rapports entre les choses et les hommes qu'entre les diverses facultés intérieures à chaque homme. Marc

TROISIÈME DEVOIR

Aurèle énumère les caractères constitutifs de l'homme définis à partir de la raison considérée comme cause finale de l'univers et principe de hiérarchie de ses parties. De telle sorte que la raison est à elle-même sa propre fin. Elle est cause finale de l'univers, **et elle est célébrée en et par l'homme dans la sociabilité**. L'inférieur est pour le supérieur, et le supérieur est pour lui-même, l'être pensant est pour l'être pensant, ce qui revient à dire que la raison se rend hommage dans la réciprocité des consciences : en tant que fin de tout le reste, la raison n'a pas de fin en ce sens qu'elle n'est ordonnée à rien ; mais il faut bien qu'elle ait une fin à peine d'être absurde ; dès lors, elle est fin pour elle-même, elle s'ordonne à elle-même, elle se fait objet pour elle-même, elle se fait procéder d'elle-même afin de faire retour à soi, elle s'aliène dans la chinéité de ce dont le propre sera de se convertir en sujet qui la visera en retour. Ou encore : l'ordre est la disposition des choses en vue d'une fin qui est ici la raison, donc tout ce qui appartient à cet ordre (cosmos) est subordonné à la raison et aux êtres raisonnables, mais chaque homme est doté de raison (il **est** fin) **et** appartient à cet ordre (il **a** une fin), donc les hommes existent les uns pour les autres. On comprend sous ce rapport que la sociabilité ne soit nullement d'abord l'instrument du bien-être ou même de la survie de l'individu ; d'une certaine façon, elle est voulue pour elle-même, telle la condition que se reconnaît la raison pour se célébrer en son absoluité. On comprend aussi que cette vocation communautaire de l'être raisonnable, loin d'attester une imperfection en ce dernier que la modernité invite — depuis Rousseau — à mesurer sa perfection à l'aune de son individualisme, soit l'expression de sa perfection même. Le christianisme le proclamera à sa manière : l'être absolument être est Dieu, et Dieu est trinitaire ; la perfection et l'intelligibilité parfaites de Celui qui épuise en sa singularité toute richesse ontologique exige qu'Il soit en lui-même une société.

Et l'homme est une fin pour l'homme en tant que la raison est une fin pour elle-même. Ce n'est pas tant que les hommes aient besoin de la raison pour vivre en société ; il est plutôt question du besoin qu'éprouve la raison pour la société afin de se célébrer, ou encore : les hommes ont besoin de la société pour exercer leur raison. La raison a le statut de cause finale, et ce statut l'invite à se comporter en exerçant sa primauté. De plus, la raison est universelle, alors que les passions divisent l'homme. Sous l'impulsion de la raison universelle, chaque homme est ordonné à tous les hommes : il ne s'agit pas de règles de vie commune pour apprendre à coexister.

Le texte comprend deux grandes parties. Dans la première, qui est constituée par la première phrase, la raison est présentée tel le principe — à la fois logique et ontologique — hiérarchique universel de l'univers. La suite n'est que l'inventaire des conséquences. Dans la deuxième phrase est évoqué le thème de la sociabilité ; la raison est faite pour honorer la raison, car la raison de chaque homme est une étincelle de l'unique raison divine ; ce qu'il peut y avoir d'irrecevable dans ce panthéisme est rédimé dans la mesure où rien n'interdit de concevoir ce statut d'étincelle sur le mode suivant : substantiellement autre que la raison divine (si l'on considère les sujets dotés de rationalité consciente :

l'homme n'est pas Dieu), la raison humaine se reconnaît *dans le sillage de la raison divine* (sous ce rapport, il n'existe qu'une seule raison, entendons : une seule rationalité). Il reste que le principe de l'amitié est la hiérarchie et l'inégalité, qui seules rendent possible la complémentarité (ou la différence), dans l'unité d'une fin commune à tous. Dans les 3e et 4e phrases est mise en évidence la toute-puissance de la raison. La dernière phrase signifie que prudence et réflexion sont les vertus propres de la raison : elle est le principe de la maîtrise des représentations, laquelle est la seule chose qui dépende vraiment de nous.

L'explication du corps du texte se résumera à celle de deux phrases déterminantes. La première est : 1) « le propre du mouvement de la raison et de l'intelligence est de se donner sa limite à lui-même et de ne jamais être vaincu par les mouvements des sens ni par ceux de l'instinct ». La deuxième est la suivante : 2) « Le mouvement de la raison (...) est d'une nature à pouvoir se servir de tous les autres. »

1) La raison est l'intellect en tant qu'il se meut. Pour les Stoïciens (Marc Aurèle : 121-180), la raison est l'immanence du divin dans le monde. Elle se confond d'une certaine manière avec la liberté, qui donne à l'homme d'être maître de lui-même : par elle, l'homme fixe des limites à ses actions, il n'est débordé ni par ses actions ni par les objets qui les suscitent et sur lesquels elles s'exercent, parce que la raison a raison de fin. En tant qu'elle se donne sa limite, elle est virtuellement infinie, ou illimitée. Aussi n'est-elle subordonnée à rien, elle maîtrise les mouvements opérés par les sens et par l'instinct, elle maîtrise toutes les représentations. Observons cependant que le mouvement de la raison n'est pas l'essence de la raison, il est le mouvement qui procède de la raison. La raison a en elle-même le principe de son mouvement, lequel est ainsi toujours volontaire. C'est la raison qui donne une limite aux actes qu'elle prescrit (à la différence des désirs sensibles). Il convient de parler ici de liberté, d'autonomie, d'autodétermination, ainsi d'autolimitation, et de dire que la raison est principe de la volonté. Ce qui se donne la limite de son mouvement est ce qui la maîtrise, ce qui est libre, et cela suppose que l'on soit, de soi, illimité : la raison fait qu'un bien est déterminant pour elle seulement parce qu'elle le réfère au bien absolu, qu'elle doit concevoir au titre d'idéal. La supériorité de l'être raisonnable par rapport aux autres êtres tient dans son aptitude à goûter aux biens les plus élevés. Dans son ordre propre, la raison n'a pas à se limiter. Elle se limite en tant qu'elle est le principe de sa propre actualisation, ou en tant qu'elle est maîtresse d'elle-même. Elle se proportionne à son objet, se fixe ses limites en tant qu'elle pose ses buts. Par ailleurs, en tant qu'elle maîtrise ses opérations, la raison n'est « pas prompte à juger », en cela qu'elle se défie des fausses évidences qu'elle a vocation à dissiper moyennant l'exercice de la réflexion ou, comme le dira Spinoza qui en fera sa méthode, l'exercice de l'« idée de l'idée » ; dans cette démarche consistant à promouvoir l'idée de l'idée comme méthode de la philosophie, il y a, *de manière explicite ou implicite, avouée ou non*, l'idée de la systématicité comme idéal de la raison, et reconnu comme idéal en tant que seule

garantie d'évoluer dans l'élément de la vérité ; saint Thomas d'Aquin, à sa manière — osons l'affirmer —, ne professait pas autre chose quand il enseignait, dans la Question disputée *de Veritate* : « *cognoscit intellectus veritatem quod supra seipsum reflectitur* ». En effet, on remarque, certes à juste titre, que l'évidence, avant que d'être une propriété de la connaissance de l'objet, doit être reconnue telle une propriété de l'objet à connaître, ainsi telle la clarté de son intelligibilité, de sorte qu'une vraie évidence est nécessairement une évidence vraie : elle est objective puisqu'elle est objectale ; il demeure qu'il existe de fausses évidences, et qu'il est impossible d'établir, quand l'objet se distingue du sujet, quelque critère que ce soit de la vraie évidence, car un tel critère devrait encore être évident pour que lui fût reconnue la raison de vrai critère. Aussi, la raison n'a la certitude de jouir d'une évidence qui soit une vraie évidence que dans l'expérience du « cogito », où sujet et objet sont identiques, de telle sorte que le *savoir* — par le sujet — de l'objet, est savoir *de soi* de l'objet en lui : une évidence que l'on pourrait soupçonner de n'être que subjective (fausse évidence) est nécessairement objective en tant même que subjective quand l'objet dont elle est la propriété se trouve être une même chose avec le sujet qui le connaît. C'est pourquoi la raison se sait indubitablement dans la vérité seulement quand elle est assurée d'atteindre l'objet à connaître qui n'est pas elle dans et comme l'acte de s'atteindre elle-même ; ce qui revient à dire que la raison, en cette opération, est fondée à réduire l'objet à un moment du savoir de soi du sujet connaissant. Et la réduction de l'objet à un tel statut est acquise si et seulement si la raison se sait en mesure de *poser* l'objet, et plus généralement de poser l'être, se sait ainsi raison du réel, et raison — prise comme faculté de connaître — adéquate au réel précisément parce qu'elle en est la raison, prise comme fondement du réel ; mais ce réquisit n'est satisfait que dans l'unique mesure où la raison, s'atteignant réflexivement, par là se connaissant, pose la réalité qu'elle connaît en s'objectivant dans son processus réflexif, ainsi en réduisant l'objet ou réalité à un moment du savoir d'elle-même ; et faire du réel à connaître un moment du savoir de soi de la raison, cela revient pour la raison à poser ce qu'elle présuppose, et de ce fait à s'avouer systématique. Il va de soi qu'une telle raison, invinciblement capable de faire s'identifier raison logique et raison des choses, ne peut être que la raison divine ou raison reposant sur soi, raison absolument raison parce que raison absolue, et que la raison humaine — quelque effort que déploie, pour tenter de l'établir, Hegel en son rationalisme ingénu — est impuissante, sans délirer, ainsi sans renoncer à soi, à s'introniser raison divine ; à tout le moins peut-elle prouver — mais ce n'est pas ici le lieu de l'établir — qu'elle est dans le sillage obligé de la raison divine. Et une telle raison ainsi définie ne saurait souffrir le reproche de panlogisme si, comme il l'a été ici établi dans l'introduction de cette dissertation, il est rationnel qu'il y ait de l'irrationnel : il est rationnel que la rationalité du réel s'accomplisse moyennant des moments obligés de contingence qui, dans le domaine des réalités non pensantes, rendent possible le hasard et qui, dans l'élément des réalités pensantes, exigent que la raison s'accompagne de volonté libre.

Le panthéisme immanentiste stoïcien, en dépit de son matérialisme théorique, inaugure, par l'esprit de totalité qu'il affectionne, ce mode de penser qui sera mis en honneur par Hegel : à peine de consentir à des pétitions de principe, la philosophie, comme science, n'est pas, sinon comme systématique.

2) Tous les mouvements de nature animale sont irréfléchis, spontanés, involontaires, et incapables de se maîtriser. L'instinct, au sens propre, est une tendance et un savoir-faire innés. Il a en lui-même sa mesure, il est le substitut de la raison dans l'animal. Chez l'homme, on ne peut parler d'instinct que par analogie, précisément parce que c'est à la raison qu'il appartient d'exercer ce rôle de mesure. C'est pourquoi l'appétit sensible chez l'homme est plus susceptible d'être déréglé que chez l'animal. Les mouvements de la nature oblitèrent la raison et font souvent commettre des actes déraisonnables. Ils ne peuvent dominer la raison qu'en l'éclipsant. En revanche, la raison peut les dominer en les éclairant et en les finalisant. **Elle prescrit sa finalité à chaque mouvement parce qu'elle est la fin de toutes les autres activités.** Si la raison seule finalise les autres mouvements, c'est que ces mouvements ne sont pas à eux-mêmes leur propre fin, donc ils sont en droit subordonnés. De plus, la réflexivité de la raison, principe de sa liberté, est aussi principe de sa capacité de réflexion critique.

Ainsi que le fait observer, avec son célèbre exemple du morceau de cire, Descartes dans sa *Deuxième Méditation*, les sens ne donnent que les accidents des choses, la raison seule saisit l'essence qui s'explicite en eux, et elle vise l'essence à travers eux. Dès lors, la raison se subordonne les autres facultés (les Scolastiques enseigneront plus tard que « *nihil est in intellectu quod non prius fuerit in sensu* »), sur le double plan de la connaissance de l'être et du bien. Elle les ordonne à leur fin, ainsi les perfectionne, parce qu'elle est leur fin : se dessine ici l'idée selon laquelle, dans les êtres supérieurs, la cause finale est aussi la cause efficiente ; de plus la raison n'est habilitée à guider les autres facultés que parce que son acte propre est la fin de leurs actes ou opérations respectifs. La raison n'est pas sans la liberté, et de plus elle lit, dans les mouvements des autres facultés, leur finalité qui est elle-même.

Tout mouvement ou désir procède de notre nature (essence) et nous ramène à elle, car le désir est manque de ce dont on a besoin pour être soi-même, de telle sorte qu'on cherche, en tout désir, l'adéquation de soi-même à son essence. Ainsi le mouvement vital proprement humain, qui réalise exhaustivement l'humanité dans l'homme, a la structure d'une identité à soi réflexive. Or cette identité réflexive à soi n'est consommée que comme et en la raison (et la conscience, laquelle est le savoir de soi de l'intellect). Donc tous les autres mouvements vitaux sont autant des tendances inchoatives à se constituer comme raison, soit, encore, autant d'efforts avortés par lesquels la nature se pose comme raison. La raison immanente à l'univers prend conscience de soi dans l'homme, ce dernier est le Tout d'une certaine manière, d'où la supériorité intrinsèque de la raison. C'est pourquoi la raison est la cause finale dont tous les autres mouvements de l'âme procèdent proleptiquement. D'autre part, si être adéquat à son essence est être en plénitude ; si l'essence est d'autant plus parfaite (si son degré d'être est d'autant plus élevé) qu'elle donne à celui qu'elle habite d'être plus parfaitement adéquat à elle, alors un être est d'autant plus pleinement être qu'il est plus rationnel. D'où la coextensivité entre réalité et rationalité.

On peut établir le même résultat en faisant observer avec saint Thomas d'Aquin (dans la *Somme contre les Gentils*, II 57), que le plus haut degré de vie est le plus haut degré d'être : « *vivere enim est esse viventis* » ; l'acte de vivre est l'acte d'être du vivant. Et l'on comprend qu'un être dont l'essence l'habilite à maîtriser son acte d'être soit un être dont l'essence tend à s'identifier à cet acte, puisque, aussi bien et en retour, tout est suspendu à un tel acte : il faut être, pour exercer quelque maîtrise que ce soit ; toute réciprocation de causalité, en se radicalisant, se sublime en identité des termes réciproques. Or « *vitae nomen sumitur (...) ad significandam substantiam cui convenit secundum suam naturam movere seipsam, vel agere se quocumque modo ad operationem* » (*Somme théologique*, I^a q. 18 a. 2 : le nom de vie est pris pour signifier le caractère d'une substance à laquelle il convient de se mouvoir par elle-même, ou de se porter d'elle-même de quelque façon que ce soit à son opération propre ; de sorte que le vivre n'est pas un prédicat accidentel mais substantiel : comme l'enseigne Aristote au livre II du *de Anima* : « *vivere viventibus est esse* ») ; or ce qui a en soi-même le principe de son mouvement — dont celui de sa propre genèse — ou qui maîtrise sa tendance à opérer — dont les opérations vitales elles-mêmes —, c'est ce qui jusqu'à un certain point maîtrise son acte de vivre ; mais par là il tend à maîtriser son acte d'être et, de ce fait, il tend à s'identifier à son acte même d'être. Mais pour cette raison même, autant est élevé le degré de vie d'un être, autant est élevé son degré d'être. Or être libre consiste à avoir en soi de manière éminente, en le maîtrisant, le principe de son mouvement et de son agir, c'est-à-dire à posséder le plus haut degré de vie ; donc les êtres autonomes sont supérieurs à ceux qui ne le sont pas. Or il faut être doté de raison pour être libre, puisque être libre est choisir, choisir est juger, juger est penser. Il y a donc bien coextensivité entre degré d'être (ou de réalité), degré de rationalité et degré de liberté.

La problématique dont cet extrait des *Pensées pour moi-même* se veut la résolution peut être formulée de la manière suivante :
N'est-il pas paradoxal que la supériorité supposée intrinsèque de la raison induise en l'homme une plus grande dépendance à l'égard de ses semblables ?
Il faudra suggérer que, loin d'attester un manque, l'interdépendance *spirituelle* (et/ou rationnelle) connote une perfection : il faut se demander pourquoi raison et sociabilité sont convertibles. En fait, si certains animaux sont sociables, ce n'est pas à raison de leur imperfection ou de leur éloignement par rapport à la perfection des hommes, c'est à raison de leur proximité relative : c'est parce qu'ils participent d'une certaine manière de la raison. Sous un certain rapport, la sociabilité n'est pas propre à l'homme (abeilles, meutes de loups, bancs de poissons) et ne constitue pas sa différence spécifique. Sous un autre rapport, elle définit l'essence humaine, en tant que la communication est essentielle à la vie

de la raison. La raison vit du dialogue et du langage (il est consubstantiel à la pensée, et il suppose la sociabilité), ainsi de l'intersubjectivité.

Pour étayer de manière développée l'argumentation de l'auteur, il est permis de proposer l'exposition sommaire de deux dialectiques entremêlées : la dialectique de la partie et du tout, et la dialectique de l'intérieur et de l'extérieur.

La sociabilité, de manière générale, est cette tendance naturelle à s'intégrer dans un tout d'ordre, ainsi dans un ordre (une disposition des choses en vue d'une fin) qui est un tout, par là dans un ordre dont le statut de totalité a raison de bien commun, fin de chacun des membres qui constituent les parties de ce tout. Un bien commun est un bien que l'on aime en tant qu'on se rapporte à lui ; en effet, un bien que l'on rapporte à soi est un bien privé, un bien tel que celui qui l'appète a raison de fin pour ce bien, et un tel bien est un bien que l'on aime en le possédant et pour le posséder afin de se l'assimiler, un bien qui donc, tout entier et totalement destiné à être assimilé par un singulier, exclut d'être aussi le bien de plusieurs de manière concomitante. Or un bien que l'on aime en lui étant rapporté est un bien qui possède celui qui l'appète, sans cesser d'être son bien et son meilleur bien, son bien le plus intime mais dont la richesse déborde son individualité. Et ce ne peut être qu'un bien qui vit de ceux dont il est le bien (il en vit en tant qu'il se les subordonne, il n'aurait nul besoin de se les subordonner s'il n'en vivait pas) tout en étant ce bien dont ils vivent (en tant qu'il les nourrit), ce qui n'est possible que pour autant que le bien propre du tout (social), à savoir le bien commun, est inscrit au titre de fin à l'intime des parties de ce tout, bref, ce n'est possible qu'autant qu'il est immanent aux parties qu'il intègre, dans une action réciproque entre tout et parties menée sous l'égide du tout et définitionnelle de la *vie organique*. Mais pour que la société soit organique, comme but immanent à toutes les parties, comme but *universel*, il ne peut y être immanent que dans et comme la *raison*, parce que seule la raison est universelle quant à son sens (il n'y a sous ce rapport qu'une seule et même raison pour tous les hommes, selon les rappels insistants d'un Malebranche ou d'une Simone Weil), et individuelle quant à sa réalité entitative (ma raison n'est pas celle d'un autre). Par la raison (et le choix délibéré qu'elle implique), les hommes s'intègrent dans un tout en vertu d'une tendance qui leur est plus intime (plus intérieure parce que plus propre à leur individualité) que l'animal ; donc la totalité *humaine* est plus intégrative que dans le cas des animaux : la fermeture sur soi de la personne ouvre à la communication, et elle y ouvre d'autant plus qu'elle est ontologiquement plus fermée. La raison implique la conscience et la liberté, l'unicité, mais l'incommunicabilité de la personne rend possible une plus grande communion qui sera réalisée et célébrée dans l'amitié et dans la poursuite d'un idéal politique. Par cette autarcie ontologique, la personne est capable de l'universel. Le paradoxe est que le tout est d'autant plus totalitaire que les parties sont plus autonomes. La totalité est d'autant plus totale qu'elle est à même d'intégrer (ou de totaliser) ce qui semble le plus éloigné d'elle, ce qui semble le plus répugner à faire série, ainsi à n'être que la partie d'un tout. Et il en est pourtant bien ainsi, et c'est le drame de la modernité que de le méconnaître : elle ne conçoit l'individu en son autonomie que comme hostile à toute subordination à un tout, et elle n'envisage la totalité que comme ablative de la dignité de ses parties autonomes ; c'est pourquoi elle hésite sans cesse — avançant selon un mouvement sinusoïdal indéfini, par là insurgée contre elle-même en tant qu'impuissante à s'identifier à soi circulairement, ainsi à coïncider avec soi — entre l'extrême du communisme dépersonnalisant, et celui qui, ravalant la communauté à un atomisme précaire et désordonné, n'est autre que l'individualisme libéral, lequel, frustrant la personne de sa tendance à l'intersubjectivité, se révèle lui aussi dépersonnalisant. La totalité est d'autant plus totale que plus à même de totaliser ce qui semble y répugner le plus, et, corrélativement, l'individu est d'autant plus personnel, plus ineffable, son intériorité est d'autant plus accusée, qu'il est plus à même de s'ouvrir à la communication : l'intérieur s'extériorise, il appelle son extériorisation, car l'intérieur privé de sa relation à l'extérieur est *extérieur* à l'extérieur, et par là n'est plus intérieur. Dès lors, il est de la raison du concept de personne que la perfection de la personne appelle une vie communautaire.

Il n'est pas jusqu'aux reliquats bien modestes de pensée traditionnelle en ce monde corrompu qui, par crainte pathologique de l'erreur — en l'occurrence la crainte de déifier l'État et/ou la nation — n'en viennent à craindre la vérité en se faisant les complices objectifs de l'individualisme et du personnalisme (qui n'en est que la version saupoudrée de mentalité chrétienne) : ces pieux censeurs méconnaissent cette idée pourtant simple, selon laquelle **c'est en s'ordonnant au bien commun de la Cité — lequel n'excède le bien moral qu'en l'assumant — comme à sa fin temporelle ultime, que la personne fait adéquatement servir la Cité à la fin éternelle de la personne** ; mais parce que le souci de la fin dernière s'enracine et s'exerce dès ici-bas, c'est en se subordonnant tout entière — quoique non totalement — au bien commun politique de la Cité terrestre, que la personne satisfait adéquatement aux réquisits du souci de la Cité céleste ; et cette subordination s'exerce *non totalement*, non au sens où la personne ne subordonnerait qu'une partie d'elle-même — avec la rigueur comptable d'un économe avisé gardant par-devers lui le meilleur de lui-même en vue de son salut — au bien commun temporel, car ce serait là ne pas se donner *tout entière* au service de la Cité ; elle ne s'y subordonne pas totalement au sens où le bien commun de la Cité est impuissant à la combler de manière exhaustive, car seul le Bien commun transcendant et divin, éminemment commun en tant que séparé, et souverainement immanent à la créature à raison de sa transcendance même, est doté du pouvoir de combler l'appétit de la créature spirituelle, ainsi d'actualiser exhaustivement sa tendance à servir : un Logos stoïcien unilatéralement immanent au monde exclut d'être créateur, donateur d'exister, puisqu'il est intrinsèquement dépendant, quant à son exister même, de ce dont il est la raison ; or c'est en tant qu'acte créateur que le Créateur est plus intime à la créature qu'elle ne l'est à elle-même. Le vrai chrétien n'est pas celui qui ne consent à se subordonner à Dieu qu'en subordonnant à lui-même tout ce qui n'est pas Dieu ; c'est celui qui sait discerner, dans la subordination de lui-même à ce qui le dépasse, même s'il s'agit d'un bien fini, une anticipation de soi de sa vocation à se subordonner à Dieu. Et il est à remarquer que le bien commun de la création tout entière est intrinsèquement supérieur, à raison de sa communauté même, à ce bien particulier — quelque éminent qu'il soit — que constitue, pour le premier des anges — ainsi pour la créature n'ayant rien, fors Dieu, au-dessus d'elle —, sa perfection individuelle propre. Ce qui revient à dire qu'en refusant, croyant ce faisant honorer Dieu, de se subordonner à l'ordre créé en tant que créé sous le prétexte que sa dignité exclut qu'elle consente à s'agenouiller devant autre chose que Dieu, la créature n'honore qu'elle-même et, cet honneur étant objectivement désordonné, elle n'honore pas vraiment Dieu et, vraiment, elle se déshonore.

Cela dit, dans une totalité organique, c'est-à-dire dans une totalité faiseuse d'unité, le tout ne va pas se contenter de rassembler les parties, comme s'il était seul à avoir l'initiative de faire l'unité ; le tout va déléguer ou conférer aux parties — qu'à ce titre il va rendre autonomes, maîtresses de leurs initiatives — quelque chose de sa propre causalité, afin de leur donner de s'ordonner par elles-mêmes à lui : l'unité sera d'autant plus grande qu'elle sera, partant du tout, relayée ou exercée par les parties elles-mêmes ; il en résulte que les parties d'un tout sont d'autant plus libres que ce tout est plus totalitaire. La communion — matérielle — chez les animaux est seulement condition de possibilité de la survie et de l'intégrité des individus ; la communion — spirituelle — chez les hommes est la manifestation de la perfection des individus. Dès lors, le besoin de communauté change de signification ; elle ne signifie plus chez l'homme un manque, mais une surabondance. Dans le premier cas, les parties tendent à faire un tout pour se préserver en tant que parties ; dans le second, chaque partie, parce qu'elle est d'une certaine façon — en tant que pensante — le tout (penser est bien «*fieri aliud inquantum aliud* », devenir les autres sans cesser d'être soi-même), ratifie par elle-même, en s'intégrant dans le tout, l'initiative du tout posant les parties en lesquelles il se pense.

De la lecture commentée de ce texte, on peut retenir, ainsi qu'il l'a été suggéré dans le corps du devoir, que ce qui — sommet de toute perfection — conjugue la totalité (qui rend possible la communication, qui confère au Bien en général son statut de « *bonum diffusivum sui* », qui ainsi radicalise la bonté du bien en lui donnant de s'excéder lui-même sous la pression de sa propre excellence) d'une part, et d'autre part l'autarcie ontologique (qui connote cette forme ou cet aspect de l'excellence inhérent à la souveraineté et à l'indépendance) est la Vie trinitaire du Dieu des catholiques ; la déité est tout entière en chacune des Personnes qu'elle enveloppe. À toute distance de cette idée sournoisement nominaliste, individualiste et libérale selon laquelle la personne humaine userait de la société comme d'un instrument, la vie sociale est ainsi ce mode humain privilégié d'imitation de Dieu, par lequel l'homme se fait similitude participée de son Auteur qui est sa Fin, et c'est cela, en dernier ressort, qui confère sa dignité au politique.

QUATRIÈME DEVOIR
— commentaire de texte —

La philosophie, une affaire sérieuse

« Il est particulièrement nécessaire qu'on fasse de nouveau du "philosopher" une affaire sérieuse. Pour toutes les sciences, les arts, les talents, les métiers, prévaut la conviction qu'on ne les possède pas sans se donner de la peine et faire l'effort de les apprendre et de les pratiquer. Quand on en vient à la philosophie, c'est un tout autre préjugé qui paraît régner aujourd'hui : si un homme quelconque ayant des yeux et des doigts, à qui on fournit du cuir et un instrument, n'est pas pour cela en mesure de faire des souliers, on croit que chacun s'entend pourtant à philosopher et à apprécier la philosophie, puisqu'il possède pour cela la mesure dans sa raison naturelle, comme s'il ne possédait pas également dans son pied la mesure d'un soulier. — Il semble que la possession de la philosophie soit posée précisément dans le défaut de connaissance et d'étude, et que celles-ci cessent quand la philosophie commence. On tient souvent la philosophie pour un savoir formel, vide de contenu, et on perd trop de vue que ce qui est vérité aussi selon le contenu dans quelque connaissance et science que ce soit, peut mériter ce nom de vérité seulement s'il a été engendré par la philosophie. »

Hegel (Georg Wilhelm Friedrich), *Phénoménologie de l'esprit*, Préface, traduction Jean Hyppolite, t. 1, p. 52.

L'auteur s'applique, dans ce célèbre passage, à réfuter une thèse déjà répandue de son temps, et, pour le moins, universellement reçue aujourd'hui : tout homme serait capable de philosopher sans étude particulière, il serait spontanément doué du pouvoir de juger la philosophie de l'extérieur sans apprendre à être philosophe, puisqu'il a en lui la raison, qui est productrice de la philosophie.

Il est vrai que, s'intéressant, dans l'ordre pratique (domaine de la moralité, ordre de ce qu'il est convenu de nommer aujourd'hui les valeurs), non à ce qui est mais à ce qui doit être, la philosophie ne saurait avoir recours à l'expérience pour valider le bien-fondé de ses assertions : comme normative des mœurs, la morale ne saurait faire approuver ou invalider ses lois par les mœurs réelles puisque ce sont ces dernières qui ont vocation à se conformer aux lois morales. Il est aussi incontestable que, consistant, en son essence et par là en sa partie principale — fondatrice de ses autres parties — dans l'étude de l'être en tant qu'être, nommée ontologie, elle exclut de se faire mesurer par l'expérience — le témoignage des sens — puisque, comme ontologie, elle est métaphysique, ainsi étude de ce qui excède l'ordre des réalités matérielles : ce qui est matériel est par essence corruptible, ce qui est par nature voué à se corrompre est ce qui se résout dans le néant, ce qui donc a son être (essentiel ou existentiel), mais qui ne l'est pas, puisqu'il peut le perdre ; ce qui, de soi, n'est pas positivement être, mais n'accède à l'être qu'à la manière de ce qui est suspendu à ce qu'il conteste, telle une privation ; la cécité est, et tout l'être de la cécité est d'être privation de la vue ; la matière est, mais tout l'être des réalités matérielles est de n'être pas pleinement leur essence, ainsi d'être matérielles à raison même de cette altérité entre elles et leur essence, et *a fortiori* de n'être pas l'acte d'exister qu'elles exercent, puisqu'elles en viennent immanquablement à le perdre ; la matière est, dans un être, ce à raison de quoi il peut devenir autre chose que ce qu'il est, elle est le sujet permanent des formes essentielles ; elle est donc en cet être ce à raison de quoi il est potentiellement autre que ce qu'il est, à savoir son essence ; elle est donc bien cette instance posant une distance entre lui et son essence. Il est clair sous ces divers rapports que la philosophie, traditionnellement entendue telle la recherche des causes premières à la seule lumière de la raison naturelle, ne peut compter que sur la compétence et le témoignage de la raison pour fonder ses résultats. On peut donc convenir que la raison est seule productrice de la philosophie, que le recours à l'expérience n'est pas, dans l'élément des préoccupations philosophiques, critère de pertinence des démarches de la raison. Est-ce à dire pour autant qu'il suffirait d'être doté de raison pour être philosophe en acte ?

Cette assertion relève, en dernier ressort, du préjugé selon lequel la philosophie serait au fond inutile :

Il n'y a jamais eu de consensus en philosophie, elle n'aurait pas la rigueur des sciences, elle n'aurait pas d'unité, le philosophe serait le « spécialiste des généralités », il n'y aurait rien à apprendre, aucune compétence à acquérir ; il suffirait de donner une forme plus ou moins rationnelle ou logique à ses opinions pour faire de la philosophie ; toute évidence de départ serait subjective, le domaine de l'opinion serait indépassable. La raison serait seulement formelle, elle n'aurait pas de contenu propre, son contenu lui serait donné seulement par l'expérience, or en philosophie on traite de ce qui n'est pas objet d'expérience empiriquement vérifiable, donc il n'y aurait pas de contenu à assimiler, de telle sorte que tout homme serait philosophe en acte quant au contenu, mais aussi quant à la forme : la raison est le seul critère de validité du discours non empiriquement vérifiable, or chacun l'a en soi et, l'ayant en soi, il est supposé savoir s'en servir, donc il est philosophe. C'est que, en effet, la réflexion sur la philosophie est encore un aspect ou une tâche de la philosophie, de sorte que si la philosophie est immédiatement — par là sans la médiation d'un maître, d'une tradition, d'une École, d'un dur labeur exigeant rigueur, discipline, modestie — à la portée de tout le monde, la réflexion sur la philosophie, sur sa valeur, ses conditions et sa portée, se révèle, tout autant, immédiatement accessible. Inversement, dans la ligne du même préjugé dénoncé par Hegel, si tout homme est supposé capable de porter un jugement non dérisoire sur la philosophie en général, c'est qu'il est philosophe en acte.

Il n'y a pas, il n'y a jamais eu, aussi n'y aura-t-il jamais, dit-on complaisamment avec la moue dubitative d'un sage revenu de tout, de consensus en philosophie ; or un consensus est tout de même, pour les « gens sérieux » qui savent que la philosophie n'est pas sérieuse, un critère recevable d'efficacité et de pertinence, car l'homme en général est assez avisé pour ne pas perdre son temps en entreprises oiseuses, qui ne concernent ni la santé physique, ni les biens tangibles tels les jouissances sensibles, l'aisance pécuniaire, les divertissements délectables, les prouesses techniques, la promotion d'un monde sans violence où tout le monde mange à sa faim, le souci d'un ordre mondial ayant éradiqué le racisme, l'intolérance, le dogmatisme, l'obscurantisme religieux, par là respectueux de l'éminente dignité de la personne humaine, etc. ; c'est que, mon bon Monsieur naïvement philosophe élitiste et méprisant, les gens réalistes d'aujourd'hui conformes à l'idéal de l'honnête homme du XXIe siècle, c'est-à-dire les humanistes, savent que le progrès est inéluctable, qu'on est plus éclairé aujourd'hui que jadis, et que le sérieux consiste à cultiver un scepticisme sans fanatisme, un relativisme fondateur de consensus pratique ; au reste, vous devez savoir qu'une subjectivité est la raison même s'apparaissant, qu'une subjectivité est un tout ineffable tel qu'on est absolument subjectivité ou qu'on ne l'est pas du tout, que par là toutes les subjectivités sont expressives de la possession en chaque homme de toute la raison, qu'ainsi le jugement d'un homme vaut bien celui d'un autre, puisque n'importe qui peut raconter n'importe quoi impunément, faute d'un arbitre objectif incontestable et incontesté. Il n'y a d'autre critère objectif qui vaille, sinon le consensus, et ce qui le prouve est la reconnaissance universelle des vertus de la science et des techniques ; or il n'y a pas de consensus en philosophie, donc elle n'est pas quelque chose qui s'apprend : n'a vocation à être appris que ce qui a une valeur universelle et qui s'impose à tous ; chacun a sa philosophie, qui vaut celle d'un autre. Et puis il est bien évident que la philosophie n'est pas sérieuse en ce sens qu'elle n'a pas la rigueur d'une science qui, mathématisée, donne la garantie d'évacuer toute subjectivité, tout recours aléatoire à l'intuition, et présente au moins le mérite d'être efficace.

Tels sont les préjugés que Hegel se propose ici de dénoncer, tout en accompagnant cette entreprise d'un embryon de réfutation.

Dans la deuxième phrase du texte, l'auteur élabore un premier argument contre les préjugés hostiles à la philosophie, en procédant à une analogie, mais ici pour en contester le bien-fondé. Une analogie (de proportionnalité propre) est une similitude de rapports : l'os est au mammifère ce que l'arête est au poisson ; quand un homme ignore ce qu'est une arête, on peut le faire accéder à une certaine connaissance de cette dernière en lui proposant une telle analogie, supposé qu'il sache ce que sont un mammifère, un poisson et un os. Ici, Hegel explique que l'homme possédant en son pied la mesure d'un soulier (1), entretient à l'égard de l'homme possédant en sa raison la mesure de la philosophie (2), le même rapport que celui qu'entretient l'homme possédant l'art du cordonnier (3) à l'égard de l'homme possédant la science philosophique (4). Or (1) n'implique pas (3), donc (2) n'implique pas (4). De même qu'il ne suffit pas, pour être cordonnier, d'avoir en soi le pied qui est mesure du soulier, de même il ne suffit pas pour être philosophe d'avoir en soi la raison qui est mesure de la philosophie. Tout homme, en tant qu'il est homme, est en effet philosophe en puissance. Mais précisément, parce que ce qui est en puissance ne passe à l'acte que sous l'influence d'une réalité en acte, un homme ne devient philosophe que sous l'influence d'un philosophe en acte. Plus haut ici, fut évoquée l'idée vraie (mais convoquée au service d'une mauvaise cause, celle des détracteurs de la philosophie) selon laquelle n'a vocation à être appris que ce qui a une valeur universelle. La raison est de soi universelle (identique en tous), or le contenu d'un vrai savoir est principe d'actualisation de la raison, donc il est lui-même en droit universel. Or, en tant qu'universel, valable pour toute conscience, il ne saurait se réduire à l'opinion subjective qui n'engage que celui en lequel elle éclot, et qui ne donne pas ses raisons ; il requiert, pour attester son universalité de droit et non seulement de fait, que soient livrées avec lui les raisons de ce qui s'affirme en lui, ainsi que soit dévoilé le chemin logique de sa justification : il n'est pas de vrai savoir qui ne s'accompagne d'une démonstration, ne serait-ce que celle visant à discriminer entre une vraie et une fausse évidence ; or toute démonstration, au rebours de l'intuition immédiate, suppose le labeur de sa découverte quant à son établissement, et le labeur de son assimilation sous l'influence d'un maître quant à sa communication. Donc il n'est pas possible, en vérité, d'être philosophe en acte sans un maître, dût-on avoir en soi la raison, à peine d'insinuer que la philosophie ne serait pas un vrai savoir. Et c'est bien au fond ce que laissent entendre les esprits qui prétendent que la philosophie n'a pas besoin de s'apprendre. Et c'est bien pourquoi l'auteur entend montrer que la philosophie n'est pas un « savoir formel, vide de contenu » :

La philosophie ne se réduit pas à la mise en *forme* d'un ensemble d'opinions subjectives qui seraient incapables de constituer le *contenu* d'un vrai savoir. Elle a pour objet propre l'essence du réel, qui échappe à la connaissance expérimentale. La philosophie est selon Hegel capable de conclure avec certitude à propos des questions concernant l'essence du réel et les causes premières. Le préjugé consiste à supposer que le contenu de tout savoir possible serait relatif à l'expérience sensible et seulement sensible, c'est-à-dire à la réalité matérielle, ce qui exclut par définition tout savoir métaphysique (il ne s'agirait que de la mise en forme logique de savoirs extérieurs à la philosophie, qui ainsi n'aurait pas d'objet propre, à savoir la considération de ce qui dépasse l'expérience sensible). Ce préjugé (qui à la limite en vient à réduire la philosophie à l'épistémologie) conditionne cet autre, selon lequel la philosophie se limiterait à la logique formelle, à l'art de penser de manière cohérente, quel que soit le contenu de ce qui est pensé et qui serait livré par l'expérience sensible. En fait, toute science est connaissance par les causes, or la philosophie est connaissance des causes premières, elle est donc la première des sciences. Toutes les sciences présupposent quelque chose dont elles ne rendent pas raison : elles reposent sur l'expérience sensible sans s'interroger sur la valeur de l'expérience sensible et sur celle du témoignage des sens ; elles ne s'interrogent pas sur la valeur pratique de la raison, sur la nature profonde des choses, sur l'essence ou sur le sens de l'être en tant qu'être ; toutes les sciences sont suspendues, sous ce rapport, dans le vide. Il n'est pas possible, en vérité, de juger la philosophie autrement qu'en étant philosophe, car elle est définitionnelle d'elle-même.

De plus, la philosophie, selon Hegel, et dans la ligne leibnizienne de l'idée de « *philosophia perennis* », est le système des philosophies dont chacune, en tant que moment d'un tel système, contient une vérité partielle qui devient fausse en tant qu'unilatérale ou abstraitement distraite du système dont elle n'est qu'un moment, ce qui revient à dire que toute erreur, toute philosophie fausse, contient à sa manière une vérité captive. Pour l'établir, il est nécessaire de méditer quelque peu sur le constitutif formel du mal, en se souvenant que l'erreur est un mal.

Il faut bien comprendre que le mal est par essence privation, non-être relatif, non-être dont l'être de non-être consiste dans le manque, dans un être, de ce qu'un tel être devrait posséder en vertu de sa nature. Pourtant, presque invinciblement, l'esprit éprouve une certaine répugnance à réduire l'essence du mal à une privation, et tend spontanément à adopter une forme plus ou moins édulcorée de manichéisme, consistant à conférer une densité ontologique au mal. C'est que, en effet, si le mal est privation, il est toujours un certain bien, cependant que, comme privant celui qu'il affecte d'un bien plus grand, il est un mal ; or il est difficile d'entrevoir dans le mal un certain bien, car enfin, si le mal est bien du mal, il exclut tout commerce avec le bien ; de plus, si le mal n'était, pense-t-on, que privation d'un bien supérieur, il serait un bien inférieur et non un mal, et à la limite seul ce qui est bon sous tous les rapports mériterait d'être qualifié de bon.

L'aporie est levée si l'on observe que toute réalité finie (elle doit l'être pour être affectée par le mal, car ce qui est infiniment être exclut par définition toute possibilité de privation) est composée de puissance et d'acte et, quand elle est mondaine, de matière et de forme. Or *le mal est privation dans l'ordre formel*, car toute privation est matière (la distinction entre matière et privation est seulement une distinction de raison, de telle sorte que la privation, comme principe du devenir, n'est principe que par accident) : la farine est pain en puissance ;

elle est, de soi, privation de la forme du pain ; il est vrai qu'elle peut être aussi définie comme une certaine essence ou forme, dans la mesure où il n'est pas de matière qui puisse exister sans forme : elle est cette forme qui perfectionne la matière du blé, en tant même que cette matière qu'est la farine entendue comme puissance du pain ; or cette privation dans l'ordre formel est précisément un désordre, une émancipation, par rapport à sa forme, de la matière tenue, contrainte et comme vaincue par l'ordre formel que lui impose l'essence qui l'investit ; à ce titre, le mal est démesure dans l'ordre matériel ou potentiel, ainsi *excès* dans l'ordre quantitatif, à la manière d'un cancer qui consiste dans une prolifération anarchique de cellules : l'individu malade tend au néant, à la privation d'être, par excès de matière et par défaut d'ordre. Et c'est pourquoi le mal semble avoir une consistance propre ; le préjugé qui empêche de reconnaître dans le mal une privation, c'est le préjugé qui consiste à conférer une existence positive à la matière en tant que matière, laquelle est en soi pur « pouvoir-être *un* être », et, à ce titre même, *limitation* d'une perfection formelle.

Le mal est en soi privation, or l'erreur est un mal, donc l'erreur est privation ; or toute privation est essentiellement relative à ce qu'elle conteste, et à la perfection formelle qu'elle ne saurait contester absolument à peine de se supprimer elle-même puisqu'elle lui est suspendue en tant que relative à elle, donc toute erreur est suspendue à une vérité qu'elle oblitère mais dont elle fait négativement mémoire du seul fait qu'elle lui est suspendue ; c'est cela même que Hegel nomme le « dialectique », ou le « négativement rationnel », c'est-à-dire la conversion l'une dans l'autre de deux positions contraires solidaires l'une de l'autre dans leur opposition même, qui se révèlent exclusives l'une de l'autre aussi longtemps qu'elles n'ont pas été converties à leur identité concrète par un moyen terme conceptuel capable de les réconcilier l'une avec l'autre en les intégrant, les modifiant intrinsèquement, dans une vérité qui les dépasse. Il n'y a qu'une vérité, parce que la vérité est l'intelligible et que l'intelligible exclut le contradictoire ; s'il y avait plusieurs vérités relativement au même objet, en même temps et sous le même rapport, elles seraient contradictoires et impensables, et elles ne seraient pas intelligibles, par là ne seraient pas des vérités. Il n'y a qu'une vérité, donc il n'existe qu'une seule philosophie vraie. Or toute erreur est privation partielle de la vérité, par là acte de faire mémoire de la vérité qu'elle conteste. Donc la vérité est conversion à leur identité concrète de toutes les erreurs. *La* philosophie est en droit le résultat — qui les réconcilie entre elles en les sublimant, c'est-à-dire en les faisant se délester de ce qu'elles ont d'unilatéral — de l'auto-négation de toutes les philosophies fausses. Or c'est en se faisant moment d'un processus qu'une philosophie est dans le même acte posée et niée, ainsi auto-niée. C'est donc bien que la philosophie est le système de toutes les philosophies fausses réduites à autant de moments de ce système. La philosophie ne se confond pas avec l'histoire de la philosophie, mais elle fait de cette histoire la matière obligée de l'élaboration formelle de son contenu. Or l'histoire de la philosophie s'apprend ; donc la philosophie s'apprend. C'est en étudiant les philosophes qu'on apprend à philosopher.

QUATRIÈME DEVOIR

Que l'on ait des raisons fondées de discerner dans la philosophie réaliste de saint Thomas la vraie philosophie n'exclut pas ce qui vient d'être établi : l'œuvre de saint Thomas n'est pas une philosophie mais une théologie se subordonnant le meilleur de la philosophie antique et médiévale, qui à ce titre convoque, au gré de problématiques théologiques, tel ou tel instrument conceptuel, de sorte que l'auteur ne se soucie pas de la cohérence, considérés ensemble, des éléments qu'il emprunte. La distinction réelle de la nature et de la grâce, définitionnelle de la philosophie réaliste, invite le disciple de l'Aquinate à élaborer une philosophie qui vaut pour elle-même, ne retenant ici, de la valeur éminente de la théologie révélée, que le rôle de « *stella rectrix* » extrinsèque. Or il est permis de penser que, si cette entreprise est jamais menée avec succès, et pour autant que les développements qui précèdent aient quelque pertinence, elle prendra la forme d'un système :

« La sagesse humaine que nous appelons la "Philosophie" a sa place bien marquée dans l'organisation de notre savoir, entre les sciences particulières qu'elle doit achever et couronner, et la sagesse théologique qu'elle doit préparer et servir. Elle a sa structure propre et sa valeur vraiment *scientifique*, **indépendamment de la foi catholique** <nous soulignons>, comme des découvertes "scientifiques" modernes, mais en pleine harmonie avec l'une et les autres. Cette thèse, brillamment défendue dès le Moyen Âge par saint Albert le Grand et par saint Thomas d'Aquin **et familière à l'école thomiste** <nous soulignons>, est loin d'être unanimement acceptée, il est vrai » (F.-J. Thonnard, des Augustins de l'Assomption, Introduction à son *Précis de philosophie*, 1950, Desclée).

Peut-être une mise en forme systématique — qui serait à ce titre en demeure de tenir compte des apports de la philosophie moderne, mais aussi des approfondissements et parfois modifications substantielles apportés au thomisme dans l'École depuis le XIIIe siècle — contribuerait-elle à lever les oppositions au réalisme de la philosophie du catholicisme. D'une certaine façon, toute la philosophie moderne est née des objections formulées à l'encontre du thomisme, à commencer par la spéculation scotiste, matrice de la modernité. Que maintes objections soient susceptibles d'être réfutées par le thomisme lui-même n'est pas douteux. Mais toutes ne le sont pas, et à ce titre il est légitime, pour qui entend être un vrai disciple du Docteur commun, de prendre en compte des telles objections dont la réfutation exigera que soit prolongé le thomisme lui-même. Or la philosophie moderne culmine dans l'hégélianisme. L'entreprise ci-dessus évoquée consistera donc à formuler une philosophie systématique habilitée à faire rentrer l'idéalisme absolu dans le giron du réalisme en retour fécondé par le projet d'autonomisation de la philosophie par là sommée, à ce titre même, de ne pas recevoir ses principes d'une sagesse (surnaturelle) plus élevée qu'elle, et donc invitée à rendre raison des principes dont se nourrit et en lesquels se fonde la raison. Mais cela même revient à élaborer une philosophie systématique qui, pour être réaliste, dépassera en l'assumant l'immanentisme hégélien dans l'affirmation, non ablative de l'exigence — scientifique — de systématicité, de la transcendance du Dieu créateur et de la contingence existentielle de Sa création.

Il reste à expliquer la dernière phrase du texte. Commençons par résumer les résultats acquis par les analyses qui précèdent.

La philosophie n'est pas un savoir formel et vide de contenu, elle s'apprend. Les hommes pensent qu'ils n'ont pas besoin d'apprendre à philosopher, parce qu'ils considèrent qu'il n'y a rien à apprendre, et il en est ainsi selon eux parce que la philosophie serait une somme d'idées générales et d'opinions subjectives plus ou moins logiquement mises en forme en vue de constituer une espèce de « vision du monde » (*Weltanschauung*) subjective expressive de la personnalité de son auteur se complaisant en elle et la faisant sienne pour la simple raison qu'elle lui plaît ; une philosophie serait au mieux, selon le mot facile de Paul Valéry, une chose ni plus ni moins sérieuse qu'une suite en ré mineur. Il ne s'agirait que d'opinions parce que le seul véritable savoir relèverait de la connaissance sensible, physique, expérimentale, alors que le savoir philosophique est métaphysique, comme recherche des essences au-delà des phénomènes, recherche des vraies causes, répondant à la question « pourquoi », alors que les lois ne sont que causes secondes : les sciences modernes sont, en tant que sciences, des connaissances par les causes, mais par les causes secondes qui, à ce titre, n'étant pas la raison suffisante de la causalité qu'elles exercent, n'expriment cette causalité que sur le mode de lois, car chaque cause renvoie à la cause antérieure, et la raison scientifique ne saisit que la loi de succession de telle cause et de tel effet.

Pour les détracteurs de la philosophie, la réalité métaphysique n'existerait pas, ou serait à jamais inaccessible. Tout l'esprit du préjugé que dénonce Hegel est enfermé en fait dans un kantisme vulgarisé, ou dans un matérialisme plus ou moins avoué, en fait dans la juxtaposition, à l'intérieur d'une même conscience peu soucieuse de cohérence, de ces deux erreurs : formalisme kantien en morale, matérialisme pratique pour tout le reste, ainsi réduction de la philosophie à l'épistémologie. En fait, la science moderne est hypothético-déductive, elle ne propose que des vérités provisoires, et elle présuppose la valeur de la raison, elle présuppose la garantie d'une congruence entre la raison et le réel (pragmatiquement réduit à sa dimension phénoménale), la portée ontologique des démarches logiques, aussi tient-elle pour acquis (quand les scientifiques ne se mettent pas eux-mêmes à « kantiser »…), sans en rendre raison (mais est-il évident que l'ordre des raisons de connaître est identique à l'ordre des raisons d'être ?) que la connaissance des phénomènes et des lois qui les régissent aspire à être révélatrice au moins d'un aspect de l'essence de la réalité. Enfin la connaissance commune convoquée dans les sciences expérimentales est elle-même suspendue, quant à sa valeur et à sa portée, à cette partie de la connaissance philosophique nommée épistémologie générale.

QUATRIÈME DEVOIR

La philosophie n'est pas nécessaire aux sciences si l'on n'attend d'elles que l'efficacité (prévision de la succession des phénomènes), mais elle est nécessaire même pour les scientifiques en tant que scientifiques, pour les aider à comprendre la signification de leurs propres résultats (qu'on songe aux problèmes d'ontologie générale que pose l'interprétation des conclusions de la théorie de la Relativité et de la Mécanique ondulatoire) ; au reste, de même que tout historien par exemple présuppose implicitement une philosophie de l'histoire (il faut établir les faits pour discerner le sens de leur succession, mais il faut disposer de ce sens pour établir les faits, c'est-à-dire sélectionner les faits proprement historiques, en tant que déterminants pour l'explication du sens de l'histoire), de même toute théorie physique ayant prétention à constituer une cosmologie générale présuppose une conception philosophique de l'univers : comme expérimentale, la science ne considère que ce qui est mesurable et réitérable, et de ce fait elle ne peut élaborer qu'une représentation spatio-temporelle de l'univers, or il est impossible, pour qui est dans l'espace et dans le temps (le scientifique lui-même) de s'objectiver l'univers sur le mode spatial et temporel, de sorte que sa cosmologie générale sera contrainte d'emprunter à une manière non expérimentale — philosophique — de comprendre l'univers les principes les plus généraux de la conception qu'elle en propose.

La raison doit apprendre à se faire dialectique, au sens platonicien (qui n'est pas si éloigné que cela du sens hégélien), c'est-à-dire à se comporter philosophiquement (remonter du sensible à l'Idée par la seule raison) : chercher la beauté dans les choses belles, etc., soit encore se mettre en quête des réalités métaphysiques.

Cela rappelé, revenons à l'analogie dont use l'auteur pour critiquer les détracteurs de la philosophie.

Dans cette analogie, celui qui a dans son pied la mesure du soulier n'est pas pour autant capable de fabriquer des souliers sans apprendre le métier de bottier, et de même celui qui a dans sa raison la mesure de la philosophie n'est pas pour autant, sans apprendre à philosopher, capable de développer une philosophie. Mais il y a une différence entre les deux domaines. Le pied est la mesure du soulier, mais il n'est pas l'instrument ou l'outil par lequel est construit un soulier. En revanche, la raison est à la fois l'outil et la mesure de l'acte de philosopher, elle est à la fois norme et instrument, idéal du but à atteindre (en tant que norme), et instrument d'effectuation de cet idéal ; dès lors, le savoir qui dévoile la vérité est savoir de soi de la vérité en notre raison. La raison en tant que but ou idéal *est* cette vérité qu'en tant qu'instrument elle dévoile, et c'est cette systématicité qui explique la dernière phrase ; en effet, la norme de la raison est par définition la vérité ; or ici, en tant qu'idéal et instrument, la raison est sa propre norme, donc la raison est la vérité même, et ainsi l'essence ou raison des choses est notre raison même en

tant que systématiquement déployée, et il y a systématicité parce que la raison, étant sa propre fin, est l'activité circulaire de se poser en posant l'être pur qu'elle présuppose. La raison doit se faire elle-même philosophique pour être à même de se reconnaître telle la mesure de la philosophie, car se prononcer sur la valeur de la philosophie est déjà philosopher. Si la raison a besoin de la philosophie pour s'en reconnaître la mesure, si elle requiert ce dont elle est le principe, c'est qu'elle lui est identique : la raison n'est vraiment rationnelle qu'en se faisant philosophique, et c'est sous ce rapport que les sciences particulières, œuvres de la raison, sont elles-mêmes œuvres de la philosophie ; tout savoir régional, toute science particulière, reçoit ses principes de ce dont seule la philosophie peut rendre raison. De plus, la question du comment est conditionnée par celle du pourquoi ; il faut bien savoir ce qu'est une chose pour que la question du comment de son fonctionnement ait un sens : la connaissance commune est requise par toute connaissance scientifique (au sens moderne et restrictif, voire réducteur, du terme), et la philosophie est l'explicitation de la connaissance commune.

Représentatif de cette humanité moyenne et profondément médiocre, décadente et vomitive de ce début de troisième millénaire, le petit monstre bien nourri à la nuque d'autant plus raide qu'il est intellectuellement et moralement plus indigent, s'accommode assez volontiers, quand il lui reste un champ où cultiver sa vanité (c'est-à-dire lui permettant de donner consistance à son Moi pris pour fin), qu'un autre homme lui soit supérieur, pour autant que ce dernier soit doté d'un talent ne concernant que les *moyens* de vivre : le plombier peut bien m'être supérieur quant à sa compétence professionnelle, ma susceptibilité n'en est pas offensée, puisqu'il ne s'agit là que d'un avoir n'affectant pas la sublimité incommensurable de mon être adoré. Le médecin peut aussi m'être supérieur sans que je sois condamné à l'envier, puisqu'il n'est au fond lui aussi qu'une espèce de plombier de la tuyauterie corporelle (il est question bien sûr des nouvelles générations de médecins sans culture et sans épaisseur spirituelle, dont on peut dire avec Auguste Comte qu'ils sont au fond des vétérinaires, avec cette différence qu'ils ne savent soigner qu'une espèce animale). Mais tout change si d'aventure quelqu'un en vient à prétendre qu'il me serait supérieur en sagesse, que par là il existerait des hiérarchies dans le domaine philosophique ; si sa philosophie est meilleure que la mienne en tant qu'elle le rend plus sage que moi, je dois admettre que ce n'est pas seulement quant à l'avoir qu'il me surpasse, mais quant à l'être. Il sait mieux que moi les fins qu'en tant qu'homme je suis invité à poursuivre, il sait mieux que moi ce que c'est que d'être homme, il offusque mon orgueil en me rappelant que la première hiérarchie entre les hommes est naturellement fondée sur le critère de leur aptitude à jouir de certains biens dont d'autres ne sont pas même capables d'entrevoir l'appétibilité ; il est habilité à me guider ; il est, en tant que plus adéquat que moi à cette identité spécifique commune à nous deux mais fondatrice de nos différences respectives, d'une certaine façon, plus moi que je ne le suis moi-même, au point que j'ai, face à lui, le sentiment de n'être plus l'unique, cet objet de toutes mes complaisances. De surcroît, s'il existe une vérité objective concernant le bien et le mal individuels et collectifs, moraux et politiques, alors c'en est fait de la pertinence de l'idée démocratique : ne peut résulter un bien d'une consultation populaire que si nul ne peut se targuer de jouir, en ce qui concerne les fins à poursuivre, d'une plus grande compétence politique qu'un autre. Voilà en quoi l'idée d'une philosophie sérieuse, c'est-à-dire autorisée à revendiquer la possession de la vérité objective, est comme prohibée par le monde moderne. Il ne doit pas y avoir « la » vérité mais « des » vérités révisables, et chacun doit pouvoir loger dans « sa » vérité sans avoir à rendre de compte à personne et sans risquer d'en être jamais délogé : seule l'opinion a droit de cité. On concédera que la philosophie est utile pour faire de bons mots, pour alimenter les conversations, pour nourrir la communication par le dialogue déjouant les incivilités, pour aider à tendre vers un consensus pratique moral et politique toujours révisable, pour donner à chaque hédoniste complaisamment vautré dans sa fange le sentiment rassurant d'être plus qu'un intestin enjolivé d'une paire de testicules, ainsi pour lui donner le frisson sublime de la spiritualité inquiète ; mais jamais on ne reconnaîtra à la philosophie le statut de savoir objectif dogmatiquement vrai, car ce serait remettre en cause le règne sans partage du subjectivisme, le règne de l'esprit critique se prenant pour fin où la raison s'ingénie, parfois avec astuce, à se soustraire, en retournant contre elle-même ses ressources logiques de recherche et de science, à ce que la subjectivité appréhende telle une insupportable tyrannie du vrai. Pour se donner cet air sérieux qu'on dénie à la philosophie dogmatique, ainsi pour récupérer, au profit du règne de l'opinion, le sérieux ancestral attaché à l'idée de philosophie comme science architectonique, on en viendra, par exemple avec Karl Jaspers[1], à enseigner que philosopher est être en route (surtout : cheminer autant qu'on le voudra mais — de

---

[1] Sur le blog « L'Information sans concession » du mouvement Jeune Nation, on pouvait lire, le 11 novembre 2017, sous la plume de Jean Dortiguier : « **Après la dernière guerre, il <Heidegger> resta interdit d'enseignement pendant onze ans par les autorités françaises d'occupation** après avis de leur expert politique germaniste, F. Bertaux, du Quai d'Orsay. Ce dernier avait jugé, sur la dénonciation de son collègue réfugié en Suisse **Karl Jaspers** (marié à une Brandebourgeoise israélite), sa réponse au *Questionnaire de dénazification* (sic) insuffisante, et <ces autorités> lui imposèrent par tracasserie mesquine, des locataires civils étrangers, puis la bruyante famille d'un sergent français, pour lui ôter toute tranquillité et entraver ainsi ses profondes et incessantes recherches. » Les moralistes contemporains patentés, rendus sourds à tout bon sens sous l'effet d'un conditionnement de leur raison par le fanatisme des Droits de l'Homme (en effet contradictoires : leur contenu, qui est libertaire — tout est permis pourvu qu'autrui soit d'accord avec moi — exclut à ce titre la causalité normative d'une nature humaine ; mais qu'ils soient l'apanage de tout homme en tant qu'homme exige la consistance de l'idée de nature humaine), vénaux et vaniteux au point de se croire les représentants du Bien inconditionnel, perdent toute retenue, tout sens du ridicule et tout honneur en consentant à se réduire au rôle de mouchards, de délateurs et d'indicateurs de basse police. Sous ce rapport, Jaspers pourrait se targuer d'une abondante progéniture.

grâce — ne jamais trouver), qu'en philosophie les questions sont plus importantes que les réponses, et que chaque réponse est une nouvelle question. Selon la doxa du bien-pensant contemporain, il est appauvrissant pour l'esprit de « s'enfermer » dans une doctrine, c'est là « manquer d'ouverture », stagner, refuser le progrès, se figer en dogmatisme mort, etc. On tient pour profonde cette réflexion d'Ortega y Gasset réduisant le fait d'être seulement de droite à une manière particulière d'être imbécile, parce que ce serait une hémiplégie morale. Autant dire que la bonne santé est une qualité unilatérale appauvrissante et qu'une dose de maladie est requise pour être équilibré et avoir l'esprit large ; c'est vraiment là la manière dont les authentiques imbéciles se donnent le sentiment de prendre de la hauteur, alors qu'ils flottent au vent comme des bulles de savon éphémères ; ils veulent être de tous les bords à la fois parce que leur inconsistance, qu'ils prennent pour de la sagesse, leur confère une plasticité qui leur permet sans se rompre d'être écartelés entre tous les contraires. Autant dire que la pensée doit toujours voyager sans jamais arriver au port. Mais, parce qu'il n'est pas de voyage qui ne soit finalisé par un terme, on se proposera subrepticement de tendre vers un terme négatif, à savoir non la recherche d'un bien mais la lutte contre un mal supposé qu'il s'agira alors de reconstruire, de faire revivre et d'entretenir sans cesse pour avoir quelque chose à ronger. C'est ainsi que l'esprit des « Lumières », élément indépassable de la psyché contemporaine, invite dans les faits à restreindre l'effort philosophique à la lutte contre le dogmatisme et l'intolérance. Les censeurs idéologiques de notre temps semblent convaincus (ne jamais le dire mais toujours y penser) par cet apophtegme de Rémy de Gourmont : « Ce qu'il y a de terrible quand on cherche la vérité, c'est qu'on la trouve » ; mais ils confessent par là, implicitement, leur crainte des pouvoirs métaphysiques de la raison, qu'il convient dès lors d'étouffer par tous les moyens. Cela dit, en l'épreuve de cette tyrannie de la tolérance, de ce dogmatisme du relativisme et du scepticisme, par là en l'exercice d'une contradiction qui met l'intelligence au rouet, l'esprit du médiocre trouve son compte, qui n'est autre que la jouissance de sa liberté : je puis détruire tout ce qui prétend confisquer ma raison en la contraignant à l'adhésion.

Que l'on trouve la vérité quand on la cherche, c'est bien là ce qui indispose l'homme moyen, et avec lui les élites faiseuses d'opinion, qui, aussi médiocres que lui, par là aisément supportées par lui qui se mire en elles, ne surpassent l'homme moyen que par leur zèle à traquer toute réminiscence et toute velléité de dogmatisme. Cela dit, même du point de vue dogmatique, on doit reconnaître qu'un savoir *objectivable* jouit, à ce titre même, d'une finitude (il est circonscrit en tant qu'objectivable) qui ne peut, au premier abord, que décevoir l'appétit infini de connaître : en tant qu'il est réflexif, tout savoir est savoir qu'on sait, tout savoir aussi élevé soit-il semble impuissant à actualiser le désir de connaître puisqu'il reste toujours en cette puissance une virtualité à combler, qui n'est autre que le savoir de l'acte même de connaître ce que l'on sait. Sous ce rapport, on n'en a jamais fini avec le désir de connaître structurellement grevé d'un manque qui le rend douloureux de manière indépassable, et à ce titre même, semble-t-il, complètement vain. Mais alors comment la vérité, si elle est — ainsi qu'ose le déclarer le dogmatique — à la fois une, intelligible, et accessible, par là objectivable, peut-elle demeurer le bien naturel propre du désir de connaître ?

Le dogmatisme dit la fermeture : on ne s'ouvre qu'à ce que l'on ne connaît pas et que l'on cherche, on ne cherche pas ce que l'on possède et dont on ne doute pas. L'ouverture dit le progrès : être ouvert est chercher, chercher est avancer, avancer est devenir, devenir est nier ce qu'on était sans être encore ce que l'on sera, c'est ainsi n'être pas satisfait de ce qu'on est, par là aspirer au mieux ; or tout ce qui est objectivable est circonscriptible ou fini, par là invitation à transgresser sa limite. L'intérêt très actuel de ce texte de Hegel courageusement dévoué à la réhabilitation de la philosophie comme science, est de nous rappeler que le dogmatisme et l'esprit d'ouverture, tous deux inhérents à la raison philosophique, ne se concilient que dans la philosophie exposée dans une forme systématique : ce qui rend raison de soi (système), est aussi ce qui rend raison de toute chose, car ce qui rend raison de soi est circulaire, pose ce qu'il présuppose, comprend à l'intérieur de soi sa propre négation — son autre, tout ce qui n'est pas lui, tout ce qui pourrait le limiter — dont il est, comme négation de cette dernière, le résultat victorieux, et à ce titre le système n'a pas d'extérieur qui le limiterait, il a dans soi sa propre extériorité ; ce faisant, quelque intérieur à l'intérieur que soit cet extérieur, il n'en est pas moins une extériorisation réelle, une opération toujours à mener, à reprendre, à parfaire, non au sens où certains domaines du connaissable seraient étrangers à un savoir totalitaire (et totalitaire en tant que systématique), mais au sens où l'intelligibilité de l'être en tant qu'être, dont un système est par définition l'exposition, admet une infinité de *degrés de clarté*. **On n'en a jamais fini avec la vérité, non parce qu'elle se dérobe, mais parce qu'on la trouve.**

CINQUIÈME DEVOIR
— commentaire de texte —

La rhétorique

« Il m'est arrivé maintes fois d'accompagner mon frère ou d'autres médecins chez quelque malade qui refusait une drogue ou ne voulait pas se laisser opérer par le fer et par le feu, et là où les exhortations du médecin restaient vaines, moi je persuadais le malade, par le seul art de la rhétorique. Qu'un orateur et un médecin aillent ensemble dans la ville que tu voudras : si une discussion doit s'engager à l'assemblée du peuple dans une réunion quelconque pour décider lequel des deux sera élu comme médecin, j'affirme que le médecin n'existera pas et que l'orateur sera préféré si cela lui plaît.

« Il en serait de même en face de tout autre artisan : c'est l'orateur qui se ferait choisir plutôt que n'importe quel compétiteur ; car il n'est point de sujet sur lequel un homme qui sait la rhétorique ne puisse parler devant la foule d'une manière plus persuasive que l'homme de métier, quel qu'il soit. Voilà ce qu'est la rhétorique et ce qu'elle peut. »

Platon, *Gorgias*.

N.B. : Platon ne fait ici qu'exposer la thèse d'un rhéteur, c'est-à-dire d'un sophiste.

C'est Gorgias qui parle, dans le dialogue *Gorgias* (456b-457c). L'auteur, par la bouche d'un rhéteur, a pour propos de nous montrer ce qu'est la rhétorique grecque du Ve siècle avant NSJC, et, par opposition, ce qu'est la philosophie. La rhétorique, art de bien parler finalisé par la persuasion suscitée par la séduction, est dénoncée par Platon telle la méthode propre de la sophistique, au rebours de la philosophie dont la méthode propre est la dialectique, art du dialogue et de la discussion menés en vue de la découverte de la vérité. La rhétorique ne peut véritablement se distinguer de la sophistique, art de convaincre sans souci de la vérité ; on pourrait en effet penser que la rhétorique, considérée comme art de bien parler en général, est susceptible d'être mise au service de la philosophie comme au service de la sophistique ; mais en vérité il n'en est rien, sa neutralité est déjà, comme on le verra, un engagement qui la renvoie du côté de la sophistique. Pour les sophistes, la parole n'est pas ce qui ordonne la puissance, ce qui la maîtrise et la finalise, elle est ce qui en procède et ce qui la sert. La sophistique nie en vérité l'existence de toute vérité objective, il n'y a pour elle que des interprétations, et c'est pourquoi la vraie compétence, qui procède de discours vrais, est toujours invalidée. **Les enjeux philosophiques qu'il convient d'évoquer sont les suivants : la rhétorique n'est pas « neutre », comme si elle pouvait servir les bonnes comme les mauvaises causes, car, ainsi qu'on essaiera de l'établir ici, le langage est structurellement fait pour rechercher, dévoiler et communiquer la vérité, surtout celle qui excède le champ de l'expérience sensible, c'est-à-dire la vérité métaphysique, proprement philosophique. Rendre le langage (le « logos » est — tout en un — raison et discours, s'il est vrai que la pensée s'actualise dans la parole) indifférent à la vérité, c'est déjà trahir sa vocation, c'est nier que la vraie pensée (effectivement produite par l'esprit) soit solidaire du contenu de la pensée vraie (adéquate à la réalité). Dire que la rhétorique est « neutre », c'est accepter l'idée selon laquelle la forme du discours rationnel (logique) serait sans rapport avec le contenu de la vérité à laquelle cette forme est supposée donner philosophiquement accès ; c'est donc remettre en cause les pouvoirs philosophiques du langage, c'est ainsi remettre la philosophie elle-même en cause. La rhétorique déconsidère la philosophie parce qu'elle lui ressemble, vue de l'extérieur. Le langage est doté du pouvoir de découvrir le vrai si et seulement si, comme il l'est établi dans l'*Euthyphron*, sa forme logique est celle de la vérité même.** Obtenir l'adhésion par la séduction qui s'adresse aux passions, cela s'oppose au souci de l'obtenir par la vérité contraignante qui donne ses raisons.

Dans la phrase : « Il n'est point de sujet sur lequel (…) l'homme de métier, quel qu'il soit », l'auteur entend nous faire comprendre que, selon les sophistes, la manière de présenter une thèse vaut plus, en ce qui concerne le pouvoir d'adhésion qui lui est attaché, que son contenu même. La vérité et la compétence ne s'imposeraient pas d'elles-mêmes. La sophistique s'adresse aux désirs et aux passions, en manipulant les apparences. L'argumentaire dont use le rhéteur pour convaincre le malade de se rendre chez le médecin n'est pas fondé sur la science de la médecine, sur les vraies raisons du choix d'y avoir recours, mais sur des mobiles extrinsèques à la chose même. Et, selon le rhéteur, le magicien du langage est doté d'un pouvoir de domination universel, l'autorisant à se substituer à tout homme de métier, ainsi à se dispenser de toute compétence.

Pour cette raison, la rhétorique peut évidemment se révéler éminemment dangereuse. Les vertueux préposés à la commission rectorale d'élaboration des sujets d'examen avaient prévu d'aider le candidat en faisant suivre le texte à étudier d'une série de questions. La dernière s'intitulait : « La puissance du langage peut-elle être redoutable ? » Il va de soi que, dans l'esprit pour le moins conformiste tant des auteurs de l'intitulé que des correcteurs, l'élève, destiné par la philosophie dispensée par l'État à « devenir adulte », à « se soustraire aux déterminismes archaïques et obscurantistes », était invité à évoquer les dangers de l'hitlérisme, paradigme convenu de la parole dangereuse et de la démagogie criminelle. Ils étaient conviés à développer avec sérieux et « maturité » — entendons : dans l'esprit « humaniste » des « grandes personnes », celles qui forment l'élite de la société, l'aristocratie de la République, les francs-maçons bon teint phagocytant toutes les administrations des pays avancés — les aspects bienfaisants de la démocratie. Ce n'est pas dans cette perspective ou selon cette attente que la question posée sera ici examinée, pour cette simple raison que Hitler ne fut pas un sophiste. Hitler, d'abord, était sincère et désintéressé ; il était à la fois idéaliste (le réel n'est réel qu'à proportion de sa conformité à son Idée qui le justifie) et réaliste (non égaré dans les chimères, il savait, après avoir proposé maintes solutions pacifistes, que la force est l'« *ultima ratio* » quand on traite avec les personnes de mauvaise foi, tels les auteurs du Traité de Versailles) ; il ne fut pas démagogue : loin d'exacerber les bas instincts de la foule pour accéder à un pouvoir dont il aurait usé dans son propre intérêt, il voulut relever la fierté de son peuple, le relever de cet état de déchéance morale et économique en lequel l'avaient plongé la défaite et la République de Weimar ; Hitler ne fut pas subjectiviste et hédoniste, il prôna l'effort et l'héroïsme, n'entendit faire coïncider sa volonté avec celle du peuple que pour donner à ce dernier la joie de servir une noble cause en s'élevant au-dessus de la trivialité de ses intérêts matériels : il savait que les peuples n'estiment à long terme leurs chefs, quelque incapables qu'ils soient de s'élever par eux-mêmes, que quand ces chefs les rendent meilleurs ; s'il est une vérité captive dans l'idée démocratique, c'est bien celle-là : le peuple sait reconnaître le bien-fondé des mesures austères de redressement après qu'on les lui a imposées par l'autorité (« autorité » vient de « *augere* », faire croître) ; Hitler ne mit sa parole au service des passions de son auditoire que pour enrayer la passivité de ce dernier, réveiller sa fierté et sa pugnacité, ordonner ces passions libérées au service d'une finalité spirituelle. Il admettait l'existence d'un ordre des choses que la volonté humaine est invitée à plébisciter. Son mouvement ne fut pas moins, selon le mot heureux de Von Papen, que « la réponse chrétienne à 89 ». Que le démagogue substitue la passion à la raison ne condamne pas la passion dans son essence même : la passion est rationnelle quand, domestiquée par la raison, elle opère dans le sillage de la volonté qu'elle médiatise.

Qu'il soit permis, avant que de poursuivre, de procéder à un bref excursus. Un Lazare Moïse Kaganovitch, mort dans son lit en 1991, programmateur de famines responsables de la mort — lors de l'Holomodor — de sept à dix millions de paysans ukrainiens, n'a jamais suscité de manière sérieuse et durable l'indignation des consciences occidentales. « Seuls les Juifs sont des humains ; les gentils sont des animaux » (Talmud, Baba Mezia, 114). Le stalinisme se subordonna l'agressivité haineuse d'un très grand nombre de Juifs pour imposer le communisme en URSS et hors de Russie, tels Yagoda et Leonid Reichman, en plus de Lénine et de Trotski. Que de tels agissements n'aient ni offusqué les grandes consciences ni invité les esprits à se demander de quel côté était la vraie liberté, cela prouve que leur haine ne porte pas sur les crimes ou sur la violence en général, mais sur les fins que cette violence peut poursuivre. Doit être exterminé tout ce qui relève de l'antisubjectivisme (tout ce qui, de près ou de loin, est théocentrique), doit être absous tout ce qui le favorise (tout ce qui est « humaniste », *i. e.* anthropocentrique).

Le danger véritable de la parole est certes dans la démagogie, mais c'est Edward Bernays et non Hitler qui l'illustre le mieux. Ce neveu de Freud, conjuguant la psychanalyse et les analyses de Gustave Le Bon relatives à la psychologie des foules, familier des techniques de manipulation de l'opinion publique et ayant eu l'idée d'introduire des symboles phalliques dans les affiches publicitaires, avouait sans vergogne (*The Engineering of Consent*, 1947) : « L'ingénierie du consentement est l'essence même de la démocratie, la liberté de persuader et de suggérer. » L'agression publicitaire qui désaxe l'homme en provoquant ses appétits relève directement de la sophistique. Le subjectivisme, inspirateur tant de l'esprit démocratique que de l'esprit consumériste, est le principe mortifère qui les rend solidaires. Don Alvaro Dabo, le héros du *Maître de Santiago* de Montherlant, observait que, jadis, on aimait l'argent pour avoir le pouvoir, en aimant le pouvoir pour faire de grandes choses ; qu'aujourd'hui on aime le pouvoir pour acquérir de l'argent, et qu'avec l'argent on fait de petites choses. Et ce constat résume l'entreprise du sophiste. Il est démocrate, afin de rendre possible le règne corrupteur de la persuasion opérée sur le peuple, ainsi de la prise du pouvoir — exercée par des usurpateurs — au moyen des séductions du mensonge, au détriment de la vraie compétence morale et politique ; le sophiste est sceptique puisqu'il ne croit à rien, fors ce qui l'enrichit, de sorte qu'il est matérialiste puisque la richesse pécuniaire ne peut acquérir que des biens matériels. Oui, la parole est un don divin qui peut être éminemment dangereux, mais non pour les raisons dont l'esprit de notre temps attendait l'exposition. Révélateur de la signification profonde du discours *rhétorique* du « camp du bien contre le camp du mal » est l'épisode de cette collusion entre la CIA et la Mafia qui fit précéder en Sicile, lors de la dernière guerre mondiale, l'arrivée de « Alliés » et des « Libérateurs » par la sortie de prison de Lucky Luciano, petite gouape sanguinaire. Les propugnateurs des « Droits de l'Homme » — qui n'ont jamais été autre chose, par un effet rhétorique au service du subjectivisme, que le cache-sexe vertueux d'une entreprise subversive d'invasion et de conquête de l'Europe au service du consumérisme — ont ainsi illustré, dans la cause de la « Libération » flanquée des supplétifs de la « Résistance », l'essence de la rhétorique : crapulerie érigée en appareil d'État, mensonge, règne des apparences, culte des plaisirs bas, incitations à la décadence et à l'esclavage.

La rhétorique, entendue telle la méthode propre de la sophistique, favorise, tant chez celui qui en use pour dominer autrui que chez celui qui se laisse séduire par elle, l'incompétence, avec toutes les conséquences techniques qu'elle conditionne. En tant que pouvoir relevant essentiellement de la séduction, ainsi de l'appétit et non de la raison, elle est en son fond finalisée par l'hédonisme : mérite d'être recherché ce qui plaît, ce qui paraît bon et non nécessairement ce qui l'est ; ou plutôt : mérite d'être aimé et poursuivi ce qui est bon, en tant que ce qui est bon est ce qui paraît bon, or cela même présuppose la thèse de l'identité entre bonheur et plaisir. Et telle est la manière la plus radicale de se leurrer sur l'essence du vrai bonheur, lequel est la possession d'un bien qui ne peut être notre meilleur bien qu'en tant que nous nous rapportons à lui : un bien que l'on rapporte à soi est non un bien par lequel on est possédé mais un bien que l'on possède et que l'on consomme, par lequel on s'augmente soi-même à son détriment (en tant qu'on le consomme), mais on ne consomme que ce dont on manque, et ne peut manquer de quelque chose qu'un être qui est de soi imparfait, qui par là ne saurait avoir raison de fin ; c'est pourquoi ce qui, pour l'homme, a raison de fin, c'est ce qui est aimé en tant qu'on se veut à son service, non quelque chose que l'on consomme mais quelque chose à quoi l'on s'assimile, se bonifiant soi-même en participant au Bien ; or ce qui a la vertu de s'assimiler l'amant sans le supprimer est nécessairement quelque chose qui relève de l'idéel et du spirituel, ou encore de l'ordre du connaître : « *fieri aliud inquantum aliud* » (connaître, c'est devenir l'autre en tant qu'il est autre, comme l'enseignaient les Scolastiques). Dès lors, si d'une part une vraie connaissance est nécessairement une connaissance vraie, de sorte que la recherche du bien spirituel est celle de la contemplation de la vérité ; si d'autre part les séductions de la rhétorique nous attachent passionnément aux biens matériels (et tel est bien le cas, puisqu'elle est — comme on l'a vu — un instrument de pouvoir manipulant l'illusion, au détriment de la vérité), alors, nécessairement, la rhétorique est, en tant qu'instrument de l'hédonisme, le premier ennemi de l'eudémonisme. Hégésias de Cyrène, vers 300 avant NSJC, hédoniste lucide à sa manière, était nommé le « Peisithanatos », celui qui persuade de mourir (et, de fait, ses élèves se suicidaient) : la vie ne vaut pas la peine d'être vécue, car le désir est long et douloureux, et le plaisir qui le comble est fugitif et décevant.

La rhétorique rend possible la tyrannie, prise en son sens péjoratif de pouvoir exercé par un imposteur, au service de son bien propre et non de celui du bien commun : elle ne peut même mener qu'à la tyrannie ainsi entendue puisqu'elle consiste à séduire pour prendre le pouvoir et à prendre le pouvoir au profit matériel de celui qui le prend. Elle éclipse le désir du vrai en répandant le relativisme, elle exalte les passions au détriment de la raison (aussi est-elle facteur de déshumanisation, puisque la différence spécifique de l'homme est sa raison) ; elle chasse la philosophie, dont la méthode est cet art de la parole nommé dialectique, en y substituant sa caricature, trompeuse en tant précisément qu'elle ressemble à ce qu'elle travestit.

Le drame du désir vécu, considéré en son essence générique, c'est qu'il se donne comme une instance porteuse de son sens, ou encore cela vient du fait qu'il semble être l'index, du seul fait d'être éprouvé, de la désignation de son

101

objet adéquat : il semble pouvoir se dispenser de toute éducation. C'est que, en effet, en tant que manque éprouvé, il dessine en l'homme, en creux, l'objet même qu'il convoite ; or on ne saurait douter de ce que l'on éprouve vitalement, c'est-à-dire de ce qu'on atteint en s'atteignant soi-même ; donc on ne doute pas de ce qu'il désigne en l'appétant. Pourtant, quoique promesse de délectation, le désir est manque, et à ce titre il est quelque chose de douloureux, de sorte que l'on ne s'étonne pas assez de ce qu'il puisse cependant être réflexif ; Schopenhauer enseignait que la vie oscille, tel un pendule, de la souffrance à l'*ennui* : s'ennuyer consiste à être en peine de quelque chose ; c'est souffrir de n'avoir rien à désirer, c'est désirer l'acte même de désirer ; et c'est bien pourquoi une réflexion sur la contradiction constitutive du désir en général est requise pour apprendre à le vivre d'une manière qui ne soit pas vaine : pris dans sa contradiction essentielle, il est d'autant plus réflexif (apte à se prendre pour objet) qu'il est plus actualisé, au point que plus il est satisfait, plus il aspire à se relancer, plus il se creuse ; il se révèle par là d'autant plus aliénant (souffrir, c'est être étranger à soi) qu'il est mieux honoré. Seule une réflexion philosophique est à même de résoudre l'aporie du désir et d'inviter l'homme à remettre en cause le bien-fondé du sens de son acte de désirer. On a besoin de la philosophie pour savoir ce que l'on aime en vérité. L'épreuve de l'amour, quelque pressant, intolérant, impatient et assoiffé d'absolu qu'il soit, n'est pas infaillible ; l'expérience apprend même qu'il est d'autant plus faillible ou trompeur qu'il est plus pressant ; il s'enivre de sa propre exigence et s'aveugle de sa précipitation. Par cette intervention obligée de la philosophie, on remet en cause non seulement les biens à aimer, mais les désirs qui y portent ; la médiation obligée de la réflexion philosophique invite ainsi tout homme à accepter les exigences coercitives d'une éducation du désir ; or cela est bien difficile, parce qu'on attend, du désir d'être éduqué, les vertus mêmes attachées à cette éducation du désir, ce qui est évidemment impossible ; si l'éducation du désir présuppose le désir d'être éduqué, il semble qu'il faille être en possession de ce que l'on convoite pour s'habiliter à le convoiter. Et cette aporie, qui transpose dans l'élément du désir l'aporie de la connaissance exposée par Platon dans le *Ménon*, appelle derechef une réflexion philosophique. Puis donc que la sophistique chasse la réflexion au profit de l'immédiateté de la séduction, la sophistique est l'ennemi du bonheur ; si l'acte contemplatif, comme il l'a été montré plus haut, est l'essence même du vrai bonheur, la philosophie est aussi l'instance obligée qui dispose à rechercher ce bonheur.

    Il faut penser pour vouloir, puisque la volonté est « *appetitus rationalis* » ; il faut penser pour choisir puisque choisir suppose délibération qui suppose réflexion. Donc ce qui court-circuite la pensée est ce qui détruit la liberté. Or la sophistique court-circuite la pensée, elle la paralyse, en faisant accroire que le désir serait spontanément la norme de son propre usage. Donc la sophistique détruit la liberté même.

CINQUIÈME DEVOIR

Il reste désormais à exposer le vice central de la rhétorique, et avec elle celui de la sophistique. **Cette dernière corrompt dans sa racine même la puissance du langage** :

Quand le langage est ordonné au vrai, quand le langage est conçu telle cette instance essentiellement finalisée par la découverte et la célébration du vrai, la méthode visant à convaincre n'est que le chemin emprunté par la vérité elle-même pour se manifester. Et ce chemin est la logique, la dialectique, œuvre de la seule raison. **Or le rhéteur est structurellement menteur**, même lorsqu'il dit par accident la vérité, car il considère qu'elle n'est pas diffusive de soi, ou encore parce qu'elle n'est pas, selon lui, le fondement et la raison du processus rationnel qui la légitime, ce qui revient à dire que la vérité d'une part, et la valeur de la raison d'autre part, seraient dissociables, ou encore que la raison ne serait pas intrinsèquement ordonnée au vrai : la raison serait seulement formelle, ainsi indifférente, de soi, à la nature de la matière sur laquelle elle s'applique. Pour les sophistes, la forme de la pensée, ou forme de la vraie pensée, n'est plus la forme de la pensée vraie, les formes de la pensée de l'être ne sont plus les formes de l'être pensé. Le rhéteur confisque la puissance d'autorévélation du vrai (le langage), de l'universel et du nécessaire, du « réellement réel », et par là il renvoie les auditeurs au règne de l'apparence.

En vérité :

Le dialogue conjure la violence en tant qu'il est promesse de dévoilement d'une vérité qui abolit les locuteurs en les réconciliant (la contemplation achève la discussion), qui fait ployer leurs subjectivités en s'imposant à elles comme un bien auquel elles sont rapportées et non comme un bien qu'elles rapporteraient à elles (ce qui serait seulement une opinion commune qui se trouve, de fait et non de droit, adoptée par le plus grand nombre). C'est bien à la vérité, et non à un compromis, qu'aboutit la dialectique, car c'est la raison impersonnelle et *universelle* qui, parce qu'elle prouve ou rend raison, rapporte les subjectivités (toujours *particulières* et personnelles) à une position commune qui les réconcilie ; or, parce qu'elle rend raison, elle dévoile le vrai, au rebours des compromis qui laissent chacun des locuteurs, *in petto*, sur ses propres positions, et qui le laissent à demi-satisfait ; ainsi, réconcilier des subjectivités en les faisant se rendre à une position commune *à laquelle elles sont ordonnées*, et les unir dans la *vérité*, c'est tout un ; ici, la subjectivité ne vit pas le repos de sa quête comme quelque chose qui la remplit, mais comme quelque chose qui la crucifie et qui la satisfait en tant qu'il la crucifie ; il ne s'agit pas alors d'un compromis ou d'un simple terrain d'entente où chacun aurait, de manière précaire et imparfaite, sa part de satisfaction. Ce qui peut être confirmé par les raisonnements suivants :

a) Dans la recherche et l'appréhension du vrai, le dialogue, le conflit loyal des opinions éprouvant leur pertinence dans leur confrontation, s'abolit en se reposant dans son entéléchie qui est la vérité dévoilée, il se supprime dans l'acte de se parfaire, et cela est le propre de l'« *Aufhebung* », le « *tollere* » latin, l'acte d'« achever » de la langue française, transcrite par le vocable technique « sursomption ». Or il existe « *Aufhebung* » si et seulement si ce qui se sursume est habité par la nature du résultat : la chrysalide se sursume en papillon, parce qu'elle est comme travaillée par la nature du papillon qui l'habite sur le mode de puissance active immanente. Or la chrysalide est au papillon comme le dialogue l'est à la vérité. Donc il existe une parenté d'origine, une affinité essentielle entre l'essence de la vérité et les formes du discours : la vérité habite le dialogue en tant qu'elle l'inspire à la manière dont la maturité s'anticipe dans l'enfance, et elle lui enjoint de la chercher.

b) On doit, pour chercher la vérité, savoir ce que l'on cherche, mais savoir ce que l'on cherche revient ici à le posséder (leçon du *Ménon* et du *Phédon*). C'est pourquoi le maître de philosophie est adepte de la maïeutique, art socratique d'accoucher les esprits gros d'une vérité qu'ils ne se savent pas posséder. La vérité est consubstantielle à l'intellect. Mais les lois de la raison sont elles aussi immanentes à la raison : **les catégories et les lois de la pensée rationnelle sont non seulement le mode d'emploi de la raison, mais son code génétique, le programme de sa genèse et de son développement. Puis donc que le chemin qu'emprunte la raison pour accéder à son objet, le mouvement de la raison, est immanent à la raison, quand le but vers lequel un tel mouvement s'achemine est lui aussi immanent à la raison, c'est bien qu'il existe une parenté originaire entre la logique et la vérité, entre le langage et l'être en tant qu'être.** Selon la suggestive formule de Claude Bruaire, la logique — la dialectique — est forme vraie parce qu'elle est forme *du* vrai. La vérité est totalitaire, absolue (souveraine par rapport aux subjectivités qu'elle investit, ainsi indépendante ou « ab-solue ») et totale (il n'est aucun domaine qui lui échappe et qui puisse s'y soustraire ; elle est en droit chez elle, à la manière d'un propriétaire, partout où il y a de la pensée), parce qu'elle est consubstantielle à la puissance même de penser.

Le langage est structurellement fait pour dire la vérité, non pour séduire. Les choses sensibles ne sont pas leur être puisqu'elles peuvent le perdre ; c'est donc qu'il existe un Être dont elles sont la dérivation et dont elles ne sont pas le critère ou l'index, de telle sorte que, pour l'atteindre, la raison est à la fois juge et partie (ainsi qu'il l'est rappelé dans l'*Euthyphron*), elle est dialectique, elle est dialogue, et la saisie de cet être ou cause première est possible si et seulement si la raison discursive, ou ensemble des formes logiques propres au dialogue, est apparentée, dans son essence même, à l'Être. Or le sophiste brise cette parenté entre les formes du discours et la vérité, objet du discours ; donc il rend impossible toute intellection de l'être en tant qu'être. **La sophistique est antiphilosophique par excellence, et, en retour, tout ce qui nie le pouvoir d'accéder par la raison à l'être en tant qu'être relève, qu'il le veuille ou non, de la sophistique, de Kant à Marx, à Comte et à Nietzsche, en passant par toutes les formes d'apophatisme de l'être en tant qu'être.** Telle est la grande leçon de Platon contenue dans ce petit texte. Point n'est besoin de gloser indéfiniment pour saisir l'affligeante actualité d'une telle leçon. Il suffit, quand on a du temps à perdre, de regarder la télévision, d'écouter la radio, d'entendre les hommes politiques et les journalistes (qui disent tous la même chose, par-delà leurs rivalités de surface).

La pensée n'est pas sans les mots, elle s'actualise en eux : penser est penser qu'on pense, la pensée se fait parole au moins intérieure pour se faire objet pour elle-même et afin de revenir sur soi, comme il l'est rappelé dans le *Sophiste* et dans le *Théétète* ; aussi, en trahissant la vocation des mots, on trahit celle de la pensée. Si la pensée *est* discours, si le discours dit l'être (le nécessaire et l'universel, ce qui ne peut pas ne pas être, ce qui est l'index de la réalité du réel), alors l'Être est lui-même discours, il est en son fond Parole. Et si le langage est apparenté à l'Être, à la vérité, alors, ce qu'il y a de redoutable dans le langage, c'est précisément son pouvoir de dévoiler la vérité, de ployer l'arbitraire du Moi à l'incontestable. Le plus redoutable des aspects du langage, c'est que, quand on cherche, en lui, avec lui et par lui, la vérité, on la trouve.

Concluons :

Pour emporter l'adhésion, la connaissance, la compétence, ne suffisent pas aux yeux du sophiste ; le savoir vrai ne parviendrait pas à convaincre à raison de lui-même, il ne vaudrait pas grand-chose sans l'art de persuader. Mais, s'il en est ainsi, c'est en dernier ressort parce que, pour le sophiste, il n'y a pas de vraie connaissance, et *a fortiori* pas de connaissance vraie ; il n'y a que des interprétations plus ou moins séduisantes, plus ou moins efficaces pour arraisonner le monde et dominer les foules ; le sophiste est d'abord un sceptique, et le scepticisme relève lui aussi de l'orgueil, c'est-à-dire du subjectivisme : refuser d'accorder crédit à la raison, même si elle rend raison de ses pouvoirs, sous le prétexte que, en tant qu'humaine, impuissante à se faire exister, elle doit faire l'aveu de n'être pas sa propre origine, et même si elle a la puissance d'attester l'existence de cette origine à laquelle elle se rend comme à la condition de sa propre intelligibilité. Mieux vaut, pour l'orgueilleux, nier Dieu et/ou s'interdire toute capacité de connaître Dieu, plutôt que d'exercer une telle capacité en confessant n'être pas la raison première du pouvoir qu'on exerce. Entre l'impossible pouvoir d'être Dieu et l'effroyable capacité de se réduire à une brute, on préfère être moins que soi-même au don de se faire plus que soi, parce qu'on se sait être seul responsable de sa chute. La dérisoire victoire du damné, en laquelle se consomme son subjectivisme, c'est de pouvoir se dire qu'il ne doit sa damnation qu'à lui-même : « Quand l'insolence de l'homme, obstinément, rejette Dieu, Dieu dit enfin à l'homme : "que ta volonté soit faite !" Et le dernier fléau est lâché : ce n'est pas la famine, la guerre, la peste... C'est l'Homme ! Et quand

l'homme est livré à l'homme, on peut connaître ce qu'est la colère de Dieu ! »
(Louis Veuillot[1])

Si la forme syllogise est, de fait, applicable à des prémisses matériellement fausses, si le fou — ou le sophiste — sait raisonner, si la déconnexion de la matière et de la forme de la connaissance est possible, c'est parce que le raisonnement est élaboré à partir de prémisses dont un tel raisonnement ne rend pas raison, s'en dispensant en convoquant l'évidence d'une proposition « *per se nota* », ainsi d'une proposition évidente qui à ce titre n'a pas besoin de démonstration parce que sa vérité apparaît dès qu'on en comprend les termes. Il reste pourtant qu'il existe de fausses évidences, et que l'on ne dispose pas de critère permettant de distinguer entre vraie et fausse évidence, de sorte que, si l'on se dispense de recourir à un savoir systématique rendant raison de ce dont il part, ou — plus radicalement — si l'on nie la possibilité d'élaborer un tel savoir, on est contraint d'avouer qu'une part de croyance s'introduit dans toute démarche rationnelle. Or s'en tenir à un usage du syllogisme qui rend possible la déconnexion entre forme et matière de la connaissance, c'est tacitement nier que la forme de la pensée soit vraie parce qu'elle est forme du vrai ; c'est nier que la raison soit structurellement faite pour mener vers la vérité ; c'est oblitérer cette affinité principielle entre la raison et l'être. Dès lors, **c'est seulement dans une philosophie faisant l'aveu, explicite ou non, de la nécessité d'être systématique pour être une vraie philosophie, qu'est respectée cette exigence métaphysique pourtant tacitement admise, au titre de postulat, par le réalisme (thomiste), selon laquelle la forme de la vraie pensée (sa rationalité) est la marque, en elle, de sa vocation à être une pensée vraie (adéquate à la réalité).** Et c'est en quoi le réalisme a vocation — même si, historiquement, il n'a pas jugé opportun de le faire (ou n'a pas osé le faire ?) — à se livrer, à la pensée qui l'embrasse, dans la forme ou selon le mode *systématique* d'exposition de son contenu, comme il le fut suggéré ici dans la précédente dissertation. Saint Thomas a opéré une véritable révolution dans l'élément de l'augustinisme médiéval, laquelle, loin de supprimer l'augustinisme, l'a conservé et magnifié en retenant de lui tout ce qui méritait de l'être ; la provocation de Vatican II — application de la sophistique à la théologie —, ainsi la réponse hérétique à des questions qui n'en sont pas moins incontournables, exigera peut-être que soit entreprise, afin de sortir de cette interminable crise de l'Église, une nouvelle

---

[1] Veuillot, 1813-1883 : Fils d'un tonnelier, toujours fidèle à ses origines populaires, fondateur en France du journalisme catholique. Presque autodidacte. Entre, en 1839, au quotidien *L'Univers*. Ultramontain. Il eut des démêlés avec une partie de l'épiscopat, et il put compter sur le soutien de Pie IX. Il eut aussi des démêlés avec Montalembert et les catholiques libéraux, et encore avec l'Empire auquel il s'était d'abord rallié, qui interdit son journal pendant plusieurs années. Il en eut enfin avec la République qui l'incita sur le tard à se dire monarchiste. Grande influence au Canada français. Œuvres complètes : 40 volumes.

révolution à l'intérieur du thomisme et dans l'intérêt même de la philosophie réaliste, qui saura faire assumer par le réalisme la vérité captive contenue dans le panthéisme idéaliste de Hegel, non en tant que panthéisme, mais en tant que rationalisme mené à son point d'achèvement.

Le cardinal Ratzinger, futur Benoît XVI sommé de renoncer à sa tiare parce qu'il n'allait pas assez vite dans l'entreprise de démolition du dogme catholique, fut, avant que de donner les apparences d'un conservateur nostalgique de la Tradition, un théologien à la pointe du modernisme. Il avait bien vu l'importance des *préambules de la foi* ; il l'avait tellement bien vue qu'il avait compris qu'en les niant, c'est la foi catholique qu'on détruit, tout en se donnant l'air de préserver son intégrité :

« J'estime que le rationalisme néo-scolastique a failli dans sa tentative de vouloir reconstruire les *"preambula fidei"* avec une raison tout à fait indépendante de la foi, avec une certitude purement rationnelle ; toutes les autres tentatives qui suivent la même voie obtiendront finalement les mêmes résultats. Sur ce point, Karl Barth avait raison de refuser la philosophie comme fondement de la foi, indépendamment de cette dernière : en ce cas, notre foi se fonderait sur des théories philosophiques variables.[2] »

Les préambules de la foi n'ont jamais été des fondements de la foi, au sens où la valeur de cette dernière reposerait sur une doctrine philosophique, même s'il est assuré que cette dernière est vraie. C'est si vrai que maints croyants accèdent aux préambules de la foi par la foi elle-même se faisant ainsi, par accident, le véhicule de communication de ce qui, en droit, dispose et introduit à elle. Les préambules de la foi ont toujours été tenus, par les catholiques intègres, pour des fondements de la foi, au sens où la foi les requiert comme la condition de sa réception et de sa fructification ; ce qui évidemment suppose une certaine conception de la foi, la conception catholique, précisément. Il est définitionnel de la foi catholique d'être un assentiment de l'*intellect* à la vérité ; l'acte de croire n'est pas aveugle ou irrationnel. Si, selon l'enseignement de saint Paul dans l'Épître aux Romains, les païens sont injustifiables, c'est parce que le spectacle de la création est déjà, pour la simple raison, une forme naturelle, analogique, de révélation de Dieu aussi bien quant à ce qu'Il est que quant au fait qu'Il est. Si la raison est naturellement, même blessée, disposée à recevoir la foi, à s'approprier à elle — au point qu'il est, pour l'Aquinate, *contre nature de refuser la foi* (*Somme théologique*, II^a II^{ae} q. 10 a. 1) —, c'est que, en retour, la simple raison est dotée du pouvoir de se donner des raisons de croire, lesquelles sont précisément formulées dans les préambules de la foi. Il y a solidarité entre acceptation des préambules de la foi et intégrité de la catholicité de la foi. Pour une théologie qui laisse entendre que l'Esprit-Saint soufflerait dans toutes les religions, qui ainsi considère que le constitutif formel des fausses religions n'est

---

[2] *Osservatore Romano* du 27 octobre 1996.

pas le refus du Saint-Esprit, il est nécessaire de faire sauter la pertinence du concept même de préambule de la foi ; si ces derniers sont requis (qu'ils soient acquis de fait par la simple raison, ou qu'ils soient transmis par accident par la foi elle-même, étant bien entendu qu'ils sont en droit accessibles à la simple raison), c'est qu'il est contre nature d'adopter une croyance non catholique se donnant pour une révélation ; or ce qui est contre nature est objectivement peccamineux, et ne saurait, pour cette raison, faire l'objet d'un quelconque droit. Dès lors, la doctrine moderniste de la liberté religieuse a vitalement besoin de nier la possibilité même des préambules de la foi. Il est hélas facile de mesurer le chemin parcouru depuis le premier concile du Vatican : « La droite raison démontre les fondements de la foi.[3] » On donne par là son congé, tout en professant de lui être fidèle, au réalisme de saint Thomas d'Aquin[4] soucieux, plus que tout autre, de nier toute forme de conflit entre raison et foi. Nier toute possibilité d'élaboration réussie des « *preambula fidei* » revient à contester qu'une authentique philosophie, autonome — n'admettant, pour qui a la foi, d'autre règle que celle, *extrinsèque*, de la « *stella rectrix* » du donné révélé —, puisse jamais être dégagée de l'œuvre — théologique — de saint Thomas.

« La position du cardinal Ratzinger semble bien reposer sur une confusion entre contingence des choix historiquement poursuivis par la recherche philosophique, et nécessité du contenu de la vérité philosophique en droit naturellement connaissable. Faire dépendre intrinsèquement de la foi l'acquisition des *"preambula fidei"* revient, dans une perspective qu'il faut bien qualifier de fidéiste et de luthérienne, à les supprimer comme *"preambula"*. Si la puissance au vrai de la raison dépend intrinsèquement de la foi, c'est que la raison naturelle requiert la grâce qui par là n'est plus gratuite. Il est vrai que la raison naturelle, historiquement blessée par le péché, trouve en la grâce non seulement le complément surnaturel et gratuit qui l'exhausse à titre de fin ultime à la vie divine, mais encore l'instrument de sa réfection dans son ordre propre. Mais si cette blessure est telle qu'il n'est même pas au pouvoir de la raison de se disposer (dans l'établissement des *"preambula fidei"*, précisément), par une inclination délibérée qui lui est propre, à recevoir et la grâce et la vertu de foi, il faut logiquement souscrire aux conséquences suivantes : a) le libre arbitre inhérent à la condition infralapsaire, sans la grâce, n'est qu'un mot ; les effets du péché originel subsistant nonobstant les fruits du baptême et de la vertu de foi, la raison dilacérée n'est pas restaurée par la foi qui se contente de s'y superposer, et l'acte de foi n'est plus assentiment de l'intellect, mais de la volonté seule (par là

---

[3] Constitution *Dei Filius*, chapitre IV.
[4] Pour saint Thomas, les choses qui peuvent être naturellement démontrées, telle l'existence de Dieu, sont rangées parmi les articles de foi, non qu'elles soient de foi purement et simplement pour tout le monde (« *non quia de ipsis simpliciter sit fides apud omnes* »), mais parce qu'elles sont un préliminaire indispensable aux choses qui appartiennent à la foi, et qu'il faut que ceux qui n'en peuvent avoir la démonstration les admettent au moins par la foi (*Somme théologique*, II^a II^{ae} q. 1 a. 5 : ce qui est su ne peut être cru).

aveugle), à la Vérité. C'est la philosophie tout entière, œuvre de cette "putain du diable" qu'est la raison (selon le mot exquis de Luther), qui est congédiée par la foi.[5] »

S'il y a préambules de la foi, il y a des raisons de croire ; s'il y a des raisons de croire, il y a convenance de la raison à l'égard de la vraie foi, et corrélativement répugnance naturelle de la raison à l'égard de ce qui n'est pas la foi, à l'égard donc de ce qui n'est pas la foi catholique ; et s'il est contre nature de s'engager dans une croyance non catholique, cet acte objectivement peccamineux mérite au mieux d'être toléré ; *a contrario*, si l'on entend légitimer le modernisme en particulier dans la forme de la liberté religieuse, on doit contester le droit de la raison à se reconnaître des préambules de la foi. On comprend ainsi pourquoi il est plus qu'urgent, afin de combattre le modernisme, non d'abandonner l'effort entrepris par le rationalisme néo-scolastique, mais bien plutôt de le radicaliser, dût-on, ce faisant, ne pas hésiter à convoquer, de l'hégélianisme, ce que la grande raison réaliste des catholiques juge opportun d'y puiser, ce qui aura pour effet non de « désurnaturaliser » le catholicisme, mais d'une part d'en chasser les relents surnaturalistes, et d'autre part de purger l'hégélianisme lui-même des éléments irrationnels dont il s'est fait affecter par son refus d'admettre un au-delà de la raison *humaine*. Si ce qui limite un être est aussi ce qui lui donne d'être, de jouir d'un acte d'exister réellement distinct de celui de sa Cause ; si la nature est ce principe de limitation, il est clair que ce qui est essentiel dans l'homme est sa nature, et non la grâce. « L'être de la nature est plus essentiel que l'être de la grâce, quoique celle-ci soit incomparablement plus digne et plus excellente que celle-là » (*Somme théologique, Supplementum tertiae partis* q. 49 a. 3). Si l'homme est ainsi conçu que la grâce puisse lui devenir plus essentielle que sa nature, c'est au fond qu'il n'a pas de nature essentielle, qu'il est fondamentalement, comme sujet réceptif de la grâce, liberté pure. Par où il appert que le modernisme, le luthérianisme, et un certain traditionalisme d'inspiration augustinienne exagérant les effets du péché originel, communient en dernier ressort, malgré qu'ils en aient, dans une certaine forme d'existentialisme. Et les cris d'orfraie des thomistes traditionalistes bien-pensants face à l'évocation de l'hégélianisme n'y changeront rien.

---

[5] *Causalité et Création*, Jérôme Decossas, Cerf, 2006, p. 142.

SIXIÈME DEVOIR
— dissertation —

La notion de nature est-elle une notion claire ?

Au sens strict, la nature est ce principe de mouvement et de repos pour la chose en laquelle elle réside immédiatement et/ou premièrement, par essence et non par accident, ainsi que l'enseigne Aristote dans sa *Physique* (II) ; le mouvement naturel s'oppose au mouvement dit « violent » (*ibid.*, V) ; est violent ce qui est contre nature.

On pourrait penser qu'il suffit de constater la polysémie du mot pour parler d'ambiguïté : la nature d'une chose désigne son essence (elle s'oppose à ce qui est accidentel, mais aussi à ce qui est surnaturel), le principe immanent de sa croissance ; la nature désigne aussi le monde dans l'état où il se trouve avant l'intervention technique de l'homme, en lui et hors de lui. Sous ce dernier rapport, la nature s'oppose à la culture, et c'est pourquoi il conviendra de s'interroger sur ce qu'il convient d'entendre par culture. Mais il existe un point commun entre ces deux acceptions, un noyau sémantique univoque : ce qui relève de l'ordre et de la finalité immanente, dans chaque être d'une part, et d'autre part dans le tout de l'univers qui est lui-même ordonné à l'homme qui le résume et constitue sa raison d'être ; il le résume parce qu'il assume les ordres minéral, végétal, animal, en les dépassant dans et comme la raison ; il constitue sa raison d'être parce que tout l'univers semble bien, selon le principe anthropique soutenu par exemple par l'astrophysicien australien Brandon Carter, avoir été organisé pour faire surgir en son sein un être capable de le penser, de se penser en le pensant, et de le transcender en le faisant s'unifier en lui (« univers », « *universus* », signifie « tourné vers l'Un »), c'est-à-dire en le faisant s'intérioriser, se rassembler ; l'esprit, sous ce rapport, n'est pas ce qui recule d'effroi devant la matière, il est ce qui la pose en sa contradiction constitutive ; elle est intrinsèquement contradictoire parce qu'elle est « *partes extra partes* », ainsi extérieure à elle-même, incapable de coïncider avec soi, par là différente de soi, n'étant ce qu'elle est qu'en se repoussant de soi ; et c'est pourquoi tout ce qui est matériel est nécessairement corruptible pour la faire se renier en lui ; l'esprit, comme l'enseigne Hegel, présuppose la nature (entendue tel l'ordre sensible ou matériel) dont il est la vérité, et à ce titre même le principe absolument premier. Dans cette perspective, l'homme en tant qu'esprit est dans la nature comme sa vérité, et il a vocation à s'inscrire en cet ordre naturel comme en cette extériorisation subsistante de sa vie intérieure, il est « chez lui » dans la nature. Mais au vrai toutes ces considérations présupposent ce qui est en question, à savoir que tous les sens du mot « nature » pourraient s'unifier, et que corrélativement l'homme et la nature seraient en relation d'harmonie en vertu de l'immanence, en l'homme, d'une nature (essence) dont la structure ontologique serait analogue à celle de la nature cosmique. L'ambiguïté du concept de nature tient dans le fait que l'existence même de cette nature (surtout humaine) est problématique ; en effet :

Il est aisé de définir la nature telle l'essence d'une chose, le fondement du réel, ainsi corrélativement comme ce qui est antérieur aux artifices techniques (lesquels ne créent pas mais ne transforment qu'au niveau des accidents), au point que certains en viennent à faire correspondre la nature à l'inné, pour l'opposer à l'acquis qui définirait quant à lui l'ordre culturel. Mais la définition de la nature, en particulier dans le cas de l'homme, est elle-même un produit de la culture, et plus précisément du labeur philosophique ; la nature entendue comme principe *métaphysique* de genèse et de croissance n'est pas un donné immédiatement accessible aux sens, un fait qu'il suffirait d'observer, elle est le fruit d'une élaboration conceptuelle qui suppose une technique — un art —, à commencer par cet « *ars artium* », cet « *organon* » qu'est la logique, et ainsi, plus généralement, une culture. *Il est ainsi difficile d'invoquer une nature qui serait principe normatif des valeurs culturelles, si cette norme est elle-même élaborée par la culture. Que doit être la nature pour se vouloir norme de la culture, si elle est engendrée par elle ?*

La même problématique peut être formulée autrement. La nature est cet ordre universel habité par des fins (auxquelles on est en devoir de se conformer comme à des impératifs moraux), qu'il faut respecter même par intérêt (car l'homme est dans la nature). Mais tout autant la nature est hostile à l'homme, elle est indifférente à ses besoins, elle se comporte bien souvent contre la nature ou la condition de l'homme ; d'aucuns, dans cette perspective, considèrent que la nature universelle n'est peut-être qu'un mécanisme sans finalité, régi par le seul hasard. *Aussi, qu'en est-il du rapport entre nature cosmique et nature humaine, pour expliquer que ces deux principes puissent être à la fois complémentaires et conflictuels ?* En fait, ces deux types de questionnement peuvent être unifiés : on oppose souvent la nature à l'art (technique) et à la culture, et l'on se demande s'il est dans la nature de l'homme d'être cultivé, ou dans la nature — ainsi dans le vœu ou la vocation — des choses d'être accomplies, achevées par l'art ; et il y a problème parce que cette nature supposée servir de norme aux développements techniques (préoccupations écologiques) et culturels (souci éthique) n'est en fait dévoilée que par eux : la nature humaine est culturellement définie, et l'ordre naturel supposé servir de norme au développement technique est lui-même défini par des fins humaines qui sont celles-là mêmes auxquelles sont, en droit sinon en fait, ordonnées les techniques.

Une telle problématique explicitée en ces deux questions est évidemment d'une grande et terrible actualité, si l'on est attentif aux mutations sociétales contemporaines, qui risquent d'induire des changements irréversibles et létaux : le « mariage » des couples homosexuels (il faudrait, à ce sujet, parler de paires et non de couples) induisant une destruction du modèle traditionnel de la famille, première société naturelle ; la procréation médicalement assistée, les mélanges ethniques systématiquement programmés et objectivement favorisés par la mondialisation de l'économie s'émancipant de tout magistère étatique et visant à se constituer en un État mondial destiné à se substituer aux États historiques ; les prouesses téméraires des techniques biochimiques portées par le projet transhumaniste ; le consumérisme aujourd'hui généralisé au niveau planétaire depuis que le Tiers-monde entend rivaliser avec l'Occident, etc.

Les deux grandes questions ci-dessus formulées en italique sont effectivement les deux expressions d'une même problématique, dans la mesure où, si l'homme est liberté, l'existence d'une nature humaine devient elle-même problématique : être libre consiste à se déterminer, à se donner ses déterminations, ce qui suppose que l'homme soit préalablement indéterminé, ainsi qu'il soit dépourvu d'une nature qui, comme essence et principe finalisant, est déterminante et constitue comme une prédétermination ; aussi, dans cette hypothèse, la notion même d'ordre naturel cosmique n'a plus de sens. Il en est ainsi parce que l'ordre, désignant la disposition des choses en vue d'une fin, exige que cette nature cosmique soit dotée d'une fin que l'homme serait — à peine de périr à plus ou moins long terme puisqu'il est à jamais, par son corps, intrinsèquement dépendant de cette nature universelle en laquelle il est immergé — invité à plébisciter ; mais cela même est possible si et seulement si ce même homme est doté d'une nature le destinant, antérieurement à l'usage de sa liberté, à s'intégrer dans l'ordre naturel universel. S'il n'y a pas de nature humaine, il n'y a pas d'ordre cosmique, mais seulement des lois physiques et biologiques, des constantes pérennes ne méritant nullement d'être respectées en tant que telles, mais dont l'homme doit seulement tenir compte pour les faire servir aux fins qu'il se choisit.

C'est pourquoi la question centrale que l'intitulé du devoir invite à poser est la suivante : *y a-t-il une nature humaine ?* Cela dit, si l'on s'interroge sur la différence entre nature et culture, c'est parce que l'homme veut se connaître, désire savoir ce qu'il est, afin de le distinguer de ce qu'il a. De plus, cette distinction est cherchée parce que l'homme considère que ce qu'il a doit être conforme aux exigences de ce qu'il est vraiment. Établir cette distinction (nature-culture), c'est supposer que la nature (prise comme environnement) est la mesure et la norme de la technique ; c'est supposer aussi que la nature (essence) est la norme de la culture. Aussi la question centrale de l'existence d'une nature humaine s'explicite dans les questions suivantes :

a) L'homme peut-il distinguer si aisément entre ce qu'il est et ce qu'il a ? N'est-ce pas dans ce qu'il a que se révèle ce qu'il est ?

b) Et pourquoi devrait-il, s'il est maître de ses choix, faire de ce qu'il est — supposé qu'il soit quelque chose de fixe et d'immuable — la mesure et comme l'idéal de ce qu'il a et de ce qu'il fait (de lui-même et de la nature extérieure) ?

Le traitement de la question (a) sera développé au travers d'une brève analyse du concept de culture, empruntée à Henri-Irénée Marrou[1] (« Culture, civilisation, décadence », *Revue de synthèse*, XV, Éditions Albin Michel, Paris, 1938) :

« Sans entrer dans plus de détails, essayons de dégager la réalité confuse que l'usage tend, ou paraît tendre, à désigner aujourd'hui en France par le mot de *culture*. Il est peut-être plus commode de partir de la notion plus concrète d'*homme cultivé*. Nous croyons tous savoir, nous sentons bien nettement ce qu'est un homme cultivé ; cela s'oppose au rustre, à l'ignorant, au barbare, mais aussi au pur technicien, asservi à son métier, comme au pédant, au spécialiste qui a perdu tout sens de l'humain.

« La notion abstraite de *culture* est en rapport étroit avec ce type concret qu'est l'homme cultivé. En un premier sens, un sens actif, la culture apparaît comme l'action, l'effort qui, exercé sur un esprit, tend à développer ses ressources latentes, à enrichir ses connaissances, son goût, son jugement, ses capacités. C'est là le sens originel qui s'est développé par métaphore : la culture, c'est l'effort qui vise à faire fructifier l'esprit, comme celui du paysan vise à faire fructifier son champ.

« Il reste bien vivant dans la langue contemporaine, mais d'ordinaire il ne garde pas, sauf chez le philosophe ou le moraliste, une valeur aussi générale, aussi abstraite. Le plus souvent, plus que la culture en soi, le mot désigne la forme concrète que prend l'effort de culture, soit la méthode à suivre, les études à faire, les exercices à pratiquer, etc., qu'il convient d'imposer à l'esprit pour qu'il atteigne son développement optimum. C'est déjà là un aspect qui peut intéresser l'historien, car il peut se proposer de rechercher ce qu'a été cette culture, la formation, le dressage de l'intelligence pour les hommes d'une époque et d'une société déterminée. Mais ce n'est pas encore beaucoup, car cette notion de culture — j'ai proposé de l'appeler culture préparatoire — reste encore très voisine de celle d'éducation : c'est le contenu de l'éducation, entendue au sens large, et non uniquement scolaire ; on fait entrer dans cette culture préparatoire non seulement ce qu'enseigne l'école, mais encore les lectures, les méditations,

---

[1] Historien et musicologue, 1904-1977.

les expériences de tout ordre que l'enfant et surtout l'adolescent, le jeune homme, ajoute aux leçons de ses maîtres.

« (...) Mais ce sens n'est pas le seul. Il y a aussi ce que j'ai voulu appeler, faute d'un meilleur terme, la *culture au sens généralisé*. Par un passage de la cause à l'effet, *culture* en vient à désigner, non plus l'effort par lequel on cherche à développer l'esprit, mais le résultat de cet effort, de ce développement. Déjà sous la plume de Vauvenargues[2] "ce mot de culture désigne l'état d'un esprit cultivé par l'instruction".

« On observe dans ce nouveau sens le même passage de l'idée générale aux formes concrètes que j'ai signalé plus haut : la culture désigne souvent non pas l'état, la qualité de l'homme cultivé, mais le contenu de l'intelligence d'un homme cultivé, ses connaissances, ses capacités et aussi, car on ne le considère pas seulement au repos mais encore en action, ses diverses formes d'activité.

« Quand nous disons de tel de nos contemporains qu'il possède une culture artistique, esthétique, nous ne voulons pas seulement dire que son enfance et sa jeunesse se sont appliquées à l'étude des beaux-arts, qu'il leur doit sa formation première : nous supposons aussi qu'il continue à s'intéresser à la musique ou à la peinture et que la pratique des arts reste pour lui la forme normale et principale de l'activité de son esprit. »

Le savoir du débutant relève de l'avoir, le savoir intériorisé qui fait l'homme cultivé relève de l'être. L'homme cultivé est celui qui est transformé par son savoir. On a un savoir, on est cultivé. Plus qu'un contenu de connaissances, la culture est un habitus (dont l'acquisition suppose certes l'assimilation d'un contenu de savoirs), un art de bien juger, de bien goûter, c'est quelque chose qui est devenu consubstantiel à la vie spontanée de notre esprit, et qui ne se perd pas ; c'est une seconde nature : « la culture, déclare un pédagogue japonais, c'est ce qui demeure dans l'homme, lorsqu'il a tout oublié » (Édouard Herriot[3], *Notes et maximes*). La culture se révèle ainsi tel l'exercice de l'esprit sur l'esprit, tel le caractère d'une nature donnée à elle-même et dont l'essence est de revenir sur elle-même pour s'extra-poser. La culture de la nature, dans cette perspective (et sans complaisance dans le jeu verbal), est la nature de la culture. Il en est du rapport entre nature et culture comme il en est du rapport entre la puissance et l'acte, l'intérieur et l'extérieur (pour autant que l'extérieur soit extériorisation de l'intérieur).

Mais si la nature de la culture est l'actualisation des virtualités de la nature *spirituelle* de l'homme, que peut bien être cette nature spirituelle ? Cette nature

---

[2] Luc de Clapiers, marquis de Vauvenargues, moraliste français, 1715-1746, *Introduction à la connaissance de l'esprit humain, Réflexions, Caractères et dialogues*. Il réhabilite l'homme contre La Rochefoucauld, réprouve l'esprit de salon et de grandiloquence.
[3] Édouard Herriot, 1872-1957. Homme politique et écrivain français. Un des chefs du Parti radical, maire de Lyon de 1905 à 1955, plusieurs fois président du Conseil.

étant exprimée dans la culture, c'est la culture qu'il faut interroger pour le savoir.

On peut se demander en effet si la notion de nature humaine n'est pas elle-même un pur produit de la culture.

C'est au fond par sa culture que l'homme se représente ce qu'est sa nature, ainsi que ce qu'il a à être. En effet, comme le fait observer ce sceptique fidéiste, contestataire et même révolutionnaire sous les dehors compassés d'une résignation austère : « Les pères craignent que l'amour naturel des enfants ne s'efface. Quelle est donc cette nature, sujette à être effacée ? La coutume est une seconde nature, qui détruit la première. Mais qu'est-ce que nature ? Pourquoi la coutume n'est-elle pas naturelle ? J'ai grand peur que cette nature ne soit elle-même qu'une première coutume, comme la coutume est une seconde nature » (Pascal, *Pensées*, 1669, section II, 93, Brunschvicg, p. 372). Dans le même ordre d'idée, mais plus franchement : « Ce que nous nommons liberté, c'est l'irréductibilité de l'ordre culturel à l'ordre naturel » (Sartre, *Critique de la raison dialectique*, 1960, p. 96). Et, selon la même inclination subversive, mais en y mettant les formes : « Ainsi Pascal a raison contre Calliclès : la nature est inextricablement mêlée à la loi, la spontanéité à l'art et l'instinct à l'habitude. Abonder dans son propre sens, cela est bientôt dit : il faudrait peut-être savoir quel est ce sens, avant d'y abonder ? Notre nature, avec sa durée et ses possibles, est tout en profondeur, et pour en ratifier la vocation nous devons déjà nous violenter ! Qui dira où finit le donné, où commence le construit, ce qui est inné et ce qui est adventice ? Par exemple, il y a des sources de plaisir que nous ne soupçonnerions jamais si l'étude et la contrainte ne nous forçaient artificiellement à certains travaux qui nous imposent des attitudes violentes : tel le droit qui germe et s'installe à tout moment dans les faits accomplis, c'est-à-dire dans les succès de la force... La deuxième nature et la première volonté, elles usurpent chacune le visage de l'autre dans l'enchevêtrement de l'ordre devenu et de l'idéal natif » (Jankélévitch, *Traité des vertus*, t. 1 : *Le Sérieux de l'intention*, Champs-Flammarion, 1983, p. 104). Tout autant, mais avec plus de modération et une part de vérité : « Il n'est pas plus naturel ou pas moins conventionnel de crier dans la colère ou d'embrasser dans l'amour que d'appeler table une table. Les sentiments et les conduites passionnelles sont inventés comme les mots. Même ceux qui, comme la paternité, paraissent inscrits dans le corps humain, sont en réalité des institutions. Il est impossible de superposer chez l'homme une première couche de comportements que l'on appellerait "naturels" et un monde culturel ou spirituel fabriqué. Tout est fabriqué et tout est naturel chez l'homme, comme on voudra dire, en ce sens qu'il n'est pas un mot, pas une conduite qui ne doive quelque chose à l'être simplement biologique, et qui en même temps ne se dérobe pas à la simplicité de la vie animale, ne détourne de leur sens les conduites vitales, par une sorte d'échappement et par un génie de l'équivoque qui pourrait servir à définir l'homme » (Merleau-Ponty, *Phénoménologie de la perception*, Gallimard, Tel, 1945, p. 220-221). Ou encore : « Nous tenterons de justifier notre opposition à la nature : on oublie trop facilement qu'elle-même, dans ses manifestations les plus typiques — le champ, la forêt, le chemin, etc. —, résulte d'une conquête de l'homme et d'un patient labeur. On ne peut écrire qu'une histoire de la campagne. Le contemplateur de ses harmonies regarde la fin ou le décor, il néglige les moyens, la machinerie sous-jacente. Il a fallu, pendant des générations, débroussailler, planter, tailler, élaguer, aligner : les végétaux et les animaux, à leur tour, exposent des options et des opérations. Bref, la nature n'est pas naturelle. À cette prétendue réalité en soi — née de l'art — qui dépasserait l'homme, le précéderait et même l'inspirerait, et qu'il devrait, en conséquence, préserver et respecter, reconnaissons au moins une caractéristique majeure : elle s'offre à nos élaborations. Elle constitue une sorte de matériau plastique qui permet et appelle les transformations ; en somme, la nature invite, non pas à la conservation, mais à l'artificialité. Elle ne demande qu'à être manipulée, brassée, réglée » (François Dagognet, *La Maîtrise du vivant*, Hachette, 1988). Ce qui paraît recevable dans les observations de Merleau-Ponty et de Dagognet, c'est cette idée (supposé que la notion de nature humaine soit recevable), déjà esquissée chez Marrou, selon laquelle nature et culture, dussent-elles avoir chacune une consistance objective propre et être irréductibles l'une à l'autre, ne sauraient exister l'une sans l'autre : il est dans la nature de cette nature humaine d'être perfectionnée — voire actualisée jusque dans son ordre propre — par la culture : « vous n'êtes pas naturel, dit-on (ou disait-on…) volontiers à l'adolescent emprunté, mal à l'aise et rubescent, ou à l'homme du peuple complexé (parce que, gâté par l'esprit égalitaire, il se compare) face au bourgeois en revanche trop souvent condescendant (le bourgeois condamne dans les mots les différences sociales et les privilèges qui leur sont attachés, mais il n'a de cesse de les entretenir pour cultiver un « pathos de la distance » dont se nourrit sa vaniteuse envie à l'égard d'une aristocratie tombée dans le forlignage et qu'il a supplantée) ; c'est que, pour être naturel, un long effort est requis, une éducation pour le moins réfléchie est convoquée. Si la nature humaine était privée de vie culturelle, elle serait dans un état violent. Si la nature humaine est puissance active de la vie culturelle, elle s'actualise dans ce qu'elle pose, elle se pose en le posant, ce qui — par anticipation — invite à suggérer qu'elle a la structure ontologique d'une réflexion, dont le propre est bien de poser son point de départ et le mouvement qui en procède, ainsi de se poser elle-même, dans la forme d'une identité contradictoire d'attraction et de répulsion, de l'intérieur et de l'extérieur, ou encore selon un processus systématique en lequel l'avancée dans le processus est régression en direction de l'origine de ce dernier. Ce qui ne relève encore ici que de l'hypothèse et de l'intuition sera exploité plus loin.

Retenons pour le moment que, entre nature humaine (et cosmos véritablement humain) et culture, la distinction est réelle, mais, selon le vocabulaire des logiciens, elle est réelle mineure.

Le temps est venu d'en venir au traitement de la question (b) plus haut évoquée : si l'homme est libre, peut-il être doté d'une nature immuable qui serait normative de ce qu'il est et de ce qu'il fait de lui-même et de son monde ?

Le paradigme de la négation sans fard de l'existence d'une nature humaine est formulé dans la philosophie existentialiste de Jean-Paul Sartre et de sa concubine caricaturalement bourgeoise Simone de Beauvoir.

« Le coupe-papier est à la fois un objet qui se produit d'une certaine manière et qui, d'autre part, a une utilité définie ; et on ne peut pas supposer un homme qui produirait un coupe-papier sans savoir à quoi l'objet va servir. Nous dirons donc que, pour le coupe-papier, l'essence — c'est-à-dire l'ensemble des recettes et des qualités qui permettent de le produire et de le définir — précède l'existence, et ainsi la présence, en face de moi, de tel coupe-papier ou de tel livre est déterminée. Nous avons donc là une vision technique du monde, dans laquelle on peut dire que la production précède l'existence.

« Lorsque nous concevons un Dieu créateur, ce Dieu est assimilé la plupart du temps à un artisan supérieur, et quelle que soit la doctrine que nous considérions, qu'il s'agisse d'une doctrine comme celle de Descartes ou de la doctrine de Leibniz, nous admettons toujours que la volonté suit plus ou moins l'entendement, ou tout au moins l'accompagne, et que Dieu, lorsqu'il crée, sait précisément ce qu'il crée. Ainsi, le concept d'homme, dans l'esprit de Dieu, est assimilable au concept de coupe-papier dans l'esprit de l'industriel.

« L'homme individuel réalise un certain concept qui est dans l'entendement divin. Au XVIIIe siècle, dans l'athéisme des philosophes, la notion de Dieu est supprimée, mais non pour autant que l'essence précède l'existence. Cette idée, nous la retrouvons un peu partout : nous la retrouvons chez Diderot, chez Voltaire, et même chez Kant. L'homme est possesseur d'une nature humaine ; cette nature humaine, qui est le concept humain, se retrouve chez tous les hommes, ce qui signifie que chaque homme est un exemple particulier d'un concept universel de l'homme ; chez Kant, il résulte de cette universalité que l'homme des bois, l'homme de la nature, comme le bourgeois sont astreints à la même définition et possèdent les mêmes qualités de base. Ainsi, là encore, l'essence d'homme précède cette existence historique que nous rencontrons dans la nature.

« L'existentialisme athée, que je représente, est plus cohérent. Il déclare que si Dieu n'existe pas, il y a au moins un être chez qui l'existence précède l'essence, un être qui existe avant de pouvoir être défini par aucun concept et que cet être c'est l'homme ou, comme dit Heidegger, la réalité humaine. Qu'est-ce que signifie ici que l'existence précède l'essence ? Cela signifie que l'homme existe d'abord, se rencontre, surgit dans le monde, et qu'il se définit après. L'homme, tel que le conçoit l'existentialisme, s'il n'est pas définissable, c'est qu'il n'est d'abord rien. Il ne sera qu'ensuite, et sera tel qu'il se sera fait. Ainsi, il n'y a pas de nature humaine, puisqu'il n'y a pas de Dieu pour la concevoir. L'homme est seulement, non seulement tel qu'il se conçoit, mais tel qu'il se veut, et comme il se conçoit après l'existence, comme il se veut après cet élan vers l'existence ; l'homme n'est rien d'autre que ce qu'il se fait » (Jean-Paul Sartre, *L'existentialisme est un humanisme*, 1946, Éd. Nagel, 1970, p. 17-24).

Il n'est pas douteux, au passage, que Sartre soit plus cohérent que les philosophes des « Lumières ». Mais cohérence n'est pas vérité.

Dans le sillage de Sartre, Simone de Beauvoir (1908-1986) professe qu'il n'y a pas d'instinct maternel :

« On ne naît pas femme : on le devient. Aucun destin biologique, psychique, économique, ne définit la figure que revêt au sein de la société la femelle humaine ; c'est l'ensemble de la civilisation qui élabore ce produit intermédiaire entre le mâle et le castrat qu'on qualifie de féminin. Seule la médiation d'autrui peut constituer un individu comme un *Autre*. En tant qu'il existe pour soi l'enfant ne saurait se saisir comme sexuellement différencié. Chez les filles et les garçons, le corps est d'abord le rayonnement d'une subjectivité, l'instrument qui effectue la compréhension du monde : c'est à travers les yeux, les mains, non par les parties sexuelles qu'ils appréhendent l'univers. Le drame de la naissance, celui du sevrage, se déroulent de la même manière pour les nourrissons des deux sexes ; ils ont les mêmes intérêts et les mêmes plaisirs ; la succion est d'abord la source de leurs sensations les plus agréables, puis ils passent par une phase anale où ils tirent leurs plus grandes satisfactions des fonctions excrétoires qui leur sont communes ; leur développement génital est analogue ; ils explorent leur corps avec la même curiosité et la même indifférence ; du clitoris et du pénis ils tirent un même plaisir incertain ; dans la mesure où déjà leur sensibilité s'objective, elle se tourne vers la mère : c'est la chair féminine douce, lisse, élastique qui suscite des désirs sexuels et ces désirs sont préhensifs ; c'est d'une manière agressive que la fille, comme le garçon, embrasse sa mère, la palpe, la caresse ; ils ont la même jalousie s'il naît un nouvel enfant ; ils la manifestent par les mêmes conduites : colères, bouderie, troubles urinaires ; ils recourent aux mêmes coquetteries pour capter l'amour des adultes. Jusqu'à douze ans la fillette est aussi robuste que ses frères, elle manifeste les mêmes capacités intellectuelles ; il n'y a aucun domaine où il lui soit interdit de rivaliser avec eux. Si, bien avant la puberté, et parfois même dès sa toute petite enfance, elle nous apparaît comme sexuellement spécifiée, ce n'est pas que de mystérieux instincts immédiatement la vouent à la passivité, à la coquetterie, à la maternité : c'est que l'intervention d'autrui dans la vie de l'enfant est presque originelle et que dès ses premières années sa vocation lui est impérieusement insufflée » (*Le Deuxième Sexe*, t. 1, Gallimard, 1949).

Judith Butler, juive et homosexuelle, pionnière de la « théorie du genre », ne dira pas autre chose, et la marionnette maghrébine Najat Vallaud Belkacem, éphémère et inculte ministre de l'Éducation « nationale », manipulée par les Loges, soucieuse de châtrer les mâles dès le jardin d'enfants, montrera qu'elle a bien appris sa leçon de féminisme incapacitant tant pour les femmes que pour les hommes, surtout — et de manière inavouée mais très intentionnelle et décisive — s'il s'agit d'enfants blancs.

On voit bien que, dans cette perspective qui nie l'existence de la nature humaine au nom de la liberté, les hommes ne deviennent pas ce qu'ils sont ; bien plutôt ils sont ce qu'ils deviennent, ils se choisissent ; si chaque homme décide de ce qu'il a à être, il n'y a plus de valeurs morales auxquelles la liberté serait *a priori* tenue. C'est que, en effet, à la différence d'une contrainte qui arraisonne de l'extérieur celui qui la subit, la morale est obligation, exigence se manifestant à l'intérieur de l'homme dans ce qu'il a de plus propre, enjoignant à sa liberté de choisir le bien, mais de telle sorte que sa liberté soit comme concernée dans son être même par un tel souci ; l'obligation éthique est telle que non seulement la liberté est convoquée, et de surcroît inclinée dans un certain sens, mais encore que — au rebours de la limaille passivement tiraillée entre deux directions aimantées et contraires — la pression que subit la volonté vient en quelque sorte du tréfonds d'elle-même ; c'est à raison de cela qu'elle est libre, maîtresse de ses actes ; elle est attirée par le mobile le plus fort, mais c'est elle qui fait qu'il devient le plus fort ou le plus déterminant pour elle, et c'est en cela que le devoir auquel elle est assujettie est encore l'expression de sa maîtrise de soi ; le devoir moral s'impose à la volonté comme l'aveu qu'elle se fait à elle-même du paradoxe qui la constitue : éprouver l'acte de ne reposer que sur soi sur le mode du vouloir de soi en elle du bien qu'elle sait devoir choisir. Cela dit, si, nonobstant la maîtrise de son acte et l'impuissance de tout mobile à la nécessiter, elle est naturellement inclinée vers le bien, c'est qu'il existe une nature humaine : la morale est l'ensemble des prescriptions qu'il appartient à la liberté de respecter pour que l'homme soit ce qu'il doit être, soit ainsi conforme à un idéal normatif de son être même, une essence ou nature. Si en retour il n'y a pas de nature humaine parce qu'il n'y a pas de Dieu pour la concevoir, alors non seulement la volonté est libre, mais elle est liberté ; et il n'existe plus aucune échelle objective du bien et du mal, c'est la liberté qui décrète ce qu'est le bien en choisissant ce qu'elle choisit. L'homme a la responsabilité d'inventer l'homme, de dire ce que c'est que d'être homme. Si je décide de me marier, explique Sartre, j'engage l'humanité sur la voie de la monogamie. Pour répondre aux reproches qui lui furent adressés de favoriser un quiétisme du désespoir et de couper l'herbe sous le pied de la lutte des classes soutenue par la perspective d'un monde meilleur, mais aussi de rendre possible une irresponsabilité totale par invalidation de toute valeur morale coercitive, Sartre s'est ingénié à tenter de restituer, en contexte existentialiste, l'idée de responsabilité de l'homme à l'égard de lui-même et de tous les hommes. S'il n'existe aucune valeur morale objective antérieure à la liberté, tout semble permis ; non, dit Sartre, en choisissant (quelque chose), je me choisis, je suis la série de mes actes, la somme de mes engagements, mon existence précède mon essence ; mais tout autant, en me choisissant, je pose la valeur de ce que je choisis, et il faut entendre par là que, selon lui, ce que je choisis, je le pose nécessairement comme valeur ; si ma liberté est bien celle que Descartes croyait (à tort) reconnaître à

Dieu, de créer le bien et le mal comme le vrai et le faux, elle n'est pas, en tant qu'humaine, puissante à ce point qu'elle pourrait faire en sorte qu'une telle valeur créée par moi ne fût pas universelle, ou ne valût que pour moi seul ; que je le veuille ou non, dit Sartre, je choisis pour tous les hommes, et à cet égard ma responsabilité est presque infinie. En choisissant d'être policier d'un État bourgeois plutôt que syndicaliste révolutionnaire, je définis, même si je me refuse à le reconnaître, ce que doit être l'homme, je dessine et j'institue l'essence de l'homme ; et dans ce cas, il n'y a pas de norme dont la liberté pourrait s'écarter (il n'est plus possible d'être inhumain, de faire un usage inhumain de sa liberté, puisque c'est la liberté qui est supposée décréter ce qui est humain et ce qui ne l'est pas), puisque c'est la liberté qui est supposée créer les normes, au point que nous ne pouvons jamais choisir le mal (au sens où le mal préexisterait à la liberté), et néanmoins ma responsabilité, dans le plus anodin de mes actes libres, est infinie.

Dans cette perspective existentialiste, tout est culturel en l'homme, la nature de l'homme ou sa normalité est de n'avoir pas de nature, et est « inhumain » tout ce qui prétend assigner une finalité *a priori* à la liberté, c'est-à-dire tout ce qui ne relève pas de l'existentialisme ; une fois de plus, on assiste là à ce renversement dialectique prévisible, qui veut que la liberté absolutisée, émancipée de tout dogme, ainsi supposée plébisciter la liberté de tous et en tout domaine, par là induire une tolérance sans limite, se convertit en intolérance absolue : pas de liberté pour les ennemis de la liberté (Saint-Just), ce qui signifie que seuls les amis de ma conception (existentialiste, ou libertaire) de la liberté ont le droit d'exercer leur liberté ; tous les autres sont des « salauds » ; plus trivialement, je reconnais à tout le monde le droit d'user de sa liberté sans limite, ainsi de n'être pas d'accord avec moi, mais en fait je ne reconnais ce droit qu'à ceux qui sont d'accord avec moi, qui adoptent ma conception de la liberté. Sartre, théoricien de la mauvaise foi entendue comme mensonge à soi, aurait pu se demander si le renversement dialectique ci-dessus évoqué n'est pas l'expression d'une mauvaise foi consubstantielle à l'existentialisme lui-même.

Aux positions de Sartre et de toutes celles qui lui sont apparentées, force est d'objecter ceci :

Il existe une nature de la raison (on ne peut penser l'absurde), laquelle est raison de la liberté même, donc la volonté a elle-même une nature. Si au reste la volonté pouvait se déterminer sans référence intrinsèque à la raison, alors l'intelligence et la volonté seraient dans l'incapacité de prévoir le résultat de l'acte volontaire, puisque prévoir équivaut à formuler un projet, c'est-à-dire à diriger la volonté par la raison, et alors l'acte volontaire dégénérerait en réflexe, dont la propriété la plus saillante est qu'il n'est pas libre ; puis donc que la volonté est appétit rationnel, tendance suscitée par la connaissance intellectuelle d'un bien, elle est bien dotée d'une nature. De plus, tout jugement est comparaison, il présuppose une norme *a priori*, par conséquent la liberté (qui présuppose délibération, ainsi jugement) ne saurait choisir les valeurs. Ces dernières ne sauraient procéder de la pure subjectivité, car elles seraient le fruit de la liberté, laquelle choisit toujours pour une raison (à peine, comme on vient de le voir, de dégénérer en mécanisme), donc les valeurs constitutives d'une culture ne sont reconnues comme telles qu'au nom de valeurs transcendantes qui ne sauraient être elles-mêmes culturelles puisqu'elles sont principes de genèse de la culture ; elles sont donc naturelles, donc il existe une nature humaine. Juger est comparer, ce qui équivaut à dire : porter un jugement (approbateur ou non) sur une situation ou une personne singulière consiste à se référer à une loi universelle, à un principe ou idéal exprimé dans la forme d'une loi, et à une loi *universelle* en tant que, transcendant ceux qu'elle mesure, elle ne saurait se restreindre à la singularité de chacun ; il en est ainsi parce que cette appropriation en viendrait à faire se confondre chaque singulier avec son idéal, de sorte qu'un tel singulier serait immédiatement ce qu'il doit être et n'aurait plus besoin d'être référé à un idéal. Choisir suppose délibération qui suppose jugement et comparaison, laquelle suppose référence à un universel qui, en tant que valable pour une multitude de singuliers, a raison d'essence ou de nature pour eux. Et l'universel ne saurait, à l'opposé de ce que prétendent les nominalistes objectivement solidaires de l'existentialisme (les deux doctrines habilitent chaque homme à être pour lui-même sa propre loi), être le résultat de comparaisons entre singuliers ineffables n'offrant que des ressemblances de surface signifiées dans un mot commun, car le rassemblement des singuliers, auquel procède l'esprit pour en abstraire les caractères communs, *présuppose* l'universel qu'il est en effet nécessaire de posséder *a priori* pour recueillir les choses qui lui ressemblent, ainsi pour le reconnaître en elles : « (...) lorsqu'un homme, en voyant un objet, se dit : "cette chose que je vois aspire à être telle qu'un autre objet réel, mais il lui manque pour cela quelque chose, et elle ne peut être telle que cet objet réel et elle lui reste inférieure", nous sommes d'accord, dis-je, que celui qui a cette pensée doit forcément avoir connu auparavant l'objet auquel il dit que la chose ressemble, mais imparfaitement. (...) Aussi donc, avant de commencer à voir, à entendre et à faire usage de nos autres sens, il faut que nous ayons pris connaissance de ce qu'est l'égalité en soi pour y rapporter les égalités que nous percevons par les sens et voir qu'elles aspirent toutes à être telles que cette égalité, mais qu'elles lui sont inférieures » (Socrate à Simmias, dans le *Phédon* de Platon). On ne va à l'universel à partir du singulier qu'en possédant l'universel qui seul permet d'identifier ce singulier à partir duquel et en lequel il conviendra de chercher l'universel. **En tant que *principe* et résultat de l'activité pensante, l'universel noétique se révèle avoir la forme d'une réflexion, par là d'un cogito en droit porteur d'une activité cogitive : l'objet que la pensée pense est, en tant que pensé par elle, la pensée de soi de l'objet en elle ; en termes scolastiques : l'intelligible en acte est l'acte même de l'intellection ; or l'intelligible, avant que de subsister dans l'esprit, est du côté de la chose pensée ; donc l'universel est du côté de la réalité pensée, laquelle, de ce fait, est une individuation de l'universel, elle est l'universel lui-même dans l'état d'une**

singularisation de lui-même ; tout singulier est un universel singularisé ; tout individu est une essence individuée ; tout ce qui existe a une nature. Ainsi donc, si je juge que telle détermination culturelle mérite d'être tenue pour une valeur, c'est que je suis habité par l'idée *non culturelle* de valeur ; **le règne *culturel* de l'Idée — de la vraie Idée — n'est que la réflexion dans et par l'esprit d'une manière primitive d'exister de cette même Idée, qui est *naturelle*, qui est la nature même en tant qu'essence**[4].

À la position existentialiste peut être rattachée celle d'un Georges Bataille (1897-1962), penseur marxisant et renégat du catholicisme, fasciné par Sade et charmé par la psychanalyse :

« Je pose en principe un fait peu contestable : que l'homme est l'animal qui n'accepte pas simplement le donné naturel, qui le nie. Il change ainsi le monde extérieur naturel, il en tire des outils et des objets fabriqués qui composent un monde nouveau, le monde humain. L'homme parallèlement se nie lui-même, il s'éduque, il refuse par exemple de donner à la satisfaction de ses besoins animaux ce cours libre, auquel l'animal n'apporte pas de réserve. Il est nécessaire encore d'accorder que les deux négations que, d'une part, l'homme fait du monde donné et, d'autre part, de sa propre animalité, sont liées. Il ne nous appartient pas de donner une priorité à l'une ou à l'autre, de chercher si l'éducation (qui apparaît sous la forme des interdits religieux) est la conséquence du travail, ou le travail la conséquence d'une mutation morale. Mais en tant qu'il y a homme, il y a d'une part travail et de l'autre négation par interdits de l'animalité de l'homme » (*L'Érotisme*, Éditions de Minuit, Paris, 1957, p. 238-239).

On voit là que, pour Bataille, l'homme, qui de soi et au départ de son existence n'est qu'un animal, est cet être qui, privé de nature humaine, se donne sa nature par ses actes qui doivent être pensés comme autant d'effets d'une négativité, d'un pur pouvoir de nier sans figure ni nature, lui donnant de s'arracher à son animalité en la contestant. En exerçant cette négativité en lui-même contre son animalité, ses instincts, il crée les interdits moraux et religieux, il se

---

[4] En plus d'être solidaire de thèses catastrophiques (il engendre le relativisme, le scepticisme, il détruit la métaphysique), le nominalisme théorique a ceci de particulièrement lassant, qu'il induit, en se monnayant facilement chez les esprits indigents et paresseux avides de faussetés, une mentalité pratique autorisant ces derniers d'une mauvaise foi sans limite : quand on leur déclare que les immigrés ne sont pas assimilables, que les voleurs volent, que les lâches fuient, que les menteurs mentent, que la télévision détruit la vie de famille, que le progrès technique désordonné favorise le déracinement, que les races humaines existent et qu'elles conditionnent certains comportements, que la Révolution française est responsable de la décadence de la France, que l'excès de la pression fiscale décourage l'épargne, que l'abolition de la peine de mort multiplie le nombre des crimes de droit commun, on voit ces nouveaux barbares de la vie moderne, qui n'ont pas tous l'excuse d'être jeunes, déclarer d'un air suffisant : « Ce sont des préjugés liés aux réductionnismes faciles qu'engendre la mentalité *essentialiste*. » L'accusation d'essentialisme, en sa formulation savante et creuse, suffit à paralyser toute réaction de bon sens.

pare, il se couvre de tatouages, se mutile, réfrène ses appétits, dresse ses passions, s'impose des interdits (le premier étant la prohibition de l'inceste), développe une culture porteuse de valeurs ; en exerçant cette négativité hors de lui-même, il se fait technicien et travailleur qui, comme pour Marx, se pose en s'opposant, se naturalise en humanisant la nature extérieure, par là se donne sa nature. Conservant une espèce de nostalgie de son état primitif, l'homme éduqué nourrit une dilection archaïque pour le fauve sur l'énergie duquel il s'est construit en tant qu'homme, et il ne peut pas ne pas la nourrir puisque toute négation tient son être de ce qu'elle nie : elle doit, ne serait-ce que pour le nier, le préserver et l'entretenir, à peine de disparaître elle-même ; c'est pourquoi il est en demeure, pour que la vie sociale soit possible, de conjurer cette toujours possible émergence de la violence en ses formes bestiales, sexuelles et prédatrices, en la désamorçant, c'est-à-dire en la satisfaisant sur le mode cathartique de sacrifices religieux. D'où selon lui la distinction entre le profane, sphère rationnelle du travail et de l'effort, et le sacré, sphère de l'imaginaire où la violence trouve à s'épancher sans compromettre les acquis du processus culturel d'humanisation.

Mais si la négativité — dont Bataille et Marx dotent, arbitrairement, cet animal destiné à se révéler telle une puissance à être homme — est effectivement suspendue à l'animalité, c'est qu'elle tire de ce qu'elle conteste la puissance de le contester, de sorte que *c'est l'animalité elle-même qui se nie en elle, qui la pose en s'y niant, et qui s'y nie sans cesser d'être elle-même*, sans quoi, à l'instant où elle s'y nierait, elle s'éclipserait et ferait sombrer avec elle la négativité, puisque cette dernière lui est suspendue ; mais le propre de ce qui s'affirme en se niant, de ce qui se maintient en son identité en se différenciant, c'est précisément la pensée, qui devient intentionnellement ce qu'elle pense, ainsi qui le devient sans cesser d'être elle-même, qui se différencie de soi (pour devenir l'autre) sans cesser de demeurer identique à soi. Doter l'animal d'une négativité lui permettant de s'humaniser, c'est lui supposer sans le dire le statut d'être pensant, d'animal raisonnable, c'est en faire un homme. Ce qui est une subreptice pétition de principe.

À ces contempteurs de l'idée de nature humaine se rattache aussi en dernier ressort la position de Claude Lévi-Strauss (1908-2009).

Contre l'ethnocentrisme qu'il condamne (d'où son succès, mais il ne s'agit officieusement que de condamner l'exaltation identitaire des Occidentaux), Lévi-Strauss, en réduisant au fond la nature humaine à la biologie, tente de conjurer l'ethnocentrisme et la violence qui lui serait liée, en particulier les mentalités et réactions racistes ; les hommes s'uniraient par une nature réduite à leur nature corporelle, la culture et la vie spirituelle qui l'inspire seraient particulières, ainsi ne sauraient revendiquer quelque prétention que ce soit à l'universel : si les peuples sont hostiles les uns aux autres, c'est parce que chaque peuple aspire, en sa particularité ethnico-historique, à se poser, au détriment des autres, en paradigme de la civilisation, par là, potentiellement, en conquérant aspirant à l'hégémonie. « Posons donc que tout ce qui est universel, chez l'homme, relève de l'ordre de la nature et se caractérise par la spontanéité, que tout ce qui est astreint à une norme appartient à la culture et présente les attributs du relatif et du particulier » (*Les Structures élémentaires de la parenté*, Éd. Mouton, 1971, p. 10) (la seule règle culturelle possédant l'universalité serait la prohibition de l'inceste). « La nature, c'est tout ce qui est en nous par hérédité biologique » (Lévi-Strauss, dans Georges Charbonnier, *Entretiens avec Lévi-Strauss*, Plon, Paris, 1969). Dans cette perspective, l'hostilité entre les groupes humains fondée sur la revendication d'inégalités raciales ne saurait être autre chose que la projection, sur les différences raciales, d'une hostilité culturelle induite par le choix de l'ethnocentrisme ; et, parce que ce qui unit les hommes ne saurait les faire s'entre-tuer, si la nature humaine ou essence commune qui unit les hommes est d'ordre strictement biologique, quand les différences potentiellement conflictuelles sont culturelles, c'est que les différences raciales elles-mêmes s'enracinent, selon cet auteur, dans des différences culturelles : « ce sont les formes de culture qu'adoptent ici ou là les hommes, leurs façons de vivre telles qu'elles ont prévalu dans le passé ou prévalent encore dans le présent, qui déterminent dans une très large mesure, le rythme de leur évolution biologique et son orientation. Loin qu'il faille se demander si la culture est ou non fonction de la race, nous découvrons que la race — ou ce que l'on entend généralement par ce terme — est une fonction parmi d'autres de la culture » (« Race et culture », *Le Regard éloigné*, Plon, 1983, p. 36). Quant au refus de l'ethnocentrisme, voici ses raisons, exemplaires de « bien-pensance » vigilante à l'égard de la Bête immonde :

« L'attitude la plus ancienne, et qui repose sans doute sur des fondements psychologiques solides puisqu'elle tend à réapparaître chez chacun de nous quand nous sommes placés dans une situation inattendue, consiste à répudier purement et simplement les formes culturelles : morales, religieuses, sociales, esthétiques, qui sont les plus éloignées de celles auxquelles nous nous identifions. "Habitudes de sauvages", "cela n'est pas de chez nous", "on ne devrait pas permettre cela", etc., autant de réactions grossières qui traduisent le même frisson, cette même répulsion, en présence de manières de vivre, de croire ou de penser qui nous sont étrangères. Ainsi l'Antiquité confondait-elle tout ce qui ne participait pas de la culture grecque (puis gréco-romaine) sous le même nom de barbares ; la civilisation occidentale a ensuite utilisé le terme de sauvage dans le même sens. Or derrière ces épithètes se dissimule un même jugement : il est probable que le mot barbare se réfère étymologiquement à la confusion et à l'inarticulation du chant des oiseaux, opposées à la valeur signifiante du langage humain ; et sauvage, qui veut dire "de la forêt", évoque aussi un genre de vie animal, par opposition à la culture humaine. Dans les deux cas, on refuse d'admettre le fait même de la diversité culturelle ; on préfère rejeter hors de la culture, dans la nature, tout ce qui ne se conforme pas à la norme sous laquelle on vit. (…) Cette attitude de pensée, au nom de laquelle on rejette les "sauvages" (ou tous ceux qu'on choisit de considérer comme tels) hors de l'humanité, est justement l'attitude la plus marquante et la plus distinctive de ces sauvages mêmes. On sait, en effet, que la notion d'humanité, englobant, sans distinction de race ou de civilisation, toutes les formes de l'espèce humaine, est d'apparition fort tardive et d'expansion limitée. Là même où elle semble avoir atteint son plus haut développement, il n'est nullement certain — l'histoire récente le prouve — qu'elle soit établie à l'abri des équivoques et des régressions. Mais, pour de vastes fractions de l'espèce humaine et pendant des dizaines de millénaires, cette notion paraît être totalement absente. L'humanité cesse aux frontières de la tribu, du groupe linguistique, parfois même du village ; à tel point qu'un grand nombre de populations dites primitives se désignent d'un nom qui signifie les "hommes" (ou parfois — dirons-nous avec plus de discrétion — les "bons", les "excellents", les "complets"), impliquant ainsi que les autres tribus, groupes ou villages, ne participent pas des vertus — ou même de la nature — humaines, mais sont tout au plus composés de "mauvais", de "méchants", de "singes de terre" ou d'"œufs de pou". On va souvent jusqu'à priver l'étranger de ce dernier degré de réalité en en faisant un "fantôme" ou une "apparition". (…) En refusant l'humanité à ceux qui apparaissent les plus "sauvages" ou "barbares" de ses représentants, on ne fait que leur emprunter une de leurs attitudes typiques. Le barbare, c'est d'abord l'homme qui croit à la barbarie » (*Race et histoire*, Unesco, 1952)[5].

L'argument est donc : l'Occidental se comporte comme un sauvage quand il prétend que le sauvage est sauvage, car le sauvage a pour caractéristique de prendre les civilisés pour des sauvages ; aussi, en se comportant comme lui, il s'identifie à lui, de telle sorte que l'unique manière de ne point céder à la sauvagerie serait d'en venir à déclarer que la sauvagerie est une notion relative, toute culturelle, évolutive, et qu'au fond elle n'existe pas, que tout comportement est au fond recevable et honorable, pourvu qu'il soit érigé en norme culturelle quelque part et en un temps donné, pour un groupe donné. Autant dire que l'homme intelligent se comporterait comme un imbécile quand il traite l'imbécile d'imbécile, parce que le propre de l'imbécile est de se croire intelligent, partant, de traiter d'imbéciles ceux qu'il juge imbéciles, dût-il prendre les gens intelligents pour des imbéciles, de telle sorte que, en tenant pour obtus l'homme inintelligent, l'homme intelligent se réduirait à la condition de l'obtus. Mais cela même est-il intelligent ? Quand l'intelligent traite l'imbécile d'imbécile, il a des raisons de le faire, alors que l'idiot, ne jugeant l'intelligence de l'autre qu'à l'aune fort limitée de sa propre intelligence, aura toujours le sentiment d'être assez doué pour le faire, quand bien même l'autre le dépasserait de cent coudées ; l'idiot n'a pas de raisons intelligentes de juger inintelligents ceux qu'il juge tels. Le raisonnement de Lévi-Strauss est une pétition de principe, qui tient pour acquise la pertinence du relativisme pour établir que seul le relativisme serait recevable. Parce que le relativisme est une forme de scepticisme (ce qui est vrai ne le serait que relativement à un postulat indémontrable, et toute vérité

---

[5] Silvaticus : relatif à la forêt ; silva : forêt ; οἱ βάρβαροι : les Perses, les Barbares.

serait suspendue dans le vide), il succombe logiquement à la contradiction de tous les scepticismes : affirmer que l'on ne peut rien affirmer[6]. Car enfin, si l'on prend Lévi-Strauss au sérieux, on doit tenir sa propre contribution à l'anthropologie pour le fruit d'une certaine culture, qui est la culture occidentale, et la pertinence de son raisonnement se voit elle-même relativisée aussitôt qu'on se met à vérifier le bien-fondé de sa démarche en la soumettant au critère de son propre contenu : condamner le racisme et l'ethnocentrisme au nom du relativisme des cultures supposées à jamais incapables d'accéder à l'universel et au nécessaire mais irréductiblement particulières et contingentes, c'est encore un point de vue particulier, contingent et révisable. Au vrai, c'est l'expression de la culture occidentale considérée en sa phase de reniement de soi, ainsi en sa phase décadente. L'aristocratie dégénérée trouvait du dernier bien, au XVIIIe siècle, de se faire déféquer sur la figure par les insolences d'un Beaumarchais ; puis la bourgeoisie trouva du dernier chic de faire l'apologie des revendications socialistes ; et parce que le peuple entier est devenu psychologiquement bourgeois à mesure que la classe bourgeoise se réduisait comme peau de chagrin au profit d'une « hyperclasse » mondialiste, c'est autour du peuple, abruti par sa vanité, de professer en masse que l'immigration extra-européenne est un facteur de progrès pour l'Occident.

Dans *Le Totémisme aujourd'hui* (PUF, p. 101), Lévi-Strauss ajoute : « Les hommes n'agissent pas, en tant que membres du groupe conformément à ce que chacun ressent comme individu : chaque homme ressent en fonction de la manière dont il lui est permis ou prescrit de se conduire. Les coutumes sont données comme normes externes, avant d'engendrer des sentiments internes, et ces normes insensibles déterminent les sentiments individuels, ainsi que les circonstances où ils pourront, ou devront se manifester. »

On répondra ceci : que l'homme n'accède à la conscience de lui-même qu'à l'intérieur d'une culture qui nécessairement le conditionne, ne lui ôte nullement le pouvoir d'adopter une position critique à l'égard de sa propre culture, précisément parce que, le faisant advenir à la conscience de ce qu'il est, elle actualise sa raison. Que l'esprit humain soit tenu d'apprendre à penser dans une certaine langue ne laisse pas cet esprit d'en venir à réfléchir sur les vertus et défauts de sa propre langue, comme de s'ouvrir à d'autres langues. Et cela prouve que toute culture, quoique particulière, en tant que dotée du pouvoir d'actualiser le sens de l'universel dans les esprits qu'elle éveille, est constitutivement une prétention à exprimer l'universel entendu non seulement tel l'ensemble des valeurs communes au groupe développant cette culture, mais encore comme expression de la nature humaine immanente à tous les peuples, particularisée en eux. Il en

---

[6] « *Nil sciri si quis putat, id quoque nescit an sciri possit, quoniam nil scire fatetur* » (Lucrèce, *de Natura rerum* chant IV) : quiconque pense qu'on ne peut rien savoir ignore aussi si le fait de le savoir est possible, puisqu'il confesse tout ignorer. Il est vrai que « *nihil tam absurde dici potest quod non dicatur ab aliquo philosophorum* » (Cicéron, *de Divinatione*, L. II c. 58).

résulte que ce qu'il y a d'universel en l'homme, à savoir sa nature, est d'abord cette instance spirituelle irréductible au patrimoine biologique, quoique conditionnée par lui quant à ses conditions d'exercice plus ou moins achevées, cette nature spirituelle de l'homme dont précisément Lévi-Strauss s'obstine à nier l'existence. Si la nature humaine est seulement la nature biologique ou animale de l'homme, à laquelle se superpose la culture, alors il en résulte ceci : ce qui fait l'humanité dans l'homme est ce qui le distingue des animaux, et doit précéder la culture au titre de condition de possibilité d'acquisition et de développement de cette dernière, ainsi en tant que ce que Rousseau — dont Lévi-Strauss revendiquait la paternité spirituelle — nommait « perfectibilité » ; mais cela pourtant doit n'être pas naturel, en tant qu'il n'est pas biologique ; dès lors, cela ne peut être qu'une négativité de type marxiste, ou un néant auquel se réduit la conscience libre de Sartre, néant d'être pour n'avoir pas de circonscription essentielle, néant d'être actif pour se donner sa détermination qui constituera son être ; ce qui renvoie malgré lui Lévi-Strauss à Sartre, et aux difficultés de l'existentialisme développées ici plus haut.

Le fondateur de l'anthropologie structurale précise encore, plus philosophiquement, sa pensée, en essayant de montrer, non sans une part d'incontestable pertinence, que le projet de la philosophie des « Lumières » est contradictoire : il s'agit en effet de conjuguer l'ineffabilité de la personne humaine entendue tel l'Unique (chaque homme a des droits illimités parce qu'il a valeur infinie), à une volonté de puissance démesurée (au reste induite par cette prétention de la subjectivité à une dignité infinie) à ce titre porteuse de la prétention à tout dominer, le monde matériel et le monde humain, la société et ses membres ; or cette volonté de domination passe de manière obligée par un souci de prévisibilité absolue, c'est-à-dire de rationalité « scientifique » (au sens hypothético-déductif du terme) hégémonique, mais par là ablatif de toute contingence, et, partant, de toute liberté ; mais c'est là exténuer la dignité supposée infinie de l'homme tel que pensé par les « Lumières ». Lévi-Strauss ajoute : « Les philosophes se préoccupent surtout d'aménager un refuge où l'identité personnelle, pauvre trésor, soit protégée. Et comme les deux choses sont impossibles à la fois, ils préfèrent un sujet sans rationalité à une rationalité sans sujet » (*L'Homme nu*, Plon, p. 614). Et c'est bien à l'idée de rationalité sans sujet que se soumet en dernier ressort notre auteur, qui retire toute valeur à la pensée personnelle puisqu'elle est réduite à un « effet de structure ». Selon le structuralisme, dont Lévi-Strauss est un pionnier, nous sommes régis par des structures inconscientes et impersonnelles ; il doit y avoir un privilège de la synchronie sur la diachronie, une logique universelle nous détermine. Toute action individuelle ou collective est réduite à des effets de structure (de la parenté, du langage, ou économique). Résultat (*La Pensée sauvage*, p. 326) : « Les sciences humaines n'ont pas pour but de constituer l'homme, mais de le dissoudre. »

Là encore, il est permis de rétorquer que le refuge dans une rationalité sans sujet n'engage que ceux qui ont pris au sérieux le projet en effet tératologique de la philosophie des « Lumières », et que les esprits non gangrenés par cette philosophie ne sont nullement contraints d'adopter une telle retraite conceptuelle. De surcroît, Lévi-Strauss est cohérent quand il en vient à plaider pour un matérialisme strict : l'universel ou le naturel dans l'homme est réduit à sa dimension biologique parce que les structures dont le jeu conditionnerait inconsciemment et nécessairement tous les phénomènes de culture ne sont elles-mêmes que des propriétés de la matière. Et ce sont alors toutes les difficultés du matérialisme qui se mettent alors à faire le siège du structuralisme. Pour faire bref, on se contentera, dans une observation succincte qui n'est pas une simple boutade, de rappeler ceci : le matérialiste ne reconnaît l'existence qu'à ce qui est sensible, il ne « croit qu'à ce qu'il voit » ; il suffit de lui demander si l'acte même de voir est visible ; il conviendra qu'il n'en est rien, mais alors il devrait en déduire que cet acte de voir n'existe pas, qu'il est une illusion, et que la connaissance sensible ne mérite aucun crédit, ce qui revient à faire se contester le matérialisme par lui-même.

La science dégagée des idéologies dit (ce n'est pas le lieu de l'établir) que les races existent et, de ce fait, la seule manière d'éviter le racisme (entendu en son acception outrancière et matérialiste de déterminisme biologique), c'est de remarquer que l'homme n'est pas réductible à son corps, que par là il existe un être de l'esprit, une *nature spirituelle de l'homme*. Dans cette perspective, le conditionnement racial ou biologique relève de la cause instrumentale et non principale : la nature spirituelle, qui n'est pas une substance indépendante du corps (contre Descartes qui avoue ses propres difficultés dans la *Sixième Méditation* : l'âme n'est pas dans le corps comme un pilote en son navire...), se fait conditionner par les déterminations corporelles de la matière qu'elle actualise et n'est cette âme individuelle que pour ce corps physique ; telle est la thèse thomiste de l'individuation de la forme par la matière :

Dans le *de Principiis Naturae*, dont l'enseignement sera ici librement exploité, l'Aquinate rappelle que toute production ou génération, substantielle ou accidentelle, suppose trois principes : la matière ou puissance (« *ens in potentia* »), la forme (« *id per quod fit actu* » : ce par quoi quelque chose existe en acte), la privation (« *non esse actu* » : le non-être en acte, le caractère de ce qui n'est pas en acte). La privation est « *principium non per se, sed per accidens, quia scilicet concidit cum materia* », elle est principe par accident (elle n'est qu'accidentellement principe), parce qu'elle coïncide avec la matière ; c'est pourquoi la matière et la privation sont « *idem subjecto sed differunt ratione* », elles sont une seule chose du côté du réel, mais elles se distinguent dans l'esprit qui la pense, selon le point de vue qu'il adopte : l'airain est dit tel selon une certaine raison, et il est dit informe selon une autre ; cet airain est dit « informe » en tant qu'il est susceptible de devenir statue. L'actuation de la matière est son information, et cette information est *négation* de la matière en tant qu'elle est privation (actuer une puissance, c'est nier une privation, c'est nier une espèce de négation), mais tout autant *affirmation* de la matière en tant qu'elle est sujet, ce sujet de la forme que la forme perfectionne en tant qu'elle est son acte. Il en est donc — *mutatis mutandis* — du rapport entre matière et forme comme du rapport entre bourgeon et fleur : conservation et négation, « *Aufhebung* »[7]. Or le propre du résultat d'une « *Aufhebung* » est de conserver ce qu'il nie (en le faisant se sublimer en lui), et de le conserver en lui sur le mode de puissance à l'engendrer : le papillon fait se renier en lui la chrysalide qu'il conserve en son sein comme puissance à engendrer d'autres papillons ou à se régénérer en tant que papillon. Donc la conservation, par le nouvel engendré, de la matière dont il procède, fait qu'il conserve en lui cette matière sur le mode de puissance à se régénérer ou à procréer, et cette puissance s'actualise dans la substance nouvelle selon des perfections accidentelles qui l'expriment et l'explicitent mais qui, comme actuations d'une puissance faisant mémoire de ce dont la substance est tirée, explicitent ce par quoi la forme de la substance nouvelle s'est fait conditionner pour investir la « *materia signata* » qu'elle requiert comme son sujet. Il en résulte que la forme spécifique est cette forme individuelle par référence aux caractères de la matière dont elle est éduite. Il y a bien individuation par la matière. Mais de ce fait l'âme humaine est individuée par son corps qui par là concourt intrinsèquement, avec son patrimoine biologique qu'il est aujourd'hui interdit de nommer « race », à l'individuation personnelle de la nature humaine en sa dimension spirituelle. Il est donc inévitable que la culture induite par une certaine communauté ethnique soit influencée par le donné racial, et que le métissage des corps implique

---

[7] On voudra bien noter, au passage, que l'hylémorphisme strictement aristotélo-thomiste supposé répudier par avance toute tentation hégélienne est lui-même gravide de cette thèse mal comprise, propre à la philosophie du Maître de Berlin, selon laquelle il prônerait l'identité des contraires comme étoffe de l'être en tant qu'être ; les vertueux sycophantes à la solde de l'orthodoxie thomiste, sont plus soucieux de moraliser la philosophie (comme si la prudence, vertu intellectuelle, était une vertu morale…), par là de la réduire à une série de définitions dont on use mécaniquement au gré des besoins, que de philosopher sur la morale (le surnaturalisme en la matière est beaucoup plus commode que de résoudre le problème du rapport entre nature et grâce). Si la privation est négation de la forme dont elle est la privation ; si la privation est dans la réalité une même chose avec la matière, c'est que la matière est une certaine négation de la forme, son contraire et même son contradictoire (il n'y a pas d'intermédiaire entre matière en tant que telle et forme en tant que telle). Or la substance (qui, comme catégorie, désigne le sens premier de l'être), composé hylémorphique, fait s'identifier dans un même « *esse* » (celui de la matière est celui de la forme qui l'actualise) les principes immanents de la substance se révélant, par là, dotée d'une unité consistant dans l'identité des contraires. Et l'hylémorphisme, au reste, n'explique pas que cette identité conflictuelle puisse conserver une pérennité que sa contradiction constitutive devrait rendre impossible, s'il est vrai que l'identité — selon l'usage sacro-saint que font, du principe de non-contradiction, les redoutables pourfendeurs traditionalistes des supposés négateurs de ce principe — est exclusive de la différence. C'est ainsi que, pour illustrer leurs subtiles critiques, certains d'entre eux vont enseigner d'un air niais que Hegel, dont ils n'ont lu que des extraits mal traduits dans des manuels thomistes écrits par des auteurs formés par d'autres auteurs de manuels thomistes, aurait nié la différence entre matière et forme, en se soustrayant au principe de non-contradiction.

nécessairement celui des esprits, même si — ce qui au reste ne se produit jamais — les processus culturels d'assimilation étaient parfaitement menés : « Est aussi facteur de sédition l'absence de communauté ethnique en tant que les citoyens n'en sont pas arrivés à respirer d'un même souffle. (...) C'est pourquoi parmi ceux qui ont, jusqu'à présent, accepté des étrangers pour fonder une cité avec eux ou pour les agréger à la cité, la plupart ont connu des séditions » (Aristote, *Politique* V, c. 3, § 11). À la lumière de ces résultats, on peut mesurer ce qu'il peut y avoir de proprement scandaleux dans les citations suivantes : « Nous admettons le droit et même le devoir des races supérieures d'attirer à elles celles qui ne sont pas parvenues au même degré de culture et de les appeler aux progrès réalisés grâce aux efforts de la science et de l'industrie » (Léon Blum, à la Chambre des députés le 9/07/1925). Jules Ferry évoquait déjà « le devoir des peuples civilisés de mettre dans leurs rapports avec les peuples barbares la plus grande longanimité, celle d'une race supérieure qui ne conquiert pas pour son plaisir » (dans Henri Blet, *Histoire de la colonisation française*, t. III p. 12-15). Ce qu'il y a de scandaleux, ce n'est nullement le fait de la colonisation : toute l'histoire du monde n'est qu'une histoire de colonisations opérées par les peuples les uns sur les autres, commerciales ou militaires, déclarées ou masquées ; et rien n'offense la morale dans le fait de communiquer à un peuple cette dimension d'universalité culturelle dont on est porteur, en invitant le peuple récepteur à faire s'individuer un tel contenu universel par la particularité de son génie propre. Ce qu'il y a de honteux, ce n'est aucunement l'affirmation de races supérieures et de races inférieures, pour autant que n'est pas niée l'unité de l'espèce humaine, c'est-à-dire l'existence de la nature humaine : certains ont produit le Parthénon et la *Somme théologique*, d'autres les tams-tams ; or « *operari sequitur esse* » ; *ergo*... Ce qui révulse la conscience morale, c'est la déclaration suivante, dont le Républicain franc-maçon et le Juif socialiste auraient plébiscité le contenu : « Nous avons le droit d'être fiers d'avoir achevé dans nos colonies *l'œuvre d'émancipation commencée par nos pères en 1791* » (Jules Payot, *La Morale à l'école*, Armand Colin, 1908). C'est en effet l'individualisme égalitaire et consumériste des principes jacobins et démocratiques qui est responsable de la perversion des cultures traditionnelles et du ressentiment haineux des peuples inférieurs, mais aussi des peuples colonisateurs. Que la colonisation opérée par les Européens ait été menée sous les auspices corrupteurs des faux principes des « Lumières » ne fait pas de l'idée coloniale une entreprise intrinsèquement perverse. Seul le nominalisme antimétaphysique de l'éclectisme propre à la Nouvelle Droite pouvait, en sa stratégie idéologique à courte vue, tenter de récupérer l'hostilité envieuse des ressortissants avides des peuples colonisés, pour essayer de la faire se retourner contre la forme tératologique et certes détestable, industrialiste et américanomorphe, libérale et subjectiviste, du monde occidental. Mais parce que le nominalisme antimétaphysique ressortit lui-même à l'ordre de cette tératologie, une telle stratégie, loin d'enrayer les progrès du cynisme états-unien, a — pour autant qu'elle ait eu une quelconque influence hors des cercles parisiens — contribué à le favoriser ; à tout le moins l'a-t-elle cautionné : elle a justifié l'exacerbation, chez les millions d'immigrés occupant les pays d'Europe, d'une conscience nationaliste revancharde que leur haine de l'Occident, loin de les tenir à distance des miasmes consuméristes de ce dernier, a convertie en revendications consuméristes toujours plus accusées, affaiblissant d'autant les peuples européens. Pour dire les choses trivialement, plutôt qu'à pratiquer un antijudaïsme non avoué en se rendant solidaire de la cause des Musulmans, il est plus honnête, mais aussi plus efficace, quoique plus périlleux certes, de professer un antijudaïsme déclaré, accompagné, sur le fond d'une critique radicale des principes jacobins, d'un refus aussi explicite tant de l'Islam que de l'invasion migratoire en général.

Puisque « culture » et « colonisation » ont même étymologie ou racine sémantique révélatrice d'une analogie conceptuelle entre les réalités que désignent ces termes, on prendra connaissance des citations suivantes qui, en contexte républicain, doivent laisser songeur un raciste antirépublicain, antisémite et catholique :

« Je vous supplie de ne pas traiter les journalistes avec trop de considération. Quand une difficulté surgit, il faut absolument que cette faune prenne le parti de l'étranger, contre le parti de la nation dont ils se prétendent pourtant les porte-parole. Impossible d'imaginer une pareille bassesse et, en même temps, une pareille inconscience dans la bassesse. (…) La Révolution française n'a pas appelé au pouvoir le peuple français, mais cette classe artificielle qu'est la bourgeoisie. Cette classe qui s'est de plus en plus abâtardie, jusqu'à devenir traîtresse à son propre pays. Bien entendu, le populo ne partage pas du tout ce sentiment. Le populo a des réflexes sains. Le populo sent où est l'intérêt du pays. Il ne s'y trompe pas souvent. En réalité, il y a deux bourgeoisies. La bourgeoisie d'argent, qui lit *Le Figaro*, et la bourgeoisie intellectuelle, qui lit *Le Monde*. Les deux font la paire. Elles s'entendent pour se partager le pouvoir. Cela m'est complètement égal que vos journalistes soient contre moi. Ça m'ennuierait même qu'ils ne le soient pas. J'en serais navré, vous m'entendez ! Le jour où *Le Figaro* et *L'Immonde* me soutiendraient, je considérerais que c'est une catastrophe nationale ! (…) Il ne faut pas se payer de mots ! C'est très bien qu'il y ait des Français jaunes, des Français noirs, des Français bruns. Ils montrent que la France est ouverte à toutes les races et qu'elle a une vocation universelle. Mais à condition qu'ils restent une petite minorité. Sinon, la France ne serait plus la France. Nous sommes quand même avant tout un peuple européen de race blanche, de culture grecque et latine et de religion chrétienne. Qu'on ne se raconte pas d'histoires ! Les musulmans, vous êtes allés les voir ? Vous les avez regardés, avec leurs turbans et leurs djellabas ? Vous voyez bien que ce ne sont pas des Français ! Ceux qui prônent l'intégration ont une cervelle de colibri, même s'ils sont très savants <il pensait à Soustelle>. Essayez d'intégrer de l'huile et du vinaigre. Agitez la bouteille. Au bout d'un moment, ils se sépareront de nouveau. Les Arabes sont des Arabes, les Français sont des Français. Vous croyez que le corps français peut absorber dix millions de musulmans, qui demain seront vingt millions et après-demain quarante ? Si nous faisons l'intégration, si tous les Arabes et les

Berbères d'Algérie étaient considérés comme Français, comment les empêcherait-on de venir s'installer en métropole, alors que le niveau de vie y est tellement plus élevé ? Mon village ne s'appellerait plus Colombey-les-Deux-Églises, mais Colombey-les-Deux-Mosquées ! » (Charles de Gaulle dans *C'était de Gaulle* d'Alain Peyrefitte, ancien ministre et ancien secrétaire général du parti gaulliste). Faible écho même chez Jacques Chirac : « Naturellement, s'il y avait moins d'immigrés, il y aurait moins de chômage, moins de tensions dans certaines villes et certains quartiers, un moindre coût social » (*Libération*, 10 août 1984).

Dans le journal *Gri-Gri international*, « quinzomadaire satirique africain » du 2 juin 2005 (rapporté par l'hebdomadaire *Rivarol* n° 2722 du 24 juin 2005), il est exposé qu'en Tanzanie, dans la région de Mbeya, fut récemment démantelé un réseau de peaux humaines (chaque peau vaut 1 800 dollars) ; au Malawi, ce sont les « testicules qui s'arrachent comme des petits pains » au prix de 72 dollars la paire, si bien que quantité d'hommes sont agressés ou assassinés à seule fin de leur « soutirer leur virilité ». Dans le sud de ce riant pays, ce sont les seins de femmes qui font prime. « Dix femmes ont récemment été assassinées » et privées des « réservoirs de la fécondité ». Le Gri-Gri explique : « Depuis plusieurs mois, les meurtres rituels se multiplient dans le pays où seins et testicules sont considérés comme des fétiches très puissants. » C'est ainsi que progresse l'Afrique rendue aux Africains. Comme le dit dans le même journal l'écrivain et cinéaste sénégalais Sembene Ousmane tout récemment fêté au Festival de Cannes à l'occasion du 50ᵉ anniversaire du cinéma africain : « En quarante ans d'indépendance, les autorités de chez moi ont plus tué que cent ans de colonisation. Pas au nom de la démocratie, mais pour rester au pouvoir. » Sembene Ousmane, dont le témoignage a d'autant plus de prix que, docker et militant communiste à Marseille, il lutta pour l'indépendance de l'Indochine et de l'Algérie avant d'être envoyé à Moscou pour y apprendre le 7ᵉ art, avait ajouté : « Un remplace l'autre, et dans les quarante-huit heures, vous les voyez à l'Élysée tendre la sébile. J'espère que les radios vont le dire. » Elles n'ont rien dit évidemment. Mais dans l'*Yonne républicaine* du 17 juin, on évoquait un rapport de la police britannique selon laquelle « dans des églises aux activités très lucratives et fréquentées par les communautés africaines d'Outre Manche, "des enfants sont sacrifiés lors de rituels de magie noire ou tués par leurs parents qui les croient possédés par les démons" ».

Une certaine droite française (des chevènementistes à Alain Soral, du Front national à l'Action française, de la Nouvelle Droite à Éric Zemmour ou à Patrick Buisson), lassée par les sophismes de la gauche bien-pensante, se plaît aujourd'hui à faire l'éloge du gaullisme afin de s'autoriser à faire mémoire de propos de bon sens tenus de temps à autre par de Gaulle que son statut de chef de la Résistance antifasciste interdit de censurer. C'est là, de la part de ses promoteurs souvent courageux, dévoués et talentueux, une entreprise louable dans son intention de faire quelque chose pour enrayer la décadence, ainsi de porter à la connaissance du plus grand nombre ce qui peut être encore dit de la vérité dans le contexte castrateur et inquisitorial de notre temps. Mais c'est aussi, il faut bien l'avouer, une stratégie d'attaque latérale et masquée qui sacrifie les principes et, de ce fait, qui se rend inopérante au regard du but poursuivi (réhabiliter la grandeur et l'honneur de la civilisation occidentale) en s'efforçant à se rendre opératoire (être efficace du point de vue médiatique) ; elle prend par exemple fait et cause pour le nominalisme afin de se donner les moyens de faire l'éloge de la différence sans pour autant risquer d'être accusée d'ethnocentrisme et de racisme — elle parle d'ailleurs d'« ethno-différentialisme » et non de racisme —, cependant que, liée à la logique du principe qu'elle convoque, elle est obligée tôt ou tard de cautionner les conséquences de ce principe, lesquelles vont à l'opposé des raisons pour lesquelles elle l'avait mis en avant en croyant à bon compte qu'elle pourrait l'instrumentaliser ; on ne se moque pas impunément des idées, dont la logique interne a toujours le dernier mot. En appeler à de Gaulle pour procéder à quelques rappels très édulcorés de vérités politiques indésirables, c'est cautionner la République, la démocratie, le mythe de la Résistance, c'est apporter de l'eau au moulin des destructeurs de l'Europe blanche. On peut même se demander si la candeur naïve consistant à croire aux effets rédempteurs de la vérité crue (à savoir que la victoire des fascismes en 1945 eût été un grand bien pour les nations d'Europe, pour la race blanche et pour la Chrétienté, ainsi pour le monde entier) n'est pas plus efficace, tout bien pesé, que tous les machiavélismes.

Il vient d'être établi, contre Sartre et Lévi-Strauss, qu'il existe une nature humaine, une nature spirituelle de l'homme, et que l'on ne saurait réduire l'homme à sa culture. Mais en quel sens est-elle normative de la vie culturelle ? Faut-il concevoir cet idéal naturel à la manière du Cynique Cratès (maître de Zénon de Citium, fondateur du stoïcisme) et de sa femme Hipparchia avec laquelle il faisait l'amour en public par mépris des convenances sociales, ainsi de la culture ? Faut-il avec cet autre Cynique Diogène de Sinope aspirer à dévorer son père et à coucher avec sa mère sous le prétexte que la piété filiale et l'inceste sont culturellement formalisés ? Faut-il avec Montaigne (*Essais* I 31) réhabiliter les pratiques des Indiens cannibales, et appeler « barbarie » ce qui n'est pas de notre usage, tout comme pour Lévi-Strauss doit être nommé « barbare » celui qui croit à la barbarie ? Autant vaudrait applaudir au discours de Sade qui, dans son court *Dialogue entre un prêtre et un moribond* (1782), dans la perspective d'un athéisme matérialiste radical, justifie ses propres vices au nom de la nature, s'innocente en déclarant que la nature, qui fait tout en nous, nous invite à jouir dans la démesure et sans autre critère que la recherche inflationniste du plaisir physique, de sorte que tout serait naturel qui accroît la jouissance, et que la morale serait violente en tant qu'elle réfrène les passions. C'est là, au vrai, le niveau intellectuel qu'atteint aujourd'hui en France la philosophie ayant droit de diffusion médiatique, dont les représentants jouent le rôle de bouffons du roi, auxquels est dévolu le privilège de le critiquer, qui pour cette raison disent parfois quelques insolentes vérités, mais qui savent toujours jusqu'où ils peuvent « aller trop loin », avec cette précision essentielle que le roi aujourd'hui est le conseil restreint des détenteurs du vrai pouvoir, financier, maçonnique et juif, au point que les chefs d'État doivent être adoubés par le CRIF pour accéder aux postes officiels de responsabilité, et ne pas être limogés. À l'opposé des déclarations d'un de Gaulle évoqué plus haut, les peuples n'ont que les chefs d'État qu'ils méritent, et l'on peut en dire autant des philosophes chargés de l'éducation du peuple. Ces personnages ne prennent leurs distances à l'égard du pouvoir que parce qu'il le leur permet — mieux : il les y invite —, bénéficiant, par cette magnanime libéralité, d'un triple avantage : d'abord, en institutionnalisant la critique, le pouvoir la contrôle et la désamorce ; en nourrissant en son propre sein ce qui le conteste, il empêche une vraie contestation de voir le jour, comme l'avait fait observer jadis Marcuse dans « L'homme unidimensionnel » ; d'autre part, en nourrissant en son sein sa propre opposition, le pouvoir donne l'illusion du respect des libertés démocratiques et se paie le luxe de se poser en protecteur de ces dernières, alors qu'il est le fossoyeur de la vraie liberté, laquelle consiste à dire la vérité en distinguant dogmatiquement entre le bien et le mal ; en troisième lieu, en critiquant les reliquats de morale qui subsistent dans les sociétés hédonistes contemporaines, nos « philosophes » nietzschéo-libertins, rebelles de théâtre, font le jeu des intérêts des Juifs vitalement soucieux de dissoudre les génies nationaux dans un magma informe qui permettra à leur intrinsèque médiocrité, à leur stérilité intellectuelle sans pareille (tous les mérites intellectuels qu'ils s'attribuent relèvent de la « *schutzpah* » et procèdent de plagiats), d'en venir enfin à dominer ; enfin, les bouffons du jour font le jeu de la Finance intéressée à conjurer tout retour à la morale traditionnelle, toute velléité de maîtrise de soi tempérant la démesure des passions, puisque le consumérisme vit de cette immoralité même ; Mai 68, comme il le fut fait observer diversement (Bertrand Vergely, Clouscard, Michéa), fut une révolution des mœurs jouée sur des thèmes libertaires mais suscitée par la puissance libérale soucieuse de faire sauter les derniers restes de mœurs traditionnelles ; les « philosophes » d'aujourd'hui poursuivent cette entreprise mensongère en lui donnant la caution « intellectuelle » du « sérieux » universitaire.

Le philosophe responsable d'une mise en forme systématique de cette idée visant à opposer la nature et la culture au détriment de la seconde est en fait Jean-Jacques Rousseau. Non seulement pour lui la nature est norme de la culture, mais encore il eût été préférable que l'homme demeurât sans la culture.

Selon Rousseau, l'homme naturel, entendu tel celui qui vit selon la nature, est l'homme qui vit à l'état de nature ; il n'est régi que par l'amour de soi et la pitié, il est bon par nature et n'est corrompu que par la société, il évolue en solitaire à l'état de dispersion, sans langage abstrait et sans guerre ; c'est l'invention funeste de la propriété privée qui portait dans ses flancs la genèse de la société civile ; si le pacte social « substitue une égalité morale et légitime à ce que la nature avait pu mettre d'inégalité physique entre les hommes » (*Contrat social*), c'est au sens où l'homme, à l'état de nature, est l'égal de l'homme, là où la force physique supérieure de l'un peut être contrebalancée par l'astuce plus développée de tel autre : il n'y avait pas grande inégalité physique entre les hommes à l'état de nature, mais elle s'est accusée dans la société antérieure à la refondation de cette dernière par le contrat. Les thuriféraires du détestable Genevois insistent beaucoup sur l'idée que l'apologie rousseauiste de la nature ne serait pas le souhait passéiste d'un retour à l'état de nature (contresens supposé de Voltaire), en citant sans retenue un passage de ses *Dialogues* : « La nature humaine ne rétrograde pas et jamais on ne remonte vers le temps d'innocence et d'égalité quand une fois on s'en est éloigné. » Ces mêmes disciples de Rousseau, dans la même ligne justificatrice, insistent beaucoup sur le fait qu'il ne convient pas de le caricaturer pour se donner les moyens de le réfuter à bon compte (Rousseau fait partie évidemment des monstres sacrés, des anges tutélaires de la mystique démocratique et de l'orthodoxie républicaine), et que, sous ce rapport, il n'aurait valorisé l'état de nature qu'au regard de l'état déplorable de la société inégalitaire, mais qu'il aurait valorisé l'état social issu du « Contrat » par rapport à cet état de nature où l'homme n'était qu'un « animal stupide et borné ». Il reste que pour Rousseau l'homme est doté d'une « perfectibilité » qui, loin d'être principe de progrès, constitue une puissance de dépravation. La nature est parfaite sans la culture, et l'homme policé est un être dénaturé. Une version plus virile, moins abjecte[8], de cette réduction de la nature à l'état de nature, de la nature humaine aux passions, et de la supériorité de la nature par rapport à l'état de culture, peut être discernée chez Calliclès, ce personnage du *Gorgias* de Platon, en lequel Nietzsche se reconnut avec enthousiasme (« pitié pour les forts ! ») :

« Certes, ce sont les faibles, la masse des gens, qui établissent les lois, j'en suis sûr. C'est donc en fonction d'eux-mêmes et de leur intérêt personnel que les faibles font les lois, qu'ils attribuent des louanges, qu'ils répartissent des blâmes. Ils veulent faire peur aux hommes plus forts qu'eux et qui peuvent leur être supérieurs. (...) Et quand on dit qu'il est injuste, qu'il est vilain, de vouloir avoir plus que la plupart des gens, on s'exprime en se référant à la loi. Or au contraire il est évident, selon moi, que la justice consiste en ce que le meilleur ait plus que le moins bon et le plus fort plus que le moins fort. Partout il en est ainsi, c'est ce que la nature enseigne, chez toutes les espèces animales, chez toutes les races humaines et dans toutes les cités ! Si le plus fort domine le moins fort et s'il est supérieur à lui, c'est là le signe que c'est juste » (483b-484a, Garnier-Flammarion, 1987, p. 212-213).

Mais cette position « naturaliste » théorisée par Rousseau est aussi unilatérale que celle de Sartre.

---

[8] Joseph Joubert (1754-1824) disait : « Rousseau a ôté la sagesse aux âmes en leur parlant de la vertu. (...) Une piété irréligieuse, une sévérité corruptrice, un dogmatisme qui détruit toute autorité : voilà le caractère de la philosophie de Rousseau » (*Pensées et Lettres*, Grasset, 1954, p. 252).

SIXIÈME DEVOIR

Une feuille de papier que l'on déchire ne saurait souffrir, car souffrir est savoir qu'on souffre, et la feuille de papier n'est pas consciente ; c'est là un truisme. Mais — chose plus éclairante — elle exclut d'être consciente précisément parce qu'elle n'a pas le privilège de souffrir : il n'appartient de souffrir qu'à ce à quoi il appartient de se maintenir en son identité dans le moment où l'on est séparé de soi, opposé à soi, tronqué ou mutilé, contesté ; la feuille de papier ne saurait éprouver un manque quand elle subit une déchirure, parce qu'elle n'est plus là pour subir ce qu'on lui fait subir : elle perd son identité, qui tient dans sa totalité, aussitôt que mutilée ; ne peut subir ou pâtir, ainsi souffrir, que ce qui se maintient en sa totalité dans l'acte d'être divisé ; et il faut au moins être vivant pour cela, puisque le vivant est ce qui se meut par soi, ce dont la totalité, en sa manière formelle ou idéelle d'exister — ainsi comme âme — est au principe de sa genèse, par là antérieure au résultat de son activité, ainsi antérieure à elle-même, ou analogiquement cause de soi, car c'est dans l'exercice de la conscience, impliquée en tout savoir (savoir est savoir qu'on sait), que la différenciation ou négation de soi de l'identité (accomplie sans abolition de cette identité même) est la plus radicale ; se maintenir dans la mort même, telle est la vie de l'esprit, et c'est bien pourquoi, pour Hegel, l'épreuve de l'imminence de la mort, dans la terreur absolue, est le commencement de la sagesse, en tant qu'éveil de l'esprit à lui-même, lequel se reconnaît, en tant qu'esprit, dans la souffrance, parce que la structure de celle-ci est la sienne. Ne peut souffrir que ce qui vit, et ne vit absolument que ce qui est esprit. Toute conscience (psychologique) est distance par rapport à soi, ainsi opposition de soi à soi, conflit et déchirure : être une conscience, c'est s'atteindre par réflexion, c'est ainsi ne revenir à soi qu'en s'arrachant à soi ; la conscience est déchirure et par là souffrance mais aussi conscience de souffrance, car « il n'y a pour la conscience qu'une manière d'exister, c'est d'avoir conscience qu'elle existe » (Sartre, *L'Imagination*, que son erreur foncière n'empêche pas de proposer souvent des analyses et formules suggestives), ce qui revient à dire qu'il n'y a conscience que s'il y a conscience d'être une conscience ; si la conscience est souffrance, alors elle est bien conscience de souffrance. *Or ce qui sait qu'il souffre est ce qui se sait être inadéquat à ce qu'il doit être, et ce devoir-être n'est possible que s'il existe un idéal* a priori *de ce que l'homme doit être ; si cet idéal est* a priori, *il est naturel ; s'il ne relève pas de l'état de nature, il est culturel ; on est ainsi conduit à penser qu'il est dans la nature de l'homme de s'arracher à l'état de nature, par là d'être cultivé. Est barbare ce qui est sans culture* et, étant sans culture, il n'est pas naturel, il est violent, il est en état de violence par rapport à soi. Si l'on observe que la souffrance est violence, ou atteste la présence d'une violence, quand la conscience est souffrance, on doit en conclure que l'esprit est victoire sur la matière qu'il assume au titre du moment obligé de sa réflexion constituante ou identité à soi réflexive ; de même, la culture est victoire sur l'antinature qu'elle assume et nie souverainement dans le moment où elle la pose. Parce qu'il n'y a qu'une seule nature humaine, il n'y a en droit et — pour qui sait y voir — en fait qu'une seule civilisation, la civilisation gréco-latine et helléno-chrétienne en laquelle tous les hommes, de bon ou de mauvais gré, reconnaissent l'expression la plus achevée de leur propre humanité. Et cette civilisation, doublement catholique (naturellement et surnaturellement), est la culture propre du monde indo-européen. Les autres cultures ne méritent en droit ce nom qu'à proportion de leur aptitude à faire se particulariser, selon le génie des races et des climats, l'universalité — européenne — de la civilisation humaine, ainsi à faire se réfléchir le tout et l'acmé de la culture humaine dans une manière particulière de sentir, d'aimer et d'imaginer.

Il faut certes une témérité candide pour affirmer aujourd'hui des choses de ce genre, mais enfin, tout un chacun est persuadé, au fond de lui-même — de l'académicien pédéraste et franc-maçon au Nègre américain ivre de chanvre et de rap, du « Bobo » germanopratin plaçant ses gosses en écoles sans Arabes au Chinois de Shanghai fébrilement rivé à son ordinateur — que ce sont là des vérités indésirables qu'il ne sera pas possible de taire indéfiniment, ni d'ignorer sempiternellement ; des vérités qui s'imposent avec la douleur de l'évidence quand bien même il est difficile de les établir par voie de raisonnement — ce dont profitent outrageusement tous les complices de la décadence pour les nier purement et simplement. Il est pourtant possible de les établir en observant que si d'une part la nature humaine se dit tout entière et non totalement dans chaque culture, et tout autant s'exprime tout entière et non totalement dans chaque race, c'est que la race est ce en quoi, nécessairement, s'anticipe de manière obligée le génie d'une culture ; il est encore logiquement permis — quoique judiciairement interdit — de rappeler que si la nature humaine s'explicite intellectuellement dans chaque culture, alors les cultures sont autant de degrés d'explicitation d'un même principe, se révélant à ce titre commensurables entre elles et de ce fait inégales ; que partout où il y a des degrés qualitatifs, il existe un maximum à l'aune duquel se définit une hiérarchie, et que ce maximum culturel *est illustré par la culture en laquelle se formule et prend conscience de lui-même un tel critère de hiérarchisation* ; que cette culture est la culture occidentale ; que les élites des pays à djellabas et à boubous sont vêtues de complets-vestons et que les élites des pays occidentaux ne sont pas habillées de boubous ; que le monde occidental est l'objet de la fascination du monde entier qui, ayant retenu de l'Occident la leçon de sa propre mauvaise conscience constitutive de sa décadence, vit la plupart du temps cette fascination dans la haine et le ressentiment ; que ce ressentiment vit lui-même d'une admiration qui ne veut pas s'avouer telle ; bref, que tout le monde sauf l'Occident sait que l'Occident a pour vocation naturelle de diriger le monde (un Léopold Sedar Senghor, connu pour sa haute culture, le savait bien sans le dire, qui, dans une boutade savoureuse exemplaire de l'esprit français, faisait observer que la nouvelle messe — celle du Nouvel Ordo — ne lui convenait pas, parce que, disait-il, « je la trouve moche »). Hitler, qui concentre sur lui, depuis bientôt un siècle, une animadversion universelle, n'avait pas pensé autre chose. Et c'est parce que l'idée doit absolument, pour maintenir la puissance sans partage des Juifs et des maçons, ne jamais accéder à quelque forme que ce soit de légitimité qu'on a fait de Hitler un monstre.

De plus, s'il y a « perfectibilité », il y a puissance à être plus parfait (par définition), ce qui signifie que la perfectibilité, qui est par nature inscrite en l'homme, lui enjoint de réaliser un idéal posé au principe de son acheminement vers le meilleur, de sorte que cet homme est invité à devenir par la culture ce qu'il est par nature.

L'homme est conscience par nature, il est ainsi à soi-même un autre, il est à distance de soi, il n'est un « soi », une conscience, que par cette distance instaurée entre soi et soi, entre ce qu'il est et ce avec quoi il cherche à coïncider, à savoir sa conscience morale ; il n'est par là soi-même que par rapport à un idéal qu'il cherche à atteindre et auquel il ne peut tendre qu'en prenant conscience de son imperfection native, ainsi en se développant culturellement. Il est au fond dans la nature de l'homme, non de nier sa nature, mais de nier l'état de nature, lequel n'est pas naturel à l'homme, n'est pas l'expression adéquate de son essence : « L'état de nature est plutôt l'état de l'injustice, de la violence, de l'instinct naturel déchaîné, des actions et des sentiments humains » (Hegel, « Cours sur l'histoire philosophique », 1830, in *La Raison dans l'Histoire*, p. 142).

Le moment est venu de proposer une résolution au problème de l'existence d'une nature humaine qui serait normative de la culture seule habilitée, en retour, à définir la nature qui, par là, semble dépendante de ce qu'elle régit, ce qui est évidemment aporétique.

Contre la position existentialiste (prise au sens large) qui substitue la culture à la nature, il existe une nature humaine (et non seulement animale) normative. Contre les tenants d'une incompatibilité de principe — consécutive à l'identification du naturel à l'inné et au spontané, et du culturel à l'acquis et à l'artifice — entre nature et culture, qui en viennent à ne tolérer la culture que si elle se limite à suivre sans restriction toutes les injonctions de ce qui se revendiquera de la nature, fût-ce ce qu'il y a de plus bestial et passionnel en elle, il est nécessaire de professer qu'il est dans la nature de l'homme d'être cultivé. **Il en est de la nature par rapport à la culture comme il en est de la pensée par rapport au langage (ce qui au reste n'a rien d'étonnant puisque, aussi bien, le langage est le véhicule privilégié de la culture)** : la pensée s'actualise et ainsi se pose elle-même en posant le langage ; savoir est savoir qu'on sait ; il y a donc savoir (de n'importe quoi) seulement si le savoir se prend lui-même pour objet, par là se confère une existence objectale ou chosiste à raison de laquelle il s'objective, se fait objet pour lui-même ; or c'est dans le mot qu'il y parvient ; la pensée n'est pensante qu'en se faisant langage, lequel est intrinsèque à la pensée en acte. La pensée n'est actuelle qu'en tant qu'elle se « signi-fie », se confère l'existence d'un signe, se réifie en s'aliénant dans la chinoité d'un mot qui, en retour, a vocation, dans et par le récepteur, à se convertir à la spiritualité du sens dont il était la naturalisation. La pensée est (en termes aristotéliciens) puissance active du langage, elle s'actualise en lui — aussi n'est-elle pas sans lui que cependant elle pose, dans une relation en forme de causalité réciproque qui semblait, aussi longtemps que n'était pas exhibé le rapport de la puissance à l'acte, impensable. De même, la nature humaine n'est véritablement humaine qu'en posant la culture en laquelle elle se dit, s'explicite, accède à la conscience d'elle-même. La pensée est bien norme du langage en lequel elle se fait pensante, et de même la nature humaine est bien norme de la culture en laquelle, en retour, elle accède au savoir d'elle-même ; mais cela n'empêche pas le langage de servir de paradigme opératoire à la pensée qui reconnaît en lui la condition de son éveil ; comme l'enseignait Bonald, « il faut penser sa parole avant de parler sa pensée ». Auguste Comte, non toujours aussi bien inspiré qu'ici, professait élégamment : « Les plus grands efforts des génies les plus systématiques ne sauraient parvenir à construire personnellement aucune langue réelle » (*Système de politique positive*, t. 2, 1852, chapitre IV p. 220). « Le public est le véritable auteur du langage, comme son vrai conservateur. Une juste répugnance aux innovations inopportunes garantit ainsi la convenance qui caractérise toujours ces acquisitions graduelles, quand on remonte à leur étymologie, parce qu'elles émanent d'un besoin longtemps éprouvé. Même les ambiguïtés, qu'on attribue dédaigneusement à la pénurie populaire, attestent souvent de profonds rapprochements, heureusement saisis par l'instinct commun, plusieurs siècles avant que la raison systématique y puisse atteindre » (*ibid.*, p. 259). [Exemples : Bergson, dans *Mélanges*, évoque les deux sens du mot « causer » : la cause ultime est en effet le Verbe. « Connaître » signifie « savoir » et aimer, ou engendrer (« ils se connurent », dans la Genèse), et en effet connaître est engendrer un fruit, un « *conceptus* ». « *Tollere* » signifie « *aufheben* », c'est-à-dire « achever » (accomplir et supprimer), or ces deux sens n'en sont qu'un, puisque le perfectionnement en général est suppression ou négation d'un état antérieur qui avait raison de privation, il est négation de négation ; les ambiguïtés de la langue, loin d'être des inconvénients, nous invitent à penser ; la langue est un produit de la pensée, et elle n'en est pas moins son pédagogue.]

Qu'il soit permis, avant que de poursuivre, de tenter de rendre raison d'une telle action réciproque, expérimentée dans cette opération intellectuelle nommée l'induction, en procédant à une analogie. La main requiert l'art (habitus) de la construction pour être habile, cependant que l'art n'est pas autre chose qu'une ordination certaine de la raison, de façon que les actes humains parviennent à la fin qu'ils doivent atteindre par des moyens déterminés : « *Nihil enim aliud ars esse videtur quam certa ordinatio rationis, quomodo per determinata media ad debitum finem actus humani perveniant* » (saint Thomas, *Anal. Post.* Prooem. I). L'art de construire procède d'une réflexion sur les actes de la main. Ce qui revient à dire que l'intelligence discerne, dans les actes de la main, l'art que requiert cette dernière. Il y a un paradoxe : l'homme est capable de se donner (et il doit le posséder pour se le donner) l'art dont il est privé. L'intelligence reconnaît dans les mouvements encore malhabiles de la main la nature de la main, sa « *ratio* » qui, en tant qu'art universel mis dans la main, induit l'art particulier de la construction. Ce qui revient à dire que la « *ratio* » qui est dans la main est une anticipation de soi de la raison qui est dans notre tête ; et c'est à ce titre que l'intelligence reconnaît l'art, qu'elle invente — et que plutôt elle découvre ou qu'elle « invente » au sens étymologique du terme —, dans les mouvements de la main : *la raison pose la main* (et, prise comme l'âme elle-même considérée dans sa différence spécifique, elle pose le corps en général) *comme ce dont elle se fait provenir et en quoi elle se reconnaît*. Et l'intelligence s'actualise elle-même en se portant sur cette « intelligence » (ou « *ratio* ») qui est dans la main, ainsi en se portant sur cette anticipation d'elle-même, sur elle-même en tant qu'intemporellement passée. Dès lors, puisque la main appelle l'art dont elle est privée, cependant que l'art présuppose la main pour être défini, il faut bien une médiation qui est la nature de la main : l'art (théorie de la construction) « extra-pose » ce en quoi l'essence de la main se pose. Et de même, dans le rapport entre pensée et langage, la médiation est la nature de la pensée, laquelle se reconnaît en considérant réflexivement ce en quoi elle « s'extrapose ». Quelque chose d'essentiel se dégage ici : le langage est objectivation de l'essence de la pensée qui se reconnaît en lui et accède au savoir d'elle-même en lui, se fait pensante en lui qui est son rejeton. L'homme produit le langage par sa pensée, mais ce qui est déposé dans le langage actualise la pensée. De même que la « *ratio* » qui est dans la main (mais en puissance) est une anticipation de soi de la raison qui est dans notre tête, de même la « *ratio* » qui est dans le langage est une anticipation de soi de la raison qui pose le langage. La raison est « *Aufhebung* » du langage qu'à ce titre elle (re)pose en tant qu'elle le conserve. C'est pourquoi il est vital de préserver l'intégrité de la langue, en tant que la langue est dépositaire d'une intelligibilité en laquelle l'intelligence se reconnaît et par laquelle l'intelligence se forme. Ni le positivisme juridique (qui oublie que le droit, comme objet de la justice, se cherche inductivement dans les mœurs, à toute distance d'une déduction des « droits » à partir d'une idée abstraite d'homme), ni l'empirisme (qui confond le droit avec le fait) ne satisfont aux exigences de la raison. Il s'agit toujours de reconnaître dans le fait contingent la loi ou l'Idée immanente, et à laquelle il peut pourtant être inadéquat. Au fond, la perfection à laquelle toute langue vivante tend asymptotiquement, et qui l'achève (aux deux sens), est le statut d'une langue morte. Et c'est pourquoi le latin est si précieux. On ne peut pas déduire la langue, mais on peut reconnaître dans son usage, de manière « jurisprudentielle », l'Idée à laquelle elle a vocation d'être adéquate. Voilà bien encore un sujet terriblement actuel, où l'on voit les membres de l'Académie française, gardiens officiels de l'intégrité de la langue, et avec elle de l'esprit de cette langue, de son génie, de son identité, céder lamentablement aux pressions des lobbies maçonniques, juifs, homosexuels, féministes, « immigrationnistes », etc. Qu'une langue vivante (ou un corpus juridique) ait vocation à évoluer n'implique pas que toute transformation serait légitime, même s'il est impossible d'en appeler empiriquement à l'existence d'une langue idéale intemporelle ou d'un ensemble de lois intangibles et irréformables ; il y a une vie du droit comme une vie de la langue, et il y a une nature normative du droit comme de la langue, mais cette nature, expressive de ce qui doit être, se cherche inductivement dans ce qui est.

La problématique ayant présidé au développement de cette réflexion sur la notion de nature est résolue : la nature peut être norme de la culture qui pourtant la définit, en tant que la nature se pose comme nature humaine en acte en posant la culture en laquelle elle s'exprime ; l'intérieur (la nature humaine) ne saurait être exclusif de l'extérieur (la culture), car autrement l'intérieur serait *extérieur* à l'extérieur, par là ne serait pas véritablement intérieur ; l'intérieur n'est intérieur effectif que dans l'acte de s'extérioriser, la pensée n'est pensante que dans l'acte de s'exprimer dans un verbe (les Grecs nomment « logos » cette pensée en acte, identiquement pensée et parole).

Il reste, avant de conclure, à répondre à une ultime objection que voici : « Aucun des êtres n'a une nature, mais seulement mélange et séparation du mélange il y a ; et la nature n'est qu'un nom donné par les hommes » (Empédocle, évoqué par Aristote, *Métaphysique* III 4). Le Présocratique voulait dire que selon lui le royaume des essences normatif des existences contingentes n'est qu'une vue de l'esprit, parce qu'aucune finalité ne serait inscrite dans les choses et dans l'ordre universel qui les régit ; le couple mythique de l'Amour et de la Haine suffirait à expliquer la diversité des choses, leurs affinités et leur discorde, selon un rythme arbitraire : en termes moins poétiques, il n'y aurait que du mécanisme pour régir les éléments (air, feu, terre, eau, habités par les propriétés du sec, du chaud, du froid et de l'humide, leur conférant une tendance propre et induisant des lois de combinaison constantes), auquel se joindrait — si l'on peut ainsi parler — la causalité du hasard. Le monde serait l'effet du hasard (absence de finalité) et de la nécessité (lois physiques), sans un Dieu pour le penser, pour le créer selon le modèle de natures ou essences immanentes et transcendantes à la fois. La conséquence dans l'ordre de la connaissance supposée refléter ce chaos accidentellement ordonné, c'est-à-dire intelligible en termes de lois mais non point en termes de causes (la science expérimentale serait le dernier mot que l'on puisse formuler sur la Nature), ce serait le nominalisme, à savoir que la généralité des termes logiques dont on use pour signifier les choses (il est impossible de créer un mot pour chaque chose, un terme pour chaque grain de sable) ne serait pas l'expression d'une cause universelle (d'une nature) immanente à toutes les choses de même espèce, mais seulement un signe verbal, un « *flatus vocis* » conventionnel destiné à représenter, dans l'esprit, des individus ontologiquement incommensurables mais qui se ressemblent en surface. Il n'y aurait évidemment pas de nature humaine. Et l'impuissance supposée de la raison à rendre raison du réel aura pour corrélat obligé, dans ce contexte intellectuel, d'une part une inflation de la raison technicienne en son rêve éperdu de dominer l'univers matériel par la maîtrise des lois qui le régissent, d'autre part une hypertrophie de la volonté — ainsi de la liberté considérée comme valeur — au détriment des vertus spéculatives de l'intellect ravalé à la fonction d'instrument de la liberté seule habilitée, désormais, à se fixer des fins. On a là tout l'esprit de la modernité, latent à toutes les époques mais systématisé au Moyen Âge lors de la Querelle des Universaux, en contexte religieux franciscain.

Il suffit, pour répondre à la provocation nominaliste, de rappeler ce qui fut développé ici plus haut lors de l'évocation du sartrisme, et dont la conclusion était : **le règne *culturel* de l'Idée — de la vraie Idée — n'est que la réflexion dans et par l'esprit d'une manière primitive d'exister de cette même Idée, qui est *naturelle*, qui est la nature même en tant qu'essence.** Le lecteur voudra bien s'y reporter.

Quant à ce point de vue selon lequel l'ordre des choses serait le fruit du hasard, ainsi ne serait pas un ordre (disposition des choses en vue d'une *fin*) mais un arrangement fortuit qui, n'ayant été ni pensé ni voulu par personne, se trouve avoir convenu à la pérennité des choses ainsi disposées (le hasard a, comme le dit Empédocle, produit des bovins à face d'homme, mais les lois de la matière et la sélection naturelle ne les rendaient pas viables, donc ils ont disparu ; le hasard a produit des hommes, mais ils étaient adaptés au monde dans lequel ils évoluaient, donc ils sont toujours là : Darwin est fils d'Empédocle), il est permis de rétorquer ceci :

Si l'art (la technique) imite la nature (l'idée d'avion est inspirée à l'homme par l'oiseau), comme le rappelle Aristote (*Physique* II), et s'il y a de la finalité dans l'art (on ne forge pas un marteau pour planter des choux), c'est qu'il y a de la finalité dans la nature. D'autre part, le hasard, comme le montre le Stagirite au même endroit, est une cause accidentelle (ainsi une cause par accident, il est bien plutôt une absence de cause, l'effet d'une rencontre de séries causales non synthétisées par une cause supérieure) agissant dans un petit nombre de cas, dans l'élément des choses agissant en vue d'une fin : si, ayant projeté de me rendre au marché, je rencontre en chemin un débiteur, le fait est hasardeux, mais il ne se serait pas produit si je n'avais agi en vue d'une fin ; le hasard ne saurait se substituer à la finalité puisqu'il la présuppose. Enfin, en supposant à l'origine l'existence d'un monde régi par le seul hasard, on obtient la situation suivante :

Les parties de ce tout, en particulier les vivants (mais cela vaut même pour les corps bruts habités par des tendances, des affinités repérables dans le fait de la gravitation universelle et du caractère sélectif des combinaisons chimiques), entretiennent, les unes à l'égard des autres, des relations dialectiques, en tant qu'elles sont dépendantes les unes des autres (elles se nourrissent les unes des autres) et en rapport conflictuel les unes avec les autres (la brebis fuit le loup), ce qui signifie que la philosophie d'Empédocle est riche d'une vérité captive : l'Amour et la Haine régissent l'univers, mais non au titre de principe extérieur aux éléments, bien plutôt du sein même de chacun d'entre eux. Si les parties de ce monde étaient, de soi, indifférentes à exister ou à ne pas exister, les proies ne fuiraient pas devant les prédateurs, les individus ne tendraient pas à se reproduire (sempiternité spécifique, à défaut d'éternité individuelle). Il faut donc doter chaque individu d'un « *conatus* », au sens spinoziste du terme : tendance, en chaque être, à persévérer dans son être. Dès lors, si l'amour-répulsion règne dans un univers dont chaque partie est travaillée par l'appétit de durer, c'est que chacune de ces parties aspire objectivement à *supprimer* les autres sans cesser de les *conserver*, car elle ne survivrait ni si elle renonçait à se nourrir des autres, ni si elle exténuait l'espèce de celles dont elle se nourrit. Mais c'est là encore une « *Aufhebung* », dont le résultat, théorisé par Hegel dans sa dialectique de la maîtrise et de la servitude, est que chaque partie de l'univers est inspirée par le désir, selon des modalités et de degrés d'intensité certes différents pour chacune, de *se subordonner* les autres. Or, lorsqu'une partie aspire à se subordonner les autres parties du tout en lequel elles sont toutes immergées, c'est que cette partie aspire à s'introniser cause *finale* de l'univers. Or, dans cette hypothèse mécaniste (antifinaliste : hasard et non finalité) d'un univers éternel, une telle partie ne saurait être la raison suffisante des désirs qui l'inspirent, elle en hérite, et elle les reçoit de sa constitution immanente qui est elle-même l'effet de l'état du monde au moment où elle a surgi dans l'existence ; aussi faut-il dire que cet univers lui-même est structurellement hanté par la tendance à faire surgir en son sein un être qui sera cause finale de l'univers lui-même. Ce qui revient à faire l'aveu que l'on ne saurait faire l'économie de l'idée de finalité. Pas plus que le hasard ne saurait se substituer à la finalité puisqu'il la présuppose, le mécanisme ne saurait se substituer au finalisme puisque celui-là n'est possible que par celui-ci. Et, parce que le propre de ce qui agit en vue d'une fin est d'être mû par une idée directrice qui, n'étant pas encore advenue dans la réalité, doit préexister à son avènement réel sur le mode d'une pensée, alors il faut conclure que l'ordre du monde a été pensé par un Dieu créateur.

Dans le contexte de sa philosophie transcendantale marquée par l'opposition entre les domaines empirique et nouménal, Kant enseigne : « Par nature (au sens empirique), nous entendons l'enchaînement des phénomènes, quant à leur existence, suivant des règles nécessaires, c'est-à-dire suivant des lois. Il y a donc certaines lois et, par suite, des lois *a priori*, qui rendent tout d'abord possible une nature » (*Critique de la raison pure*, 1781, chapitre II : « Analytique des principes », 3e section, § 3). Connaître consiste selon lui à subsumer le divers de l'intuition *sensible* (la seule à exister selon lui) sous des concepts qui, comme catégories de l'entendement, sont autant de lois de synthèse du donné phénoménal, lequel, en tant que doté d'une certaine unité le rendant connaissable, c'est-à-dire en tant qu'*objet* de connaissance, n'est véritablement *donné* que dans la mesure où il est constitué par les catégories : les conditions de possibilité des objets de l'expérience sont les conditions de possibilité de l'expérience elle-même ; selon la « Vulgate » kantienne, sans les intuitions les concepts sont vides, sans les concepts les intuitions sont aveugles ; la matière de la connaissance est la sensibilité, sa forme est l'entendement, dans la perspective d'une hétérogénéité radicale entre les deux. Il est clair que, pour Kant, les lois de l'entendement sont purement formelles, en ce sens qu'il y a extériorité et comme indifférence entre forme et contenu de la connaissance ; la forme de la connaissance, à savoir les catégories et lois de la raison, serait hétérogène à la forme ou essence des choses, supposée inconnue et inaccessible. Dès lors que les catégories de la pensée ne sont pas celles des choses, n'étant pas l'expression de l'essence des choses, elles ont pour unique fonction de construire et de relier les phénomènes ; mais cela revient à dire qu'elles n'ont pas, en elles-mêmes, la règle de leur usage adéquat ; ce dernier n'est légitime que pour autant que quelque matière, fournie par la sensibilité, leur est donnée « à moudre ». Tels sont les schèmes, procédés de l'imagination transcendantale fournissant à un concept (catégorie) son image, qui déterminent la condition pour chaque catégorie de son exercice légitime. Sans son schème, la catégorie « tourne à vide », et c'est alors que l'entendement, sombrant dans la « métaphysique dogmatique », accuserait réception, selon Kant, de son erreur, en se noyant dans d'insolubles antinomies. Mais il est à noter, comme il le fut fait observer par Schulze et Jacobi, puis par les grands idéalistes allemands (Fichte, Schelling, Hegel) et même par Arthur Schopenhauer (à la fin de son *De la quadruple racine du principe de raison suffisante*) que, puisque le schème de la causalité est la « succession » (A n'est licitement déclaré cause de B que si B succède à A), c'est Kant lui-même qui, pour fonder son système, contredit le contenu de ce dernier en faisant de la chose en soi la cause des phénomènes, alors que la cohérence de son propos voudrait que le phénomène « succédât » à la chose en soi, ce qui évidemment n'a pas de sens puisqu'il faudrait que la chose en soi fût connue pour attester cette succession, alors qu'elle est par définition ce qui n'est pas connaissable :

« Le concept de la causalité, comme nécessité naturelle, à la différence (*zum Unterschiede*) de la causalité comme liberté, ne concerne l'existence des choses qu'en tant qu'elle ne peut être déterminée que dans le temps, partant comme phénomènes par opposition à **leur causalité comme choses en soi**.[9] »

« Qu'exige, en effet, comme condition, la nécessité de la nature ? Rien de plus que la déterminabilité de tout événement du monde sensible par des lois constantes, conséquemment un rapport causal dans le phénomène, **la chose en soi, qui en est le fondement**, restant inconnue ainsi que la causalité.[10] »

« Le pouvoir sensible d'intuition n'est proprement qu'une réceptivité qui nous rend capables d'être affectés d'une certaine manière par des représentations dont la réalité réciproque est une intuition pure de l'espace et du temps (simples formes de la sensibilité) et qui s'appellent objets, en tant qu'elles sont

---

[9] *Critique de la raison pratique*, livre I, chapitre 3, examen de l'analytique de la raison pure pratique.
[10] *Prolégomènes à toute métaphysique future*, § 53.

liées et déterminables dans ce rapport (dans l'espace et le temps), suivant des lois de l'unité de l'expérience. **La cause non sensible de ces représentations nous est tout à fait inconnue ; nous ne pouvons donc pas l'intuitionner comme objet (*Objekt*), car un pareil objet ne devrait être représenté ni dans l'espace ni dans le temps (qui sont les simples conditions de la représentation sensible), conditions sans lesquelles nous ne saurions concevoir aucune intuition. Nous pouvons cependant appeler objet (*Objekt*) transcendantal la cause simplement intelligible des phénomènes en général**, mais simplement afin d'avoir quelque chose qui corresponde à la sensibilité considérée comme une réceptivité.[11] »

Cette contradiction fit dire à Hegel :

« C'est (...) la plus grande inconséquence que, d'une part, d'accorder que l'entendement ne connaît que des phénomènes, et, d'autre part, d'affirmer cette connaissance comme *quelque chose d'absolu* en disant que la connaissance ne *peut* pas davantage, que c'est là la *borne* naturelle, absolue, du savoir humain. Les choses naturelles sont bornées, et elles ne sont des choses naturelles que dans la mesure où elles *ne savent rien* de leur *borne* universelle, dans la mesure où leur déterminité[12] est seulement une borne *pour nous*, non *pour elles*. Quelque chose n'est su — et même ressenti — comme *borne*, manque, que pour autant que l'on est en même temps *au-delà* de lui. Les choses vivantes ont le privilège de la douleur par rapport à celles qui sont sans vie ; même pour celles-là une déterminité *singulière* devient la sensation de quelque chose de *négatif*, parce qu'elles ont en elles, en tant que vivantes, l'*universalité* de la vitalité, qui est *au-delà* du singulier, parce que dans le négatif d'elles-mêmes elles se conservent encore et ressentent cette *contradiction* comme *existant* en elles. Cette contradiction n'est en elles que pour autant que ces deux éléments-ci sont dans le sujet un : l'universalité de son sentiment vital et la singularité négative à l'égard de celui-ci. Une borne, un manque de la connaissance, ne sont de même déterminés comme borne, manque, que par la *comparaison* avec l'Idée *présente* de l'universel, d'un être total et achevé. Ce n'est, par suite, que de l'inconscience que de ne pas discerner que précisément la désignation de quelque chose comme quelque chose de fini ou de borné contient la preuve de la *présence effective* de l'infini, du non-borné, que le savoir d'une limite ne peut être que dans la mesure où l'illimité est *de ce côté-ci* dans la conscience » (*La Science de la logique* [1827-1830], Concept préliminaire, § 60, traduction Bernard Bourgeois, Vrin, 1970, p. 321). Ne peut, en effet, souffrir que ce qui se sait être dépossédé d'une partie de soi-même, c'est-à-dire ce qui se maintient dans sa totalité tout en étant tronqué ; c'est donc ce qui est à la fois son espèce et une singularisation de son espèce, ou encore ce qui est la singularisation d'un universel que la réalité digne de souffrir contient comme le principe de son ontogenèse, c'est-à-dire encore ce qui est une identité réflexive à soi, ou ce qui en a la structure, ainsi ce qui est une contradiction surmontée. Ne peut ainsi souffrir que ce qui tend à être une conscience de soi, laquelle, contenant potentiellement le tout (de l'être en général : elle peut bien tout considérer sous la raison d'être), a en elle-même la mesure infinie du fini. La conscience d'une limite suppose la présence en soi de l'illimité ou de l'infini.

---

[11] *Critique de la raison pure*, dialectique transcendantale, livre II, chapitre 2, 6ᵉ section, 6ᵉ alinéa.
[12] État de ce qui est déterminé, circonscrit.

Et si la doctrine de Kant, qui réduit la métaphysique à une gnoséologie, est intrinsèquement contradictoire, c'est que l'opposition empirique-nouménal ne tient pas. *Aussi bien, les catégories et lois de la pensée sont celles des choses, l'ordre des raisons de connaître est l'ordre des raisons d'être. En particulier, la forme — syllogise — de la rationalité (la raison rend raison, ce faisant elle raisonne, et raisonner consiste à développer des syllogismes) révèle en droit la structure ontologique de toute chose en tant même que chose ou réalité, elle est la forme même de l'être en tant qu'être* :

Quand on définit l'espèce humaine (« l'homme est animal raisonnable »), on exprime l'identité de l'espèce en la développant dans la conjonction de son genre prochain (animal) et de sa différence spécifique (raison), et sous ce rapport c'est le genre qui est inclus dans l'espèce, cependant que l'humanité n'est qu'une espèce parmi d'autres dans le genre « animal », ce qui revient à dire que l'espèce et le genre s'incluent réciproquement, et cela n'est possible que s'ils sont identiques l'un à l'autre, bien que tout autant ils soient en relation d'exclusion réciproque puisque l'espèce n'est pas le genre. L'identité concrète du genre et de l'espèce, identité de leur identité et de leur différence, n'est possible que pour autant que l'espèce s'aliène dans le genre comme dans sa matière, s'identifie par là à lui, mais ne s'y identifie que pour se renier en tant que devenue identique à lui, ainsi nie sa négation, se fait surgir d'une victoire opérée sur ce dans quoi elle s'aliène, telle la surrection de la forme à partir de la matière. Ainsi, l'espèce en tant que différence spécifique s'anticipe dans la matière du genre dont elle se fait provenir, se posant telle cette identité à soi réflexive faisant d'elle une fin pour elle-même. En effet, l'espèce ne serait pas sans le genre, comme la forme ayant vocation à actuer une matière ne serait pas sans cette matière qui pourtant — puisqu'il n'existe qu'une différence de raison entre matière et privation — consiste dans sa négation : la matière est suspendue à la forme qu'elle conteste, elle est privation de soi de la forme, elle tient son « être de non-être » de l'être — à savoir la forme — dont elle est le non-être, c'est donc la forme qui *se* conteste en la matière ; dès lors, l'espèce se nie dans le genre qu'elle renie pour être elle-même ; elle se médiatise avec elle-même en tant qu'autre (la matière est la forme dans le moment de son indifférenciation, riche de son retournement par quoi elle fait retour à soi dans sa différence réelle d'avec la matière) ; or, se médiatiser avec soi-même en tant qu'autre pour se poser soi-même en tant que soi-même, c'est être un syllogisme, le syllogisme de ce qui se fait le résultat de sa propre activité, par soi-même ou par un autre ; et c'est bien ce qui se produit dans la réalité, en particulier dans l'être vivant qui se fait positionnel de la matière dont il est l'âme, par là de la matière qu'il rédime en la niant. *Mais ce qui est le résultat de sa propre activité, c'est ce qui est fin pour soi-même ; on voit bien que la forme purement logique de la raison (le syllogisme) appelle d'elle-même l'idée de finalité : on ne saurait déconnecter la matière et la forme de la connaissance.* Qui dit finalité dit essence, fin de la génération ; la raison, n'étant pas unilatéralement formelle, ne saurait s'en tenir à formuler les lois qui régissent les phénomènes ; la forme syllogise a une portée ontologique, elle est celle de la causalité du but, et la rationalité est nécessairement l'exercice d'une raison opérant en vue d'une fin. La réalité est réalisation de son Idée, et le mouvement du réel est acheminement vers sa fin qui est sa forme ou son essence, ainsi son Idée. Nietzsche, après Pindare, ne croyait pas si bien dire : « deviens ce que tu es », c'est-à-dire ce que tu as à être et dont tu es une individuation contingente et imparfaite ; il est clair qu'on ne peut, à peine de périr (brusquement ou à petit feu), se soustraire à la causalité de sa nature qui, comme paradigme immanent au singulier, est commune à tous les singuliers de même espèce, d'une communauté de causalité. Si, comme le prétendent les nominalistes, chaque singulier était son essence singulière, il serait immobile, et immatériel, sans aucun devenir.

Il est temps de conclure.

La notion de nature, considérée en elle-même, est fort claire ; elle n'est ni équivoque ni ambiguë, ce qui ne l'empêche pas d'être complexe. En tant que cause efficiente du mouvement à raison duquel un être s'achemine vers soi-même, la nature se dit à la fois de la matière (on ne construit pas des maisons avec de l'air), de la forme (essence) et de la fin (l'être en tant qu'adéquat à son essence ; plus le degré d'être est élevé, plus la nature est parfaite, plus la matière s'exténue, plus l'efficience, la forme et la fin tendent à s'identifier). En tant que nature *humaine*, la notion de nature n'est pas moins claire, mais son élaboration conceptuelle est d'autant plus délicate qu'elle est grevée d'enjeux qui, comme on l'a vu, mobilisent promptement les passions les plus mortifères éclipsant la sérénité de la raison.

L'homme est une nature libre. Il est doté d'une nature spirituelle positionnelle, en lui, de puissances (c'est-à-dire de facultés) opératives, dont la volonté (l'« *appetitus rationalis* » de l'Aquinate) qui, comme libre, est maîtresse de ses actes. La volonté est par nature invitée à choisir ce qui convient à la nature ou essence de l'homme, laquelle a la raison pour différence spécifique : choisir ce que prescrit la raison, c'est choisir ce que veut la nature. Mais, parce qu'elle est libre, la volonté a le redoutable pouvoir de s'insurger contre l'« *intentio naturae* », par là d'agir contre nature. L'homme peut ainsi être inhumain (ce qui serait impossible si la nature humaine n'existait pas, et c'est pourquoi les pires actes d'inhumanité deviennent possibles en contexte politique inspiré par l'existentialisme), en cela qu'il peut choisir de se rendre inhumain. Il y a certes une grande diversité de cultures, il y a certes certaines incompatibilités entre les cultures (ce qui dispose à penser que les cultures ne sont pas toutes également expressives de l'idéal de la nature humaine), mais il faut honnêtement faire observer, d'abord, que si les cultures qui ne sont pas la nôtre nous interpellent, nous intéressent, voire nous ravissent parfois, c'est parce qu'elles nous parlent *en tant qu'elles ne sont pas la nôtre et n'ont pas vocation à le devenir*. En d'autres termes, c'est parce que nous reconnaissons quelque aspect de nous-mêmes en elles ; elles nous révèlent — en dépit de certaines discordances — quelque aspect de notre nature délaissé par notre manière propre, ethnique, d'individuer notre nature et de l'exprimer dans notre culture ; l'androgyne est monstrueux, contre nature et par là il n'est ni vraiment homme ni vraiment femme, parce que l'accident tient son excellence de l'excellence de la substance qui s'explicite en lui ; si la substance est malade, les accidents qui l'explicitent sont défectueux ; et le métis absolu est à sa miscégénation culturelle ce que l'androgyne est à son sexe indécis, de sorte qu'une telle culture est une sous-culture ; en retour, c'est en étant pleinement masculin que l'homme est véritablement humain, c'est en étant parfaitement féminine que la femme est pleinement humaine ; la nature humaine délaisse en la femme, pour que la femme soit pleinement femme et par là pleinement humaine, les attributs physico-psychologiques de la virilité ; une telle exclusion est légitime, elle est condition d'incarnation de la nature humaine ; mais c'est à raison de cette exclusion ontologique que l'homme et la femme se plaisent ; selon cette analogie, c'est à raison d'une exclusion ethnique (par là raciale et culturelle) relative que les peuples trouvent le moyen de communier spirituellement entre eux, par-delà leurs tensions politiques.

Il faut ensuite confesser que les points communs entre les cultures traditionnelles sont infiniment plus nombreux que les divergences. On peut évoquer, pour l'illustrer, le respect des ancêtres, la piété filiale, la protection de la femme et de l'enfant, le sens de l'honneur, l'invitation à maîtriser ses passions, le sens de la transcendance et du dépassement de soi, le privilège accordé au bien commun, le culte des morts, l'invitation à la loyauté, au respect de la parole donnée, les fonctions tripartites des sociétés : leçon commune à Platon (*République* IV), à Adalbéron de Laon au XIe siècle (*oratores, bellatores, laboratores*), à Georges Dumézil au XXe siècle, mais mise en œuvre, de fait, par toutes les cultures traditionnelles. C'est pourquoi :

« Il existe une justice et une injustice dont tous les hommes ont comme une divination et dont le sentiment leur est naturel et commun, quand bien même il n'existe entre eux ni communauté ni contrat » (Aristote, *Rhétorique*, 1373b). « Il existe une loi conforme à la nature, commune à tous les hommes, raisonnable, éternelle, qui nous commande la vertu et nous défend l'injustice. Cette loi n'est pas de celles qu'il est permis d'enfreindre ou d'éluder ou qui peuvent être modifiées ; ni le peuple ni les magistrats n'ont le pouvoir de délier des obligations qu'elle impose. Elle n'est pas autre à Rome et autre à Athènes, ni différente aujourd'hui de celle qu'elle sera demain. Universelle, inflexible, toujours la même, elle embrasse toutes les nations et tous les siècles » (Cicéron, *de Republica*).

De telles similitudes n'empêchent certes pas les cultures vivantes d'entretenir des rapports antagoniques obligés : si chaque culture est actualisation de soi de la nature humaine se posant comme actuelle en posant la culture en laquelle

elle s'explicite et prend conscience de soi, alors chaque culture est constitutivement une prétention à exprimer le tout de la nature humaine, elle se veut (les résultats de cette intention étant plus ou moins réussis) une projection de valeurs expressives de ce que l'humanité a vocation à être afin d'être véritablement humaine, au point de se vouloir le dévoilement exclusif de ce qu'est l'homme en tant qu'homme, et cela engendre d'inévitables rivalités, des compétitions qui, gravides d'hostilités potentiellement violentes, sont telles qu'elles trouvent dans cette hostilité — de l'aveu même de Claude Lévi-Strauss (cf. *Le Regard éloigné*) — les conditions de leur vitalité, de leur enracinement en elles-mêmes et par là de leur renouvellement : <l'hostilité des cultures représente> « le prix à payer pour que les systèmes de valeurs de chaque famille spirituelle ou de chaque communauté se conservent et trouvent dans leurs propres fonds les ressources nécessaires à leur renouvellement (p. 15) ».

C'est pourquoi le véritable enjeu d'une réflexion contemporaine sur le rapport entre nature et culture est le suivant : ou bien un monde pétri de cultures différentes et fécondes, mais dans un climat qui n'exclut pas la guerre (et il faut bien avouer que toute l'histoire du monde humain est l'histoire des guerres en lesquelles il s'est constitué), ou bien la paix perpétuelle dans un État mondial enjoignant aux cultures qu'il unifie de se relativiser, mais au prix de leur vitalité, par là au prix de leur existence même ; dans un monde homogénéisé et dont on aurait extirpé toute tension culturelle, ne subsisteraient que les préoccupations privées et consuméristes de recherche de biens matériels. Or la mort des cultures est la mort de l'humanité dans l'homme. Tel sera le diagnostic d'un Carl Schmitt : le Politique se définit par le couple ami-ennemi, en ce sens que toute vraie paix (dont le Politique, comme État, est le garant) a la forme d'une victoire sur la possibilité de la guerre (quand bien même cette guerre n'aurait jamais lieu, ce qui est évidemment souhaitable) ; l'amour veut et se consomme dans l'unité des amants, mais l'amour, en tant qu'il est aimable à lui-même et aspire à se maintenir, s'insurge corrélativement contre lui-même en tant que l'unité des amants est suppression de leur dualité, par là destruction de la relation porteuse de cette intentionnalité unitive définitionnelle de l'amour, de sorte que l'amour, comme unité de l'attraction et de la répulsion, n'est possible que comme victoire sur le risque de la haine, et c'est si vrai qu'un amour qui se défait libère une haine, proportionnelle à son intensité, qui n'est autre que ce dont l'amour était le résultat victorieux ; quand donc surgit l'État mondial, supposé garantir la paix perpétuelle, alors est supprimée, avec la possibilité de la guerre, la possibilité du Politique lui-même, puisque ce dernier suppose l'identification de l'ennemi (dans un État mondial, il n'y a plus d'altérité, donc plus d'ennemi) ; c'est alors que l'État mondial se dépolitise et dégénère en administration des choses, mais par là, dépolitisé, il est impuissant à conjurer la discorde qui, généralisée, devient *la guerre de tous contre tous* : la recherche exclusive de biens matériels est celle de biens divisibles et non participables, objectivement porteurs de violence parce que seuls des biens participables jouissent du pouvoir d'unir ceux qui les appètent, en tant qu'ils peuvent, comme spirituels, être tout entiers en chacun sans avoir à être divisés. En substituant l'Économique au Politique porteur de risques d'hostilité et de violences limitées entre des *peuples* (incarnation historique de cultures), on instaure (l'enfer est pavé de bonnes intentions) les conditions d'une haine et d'une violence absolutisées entre *tous les hommes* (réduits à des consommateurs déculturés). L'État mondial est la fin de l'Histoire ; et si (ce qu'à Dieu ne plaise), à la fin de cette Histoire, une autre Histoire *terrestre* est possible, on peut affirmer dès aujourd'hui qu'elle sera *inhumaine*.

Cela dit, s'il existe *une* nature humaine, quand fleurissent *des* cultures, c'est qu'elles sont chacune inégalement expressives des perfections de la nature humaine ; mais alors, quelle est la meilleure d'entre elles (toute mesure qualitative se fait à partir d'un maximum) ?

On l'a déjà dit plus haut : la nature s'exprime le plus excellemment dans la culture qui thématise ou définit adéquatement le rapport de la nature à la culture, à savoir la culture qui développe une philosophie explicite réellement distincte de la pensée mythique et religieuse, et telle est la pensée gréco-latine, prolongée dans les temps modernes par l'esprit germanique, soit, encore, la pensée occidentale.

Il convient de distinguer, dans les cultures, entre ce qui relève de l'essence et ce qui ressortit à l'accident : la pluralité des manières de s'habiller dépend des climats et des goûts, mais l'autorité du père ou de la mère dans la société et la famille et n'en dépend pas, elle est fixée par la nature. Ce qui fait la nature humaine, c'est le désir d'infini (car la réflexivité du désir le rend infini) et la raison en quête de causes premières : l'homme est un animal métaphysique (Schopenhauer) et religieux, il est appelé (ce que révèlent toutes les cultures, mais plus ou moins parfaitement), par la volonté, à l'infini du bien et, par la raison, à la recherche de Dieu, et cette fin dernière est en droit le principe de hiérarchie des autres biens.

En tant que représentation paradigmatique de ce que l'homme pense devoir être, en tant qu'« extra-position » inchoative de son essence, la culture se veut telle une représentation de sa cause, car l'essence a raison de cause. Il en résulte deux conséquences.

Tout d'abord, il existe nécessairement *des* cultures. S'il existait une culture unique pour tout le genre humain, elle serait la projection exhaustive des virtualités de la nature humaine ; elle serait l'extériorisation totale de leur intériorité, mais par là, en elle, le genre humain accuserait réception du fait qu'il est parvenu à la fin de l'Histoire, et la vocation de l'homme ne serait plus terrestre. Toute l'histoire, tout le devenir individuel et collectif du genre humain n'est autre, en effet, que le long processus à raison duquel l'homme devient ce qu'il est, tend à se rendre adéquat à son essence, à sa nature.

D'autre part, en tant que représentation de sa cause essentielle, la culture fait mémoire de la Cause première en laquelle surexistent les essences comme autant d'Idées créatrices. Et c'est pourquoi, en dernier ressort, toute culture s'achève — s'accomplit et se supprime, ainsi se sublime — en préoccupations religieuses. On dépasse l'antagonisme — obligé, on a vu pourquoi — entre les cultures en se référant, sans abandonner sa culture particulière, soit au même Dieu, ainsi en adoptant la même religion, soit dans le collapsus de toute humanité par abandon de soi-même aux forces consuméristes :

« Ce qui se perd, c'est tout ce que l'homme avait acquis, conquis sur soi-même, tout ce qui était hiérarchie, mœurs, discipline, et il ne reste, à la place, que la monotonie des appétits. (...) Ce ne sont point les différences qui disparaissent, mais la variété, c'est-à-dire l'expression pacifique, esthétique, heureuse de ces différences ; elles ne subsistent que dans ce qu'elles ont de rude et d'ingrat. (...) Des communications plus rapides ont abrégé toutes les distances, mais on n'a jamais si bien vu que certains facteurs, quel que puisse être leur pouvoir de destruction, sont incapables de rien susciter, dans l'ordre qui les dépasse. Ces enchevêtrements d'intérêts, dont on attendait paresseusement tant de résultats pour les mœurs, n'ont réussi qu'à faire des voisins plus ennemis. Le monde s'unifie, il ne s'unit pas » (Abel Bonnard, *En Chine*, 1924, Fayard).

On doit tirer de ces deux remarques la conséquence suivante : la vérité de la culture (au sens où la fleur est « vérité » du bourgeon) n'est pas culturelle mais religieuse. Et c'est en tant que le souci religieux excède l'ordre culturel qu'il est possible de le satisfaire dès ici-bas : si la culture d'une humanité politiquement unifiée est impossible, est en retour possible sur Terre le service de ce en quoi s'excède l'ordre culturel lui-même, celui d'une religion universelle, qui est la religion catholique.

Mais c'est en tant qu'antonyme, non de la culture, non de ce qui est violent, mais de la surnature, que la notion de nature devient complexe au point d'en appeler à l'urgence vitale d'un éclaircissement qui, peut-être, n'a pas encore été élaboré de manière vraiment satisfaisante. Il vient d'être rappelé que la culture expressive de ce qu'est la nature est la culture occidentale. Il s'agit évidemment de la pensée occidentale considérée dans les moments de son histoire antérieurs à ce processus d'auto-intoxication (*corruptio optimi pessima*) par lequel elle s'est rendue décadente en faisant d'elle-même le principe de corruption (la chose est aujourd'hui en passe d'être achevée) de la Terre entière. L'homme d'Occident, en tant qu'homme de Chrétienté, fut invité à jouir de bienfaits surnaturels, de dons surélevant sa nature, l'invitant sous ce rapport à s'arracher à sa nature pour s'ordonner à la surnature. Le terme d'un mouvement a raison de fin en laquelle le mobile se repose ; comme l'enseignent Aristote et saint Thomas, le mot « fin » a deux sens, à savoir le but lui-même, et l'être pour lequel il est un but, tels par exemple — pour un mobile exerçant un mouvement local — le lieu et l'acte de se reposer dans le lieu ; s'il existe une surnature que, par grâce, l'homme serait invité à poursuivre, il sera par là sommé de quitter le repos de son terme naturel ; et ce nouveau départ se dispense d'être vécu tel un arrachement contre nature si et seulement si se révèle adéquatement thématisé le point d'articulation entre nature et surnature : le « *terminus ad quem* » de la nature doit être pensé tel le « *terminus a quo* » de la surnature, afin de préserver la nécessaire rupture entre les deux ordres, qui seule les rend incommensurables et garantit tant la gratuité de la grâce que la transcendance de Dieu, tout en assurant la continuité entre les deux ordres (la convenance de la nature à l'égard de la grâce), qui ne contraint pas l'homme à être déchiré entre deux fins ; le **surnaturalisme** (toute doctrine qui rend conflictuel le rapport entre nature et grâce) exténue les ressources naturelles en les oblitérant, par là exténue la surnature elle-même en détruisant le sujet de la grâce ; et le naturalisme étouffe l'élan surnaturel en faisant se replier la nature sur sa finitude, mais il fait s'adultérer la nature elle-même en la privant de ce qui la restaure ; si, au reste, le « *terminus ad quem* » du fini est bien « *terminus a quo* » de l'infini, alors, en se soustrayant à la surnature, le naturalisme fait corrélativement se refuser la nature à son entéléchie propre (puisque c'est en cette dernière que prend racine la surnature), c'est-à-dire en dernier ressort à elle-même ; le naturalisme est contre nature. La pensée occidentale n'a pas été capable d'exhiber un concept philosophiquement satisfaisant de cet hymen entre le fini et l'Infini (la surnature est bien la nature même de Dieu), requis pour expliquer que l'Infini puisse s'approprier au fini sans cesser d'être infini, et pour expliquer que le fini puisse être investi par l'Infini sans cesser d'être fini, et de demeurer fini afin, tout simplement, d'être et de ne se point défaire, s'il est vrai que ce qui limite une chose est aussi ce qui la définit. L'âme occidentale, par défaut de pugnacité rationnelle, en a contracté une mauvaise conscience qui l'a rendue malade, renvoyée dialectiquement, de manière indéfinie, du surnaturalisme au naturalisme, et vice versa. C'est le naturalisme qui triomphe aujourd'hui, et qui triomphe jusque dans l'Église depuis qu'elle s'est rendue perméable aux infiltrations modernistes devenues majoritaires depuis Vatican II ; un tel naturalisme ne rencontre en face de lui, pour l'enrayer, qu'un surnaturalisme polymorphe bien intentionné mais inefficace en tant que dialectiquement complice de ce qu'il entend combattre, en attente d'une solution satisfaisante au problème — thématisé pour lui-même au XVIe siècle — du point de suture entre nature et grâce.

Considérée non seulement en elle-même mais dans sa relation à la surnature, la notion de nature — en particulier celle de nature humaine — demeure grevée d'une obscurité permettant encore à tous les sophistes d'en travestir le concept, et par là d'oser toutes les dispositions leur donnant licence de dénaturer le genre humain. Le grand problème — inaperçu, et même nié par ceux qui auraient le plus grand intérêt à le voir se dissoudre — de notre temps, dont la résolution, riche du pouvoir d'exalter le surnaturel sans verser dans le surnaturalisme, aurait peut-être encore la puissance de renverser le cours de la décadence, peut être formulé comme suit : **que doit être le fini pensant, pour être à même de se maintenir en sa finitude dans l'acte d'être infinitisé par l'acte — réellement distinct du premier mais auquel le premier puise pour être lui-même — à raison duquel l'infini s'habilite à assumer le fini sans cesser d'être infini ?**

SEPTIÈME DEVOIR
— dissertation —

Parler n'est-ce pas toujours, en un sens, donner sa parole ?

Donner sa parole, c'est prêter serment, c'est engager sa vie intérieure, c'est accepter de rendre dépendant de ce que l'on profère *ad extra* le destin de la réalité secrète de son âme, c'est risquer la crédibilité — à ses propres yeux et aux yeux d'autrui — et l'intégrité de son Moi dans ce qu'on rend public par le langage. En effet, ne pas respecter sa parole, ainsi se parjurer, c'est au fond renoncer à son droit d'être libre, c'est confesser malgré soi que sa volonté n'est pas véritablement maîtresse de ses actes, puisque, aussi bien, la liberté de l'auteur d'un serment se risque en ce dernier, elle se lie, elle décide souverainement de ne pas se reprendre, elle renonce librement à elle-même, elle s'affirme dans sa négation, ce qui est le mode le plus radical d'exercer sa liberté, c'est-à-dire la puissance de sa souveraineté sur soi-même, cependant que le mode d'exercice de la liberté ne peut être que radical, à peine de remettre en cause la liberté d'un tel acte : si la liberté n'est pas libre d'elle-même, elle n'est pas liberté ; et être libre d'elle-même consiste pour la liberté à faire l'épreuve de son pouvoir de subsister jusque dans l'acte de se tuer, à réduire sa mort à un moment de sa vie, à prouver par là qu'on est au-delà de la mort, au-delà de toute limite, et de ce fait infini. La liberté est infinie ou n'est pas, non comme liberté de faire, mais comme autodétermination : ce qui s'autodétermine est ce qui se donne sa limite, ce qui à ce titre n'a pas de limite, et il y a bien quelque chose d'infini dans l'acte libre ; il peut y avoir des degrés dans la responsabilité, comme l'admettent presque tous les moralistes, mais l'acte d'élection est tout entier ce qu'il peut être, de sorte qu'il est absolument, ou n'est pas. Dès lors, celui qui ne respecte pas sa parole est celui qui prouve par là que sa liberté est impuissante à s'engager sans retour, incapable de s'affirmer dans sa négation, incapable de s'exercer selon son concept. Donner sa parole, c'est consentir à être jugé, lors du Jugement dernier (quand l'intimité de chacun et ses actes secrets seront dévoilés), sur ce qu'on a dit.

Sous ce rapport, donner sa parole est une manière privilégiée d'éprouver et d'attester l'authenticité de sa liberté. Donner sa parole, cela évoque l'idée de donner sa volition, et c'est là l'opération par laquelle la volonté non seulement s'actualise dans une volition, mais s'interdit de la remettre en cause, de la reprendre par-devers soi ; on pourrait, s'agissant d'un interdit, y voir une limitation de la liberté, mais c'est bien plutôt le contraire que la volonté entend signifier par là : lorsque l'intellect pose un jugement, il peut critiquer — ainsi juger — son jugement, et saint Thomas voit dans cette réflexivité une preuve de la liberté de l'intellect (avoir pouvoir sur ses actes en se réservant la licence de les reprendre, c'est n'être pas nécessité à les poser, c'est être maître de ces derniers) ; mais il faut aussi y voir une déficience de ce jugement, dans la mesure où un jugement susceptible d'être repris avoue par là qu'il n'était pas posé comme une absolue certitude, l'expression d'une évidence indubitable, tel un savoir qui sait qu'il sait ; en retour, une volonté qui peut remettre en cause les actes qu'elle pose, est une volonté qui s'avoue incapable d'accéder à la certitude absolue d'avoir vraiment voulu ce qu'elle voulait, et en cela une volonté qui s'investit dans un acte rédhibitoire entend signifier l'absolue certitude de son choix, l'absoluité de cette volition (« je veux cela absolument », c'est-à-dire : « je veux absolument en exerçant cet acte, je le veux de manière tellement plénière que j'exclus de changer d'avis ») ; or la liberté de la volonté est d'autant plus parfaite que l'élection est plus éloignée de la velléité, laquelle est inchoative à la mesure de son indécision. Donc la volonté est d'autant plus libre qu'elle est plus apte à s'engager sans retour, et tel est bien le sens des serments de fidélité éternelle que se font les fiancés soucieux, dans l'acte héroïque du mariage, de vivre un amour absolument libre, c'est-à-dire absolument amoureux : la manière la plus profonde d'aimer est de vouloir, car d'une part le vouloir est la tendance vers le bien suscitée par la connaissance intellectuelle, celle qui saisit l'être et n'en reste pas aux apparences sensibles, d'autre part la volonté est libre ; la liberté de l'amour, qui lui est sous ce rapport consubstantielle, à toute distance de « l'amour libre » des concubins incapables de s'engager, est l'amour même vécu dans le risque courageux de la fidélité. Et il est remarquable de constater que, pour signifier qu'on donne sa volition, on dit qu'on donne sa parole, comme si la vie intérieure ou spirituelle était intrinsèquement dépendante de l'acte de son extériorisation dans des mots, ou encore comme si le mot n'était pas le simple véhicule de la pensée transportée par lui pour aller au dehors, mais le constitutif de l'intériorité même. La liaison entre parole donnée et liberté apparaît avec éclat lorsqu'on s'aperçoit que donner sa parole est un acte performatif. Le philosophe contemporain John Landshaw Austin (1911-1960) est l'auteur d'un ouvrage fameux (*How to Do Things with Words*, restitué comme suit : *Quand dire, c'est faire*) dans lequel il met en évidence l'usage performatif du langage : tous les énoncés ne sont pas « constatifs », certains sont « performatifs ». Les énoncés constatifs sont susceptibles d'être vrais ou faux, selon que leur sens exprime une idée qui est ou non conforme à la réalité ; les énoncés performatifs constituent l'acte auquel ils se réfèrent, tel le « je vous prends pour femme », « je vous déclare mari et femme », ou encore « je donne ma parole sur tel ou tel point » : non seulement je dis ce que je fais (je dis que je donne ma parole, que je fais un serment), mais encore je fais ce que je dis par l'acte même de le dire ; dans un énoncé performatif, le sens de l'énoncé pose la réalité de ce qu'il signifie. Ce qui revient à dire que la pensée formulant un tel énoncé crée ce qu'elle signifie, et rien n'est plus libre qu'un tel acte : ce n'est plus la réalité qui se fait choisir par une volonté la présupposant, ainsi dépendante de son objet ; c'est la volonté qui fait être ce qu'elle choisit par là qu'elle le choisit, de telle sorte que c'est l'objet du choix qui est dépendant de la volonté se révélant souveraine sur son objet à raison de cette dépendance même. Or parler est un acte de liberté car, en libérant sa pensée, l'esprit se libère d'elle, s'habilite à la juger, par là à la dominer ; de surcroît, s'il est vrai que l'esprit n'est autre que la pensée même, il faut dire que, en parlant, la pensée se libère d'elle-même, et derechef s'éprouve en son absoluité à raison de son aptitude à se maintenir auprès de soi dans l'acte de se délester de soi, ce qui est la définition même de la liberté ; puis donc que donner sa parole et parler s'enracinent dans le même acte de liberté, c'est que parler est toujours, d'une certaine façon, donner sa parole.

Pourtant, donner, c'est aliéner ce qu'on possédait, c'est se défaire sans retour de ce que l'on cède, sans possibilité de le recouvrer : « donner et retenir ne vaut ».

Or parler consiste à livrer sa parole, à se déposséder de cette dernière, à la libérer de soi en lui demeurant lié, à s'en faire dépendre, cela revient à se déposséder de sa liberté pour la faire s'exercer par cette parole en laquelle on renonce à soi-même, comme on le voit dans le fait de lui donner une vie indépendante de celle de son auteur, à la manière d'un livre publié qui se met à vivre d'une vie propre sur laquelle l'auteur n'a plus aucune prise : les lecteurs font ce qu'ils veulent de ce que l'on écrit, ils le comprennent comme ils l'entendent, le livre signifie pour eux quelque chose en quoi l'auteur ne se reconnaît pas toujours, et l'écrit, sous ce rapport, contracte un pouvoir de causalité qui n'avait été ni prévu ni même possédé par l'écrivain. Mais c'est dans une certaine mesure ce qui se produit chaque fois que nous ouvrons la bouche ; un magnétophone peut nous enregistrer : nos propos ne nous appartiennent plus ; et la mémoire de ceux qui nous écoutent s'exerce comme un magnétophone, elle retient ce que parfois nous eussions aimé n'avoir jamais dit, les paroles envolées ne se rattrapent jamais ; et cette même mémoire d'autrui peut déformer notre pensée à jamais en la transmettant de manière erronée. Parler, sous ce rapport, est toujours donner sa parole, mais au sens d'aliéner sa liberté en elle, en tant que renoncement de la pensée à la maîtrise de sa communication et de son usage. Dans le même ordre d'idée, si « donner sa parole » est un énoncé performatif à ce titre expressif de la liberté de celui qui l'exprime, il est bien clair que toute parole humaine n'est pas performative, autrement la pensée serait créatrice de tous les objets qu'elle pense, y compris d'elle-même puisqu'elle se pense ; et si donner sa parole est formuler un serment, il est clair qu'on ne s'engage pas par serment chaque fois que l'on ouvre la bouche, et sous ce rapport, encore, parler n'est pas toujours ou nécessairement donner sa parole.

On voit donc ici poindre une première problématique : qu'en est-il de l'essence du langage, pour rendre raison du fait qu'il est l'opérateur tant de l'actualisation de notre liberté que d'aliénation de cette dernière ?

Cela dit, plus généralement, et plus profondément peut-être, parler consiste à incarner sa pensée dans la matière des sons et des signes, c'est faire d'elle une âme informant un corps sonore, c'est conférer un mode d'existence objectal à sa vie subjective, c'est « signi-fier » sa pensée, la convertir en chose, aliéner le sens intelligible en signe matériel, mais, ce faisant, c'est donner à la pensée de s'objectiver, de se faire objet pour elle-même, par là de se penser elle-même et donc de penser tout simplement, s'il est vrai que savoir est savoir qu'on sait. De surcroît, « au commencement était le Verbe » : la parole convertit à l'universalité, ainsi à la nécessité, la facticité de ce qui est contingent, ainsi de ce qui n'est pas ontologiquement consistant, qui se contente d'avoir (sans l'être) un être qu'il peut perdre ; la parole confère existence par soi, ou plutôt fait exister pour soi ce qui est le principe essentiel de la réalité, elle est « signi-fication » des essences, des Réalités idéelles normatives du réel ; elle objective (par là rend réelle) cette identité de l'intellect et de l'intelligible en quoi consiste l'intellection, et de ce fait elle actualise la vie la plus intime et la plus pénétrante de la pensée abstractive. L'homme est homme parce qu'il pense, et les penseurs communiquent entre eux non tant par le dévoilement privé de leurs misères sociales, domestiques, physiques ou affectives, que par leurs livres dont l'impersonnalité contient pourtant le secret le plus précieux de leur cœur. Et l'amant pourra allonger indéfiniment la série des adjectifs par lesquels il entend approprier à la singularité de son objet d'amour l'expression par laquelle il le nomme, une telle expression formée de mots par soi universels sera toujours susceptible d'être attribuée à d'autres objets d'amour ; pour cette raison, Guillaume Apollinaire, rédigeant des poèmes pour ses conquêtes féminines, se contentait parfois de changer le prénom dans le titre du poème destiné à l'une, pour trouver ce poème tout à fait congru à l'hommage rendu à une autre conquête. Mais cela n'empêche pas un tel message de susciter un état ineffable dans l'âme du récepteur, et ce n'est possible que si l'universel est porteur, en tant que cause, des vertus de son effet, soit : l'universalité propre au langage est riche des singularités qu'elle affecte, elle n'est pas cette grossière ébauche du caractère insubstituable du singulier, elle est ce qui fait la richesse même du singulier. L'expression d'un état supposé ineffable trouve dans sa forme universelle les conditions non seulement de sa diffusion, mais encore de sa constitution.

Le vrai problème enveloppé par le sujet, dont la résolution rendra aussi raison du rapport problématique entre liberté et langage, est ainsi le suivant :

Quand elle se fait langage, quand elle contracte une existence objective déconnectée de l'activité subjective qui la profère, la pensée (intellection ou décision) s'engage-t-elle en la parole au point de se faire dépendre d'elle (la parole est alors le sceau de la pensée, on répond de ce que l'on dit) ? Ou au contraire la parole n'est-elle pas seulement l'écume aléatoire ou le véhicule neutre d'une pensée qui jamais ne s'investit véritablement en elle ? Livrons-nous notre vie intérieure, risquons-nous notre pensée profonde et notre liberté dans nos paroles, ou bien avons-nous des paroles pour masquer notre pensée ? La parole confère aux idées du locuteur une existence indépendante que le locuteur se rend incapable de reprendre (les paroles envolées ne se rattrapent jamais), tout comme quand on donne sa parole (d'honneur) ; et en même temps la parole est l'opérateur privilégié du mensonge, où la pensée s'habille de mots en lesquels elle se travestit intentionnellement, et de manière efficace en tant qu'elle fait un leurre de ce par quoi elle a vocation à se manifester ; il faut alors se demander si la parole masque ou réduit la pensée ou n'en livre que la surface, ou bien si elle est le principe nécessaire de son actualisation. Si la première hypothèse est vraie, il faut alors confesser qu'il existe de l'ineffable ; il faudra dire, en ironisant sur l'insignifiance des « paroles verbales », que « parler n'engage à rien », que « les actes valent plus que les paroles », et que, de manière générale, le mot n'étant qu'une traduction de l'idée, les paroles qui traduisent la pensée la trahissent par là qu'elles la traduisent : « *traduttore, traditore* » ; si la vérité est du côté de la seconde hypothèse, il est nécessaire alors de reconnaître que le mot est non seulement ce qui donne à la pensée son existence la plus haute, mais ce qui donne à l'être pensé son mode d'existence le plus réel. **Qu'en est-il du rapport entre pensée et langage pour expliquer que la parole soit à la fois l'expression la plus impersonnelle et, sous ce rapport, la moins intime, la moins réelle de la vie subjective, tout en étant aussi la condition de constitution de la vie la plus intime de la pensée ?** Donner sa parole, n'est-ce donner *que* sa parole, ou bien est-ce *se* donner sa pensée — la faire être — en la faisant parole ?

Considérons l'enseignement suivant d'Henri Bergson, dans son *Essai sur les données immédiates de la conscience* :

« Chacun de nous a sa manière d'aimer et de haïr, et cet amour, cette haine, reflètent sa personnalité tout entière. Cependant le langage désigne ces états par les mêmes mots chez tous les hommes ; aussi n'a-t-il pu fixer que l'aspect objectif et impersonnel de l'amour, de la haine, et des mille sentiments qui agitent l'âme. Nous jugeons du talent d'un romancier à la puissance avec laquelle il tire du domaine public, où le langage les avait ainsi fait descendre, des sentiments et des idées auxquels il essaie de rendre, par une multiplicité de détails qui se juxtaposent, leur primitive et vivante individualité. Mais de même qu'on pourra intercaler indéfiniment des points entre deux positions d'un mobile sans jamais combler l'espace parcouru, ainsi, par cela seul que nous parlons, par cela seul que nous associons des idées les unes aux autres et que ces idées se juxtaposent au lieu de se pénétrer, nous échouons à traduire entièrement ce que notre âme ressent : la pensée demeure incommensurable avec le langage. »

Comme on le voit, Bergson procède à une critique du langage, et tente d'établir que la pensée est incommensurable au langage : elle le transcende, elle ne saurait être enfermée par lui, elle et lui n'admettent aucune mesure commune, ce qui revient à dire que le langage échoue structurellement, ou par essence, à exprimer la pensée dans sa vitalité et dans ses nuances. C'est pourquoi Bergson développe ailleurs la théorie du « mot-étiquette », selon laquelle nous ne retenons des choses que leur aspect utilitaire et par là générique, à savoir l'usage que nous en attendons :

« Nous ne voyons pas les choses mêmes ; nous nous bornons, le plus souvent, à lire des étiquettes collées sur elles. Cette tendance, issue du besoin, s'est encore accentuée sous l'influence du langage. Car les mots (à l'exception des noms propres) désignent des genres. Le mot, qui ne note de la chose que sa fonction la plus commune et son aspect banal, s'insinue entre elle et nous, et en masquerait la forme à nos yeux si cette forme ne se dissimulait déjà derrière les besoins qui ont créé le mot lui-même. Et ce ne sont pas seulement les objets extérieurs, ce sont aussi nos propres états d'âme qui se dérobent à nous dans ce qu'ils ont d'intime, de personnel, d'originalement vécu. Quand nous éprouvons de l'amour ou de la haine, quand nous nous sentons joyeux ou tristes, est-ce bien notre sentiment lui-même qui arrive à notre conscience avec les mille nuances fugitives et les mille résonances profondes qui en font quelque chose d'absolument nôtre ? Nous serions alors tous romanciers, tous poètes, tous musiciens. Mais, le plus souvent, nous n'apercevons de notre état d'âme que son déploiement extérieur. Nous ne saisissons de nos sentiments que leur aspect impersonnel, celui que le langage a pu noter une fois pour toutes parce qu'il est à peu près le même dans les mêmes conditions, pour tous les hommes. Ainsi, jusque dans notre propre individu, l'individualité nous échappe. Nous nous mouvons parmi des généralités et des symboles, comme en un champ clos où notre force se mesure utilement avec d'autres forces ; et, fascinés par l'action, attirés par elle, pour notre plus grand bien, sur le terrain qu'elle s'est choisi, nous vivons dans une zone mitoyenne entre les choses et nous, extérieurement aux choses, extérieurement aussi à nous-mêmes » (*Le Rire*).

C'est pourquoi, tout autant, Bergson met l'intuition au-dessus du concept, et en ce sens il est permis de reconnaître en Bergson un nominaliste : le langage fige, il est artificiel, il ne désigne que des généralités, il ne désigne que ce qu'il y a de fixe et de commun dans les réalités qui se ressemblent, il laisse échapper l'individuel et le mouvant : « Chacun a sa manière d'aimer et de haïr, cependant le langage désigne ces états par les mêmes mots chez tous les hommes » ; les mots galvaudent la pensée. Bergson est le philosophe de l'intuition : « Intuition signifie d'abord conscience, mais conscience immédiate, vision qui se distingue à peine de l'objet vu, connaissance qui est contact et même coïncidence » (*La Pensée et le Mouvant*). « On appelle intuition cette espèce de sympathie intellectuelle par laquelle on se transporte à l'intérieur d'un objet pour coïncider avec ce qu'il a d'unique et par conséquent d'inexprimable » (*Revue de métaphysique et de morale*, 1903, p. 3). L'intuition est « l'instinct devenu désintéressé ». Elle est « la faculté de voir immanente à la faculté d'agir qui jaillit, en quelque sorte de la torsion du vouloir sur lui-même » (*Évolution créatrice*). Son objet est la durée : « L'intuition est ce qu'atteint l'esprit, le mouvement pur » ; « penser intuitivement est pensée en durée » ; au terme de l'effort intellectuel, on obtient une conscience durante identique à la durée consciente, une conscience du flux identique au flux de la conscience ; la durée est l'étoffe des choses et a son type de vie dans la conscience, elle se retrouve partout où il y a de la vie, la matière est la retombée de l'élan vital.

La critique qu'il propose de l'appauvrissement de la vie spirituelle ne concerne pas seulement les sentiments, elle concerne aussi les idées. Hegel aurait vu, dans l'impossibilité où nous sommes parfois de dire ce que nous pensons, un défaut non du langage mais de la pensée incapable de passer de la puissance à l'acte, de sortir de son « état de fermentation » ; au contraire Bergson y voit un défaut du langage lui-même. Notre personnalité entière se reflète dans nos états d'âme, or notre personnalité est unique, donc chacun de nos états d'âme l'est aussi ; or il n'existe qu'un mot, dont le sens est universel, pour dire le singulier ; donc le mot est inadéquat au réel. Le mot ne fixe que l'aspect impersonnel de nos sentiments ; Bergson ne nie pas que cet aspect soit réel, il enseigne que réduire notre sentiment à lui est éminemment appauvrissant. Certes, le talent du romancier peut restituer aux sentiments et aux idées — que l'usage courant du langage dont on use pour les désigner avait rendus vides — leur ineffabilité, ainsi leur richesse, leur unicité. Mais ce n'est là en dernier ressort qu'une entreprise avortée, qui n'invalide pas le jugement final qu'il porte sur le langage. En effet, c'est par une série de détails juxtaposés que l'artiste du verbe tente d'individualiser l'universel, ainsi par une série de mots. Individualiser l'universel revient à rendre réel ce qui était réduit à une notion générale, ainsi à le rendre vivant : la notion générale est pour lui la mort de ce à quoi elle se réfère, autant dire sa disparition ou sa négation ; le mot ne restitue que le souvenir évanescent de ce à quoi il se réfère. La suite de l'explication est très intéressante, en ce qu'elle permet de discerner, dans sa critique du langage, sa conception du réel lui-même. Bergson procède en effet à une analogie. Entre les deux positions d'un mobile, on pourra intercaler autant de points que l'on voudra, on ne comblera jamais l'espace parcouru, lequel comporte une infinité de points ; plus précisément, on pourra prendre autant de photographies du parcours d'un mobile, on ne restituera pas le mouvement ou le processus lui-même ; on voudra bien noter que le propre d'un processus est que le mobile est tout entier et non totalement en chacune de ses phases. De même, par cela seul que nous parlons en associant des mots (le point étant au mobile ce que le mot est à la pensée) dont chacun renvoie à une idée, ainsi à un concept, à quelque chose de fixe, nous échouerons à traduire ce que notre âme ressent, et cela *parce que ces idées se juxtaposent au lieu de se pénétrer* : elles ne restitueraient notre état d'âme que si de telles idées se pénétraient, fusionnaient, formaient une unité dans la pluralité, à la manière dont un état d'âme est un, sans cesser d'être mobile et divers, au point de se confondre avec son devenir même ; qu'est-ce à dire, sinon que ce que ressent notre âme est un processus, telle une mélodie qui est une en tant qu'elle est un devenir, c'est-à-dire quelque chose dont les notes ne se succèdent qu'en se compénétrant les unes les autres ? Est devenir ce dont les parties se succèdent, ainsi se distinguent, sans cesser de s'identifier les unes aux autres, ce qui fait de ces parties — en vérité — des moments ; et il n'est possible d'obtenir cette identité dans la différence que si le tout ou l'unité des parties est tout entier immanent à chaque partie sans l'être totalement : en tant qu'il est tout entier en chaque partie, il fait que toutes les parties coïncident avec chacune, et en tant qu'il ne l'est pas totalement il peut être immanent à chaque autre, ainsi faire que les parties se distinguent les unes des autres ; or cette identité dans la différence, condition de l'immanence du tout à ses parties, n'est possible que si le tout dont il est question, cette unité qui fait fusionner ses états sans cesser de les distinguer, est un devenir, un processus. Dès lors, le présupposé implicite de Bergson est que l'état d'âme ou l'idée vivante, c'est-à-dire la pensée même, est processus ; et si cette pensée est fidèle au réel, vraiment expressive de ce qui est, c'est que le réel lui-même est devenir. On retrouve bien là le mobilisme bergsonien. L'individu réel est l'individuation de l'universel entendue comme acte de devenir son individualité. Être, c'est mûrir, c'est devenir, et l'immobile n'est qu'une abstraction opérée sur le devenir qui seul est réel. Il est dès lors permis de reformuler la thèse de Bergson : l'existant, le réel, est à la fois individuel et devenir ; or le concept est universel et immuable, donc le concept est inadéquat au réel ; or le mot est l'expression ou l'incarnation de l'universel ; donc le mot est, dans son essence, inadéquat au réel, qu'il s'agisse de la réalité intérieure de nos états d'esprit, ou de la réalité extérieure des choses. Et c'est pourquoi en dernier ressort la durée ou étoffe du devenir qui seul est réel est à la fois l'étoffe de notre vie psychique et l'étoffe des choses ; la conscience durante est durée consciente, la conscience du flux est le flux de la conscience, et le flux dont on a conscience est le flux de la conscience elle-même ; la matière est du psychisme inverti.

La difficulté essentielle de la position de Bergson est la même que celle que dénonçait Hegel chez les empiristes et les nominalistes : ils critiquent les mots en employant des mots, ils dénoncent conceptuellement la vacuité des concepts, ce qui est une contradiction « *in actu exercito* ». Les enjeux sont : les conséquences du nominalisme (un scepticisme compensé par un élan fidéiste), l'incommunicabilité de la pensée, l'impossibilité d'une authentique métaphysique (recherche des essences paradigmatiques ayant raison de causes de l'être et du devenir de ce dont elles sont les essences), la négation de toute nature humaine, un panthéisme latent ; Dieu est devenir en tant que vie, Dieu se confond avec l'élan vital qui est durée, par là qui coïncide avec ce qu'il y a de vivant dans le réel. Si l'être est devenir, alors, du fait que le devenir est, il résulte que le devenir devient ; or devenir est passer d'un contraire à un autre ; aussi, si le devenir devient, il se résout en immobilité pure ; identifier l'être au devenir revient dialectiquement à exclure le devenir de l'être : Héraclite se résout dans Parménide.

SEPTIÈME DEVOIR

Et le monisme immobiliste parménidien est intenable, qui nie le devenir et la diversité, mais qui signifie cette négation dans un discours dont l'exposition est elle-même un devenir, et admet elle-même des parties, ainsi une diversité qui, si le parménidisme est pris au sérieux, est telle que ses parties doivent être reçues comme autant d'illusions, et ainsi comme illusoires les significations dont de telles illusions sont porteuses. *A contrario*, le langage ne saurait être inadéquat à la pensée qui, pour cette raison, loin de se contenter d'être traduite en mots, s'investit et se risque dans le langage, se livre à découvert en lui.

Quelque peu éclipsé par le génie de Joseph de Maistre, Louis de Bonald (1754-1840) est un grand représentant du traditionalisme politique, le théoricien légitimiste du retour à la monarchie : la raison humaine est incapable de parvenir à la vérité par ses propres moyens purement naturels. Toute philosophie vraie doit nécessairement commencer par un acte de foi en certaines vérités principielles qui ne peuvent parvenir à l'homme que du dehors, c'est-à-dire de l'autorité de Dieu, puis de la Tradition, enfin du consentement universel (Lamennais, autre Traditionaliste, s'en souviendra, en faveur de l'idée démocratique). Or, pour démontrer la pertinence du traditionalisme, il se réfère au langage : si les langues contemporaines ont une histoire qui permet de les expliquer, on ne peut remonter à l'infini dans le temps et expliquer telle langue par telle autre ; il faut bien en venir à l'idée d'une langue primitive qui sera tenue pour la matrice de toutes les langues. Or il est impossible, selon lui, d'inventer une langue *ex nihilo*, parce que, selon son mot fameux, « il faut penser sa parole avant de parler sa pensée ». Si le mot se contentait de représenter des corps physiques, des objets singuliers, peut-être la formation des images suffirait-elle à rendre raison de la genèse d'une langue ; mais aussitôt qu'on avance dans les progrès de l'abstraction, en particulier dans les domaines de la moralité, du droit et de la vie sociale, cette solution devient irrecevable. En effet, de telles idées non seulement sont universelles alors que chaque réalité est singulière, mais encore elles sont un sens auquel rien de sensible ne peut correspondre puisqu'elles sont non le reflet de ce qui est, mais se présentent comme la norme de ce qui doit être, telles les exigences immanentes auxquelles chaque singulier doit se conformer pour continuer à subsister (un corps malade a vocation à périr). Or le devoir-être, comme loi intérieure au réel qui lui est toujours plus ou moins inadéquat (et c'est pourquoi il se dégrade et périt toujours), échappe à la connaissance sensible. Donc les idées universelles ne sauraient, en tant qu'universelles, être cueillies dans la réalité matérielle et contingente, elles doivent commencer par exister dans et comme des mots, seule manière pour une idée d'exister quand elle n'est pas réalisée, et c'est par le moyen des mots — transmis par l'éducation — que de telles idées sont communiquées aux hommes ; or l'éducation elle-même a bien un commencement ; on ne peut remonter à l'infini dans la série des transmetteurs d'information, car même infinie la série n'est pas raison suffisante de l'information qu'elle transmet ; il faut donc bien en ultime ressort que les mots aient été communiqués par Dieu, d'où l'idée de « législation primitive ». Les hommes ne sauraient inventer la langue porteuse des mots habités par les idées qu'ils transmettent, car toute invention suppose réflexion, effort, labeur, pensée, quand toute pensée suppose maniement d'idées qui, précisément, ne sont communiquées à l'homme que par des mots. Certes, le mot, dans sa réalité physique ou matérielle, ne crée pas — contre Condillac — l'idée qui doit bien préexister à l'état potentiel dans l'esprit du nouveau-né, mais le mot est condition *sine qua non* d'actualisation de cette virtualité. Toute vie sociale et même individuelle est selon Bonald vouée à l'échec aussitôt qu'elle refuse la Tradition, car d'une part aucun individu ne jouit d'une intelligence suffisante pour accéder au vrai en quelque domaine que ce soit, et, quand bien même il en existerait, aucun ne jouirait de l'autorité suffisante pour faire reconnaître le bien-fondé de ses conclusions et pour les imposer au corps social. Donc l'unique alternative est : fidéisme traditionaliste ou anarchie. Cette langue primitive donnée aux hommes par Dieu est, conformément à l'enseignement de Platon dans le *Cratyle*, la langue du « Nomothète » divin, et c'est au fond une communication aux hommes, par Dieu, mais « *ad modum recipientis* », de la puissance créatrice de Sa Parole : c'est parce que les choses existent que nous les pensons, c'est parce que Dieu les pense que les choses existent, mais c'est parce que notre parole est similitude participée du pouvoir créateur de Dieu qu'elles sont pour nous pensables ; le réel ne féconde notre intelligence que parce que cette dernière est dans le sillage de la Parole qui crée le réel.

Ce qui semble plaider en faveur de la thèse de Bonald, c'est que, pour inventer une langue, il faut déjà en posséder une (et l'on vient de voir qu'il est impossible de remonter à l'infini), car toute invention d'une langue suppose contrat, convention, lesquels requièrent l'usage d'un langage ; c'est au reste l'objection que formule Socrate à l'encontre d'Hermogène qui soutient la thèse de l'origine unilatéralement conventionnelle du langage : si le langage est conventionnel, il faut une convention — qui suppose le langage — pour le définir. En faveur de la thèse de Bonald est aussi cette idée qu'il n'est possible de penser que dans et par les mots : « I 1° L'Homme n'a la connaissance des êtres que par les pensées présentes à son esprit. 2° L'Homme n'a connaissance de ses propres pensées que par leur expression, qui lui est transmise par les sens. De ces deux principes découle la science des êtres et de leurs rapports (…). XX Ainsi l'être intelligent conçoit sa parole avant de produire sa pensée, ainsi il y a conception et production de l'homme moral, comme il y a conception et production de l'homme physique » (« La Législation primitive considérée par la raison », in *Théorie du Pouvoir*, Œuvres, IV, Paris, 1854, p. 117 et 122). La conséquence est plus problématique : « Cette vérité que la parole n'est pas d'invention humaine, <u>et que les langues sont un don</u> <nous soulignons>, est la dernière peut-être qui reste à prouver pour la connaissance des êtres et l'affermissement de la société » (p. 192).

SEPTIÈME DEVOIR

Malgré tout, la conception bonaldienne du langage souffre d'insurmontables difficultés. Celles, d'abord, du traditionalisme philosophique au reste condamné par le concile Vatican I ; celles, donc, qui sont attachées au fidéisme qui exclut l'intelligence de la foi et les « *preambula fidei* », qui donc empêche la raison d'avoir des raisons de croire et, de ce fait, la rend vulnérable, en son volontarisme aveugle, à toutes les sollicitations aussi irrationnelles qu'hérétiques ; celles aussi du surnaturalisme qui ne satisfait aux réquisits de la surnature qu'en frustrant la nature dans son ordre propre, préparant par là une insurrection naturaliste de la nature contre la surnature ; celles, encore, du modernisme, en tant que, le fonctionnement de l'esprit humain requérant absolument, dans la thèse de Bonald, l'intromission surnaturelle de la Révélation, la possibilité d'un état de pure nature et la gratuité de la grâce semblent compromises ; celles, tout autant, de l'esprit démocratique ne reconnaissant d'autres vérités que celles qui seront avalisées par le consentement universel, lequel n'est pas infaillible. Enfin, comme le fait observer Maine de Biran (1766-1824), dans *Origine du langage* (Éd. Naville, œuvres inédites, t. 3) : « Croire qu'avant le signe il n'y avait rien, et qu'il a fallu de toute nécessité qu'un signe révélé vînt, non pas exciter, réveiller, mais créer l'idée, c'est vouloir que le moule ait été fait avant la chose moulée, c'est nier l'activité de l'esprit humain (…). Nul homme n'est capable de recevoir la vérité du dehors ou de l'entendre si elle n'est déjà en lui. Des signes donnés ou appris ne peuvent tirer de l'entendement que ce qui y était déjà sans eux, plus ou moins obscurément. » En fait, la position de Louis de Bonald souffre de difficultés analogues à celle de Malebranche. Ce dernier pensait, en vertu de son ontologisme naïf, que la foi est nécessaire pour croire à l'existence pour lui problématique du monde, cependant qu'il faut croire à l'existence du monde pour croire au Livre mondain qui transmet le contenu de la foi ; dans la ligne de la même difficulté, il est permis de remarquer que si les idées requises pour intelliger le réel sont supposées être communiquées par une Parole qui est elle-même réelle, il faut jouir d'une idée immanente à l'esprit et antérieure au langage extérieurement reçu pour comprendre ce dernier. À moins, certes, que la réalité dont parle cette Parole ne soit cette Parole même, mais alors il faudrait — comme, dans le *Phèdre*, le dit Platon des âmes avant leur chute dans un corps — que nos âmes eussent vécu avant d'être incarnées et aient vu le Verbe, et toute réalité en Lui, mais alors cette vision plénière se passe d'un langage et nous dispense du langage : si nous avons vu les vérités éternelles contenues dans la pensée divine, nous n'avons plus besoin qu'un langage nous soit offert pour accéder à ces Idées.

Ce qu'on peut cependant retenir de la philosophie du langage de Bonald, c'est que ce dernier est l'opérateur universel d'objectivation des idées, et qu'il existe une affinité d'origine entre les idées et le langage, idées entendues comme essences ou comme causes tant dans l'ordre de l'être que dans l'ordre du connaître, de sorte que le langage, comme verbe, entretient un rapport privilégié avec la Cause première, et cela suggère que la Cause première est elle-même un Verbe. On peut aussi retenir de cette philosophie les armes qu'elle offre pour une critique du nominalisme et du relativisme se justifiant par une certaine théorie du langage :

« Il n'y a d'universel que ce qui est assez grossier pour l'être », écrivait Paul Valéry, en notant que tout mot est universel, de sorte que le langage est structurellement inadéquat à la singularité des existants. De même Léon Brunschvicg (1869-1944), de manière insidieuse, laissait entendre que les catégories de notre pensée, les concepts par lesquels nous nous signifions l'identité essentielle de chaque réalité, ne seraient que les effets des propriétés historiques de telle ou telle langue contingente : « Aristote érige inconsciemment les particularités de la langue grecque en conditions nécessaires et universelles de la pensée (...). L'univers du discours revêt l'illusion d'une réalité métaphysique » (*Les Âges de l'intelligence*). « La nature de l'être est suspendue à la nature de notre affirmation de l'être », enseigne-t-il aussi (*La Modalité du jugement*). Et le linguiste contemporain Émile Benveniste de déclarer dans la même veine : « Nous pensons un univers que notre langue a d'abord modelé. » Quant à Louis Rougier[1] (*La Métaphysique et le Langage*, Flammarion, 1960, p. 50-51), dans sa vindicte contre la scolastique, il déclare :

« [L'article défini] remplit [dans la langue grecque] de multiples fonctions, dont nous ne retiendrons, pour notre propos, que le pouvoir de substantiver des adjectifs, des participes, des infinitifs en les précédant, ce qui donne aux écrivains grecs le moyen de faire entrer dans leurs phrases tous les verbes avec leurs compléments, et, parfois, des phrases entières infinitives ou participiales. C'est là un moyen commode pour l'exposé des idées, dont la souplesse et la variété n'ont d'égales dans aucune des autres langues indo-européennes (...). Voilà les avantages. Voici, maintenant, les inconvénients.

« L'article défini, en permettant de substantiver des termes désignant des qualifications ou des comportements, est la source d'innombrables ambiguïtés. Il est employé indifféremment pour désigner une classe d'objets, un objet quelconque appartenant à cette classe, un objet déterminé de la même classe, comme on le voit dans les phrases suivantes : "L'arbre (= la classe de tous les arbres) est le titre de son traité" ; "Peu importe l'arbre que vous plantiez, il vous donnera toujours de l'ombrage" (= un arbre singulier quelconque) ; "Allez planter l'arbre au fond de l'allée" (= un arbre bien déterminé). Pour éviter les multiples amphibologies nées de cette confusion, la logique symbolique a dû recourir à trois quantificateurs : (x) = un certain x tel que... ; $(\exists x)$ = il existe au moins

---

[1] Inspirateur de la Nouvelle Droite, surtout en ses débuts. Le volontarisme romantique, anti-intellectualiste et nietzschéen de cette dernière, supposés faire d'elle le champion de l'anti-américanisme, n'eurent objectivement d'autre effet que de lui faire embrasser cet empirisme logique d'inspiration anglo-saxonne et révélateur du nominalisme si prisé par la mentalité marchande et pragmatique — aux antipodes de la pensée spéculative — du monde anglo-saxon.

un x tel que... ; (x) = tous les x tels que... Ces quantificateurs, pris isolément, hors de tout contexte, n'ont aucun sens.

« La facilité de substantiver les adjectifs et les verbes fait courir le risque d'hypostasier des abstractions, c'est-à-dire de traiter : des noms de classes comme si elles existaient en soi en dehors des individus dont elles expriment la collectivité ; des notions de qualités comme si elles existaient en soi hors des individus pris comme sujets auxquels elles s'attribuent ; des notions de relation comme si elles subsistaient en dehors des termes qu'elles mettent en rapport. Par exemple les adjectifs *beau*, *bon*, peuvent qualifier des individus, des œuvres d'art, des pensées, des sentiments, des actions, des institutions. Mais, si l'on transforme ces adjectifs en substantifs, comme le permet la langue grecque en les faisant précéder de l'article défini, τὸ καλόν ; τὸ ἀγαθόν ; τὸ δίκαιον ; τὸ ἴσον, on est incité à parler du Beau, du Bien, du Juste, de l'Égalité en soi, comme s'il s'agissait de réalités distinctes des choses belles, bonnes, justes, égales entre elles, et susceptibles de figurer comme sujets dans des formes propositionnelles de ce genre. "Le Beau et le Bien existent en soi ; le Bien et le Beau sont convertibles." C'est l'illusion ontologique en laquelle la langue grecque a induit Platon avec sa théorie des Idées. Il est évidemment absurde de parler de l'"égalité en soi" comme il le fait dans le *Phédon*, car l'égalité est une relation qui ne peut exister en dehors des termes qu'elle met en rapport. »

Ce qui revient à dire que non seulement nous sommes conditionnés, quant à notre manière de penser — ainsi en ce qui concerne notre philosophie, à savoir le sens que nous donnons à notre vie, l'élaboration du système des valeurs auxquelles nous nous référons — par la contingence des langues en lesquelles nous apprenons à penser, mais encore que, à ces catégories du langage ne correspond absolument rien de réel, au point que toute philosophie se réduit à une interprétation du réel expressive des confidences de son auteur. C'est pourquoi une telle réduction de la philosophie à un effet du pouvoir des langues, à ce que d'aucuns se permirent de nommer une tumeur cancéreuse de la grammaire, renvoie logiquement à la philosophie de Nietzsche, admirateur (voir les § 250 et 251 de *Par-delà le bien et le mal*) des Juifs (ce qui signifie que la haine du christianisme supposée imputable à l'aversion pour le judaïsme dont le christianisme serait le rejeton, en vient à faire penser ses adeptes comme des Juifs dont ils ne sont plus, dès lors, la négation souveraine, mais les rivaux admiratifs et/ou envieux) :

« Notre plus vieux fonds métaphysique est celui dont nous nous débarrasserons en dernier lieu, à supposer que nous réussissions à nous en débarrasser — ce fonds qui s'est incorporé à la langue et aux catégories grammaticales et s'est rendu à ce point indispensable qu'il semble que nous devrions cesser de penser, si nous renoncions à cette métaphysique. Les philosophes sont justement ceux qui se libèrent le plus difficilement de la croyance que les concepts fondamentaux et les catégories de la raison appartiennent par nature à l'empire des certitudes métaphysiques ; ils croient toujours à la raison comme à un fragment du monde métaphysique lui-même, cette croyance arriérée reparaît toujours chez eux comme une régression toute-puissante » (*La Volonté de puissance*, t. 1, Gallimard, Tel, § 97, p. 43).

Aux défenseurs du nominalisme et de l'empirisme qui lui est lié (il n'y a qu'une poussière d'individus, l'universel n'est que «*flatus vocis*», et seuls les sens saisissent le réel dans sa singularité, c'est-à-dire saisissent réellement le réel), on est conduit à opposer la réfutation de Hegel montrant en quoi les empiristes tombent inévitablement dans une contradiction « *in actu exercito* » (leur critique de la portée réaliste ou de la valeur objective des notions est elle-même notionnelle) : « Le point d'appui ferme, suivant le côté subjectif, la connaissance empirique le possède en ce que la conscience a dans la perception sa propre présence et certitude immédiate. (...) Mais la réalisation conséquente de l'empirisme, pour autant qu'il se borne, suivant le contenu, au fini, nie le suprasensible en général ou du moins sa connaissance et sa déterminité, et n'accorde à la pensée que l'abstraction et l'universalité et identité formelle. L'illusion fondamentale dans l'empirisme scientifique est toujours celle-ci, à savoir qu'il utilise les catégories *métaphysiques* de matière, de forme, et en outre celles d'un, de multiple, d'universalité, d'infini aussi, etc., ensuite qu'il poursuit l'enchaînement de syllogismes au fil de telles catégories, en cela présuppose et emploie les formes de l'enchaînement syllogistique, et en tout cela ne sait pas qu'il contient et pratique ainsi en lui-même une métaphysique et utilise ces catégories et leurs liaisons d'une manière totalement critique et inconsciente » (*Encyclopédie des sciences philosophiques*, Concept préliminaire, § 38). Ce qui se passe de commentaire.

Quant à Nietzsche, il convient de rappeler que, pour lui, il n'existe que ce monde, ce chaos sans raison d'être, sans finalité, résultat d'un conflit de forces définissant la substance du réel, contrairement aux hallucinations des Platoniciens et des Chrétiens (le christianisme étant « un platonisme pour les masses ») se réclamant d'un monde intelligible, d'un « arrière-monde » plus réel que ce monde sensible, ainsi d'une illusion sécrétée par leur volonté de puissance anémiée, qui n'est autre que la prétention des faibles à jouir de la force : il s'agit de se référer à un monde fictif supposé parfait, ayant à ce titre fonction de valeur normative, sur lequel s'appuie le ressentiment du sous-homme (le surhomme étant le créateur de valeurs par lesquelles il donne sens au monde, le maître de l'interprétation du monde) pour dénigrer le monde réel, inspirer la mauvaise conscience aux forts, par là les affaiblir afin de les supplanter. La régression toute-puissante des philosophes, qu'entend dénoncer Nietzsche, consiste à croire que la raison fait partie du monde intelligible qu'elle a forgé, alors qu'elle est elle-même un élément du monde, une volonté de puissance parmi d'autres, ou une manière parmi d'autres d'exercer sa volonté de puissance. C'est à ce titre que la raison deviendra victime du fanatisme de la vérité objective, se croira au-dessus du monde, jugera le monde et la vie du monde — attitude blasphématoire pour Nietzsche —, alors qu'il ne s'agit, selon le point de vue de Nietzsche, que d'une interprétation parmi d'autres du monde, qui, prétendant à se substituer à toutes les autres sans en avoir la force, se voudra plus qu'une interprétation. Porteuse d'un système catégorial latent contenu dans sa grammaire, une langue, sous ce rapport, charrie — s'il est vrai qu'une ontologie s'explicite en un système des catégories — une vision du monde, une interprétation de ce dernier, en tant qu'elle est une manière, inspirée par la volonté de puissance (volonté de domination, volonté pour la puissance), de se donner une représentation intelligible du monde, de conférer un sens au monde (qui en tant que chaos en est de soi dépourvu) et à l'existence en général. Toute langue est interprétation.

Ce volontarisme irrationaliste n'est pas lui non plus sans difficultés. La raison, comme puissance productrice d'interprétations, ne serait qu'un mode parmi d'autres d'exercer sa volonté de puissance. La raison, pour Nietzsche, n'est pas une raison consciente ordonnée à une raison objective (dont elle serait le versant subjectif) immanente au monde qui rendrait son existence possible, par là fonderait son existence, en le rendant intelligible, elle n'est qu'une force parmi d'autres, aux prises avec les autres et au même niveau qu'elles ; et la conscience n'est qu'un produit tardif de l'évolution, l'effet d'une stratégie opérée par la Volonté de puissance pour l'emporter sur les autres, une machine de guerre lançant comme des projectiles des interprétations séduisantes. Mais du seul fait qu'elle le sait et qu'elle le dit, cette même raison, se révélant capable d'identifier sa relativité et sa contingence supposées, prouve *ipso facto* qu'elle surplombe les autres forces et qu'elle ne fait pas série avec elles ; être au même niveau que les autres forces, c'est être entouré par elles, être circonscrit et ainsi limité par elles, or ce qui s'objective sa propre limite s'en émancipe et prouve qu'il est illimité ; si tout n'est qu'interprétation, l'affirmation selon laquelle tout n'est qu'interprétation est elle-même une interprétation. L'argument de Nietzsche, visant à marginaliser les positions prétendant à l'universalité par l'affirmation de leur vérité objective, se marginalise lui-même du fait que, condamnant tous les universalismes, tous les objectivismes, il se définit par rapport à eux et en contracte la forme universelle : si toutes les différences, en tant que connues, révèlent qu'elles ont en *commun* d'être des différences, elles sont contraintes de confesser leur identité dans l'affirmation de cette communauté même. Ainsi, dans l'acte même de nier ce monde intelligible, la raison fait l'aveu de son affinité principielle entre sa propre nature d'une part, et d'autre part celle du monde intelligible des vérités éternelles ; il en résulte que le langage en lequel s'incarne la pensée est irréductible à un mode d'interprétation que se serait donné la Volonté de puissance déguisée en raison.

Rappelons les termes de la problématique expressive du problème enveloppé par le sujet :

Qu'en est-il du rapport entre pensée et langage, pour expliquer que la parole, toujours marquée par l'universalité indépassable de ses termes et de

ses énoncés, puisse en même temps être condition de formation de ce que la pensée a de plus intime, de plus personnel, de plus singulier ?

Cette problématique centrale s'anticipait en cette autre :

Qu'en est-il du rapport entre liberté et langage pour que la parole puisse faire s'aliéner la liberté par l'acte à raison duquel elle s'actualise en lui ?

L'unité de ces deux formulations peut s'exposer comme suit :

L'universalité de l'expression en laquelle s'extériorisent la pensée intime, la singularité du locuteur et sa liberté, est aussi ce en quoi elles s'actualisent : l'intérieur se pose comme intérieur en s'extériorisant, le singulier s'intronise singulier en s'universalisant, la liberté s'exerce comme liberté en s'aliénant ; une décision prise dans le secret du cœur, mais incapable de se rendre publique, risque bien de demeurer à l'état de velléité ; on n'est sûr d'avoir vraiment décidé quelque chose qu'à partir du moment où on l'a, sinon effectivement fait, à tout le moins effectivement extériorisé dans une formule qui le signifie, car c'est en se faisant parole que la pensée se fait pensée, et c'est en étant pensée que la décision se désenglue de la délibération ; pourtant, en se faisant parole, la pensée ou la décision se fait chose figée reprise par d'autres qui en font ce qu'ils en veulent faire sans souci de l'intention du locuteur. Comment l'extérieur universalisant peut-il être l'actuation de l'intérieur singulier ?

De l'échec de la première partie (Bergson et le nominalisme : la pensée est incommensurable au langage) du présent devoir, on retient que le mot ne trahit pas la pensée, ne fige ni ne rate l'essentiel de la réalité, mais bien plutôt exhibe ce qu'il y a de véritablement réel en elle (son essence) et, corrélativement, actualise ce qu'il y a de plus profond dans la pensée. De l'échec de la deuxième partie (Bonald : le mot crée l'idée), on retient que la pensée précède le mot, qu'elle en est la cause efficiente. Puis donc que la parole actualise la pensée (comme sa cause formelle) qui en retour (en tant que cause efficiente) la pose, c'est que la pensée est au langage comme la puissance active l'est à l'acte : la pensée s'actualise dans la parole, par là dans ce en quoi elle ne s'épuise pas. Mais qu'elle ne s'y épuise pas atteste la finitude la pensée humaine ; si elle était infinie (actuelle), la pensée s'actualiserait sans reste dans son Verbe qui, en retour, serait personnel et consubstantiel à son Origine, ainsi à la pensée même ; et en retour ce Verbe, comme personnel, serait lui-même pensant.

Ce qu'il convient d'établir comme suit :

Le vivre est le caractère de ce qui se meut par soi, d'un mouvement spontané quant à son origine et immanent quant à son terme ; le degré de vie est proportionné au degré d'immanence de ce mouvement ; quand le vivre se maximise, l'immanence est absolue. Le plus haut degré de vie réside donc dans l'acte d'intellection, lequel s'achève dans l'intellect où pourtant il s'enracine. Mais le propre d'un mouvement est de s'achever (aux deux sens du mot) dans son terme, de s'y accomplir (le mobile s'y repose et y trouve sa perfection) **et** de s'y supprimer (en tant que mobile) ; il y a donc continuité **et** rupture entre le mouvement et son terme. Et ce qui conjugue sans contradiction, en une unité pérenne, la continuité et de la rupture, c'est l'engendrement : l'engendré est de même nature que le géniteur (ils sont un, quant à l'espèce), et il en est différent numériquement. Dès lors que l'intellection est un acte vital, alors l'intellection s'actualise nécessairement dans la production d'un verbe intérieur, que la parole signifie *ad extra*. Soit : le rapport entre pensée et langage est celui de la puissance active à l'égard de son acte. Cela dit, un acte vital du plus haut degré de vivre est un acte dans lequel le mouvement du vivre se supprime en tant que mouvement, puisque ce mouvement est parfaitement immanent : son origine coïncide avec son terme, le mouvement qu'est la réflexion équivaut à l'immobilité. Retenons qu'il s'agit d'une *réflexion* : penser, c'est l'activité par laquelle un sujet connaissant s'identifie réflexivement à soi à partir de l'objet pensé auquel il s'est identifié en commençant par se différencier de soi. Et puisque penser consiste à engendrer un verbe, il faut dire que penser consiste à exercer l'acte d'être son objectivation de soi (identité de l'origine et du résultat de sa réflexion), c'est-à-dire l'acte de se poser par réflexion, en tant que son verbe qu'elle *est*, telle cette objectivation de soi qu'est la pensée, en revenant à soi à partir de l'objet qu'elle pense ; or ce qui *est* son objectivation, et qui s'objective son *être*, c'est ce qui n'est son objectivation que moyennant l'acte d'objectiver l'objectivation de soi qu'il est, ce qui revient à dire que le sujet n'est pensant en acte qu'en produisant, comme une détermination qu'il *a*, au titre de moment intérieur au processus de sa réflexion, le verbe qu'il *est* au titre de terme de sa réflexion. En termes thomistes, l'intellect possible fécondé par l'espèce (que l'École nommera « *species impressa* ») actualisée par l'intellect agent, devient cette espèce ou forme en laquelle l'intellect possible s'actualise et, en tant qu'identifié à elle qui est son objet, il revient sur soi à partir d'elle (puisque l'acte vital est réflexion) et enfin, à partir de soi, il se dit à lui-même ce qu'il est devenu, il s'objective lui-même en tant que devenu elle, il se connaît et la connaît en un même acte qui consiste dans la génération immanente d'un « *verbum* », « *dictio verbi* » ou « *species expressa* ». Mais la pensée humaine, en tant qu'elle est finie, n'est pas la raison suffisante de la réflexion qu'elle exerce ; il en résulte deux choses : d'une part, la pensée ne peut pas se dire exhaustivement dans un seul acte, car si elle s'y disait sans reste, elle y dirait jusqu'à l'acte de s'y dire, l'acte de produire passerait dans le produit qui, en cela producteur, ferait du producteur un produit du produit, ce qui revient à dire que la puissance pensante serait son opération, l'opérateur se ferait poser comme opérateur par l'opération qu'il exerce, cette puissance pensante serait acte pur ou divine ; d'autre part, le « *verbum* » en lequel elle connaît ne lui est pas strictement consubstantiel (à ce titre encore la pensée n'est pas divine), parce que la puissance pensante n'est pas son opération, non plus que le terme verbal de cette dernière. C'est pour cette raison qu'il est loisible à cette parole de se soustraire au magistère de son origine intellective, au point d'en venir à la trahir, avec ou sans la complicité du locuteur. C'est cela qui explique que la parole puisse être aussi bien l'actualisation des ressources les plus intimes de la pensée (ce en quoi, donc, la pensée s'engage le plus, se donne et se livre en donnant sa parole, c'est-à-dire en se donnant comme parole), que le masque destiné à travestir la pensée (ce en quoi elle s'engage le moins ; la pensée se cache derrière sa parole, elle ne se livre pas en sa parole, elle ne donne qu'une parole creuse sans pensée) : comme puissance active finie (créaturelle), la pensée humaine s'exprime dans ce en quoi en retour elle ne s'épuise pas ; elle maîtrise (comme puissance *active*) le processus de son actualisation, mais, par là qu'elle est incapable de s'y exprimer exhaustivement (en vertu de sa finitude), la pensée peut le maîtriser en le détournant de sa vocation naturelle (mensonge, duplicité), ou en le laissant se faire investir par la passion sans pensée (déraison), ou plus justement par la raison fourvoyée (parce que fascinée par elle et devenue complice d'elle) dans la passion, « ravie » par elle.

Contre Nietzsche, Brunschvicg, Rougier, Benveniste, les langues particulières historiquement forgées ne sont pas des usines à produire des « visions du monde » incommensurables entre elles et rivales ; elles sont autant de tentatives, plus ou moins adéquates, de faire s'incarner *ad extra* les verbes idéaux et idéels immanents à la raison en acte. C'est pourquoi il est permis d'établir une hiérarchie entre les diverses langues, selon leur plus ou moins grande aptitude à faire penser philosophiquement les esprits qu'elles conditionnent, qui leur apprennent à penser en parlant cette parole (langue) plutôt que telle autre, et qui sont elles-mêmes le fruit collectif des pensées qui se sont « signi-fiées » en elles.

Qu'il soit impossible de déduire *a priori* la langue expressive de l'idéal du penser ne signifie pas qu'il n'existe pas ; il peut être inductivement dévoilé. Et, de même que la culture la plus parfaitement expressive, en tant que particulière, des exigences objectives de l'universelle nature humaine, est celle en laquelle fut thématisée adéquatement l'articulation entre nature et culture, de même la langue la plus habilitée à être tenue pour l'expression la moins éloignée de l'idéal du langage est cette langue en laquelle s'est le plus adéquatement exprimée la véritable relation entre pensée et langage. Il s'agit évidemment de la pensée occidentale, gréco-latine. Antoine de Rivarol, comme on sait, développa un plaidoyer en ce sens, au profit de l'universalité de la langue française. Un peuple ne saurait être prisonnier du pouvoir d'une langue, puisque la langue en laquelle il apprend à penser, qui de ce fait le conditionne, actualise sa pensée par là qu'elle la conditionne, mais aussi, du fait qu'elle l'actualise, lui permet de développer un pouvoir de réflexion critique apte à s'exercer sur cette même langue, à remettre en cause le mode de penser qu'elle induit. Ce qui atteste la pertinence de la résolution ici proposée, c'est l'acharnement des pouvoirs politiques, c'est-à-dire judéo-maçonniques, à supprimer certains mots, tel aujourd'hui le mot « race » ; Orwell, dans *1984*, écrivait à propos de la « Novlangue » : « C'est une belle chose, la destruction des mots. Le véritable but de la Novlangue est de restreindre les limites de la pensée. À la fin, nous rendrons littéralement impossible le crime par la pensée, car il n'y aura plus de mots pour l'exprimer. » Les autorités des pays occidentaux contemporains savent qu'on change la pensée en changeant la langue. Il n'est qu'à mesurer leur acharnement à polluer la langue sous les effets conjugués du fait de l'immigration et des intentions mondialistes de ses responsables, mais aussi des responsables du féminisme, de l'homophilie et de toutes les formes de déviances, afin de désamorcer le pouvoir dont est dotée la langue de faire penser ceux qui l'apprennent. Lévi-Strauss, Nietzsche, Rougier, Benveniste, Brunschvicg, Bergson, mais aussi, dans un registre différent, les théoriciens du positivisme juridique (de Hobbes à Kelsen), ont en commun de plaider en faveur d'un relativisme culturel et linguistique indépassable. C'est que tous sont inspirés immédiatement par le relativisme, et médiatement par le subjectivisme, qui n'aiment pas les hiérarchies. S'il existe, en tous domaines, une vérité et un bien objectifs et universels, la subjectivité est bonne ou mauvaise selon qu'elle se réfère ou s'éloigne du vrai et du bien qui la mesurent, et il n'est plus possible de la déifier puisqu'elle admet une mesure qui la justifie ou la condamne. Si elle entend se déifier, il est vital, pour ce faire, qu'elle commence par contester toute possibilité d'accéder au vrai et au bien objectifs. Et c'est bien ce qui se produit aujourd'hui, où les opérateurs conscients de la décadence, intéressés par ses effets, exacerbent dans les masses leur triste propension à exalter leur Moi pour faire de ces dernières les complices du suicide intellectuel dont elles sont objectivement les victimes. Tout est politique d'une certaine façon, non seulement le droit et la philosophie pratique, non seulement l'enseignement de l'histoire, mais encore les théories artistiques (on est évidemment, aujourd'hui, en faveur du subjectivisme esthétique) *et linguistiques*. Par l'appauvrissement programmé de la langue, on vérifie la pertinence de l'identité entre parler et donner sa parole, mais au sens où parler revient à se déposséder de son pouvoir de penser. De sorte que Roland Barthes, dans sa leçon inaugurale de la chaire de sémiologie littéraire du Collège de France (1977), rendait au fascisme un bel hommage, aussi légitime qu'involontaire, en faisant observer que le langage est fasciste, parce que, en dernier ressort, le fascisme ne consiste pas à empêcher de dire, mais à forcer à dire : en contraignant l'élève à rédiger des dissertations, on ne se contente pas de vérifier qu'il maîtrise tant certaines connaissances que l'art de donner à sa pensée une forme la rendant communicable ; on lui enjoint de penser, d'actualiser des pensées qui, sans parole, resteraient à l'état de fermentation. Parler, c'est bien donner sa parole en tant que, par la parole, on confère à sa pensée un mode d'existence objectal et chosiste lui donnant d'être libérée du magistère du locuteur qui la profère, et par là d'être livrée à toutes les convoitises extérieures, à toutes les souillures contre lesquelles elle ne peut se défendre ; mais en procédant ainsi, la pensée, en libérant sa parole comme un père libère son rejeton destiné, encore fragile, à affronter la vie, *se* libère de sa parole et par là s'actualise en tant que pensée, fait de l'opérateur de son actualisation un objet pour elle-même qu'elle *a* désormais, au lieu de se contenter de l'être ou de se fondre avec lui, que donc elle peut ressaisir et par lequel elle peut se ressaisir ; c'est, sous ce rapport, en donnant sa parole qu'on la gagne ; c'est en la confisquant qu'on la perd. Et l'on a vu, dans l'introduction de ce devoir, que la chose vaut aussi pour le domaine moral :

173

c'est en se liant à sa parole, à celle qu'on s'engage à respecter en la donnant, qu'on se conquiert soi-même ; « mon honneur s'appelle fidélité ».

Et si le langage peut aliéner la liberté par cela même à raison de quoi il l'actualise, c'est encore parce que la parole humaine en laquelle s'actualise la pensée n'est pas consubstantielle à la puissance pensante, mais lui est seulement connaturelle. En effet, une liberté s'absolutisant est libre de toute chose, jusques et y compris d'elle-même, ce qui signifie qu'elle se radicalise en basculant dans son contraire, se faisant, de ce fait, nécessité ; mais une nécessité se dit toujours d'une relation : il y a, par exemple, une relation nécessaire entre les prémisses d'un syllogisme et sa conclusion ; si toute nécessité se dit d'une relation, si par ailleurs toute relation est relative à ses termes, force est de convenir que toute nécessité est relative, en ce sens qu'il est définitionnel de toute nécessité d'être relative pour être ce qu'elle est ; il en résulte qu'une nécessité absolue est non plus une nécessité mais une liberté ; liberté et nécessité s'identifient en s'absolutisant. Ce qui ne les empêche pas, ce faisant, de se conforter dans leurs identités respectives, puisque faire s'absolutiser quelque chose est le faire s'achever, ainsi s'accomplir. Si l'on observe que le règne de la nécessité est celui de la raison, on doit conclure de ce qui précède qu'une raison qui ne serait pas libre ne serait pas rationnelle, et qu'une liberté qui ne serait pas exercée dans le sillage de la raison ne serait pas une vraie liberté, que donc il est nécessaire qu'il y ait de la contingence pour que la nécessité soit absolue, et qu'il est nécessaire qu'il y ait du nécessaire pour qu'il y ait de la contingence, bref, qu'il est rationnel qu'il y ait de l'irrationnel. Une liberté absolue ou divine est ainsi capable de demeurer auprès de soi, de se maintenir en tant que liberté souveraine, dans l'acte de son absolu déchirement, et à raison même de cet acte : Dieu, dont l'être est son agir, ne peut pas, en tant qu'acte pur immobile infiniment simple, ne pas être ce qu'il est et ce qu'il fait, ce qui n'empêche pas son agir, par un paradoxe unique, d'être infiniment libre. Mais la raison humaine, qui certes s'incarne dans le langage, inspire une liberté qui peut être absolue sans être sa propre origine, en tant que l'homme est libre sans se faire exister, ainsi sans que son choix d'exister ne décide de son existence : il est donné à lui-même dans un don qui est son propre donataire, il dispose de soi (il est libre) puisqu'il s'agit d'un don, mais il est donné à lui-même et ne se donne pas son être (sa liberté n'est pas son origine), tout au plus peut-il singer la liberté divine en se suicidant, en tentant d'éprouver l'acte de se faire être en exerçant celui de se faire non-être ; mais le nihilisme suicidaire est contradictoire et le suicidé se perd en vain ; il continue d'être, malgré son choix de n'être pas, au terme de sa révolte, parce qu'il ne peut faire périr que son corps, et non son âme ; il est, mais comme déchu. Ainsi donc, il faut bien commencer d'exister pour que soient posées les conditions d'exercice d'un acte libre. En tant qu'absolue, la liberté, qui vit de la vie même de la raison, est telle qu'en retour la raison qui l'inspire se risque nécessairement dans la liberté qui en dispose, laquelle, de ce fait, dispose du verbe en lequel s'actualise la raison. Mais dès lors que la liberté humaine n'est pas sa propre origine, alors, absolue sans être raison suffisante de l'exercice circulaire par lequel elle dispose de la raison dont elle procède, elle peut faire retour à soi sans consentir à se faire mesurer par la raison dont elle vit, ainsi ne faire retour à soi que pour se défaire, se repousser de soi, s'aliéner et se perdre sans retour, car faire retour à soi de manière nécessaire et réussie consiste à se poser soi-même, à être son origine. Si la liberté était son origine, elle pourrait se perdre (éclipse de la raison dont elle vit) sans cesser de plébisciter la raison qui l'alimente, laquelle en retour pourrait se faire dépendre d'une liberté en laquelle elle se risque, sans cesser de se posséder souverainement ; mais alors l'extériorisation de la raison, en laquelle elle s'aliène, lui serait consubstantielle, notre verbe nous serait consubstantiel. La liberté absolue et raison suffisante de soi est libre d'elle-même, elle est nécessité, mais sans cesser d'être liberté, tous les actes libres deviennent nécessaires et par là définitionnels de et consubstantiels à celui qui les exerce. La pensée finie n'est pas capable de ressaisir la parole en laquelle elle s'aliène, parce qu'elle ne lui est pas consubstantielle, de sorte que quand se perd la parole en laquelle elle se livre, elle se perd elle-même.

Dès lors qu'on a compris que la parole est constitutive de la pensée en acte, mais que cette pensée est incapable de rendre consubstantiel à elle le fruit de son actualisation, on peut conclure en observant que, en effet, parler est toujours, d'une certaine façon, donner sa parole, mais selon diverses acceptions : ce peut être donner sa parole au sens de s'engager en elle, donner sa parole au sens de donner sa pensée ; mais ce peut être aussi donner sa parole au sens de se déposséder d'elle, la livrer sans défense à l'attention de pensées extérieures qui peuvent la recevoir en la travestissant, la méconnaître, la refuser (cf. Socrate dans le *Phèdre*) ; et ce peut être enfin ne donner dans sa parole que sa parole, une parole sans pensée, ce qui revient à ne rien donner en feignant la générosité. Malgré cela, si l'on y regarde bien, on peut maintenir que parler, c'est toujours donner sa parole, au sens de se livrer en elle, se livrer à elle, dans la mesure où c'est encore dans et par la parole que l'intention de tromper s'est forgé le moyen de s'actualiser, ou bien c'est en elle qu'est confessé l'aveu de ce que ce que l'on avait promis de faire n'avait pas été convenablement pensé ou soupesé ; il n'y a pas de parole sans pensée, même si la vraie pensée qui l'inspire n'est pas celle à laquelle la parole en sa signification obvie est supposée renvoyer ; la pensée est si intimement liée au langage qu'il la révèle malgré elle quand bien même elle en use pour se cacher, parce que la manière dont elle décide de mentir, et plus généralement la manière dont elle use d'elle-même, est encore une révélation de ce qu'elle est. Celui qui trahit sa parole avait décidé de la trahir au moment où il la donnait, soit qu'il ait procédé à un mensonge délibéré, soit qu'il n'ait pas évalué convenablement le poids de souffrances ou d'abnégation auquel il s'engageait en prêtant serment, mais c'est là encore trahir sa propre pensée puisqu'il n'avait pas convenablement pensé ce qu'il pensait. *Or si la parole du menteur exprime une trahison de la pensée par elle-même et vis-à-vis d'elle-même, elle ne trahit pas la pensée mais la restitue dans son état réel* ; mentir, c'est dire à l'extérieur le contraire de ce que l'on pense à l'intérieur de soi ; si l'on *se* ment, alors, en mentant *ad extra*, on se contente de restituer *ad extra* cette pensée que l'on exerce *ad intra*, et cela même n'est pas un mensonge ou une trahison, ou plutôt c'est encore, comme mensonge et comme trahison, la révélation de ce que l'on est. Or celui qui ment est quelqu'un qui se ment, en tant qu'il décide de croire que le mensonge sera efficace, tout en sachant qu'il ne le sera pas indéfiniment. Il est à noter, de plus, que parler pour ne rien dire a encore un sens, et que toujours une idée, une intention est livrée dans la parole ; certains échanges verbaux sont vides quant aux informations communiquées, mais ils ont une utilité sociale, à savoir établir un contact par souci de politesse, pour éviter le malaise dû au silence : « la parole ne représente parfois qu'une manière, plus adroite que le silence, de se taire » (Simone de Beauvoir, *Le Deuxième Sexe*, t. 1). Mais parler est aussi croire aux vertus de la parole, accepter les bienfaits du dialogue, s'engager implicitement à régler les différends sur le mode pacifique de la controverse dialectique. Le parjure donne sa parole en un sens, il croit aux pouvoirs du dialogue, mais il n'en use que pour trahir le dialogue même, pour faire se trahir par lui-même le dialogue dégénérant en deux monologues hostiles ; il lui fait violence en vue de la violence, il donne sa parole en ce sens qu'il s'en dépossède mais, parce qu'il entend se placer au niveau d'un type de relation à autrui qui exclura l'échange rationnel, il s'en dépossède comme on se dépossède de la grenade qui détruit l'adversaire en se détruisant elle-même. Telle est cette libération de la parole, ce « droit à la parole » définitionnel de la démocratie dont les promoteurs ne l'instaurent que pour mentir et en venir, à terme, à juguler toute parole, comme on le voit aujourd'hui tout particulièrement. Au nom du droit — supposé inconditionnel — de tous à la liberté de parole, on doit concéder le droit de parler à ceux qui entendent empêcher les autres de parler, et, comme c'est là un vœu partagé par tous ceux qui revendiquent la liberté de parole, tout le monde en vient à s'amuïr sous la pression terroriste d'un tel droit, fors ceux qui, ayant prévu ce résultat, sauront s'arroger l'apparente légitimité de se faire les protecteurs de la parole pour tous, et par là se réserveront la position sans partage de pouvoir imposer leur parole au milieu du silence de tous. Telle est la ruse efficace de la pensée judéo-maçonnique. C'est au reste la méthode propre à toutes les tyrannies : lever le peuple contre les autorités légitimes en se présentant à lui comme le défenseur de ses libertés, afin de se substituer à de telles autorités pour instaurer un pouvoir illégitime en tant qu'il est ordonné aux intérêts des seuls gouvernants. La démocratie, c'est le régime dans lequel, au nom du droit de parler, tous donnent leur parole pour se la voir confisquer.

HUITIÈME DEVOIR
— dissertation —

La volonté de puissance est-elle la forme suprême de la volonté ?

Ce qui est demandé ici, c'est ceci : la volonté de puissance est-elle l'absolutisation de la puissance de vouloir ?

La notion de « Volonté de puissance » (*der Wille zur Macht* : volonté pour et vers la puissance) renvoie essentiellement à la philosophie de Nietzsche. Elle désigne la « volonté insatiable de manifester la puissance » (*Volonté de puissance*, livre II t. 1, § 309, p. 293, traduction Bianquis, Gallimard) ; elle se définit aussi comme : « passion de commander » (*Par-delà le bien et le mal* § 19). La volonté de puissance désigne donc cette volonté qui aime les obstacles pour le plaisir de les surmonter, et non pour le bien que ces obstacles empêchent d'atteindre ; on aime la victoire plus que les biens pour lesquels on combat, et à la limite on ne se fixe des biens à atteindre que pour trouver occasion, en leur nom, de se susciter des ennemis ou des obstacles dont le plaisir de les écraser sera la véritable raison d'être des biens entre lesquels et l'homme s'interposent de tels obstacles. C'est donc une volonté qui se veut, qui veut comme son objet sa propre puissance de vouloir, qui veut sa propre absoluité : « La volonté de puissance ne peut se manifester qu'au contact de résistances ; elle recherche ce qui lui résiste » (*Fragments posthumes*, XIII 9, [151] ; elle est « aspiration à la puissance » (*Verlangen nach Macht*, dans *Le Gai Savoir*) ; elle est un nom pour dire l'être en tant qu'être : « l'essence la plus intime de l'être est la volonté de puissance » (*F. P.*, XIV, 14[80]). Ce n'est pas à dire, bien qu'elle soit une volonté qui se veut, qui s'exerce sur le mode réflexif, qu'elle serait une volonté trouvant sa satisfaction dans la maîtrise d'elle-même, laquelle supposerait le consentement au renoncement à soi puisque se maîtriser, c'est être pour soi-même son maître, par là son *esclave* : « Toute volonté survient toujours en libératrice et messagère de joie. Vouloir affranchit : telle est la vraie doctrine de la volonté. C'est ainsi que s'appellent le libérateur et le messager de joie (…) que le vouloir devienne nonvouloir, pourtant mes frères vous connaissez cette fable de folie ! Je vous ai conduits loin de ces chansons lorsque je vous ai enseigné : la volonté est créatrice » (*Ainsi parlait Zarathoustra*) ; s'il s'agit du refus de la conception schopenhauerienne du vouloir-vivre, l'injonction est recevable, car vouloir ne pas vouloir est encore vouloir ; mais il s'agit plus radicalement du refus d'inviter la volonté à cette abnégation qui consiste pour la volonté à proportionner l'amour qu'elle se porte à la bonté du bien extatique vers lequel elle tend, c'est-à-dire qui consiste à ne pas faire du bien aimable l'instrument de l'acte par lequel la volonté revient sur soi pour s'aimer ou se vouloir elle-même. La Volonté de puissance se révèle volonté qui se veut, non au sens où elle se maîtrise, mais au sens où elle cède au vertige de la pure possibilité de pouvoir, à l'ivresse de l'infinité de ce dernier. La Volonté de puissance est l'étoffe de l'être en tant qu'être, donc elle est volonté aspirant à toujours plus d'être, mais à un être qui est volonté, c'est-à-dire non l'être plein auquel elle aspire, mais cette aspiration même ; c'est, si l'on peut dire, une *aspiration* à être, et non aspiration à *être* l'être absolument être auquel elle dit aspirer, et elle se révèle sous ce rapport aspiration fascinée à l'inachevé. Il y a là quelque difficulté à penser une telle volonté parce que, comme aspiration, c'est-à-dire tendance orientée vers ce dont elle manque, la volonté ainsi entendue est cette puissance à un acte dont le contenu n'est autre que cette puissance même, de sorte qu'elle devrait être satisfaite par le seul fait d'exister, être tout entière et totalement ce qu'elle a à être par le seul fait de se mettre à être, et toute sa dynamique, tout son progrès, se révéleraient aussi impossibles que vains ; si l'être *est* aspiration à être, alors il aspire à être cette aspiration à être qu'il est, il est immédiatement parvenu au terme de son aspiration. Et ce n'est pas là, évidemment, ce que Nietzsche trouve fascinant en elle. Pour conserver ce caractère dynamique faisant d'elle la promesse d'un devenir tendu vers le mieux, elle doit précisément, pour être dynamiquement *volonté*, se vouloir comme une tendance extatique exclusive de toute réflexion, mais, pour être volonté *de puissance*, elle doit se vouloir et se faire réflexion, ce qui revient à dire qu'elle doit se masquer ce qu'elle fait pour s'habiliter à le faire. Si l'on ajoute qu'une telle volonté est telle que, « dans chaque acte de la volonté, il y a une pensée directrice » (*Par-delà*... § 19), on est conduit à reconnaître que la Volonté de puissance, en tant qu'habitée par une raison potentiellement consciente de soi, est une notion forgée par la mauvaise foi, entendue comme mensonge à soi ; et l'on est contraint de discerner en une telle volonté un comportement qui lui enjoint d'être de mauvaise foi. Il est vrai que ce constat n'est recevable qu'à condition de reconnaître en la Volonté de puissance une réalité ayant vocation à être pensée, alors que peut-être, pour son héraut, elle a vocation à être vécue ; peut-être n'est-elle pas atteinte en tant que connue ou objectivée, mais seulement en tant que vécue, c'est-à-dire pour autant qu'on coïncide ou fusionne avec elle.

Sous un certain rapport, la Volonté de puissance peut être considérée comme la forme la plus achevée de la puissance de vouloir, car elle dit bien l'affirmation de soi, l'autonomie acquise par l'exercice d'une domination opérée sur tout ; elle dit l'illimitation de ses propres pouvoirs, ainsi leur infinitisation et par là leur absolutisation, elle désigne l'exaltation de sa force. Dans l'usage et la conception — triviaux pour Nietzsche, mais non absolument répudiés par lui, même si cette conception n'est pour lui que l'épiphénomène de l'essence du vouloir — de la volonté comme puissance de tendre vers le bien proposé par la raison, vouloir, c'est penser, selon une causalité réciproque entre raison et volonté : il faut penser pour vouloir (toute volition est bien habitée par une « pensée directrice »), mais il faut en retour vouloir penser pour penser. Dans cette perspective, c'est la raison, « pensée directrice », qui se fait dépendre de ce qu'elle meut, de sorte que la volonté se révèle telle la puissance en laquelle s'anticipe la raison se prenant pour fin, au point que c'est en quelque sorte la raison qui se veut quand la volonté veut, et c'est la raison qui s'exalte en se faisant dépendre du vouloir qu'elle mesure. S'il en est ainsi, il est clair que la volonté ne peut s'exalter et se prendre pour fin qu'en voulant sans raison, par-delà toute raison, comme volonté purement volontaire et donc comme volonté pure ; en effet, ce qui parvient à s'identifier à son concept idéal, ce qui ainsi s'accomplit exhaustivement dans son ordre propre, c'est bien ce qui atteint une certaine forme d'infinité qualitative (est parfaitement blanc ce qui en vient à s'identifier à la blancheur), laquelle exclut que ce qu'elle affecte puisse avoir raison de moyen par rapport à une fin, car ce qui a raison de moyen est limité par la fin qui se le subordonne : la fourchette n'est pas une fourche, à raison de la fin qu'elle sert (nourrir l'homme) et qui l'empêche d'être démesurément longue ; la forme suprême de la volonté, sa manière d'être qui la maximise dans son ordre de pure puissance volitive, semble bien sous ce rapport se révéler comme volonté infiniment voulent, volonté se voulant comme infinie, volonté de sa puissance de vouloir, volonté se voulant en tant que volonté, bref, comme Volonté de puissance. Nietzsche affirmait, dans *Aurore* : « La vie (…) tend à la sensation d'un maximum de puissance, elle est essentiellement l'effort vers la puissance ; sa réalité la plus profonde, la plus intime, c'est ce vouloir » ; ce qui revient à dire que la vie est Volonté de puissance ; or si la vie requiert des raisons de vivre pour se supporter, si elle en appelle à elles pour consentir à s'exercer, alors sa surabondance et sa générosité gaspilleuse, qui la définissent (elle s'enrichit de l'acte de se donner, elle se régénère en engendrant), se convertissent en parcimonie prudente, et la vie s'étiole, de sorte que la volonté, acte vital, n'est pleinement vie et de ce fait n'est volontaire en plénitude qu'au titre de cette activité vitale universelle s'émancipant de raisons d'être castratrices ; la volonté n'est pleinement elle-même qu'à proportion de son pouvoir de se vouloir en sa nudité, comme telle, sans raisons, ainsi sans *la* raison, par là comme Volonté de puissance. Et la volonté est bien acte vital puisque, au rebours du mécanisme incapable de collaborer à sa propre construction par le jeu de ses opérations, le vivant n'est résultat de l'unification de ses parties qu'en engendrant ces dernières ; il exerce des opérations immanentes et par là réflexives, *se* meut, à la manière, précisément, de la volonté dont le propre est de faire *se* mouvoir ceux qui sont dotés d'elle.

Sous un autre rapport, il est difficile de reconnaître dans la Volonté de puissance la forme la plus achevée de la volonté. La Volonté de puissance dit volonté vers sa puissance, aspiration à sa maximisation, accroissement de sa puissance de dominer par l'exercice même de cette puissance, et donc appétit de soi-même. Mais un appétit qui en viendrait à prétendre à se nourrir de lui-même serait condamné à se comporter comme quelqu'un qui, sachant que la consommation de drogues hallucinogènes suscite une assuétude exponentielle (plus on satisfait le désir, plus il devient exigeant), se condamnerait à devenir drogué pour jouir non de la drogue en tant que telle, mais de l'obtention de l'inflation de son désir ; c'est peut-être au reste le secret de la dépendance des fumeurs à l'égard du tabac : jouir du bien convoité non seulement sur le mode de la recherche de l'apaisement du besoin (à ce compte, tout jouisseur ressemblerait au fou qui se frappe la tête pour jouir du fait de s'arrêter sporadiquement de se torturer), mais en jouir comme d'un instrument de la démesure du désir lui-même, tenue pour véritable fin ; et le désir peut être tenu pour fin en tant qu'il est promesse de bonheur (un désir infini est alors promesse de bonheur infini), et que l'exercice de la promesse du bonheur est le bonheur même ; elle peut être tenue pour le bonheur même parce que la consommation du but du désir est aussi, comme destruction de son objet, sa suppression : il faut désirer le bien pour en jouir, et si le désir consommant le bien en vient être comblé, ce désir se supprime lui-même mais par là supprime la jouissance du bien. Le désir en général est contradictoire, qui entend s'apaiser en tant que manque, et être relancé en tant que condition requise pour participer au bien : le bien peut bien être un bien en soi, sans la ratification de mon désir de lui ; il n'est un bien pour moi que si je le désire, de sorte que je dois aimer mon amour en aimant l'objet de mon amour, à peine de n'être plus capable de trouver cet objet aimable ; et c'est pour exorciser sa contradiction constitutive que le désir en vient à prétendre — dût-il en souffrir — se nourrir de lui-même, à aspirer à s'infinitiser, pour substituer la promesse du bonheur au bonheur, et pour tenter de convertir en surabondance la pénurie par laquelle il croyait se définir (le désir comme manque) : désirer l'acte de désirer comme son objet ultime, c'est se régénérer dans et par l'acte de s'exercer ; mais la puissance d'engendrement est bien de ce type, qui *aspire* à donner et donc se nourrit de l'acte de donner, se régénère en s'exerçant ; le désir de désir ne surmonte sa contradiction qu'en se reconnaissant tel un désir d'engendrer. Telle est au reste la manière dont un Gilles Deleuze (qui se suicida en 1996 en se jetant par la fenêtre de son appartement parisien), se revendiquant à la fois du spinozisme et de Nietzsche, comprenait le concept de Volonté de puissance : le désir est puissance vitale, dynamisme fécond dont l'exercice procure la joie, au rebours des thèses identifiant le désir à un manque, au négatif et au malheur, de l'orphisme à Platon et du stoïcisme à Freud.

HUITIÈME DEVOIR

Cela dit, le désir peut assurément se révéler comme fécondité et jubilation, et cela se révèle par exemple dans l'amour maternel : la puissance d'aimer de la mère n'est pas un stock déterminé d'amour qu'il lui faudrait partager entre ses enfants ; à chaque naissance, elle a autant d'amour pour le dernier que pour tous les autres réunis, un tel amour se multiplie par le fait même d'être dispensé, tel un trésor qui s'accroît par le fait d'être dépensé ; plus il se donne, plus il se régénère. Cela se révèle aussi dans la pédagogie, où le désir d'enseigner fait s'enrichir le savoir de celui qui le dispense : on ne maîtrise convenablement que ce qu'on enseigne, on ne possède que ce qu'on donne. Mais il est nécessaire, contre Deleuze, Nietzsche et Spinoza, de faire observer que le désir comprend une part de négativité et de manque. Celui qui est riche d'un désir supposé fécond, caractérisé par la surabondance et non par le manque, est en manque de s'excéder sous la pression de sa propre excellence ; il a quand même *besoin* d'engendrer, il *manque* de cela, il y aspire, il n'est vraiment lui-même qu'en engendrant. Pourtant, il est éminemment ce qu'il donne : l'effet — ici le don — préexiste dans sa cause, non comme une chose dans une autre chose qui posséderait ou *aurait* la première, mais comme le théorème dans l'intelligence du mathématicien, avec laquelle potentiellement il se confond ; s'il existait déjà en acte dans l'esprit du savant, il ne serait pas un effet de cet esprit, il ne serait pas nouveau par rapport à sa cause ; il n'y préexiste qu'en puissance, et à ce titre il s'identifie à sa cause, laquelle est puissance de le produire ; l'effet préexiste dans la cause en tant qu'elle *est* ce qu'elle *aura* comme cet effet posé par elle ; le don préexiste dans le donateur comme *étant* superlativement ce qu'il donne. Si donc le géniteur est éminemment l'engendré, si de plus il n'est lui-même qu'en engendrant (de sorte qu'il n'est pas pleinement lui-même aussi longtemps qu'il n'engendre pas), c'est qu'il a besoin, pour l'être effectivement, d'avoir ce qu'il est, ainsi d'avoir (en l'engendrant) ce qu'il est (en tant qu'étant superlativement ce qu'il engendre). Cela dit, s'il est lui-même comme ayant ce qu'il est, c'est qu'il est ce qu'il a, il est lui-même comme se donnant ce qu'il est, ce qui revient à dire qu'il *se fait exister*. Celui qui a tout et ne manque de rien, manque du fait même de manquer, il aspire à manquer de tout sans rien perdre de ce qu'il a. En retour, ce qui désire engendrer par excès de plénitude, ainsi ce dont le désir n'est pas manque, c'est ce qui est capable de se donner sans se perdre, et ce qui est capable de se donner sans se perdre est ce dont l'essence consiste à se donner lui-même à lui-même, car alors, plus il donne, plus il est ; mais ce qui consiste dans l'acte de se donner lui-même à lui-même, c'est ce qui se donne à ce dont le propre est de se donner à lui : en se donnant, il se nie, mais, puisque l'acte de se nier fait partie de lui-même, il donne son auto-négation dans son don de lui-même, il se nie dans ce dont le propre est de se donner à lui, ainsi ce qui se veut en lui, et qui l'affirme ; il s'affirme dans sa négation, se nie dans ce dont le propre est de le poser. Ce à quoi il se donne est ce qui se donne à soi-même par la médiation de lui. Mais faire cela, c'est le propre de ce qui est cause de soi, ou a la structure d'une cause de soi, acte de se poser par réflexion (que l'on soit ou non la raison suffisante de la réflexion qu'on exerce). Deleuze n'extirpe la souffrance du désir et sa négativité constitutive qu'en identifiant le désir de Dieu au désir d'être Dieu, et en dernier ressort le désir d'être Dieu à Dieu même. Et cela, manifestement, n'a pas rendu Nietzsche (il est mort fou) et Deleuze heureux. Si la volonté se maximise en se faisant volonté d'elle-même, aspiration à sa puissance ou débordement de sa propre perfection s'épanchant dans l'engendrement, dans la jubilation créatrice, elle doit se conférer l'aséité propre au divin. Mais alors d'où vient que ce qui est par soi en vienne à succomber à la mort, à la folie, au désespoir ? De plus, si l'essence dionysiaque de la volonté (être, c'est vivre, et vivre est vouloir plus) est le dépassement de soi, alors la volonté de vie ou de son propre dépassement ne peut pas ne pas en venir à se vivre sur le mode d'aspiration au dépassement de soi *en tant même que vivant*, et doit se résoudre en fascination de la mort, dans un nihilisme volontaire qui équivaut au refus de vouloir, à ce « bouddhisme de la torpeur » que Nietzsche reprochait à Schopenhauer. On voit se dessiner là, au-delà des *représentations* nietzschéennes inspirées par les sentiments que peut éprouver un éternel convalescent à la vitalité fragile, l'*idée* que la vie absolue est — selon la leçon de Hegel — victoire sur la mort qu'elle assume. Par où il appert que si l'acmé de la volonté est réductible à la Volonté de puissance, laquelle, comme surabondance, est supposée exclure toute négativité, alors une telle volonté doit se faire reconnaître comme ayant la structure ontologique d'une mort et d'une résurrection, ce qui revient à dire qu'elle est en demeure d'assumer du négatif ; mais, par là, elle n'est pas réductible à une volonté vers sa puissance, à une volonté se prenant pour fin.

On peut aussi observer que, comme volonté de domination, la Volonté de puissance est foncièrement relative à ce qu'elle domine, elle aime se susciter des obstacles pour les affronter, mais de ce fait, en tant que relative à ou dépendante d'eux, elle confesse une faiblesse. De plus, une telle volonté veut frénétiquement tout dominer, y compris la raison, et alors elle devient de ce fait irrationnelle, absurde, ainsi folle ou aliénée, mais encore et à ce titre même étrangère à soi, et de ce fait elle s'exténue et se convertit en faiblesse. La volonté a paradoxalement besoin d'être soumise à la raison pour trouver le moyen de se rendre indépendante de sa propre pulsation, pour n'avoir pas à *subir* son désir de puissance, ainsi pour apprendre à se maîtriser et à être vraiment souveraine. Il y a quelque chose de vrai dans la boutade d'Alain : vouloir, c'est vouloir ce qu'on ne veut pas ; vouloir est le fait d'un appétit qui ne domine ce qu'il n'est pas que parce qu'il *se* domine, ne commande que parce qu'il obéit. Ainsi le plaidoyer de Calliclès (dans le *Gorgias* de Platon) pour la force faiseuse de droit montre que la tyrannie n'est que l'envers de l'érotisme, c'est-à-dire d'un amour démesuré de soi qui ne pourrait se justifier que si le Moi était démesurément aimable, mais, s'il l'était, il n'aurait pas besoin de sacrifier autrui à son caprice, parce qu'il n'aurait besoin que de soi pour être heureux. Et cette tyrannie faiseuse de droit est bien l'envers de l'érotisme pour la raison suivante : le propre du droit est de régir la force, tout comme — ce sera l'objet de notre résolution — le propre de la raison est de régir la volonté ; si la force crée le droit, ce qui est le propre de la tyrannie, elle se fait souveraine sur ce qui devrait être sa norme, elle se reconnaît un champ d'expansion indéfini, elle se veut elle-même à raison d'elle-même, elle glisse dans un érotisme onaniste (faire du plaisir la fin de l'acte, indépendamment du bien objectif auquel le plaisir n'est attaché qu'à titre d'ornement) par définition stérile, qui répudie la prétention de la force à être créatrice. Dans sa haine de toute morale rationnelle, Nietzsche déclare, pourtant contempteur de la recherche du bonheur : « N'est-il pas épouvantable de transformer des sensations nécessaires et régulières en une source de misère intérieure et de rendre ainsi volontairement la misère intérieure nécessaire et régulière chez tous les hommes ? Les sensations sexuelles ont cela de remarquable qu'en les éprouvant l'être humain fait du bien à un autre être humain pour son plaisir même. On ne rencontre pas déjà tant de ces dispositions bienfaisantes dans la nature ! » (*Aurore*). Ce qui n'est pas très éloigné des platitudes de Chamfort[1] (*Maximes et anecdotes*), expressives, dans leur petitesse dérisoire, du vrai contenu de l'enflure de la philosophie de Droits de l'Homme : « Jouis et fais jouir sans faire de mal ni à toi ni aux autres, voilà, je crois, toute la morale. » On est loin, par-delà la séduction des images, de cette morale aristocratique tant célébrée par l'exalté fragile aux fureurs féminines de Sils-Maria, où lui vint en 1881 l'idée d'éternel Retour comme acmé de la Volonté de Puissance se résolvant en « *amor fati* ».

Récapitulons :

D'un côté, la volonté est manque d'un bien qui lui est offert par la raison, donc d'un bien *évalué* (en cela il y a intervention de la raison) comme bon à l'aune d'un absolu du bien, par là d'un bien qui participe de la raison, en tant qu'il est moyen de tendre vers le bien absolu ; disposer le moyen en vue d'une fin est la définition de la démarche rationnelle, donc la volonté, actualisée par la considération intellectuelle du bien, est actualisée par ce qu'il y a de rationnel dans ce bien, ainsi actualisée par la raison, mesurée par elle, d'autant plus volontaire que plus soumise à la raison, d'autant plus dominatrice à l'égard des autres forces que plus soumise à la raison.

D'un autre côté, la volonté est affirmation de soi par rapport au monde, en particulier dans la jubilation de la création artistique et l'ivresse des victoires, où l'homme se comporte comme un démiurge. Si la volonté n'était pas capable de vouloir contre la raison, par-delà toute raison, elle serait nécessitée par cette dernière qui, en retour, n'étant dotée de ce fait que d'une volonté réduite à une pure puissance passive, se révélerait incapable de fonder en une telle volonté son pouvoir de se maîtriser, de raisonner sur elle-même et de juger ses actes ; poser de telles opérations suppose que la raison sache se remettre en cause et

---

[1] Sébastien Roch Nicolas, dit de Chamfort, 1740-1794, improvisa dans les salons les éléments de son recueil posthume *Pensées, maximes et anecdotes*. Poursuivi sous la Terreur, il se suicide.

prendre des distances par rapport à ses propres résultats, ainsi ne pas être nécessitée à poser ses actes, dussent-ils être logiquement nécessaires ; en tant qu'impuissante à se critiquer, la raison serait dépossédée de sa propre rationalité : impuissante à rendre raison de ses actes, elle serait incapable de rendre raison de quoi que ce fût car, incapable de rendre raison d'elle-même, ce dont elle rend raison serait suspendu dans le vide et c'est par le coup de force d'un acte de foi gratuit et purement volontariste qu'elle pourrait encore oser prétendre être rationnelle. Si la volonté n'était pas apte à se soustraire à la raison, c'est la raison qui devrait se faire aveuglément — irrationnellement — volontariste.

Ainsi est-on invité à s'interroger sur l'essence du vouloir, pour expliquer qu'il puisse conjuguer la souveraineté sur le monde, et la soumission — l'oubli de soi — à un ordre rationnel qui le mesure et qu'il n'engendre pas. La volonté a vocation à s'exalter, à se faire absolument volontaire, à s'illimiter, en se faisant limiter par le respect du service de la raison. D'où vient au fond que cet appétit *de la raison*, ou raison désirante, ait besoin de se libérer de la raison, de s'autonomiser — au risque de se perdre et de perdre avec lui la raison — en *appétit* de la raison ?

On sera invité à identifier la volonté à chacun des extrêmes constituant la problématique, et l'on sait d'avance que l'on aboutira à deux échecs, lesquels permettront de faire saillir en négatif le moyen terme conceptuel permettant de les réconcilier.

Considérons l'acte créateur en général. Créer consiste à faire à partir de rien, « *ex nihilo facere* ». Il faut une puissance infinie pour tirer quelque chose de rien ; l'homme ne crée pas à proprement parler, il transforme, il décompose et recompose. Il tire quelque chose de nouveau à partir de ce qui était en puissance à le devenir, et que l'on trouve donné là, qu'on ne tire pas de quelque chose parce que de toute façon l'on serait renvoyé à l'infini ; créer consiste à poser la puissance dont on fait sourdre l'acte, laquelle, dès lors qu'elle n'est tirée de rien, n'est aucunement conditionnée par les caractères de ce dont elle procéderait, ainsi se révèle sans aucune détermination, tel l'être pur qui, n'étant pas l'être de quelque chose, n'a rien qui le distingue du néant (l'être pur et le néant ont comme caractère commun, qui les définit, de n'avoir aucune détermination, et qui les fait s'identifier : tel est le premier théorème de la Logique de Hegel), de sorte que cette puissance que l'on pose pour lui faire accoucher de ce dont elle est la puissance n'est autre que le néant pur ; mais il faut une puissance infinie pour faire être le néant, pour conférer un être de néant au néant, car toute opération ou efficience finie est dépendante de ce sur quoi elle s'exerce et qui en conditionne les modalités, de sorte que l'homme ne peut être responsable, dans son opération destructrice, que de la genèse d'un néant déterminé, d'un néant de quelque chose de déterminé et non du néant pur, d'un néant de quelque chose qui *est*, et dont l'être sera communiqué à ce dont on va tirer quelque chose, et non du néant absolu qui, n'ayant pas d'être, ne saurait communiquer son être à ce dont on tire quelque chose, de sorte que tirer quelque chose du néant revient à donner l'exister. Puis donc que créer est tirer du néant qu'on fait être, et que faire être le néant suppose une puissance active infinie, alors créer suppose bien une puissance active infinie, et créer consiste à donner l'être, à être cause « *in esse* » et non seulement « *in fieri* ». Plus est pauvre ce dont on tire quelque chose, plus la puissance formatrice est grande ; le néant est absolument pauvre et donc la puissance formatrice requise pour en tirer quelque chose est infinie ou absolue. Or créer ne peut relever que de l'acte gratuit, l'acte accompli sans raison suffisante, car tout ce qui est fait selon une raison répond à un besoin, or ce qui est doté d'une puissance infinie n'a aucun besoin. Il semble bien qu'il crée sans raison. Et, parce qu'il est parfait, il n'a pas besoin de créer, autrement il ne serait parfait que moyennant cet acte créateur positionnel d'autre chose que du créateur, tel un bien dont le créateur aurait besoin pour être parfait, ce qui exigerait qu'il fût imparfait, et lui ôterait, avec son infinie puissance, le privilège même de créer. S'il crée sans en avoir besoin, il crée sans nécessité, il crée librement ; et si l'acte est libre et gratuit, c'est que la volonté qui le pose n'est pas inspirée par une raison ; ne semble pouvoir être créateur que ce dont la volonté sait s'exercer par-delà toute raison ; or telle est la Volonté de puissance qui, comme volonté de sa propre puissance, est volonté de volonté, non volonté de quelque chose livré à elle par la raison. En retour, ce qui est Volonté de puissance est créateur, et c'est bien ce que revendique Nietzsche : célébration de la jubilation créatrice de l'artiste comme modèle du surhomme, c'est-à-dire de l'homme qui se déifie. Puisqu'il faut une puissance active infinie pour être créateur, la volonté infinie ou absolument volontaire est la Volonté de puissance. On comprend ainsi ce que pouvait viser Lafcadio de Baraglioul, le héros de Gide (*Les Caves du Vatican*), assassin d'Amédée Fleurissoire, dans son souci de poser un acte sans raison, délivré de toute raison ou fin, indépendant de quelque bien visé, absolutisé en vertu de cette absence de relativité, acte infiniment acte, acte purement acte et donc acte pur, lequel est le nom de Dieu. On retrouve bien l'idée nietzschéenne de la volonté comme affirmation de soi, se subordonnant la raison, qui, universelle, est impersonnelle, transcendante à la singularité du Moi, exige de ce dernier qu'il se soumette à elle ; elle sera volonté autonome, elle sera *appétit* de la raison, au sens où elle convoitera la raison tel l'instrument de sa puissance, et elle récusera la volonté comme appétit (ou puissance) *de la raison* se libérant de sa puissance intestine en la libérant (c'est pourquoi, donnée à elle-même, la volonté est libre, de libre arbitre), et se faisant raison actuelle par cette libération même. Elle sera volonté libre, au sens de volonté non empêchée dans l'activité expressive de la nécessité de sa nature, elle sera au mieux la nécessité comprise, comme pour Spinoza. Une volonté libre est une volonté qui s'autodétermine, qui se limite puisque « *omnis determinatio negatio* », qui se donne sa limite et par là consent à renoncer à s'exercer comme infinie ; elle admet la nécessité, pour s'émanciper de la nécessité, de renoncer à elle-même en tant que volonté de volonté, de se mettre à distance de cette pulsation, de ce *conatus* lui enjoignant de vouloir sa puissance :

185

« En contemplant une chute d'eau, nous croyons voir dans les innombrables ondulations, serpentements, brisements des vagues, liberté de la volonté et caprice ; mais tout est nécessité, chaque mouvement peut se calculer mathématiquement. Il en est de même pour les actions humaines ; on devrait pouvoir calculer d'avance chaque action, si l'on était omniscient, et de même chaque progrès de la connaissance, chaque erreur, chaque méchanceté. L'homme agissant lui-même est, il est vrai, dans l'illusion du libre arbitre ; si à un instant la roue du monde s'arrêtait et qu'il y eût là une intelligence calculatrice omnisciente pour mettre à profit cette pause, elle pourrait continuer à calculer l'avenir de chaque être jusqu'aux temps les plus éloignés et marquer chaque trace où cette roue passera désormais. L'illusion sur soi-même de l'homme agissant, la conviction de son libre arbitre, appartient également à ce mécanisme, qui est objet de calcul » (Nietzsche, *Humain trop humain*, chapitre II § 106).

Là contre, il suffit de soumettre le propos de Nietzsche au critère immanent de son propre contenu pour le faire se réfuter lui-même. Si tout est nécessité, alors l'illusion du libre arbitre est elle-même nécessaire, et le fait de prendre conscience de cette illusion, par là de la dissiper, prouve *ipso facto* qu'elle n'est pas nécessaire, que par là tout n'est pas nécessité. Si l'on s'obstine à maintenir le déterminisme en affirmant que la conscience est nécessitée à prendre conscience de sa nécessité, ainsi tantôt nécessitée à l'ignorer, tantôt nécessitée à dissiper cette ignorance, on est contraint de concéder que la nécessité qui régit l'univers change d'avis, et cela suppose qu'elle soit libre : si l'on déclare que le système déterministe change d'avis, c'est qu'il est en puissance à des occurrences contraires (car c'est seulement dans l'être en puissance que coexistent les contraires à titre de causes de ce qui va se produire), mais alors le système déterministe se fait lui-même passer de la puissance à l'acte, il s'autodétermine ; or, si la force immanente au monde — la vie, autre nom de la Volonté de puissance en sa version moniste — est libre, les personnes en lesquelles elle accède à la conscience d'elle-même le sont aussi. Or, si elles sont libres, c'est qu'elles s'exercent en s'autodéterminant, ainsi en se limitant, par là en se soustrayant à la volonté de volonté exclusive de tout renoncement à soi qui est supposée les habiter ; on doit en conclure que la volonté humaine considérée dans la perfection ou l'acmé de son exercice n'est pas la Volonté de puissance ; elle ne s'accomplit pas par-delà toute raison.

Il y a cependant contradiction, semble-t-il, dans le fait que la volonté est d'autant plus volontaire, maîtresse de ses actes, que plus soumise à la raison. Aussi, sans cesser d'être régie par la raison, elle échappe à cette (apparente) contradiction si, dans l'ordre de l'agir, elle *s'identifie* à la raison dans son usage pratique, et c'est ainsi qu'elle est tentée de se définir elle-même tel l'appétit *de la raison* (*pratique*), se résorbant dans la raison. On obtient là le contraire de la

HUITIÈME DEVOIR

position précédente (qui entendait émanciper la volonté de la raison, ne lui donner d'aimer la raison que comme instrument de sa propre extension intensive et extensive). Telle est la position de Kant :

De tout ce qu'il est possible de concevoir en ce monde, et même hors du monde, rien, nous dit-il dans les *Fondements de la métaphysique des mœurs*, ne peut être inconditionnellement tenu pour bon que la bonne volonté. Les talents, physiques ou intellectuels, ne sont bons que « *secundum quid* », ils peuvent servir l'immoralité comme la moralité, ils ne sont bons qu'en tant qu'ils se mettent au service d'une cause juste ou bonne, leur bonté ne leur est pas intrinsèque. La seule chose qui soit intrinsèquement bonne, c'est la bonne volonté entendue telle la volonté d'agir par devoir. Le devoir est l'acte de soumettre sa volonté à la loi. Celui qui agit par intérêt, fût-il à la recherche d'un bien honorable (les délectations esthétiques ou spéculatives), agit en cherchant un bien qu'il ne peut, selon Kant, que rapporter à lui-même, c'est-à-dire qu'il aime de manière égoïste ; or il est immoral d'être égoïste ; aussi la moralité d'un acte ne sera pas déterminée par sa matière (ce que son auteur choisit d'aimer) mais par sa forme : faire ce qu'il fait parce « qu'il faut » le faire, ainsi par pur devoir, sans considération pour les avantages que l'on en peut tirer ; agir selon les exigences de la loi (civile ou morale) ne suffit pas pour que l'acte soit moral, il faut agir par devoir et non seulement conformément au devoir (on peut ne respecter la loi que par peur des sanctions ou du « qu'en-dira-t-on ») ; le constitutif formel de la moralité est ainsi l'intention d'agir par devoir. Si le motif est le principe objectif de la moralité (tel est le devoir), le seul principe subjectif (ou mobile) que concède la morale kantienne est le respect. Mais la loi à laquelle il convient de soumettre sa volonté pour être moral n'est pas telle ou telle loi particulière, ce ne peut être que l'idée même de loi, la forme même de la légalité, qui tient dans l'universalité et la nécessité ; c'est bien là ce qui fait qu'une loi est une loi. Dès lors, chaque fois que se pose à la conscience morale la question de la moralité de l'action qu'elle envisage de poser, elle sera invitée à conférer à la maxime définitionnelle de cette action la forme de la légalité qui la rendra capable de faire que, en l'embrassant, la volonté soit assujettie à la loi morale, par là agisse moralement. Concrètement, il s'agira d'universaliser sa maxime (la nécessité résultant de cette universalité même), d'opérer comme si l'on était à la fois législateur et sujet, et de se demander si une telle maxime demeure opérable en étant universelle (« Agis toujours comme si la maxime de ton action devait être érigée en loi universelle », tel est l'impératif catégorique qui, à la différence des impératifs hypothétiques, prescrit inconditionnellement) ; il s'agira de se demander si une telle maxime ne se détruit pas du simple fait d'être érigée au rang de maxime d'action pour tout homme. Si je décide de faire une fausse promesse, je vois bien que l'universalisation de la maxime la détruit : supposé que tout le monde fasse de fausses promesses, la confiance entre les personnes disparaîtra complètement, et il ne sera plus possible de tromper qui que ce soit, c'est-à-dire de faire une fausse promesse efficace. Dès lors, il est immoral de faire une fausse promesse. Mais il est à remarquer que, en se déterminant non par rapport à la matière (le contenu) de la maxime de son action, mais par rapport à sa forme, la volonté s'en trouve déterminée, donc actuelle et non virtuelle, tout en étant indépendante de tout objet, autonome, et par là libre. La liberté est la clé de voûte de la moralité. C'est la volonté, en tant que libre et pour être libre, qui est le fondement dernier de la moralité. Par ailleurs, universalité et nécessité sont les attributs propres de la raison ; s'étant révélés tels les attributs propres de la volonté libre, force est d'en déduire que la volonté est pour Kant une même chose avec la raison dans son usage pratique, c'est-à-dire avec la raison pratique. On obtient dans cette perspective une conception de la volonté qui réduit cette dernière à un désir *de la raison*, ou raison désirante, mais raison formelle s'entend. Et il n'est pas abusif de parler de désir à propos de volonté puisque, aussi bien, cet auteur, dans *Anthropologie du point de vue pragmatique*, définit le désir telle cette « autodétermination du pouvoir d'un sujet par la considération d'un fait futur, qui serait l'effet de ce pouvoir ». Et dans la préface à sa *Critique de la raison pratique*, Kant s'emploie à établir que la loi morale, effet de la pression de la raison formelle (sans contenu) en nous, est « *Factum rationis* », en tant qu'elle est « *ratio cognoscendi* » de la liberté qui en retour en est la « *ratio essendi* ». Or cette pression n'est autre qu'un désir, une tendance en attente de sa satisfaction. Il faut être moral parce que, si l'homme a des devoirs, le premier d'entre eux est de croire à la liberté qui les rend possibles. Ainsi donc, il faut être moral parce que, ne pouvant être libres (autonomes) qu'en agissant par devoir ou moralement, nous devons être libres ; et nous devons être libres parce que nous le sommes. Il y a là, en fait, une pétition de principe celée sous l'exigence en apparence spéculative d'une recherche de la connaissance de soi (je m'éprouve en tant qu'obligé, donc je suis libre) : je dois croire à la liberté (et je ne puis qu'y croire, dans un acte de foi pratique, puisque ma conscience de soi, en vertu de l'opposition entre empirique et nouménal, n'est pas connaissance de soi) pour que la morale soit possible, mais je ne dois obéir à ma conscience morale que parce que je dois être pratiquement cette liberté que la loi morale m'enjoint de satisfaire ; je dois être libre parce que je le suis, et je dois être moral pour être libre, donc je dois être moral parce que je suis libre, et je dois être libre parce que la liberté est une fin en soi. Kant prône la souveraineté sur soi ou devoir pur pour satisfaire une raison formelle identifiée à la volonté qui se refuse à tendre vers quelque chose de particulier, à être « intéressée » par l'objet de son choix, et ce refus du particulier signifie que la volonté veut la loi, l'universel abstrait, refuse de se particulariser, et à ce titre ne veut au fond qu'elle-même, sa propre liberté : indifférente aux biens particuliers qu'elle peut vouloir, crispée sur elle-même en son indépendance, volonté du vide en lequel elle voit l'image du tout qu'elle prétend être, une telle volonté, sous couvert de conjurer l'égoïsme, se donne le moyen de croire à sa propre vertu en se complaisant dans l'égoïsme le plus radical ; elle est à la limite indifférente au contenu de ce en quoi elle s'investit, pourvu qu'elle s'éprouve comme indépendante. *On aboutit à ceci, que sous couvert de ne dépendre de rien, elle refuse de se déprendre d'elle-même, elle ne veut qu'elle-même, elle est volonté de volonté, et en cela*

HUITIÈME DEVOIR

elle s'identifie dialectiquement au subjectivisme paralysant qui inspire la philosophie de Nietzsche secrètement fasciné par l'idée d'acte gratuit (refus de la volonté d'être régie par la raison) gravide de l'idée d'acte créateur, apanage de Dieu seul[2]. Le formalisme de la raison bascule dialectiquement dans l'irrationalisme de la Volonté de puissance ; c'est ce qui explique que nos contemporains puissent nourrir les mêmes yeux de Chimène (mais une Chimène hystérique et même schizophrénique) tant pour l'austérité kantienne inspiratrice de l'intégrisme républicain à saveur maçonnique, que pour l'inégalitarisme esthétique de Nietzsche promoteur d'un aristocratisme d'intention ; et c'est ce qui explique que la « belle âme » républicaine dotée de mains pures mais manchote, célébrant son ignoble bonne conscience dans le culte xénophilique de l'invasion des barbares, dans l'apologie rousseauiste des crapules de droit commun et les campagnes contre la peine de mort, dans l'antispécisme promoteur d'une déclaration des droits des animaux, dans l'écologie de gauche depuis longtemps récupérée par le cynisme capitaliste, dans l'égalitarisme féministe et la pénalisation des fessées infligées aux enfants turbulents, dans la promotion des « mariages » d'invertis et le latitudinarisme du modernisme religieux, se révèle, telle une femelle en rut, être la complice et le défenseur inconditionnel du « peuple d'élite (?), sûr de lui et dominateur » responsable d'innombrables

---

[2] La rose pousse sur le fumier. S'il était possible d'accéder aux motivations secrètes, subjectives, ainsi aux « mobiles » (pour user du vocabulaire de Kant) ayant présidé au choix, dans l'esprit d'un philosophe, de soutenir telle thèse plutôt que telle autre, on s'apercevrait probablement que la pression de la raison pure n'est pas le seul moteur de ce choix ; et cela n'enlèverait rien à sa valeur philosophique, pour autant que cette thèse fût vraie ; et de manière générale on ne fait pas de la bonne littérature avec de bons sentiments. Il demeure quand même que certains aveux sont révélateurs des inclinations peu avouables d'un auteur ayant soutenu une position philosophiquement unilatérale : « Le respect est un tribut que nous ne pouvons refuser au mérite, que nous le voulions ou non ; si nous pouvons ne pas le laisser paraître extérieurement, nous ne pouvons nous empêcher cependant de l'éprouver intérieurement. Le respect est si peu un sentiment de plaisir qu'on ne s'y laisse aller qu'à contrecœur à l'égard d'un homme. On cherche à trouver quelque chose qui puisse en alléger le poids, une raison quelconque de blâme pour se dédommager de l'humiliation qui a été causée par un tel exemple » (Kant, *Critique de la raison pratique*, Quadrige, PUF, p. 81). Soit : les vertus d'autrui seraient reçues par le Moi comme autant d'offenses, non au sens où leur spectacle lui ferait prendre conscience de ce qu'il doit être en lui inspirant honte et contrition (dans ce cas, on n'essaierait pas de salir autrui), mais du fait qu'un tel Moi ne peut pas s'empêcher de se comparer et de regretter qu'autrui puisse être meilleur que lui ; c'est bien là, comme effet d'une tristesse du bien d'autrui, c'est-à-dire comme pulsation de l'*envie*, la réaction d'un *subjectiviste* incapable de se livrer de bon cœur à l'admiration, parce qu'il est crispé sur sa prétention à épuiser, dans sa singularité, toute bonté.
D'autres aveux sont révélateurs du fait que les fleurs vénéneuses, elles aussi, poussent sur le fumier : « Je fus amené à penser systématiquement contre moi-même, au point de mesurer l'évidence d'une idée au déplaisir qu'elle me causait » (Sartre, *Les Mots*, Folio Gallimard, 1964, p. 210).

crimes absous au nom de sa prétendue élection, tout comme l'admirateur béat de la force insolente et inique conférée par l'argent aux médiocres dénués de scrupule. La raison inavouée du déterminisme auquel se rendent complaisamment tant Spinoza que Nietzsche est encore le subjectivisme, en cela que si l'univers et l'homme sont régis par des lois nécessaires s'exerçant en excluant toute contingence, alors aucune finalité ne préside au déploiement des moments de la vie de cet univers, l'homme n'est pas l'effet d'une volonté personnelle lui fixant des fins en le dotant d'une nature qu'il aurait à respecter en lui assignant des biens en lesquels il devrait s'investir en particularisant en eux sa volonté indéterminée. Et c'est pourquoi le déterminisme spinoziste ou nietzschéen séduit ceux-là mêmes qui déifient la liberté au point de faire de l'homme le créateur de lui-même et des valeurs par lesquelles il façonne son monde et ses comportements. Pour le réalisme thomiste, c'est certes l'intention subjective qui qualifie la moralité d'un acte, mais cette intention n'est elle-même morale que par la qualité du bien qu'elle vise (et sur l'identité duquel la conscience peut par accident se tromper de bonne foi), de sorte que la morale est science des fins qu'il convient de poursuivre pour parvenir à son plus grand bien : la morale nous rend heureux ; contre Kant, elle ne se contente pas de nous rendre dignes d'être heureux. Hegel réfute Kant dans les *Principes de la philosophie du droit* (Add. § 135) :

« Quoique nous ayons plus haut attiré l'attention sur le point de vue de la philosophie kantienne, point de vue sublime dans la mesure où il établit la conformité du devoir et de la raison, il faut toutefois en signaler le défaut, car ce qui manque, c'est l'articulation avec la réalité. La proposition "Agis comme si la maxime de ton action devait être érigée en principe universel" serait très bonne si nous possédions déjà des principes sur ce qu'il faut faire. Quand nous exigeons, en effet, d'un principe qu'il doive être aussi la détermination d'une législation universelle, nous admettons que cette législation a déjà un contenu et si ce contenu était effectivement présent, l'application serait facile. Mais le principe lui-même fait défaut et le critère selon lequel il ne doit pas y avoir de contradiction ne donne rien, car, où il n'y a rien, il ne peut y avoir de contradiction. »

On peut à la rigueur reconnaître à Kant le souci de dégager une méthode permettant à tout le monde — parce que facile et dispensant celui qui en use de recourir à des connaissances savantes — de discriminer entre les maximes d'action morales et celles qui ne le sont pas. Mais cette méthode n'est applicable qu'à des maximes d'action déjà constituées, elle est parfaitement vaine pour qui aurait besoin que lui fussent indiquées les maximes auxquelles il convient de penser pour exercer sa liberté en vue de l'accomplissement le plus abouti de ses facultés, c'est-à-dire pour vivre le plus humainement possible. Kant, comme se plaisait à l'enseigner Claude Bruaire, ne nous dit pas ce qu'il faut faire mais comment il faut dire ; « Kant a les mains pures, mais il n'a pas de mains »

(Péguy). Hegel affirmait déjà (dans la dernière page de son opuscule sur le *Droit naturel*) :

« Il y a toujours désaccord de l'esprit absolu et de sa figure. Mais pour atteindre cette figure absolue, **la philosophie ne peut pas se réfugier dans l'informel du cosmopolitisme, ni dans le vide des Droits de l'homme ou dans le vide tout aussi grand d'une fédération des peuples et d'une république universelle. Ces abstractions formelles contiennent exactement le contraire de la vie éthique et, eu égard à l'individualité, elles sont protestantes et révolutionnaires.** » Un réactionnaire catholique aurait pu écrire ces lignes.

En parlant de désaccord entre l'esprit absolu et sa figure, Hegel visait Robespierre, mais aussi Rousseau, Kant et Fichte, contractualistes, par là politiquement individualistes et subjectivistes (la société n'est pas naturelle mais issue d'un contrat, d'une décision), et de ce fait promoteurs d'une fausse conception de la Volonté générale. La Volonté générale, en son acception recevable et nécessaire, est cette volonté du tout social considéré comme tout, cette volonté *du tout* aspirant, comme à sa fin propre, au bien commun qui est l'ordre même du tout social, ainsi cette volonté expressive de la *nature* de la volonté immanente à tout homme, à laquelle chaque volonté individuelle ne se conforme que rarement parce qu'elle est peu éclairée et pécheresse, par là cette volonté qui ne se fait personnelle ou n'accède à la conscience d'elle-même que dans le Prince ; dans cette perspective antidémocratique fondée sur la recherche d'un bien commun, lequel est à la fois le bien du tout pris comme tout et le meilleur bien de chacun, *mais un bien qu'il aime en lui étant rapporté* (l'individu n'est pas fin de la société, et c'est pourquoi il n'en est pas la cause efficiente), la société doit être organique, ainsi telle que le tout est raison des parties dont il se fait dépendre pour les ordonner à lui, de sorte que le souci du bien commun doit être immanent aux parties invitées sous ce rapport à tendre vers le bien commun comme vers la part la plus précieuse de leur bien propre, d'où l'idée de Volonté générale. Mais dans la perspective de l'idéalisme subjectif de Kant et de Fichte, qui est au fond la théorisation de la maladie de l'esprit jacobine, la Volonté générale, quelque effort que fasse Rousseau pour l'éviter, se réduit à la somme de volontés individuelles conflictuelles et déraisonnables (et conflictuelles parce que déraisonnables), d'où l'opposition indépassable entre « l'esprit absolu » (la volonté *du tout*) et « sa figure » (la somme des volontés individuelles supposées l'exprimer). Plus profondément, la « figure absolue » (celle qui serait l'expression adéquate de l'esprit absolu), est celle selon laquelle la *pensée* de l'être est une pensée (de soi) *de l'être* en elle, un savoir de l'être selon des articulations qui sont celles de l'être même, et corrélativement une *pensée* du tout par les parties qui est pensée (de soi) *du tout* en elles.

Il est temps désormais de proposer une résolution à la problématique de départ, dont on s'autorisera ici à rappeler les termes : **d'où vient que cet appétit *de la raison*, ou raison désirante, ait besoin de se libérer de la raison, de** s'autonomiser — **au risque de se perdre et de perdre avec lui la raison** — **en** *appétit* **de la raison ?** On se placera dans une perspective librement inspirée du thomisme. Les démarches précédentes établissent, par l'épreuve de leurs échecs respectifs, 1) que la volonté n'est volontaire qu'en se reconnaissant telle une puissance actualisée par la raison ; 2) que la raison n'est raison qu'en reconnaissant à la volonté le pouvoir de s'insurger contre elle ; que donc la position de saint Thomas d'Aquin est invitée à faire sa place, dans son propre élément intellectualiste, à la thèse scotiste selon laquelle « rien, autre que la volonté, n'est cause totale de la volition dans la volonté » (*Opus oxoniense*, II d. 25) : la volonté puise son aptitude à se soumettre fidèlement au magistère — qui la parfait en l'actualisant — de la raison, de ce pouvoir qu'elle a de se dérober à un tel magistère en s'appuyant sur elle seule pour se déterminer.

Pour qu'il y ait production d'un être naturel, trois principes sont requis : la matière, la forme et la privation. Forme et privation entretiennent des relations de contrariété, donc la privation est une certaine négation de la forme, qui en retour est négation de la privation, négation de la négation d'elle-même. Or la distinction entre matière et privation est de pure raison. Donc la matière est négation de la forme. Ce qui est corroboré par l'analyse suivante : la matière est toute chose en puissance ; la puissance est l'identité des contraires qui s'excluent dans l'être en acte ; il faut même dire que cette vertu d'identifier les contraires n'est pas une propriété de l'être en puissance, mais son essence même, car une propriété est un accident, et il n'appartient d'avoir des accidents qu'à ce à quoi il appartient d'être substance ; or la puissance, considérée dans sa distinction et séparation d'avec la forme qui l'actualise, n'est pas substance ; donc l'essence de la puissance est l'identité contradictoire des opposés, et c'est au reste pourquoi l'être en puissance n'est que puissance à être ; ce qui est contradictoire n'est pas, et le mode d'être du non-être, ainsi du contradictoire, est l'être en puissance. Puisque les contraires s'excluent dans l'être en acte, l'actuation de la puissance, compte tenu de ce qui précède, est sa négation, l'identité des contraires est niée au profit de l'un d'entre eux, l'actuation de la puissance est différenciation de ce que cette puissance identifie. Mais la puissance est perfectionnée par son actualisation, elle y trouve son bien en lequel elle se repose ; et ce en quoi l'on se repose est ce en quoi l'on s'accomplit. Donc l'actualisation de la puissance est ce qui la parfait et la confirme, ainsi la conserve, dans l'acte où elle la nie. Aussi le rapport de la puissance à l'acte est-il celui que définit l'« *Aufhebung* » hégélienne, la sublimation de la puissance. Or quand une chose se sublime en une autre (telle la chrysalide en papillon), elle conserve ce qu'elle nie sur le mode de puissance — intestine au résultat — à faire se régénérer ce dernier : le papillon conserve bien la puissance à engendrer des papillons et à se régénérer lui-même, une puissance qui est puissance à produire des papillons ; or le papillon procède de l'actuation d'une chrysalide ou puissance à être papillon, donc il conserve bien ce qu'il nie en le réduisant dans lui-même au statut de puissance opérative à se poser lui-même. Si la forme est négation de la puissance qu'elle conserve en la niant, elle ne serait pas cette forme actuelle si elle ne la conservait pas, de sorte qu'il est définitionnel de l'acte, en général, de contenir — au titre de son infrastructure essentielle — la puissance dont il se fait procéder : l'acte ou forme est réflexion ontologique, identité à soi réflexive, position de soi à partir de ce en quoi il s'anticipe, et, en tant que conservant ce qu'il nie sur le mode de puissance dont il est sujet d'exercice, il se pose par reposition ou confirmation de ce qu'il nie.

L'intellect, en tant que puissance à penser, ou pur appétit de penser (la puissance désire son acte comme la femelle désire le mâle), s'actualise dans son intellection, ou prolation d'un concept (« *conceptus* » dit bien « engendré »). Donc cette intellection conserve en elle-même cet appétit *de la raison* dont elle procède en le niant, et dont elle ne procède qu'en tant qu'elle le pose. Mais si elle le conserve en le niant, c'est qu'elle le repose ou confirme dans le moment même où elle le nie et s'en fait victorieuse. Or, en tant qu'identité à soi réflexive, l'acte, pour cette intellection, d'être posée comme intellection, est tout autant l'acte, pour cette identité réflexive en forme de cogito, d'exercer l'intellection qu'elle est, de s'introniser sujet d'exercice de la perfection qu'elle est ; elle est intellection en tant qu'elle *est* son concept, elle est puissance d'intellection en tant qu'elle *a* son concept, et elle a son concept en tant qu'elle s'objective en lui, ce qui consiste pour elle à confirmer en elle-même ce qu'elle nie, à s'objectiver dans son processus circulaire. Par là, elle *se* libère de cette identité contradictoire — à savoir de cette identité potentielle (puisque la puissance est identité des contraires) — d'elle-même en tant qu'acte de sa puissance, *et* d'elle-même en tant que puissance de son acte ; se libérant de sa contradiction, elle s'intronise intellection non contradictoire ; mais en se libérant de sa puissance à être elle-même, elle *la* libère, elle la donne à elle-même, elle la rend libre, et libre au point de se soustraire à ce dont elle tient l'être et qui la finalise.

C'est ainsi que l'appétit *de la raison* se prolonge nécessairement, à l'intérieur du magistère de la raison sur la volonté (primat de l'intellectualisme), en *appétit* de la raison. La raison désirante et victorieuse de son désir ne serait pas raison si elle ne concédait pas à un tel désir d'être autonome, libre d'elle, ainsi d'être volonté proprement dite.

La volonté se révèle bien volonté de la raison, au sens de volonté pour la raison, volonté aimant la raison dans l'intérêt de la raison et par l'office de la raison, c'est-à-dire, en tant que finalisée par elle, oubli de soi, ou comportement abnégatif, par rapport à l'universalité de la raison (il faut être un Je singulier pour vouloir, et c'est même la singularité de ce Je qui peut enivrer la volonté au point de la faire se vouloir sans raison, mais la singularité de ce Je est ordonnée naturellement au service de l'universalité de la raison) ; mais elle n'est tout cela qu'à condition d'être autonome, c'est-à-dire de receler en elle-même seule le pouvoir de servir la raison. *Il faut donc parler de volonté puissante, d'autant plus puissante que plus subordonnée, et non de volonté de puissance.* Si la volonté doit se maîtriser, se limiter (ce qui suppose maîtrise de soi), elle doit assumer la faiblesse (en tant que forte sur elle-même), ou encore assumer la dépendance, elle doit savoir s'affirmer dans sa négation, et la seule chose qui lui permette de s'affirmer dans sa négation, c'est-à-dire d'être forte dans le plébiscite de sa faiblesse, c'est la raison, qui seule est identité à soi réflexive, c'est-à-dire réflexion, contradiction surmontée. La raison est l'intellect en tant qu'il se meut, et la conscience est l'apparaître à soi de l'intellect, la présence à soi de la raison, obscure à elle-même en tant que cette raison n'est encore intellection de rien de déterminé, de sorte que la conscience de soi est une évidence vide, une connaissance de soi de la puissance à connaître, mais comme puissance à ce qu'elle connaît et non comme connaissance en acte. En la conscience, l'intellect s'atteint réellement tel qu'il est en lui-même, la conscience de soi est bien une connaissance de soi, il se connaît lui-même mais en tant que puissance à connaître, de sorte que, l'intellection étant l'acte commun de l'intellect et de l'intelligible (qui en l'occurrence n'est autre que lui-même), en se connaissant lui-même comme la puissance à connaître qu'il est, il exerce cet acte de connaissance sur le mode de puissance à un tel acte, et sous ce rapport la conscience de soi n'est qu'une connaissance potentielle de soi, fors l'actualité du savoir du fait que l'on est un Moi. Puis donc que la conscience, quelque obscure qu'elle soit, est l'apparaître à soi de la raison, c'est que la raison a la forme de la conscience ; or la conscience est identité à soi réflexive, donc la raison est en droit systématique, elle est en droit habilitée à poser ce qu'elle présuppose dans un acte faisant s'identifier en les maximisant l'intuition (dont le modèle est le cogito) et le raisonnement (dont la radicalisation est le pouvoir de rendre raison de son point de départ), de telle sorte que l'opération inductive (donatrice des points de départ des raisonnements) est l'exercice de la systématicité de la raison, mais non développée et comme ignorante de sa discursivité qu'elle masque en tant que tous les moments de cette dernière apparaissent dans l'induction comme confondus. Et c'est en rendant raison d'elle-même que la raison rend raison de sa portée objective et métaphysique, par-delà tout empirisme réduisant l'être à l'être senti, parce que, en rendant raison d'elle-même, elle est circulaire, par là révélée dans la forme d'une négation de négation, et de ce fait attestant qu'elle a dans elle-même, idéellement, son autre (l'être en tant qu'être, le réel) qui pour cette raison ne saurait la limiter telle une chose en soi échappant à son emprise. On l'a dit déjà : si le désir *de la raison* n'était *désir* de la raison, la raison désirante ne serait pas complètement raison, car elle serait incapable de revenir sur son acte pour le juger, pour l'évaluer, pour vérifier la proportion de son jugement à la chose qu'elle connaît, ainsi pour savoir qu'elle sait, c'est-à-dire pour savoir ; or revenir sur son acte consiste à le remettre en cause, à le suspendre, à le retenir, à n'être pas nécessité à le poser, à être libre. Si la raison dit la nécessité du logique quand la liberté dit la contingence, il faut dire que la raison n'est rationnelle que moyennant cette dimension obligée d'irrationalité intestine à raison de laquelle la nécessité du déploiement logique de la raison n'est pas sans la liberté du sujet qui procède à ce déploiement, et qui s'actualise en lui : la nécessité ne s'absolutise que moyennant un moment obligé de contingence, sur la Terre comme au Ciel.

Dieu est l'absolument nécessaire et l'infiniment simple. Son essence est son existence, sa substance est son opération. Dieu est donc son acte créateur, lequel est contingent. Dès lors, il doit exister une forme de contingence en Dieu, qui ne soit pas ablative de sa nécessité. Dieu est victoire éternelle sur la contingence qu'il assume, et c'est à ce titre que Dieu est nécessité. L'identité exclusive de la différence est différente de la différence et donc n'est pas identité sous tous les rapports ; l'identité absolument identité est donc l'identité non exclusive de la différence, identité concrète, identité de l'identité et de la différence. L'identité divine est la victoire éternelle sur la différence radicale d'avec soi-même que l'absolu veut éprouver en s'y risquant, et qui atteste l'absoluité de sa puissance ; Dieu n'est l'absolu qu'en tant qu'il est maître de sa propre absoluité. Or si l'acte créateur n'était pas sans raison suffisante, il serait nécessaire, et la création ne serait pas contingente, et elle contracterait quelque chose de la nécessité qui n'appartient qu'à Dieu, et elle serait consubstantielle à Dieu, et elle ne serait pas une vraie création. Aussi l'acte créateur doit-il être gratuit et, pour n'être pas absurde, il doit être reconnu telle cette instance de contingence obligée requise pour que la nécessité soit. Dieu pouvait se poser, de toute éternité, tant comme non créateur que comme créateur, et la création n'ajoute rien à Dieu (tout comme la non-création ne lui eût rien ôté) qui, pourtant, fait tout en vue de lui-même : « Dieu se veut comme fin, il veut les autres choses comme référées à cette fin, dans la mesure où il convient (*condecet*) à la bonté divine que d'autres êtres y aient part » (*Somme théologique*, Iª q. 19 a. 2). La création n'ajoute rien à Dieu, et pourtant elle n'est pas sans raison puisque Dieu, faisant tout en vue de lui-même, ne fait rien en vain. Il fallait que Dieu se posât comme créateur ou comme non-créateur, mais dans chaque cas sans raison suffisante, pour que fût exercé ce moment de contingence obligée requis par la nécessité absolue. Dieu a décidé de créer, sans raison suffisante, par pure volonté, dans un acte gratuit, irrationnel si l'on veut, qui n'en devient pour autant ni absurde ou vain, ni nécessaire en lui-même, mais en tant qu'il était nécessaire qu'il eût de la contingence dans la manière dont Dieu, pour qu'elle soit absolument nécessaire, exerce éternellement sa déité.

Dieu est acte pur, et à ce titre modèle et perfection absolue de toutes les créatures réelles ou possibles qui en sont des similitudes participées. La volonté divine, modèle de toute volonté, est cette volonté absolument rationnelle qui assume en la dépassant l'activité volontaire relevant de l'acte gratuit dont on a vu qu'il est une même chose avec la Volonté de puissance. On dira donc en dernier ressort que la Volonté de puissance n'est pas la forme suprême de la volonté, mais que la volonté puissante dépasse la Volonté de puissance en l'assumant.

NEUVIÈME DEVOIR
— dissertation —

Peut-on critiquer la démocratie ?

Selon la tradition aristotélicienne, il existe trois grands types de régimes politiques en droit légitimes en tant qu'ils sont tous trois ordonnés au bien commun : la monarchie, l'aristocratie, la « *politeia* » ou démocratie vertueuse ; leur correspondent trois régimes qui en sont autant d'adultérations, en tant qu'ils sont finalisés par le bien particulier de celui qui y exerce le pouvoir : la tyrannie, l'oligarchie (entendue comme ploutocratie), et la démocratie (entendue comme ochlocratie). Selon sa théorie de l'anacyclose (doctrine selon laquelle il existe une logique du politique, rendant raison de la succession des régimes — du meilleur au pire à partir duquel le cycle recommence —), Polybe, suivi par Cicéron et Machiavel, montre que l'ochlocratie est le pire des régimes concevables :

À la monarchie (gouvernement d'un seul, modéré et tacitement accepté) succède, tant à cause des tendances individualistes du peuple que sous la pression d'une dérive personnelle du monarque, l'autocratie (gouvernement d'un seul par la force, qui rassemble tous les pouvoirs et ne se soucie plus de l'adhésion tacite du peuple) dont les excès despotiques susciteront l'aristocratie : renversement du tyran par quelques responsables sages et vertueux appuyés par le peuple et instaurant un régime modéré instituant des lois justes. La pesanteur des choses humaines fait que tôt ou tard cette aristocratie fondée sur la vertu et la lucidité de quelques-uns dégénère en oligarchie, ou gouvernement des riches, laquelle suscite la réaction du peuple qui instaurera une démocratie : régime où tous gouvernent mais, théoriquement, selon des lois sinon en soi justes, à tout le moins respectées par tous ; la tendance à la dégénérescence libérée dès la première déviation (autocratie, première expression de l'individualisme par oblitération du primat du bien commun), en dépit d'efforts sporadiques de redressement, ne peut que poursuivre son cours qui se précipitera du fait que la participation du nombre à l'exercice du pouvoir va croissant, de sorte que la contamination affecte de plus en plus de personnes ; même exercée par des citoyens s'efforçant à la modération et à la vertu, la démocratie porte dans ses flancs la propension à dégénérer en ochlocratie, où la foule gouverne selon ses désirs enfiévrés, ce qui à la limite consomme la fin du politique en exténuant toute réminiscence de souci du bien commun ; c'est une anarchie brutale et vinassière, où chacun aspire à se comporter comme un tyran, de sorte qu'elle peut bien être définie telle une tyrannie de tous sur tous. Elle est apte à subsister en dépit de ses crimes, en tant que tous peuvent avoir intérêt à sa pérennité, puisque tous jouissent de l'ivresse d'une liberté devenue sa propre norme ; mais encore faut-il, pour cela, que le peuple soit incité à préférer le désordre où s'épanouit le subjectivisme, mais au prix d'injustices subies innombrables, à l'ordre qui lui assure la prospérité, la sécurité et surtout sa véritable dignité, mais au prix du crucifiement de son subjectivisme. Du sein de ce magma, et sous la pression des malheurs qu'engendre une telle situation, mais aussi du caractère extrêmement morcelé du pouvoir par là devenu faible et inefficace, un homme d'exception peut, selon Polybe, parvenir à prendre le pouvoir par la force et à instaurer un régime autocratique de crise consciemment finalisé — ce qui le distingue essentiellement de la première déviation — par le rétablissement de la monarchie d'origine. Pour autant que la monarchie ainsi rétablie soit comme purgée, par l'épreuve de sa chute et de son rétablissement, des dysfonctionnements ayant rendu possible sa première éclipse, le régime instauré par l'homme d'exception ne serait, aujourd'hui, pas mal nommé « fascisme ». En effet, la multitude plongée dans une animalité consumériste dont l'éclipse de la raison serait le moindre mal, mais qui en fait laisse les passions enrôler la raison à leur profit, fait se détourner cette même raison des conditions naturelles de son exercice, et en vient progressivement à lui faire perdre l'efficacité requise pour alimenter ses passions ; c'est alors que cette situation désordonnée est génératrice de fainéantise, de crises économiques, de ressentiment passif et impuissant, de méconnaissance intentionnelle des dangers extérieurs, et de cette lâcheté des autochtones repus à l'égard d'envahisseurs avides. Aussi, quand le peuple, corrompu par le subjectivisme et avili par les plaisirs bas, en vient, de manière inévitable, à être frustré de plaisirs anesthésiants, alors l'humiliation consécutive à ses lâchetés ne trouve plus de compensation dans la satisfaction de la pulsion consumériste ; naît alors dans le cœur des hommes dénaturés la conscience sourde de l'inversion morale à laquelle ils ont consenti, et avec elle l'indignation rageuse en laquelle ils peuvent trouver la dynamique requise pour se libérer de leurs pourrisseurs et aspirer, en consentant à l'ascèse salvatrice, à recouvrer leur identité.

Aujourd'hui, c'est-à-dire en l'époque consacrant la victoire complète — faite d'industrialisme et d'esprit marchand — du modèle occidental en sa version anglo-saxonne, idéologiquement soutenue par un subjectivisme consumériste universellement et passionnément plébiscité, la démocratie est tenue par le plus grand nombre pour le meilleur régime, et même pour le seul régime recevable, hors duquel il n'y aurait que tyrannie plus ou moins atténuée. Un Jean-François

Revel (*Comment les démocraties finissent*, Grasset, 1983) déclarait : « en son sens moderne », la démocratie est cette société « qui parvient à concilier l'efficacité de l'État avec sa légitimité, son autorité avec la liberté des individus ».

Un observateur lucide et désabusé y reconnaîtrait plutôt une ochlocratie plébiscitant, comme condition de sa pérennité, l'autocratie anonyme et discrète d'une oligarchie mondialiste extrêmement restreinte, ayant recours à des procédés de coercition de type despotique, mais de manière douce et celée, grâce à l'intoxication des foules par une presse écrite ou télévisuelle devenue maîtresse sans partage de l'opinion, et tout entière possédée par des puissances d'argent beaucoup plus fortes que les États dont elles tiennent les dirigeants précisément parce que, en ce régime effectivement démocratique (tous gouvernent, les élections ne sont pas truquées), ils leur doivent leur élection. Selon ce point de vue, la démocratie est réelle ou n'est pas, il n'y a pas de semblant de démocratie, ou de dictature à façade démocratique ; s'il y a démocratie, elle est vraiment démocratique (et c'est peut-être à ce titre même qu'elle est terrible) mais, ne pouvant se concrétiser que dans la forme d'une ochlocratie gravide de malheurs et de dissensions mortifères qui la rendent instable et la disposent à se faire déborder par un chef énergique selon des mesures fascistes de salut public, elle appelle d'elle-même, avec l'aval au moins tacite du peuple, d'être officieusement trahie pour être rendue viable ; elle est trahie au sens où une minorité restreinte, aujourd'hui à l'échelle mondiale, confisque tous les pouvoirs médiatiques et financiers par lesquels elle conditionne l'esprit du peuple, le faisant penser, aimer et haïr ce qu'elle veut qu'il pense, haïsse et aime ; il y a trahison en ce sens que le pouvoir de cette minorité ne lui est pas démocratiquement conféré, de sorte que c'est elle qui est souveraine et non le peuple ; mais on peut se demander s'il est légitime de parler de trahison, dans la mesure où le peuple sait cette sujétion molle, la plébiscite en souhaitant passionnément l'ignorer, aspire à penser comme on veut le faire penser, ne bouge pas le petit doigt pour atténuer les mesures répressives qui s'abattent systématiquement sur les plus petites velléités de révolution fasciste[1]. Sous ce rapport, toute démocratie est une

---

[1] Une étude de l'IFOP pour la Fondation Jean-Jaurès et l'Observatoire Conspiracy Watch publiée le 7 janvier 2018 révélait que 79 % des Français croient à au moins une théorie du complot : celle selon laquelle le ministère de la Santé publique serait manipulé par les Laboratoires pharmaceutiques pour celer au public la réalité de la nocivité des vaccins ; celle selon laquelle la CIA aurait été impliquée dans l'assassinat de J. F. Kennedy ; celle selon laquelle Al-Qaïda et Daesch seraient manipulées par les Services occidentaux ; celle selon laquelle le rôle essentiel des médiats serait de relayer une propagande mensongère pour servir les intérêts du système oligarchique, etc. Encore là n'était-il question ni de la Shoah, ni de l'influence réelle de l'Internationale juive, ni des chiffres réels de l'immigration extra-européenne, aussi bien quant à la quantité que quant à son prix social, ni du fonctionnement de l'argent-dette, ni des vrais résultats de la science en ce qui concerne l'existence des races humaines et l'importance du patrimoine biologique relativement aux comportements sociaux qu'ils induisent. Les Français, et plus généralement les Européens, ne manquent ni d'informations ni des facilités nécessaires à son

ochlocratie parvenant à se maintenir nonobstant ses contradictions grâce au despotisme d'une minorité tacitement plébiscitée par le peuple que cette minorité piège et rend complice de la tyrannie qu'elle lui impose, en lui faisant aimer comme une drogue le subjectivisme consumériste dont en retour, en tant que financière, cette même minorité tire sa puissance. Au-delà d'un certain degré de richesse, la convoitise des biens sensibles étant comblée depuis longtemps, on ne peut aspirer à la concentration des capitaux que pour des raisons idéologiques : la passion du pouvoir pour le pouvoir se tarirait si elle n'était soutenue par une idée au service de laquelle une telle passion prend sens et se légitime à ses propres yeux ; les buts propres que poursuit une telle minorité pour laquelle l'argent n'est pas une fin en soi sont ultimement d'essence théologique, mais il s'agit de la théologie gnostique dont les caractères principaux ont été succinctement rappelés ici dans l'Introduction du présent ouvrage ; c'est pourquoi le personnel peuplant ladite minorité appartient à la communauté juive et/ou maçonnico-protestante. Il est important, avant que de traiter le sujet du devoir ici proposé, d'écarter les suggestions intellectuelles relevant de l'esprit unilatéralement complotiste, qui excluent que le peuple soit consentant, et qui font porter toute la responsabilité de la décadence sur son ignorance ; cela est nécessaire, parce qu'elles risquent de faire méconnaître les véritables enjeux du sujet, et avec eux la véritable résolution qu'appelle son traitement. Et le défaut des théories complotistes n'est nullement de s'attacher à la mise en évidence de complots, parce que ces derniers existent effectivement et sont éminemment influents ; c'est si vrai que l'oligarchie mondialiste a tout intérêt, comme elle le fait d'ailleurs, à brocarder de telles théories en les faisant passer pour des délires de déclassés, de sorte que la négation de l'existence de tels complots est elle-même un aspect de ces complots ; sous ce rapport, l'oligarchie finance les « intellectuels » de cour parasitant les ressources matérielles du productivisme démocratique, c'est-à-dire les imbéciles satisfaits chargés de ridiculiser les théories du complot, pour désamorcer des révélations dangereuses pour son pouvoir réel. Mais sous un autre rapport, moins évident et peu remarqué, la minorité oligarchique a intérêt à laisser proliférer de telles théories, ce qu'elle fait au reste avec autant de zèle que celui qu'elle emploie à les brocarder, ainsi que n'importe qui peut s'en rendre compte aujourd'hui — témoin la production impressionnante de films hollywoodiens et de romans ésotériques à grands tirages sur les « *Skull and Bones* » et les « *Illuminati* ».

Pour l'établir, commençons par rappeler quelques données extrêmement lacunaires relatives à l'effectivité de la puissance maçonnique, mais suffisantes pour souligner la mauvaise foi et la bêtise vaniteuse des « intellectuels » :

---

acquisition. Ils savent qu'on leur ment, ils subissent les effets de ces mensonges, mais cela ne les empêche pas de développer une aboulie en forme de procrastination sempiternelle qui leur fait plébisciter leur servitude.

Dans le journal *L'Express*[2], entre mille exemples, on apprend récemment que les défis de la maçonnerie messine sont de « construire l'Europe franc-maçonne » ; que la maçonnerie est « la boîte à idées de la République », qu'on y planche sur la laïcité, l'éducation et la violence, qu'on y réconcilie spiritualité et rationalité, qu'on y médite sur la bioéthique et la fin de la vie, que le secret s'expliquerait par la liberté d'expression en loge (nécessité de protection, confidentialité des interventions), qu'il existe à Metz 1 050 frères et sœurs pour 320 000 habitants, que le taux national est de 2,4 frères pour 1 000 habitants. Le « piston » propre aux « frères » s'expliquerait ainsi : « C'est une question d'entraide et non de favoritisme. À l'embauche, par exemple, parmi deux candidats aux compétences similaires, vous choisirez votre ami et pas un inconnu. Le maçon, lui, choisira un maçon plutôt qu'un profane. C'est humain.[3] » « Les loges de Metz sont remplies de personnes impliquées dans la vie de la cité. C'est bien connu, "la franc-maçonnerie n'est nulle part, mais les francs-maçons sont partout" ! Ils sont présents dans toutes les institutions républicaines : l'hôpital, la justice, l'université, l'administration. Et je peux vous dire que ce sont des gens bien. » « Pour son programme "Changer la vie", en 1981, il [Mitterrand] a branché la pompe à idées au Grand Orient de France, c'est sûr. » Seuls les « extrémistes » et les « intégristes » ne sont pas acceptés dans les loges.

« Nous ne nous contentons pas d'être la République secrète, nous sommes en même temps l'anti-Église.[4] » La lecture, entre mille ouvrages traitant du même sujet, du livre de Ghislaine Ottenheimer et de Renaud Lecadre[5], rend crédibles les affirmations de ce genre, en tant que cette publication pour grand public ne relève pas, pour une fois, des productions d'« Underground » de la littérature spécialisée diffusée par les officines d'extrême droite : « Ministres, députés, PDG, hommes d'affaires, avocats, magistrats, hauts fonctionnaires, ingénieurs, militaires, journalistes, sportifs : les maçons sont très présents dans la plupart des sphères dirigeantes.[6] » « Au sommet de la hiérarchie, le secret est verrouillé[7] », les hommes de premier plan sont initiés dans certaines structures extrêmement secrètes[8]. Les valeurs de la Révolution française, la devise « Liberté, Égalité, Fraternité », le droit moderne du travail, la construction des HLM, les lois relatives à l'avortement, à la contraception, l'École publique, l'impôt sur le revenu, le planning familial, tout cela est l'œuvre des travaux discrets des loges préparant les révolutions sociales et politiques avant de les faire entériner par les autorités et assemblées officielles[9]. Les États-Unis d'Amérique sont une création maçonnique, tous les Présidents américains de George Washington à Franklin D. Roosevelt furent maçons, et deux présidents américains contemporains sur trois sont maçons[10]. La maçonnerie est, simplement en France,

---

[2] N° 2888 du 9 au 15 novembre 2006.
[3] Yves Jacob, membre de la *Loge des Amis de la vérité*, grand secrétaire aux affaires extérieures du Grand Orient de France.
[4] Déclaration d'un ancien Grand-Maître du Grand Orient de France, citée dans *Les Frères invisibles*, de Ghislaine Ottenheimer et Renaud Lecadre, Albin Michel, Paris, 2001, p. 60.
[5] *Les Frères invisibles*, Albin Michel, Paris, 2001.
[6] Page 12.
[7] Page 20.
[8] Page 47.
[9] Pages 46 et 67.
[10] Page 71.

l'inspiratrice de la Ligue de l'Enseignement, du MRAP, de la LICRA, d'Amnesty International, de SOS Racisme, du Planning familial, du Comité consultatif d'éthique du professeur Jean Bernard, etc.[11], et elle est très puissamment représentée dans la presse et plus généralement dans les médiats[12]. Un commissaire sur deux est franc-maçon[13].

Prolongeons cette série d'informations en nous souvenant d'une leçon de Xénophon et de Platon :

« Il me semble (c'est Simonide qui parle, s'adressant à Hiéron) que ce qui fait la différence de l'homme et des autres animaux, c'est le désir de l'honneur... la nature n'a mis d'ambition ni chez les bêtes brutes ni chez tous les hommes sans exception. Ceux chez qui existe naturellement l'amour de l'honneur et de la louange... on les regarde comme des êtres virils (ἄνδρες) et non plus comme de simples humains (ἄνθρωποι). Ainsi, c'est avec raison, me semble-t-il, que vous supportez le fardeau de la tyrannie, puisque, justement, vous avez des honneurs qui vous distinguent du reste des hommes. Et en effet, *aucun plaisir humain ne semble nous rapprocher de la divinité plus que la joie que procurent les honneurs* » (Xénophon, *Hiéron*, VII 3 et 4). Telle est « l'isothéie » tyrannique telle que Xénophon la conçoit pour la rejeter. Platon dit dans le même sens (*République* IX 573 c) : « *Ne veut-il pas commander aux hommes, et même aux dieux ?* » (ἀλλὰ καὶ θεῶν ἄρχειν). Même idée en *République* II, avec la fable de l'anneau de Gygès : Glaucon parle au nom des sophistes. On n'est pas juste par choix mais par contrainte, personne n'est assez fort pour résister, s'il peut le faire impunément et s'il en a les moyens, au désir de voler le bien d'autrui, d'entrer dans les maisons pour s'accoupler à qui lui plaira, de tuer les uns, de libérer les autres, d'être maître de tout faire « *comme un dieu parmi les hommes* ». Et dans un dialogue intitulé le Théagès, Platon aurait écrit : « *chacun voudrait être si possible le maître de tous les hommes, ou, mieux encore, Dieu* » (cité p. 15 de *La Mystique du surhomme*, de Michel Carrouge, NRF, Gallimard, 1948).

Si l'on se souvient que la démocratie ne peut se réaliser en plénitude autrement que dans la forme de l'ochlocratie définie telle la tyrannie de tous sur tous, on comprend que le ressort inavoué de l'esprit démocratique n'est autre que le désir d'être Dieu, la consommation achevée du subjectivisme. Or la gnose, de manière générale, n'est pas autre chose que la formalisation du subjectivisme : la conscience de sa finitude est telle, en l'homme (il est mortel, fragile, telle une poussière dérisoire dans l'océan des espaces galactiques), qu'il ne saurait céder complètement aux pulsions subjectivistes si ces dernières devaient exiger qu'il exténuât en lui toute conscience de transcendance, toute aspiration à une forme de transcendance ; elles se révéleraient à lui pour ce qu'elles sont, à savoir dérisoires et insanes. Il a donc besoin de croire à une transcendance sans cesser de se vouloir à soi-même sa propre fin, ce qui précisément est acquis dans la gnose qui fait de la conscience que l'homme a de Dieu un moment obligé de la conscience que Dieu a de lui-même en l'homme par là consubstantiel à Dieu, porté par une force divine qui le transcende mais qui le requiert en tant qu'il l'achève. Et, bien entendu, le judaïsme se prête tout particulièrement — sans l'avoir

---

[11] Page 130.
[12] Pages 132 et 133.
[13] Page 269.

inventée et sans être le seul à l'adopter, sans même peut-être être l'instance la plus puissante de ce courant de pensée et de pouvoir — à cette solution puisque — ayant compris, par le christianisme qu'il refuse en tant que celui-ci rend caduque l'élection de celui-là, que le Dieu qui se révèle est un Dieu qui sauve en tant qu'il s'incarne en se faisant médiateur entre lui-même et l'homme — le Juif en tant que Juif est tout spontanément porté à se vouloir, comme peuple élu et messie collectif, telle l'immanence de Dieu dans l'Histoire : c'est pourquoi il lui est vital de maintenir qu'il est mort au Golgotha d'Auschwitz et ressuscité en Israël pour le Salut des Goïms. Qu'on veuille bien être attentif à ceci : il suffit de se donner le subjectivisme pour que tôt ou tard ce dernier reconnaisse dans une forme de gnose la condition de sa réalisation effective ; si le gnosticisme dispose au subjectivisme, en retour le subjectivisme l'inspire.

On obtient donc ceci : le plat subjectivisme des masses, parfaitement trivial et innocent de tout secret, rejoint logiquement et réellement le gnosticisme des maîtres du monde, de sorte que les masses plébiscitent la tyrannie dont elles sont victimes, au point que le dernier mot du secret supposé n'être accessible qu'à l'étroite minorité des dirigeants tient peut-être dans la leçon de *La Lettre volée* d'Edgar Poe ; le maître de la bande, le plus élevé dans l'échelle du pouvoir, coïncide avec le dernier. Et c'est pourquoi il est efficace. Aussi les organisateurs de tels complots ont-ils intérêt, sous ce rapport, à laisser se répandre les théories du complot visant à accréditer l'existence de « Supérieurs inconnus », afin de conjurer une réaction toujours possible de la populace, à savoir la possibilité, pour les raisons évoquées plus haut, d'en venir à remettre en cause son propre subjectivisme, c'est-à-dire à se dégoûter de la drogue à elle dispensée par les idéologues ethniques manipulateurs des puissances financières. Aussi longtemps que le peuple croit à l'existence de complots redoutables fomentés par des Maîtres inconnus réputés omniscients et omnipotents, la conscience de la fragilité du système est celée au peuple, et avec elle est exténuée la velléité de changer les choses ; et les vrais maîtres savent que la populace n'est au fond d'elle-même que mollement hostile à exténuer cette velléité, parce qu'une telle exténuation permet à la foule d'entretenir son subjectivisme. Aussi serait-il erroné de croire que les maîtres du monde n'auraient pas peur du fascisme ; selon cette position, ils n'en agiteraient l'illusoire retour qu'à la manière dont on secoue une baudruche, pour justifier des mesures iniques toujours plus coercitives ; on avance aussi, dans cette ligne de pensée, une thèse savante et au vrai aussi prétentieuse que peu convaincante, tantôt des légitimistes et des contre-révolutionnaires catholiques, tantôt des Slaves orthodoxes incapables de résister aux charmes du mythe d'une Troisième Rome : pour faire diversion, on montrerait du doigt un danger supposé illusoire (le ventre fécond de la Bête immonde) afin de détourner les masses d'embrasser un vrai salut théologico-politique en forme de monarchie théocratique et supposé effrayer les Financiers beaucoup plus que les réactions fascistes et nationalistes.

Pour en finir avec cette mise au point préalable, et afin d'aborder le traitement proprement dit du sujet proposé, on dira ceci :

L'oligarchie financière mondialiste, inspirée par l'idéologie gnostique (en ses versions maçonnique et juive, sans au reste exclure des dissensions parfois sanglantes entre clans rivaux à l'intérieur des mêmes cercles dirigeants), entend concentrer toutes les richesses de la Terre par le moyen du déchaînement des potentialités du libéralisme destructeur des États souverains et des identités nationales, afin de s'introniser en dernier ressort État mondial. Jusqu'ici la thèse, comme on le voit, n'a rien d'original ; elle constitue même le fonds de commerce du complotisme, et il n'est pas question ici d'en remettre en cause le bien-fondé, au moins jusqu'à un certain point.

Ce sur quoi l'on insistera ici, et qui est moins convenu, c'est sur le fait que ces manœuvres occultes ne se substituent nullement à la démocratie réelle, et que l'examen des virtualités de la démocratie suffirait à rendre raison des fins que poursuit le mondialisme par des voies celées au public. En effet, il a été suggéré que les maîtres discrets de la Finance internationale étaient habités par un projet méta-économique, politico-religieux, en tant que gnostique, et que cette religion était la formalisation communautaire des effets logiques du subjectivisme, embrassé par la multitude la moins initiée qui soit aux arcanes tant de la réalité économique que des systèmes symboliques de la maçonnerie ; aussi le dessus du panier peut-il être reçu tant comme l'inspirateur d'un projet aristocratique (ou plutôt élitiste) à vocation sataniste se subordonnant les masses dépravées par le subjectivisme, que comme *l'instrument que se donne au fond le subjectivisme pour y puiser les conditions de sa pérennité et de son actualisation historique*. On peut en dire autant, au niveau national des responsabilités, de la causalité des loges maçonniques ; sous un certain rapport, c'est la maçonnerie qui a préparé la Révolution, pensé le projet de la République jacobine et mobilisé les masses pour le réaliser ; sous un autre rapport, plus vrai et moins sensationnel, moins « croustillant » et plus conceptuel, c'est l'idée démocratique qui est responsable de la maçonnerie : le gouvernement de tous par tous, fondé sur le principe de la souveraineté populaire, peut être tenu pour intrinsèquement contradictoire — la suite de la présente dissertation l'établira —, et au reste un Rousseau, métaphysiquement démocrate (n'obéir qu'à la loi que l'on s'est prescrite, être en tant qu'individu fondement et cause finale de la société), le confesse implicitement puisqu'il soutient en même temps que les chefs n'ont pas une once d'autorité en propre, qu'ils ne sont que les délégués de la Volonté générale expressive de la volonté du peuple souverain, cependant qu'il reconnaît la nécessité d'un Législateur doté de pouvoirs exorbitants qui ne sauraient émaner de la Volonté générale puisqu'il est celui qui, sous couvert d'interpréter la volonté du peuple afin de vérifier qu'elle est bien la Volonté générale (toujours droite) et non la somme de volontés particulières plus ou moins peccamineuses, a vocation à l'inspirer et à la guider, à la rectifier, voire à s'y substituer :

Chargé d'interpréter la résultante des volontés particulières afin d'en dégager la Volonté générale, le Législateur « *constitue* la république, *n'entre pas dans sa constitution* ;

c'est une fonction particulière et supérieure qui n'a rien de commun avec l'empire humain ». « Celui qui ose entreprendre d'*instituer* un peuple doit se sentir en état de *changer pour ainsi dire la nature humaine*, de transformer chaque individu qui, par lui-même, est un tout parfait et solitaire, en partie d'un plus grand tout *dont cet individu reçoive en quelque sorte sa vie et son être* ; d'altérer la constitution de l'homme pour la renforcer... il faut, en un mot, qu'il ôte à l'homme ses propres forces pour lui en donner *qui lui soient étrangères, et dont il ne puisse faire usage sans le secours d'autrui. Plus ces forces naturelles sont mortes et anéanties, plus les acquises sont grandes et durables, plus aussi l'institution est solide et parfaite* ; en sorte que *si chaque individu n'est rien, ne peut rien que par tous les autres*, et que la force acquise par le tout soit égale ou supérieure à la somme des forces naturelles des individus, on peut dire que la législation est au plus haut point de perfection qu'elle puisse atteindre » (*Contrat social*, II 7).

C'est ainsi que le Législateur peut tenir pour nulle et non avenue une décision électorale (les citoyens n'ont pas bien voté, ils ont méconnu leur véritable volonté qui est la Volonté générale, il sait mieux que le peuple ce que le peuple veut, et même ce que le peuple est ; ce Législateur, c'est d'abord Rousseau lui-même, révélant dans son autoritarisme illimité, mais pétri de bonne conscience, l'envers obligé de cet érotisme onaniste en lequel se coulait son subjectivisme pathologique ; c'est aussi les Loges maçonniques et les Juifs, interprètes de la volonté divine qui parle par celle des hommes, en tant qu'ils sont la conscience de soi de Dieu dans le monde.

Dès lors, si la démocratie est contradictoire, elle n'est viable qu'en se trahissant, c'est-à-dire en faisant surgir en son propre sein une aristocratie ; cependant, parce que l'idée démocratique doit être maintenue comme idéal indépassable (la conscience humaine est divine, tous les hommes sont divins, tous les hommes sont égaux et souverains ; s'ils sont inégaux ils ne sont pas divins, mais alors il existe un ordre naturel et divin dont ils ne décident pas, et la démocratie devient illégitime), elle doit consentir à être trahie sans avoir à l'avouer, en excluant surtout de *se* l'avouer, car elle veut croire à sa vertu ; et telle est cette aristocratie qui se refuse à être telle, qui se cache honteusement non seulement pour être efficace et manipuler impunément, mais encore et surtout parce qu'elle se sait inavouable du point de vue même de son idéal ; sous ce rapport, c'est la démocratie qui mène le bal, c'est l'esprit démocratique, auquel le peuple est déjà acquis, qui se fait le vrai générateur de la maçonnerie prise comme institution. Si la judéo-maçonnerie n'existait pas en démocratie, il faudrait l'inventer.

Le deuxième point sur lequel on insistera est le fait que le sens de l'État mondial est d'être une Église, mais une Église « catholique » (en tant que l'État se veut mondial) au service du culte de l'Homme. Comme bien *commun*, c'est-à-dire comme ce bien du tout pris comme tout ayant raison du meilleur bien du bien propre de chacun, le bien commun désigne le bien de la nature humaine immanente à tout homme, et il consiste dans la réalité en acte de toutes les potentialités de cette nature ; mais précisément, il est dans la vocation de la nature humaine de s'actualiser exhaustivement au-delà du politique, dans une forme religieuse (cette religion naturelle que la Révélation transfigure), parce que le destin ultime de l'homme est de connaître et d'aimer Dieu en lequel surexistent, comme Idées créatrices — dont celle de la nature humaine — tous les paradigmes des réalités créées, de sorte que, ayant vocation à se rendre adéquat à son concept, c'est en Dieu qu'il découvre sa vérité dernière et sa béatitude, au-delà du politique ; ainsi, la cause finale de la société, à savoir le bien commun, exclut de se réaliser selon toute son extension dans l'élément du politique en tant que tel, et c'est pourquoi il ne saurait y avoir bien commun *politique* que pour chacun des États qui doivent être plusieurs. S'il est une communauté catholique (universelle), elle ne peut être que d'essence religieuse ; en termes hégéliens, la religion est vérité du politique, son *Aufhebung*. *A contrario*, prétendre faire se réaliser dans l'élément du politique le vœu humain de s'investir et de s'accomplir religieusement, c'est signifier que la sphère du divin est atteinte par l'homme en tant qu'il lui suffit d'être homme, ou encore que l'homme est divin. Et c'est bien ce que dit la gnose.

Il est important de souligner cet aspect des choses pour plusieurs raisons. D'abord, selon cette perspective, c'est la logique objective des idées qui s'emparent de la tête des hommes qui est le vrai moteur des grands mouvements de l'histoire et, s'il en est ainsi, c'est à elle qu'il convient de penser d'abord quand on envisage de participer au combat politique. En l'oubliant, on en vient à promouvoir des engagements à court terme qui, sous le prétexte qu'ils sont favorables aux intérêts du mouvement ou du parti au moment où on les prend, se révèlent à moyen terme gravides d'effets pour le moins imprévus ; ainsi en est-il du soutien apporté par les nationalistes français à la cause jacobine de la guerre de 14-18, à la cause des États-Unis pendant le temps de la guerre froide, à la cause de la République contre les nationalistes algériens, à l'École libre entendue dans une perspective libérale, aux séparatistes régionalistes contre le centralisme de la Grande nation, à la suppression de la peine de mort parce qu'elle fut défavorable aux collaborationnistes, aux régimes catholiques parce qu'ils furent plus catholiques que les États fascistes (dussent-ils se révéler des alliés objectifs du communisme et de la juiverie), etc. Ensuite, négliger la logique des idées au profit des explications complotistes dispose l'esprit à innocenter le peuple de sa propre responsabilité dans les processus de décadence. C'est cette même négligence qui, en troisième lieu, hypertrophiant l'importance de la causalité des sectes et des complots, favorise le développement d'une mentalité irrationaliste et « apparitionniste », ce qui a pour résultat d'une part de fausser la vraie conception chrétienne de la Providence en inclinant vers une sorte de dualisme théologique, ou manichéisme hypostasiant le Mal, d'autre part de susciter tantôt un optimisme (éradiquons les sectes et tout ira bien) tantôt un pessimisme (les Supérieurs inconnus tiennent tous les rouages du pouvoir, il n'y a plus rien à faire, « ils » ont fait s'enchaîner tous les événements depuis deux siècles, tout était programmé, et l'on cite dans ce cas Albert Pike) démesurés et toujours incapacitants tant pour l'action que pour la pensée. C'est enfin cette même négligence qui, provoquant chez ses adeptes une mentalité suspicieuse propice aux procès d'intention, les dispose à voir des complots et des infiltrés partout.

Il est dès lors permis, après avoir dissipé quelques équivoques, de revenir au sujet.

Sous un certain rapport, il semble impossible de critiquer la démocratie, car critiquer la démocratie suppose le droit et la liberté de critique, ainsi suppose la démocratie : la critique emprunte à la démocratie la force de la contester. L'homme moyen, c'est-à-dire l'homme médiocre, soit encore l'immense majorité de nos contemporains, ajoutera qu'elle est le seul régime capable de prévenir les maux effroyables des tyrannies ; sous ce rapport, la formule de Revel plus haut citée est l'expression du porte-parole de cette médiocrité satisfaite (faire de l'esprit démocratique l'antithèse stricte du communisme, c'est là un grossier contresens). Tout homme qui sait lire et qui, ce faisant, croit savoir s'informer et penser, dira que le pouvoir est intrinsèquement corrupteur, qu'il tend de lui-même à l'inflation, qu'il est un mal nécessaire, et que, puisqu'on ne peut s'en passer, on doit y avoir recours en s'efforçant d'atténuer ses effets pervers, et qu'on y parvient en le divisant, en le faisant jouer contre lui-même, car seul, dit-on doctement avec Montesquieu (*De l'esprit des lois* XI), le pouvoir arrête le pouvoir ; or la démocratie, régime de souveraineté populaire, n'est autre que la radicalisation du principe de la séparation des pouvoirs : il est morcelé en millions de parties infimes au lieu de ne l'être qu'en trois instances. Afin de nier qu'il soit seulement possible de critiquer la démocratie, on insistera sur ses réussites historiques : d'abord elle a vaincu tous les régimes non démocratiques, ensuite elle a assuré la prospérité générale en évitant les conflits mondiaux ; en troisième lieu, par le principe de la liberté comme valeur, dont elle fait son drapeau et le moteur de sa puissance, la démocratie a favorisé l'esprit de responsabilité, l'organicité (le tout vit de la vie des parties vitalement intéressées au bien du tout puisque d'une part ce dernier est à leur service, d'autre part la santé de ce dernier ne dépend que d'elles). On ajoutera dans la même ligne que la démocratie ne saurait tolérer la critique portant sur le principe démocratique lui-même, parce que la démocratie, « qui a tout de même — expliquera sentencieusement le démocrate indigné — le droit de ne pas se laisser égorger sans rien dire », ne dispose d'autre arme, pour se défendre, que celles, pacifiques, du dialogue, du débat et de la consultation électorale ; mais on ajoutera, avec le bon sourire du franc-maçon humaniste débordant d'amour pour le genre humain, que cette intolérance est finalisée par la plus grande tolérance à l'intérieur du système consenti, c'est-à-dire quant au contenu des décisions qui y seront prises.

Mais s'il est impossible de la critiquer, on est alors contraint d'admettre qu'il existe une vérité absolue et transcendante (l'idée démocratique elle-même) dont l'apodicticité exclut qu'il lui faille être plébiscitée par tous pour être reconnue comme valable, et alors le nombre n'est plus l'hiérophante de la vérité (et de fait la constitution d'un État démocratique l'interdit)[14]. On est alors enfermé dans la contradiction selon laquelle le fondement de la démocratie contredit l'exercice de la démocratie, cependant que la remise en cause de ce fondement présuppose cet exercice : si je suis contre la démocratie, je la présuppose, et, si je la plébiscite, je l'exclus. Dès lors, la problématique enveloppée par le sujet de l'intitulé peut-elle se formuler comme suit : *faut-il penser que tout gouvernement est au fond démocratique, et/ou que toute démocratie se trahit dès qu'elle passe à l'acte ?*

Il est permis d'expliciter cette contradiction (qui n'est peut-être qu'un paradoxe, la suite de la réflexion le dira) de la façon suivante :

La démocratie exige à la fois la liberté et l'égalité. Elle exige la liberté puisqu'elle prône la souveraineté populaire ; cette dernière, selon laquelle le peuple pris en corps se prescrit les ordres et les lois auxquels il décide d'obéir, exige évidemment la liberté comme condition et fin de ce pouvoir de prescrire. La démocratie exige théoriquement l'égalité, car si l'on concède le fait de l'inégalité, alors on admet que la communauté humaine, société actuelle ou potentielle, est déjà hiérarchisée avant l'exercice de la souveraineté, mais alors il faut concéder qu'il existe un principe de hiérarchie qui ne dépend pas du peuple, ce qui revient à dire que le peuple n'est pas vraiment souverain ; une souveraineté est totale ou n'est pas. Or il est clair que liberté et égalité s'excluent ; être et faire ce que fait l'autre, en tant qu'il est autre, c'est admettre une norme que le moi n'a pas choisie, c'est frustrer la liberté d'un moi qui reconnaît dans cette exigence l'expression de l'égalité avec l'autre ; à moins que les libertés n'en viennent à s'égaliser par le fait même de leur infinité actuelle, mais cela est encore impossible, parce qu'un infini actuel exige que toutes les possibilités qu'une liberté pourrait choisir d'actualiser soient envisageables, dont celle de supprimer la liberté de l'autre, aussi une composition de libertés infinies en acte est-elle impossible. Puis donc que liberté et égalité sont incompossibles et qu'elles sont requises pour que la démocratie soit, c'est que la démocratie ne peut pas être. Et pourtant, critiquer la démocratie suppose la démocratie. Dès lors, *que doit*

---

[14] La fiche de Wikipédia consacrée à Pierre Sidos apprend ceci, à titre d'exemple : « En 1969, la candidature de Pierre Sidos à l'élection présidentielle est rejetée par le Conseil constitutionnel aux motifs que "le nombre des présentations valablement émises en faveur de ce dernier est inférieur au minimum exigé par les dispositions de l'article 3-1 de l'ordonnance n° 62-1292 du 6 novembre 1962". Ce refus fut pourtant considéré par *Le Soleil*, organe de L'Œuvre française, comme dû à la présence au Conseil constitutionnel de Gaston Palewski et René Cassin "tous deux d'ascendances juives étrangères", considérations partagées par Roger Peyrefitte. Toutefois, accepter la candidature de Pierre Sidos aurait pu, dans une certaine mesure, être interprété comme un acte de réhabilitation du passé collaborationniste des Sidos durant l'Occupation. » Roger Peyrefitte écrira : « C'était trop demander à un aréopage où siégeaient Palewski et Cassin, que de procurer le bénéfice de la propagande officielle au dénonciateur de l'empire du judaïsme en France. » René Samuel Cassin, l'un des rédacteurs de la Déclaration universelle des droits de l'homme de 1948, déclara que ses principes étaient « la laïcisation des principes du judaïsme ».

être la démocratie pour s'imposer à tous (elle est formellement incontestable puisque toute contestation la présuppose) cependant qu'elle semble contradictoire ?

Avant que d'aborder le traitement de ce problème, on notera que toute démocratie présuppose au fond le dogme de la souveraineté populaire. D'aucuns ont soutenu que la démocratie chrétienne s'en dispensait ; que l'autorité procède de Dieu dont tout chef est le lieutenant, qu'il existe une loi naturelle que la loi positive ne saurait discuter, que le chef d'une communauté tient son pouvoir directement de Dieu et ne se réduit pas au statut de délégué d'une volonté populaire prétendant décréter le bien et le mal ; que le peuple est invité, en démocratie, à désigner le sujet de cette autorité, mais non pas à la créer, et non pas même à lui donner ses fins. Outre le fait que cette démocratie suppose quand même qu'une compétence soit reconnue à tous les hommes, ce qui est déjà pour le moins problématique, en cela qu'un homme médiocre ne peut élire que quelqu'un qui lui ressemble, puisque c'est à l'aune de son intelligence médiocre qu'il mesure l'excellence de l'intelligence de celui qu'il juge capable de gouverner, il faut observer que, quand bien même on ne reconnaît pas au citoyen le pouvoir d'exercer l'autorité souveraine, on lui reconnaît celui de désigner le sujet d'un tel pouvoir, ce qui dans les faits revient au même : le peuple est souverain dans la désignation du chef, et donc le droit (dévolu au chef) d'exercer le pouvoir, présuppose le pouvoir (qui alors doit être reconnu comme primitivement inhérent à la multitude) de donner droit à l'exercer, et qu'une part d'*autorité* native doit être reconnue au peuple, que même toute l'autorité reconnue au chef préexiste dans le pouvoir populaire d'en désigner le sujet. C'est pourquoi la problématique qui précède, en ses deux versions, est valable pour toute forme de démocratie.

Sous un premier rapport, il convient de développer toutes les raisons pouvant être convoquées dans le but de déclarer irrévocable la démocratie.

Elle est le régime le plus naturel, parce que l'homme est libre par nature, a vocation à se diriger lui-même, de sorte que la vie sociale ne doit pas entraver sa nature, elle doit la favoriser, et l'on ne voit pas qu'elle puisse la favoriser si elle s'instaure selon une forme qui enlève à l'homme son autonomie ; la démocratie promeut la liberté, elle est cette organisation de la communauté destinée à rendre possible le choix individuel consenti de tendre vers le bien, en toute responsabilité ; il est définitionnel de n'obéir qu'au terme d'une attitude critique, parce que l'obéissance est un acte, le résultat d'un choix, lequel suppose délibération, jugement, liberté ; dès lors, puisque tout acte d'obéissance suppose la liberté, *a fortiori* tout projet poursuivi par l'homme suppose qu'il ait été le fruit de sa libre décision ; et la démocratie est cet espace structuré pour rendre possible pour chacun la poursuite des fins qu'il se choisit, en toute responsabilité, et de telle sorte que son choix n'empêche pas les autres d'exercer leur liberté. Par ailleurs, comme le fait observer Pie XII dans son *Message de Noël 1944* portant sur la démocratie, « en un temps où les peuples se trouvent en face de devoirs tels qu'ils n'en ont peut-être jamais rencontré à aucun tournant de leur histoire, ils sentent bouillonner dans leurs cœurs tourmentés le désir impatient *et comme inné* de prendre les rênes de leur propre destin avec plus d'autonomie que par le passé. Ils espèrent réussir ainsi plus facilement à se défendre contre les irruptions périodiques de l'esprit de violence qui, comme un torrent de lave incandescente, n'épargne rien de tout ce qui leur est cher et sacré ». Ce qui revient à dire que le désir d'exercer le pouvoir, dans le peuple, est naturel, et que seule la volonté du peuple peut limiter les prétentions bellicistes de dirigeants par trop autonomes ; seul le régime démocratique peut conjurer la tendance d'un possesseur de pouvoir politique à en abuser ; et le contexte historique du message du pape prouve à l'évidence que Pie XII réprouvait les fascismes, avait choisi — contre le « spectre satanique » de l'hitlérisme — le camp des démocraties libérales ou populaires, et proposait la démocratie comme remède à la reviviscence des dictatures ; dans le même texte, il adressait au nom de l'Église ses remerciements empressés aux initiatives des États-Unis d'Amérique, et saluait la constitution d'une assemblée internationale des peuples habilitée à limiter les pouvoirs nationaux. Si le mot « liberté » signifie bien à la fois « détermination sociale » (être libre, c'est ne pas être esclave, et être un homme libre consiste à avoir le privilège de se soucier du bien commun), « libre arbitre » (pouvoir d'autodétermination), et « non-empêchement » (chute « libre »), on s'aperçoit que ces trois sens se présupposent réciproquement. Pour servir le bien commun, je dois me donner à lui, mais je dois m'appartenir pour me donner, et ainsi la liberté comme condition sociale suppose le libre arbitre (pouvoir de disposer de soi) ; cela dit, je ne suis certain d'avoir véritablement posé la décision intérieure de faire telle ou telle chose qu'à partir du moment où je l'ai faite : comment distinguer, sinon en l'ayant apprise effectivement, entre décision effective d'apprendre sa leçon et simple velléité de l'assimiler (on est toujours tenté d'imputer à une impossibilité factuelle — fatigue, énervement, manque de mémoire — la décision que l'on a prise, sans vouloir se l'avouer, de renoncer à se donner la peine de l'apprendre) ? Par là, une décision intérieure n'est effectivement posée qu'à proportion de la capacité à l'extérioriser : la liberté intérieure appelle d'elle-même l'action extérieure et les moyens de la poser ; aussi le libre arbitre présuppose-t-il la liberté d'action, ou non-empêchement. Et cela revient à dire que le citoyen d'un État doit être en mesure de prendre une part active aux décisions politiques (avoir le moyen de faire se réaliser ses choix) s'il entend servir le bien commun, c'est-à-dire être citoyen ; or cette participation active aux décisions politiques est une participation à la souveraineté, et la définition de cette participation est tout simplement la démocratie. Il n'y a donc respect de la dignité de la personne humaine qu'en contexte démocratique. Et cette conclusion a l'aval de l'Église, qui plus est de l'Église d'avant Vatican II. C'est que, en effet, la démocratie semble requise pour assurer l'immanence du souci du bien commun à tous les particuliers, il doit y avoir participation de tous à la vie politique pour que tous soient mobilisés par le bien commun, fondement d'une vie vraiment communautaire capable d'arracher chacun à son individualisme. Et puis l'évolution des mœurs, la diffusion des savoirs, la mondialisation, l'expérience des erreurs accomplies dans le passé, font que l'homme moyen n'est pas l'homme médiocre, il est éclairé et se révèle en fait excellemment capable de prendre des décisions politiques sages. Au reste, comme l'indique Aristote, celui qui utilise les souliers est plus apte que celui qui les fabrique à juger de leur qualité ; il en est de même pour les lois et décrets posés par l'autorité étatique, qui de ce fait doit accepter le magistère du peuple, et cela n'est possible que si l'État gouverne en tant que mandaté par le peuple.

L'art de la dissertation a ceci de douloureux et héroïque qu'il convoque chez celui qui s'y essaie l'esprit de patience et l'exercice de la vertu de sérénité face aux inepties que l'on est contraint de formuler — tel le contenu du passage précédent — pour penser contre soi-même. Fort heureusement, on ne pense contre soi-même que pour faire se réfuter ce à quoi aboutit un tel exercice :

Il y a d'abord le problème de l'incompétence de l'homme moyen : il ne choisit que ce qui lui ressemble, on l'a déjà dit. De plus, comme l'a montré Gustave Le Bon, l'homme pris en foule est toujours plus médiocre que l'homme pris individuellement, et cela permet d'entrevoir l'abîme de bêtise en lequel peut tomber une masse. En troisième lieu, toute démocratie est et ne peut être à moyen terme qu'une ploutocratie, car si le pouvoir est réputé mauvais quoique nécessaire (et c'est ce qui explique l'exigence de sa diffusibilité : on le divise infiniment pour le rendre inoffensif), alors la possession du moindre pouvoir par l'un est perçue comme un danger par les autres, de sorte que chacun tend à confisquer le pouvoir à son profit tout en gardant l'apparence de la démocratie ; d'où la manipulation de l'opinion par l'argent, qui rend les esclaves consentants en flattant leur ego et leurs vices. En démocratie, chacun exprime son intérêt subjectif propre, mais il est impossible de dégager un intérêt objectivement commun à tous, c'est-à-dire un bien commun dont la communauté l'habiliterait à se subordonner les biens particuliers (à la différence d'un plus grand dénominateur commun) ; en effet, si tel était le cas, il n'y aurait pas de souveraineté populaire, il y aurait un magistère de l'ordre objectif des choses et de la raison, lesquels, de soi, ne sauraient se faire dépendre du nombre. De plus, même dans une démocratie chrétienne (supposée sans souveraineté populaire), il y a, comme on l'a déjà dit en partie, le défaut que même des hommes vertueux et compétents ne peuvent discerner le bien commun, parce qu'ils ne sont pas en position de voir l'ensemble de la société (il faut être placé au-dessus d'elle pour pouvoir la juger, et seulement la comprendre).

L'homme est libre par nature, et les trois formes de la liberté ci-dessus exposées sont en effet solidaires, mais la satisfaction des besoins de chacune est parfaitement acquise dans le fait d'obéir, lequel n'est pas le fait de subir, puisque toute obéissance est un acte procédant d'une décision réfléchie ; on a toujours le loisir de s'insurger contre un ordre injuste, fût-ce au prix de son confort, ou même de sa vie. De plus, la liberté en tant que telle n'est pas une *valeur*, c'est-à-dire un bien inconditionnel ; est aujourd'hui nommé « valeur » ce qui mérite d'être honoré en lui-même, quels que soient les effets de cet honneur rendu ; on parle des « Droits de l'Homme » comme de « valeurs » inconditionnelles, indépendamment des effets supposés bénéfiques de leur adoption pour ceux qui les embrassent, et méritant d'être maintenues « *etsi Deus non daretur* » pour les croyants, ou « *veluti si Deus daretur* » (selon le mot de Grotius[15]) pour les incroyants ; la liberté *n'est pas* une valeur, elle est une réalité honorable mais qui n'est pas une fin en soi, elle *a* une valeur, en cela qu'elle a raison de moyen par rapport au bien auquel elle donne accès, et il en est ainsi parce qu'il existe des biens dont la nature exige que leur acquisition se fasse librement, parce que le fait de les imposer sans la ratification libre de celui auquel on les impose détruirait leur bonté ; par exemple, on ne saurait imposer à un homme et à une femme de devenir mariés sans leur consentement, puisque c'est l'acte de se choisir réciproquement, de se donner l'un à l'autre, qui fait qu'il y a mariage. On ne peut tendre vers un bien *spirituel* qu'en tant qu'il est choisi : appétit rationnel, la volonté est naturellement mue par la considération *intellectuelle* d'un bien, mais à ce titre même, la volition présuppose l'intervention de l'intellect jugeant — par là mesurant — la bonté du bien considéré et offert à la volonté ; or cette mesure présuppose la considération d'un maximum, au regard duquel la volonté n'est pas libre, et que l'intellect conçoit au titre d'idéal ; puis donc que la volonté est naturellement nécessitée par ce maximum idéal, elle n'est nécessitée par aucun bien fini, et c'est pourquoi, si elle tend vers lui, c'est qu'elle le choisit. Cela dit, qu'on ne puisse tendre vers un bien spirituel qu'en tant qu'il est choisi, n'implique nullement que la bonté d'un tel bien, et la bonté de l'acte volontaire qui se porte vers lui, seraient créées par la liberté de cet acte. C'est en cela que la liberté *a* une valeur, qui n'est autre que la valeur des biens qu'elle élit. Mais si l'on concède qu'elle *n'est pas* une valeur, par là qu'elle n'est pas un bien ayant raison de fin, on n'est nullement tenu de soumettre à l'approbation de celui qui va en jouir un bien qu'on peut lui communiquer sans lui demander son avis ; qu'il soit préférable d'avoir son approbation est une chose, ne serait-ce que pour faciliter l'acte d'obéissance ; que cette approbation soit condition *sine qua non* de la légitimité de l'acte par lequel un chef d'État communique un bien au peuple — le plus précieux de ces biens étant l'ordre social obtenu par des lois justes, ainsi le bien commun — en est une autre, qui est des plus contestables. Ainsi donc, la liberté n'étant pas de soi une valeur, le fait que la liberté fasse partie de la définition de l'homme n'implique pas que la société serait faite pour rendre possible l'exercice par l'homme de sa liberté. Et que le pape Pie XII, quels que soient ses mérites par ailleurs (*Humani generis*, *Mystici corporis*), ait eu l'esprit — pourtant exceptionnellement brillant — contaminé par les sophismes démocrates-chrétiens de Léon XIII et de Pie XI, ne signifie pas que ces déci-

---

[15] *De Juri belli ac pacis* (1625). En vérité, la philosophie des droits de l'homme est intrinsèquement perverse, qui revendique la licence de faire n'importe quoi pourvu qu'autrui soit d'accord. Les droits de l'homme seraient à rejeter, « *etsi Deus non daretur* ».

sions seraient intrinsèques à la doctrine catholique, parce que, dans les déclarations — au vrai passablement lamentables, il faut l'avouer — de Pie XII relatives à l'idée démocratique, l'Église n'engageait nullement son infaillibilité. Enfin, qu'une certaine participation du peuple soit requise pour que la société soit organique, par là pour que la cité soit effectivement finalisée par le souci du bien commun, cela n'implique nullement la nécessité d'un régime démocratique ; il faudrait dire au contraire que cela l'exclut ; c'est à l'intérieur d'un système non démocratique que la participation de tous au discernement du juste, *dans les domaines restreints où ils sont compétents* (condition évidemment requise pour que cette participation soit légitime), est rendue possible, car il faut une autorité non soumise aux décisions de la multitude pour que soit sereinement définie la limite des zones de compétence de chaque groupe d'hommes consultés : il est clair que l'homme moyen n'a qu'une aptitude moyenne à juger sa propre compétence.

Dans la série des arguments réfutant le bien-fondé de l'idée démocratique, il convient d'ajouter celui de Platon :

— N'est-ce pas le désir insatiable de ce que la démocratie regarde comme son bien suprême qui perd cette dernière ?

— Quel bien veux-tu dire ?

— La liberté, répondis-je. En effet, dans une cité démocratique tu entendras dire que c'est le plus beau de tous les biens, ce pour quoi un homme né libre ne saura habiter ailleurs que dans cette cité (...). Or (...) n'est-ce pas le désir insatiable de ce bien, et l'indifférence pour tout le reste, qui change ce gouvernement et le met dans l'obligation de recourir à la tyrannie ? (...) Lors qu'une cité démocratique, altérée de liberté, trouve dans ses chefs de mauvais échansons, elle s'enivre de ce vin pur au-delà de toute décence ; alors, si ceux qui les gouvernent ne se montrent pas tout à fait dociles et ne lui font pas une large mesure de liberté, elle les châtie (...). Et ceux qui obéissent aux magistrats, elle les bafoue et les traite d'hommes serviles et sans caractère. Par contre elle loue et honore, dans le privé comme en public, les gouvernants qui ont l'air de gouvernés et les gouvernés qui prennent l'air de gouvernants. N'est-ce pas inévitable que dans une pareille cité l'esprit de liberté s'étende à tout ? (...) Qu'il pénètre, mon cher, dans l'intérieur des familles, et qu'à la fin l'anarchie gagne jusqu'aux animaux ? (...) Or, vois-tu le résultat de tous ces abus accumulés ? Conçois-tu bien qu'ils rendent l'âme des citoyens tellement ombrageuse qu'à la moindre apparence de contrainte ceux-ci s'indignent et se révoltent ? Et ils en viennent à la fin, tu le sais, à ne plus s'inquiéter des lois écrites et non écrites, afin de n'avoir absolument aucun maître.

— Je ne le sais que trop, répondit-il.

— Eh bien ! Mon ami, c'est ce gouvernement si beau et si juvénile qui donne naissance à la tyrannie.
(*République* livre VIII) (Socrate s'adresse à Adimante.)

On l'aura compris, l'essence de la démocratie est l'organisation de la cité selon le culte de la liberté prise pour fin, et cette démocratie est une ochlocratie dont la logique immanente est de se consommer en tyrannie, régime mauvais par excellence. Il est intrinsèquement mauvais parce qu'il jouit du bien de la cité la meilleure, à savoir de la monarchie caractérisée par la plus grande unité, du fait qu'il est régi par une personne singulière conférant au tout l'unité de son unique projet volontaire, cependant qu'une telle unité est mise au service d'un bien privé (celui du tyran) et non du bien commun. Quand on parle ici d'unité (Aristote le rappellera contre Platon), on renvoie à l'unité *concrète*, unité de l'unité et de la diversité, car une unité exclusive de toute pluralité n'est pas une totalité mais la partie d'un tout qui sera composé de l'unité et de la pluralité qu'elle maintient hors de soi, mais à ce titre, en tant que partie d'un tout, une telle unité aura raison de puissance par rapport à son acte, et le propre de la puissance, en tant qu'elle est matière (au sens propre ou analogique) est d'être principe de divisibilité, ainsi de pluralité, de sorte que l'unité exclusive de la pluralité n'est pas véritablement une. Et la cité réalisant la plus grande unité est la meilleure, parce qu'elle est celle qui a par là le plus de chances d'être organique, structurellement finalisée par le bien commun : si, en tant que concrète, l'unité est inclusive de la pluralité, elle s'anticipe en cette pluralité dont elle se fait le résultat victorieux par l'acte même de la confirmer dans son statut de diversité ; le vivant défait son unité pour faire être les parties dont il nie l'indépendance en se les subordonnant, mais en le faisant par l'acte de les conforter dans leur santé de parties vivant de la vie même du tout qui se fait dépendre d'elles puisqu'il s'en fait procéder pour les ramener à lui en conquérant son unité ; ainsi voit-on que la diversité procède de l'unité, que la diversité est d'autant plus assise et confirmée que l'unité dont elle procède est plus radicale ; or cette réciprocation de causalité est la définition du bien commun : bien du tout pris comme tout et meilleur bien des parties de ce tout, qui pour cette raison l'aiment d'un amour qui n'est autre que celui dont il s'aime à travers elles, ainsi l'aiment en se rapportant à lui. La tyrannie est le pire des régimes, or la démocratie, qui est nécessairement ochlocratie, est gravide de la tyrannie ; donc elle est intrinsèquement mauvaise elle aussi. Platon fait ici comprendre que l'on passe de la démocratie à la tyrannie non seulement parce que la démocratie est une pétaudière qui détruit la cité (elle appelle son envers comme un extrême appelle un autre extrême), *mais encore parce que le tyran (qui est devenu tel parce qu'il était le plus fort parmi tous les petits tyrans que sont les démocrates, chacun visant son intérêt particulier) est comme l'hypostase de l'arbitraire de chaque démocrate qui se reconnaît en lui, qui le plébiscite parce qu'il reconnaît d'instinct en lui la réalisation de son propre refus d'obéir* ; le dessus du panier est l'écume de la plèbe, « la révolution dévore ses propres enfants » (Vergniaud, député de la Gironde), mais ce sont des enfants qui veulent être dévorés, qui plébiscitent cette tyrannie, *laquelle demeure une expression de la démocratie*. Si l'on se souvient que pour Platon la cité est un macrocosme en lequel se projette le microcosme de l'intériorité humaine (*République* IV : à l'esprit ou intelligence doté de sagesse correspond la fonction sacerdotale et spéculative ou dirigeante et organisatrice, au « cœur » — synthèse de l'irascible et de la volonté — perfectionné par la vertu de courage correspond la fonction militaire, aux désirs perfectionnés par la vertu de tempérance correspond la fonction des producteurs), de telle sorte que l'homme est « chez lui » dans la cité, on comprend que les lois qui régissent la personne sont analogiquement identiques à celles qui régissent la cité. La liberté soustraite à la raison est la liberté qui renonce librement à soi (puisqu'elle vit de la raison) et s'éclipse dans les passions. Dès lors, la volonté n'étant plus là pour réprimer les passions, il ne reste plus que la force pour prévenir l'implosion de la cité. Cela dit, en démocratie, les chefs sont nécessairement des démagogues pour avoir quelque chance d'être réélus, et il y a là contradiction de principe bien résumée par la boutade attribuée à Ledru-Rollin (je suis leur chef, il faut que je les suive) : comment les chefs peuvent-ils diriger ceux dont ils sont dépendants ? Cela est possible si le tyran est comme l'hypostase des révoltés, ainsi qu'il l'a été rappelé plus haut. Et cette réponse de Platon est un autre scénario possible que celui de Polybe dans la succession des régimes, une autre conception de l'anacyclose, aussi vraisemblable et aussi pertinente que celle de Polybe : l'anarchie propre à l'ochlocratie peut susciter le recours à n'importe quel pouvoir fort et protecteur ; la méthode des Américains du Nord et des Anglais a toujours été de susciter partout le désordre, pour se poser ensuite en recours afin de construire un ordre nouveau conforme à leurs intérêts. Il n'y a rien d'étonnant à ce que Platon et Polybe aient raison en même temps en dépit de leurs réponses opposées : l'ochlocratie est puissance des contraires, or les contraires s'identifient dans l'être en puissance ; l'ochlocratie, ou démocratie réelle, est gravide tant du fascisme que de ces récupérations machiavéliennes d'essence tyrannique (tel le projet juif d'État mondial dont la capitale serait Jérusalem, tel encore ce qui pourrait être un projet communiste consistant à faire se saborder l'État stalinien pour engendrer le chaos dans le monde, et à ressusciter dans la forme d'un sauveur collectiviste au moment le plus désespéré de ce chaos) consistant à maintenir dans sa fange consumériste le sous-homme ivre de liberté déréglée, mais en subsumant cette démocratie sous le magistère d'un mondialisme bancaire qui, en devenant État mondial, deviendra socialiste et même communiste : quand toutes les ressources de la terre sont engrangées chez un seul propriétaire, l'enrichissement par l'échange devient impossible puisque l'échange devient lui-même impossible, mais par là la puissance liée à la finance disparaît, parce que c'est la mobilité de la fortune qui définit sa valeur ; si l'on se souvient que la nature de la puissance financière, essentiellement virtuelle, n'est effective qu'à l'ombre d'un État se portant, par sa force militaire et policière, garant de la valeur fiduciaire de l'argent, alors la suppression par la Finance de tous les États historiques ne prévient la réduction à rien de cette puissance financière que si elle se convertit elle-même en puissance étatique. Mais à ce titre, en tant qu'État omnipotent d'un monde excluant les échanges, cet État ne peut être que communiste. Et c'est bien ce que ne peut s'empêcher de livrer au grand jour ce vaniteux bavard impénitent, agent de la Banque Lazare et mentor d'Emmanuel Macron, qu'est Jacques Attali. Que l'ochlocratie soit gravide tant du fascisme que de cette consommation de l'esprit démocratique qu'est le communisme, c'est ce qui explique peut-être l'illusion d'optique des bien-pensants, parfois universitaires, incapables de penser dialectiquement ou conceptuellement, qui croient identifier la nature d'une chose en faisant sa généalogie : telle chose procède de telle autre, donc elle est de la nature de cette autre, or cette autre est mauvaise, donc elle l'est aussi ; ou bien : celle-ci est mauvaise, donc cette autre dont elle procède l'était aussi. Ainsi voit-on les bien-pensants accuser d'un air docte et suffisant que puisque Marx procède de Hegel, alors Hegel est aussi mauvais que Marx (et au reste Hegel ne peut pas ne pas être le produit des juifs — mais oui !, il a lu la Cabbale — puisqu'il a rendu possible le marxisme qui est juif, etc.) ; ainsi les voit-on aussi nous apprendre que, puisque Hitler et Staline, cette « peste » et ce « choléra », sont issus de la démocratie, c'est qu'ils sont les fruits pervers de la démocratie, et que le fascisme et le marxisme sont les avatars de l'Idée jacobine. Et puis tout le monde sait bien qu'Hitler, ésotériste et amant de Rudolf Hess, était inverti et impuissant, qu'il faisait tous les soirs sa prière au diable, et qu'il était financé par les Juifs, qu'il crucifiait les catholiques dans les « camps de la Mort », etc. Ainsi voit-on un Maurice Schumann (*Angoisse et Certitude*, Flammarion, 1978), dont de Gaulle déclarait que sa conversion au catholicisme ferait un chrétien de plus et non un juif de moins, se gausser, avec une suffisance grotesque, de Hitler et de Mussolini, en lesquels son auguste personne ne voit que deux anciens clochards, des guignols, des mystificateurs, des repris de justice, des anarchistes ayant conquis le pouvoir pour donner libre cours à leur liberté malade, etc. Il est facile, quand on est un médiocre, de flétrir les hommes d'exception non dénués de faiblesses et de revirements, de contradictions et de ridicules (mais suffit-il d'être un médiocre pour n'en avoir pas ? Maurice Schumann n'aimait pas les hauteurs, si l'on en croit les confidences d'André Dewavrin, dit « colonel Passy »), qui se cherchaient eux-mêmes autant que leur époque se cherchait en eux, qui subissaient en eux-mêmes les contradictions du monde dont ils étaient le produit mais qui s'efforçaient à les dépasser en eux-mêmes en même temps qu'ils entendaient les faire se dépasser dans la société qu'ils entendaient sauver ; la force des cyniques parvint à les terrasser avant qu'ils ne pussent donner la mesure de leur véritable grandeur ; les dictateurs fascistes n'étaient pas parfaits, mais ils aspiraient à la grandeur, à l'ordre, à la cohérence, au salut de leur peuple ; étant donné l'urgence extrême de la tâche à accomplir — qui explique en bonne partie leur recours excessif à la mobilisation des passions, qu'on leur a tant reprochée —, ils durent mettre en pratique une doctrine qu'ils n'avaient pas eu le temps de concevoir clairement, et dont il est facile aujourd'hui de critiquer les faiblesses, hypertrophiant ces dernières pour en masquer l'essentiel bien-fondé et se dispenser de poursuivre leur combat ; l'antifasciste de droite fait ainsi cautionner sa propre lâcheté par ce qu'il croit être une exigence d'intégrité doctrinale ; il est plus facile de s'accrocher à une doctrine fausse (celle du camp des plus forts du moment) mais formellement accomplie, que de se risquer à chercher dans l'action une doctrine vraie que les nécessités de l'action empêchent de concevoir sereinement ; il est plus facile de placer son idéal au niveau de sa médiocrité, en se targuant de vivre en accord avec ses principes, que de maintenir un idéal auquel on se sait inadéquat ; quand les dépositaires de l'ordre traditionnel, sclérosés, se révèlent incapables de conjurer le surgissement du désordre, c'est du sein même de ce dernier, par ceux qui ont le courage d'en assumer les contradictions et de les faire se renier en et par eux, que la Providence accomplit la rédemption de l'ordre. Mais on ne se moque pas impunément de la Providence ; quand les hommes d'Église, très humains, trop humains, avec l'esprit étroit d'une recherche à courte vue d'efficacité apostolique, méprisent les divines surprises providentielles déroutantes, alors la voix de la Providence se tait, et elle laisse la confusion mortifère s'installer, pour longtemps, dans les esprits, dans les peuples et dans les choses.

Que Polybe et Platon aient raison en même temps sur le destin de la démocratie peut, au passage, inviter l'observateur à s'interroger quelques instants sur les intentions que peut aujourd'hui nourrir un Vladimir Poutine.

Selon des informations glanées sur l'Internet évidemment sujettes à caution mais aisément accessibles et vérifiables jusqu'à un certain point, le père de Vladimir Poutine s'appelait Epstein, sa mère Maria Ivanova Chelomova. Il fut soutenu par Abrahamovich et Berezovsky, deux des 110 oligarques qui contrôlent le tiers de l'économie russe ; Poutine est antinégationniste, soutient les lois de Nuremberg, est grand ami de Kissinger, jouit du soutien de Burel Lazare chef des Loubavitch qu'il a réinstallés en Russie, avec peut-être une intention de développer de discrets intérêts avec la Chine ; la Banque centrale russe est régie par la BRI de Bâle (la banque centrale des banques centrales) ; le patriarche Cyrille, ex-membre du KGB, est œcuméniste et l'un des créateurs de la théologie de la Libération ; citoyen d'honneur de la City, Poutine fait retour à Andropov son maître : accrocher la Russie à l'Europe. Il a prié en 2012 en Israël devant le Mur des Lamentations pour la reconstruction du Temple. Il se dit favorable au Nouvel Ordre Mondial avec interdépendance d'unions régionales temporaires, en vue du gouvernement mondial, à la différence des Anglo-saxons qui veulent l'unité sans médiation.

S'agit-il de simple tactique menée par un nationaliste qui entend tromper les banquiers et mener une entreprise de restauration de sa patrie en évitant les conflits guerriers qu'il n'est pas encore de taille à affronter, tant à cause de son retard militaire que de la crise démographique de son peuple ?

Les origines juives de ses deux parents ne prouvent rien ; Poutine peut être un patriote russe orthodoxe à la manière dont Maurras était catholique, sans rien avoir conservé des caractéristiques culturelles de ses ancêtres. Le soutien d'oligarques non plus, ce peut être autant de concessions réalistes faites pendant une situation de crise où il s'agit de rétablir un État chancelant. La condamnation du révisionnisme et l'entretien de la mémoire de la grande guerre patriotique contre l'Allemagne peuvent relever du souci de maintenir l'impression de continuité dans la conscience historique des Russes, nécessaire à l'unité et à la fierté du pays, et la condamnation du révisionnisme peut relever d'une entreprise de discret chantage vis-à-vis des Occidentaux (la « Shoah » est, selon Carlo Mattogno, un montage soviétique exploité tant par les communistes que par les États-Unis et leurs vassaux européens, et les Russes possèdent évidemment toutes les pièces du dossier, capables de faire sauter la baudruche quand les Américains se feront trop hostiles) ; les relations avec les grandes institutions bancaires ne prouvent peut-être pas autre chose que le fait suivant : l'argent n'a pas d'odeur, le monde financier obéit à des lois et induit des comportements qui sont autonomes et qu'aucune idéologie de type théologiquement mondialiste ne peut court-circuiter, de sorte que mondialistes et nationalistes sont bien obligés d'en respecter les règles qui sont, de soi, idéologiquement neutres ; que le KGB ait subsisté dans la Russie de Poutine ne prouve peut-être qu'une chose, à savoir que les cadres de l'ancien régime ont subsisté sous le nouveau et servent le nouveau comme ils ont servi l'ancien, sans complicité à l'égard des fins que poursuivait l'ancien ; et les projets d'organisation du monde du point de vue russe ne relèvent peut-être nullement d'une visée mondialiste, mais seulement du souci de maintenir une position de force, militaire, industrielle, diplomatique, dans le monde tel qu'il est aujourd'hui devenu, qui consacre de fait une interdépendance technologique de plus en plus grande sous la simple pression de la vitesse de circulation de l'information en général.

Mais il peut aussi s'agir d'autre chose, à savoir d'une prodigieuse entreprise d'intoxication aussi audacieuse que dangereuse, dans la perspective de ce qu'un analyste politique et transfuge du KGB, tel Anatoly Golitsyn (*New Lies for Old, The Perestroika Deception*) pouvait décrire il y a peu, ainsi dans la ligne de la stratégie communiste d'Andropov : procéder à la liquidation du national-communisme pour faire se précipiter mécaniquement — la nature ayant horreur du vide — le processus de concentration capitaliste qui, selon l'orthodoxie marxiste, ne peut pas à terme ne pas se convertir en socialisme mondial.

La réflexion philosophique est incapable de se déterminer face à une telle alternative. Ce qui reste certain, c'est que le communisme demeure l'horizon du libéralisme déchaîné, la vérité de l'hédonisme consumériste, pour la raison suivante : « il n'y a pas de désirs corporels » (Platon, *Philèbe*), les désirs du corps ne prennent pas naissance en lui et ne sont pas limités par lui puisqu'ils peuvent le détruire ; ils procèdent de l'âme et sont en vérité des désirs de l'âme, ils s'infinitisent et deviennent matériels, condamnés à chercher leur impossible satisfaction dans l'élément sensible quand le moi s'absolutise en subjectivité déifiée qui ne peut aimer sous ce rapport que des biens qu'elle rapporte à soi ; or seuls les biens matériels sont tels, car un bien spirituel est un bien qu'on aime en lui étant rapporté ; de plus, seule l'égalité est possible entre des petits dieux ; donc l'hédonisme, parce que subjectiviste et par là porteur d'exigence égalitaire, ne peut se consommer autrement que dans l'exigence de répartition égalitaire des biens matériels. Ainsi que le remarquait Tocqueville (mais pour s'en réjouir) au chapitre II de la première partie de son ouvrage prophétique (*De la démocratie en Amérique*), il se rencontre « dans le cœur humain un goût dépravé pour l'égalité, qui porte les faibles à vouloir attirer les forts à leur niveau, et qui réduit les hommes à préférer l'égalité dans la servitude à l'inégalité dans la liberté. *Ce n'est pas que les peuples dont l'état social est démocratique méprisent naturellement la liberté ; ils ont au contraire un goût instinctif pour elle. Mais la liberté n'est pas l'objet principal et continu de leur désir ; ce qu'ils aiment d'un amour éternel, c'est l'égalité* ». L'homme veut d'abord la liberté comme moyen de consommer, puis il saisit dans l'acte consommatoire l'exaltation de la liberté même (au point de reconnaître dans ce qui limite sa frénésie compulsive un frein à sa liberté en tant que liberté) qui bientôt en vient à se vouloir elle-même à travers les jouissances que son déchaînement rend possibles, de telle sorte que, parce que la liberté infinie ou absolue exclut toute hiérarchie, elle en vient à ne tolérer d'autres libertés que celles dont elle se reconnaît l'égale. La liberté capricieuse aliénée dans la jouissance sensible puise à l'inflation de cette dernière un goût pour la démesure en lequel elle en vient à reconnaître que c'est sa propre illimitation qu'elle convoite, en dernier ressort, pour elle-même. Donc la liberté démocratique se convertit logiquement en communisme égalitaire qui ne consomme la démocratie libérale qu'en l'enterrant, ce qui ne fait pas moins du communisme le destin logique, en tant que sa concrétisation exhaustive, du subjectivisme inspirateur de la démocratie.

Il semble aujourd'hui que l'instance historique ayant vocation à faire basculer le libéralisme en communisme soit plus à chercher du côté des responsables du mondialisme bancaire, judéo-maçons, que des stratèges marxistes héritiers du léninisme et du stalinisme. Dès 1937, Nicholas Murray Butler, président du Council on Foreign Relations, avait annoncé : « Le communisme est l'instrument avec lequel nous abattrons les gouvernements nationaux en faveur d'un gouvernement mondial, d'une police et d'une monnaie mondiales. » James Paul Warburg (Loeb & Kuhn) en 1953 au Congrès des États-Unis, Edmond de Rothschild en 1978, David Rockefeller en 1991 (CFR et Trilatérale) ont déclaré la même chose. La question qui se pose, ce n'est pas de savoir si le « dernier homme » sera « l'homme socialiste » : la réponse positive de Nietzsche est sur ce point peu contestable, si les analyses qui précèdent ici sont exactes ; le judéo-protestantisme maçonnique, esprit du mondialisme bancaire, fera culminer le capitalisme dans un État mondial régi par la Banque ayant concentré en elle toutes les richesses de la Terre, laquelle Banque en tant qu'État fera de ce dernier le possesseur et gestionnaire de tous les biens de la Terre, mais cela même est, en tant que capitalisme d'État, du socialisme, conformément aux prévisions de Marx. La question qui se pose est de savoir si Poutine est partie prenante dans ce processus mondialiste mais mené concomitamment par des équipes rivales (celles de l'ex-URSS et celles des judéo-maçons occidentaux), ou au contraire si, nonobstant quelques concessions de façade, il freine des quatre fers devant ce processus. Si la deuxième hypothèse est exacte, Poutine est une illustration du fascisme rédempteur, et c'est l'anacyclose de Polybe qu'il convient de privilégier ; si la première hypothèse se révèle être la bonne, il est nécessaire de se référer à l'anacyclose de Platon.

On vient de montrer, en partant de la problématique induite par l'intitulé, que l'idée démocratique peut et doit être critiquée (mais on n'a pas encore établi en quoi cette critique pourrait se dispenser du contexte démocratique pour s'exprimer), que donc l'adhésion à la démocratie ne va pas de soi. Le traitement du deuxième moment constituant la problématique consistera à se demander si effectivement l'idée démocratique est contradictoire. Derechef, les propos qui suivent développeront une idée unilatérale, et ne seront pas l'expression de la position de l'auteur.

La démocratie est contre nature, parce que si le peuple était capable de se gouverner lui-même, alors chacun de ses membres le serait aussi : si tous ne sont pas intellectuellement et moralement adultes, c'est que certains ont vocation à être dirigés comme des enfants, et l'on sort de la démocratie pour entrer dans un régime de type aristocratique ; or si chaque homme est capable de se gouverner lui-même, une autorité politique devient inutile. Dès lors, si elle est utile, c'est qu'elle n'est pas démocratique.

En fait, le peuple est mauvais, tellement mauvais qu'il est à jamais incapable non seulement de se diriger lui-même, non seulement de se donner un chef capable de le diriger, mais encore de supporter seulement un gouvernement capable de le diriger, si ce gouvernement est d'essence purement humaine. Seul Dieu peut diriger les hommes et les sauver malgré eux. Tout pouvoir vient d'en haut, et il n'est de pouvoir légitime que le pouvoir théocratique. C'est ce qu'entendait signifier Caligula à Philon d'Alexandrie mandaté par ses coreligionnaires pour supplier l'empereur de dispenser les Juifs de placer la statue de Caligula dans leur Temple. On connaît la cruelle réponse de Caligula : si je gouverne, je suis supérieur aux gouvernés ; si je suis un homme, vous êtes des bêtes ; si vous êtes des hommes, je suis un dieu. Dans le même ordre d'idée, on doit rappeler la thèse de saint Augustin (*Cité de Dieu*, XIX 15) : l'homme, s'il n'est pas aliéné par le péché, est libre par nature, a vocation à se diriger lui-même par lui-même, et n'est soumis qu'à Dieu ; s'il n'avait pas péché, si la race d'Adam n'était pas contaminée par les effets indélébiles du péché originel identifiables comme autant de tendances spontanées à la perversité, il serait contre nature que l'homme obéît à l'homme. C'est cette paradoxale conjonction d'insistance sur la dignité éminente de la personne humaine, et de conscience exacerbée de la gravité du péché originel (comme si la nature humaine en avait été complètement corrompue), qui fait la spécificité de l'augustinisme politique. Le gouvernement de l'homme par l'homme est illégitime, sauf si d'une part il est prescrit au pécheur par Dieu, au titre de juste châtiment et de fonction castigatrice pour tous les péchés qui renouvellent le premier, et si d'autre part il est exercé par l'homme sur l'homme, mais au titre d'instrument de la juste vindicte divine, comme lieutenant de Dieu. Telle sera la philosophie politique de Bernard de Clairvaux (1091-1153), en l'esprit duquel se catalysa et trouva sa formulation que retiendra l'histoire, la fameuse « théorie des deux glaives », dans son *Liber de consideratione*, qui passera tout entière dans *Unam sanctam* de Boniface VIII : « Le glaive spirituel et le glaive matériel appartiennent l'un et l'autre à l'Église ; mais celui-ci doit être tiré pour l'Église et celui-là par l'Église ; l'un est dans la main du prêtre, l'autre dans la main du soldat mais à l'ordre du prêtre et au commandement de l'empereur. » Ce sera la doctrine d'Innocent III qui déclarera : « De même que la lune reçoit sa lumière du soleil auquel elle est inférieure par les dimensions, par la qualité, par la position et par la puissance, ainsi le pouvoir royal emprunte à l'autorité pontificale la splendeur de sa dignité. » Une telle mentalité théocratique, diffusée par Grégoire VII dit le Grand (540-604), en était venue à faire de la politique l'instrument de la morale en réduisant son office à celui de répression des péchés : le pouvoir temporel « ne serait pas nécessaire s'il n'imposait par la terreur et la discipline ce que les prêtres sont impuissants à faire prévaloir par la parole » (saint Isidore de Séville, mort en 636). Et l'esprit théocratique sera bien entendu conforté dans ses prétentions par la Donation de Constantin qu'un augustinien a intérêt à tenir pour authentique, cependant qu'un « mauvais esprit » (graine de païen mal dégrossi...) hostile au surnaturalisme y reconnaîtra, sous l'influence séditieuse d'un Lorenzo Valla, un pieux mensonge[16], analogue à celui que Platon recommande au livre III de *La République* (« C'est donc aux magistrats qu'il appartient exclusivement de mentir pour tromper l'ennemi ou les citoyens, quand l'intérêt de l'État l'exige. Le mensonge ne doit jamais être permis à d'autres, et nous dirons que le citoyen qui trompe les magistrats est plus coupable que le malade qui trompe son médecin, que l'élève qui cache au maître qui le forme les dispositions de son corps, que le matelot qui n'informe pas le pilote de ce qu'il fait lui ou son camarade à l'égard du vaisseau et de l'équipage »), ce qui n'a rien d'étonnant puisque, Platon ayant conçu sa cité comme une Église, il était inévitable que la christianisation augustinienne du platonisme réduisît l'État à un appendice de l'Église. Et même un saint Thomas d'Aquin enseignera, dans le *de Regimine principum*, que tous les rois chrétiens doivent être soumis au pape « comme à Notre Seigneur Jésus-Christ lui-même », lequel, Dieu et homme, est — la chose est dogmatiquement acquise aujourd'hui — Christ-Roi. Si le pape est bien vicaire du Christ, il Le représente sur Terre à ce titre, il est le chef spirituel du monde entier et, au temporel, le suzerain de tous les suzerains. C'est bien dire, sous le couvert de l'autorité de l'Aquinate, qu'il n'est de pouvoir politique légitime que s'il est théocratique.

---

[16] Cette Donation (supposée faite au profit de Sylvestre Ier), est en fait un faux rédigé par l'entourage du pape Étienne II vers 750, tout comme les *Fausses décrétales* du pseudo-Isidore, qui visaient à sacraliser l'inviolabilité des propriétés ecclésiastiques.

Là contre, si le politique, entendu comme pouvoir de l'homme sur l'homme, est la conséquence du péché originel, alors la nature humaine, de soi, n'invite pas l'homme à se subordonner à une totalité immanente (bien commun). Mais alors l'homme, en tant que personne, est au-dessus de toute chose fors la divinité, par là il se place au-dessus de cette réalisation en acte de toutes les virtualités de sa nature qu'est l'État, ce qui revient à dire qu'il est, dans son fond, au-dessus de sa propre nature, et l'on obtient logiquement ceci, qui sera revendiqué par la démocratie chrétienne à saveur moderniste, que la personnalité devint heccéité ou liberté, un pouvoir d'autodétermination qui compose avec une nature humaine mais dont ce pouvoir ne procède pas, d'où l'idée que — sur fond de personnalisme latent, gravide d'individualisme et objectivement porteur de libéralisme, mais masqué par un pessimisme et un rigorisme moraux qui seuls donnent dans la vue des bien-pensants incapables de discriminer entre logique des concepts et représentations pieuses — le pouvoir politique se réduit en dernier ressort à un instrument de la sanctification individuelle du croyant ; déjà Marsile de Padoue (1275-1353), nominaliste et égalitariste, prônait la démocratie. C'est que, si la grâce perfectionne la nature dans l'acte où elle la surélève, alors, en progressant dans la vie surnaturelle, le croyant tend de plus en plus à recouvrer cette perfection supposée de l'état pré-lapsaire selon laquelle il répugnait à obéir à l'homme, de telle sorte que l'augustinisme politique est porteur de cet esprit démocratique que les idolâtres de l'esprit théocratique entendaient conjurer au moyen de cet augustinisme même. L'homme ne conjure ici les travers de la démocratie que par l'intercession de la surnature, ce qui compromet la gratuité de la grâce, c'est-à-dire la religion elle-même, car cette erreur est le constitutif formel du modernisme. Ce qui prouve une fois de plus que les véritables opposants au modernisme religieux et politique ne sont nullement les Traditionalistes, mais les révolutionnaires fascistes qui, sous ce rapport, sont quelque peu lassés par les remontrances des contre-révolutionnaires pour lesquels « la-contre-révolution-est-non-pas-une-révolution-contraire-mais-le-contraire-de-la-révolution » (antienne fameuse de l'illuminé maçon Joseph de Maistre) obstinés à identifier en eux des rejetons de 89. Notre Seigneur, qui n'est tout de même pas la propriété jalouse des Traditionalistes politiques, est Christ-Roi, et chef suprême autant dans l'ordre naturel que dans l'ordre surnaturel, précisément parce qu'Il est Dieu, cause première de la nature humaine elle-même, ce qui — et ce n'est pas une insolence que de le rappeler — n'est tout de même pas l'apanage du pape qui, vicaire du Christ, ne devient pas par là l'auteur de la nature humaine ; aussi l'autorité naturellement attachée au père de famille, elle-même naturelle, ne procède-t-elle pas du pape ; il en est de même pour l'autorité politique.

On vient de développer les conséquences des deux positions unilatérales composant la problématique (la démocratie exclut formellement d'être contestée parce que toute contestation la présuppose ; la démocratie est contradictoire parce que le seul gouvernement politique non dévié est la théocratie). Dans les deux cas, le pouvoir est un mal nécessaire, il n'y a pas de bien commun immanent dont le souci relèverait toujours d'une idolâtrie de l'État. C'est cette idée selon laquelle le pouvoir de l'homme sur l'homme serait un mal nécessaire qui doit être remise en cause. Tous les désirs humains — du plus humble au plus éminent — procèdent de la nature humaine ; or désirer est manquer, souffrir, être comme malade, inadéquat à sa nature, et ainsi désirer consiste à tendre vers sa nature à travers les biens que l'on appète ; c'est pourquoi le désir de sa nature est désir (de soi) *de sa nature* en soi. Il en résulte que l'homme tend à se conformer à sa nature, à aimer sa réalisation en lui, non comme vers un bien qu'il se subordonne, mais comme un bien qui est son meilleur bien en tant qu'il s'y sait et s'y veut subordonné. Or les potentialités de la nature humaine sont plus parfaitement réalisées dans la cité que dans l'individu. Donc la cité considérée dans son ordre, avec les individus qu'elle rassemble, est fin immanente de la personne humaine. Mais il n'est pas de totalité — unité de l'unité et de la pluralité — sans une instance ayant raison de cause efficiente du processus à raison duquel le tout se différencie pour se faire l'unité des différences ainsi hiérarchisées. Or cette cause efficiente est l'autorité. Donc l'autorité de l'homme sur l'homme est naturelle. Le bien commun implique l'organicité, c'est-à-dire la complémentarité, ainsi l'inégalité (puisqu'il n'y a pas plus de différences sans inégalité qu'il n'y a de complémentarité sans différences) ; or en démocratie il y a liberté *et* égalité (qui sont incompatibles). Donc la démocratie est au fond intrinsèquement contradictoire. Elle l'est aussi pour une autre raison déjà évoquée et qu'on rappellera pour mémoire. Le désir de liberté infinie implique en effet celui d'égalité infinie (des petits dieux sont égaux, en droit et aussi en fait), comme le rappelle Tocqueville déjà cité : l'égalité y est voulue pour elle-même ; plus précisément, elle est voulue au titre de seul substitut, effroyable mais réalisable, d'une liberté d'agir et de faire infinie qui, elle, ne l'est pas ; mais puisque la liberté est voulue pour elle-même, son substitut devient voulu pour lui-même. Et l'égalité est bien ce substitut de la liberté parce qu'elle est l'effet obligé de cette liberté infinie : entre des petits dieux, seul un rapport d'égalité est possible. Cela dit, si chacun y est sa propre fin, il ne peut tendre que vers des biens privés, qui sont imparticipables, donc matériels. Les deux conséquences prises ensemble (matérialisme et égalitarisme) donnent ceci : on convoque le totalitarisme mou de l'État à vocation socialisante pour que chacun jouisse dans son coin en ronronnant, car la plèbe reconnaît d'instinct dans le mécanisme qui la broie l'expression de sa souveraineté ; on a là le démocratisme populaire consommé dans le communisme.

À la lumière de tels résultats, on peut en conclure que critiquer la démocratie ne suppose nullement la démocratie : la contradiction n'est pas du côté de la critique, elle est du côté de la démocratie ; la critique de la démocratie se supprime avec la suppression de la démocratie. *La critique de la démocratie est l'acte par lequel la démocratie accuse réception, en son propre sein, de sa contradiction mortifère.* Toute démocratie, par là qu'elle fonctionne selon la loi du nombre, est obligée d'instaurer une césure entre la majorité et la minorité, et cette dernière sera toujours nécessairement insatisfaite ; en effet :

Ou bien la légitimité d'une décision démocratique vient du poids du nombre, mais on ne voit pas que ce poids ait lui-même une valeur, car après tout il se peut fort que la majorité soit constituée d'imbéciles, et alors la minorité pourra toujours faire observer qu'elle subit une volonté qui, n'ayant aucune légitimité autre que celle du nombre, c'est-à-dire de la force, relève du despotisme ; Rousseau montre avec pertinence, dans le *Contrat social* (livre I), que la notion de droit du plus fort est contradictoire, puisque par essence le droit a pour vocation d'être norme de la force ; s'il est lui-même de la nature de ce qu'il doit régir, il est comme un tuteur de jardinier qui pousserait sur le tronc de l'arbre qu'il est supposé redresser, et il ne dirige rien ; il n'y a pas de droit du plus fort, la majorité démocratique s'impose à la minorité par la force, donc elle n'a aucune légitimité.

Ou bien la légitimité d'une décision démocratique ne procède pas du nombre en tant que tel ; la décision est légitime parce qu'elle est juste, mais le nombre est quand même ce qui permet de faire s'imposer une telle décision ; telle est la thèse de Rousseau (*Contrat social* II 3 et IV 2) : la Volonté générale est la volonté du tout pris comme tout, elle naît de *l'aliénation totale* (seule clause du contrat social) de chacun à la communauté, qui fait exister cette dernière, et qui tout autant, exigeant une abnégation radicale, purge l'homme de ses passions et naît droite, pure, infaillible, bien différente des volontés particulières, toujours déviées, qui ont matériellement présidé à sa genèse ; elle précise son contenu lors des consultations électorales dans lesquelles ces volontés se rectifient les unes par les autres comme des « plus et des moins qui s'entre-détruisent », et ainsi des vouloirs imparfaits peuvent produire une volonté collective parfaite, et c'est pourquoi le problème du droit de la minorité ne se pose pas : si l'avis contraire au mien l'a emporté, c'est que je m'étais trompé ; si mon avis l'eût emporté, se serait produit autre chose que ce que je voulais vraiment, et c'est alors que je n'aurais pas été libre. Mais en vérité l'addition de volontés mauvaises ne donne pas une volonté bonne, elle donne ou bien une absence de volonté (elles se paralysent), ou bien la victoire du vice dominant. Et c'est pourquoi ce mécanisme suffit si peu à dégager la Volonté générale qu'un Législateur est requis pour au fond l'imposer. On obtient ceci : ou bien la démocratie produit une volonté populaire dépravée, ou bien ce n'est qu'une démocratie nominale.

Dans les deux cas, le problème de la minorité se pose, en tant qu'elle est victime d'une tyrannie, la plus stupide, la plus grossière, la plus funeste qui soit, à savoir celle de la populace[17]. Au regard de ce résultat, on peut au passage

---

[17] On attribue à Voltaire cette formule heureuse : « La démocratie pure (le suffrage universel) est le despotisme de la canaille. » Idée diversement reprise par les auteurs suivants :

évaluer la mauvaise foi profonde des défenseurs de la démocratie soutenant, avec un regard de colombe effarouchée, que la démocratie a le droit de se défendre, elle si fragile et si belle, si naïve et si pacifique, elle qui soutient, avec la candeur ostensible des plus fieffés menteurs tellement menteurs qu'ils finissent par croire à leurs mensonges, qu'il ne serait pas contradictoire d'affirmer que les ennemis de la liberté perdissent leur droit à la liberté (Saint-Just) : la démocratie est la tyrannie des crétins et des envieux sur les gens un peu moins bêtes et un peu moins malhonnêtes. Tout démocrate affirmera bravement, avec un air solennel, que la tyrannie doit être combattue par les armes. Si l'on prend au mot le verbiage démocratique, on s'aperçoit qu'elle se contredit en réprimant les initiatives des antidémocrates désireux de prendre le pouvoir par la force. En rigueur, il faudrait dire que de telles initiatives se contentent d'obéir aux slogans et à la logique de la démocratie : toute démocratie promeut la lutte armée contre la tyrannie ; or toute démocratie est de manière obligée génératrice d'une tyrannie non consentie de la majorité sur la minorité ; donc toute démocratie promeut objectivement la lutte armée contre elle-même.

D'une certaine façon, on ne peut critiquer la démocratie, au sens où elle ne peut tolérer un droit de critique sans se dissoudre en lui, de sorte qu'un gouvernement démocratique n'est viable que s'il interdit toute critique de la démocratie qui en viendrait à gagner une certaine audience (elle laisse fulminer contre elle les cirons de l'espèce de l'auteur du présent travail, parce qu'ils ne représentent pour elle aucun danger, n'étant écoutés par personne). Mais, par là, la

---

1) Nietzsche (*Humain, trop humain* 1878, traduction A. Desrousseaux, Denoël-Gonthier, t. II, p. 139) : « La démocratie moderne est la forme historique de la décadence de l'État. »
2) Jules Monnerot (*Sociologie de la Révolution*, Fayard, 1969, p. 545) : « L'égalité de tous les individus devant le vote qui n'exclut ni le fou, ni le débile, ni l'être excessivement influençable, ni le crétin rédhibitoire, n'est pas sans communiquer, parfois, un certain malaise, même au démocrate le plus endurci, lorsque, les jours d'élection, des autocars venant des hôpitaux psychiatriques et des hospices de vieillards, déchargent leur cargaison humaine à la porte des bureaux de vote. »
3) Flaubert (*Correspondance*, t. II, p. 103-104) : « L'infaillibilité du suffrage universel est prête à devenir un dogme qui va succéder à celui de l'infaillibilité du pape. La force du bras, le droit du nombre, le respect de la foule, a succédé à l'autorité du nom, au droit divin, à la suprématie de l'esprit. La conscience humaine ne protestait pas dans l'Antiquité. La loi était simple, les dieux la donnaient, elle était juste. »
4) Flaubert (*Correspondance*, à George Sand, en 1871) : « Tout le rêve de la démocratie est d'élever le prolétaire au niveau de la bêtise du bourgeois. Le rêve est en partie accompli. Il lit les mêmes journaux et a les mêmes passions. »
5) Raymond Ruyer (*Le Sceptique résolu*, Laffont, 1979) : « Le libéralisme a eu des effets bien plus destructeurs que les théories des pires révolutionnaires, des pires anarchistes des mœurs. (…) Les revendications des "droits de l'homme" sont, au fond, la revendication du droit de se désintéresser de sa quatrième dimension, et de vivre dans la liberté du présent. »

démocratie fait l'aveu qu'elle ne peut être fondée sur la raison. Il reste qu'un certain type de participation des citoyens à la vie politique ou publique est requis (mais non fondé sur le dogme de la souveraineté populaire, qui est individualiste), qui garantit l'organicité de la cité, ainsi l'assomption par tous (et non par le seul dirigeant) du souci du bien commun. Ce type de participation consiste pour Aristote dans la possibilité pour tous d'accéder au pouvoir suprême (mais non par le vote), conjugué au système d'assemblées à vocation consultative mais non délibérative, qui doivent être écoutées avec soin et qui permettent l'authentique représentation des citoyens (à toute distance des professionnels de la politique, les vraies mères de famille, et les vrais spécialistes des métiers organisés en corporations méritent d'être écoutés, parce qu'ils parlent de ce qu'ils connaissent). Le modèle de régime auquel correspondent ces exigences est une mono-archie organique sans droit divin, sinon au sens, non surnaturaliste, en lequel Louis de Bonald le recevait :

« [les gouvernements] sont surtout de droit divin lorsqu'ils sont conformes aux lois naturelles de l'ordre social dont le suprême législateur est l'auteur et le conservateur, et le pouvoir public ainsi considéré n'est pas plus ni autrement de droit divin que le pouvoir domestique.

« Et les imposteurs qui disent, et les sots qui répètent que nous croyons telle ou telle famille, tel ou tel homme visiblement désigné par la Providence pour régner sur un peuple nous prêtent gratuitement une absurdité pour avoir le facile mérite de la combattre, et sous ce rapport, la famille des Bourbons n'était pas plus de droit divin que celle des Ottomans » (*Réflexions sur la Révolution de juillet 1830*).

Le traitement du sujet est achevé. C'est en faisant grand usage des thèmes aristotéliciens d'organicité et de bien commun que ce traitement a été rendu possible. Or la conclusion est antidémocratique, cependant que l'organicité aristotélicienne semble bien nourrir une certaine estime pour une démocratie modérée, et c'est pour cette raison que les Platoniciens et Augustiniens modernes hostiles à l'idée démocratique se détournent d'Aristote, sans s'apercevoir qu'une philosophie politique à saveur théocratique, subordonnant la politique à la morale, en vient immanquablement à se faire l'instrument involontaire de la victoire de la démocratie, ainsi qu'il l'a été établi plus haut. Il y a donc là un autre problème à résoudre que l'on se permettra d'aborder ci-après, en guise de prolongement de la réflexion précédente.

En fait, Aristote n'est pas monarchiste *in concreto*, quelque admiratif qu'il soit à l'égard de ce régime considéré comme un idéal ; c'est pourquoi certains textes plaident en faveur de la « *politeia* » ou oligarchie saupoudrée de vertu. Il en est ainsi parce qu'il n'a pas accédé à l'idée du Dieu créateur.

Évoquons dans un premier temps certains enseignements d'Aristote afin de mettre en évidence l'ambiguïté de sa position. Il sera établi ensuite qu'il est dans la logique de l'hylémorphisme, pour autant qu'il se prolonge en créationnisme, de plaider pour un gouvernement mono-archique ; il sera ainsi établi que l'organicité, essentielle à la promotion du bien commun, n'est nullement solidaire de l'idée démocratique, sinon par accident.

L'exposé qui suit est un résumé succinct de certains passages de la *Politique* d'Aristote, présentés dans une forme intentionnellement scolaire afin de laisser au lecteur le plaisir d'en tirer lui-même les conclusions qui s'imposent, et ça et là accompagnés de quelques remarques pédagogiques utiles pour notre propos.

S'il est nécessaire de distinguer entre chef politique (la Πολιτεία étant le terme générique désignant le gouvernement constitutionnel, c'est-à-dire non arbitraire, faisant régler sa puissance par des lois), chef royal, chef de famille et despote, c'est parce qu'il existe une spécificité du Politique irréductible au pouvoir domestique (I-1). Selon la théorie génétique de l'État développée par Aristote, « il est normal que les Grecs commandent aux barbares (Euripide, *Iphigénie en Aulide*, 1400). Toute cité est un fait de nature, la cité est fin des autres communautés naturelles, la nature d'une chose est sa fin. Famille et village sont des communautés dont tous les enfants ont sucé le même lait. La famille a naturellement une forme monarchique. L'homme est par nature un animal politique, ce que l'usage de la parole suffirait à établir. **La Cité est antérieure par nature à la famille et à chaque individu, car le tout est antérieur à la partie qui ne vit que par lui, au point qu'une main coupée n'est encore dite main que par homonymie.** L'homme est au-dessous des bêtes s'il est sans vertu : hubris des plaisirs de l'amour et du ventre. La vertu de justice relève par essence du politique, car c'est au Politique qu'il revient d'administrer la justice qui est d'abord cette vertu du juge visant inductivement le droit, le juste, la juste proportion dans les choses réparties entre les personnes en vue de la réalisation de l'ordre. Le droit, τὸ δίκαιον, est objet de la justice, non la revendication des sujets, il ne se confond pas avec les lois (I-2). L'esclavage est de droit naturel (I-5, 6, 7) car l'esclave, objet animé doté de la seule raison sensitive, participe à la raison intellective par la médiation de l'autorité de son maître, et accède ainsi médiatement à l'honneur de servir le bien commun. Ce qui est parfait est déterminé, ainsi limité, de sorte que la propriété a elle-même une limite, qui est d'assurer l'existence heureuse (I-8), d'où la condamnation de la chrématistique (qui fait de la monnaie la fin de l'échange) et en particulier du prêt à intérêt (I-9, 10) : « intérêt » se dit τόκος, qui signifie enfant *et* revenu ; l'argent ne doit pas faire de petits. Cette leçon du Stagirite nous inspire le commentaire suivant :

Ce dont la nature est de s'accroître sans fin est ce qui est à soi-même sa propre fin, et ce qui est à soi-même sa fin est diffusif de soi, parce que ce qui a raison de fin est parfait, et que le parfait ne serait pas parfait s'il n'était capable de se donner sans rien perdre, de s'enrichir du fait même de se communiquer. En effet, ce qui se contente d'*être* parfait sans maîtriser sa perfection la *subit*, tel un être contingent qui subit son acte d'être en tant qu'il ne le pose pas : il est, et il est ce qu'il est, sans rien qui l'y nécessite, sans raison suffisante, il pourrait n'être pas et être autre que ce qu'il est ; mais autre est ce qui subit, autre est ce qui est subi, puisque ce qui est marqué de contingence intrinsèque ou extrinsèque *a* sa perfection dès lors qu'il peut la perdre ; ainsi ce qui *est* parfait sans *avoir* sa perfection (pour la maîtriser) se résout dialectiquement dans le fait d'avoir sa perfection sans l'être. Mais ce qui est parfait réalise un maximum de perfection indépassable, de telle sorte que l'unique manière dont il dispose pour attester sa maîtrise de lui-même est de se rendre capable, en lui-même et indépendamment du fait d'être participé en acte, d'être moins que lui-même sans cesser d'être lui-même, par là de se faire le processus d'assomption, intestine à son identité, de toutes les manières d'être participé, ainsi de tous les degrés inférieurs de la perfection qu'il est. Mais s'il doit se faire moins que lui-même pour être lui-même, il doit en retour s'introniser intemporellement victorieux de son plus petit degré de perfection, ce qui revient à dire qu'il doit être réflexion. Acquérant, par elle, cette perfection qu'il est en tant qu'il l'a, il *est* l'acte de se donner lui-même à lui-même. Et c'est pourquoi, en se donnant, il confirme son être, il est d'autant plus riche qu'il se donne plus généreusement, et c'est ce que révèle son aptitude à s'enrichir dans l'acte — non nécessaire — de se donner ad extra. Cela dit, ce qui est diffusif de soi est nécessairement spirituel, car un bien diffusif de soi est nécessairement *commun*, et commun à tous ceux auxquels il se donne. Mais un bien matériel exclut d'être commun, car il est divisible et non participable, il se diminue dans le fait d'être communiqué. *Donc un bien matériel qui prétend à s'enrichir du fait de se donner — et tel est l'argent investi dans le prêt à intérêt — est la caricature privilégiée du bien spirituel. Il est directement inspiré par le singe de Dieu.* Il n'est pas étonnant que le prêt à intérêt ait été et demeure l'arme privilégiée de la volonté de puissance des Juifs, comme en convient courageusement Véronique Lévy : « Véronique Lévy est une Juive convertie au catholicisme. Elle est aussi la sœur de... Bernard-Henri Lévy ! Voici ses récents propos, qui ont dû faire plaisir à son frère : "Que signifie être juif, depuis l'Incarnation du Verbe éternel Jésus-Christ... Sinon la fidélité absolue à la Promesse ayant éclairé le peuple de la Première Alliance, scellée dans la reconnaissance du Christ", "l'Oint de Dieu, Roi de nos cœurs, couronnant cette Espérance dans le Sacrifice Unique et éternel de la Croix". Ainsi, "un Juif accompli ne peut être que catholique". Et elle ajoute : "le mot 'juif' ne devrait donc renvoyer qu'aux douze tribus d'Israël et au royaume de Juda d'il y a plus de deux mille ans... et dont certains Palestiniens sont les justes héritiers, selon la chair et le sang", dénonçant au passage "l'imposture d'une loi ayant méconnu la Grâce de l'Incarnation du Verbe". Elle affirme que très peu de "Juifs" descendent du Roi David mais d'un peuple d'Europe centrale, les Khazars[18], converti à partir du VIIIe siècle, bien ultérieurement à l'émergence du

---

[18] À propos des Khazars, on peut consulter Arthur Koestler : *La Treizième Tribu* (1976). Les Khazars, peuple du nord-Caucase, sont la matrice historique et biologique des Ashkénazes ; ils furent convertis au VIIIe siècle au judaïsme et se sont répandus ensuite en Europe sous la pression de nomades asiatiques. Thèse d'Ernest Renan au XIXe siècle, de

christianisme, et affirme que "leur légitimité n'est autre que celle qu'ils s'octroient, dans l'allégeance aux sectes talmudique et cabalistique[19] **servant leur rêve d'expansion impérialiste économique**" <nous soulignons>, dénonçant "un système de castes", excluant "ceux qui ne sont pas bien nés" : les "goyim" » (*Rivarol* n° 3317 du 14 février 2018, p. 3).

C'est par nature que la plupart des êtres commandent ou obéissent. L'esclave est privé de la vertu délibérative, la femme l'a mais sans autorité, l'enfant l'a mais non développée. Contre Socrate, la femme n'a pas besoin de la même vertu que l'homme. Chez lui, le courage est une vertu de commandement, chez elle c'est une vertu d'obéissance. « À une femme, le silence est un facteur de beauté » (Sophocle, *Ajax*, 293).

Commentons :

Un certain « nordisme » naturaliste inspiré par l'ultra-gauche du national-socialisme, naturiste, écologiste et volontiers rousseauiste, se flatte, par haine pathologique de l'âme latine et méditerranéenne supposée contaminée par le sémitisme, de cultiver une certaine forme de féminisme. Le jugement d'Aristote sur ce sujet devrait aider ces rejetons de la Thule-Gesellschaft reconvertis dans le « *New Age* » à comprendre que l'esprit patriarcal, tout comme d'ailleurs l'admission de la loi du Talion, n'ont rien de spécifiquement sémitique. Cette émancipation de la femme naturellement soumise, ainsi cette émancipation violente, fruit d'une liberté prise pour fin, est bien un caractère de l'ochlocratie par ailleurs si bien décrite par Platon, mais c'est un point sur lequel il n'a guère insisté, préférant les prouesses de Penthésilée (I-13).

Dans sa **critique du communisme de Platon** (*République* IV 423 e et V 457 a jusqu'à 466 d : Socrate y développe l'idée que la plus grande unité est le plus grand des biens), Aristote montre (II-2) que la cité est par nature une pluralité, donc s'il y a trop d'unité, la cité devient individu, ce qui est la ruine de la cité. **Il est donc préférable que la permanence des rôles soit assurée, même pour la cité politique, de sorte que : il vaut mieux que ce soient toujours les mêmes**

---

l'historien israélien Shlomo Sand aujourd'hui, de Marc Ferro (communiste), de Marek Halter (*Le Vent des Khazars*). Maints généticiens dont Eran Elhaik, dans la revue *Genome Biology and Evolution* vont dans ce sens. C'était aussi la thèse de Raymond Aron dans ses *Mémoires*, et encore celle de Julius Evola (*Les Hommes au milieu des ruines*, Les Sept Couleurs, 1972, p. 221) : « On parle de race juive, mais les ethnologues ont reconnu qu'il n'a jamais existé de race juive pure, originelle, mais seulement un "peuple juif", composé d'éléments de races diverses (désertique, arménoïde, amoritique, méditerranéenne, etc.). La Bible parlait déjà de sept peuples qui auraient contribué à former la "semence" juive, sans compter les infiltrations chamitiques, philistines et même paléo-indo-européennes. Ce qui a fait de ce mélange une unité, forgeant un type clairement reconnaissable qui a eu la force de résister à travers les siècles aux conditions les plus défavorables et dont le sens de solidarité et de fidélité au sang est tellement vif qu'Israël se présente, pratiquement, comme l'un des peuples les plus "racistes" de la terre, c'est le pouvoir formateur d'une tradition, en l'espèce, de la loi "hébraïque". »

[19] C'est-à-dire gnostiques.

qui exercent le commandement, si c'est possible. Si c'est impossible (en raison de l'égalité naturelle des citoyens), **une imitation de cette permanence** idéale est que tous les citoyens égaux se passent le pouvoir à tour de rôle. On prend au reste (II-3) peu de soin d'un bien collectif. En *République* V, Platon pensait que par cette communauté on respecterait tout le monde de peur d'offenser les liens sacrés du sang ; au contraire, Aristote pense à bon droit que tout se passera comme s'il n'y avait plus que des étrangers. La propriété doit être commune quant à l'usage, privée quant à la possession (II 5), tout comme chez saint Thomas (*Somme théologique*, II^a II^{ae} q. 66 a. 1) et les Pères de l'Église, mais contre certains durcissements du droit romain. Il faut posséder pour être agréable à ses amis (le plus grand des plaisirs). Contre Socrate, l'unité de la famille et de la cité ne doit pas être absolue. Le bonheur du tout exige celui des parties.

Commentons :

Comme il l'a été développé plus haut dans ce devoir — juste après l'évocation de la critique platonicienne de la démocratie (*République* VIII) —, une unité exclusive de toute pluralité intestine se résout dialectiquement en pluralité sans unité. Il ne s'agit donc pas, dans la critique d'Aristote, de renoncer à la perfection de l'unité de la cité, il s'agit d'assurer les conditions concrètes de sa réalisation.

Suivons Aristote dans sa critique des *Lois* de Platon (II-6) :

En *République* III 412 a, Platon enseigne que les femmes doivent se battre comme les hommes. Aristote s'oppose à la liberté de la procréation qui engendre misère et criminalité. **Pour Platon (*Lois*), la constitution mixte (démocratie conjuguée à l'oligarchie) est celle qui se rapproche le plus de la constitution idéale. Aristote préfère le régime de Lacédémone, plus aristocratique (mixte des trois régimes : deux rois, magistrature de vingt-huit gérontes, magistrature de cinq éphores). Platon, en *Lois* (III, IV, VI) enseigne que le meilleur régime est un mixte de démocratie et de tyrannie. Mais ce sont les pires régimes pour Aristote.**

Commentons :

En vérité, en termes hégéliens, le meilleur régime, qui est la monarchie organique, est la *conversion à leur identité concrète* des deux plus mauvais. Cependant, dans son examen de la constitution d'Hippodamos de Milet (II-8), selon laquelle il existe trois classes (laboureurs, artisans, combattants : origine pythagoricienne, peut-être la matrice de la division platonicienne tripartite des facultés de l'âme), Aristote déclare : « **Mais alors, faute de participer à la direction de l'État, comment ces deux classes <laboureurs et artisans> peuvent-elles montrer de l'attachement pour les institutions ?** » On voit là se profiler l'aporie en laquelle se trouve le Stagirite, qu'il ne semble pas avoir jamais surmontée : l'organicité est requise par le bien commun sans lequel on sombre dans l'ochlocratie, de sorte que le bien commun semble exclure la démocratie porteuse de dégénérescence ochlocratique ; mais cette organicité semble requérir la démocratie elle-même.

Dans son examen de la constitution de Lacédémone (II-9), Aristote condamne l'excessive liberté dont jouissent les femmes spartiates : c'est le cas de toutes les civilisations bellicistes, avec pour conséquence un trop grand honneur accordé à la richesse ; l'État s'est désintéressé de la condition féminine, d'où dérèglements et mollesse. Lycurgue renonça à soumettre les femmes. Aristote y dénonce l'amour désordonné de l'argent, condamne les institutions de Sparte sur la distribution inégale de la propriété. La terre y appartient à un tout petit nombre. Les deux cinquièmes de la superficie totale des terres appartiennent aux femmes. **Aristote critique l'éphorat : ils sont des tyrans, et de ce fait les rois cultivent la faveur populaire, et « de l'aristocratie on tombait en démocratie ». Aristote concède que le mérite de cette constitution est que le peuple se tient en paix grâce à la participation au pouvoir suprême : la constitution dure si et seulement toutes les parties de l'État ont d'elles-mêmes la volonté d'assurer son existence et sa permanence (il le redira en II-10). Aristote critique aussi l'ordre de primogéniture pour les rois (héréditaires). Ils devraient être choisis pour leur vertu.** Aristote critique ainsi Sparte (dont la constitution fut calquée sur celle de Crète) pour n'avoir cultivé que la vertu de courage. Il la critique aussi parce que son Trésor est vide, et il est vide parce que presque toutes les terres appartiennent à très peu de familles.

Passant à l'examen de la constitution carthaginoise (II-11), Aristote remarque que mérite *et* richesse déterminent le choix des magistrats, dont ceux de roi et de stratège (il faut du temps libre pour gouverner). **Cette déviation du régime aristocratique est une erreur du législateur.**

Dans son évocation de Solon et de quelques autres législateurs (II-12), Aristote fait observer : « **Éphialtès et Périclès restreignirent les pouvoirs du conseil de l'aréopage, et de son côté Périclès fit attribuer un salaire aux tribunaux, et c'est finalement en procédant ainsi que les démagogues, chacun renchérissant sur le précédent, amenèrent la démocratie au point où on la voit aujourd'hui.** » Cette transformation ne fut pas voulue par Solon qui n'attribua au peuple que le pouvoir nécessaire : élire les magistrats et contrôler leur gestion ; **pour Aristote, si le peuple ne possède pas sur ce point une autorité (ou plutôt un contrôle) absolue, il ne peut être qu'esclave et ennemi de la chose publique.** Solon fonda la démocratie : Conseil de l'Aréopage (type oligarchique) conjugué à l'élection (et non tirage au sort) des magistrats (type aristocratique), avec une organisation des tribunaux de type démocratique (car leur personnel devait être pris parmi tous les citoyens et tiré au sort).

Au livre III (1 à 4), le Stagirite s'attache à définir l'essence du citoyen (ὁ πολίτης) : participation aux fonctions judiciaires et aux fonctions publiques en général. En fait, il n'existe pas pour Aristote de définition une du citoyen. Cette définition vaut seulement pour la démocratie. En dernier ressort, **la vraie définition du citoyen est la suivante : l'homme qui a la possibilité d'accéder aux** fonctions judiciaires et au Conseil dans un État autarcique. Il convient, pour être citoyen, de naître de deux citoyens. Expulsant les tyrans (Pisistratides), **Clisthène enrôle maints métèques étrangers ou esclaves, ce qui est condamné par Aristote. Quant à l'État, son identité réside dans sa constitution :** « *forma dat esse rei* ». La Δημοκρατία est peu différente de la πολιτεία, mais la première désigne aussi sa déviation, la démagogie que Polybe nomme ὀχλοκρατία. **La vertu du bon citoyen est la vertu de l'homme de bien : l'œuvre commune des citoyens est le salut de la communauté, qui n'est autre que la constitution. La vertu du bon citoyen consiste à bien gouverner et bien obéir. L'autorité** *politique* **s'exerce sur des hommes de même race et des hommes libres.**

S'attachant à étudier (III-6), pour discerner la fin de l'État, la pluralité des constitutions et les formes de l'autorité, Aristote enseigne que la Πολιτεία désigne la constitution en général, la forme de gouvernement, ainsi l'ordre (τάξις) qui distribue et règle les fonctions de l'autorité, dont la plus élevée. Cette dernière est l'ἀρχὴ κυρία πάντων[20], c'est-à-dire le souverain, nommé πολίτευμα. L'homme est par nature animal politique, ainsi les hommes désirent être ensemble même quand ils n'ont pas besoin les uns des autres. **La finalité de la bonne constitution est le bien commun. Étudiant (III-7) les différentes formes de constitutions et leurs déviations** (aussi en VI-1-8 ; dans l'*Éthique à Nicomaque* VIII 12 ; en *Rhétorique* I-8), il montre que la *Politeia* dit en dernier ressort le *politeuma* qui n'est autre que la constitution se confondant avec le gouvernement. Aristote oppose monarchie, aristocratie et *politeia* à : tyrannie, oligarchie, démocratie. Ce sont la richesse et l'indigence qui caractérisent l'oligarchie et la démocratie, indépendamment du nombre de ceux qui exercent le pouvoir (III-8). **La vertu est la fin véritable de l'État (III-9). Les partisans de l'oligarchie et de la démocratie se trompent sur la vraie nature du juste. La vraie justice est proportionnelle, donc si la fin de l'État était la richesse de ses membres, l'oligarchie serait le régime le plus juste.** Platon (*République* II) fondait la société humaine sur le besoin qu'ont les hommes les uns des autres et sur la nécessité d'une division du travail. Pour Aristote, c'est insuffisant. « (...) la cité n'est pas une simple communauté de lieu, établie en vue d'empêcher les injustices réciproques et de favoriser les échanges. » **L'État est la communauté du bien-vivre et pour les familles et pour les groupements de familles (et non les individus) en vue d'une vie parfaite. Toutes les formes de sociabilité sont nées de l'amitié, qui consiste dans le choix délibéré de vivre ensemble. Seuls les bons et vertueux doivent commander.** La loi du nombre ne peut être juste (III-10, à propos de l'oligarchie et de la démocratie dans leurs rapports avec la justice). Il reste que (III-11), **la multitude prise en corps peut se montrer supérieure à l'élite, leurs talents s'additionnent. De plus, refuser à la multitude toute participation au pouvoir est faire maints ennemis à**

---

[20] κύριος : maître de.

l'État. En fait, dans les élections, seuls les pairs doivent élire les pairs (les médecins le médecin, etc.). Toutefois, la connaissance d'une maison n'appartient pas seulement à celui qui l'a construite. L'invité juge mieux le bon repas que le cuisinier. En fait, c'est dans les lois que doit résider l'autorité souveraine.

Commentons :
Il semble que la démocratie soit la forme en laquelle se préfigure l'organicité entendue comme position des parties par le tout, laquelle, en fondant l'ordination de la partie au bien commun comme à son meilleur bien, fait que le tout se rend dépendant des parties en tant qu'il s'anticipe en elles, de sorte que cette organicité semble bien appeler la démocratie ; mais en fait le tout ne se rend dépendant des parties qu'en tant qu'il est ce qui les pose en se posant en elles, mais en s'y posant comme les ramenant à lui de gré *ou de force*, et comme leur fin ; elles vivent de lui comme de ce dont elles procèdent et à quoi elles sont ordonnées, il ne vit d'elles que comme de ce en quoi il s'anticipe pour les dominer et les finaliser. C'est pourquoi ce qui subsiste de démocratie dans ce que nous sommerons l'État rationnel est limité à la consultation sans pouvoir de décision, et aux élections entre pairs, sous la surveillance de l'État.

Le plus grand bien est visé par la science qui règne sur toutes les autres, c'est-à-dire la science et l'art politiques (III-12). Ce bien visé est le juste, le bien commun. Donc l'égalité (proportionnelle) est un bien. Le premier titre (III-13) habilitant à gouverner l'État est la culture de l'esprit et la vertu. **La noblesse est une vertu de la race. Les enfants nés de parents meilleurs que les autres sont meilleurs.** Le citoyen est celui qui participe tour à tour au droit de gouverner et d'être gouverné. Dans l'État **idéal**, est citoyen celui qui a la capacité et la volonté réfléchie d'obéir et de commander en vue d'une vie conforme à la vertu. Les surhommes sont eux-mêmes une loi, ils doivent commander. **Les États démocratiques ont institué l'ostracisme par méfiance à l'égard de la supériorité de certains hommes.** Mais le problème de l'ostracisme se pose même pour les constitutions correctes : le maître de chœur exclut des chanteurs qui ont une trop belle voix. **Toutefois, quand un citoyen surpasse les autres par la *vertu* (et non par la force politique, la richesse ou les amis), il ne faut pas le bannir. Seule solution : tout le monde doit obéir de bonne grâce à un tel homme.**

Il y a plusieurs types de royauté (III-14) : celles des temps héroïques (rois juges et religieux), celle des barbares (par droit de famille et selon la loi), et l'**aïsymnétie** (celle de dictateurs non héréditaires, il s'agit d'une dictature qu'Aristote nomme tyrannie élective, ἡ αἰσυμνητεία). On trouve encore la royauté spartiate : charge de stratège, confinée dans une famille et perpétuelle ; enfin la royauté absolue : gouvernement domestique d'une cité. Le roi (III-15) est plus précis que la loi, mais (même idée qu'en III-11) : une **foule juge mieux qu'un homme seul. La foule est moins facile à corrompre qu'un homme seul.** Aristote reprend *République* VIII (Platon) mais en intervertissant les deux termes : passage des monarchies aux oligarchies, des oligarchies aux tyrannies, et des tyrannies aux démocraties. Le sordide amour du gain des tyrans fait qu'ils sont en très petit nombre et sont débordés par la foule. **Vouloir le règne de la loi, c'est vouloir le règne de Dieu et de la raison. Seule la loi est la raison libre de désirs (III-16). En fait (III-17), à chaque type de peuple correspond une certaine constitution. Si les hommes sont semblables et égaux, il ne faut pas de monarchie.** Puis Aristote annonce (III-18) des développements sur la cité et la constitution *idéales*, qui seront exposées aux livres VII et VIII. Mais au préalable, il convient (IV-1) de **considérer non seulement la cité idéale, mais celle qui est seulement possible. Il faut partir des constitutions existantes pour amener les hommes à l'idée d'un changement, d'un redressement de leur constitution.** Contre Platon (*République* V), il y a plusieurs espèces de démocraties et d'oligarchies. Les lois doivent se régler sur les constitutions et non les constitutions sur les lois. Aristote déclare (IV-2) : « *Nous avons parlé du régime aristocratique et du régime monarchique (car étudier la constitution idéale revient à traiter des deux formes de gouvernement ainsi désignées, puisque chacune d'elles tend à être fondée sur une vertu accompagnée d'un cortège de moyens suffisants).* » De plus, « **la déviation de la forme qui est première et la plus divine doit être la pire de toutes** », dès lors la tyrannie est le pire des régimes, puis vient l'oligarchie, puis la moins mauvaise déviation : « **la démocratie est la forme la plus supportable des trois** ». En *Politique* 302 e – 303 e, Platon dit que démocratie et oligarchie peuvent être bonnes si elles gouvernent conformément aux lois. Pour Aristote, ces constitutions sont intrinsèquement perverses, « vicieuses du tout au tout ».

Aristote nomme (IV-7) « constitution idéale » l'aristocratie, entendue comme « *politeia* » (pouvoir de la classe moyenne) dont les citoyens sont vertueux ; elle est un **mélange d'oligarchie et de démocratie (IV-8)**. Il ajoute qu'aristocratie et république ne sont pas éloignées l'une de l'autre. Un excès de beauté, de force, de noblesse de race ou de richesse, ou de pauvreté ou de faiblesse, rend difficile la soumission à la raison (IV-11). Un tel excès produit un État de maîtres et d'esclaves, avec arrogance et envie qui nuisent à l'amitié, fondement de la cité. **La meilleure cité est le pouvoir aux mains de la classe moyenne.** Solon et Lycurgue furent pris dans la classe moyenne. Le βουλευόμενον (c'est-à-dire : ἐκκλησία) décide (IV-14) de la paix, de la guerre, fait les lois, rend les sentences de mort, d'exil, s'occupe du choix des magistrats. La fonction des prêtres doit être en dehors des magistratures publiques (IV-15). **Démocratie et oligarchie sont défectueuses intrinsèquement (V-1).** Les oligarques, inégaux quant à l'argent, se croient inégaux en tout. Les démocrates, égaux quant à la liberté, se croient égaux en tout. Aristote se dit hostile à la monarchie héréditaire. Partout, c'est l'inégalité non proportionnelle qui engendre les dissensions. **La démocratie est un régime mieux assis et moins sujet aux dissensions que l'oligarchie.** La cause de troubles est l'absence de communauté de race, tant que l'accord des esprits n'a pas été réalisé. « **Les cités qui ont jusqu'ici admis des étrangers dans leurs colonies, soit au moment de** la fondation soit après coup, ont été pour la plupart déchirées par des factions » (V-3). À Athènes, la population manque d'homogénéité, ceux du Pirée sont plus démocrates que les citadins. Cléon à Athènes (V-5) est le type même du δημαγωγός, souvent mis en scène par Aristophane. Les tyrannies naissaient jadis des partis populaires, comme on le voit dans *La Constitution d'Athènes* (XXII) où Aristote donne l'exemple de **Pisistrate**. « **La seule chose qui assure la stabilité est l'égalité selon le mérite, et pour tout homme la possession de ce qui lui appartient** » (V-7). Les lois et institutions doivent être ordonnées de telle façon que jamais les fonctions publiques ne soient source de profits. Aristote condamne les héritages par donation, il les veut par descendance, et la même personne doit ne recueillir qu'un seul héritage : les fortunes seront mieux égalées, les pauvres pourront parvenir à l'aisance (V-8). Pour Aristote (*Pol.* V-9) et Platon (*République* V et *Lois* VII) : **l'éducation est affaire d'État et le système d'éducation doit correspondre au régime politique. La pédagogie est en dépendance de la politique.** D'où la condamnation de la pure démocratie : l'égalité stricte est une injustice ; la liberté absolue consiste à suivre son désir, ainsi à en être esclave.

Étudiant les causes de destruction et de préservation des gouvernements monarchiques et des tyrannies (V-10), Aristote déclare : « **La royauté (...) est à mettre au rang de l'aristocratie, et *la tyrannie est un composé d'oligarchie et de démocratie dans leurs formes les plus extrêmes* ; pour cette raison, la tyrannie est aussi pour les sujets le plus néfaste des régimes, en ce qu'elle est une combinaison de deux éléments nocifs et qu'elle admet les perversions et les erreurs provenant des deux constitutions à la fois.**[21] » Le roi est issu des élites pour les protéger du peuple, le tyran est issu du peuple contre les notables et leur oppression. Selon Aristote, Phalaris (tyran d'Agrigente mort en 549), Pisistrate à Athènes, Denys à Syracuse, furent d'abord des démagogues. Codrus, dernier roi d'Athènes (11ᵉ siècle), se sacrifia pour sauver son peuple de l'invasion dorienne. Le roi est toujours un protecteur, des riches contre l'injuste avidité des pauvres, et des pauvres contre toute injuste vexation. La tyrannie vise l'argent (relève de l'oligarchie) pour viser le plaisir et payer la garde étrangère, elle aspire à l'anéantissement des notables (elle relève de la démocratie). D'où le conseil de Périandre à Thrasybule de couper les épées qui dépassaient, anecdote rapportée par Hérodote (V 92) mais qui inverse les rôles. Thrasybule (445-388) chassa les Trente avec l'aide des Thébains et tenta de reconstituer la confédération athénienne. Aristote, Hérodote et Thucydide[22] sont d'accord pour s'opposer à la tradition démocratique qui voit dans les meurtriers d'Hipparque (fils de Pisistrate) des libérateurs d'Athènes. Les Pisistratides

---

[21] Aristote condamne la tyrannie en tant qu'elle est oligo-démocratique, en fait, comme le prouve la suite du texte. Mais il ne la condamne pas en tant que pouvoir se substituant à une monarchie décadente plus ou moins dégénérée en oligarchie.

[22] Ils furent à ce titre des révisionnistes, ainsi que le fit remarquer en son temps Serge Thion.

avaient outragé la sœur d'Harmodios, et lui et son amant Aristogiton s'étaient vengés. La sœur d'Harmodios, canéphore des Panathénées, fut renvoyée brutalement de la fête, et Harmodios avait été traité de μαλακός (efféminé). **Les constitutions contraires à la tyrannie sont la démocratie (qui selon Hésiode s'oppose à la tyrannie comme un potier à un potier : la forme dernière de la démocratie est la tyrannie)**, la royauté et l'aristocratie (ce qui explique que les Lacédémoniens renversèrent la plupart des tyrannies) : **oligarchie et démocratie sont « des tyrannies divisées entre plusieurs têtes »**[23]. **Il n'existe plus guère de royauté car selon Aristote les hommes de mérite égal sont nombreux.**

Commentons librement :

Le jugement d'Aristote serait aujourd'hui que les hommes de médiocrité égale, c'est-à-dire très grande, sont nombreux, et que les royautés n'existent plus tant à cause de leur dégénérescence en oligarchies ou sociétés de classes, que du fait que les démocraties, naturellement vouées à devenir des ochlocraties, ne peuvent dans cette dernière forme subsister que subsumées par des oligarchies extrêmement restreintes vitalement intéressées à ce que soit empêchée toute forme de renaissance d'une authentique aristocratie (dont elles ont usurpé la place après avoir échauffé la populace) gravide d'un retour à la monarchie. Parce que les aristocraties balayées par les nouvelles élites mercantiles sont incapables de reprendre le pouvoir du fait de leur anémie consécutive à leurs forlignages, il ne reste que la tyrannie, pour autant qu'elle se vive sans esprit de lucre, c'est-à-dire le fascisme, pour rétablir la monarchie.

La royauté (V-11) a duré à Lacédémone parce qu'il y avait deux rois, de plus limités par des éphores grâce à Théopompe. **Le tyran favorise les guerres pour faire sentir le besoin d'un chef. En tyrannie et en démocratie, on souffre de l'autorité excessive des femmes, ce qui favorise une situation d'esclaves sans discipline ; les femmes et les esclaves aiment la tyrannie qui écrase leurs chefs et leurs maris ; tyrannie et démocratie sont deux régimes de flatterie et du vice.** Le tyran aime les étrangers et redoute son propre peuple. La tyrannie a trois objectifs : avilir les sujets (l'homme fier s'insurge), semer la défiance, empêcher les sujets de s'occuper des affaires publiques. À propos de la tyrannie, Aristote (V-12) critique Platon qui, dans *Les Lois* (III 683 e), enseigne : « Tout changement de constitution vient de la partie qui gouverne, quand la division se met entre ses membres. » La discorde, dans la société idéale de Platon, naît entre magistrats et gardiens. Importance du Nombre nuptial, qui est celui de la Grande année, car le déclin et la prospérité des États sont liés aux mouvements des astres. Si les gardiens ignorent ce nombre, ils font des mariages à contretemps. Nombre nuptial = $(3 \times 4 \times 5)^4$ = 12 960 000 = 36 000 années solaires. Aristote critique Platon (Socrate) à propos des révolutions, car Platon n'évoque aucune raison rationnelle pour expliquer la corruption de la cité idéale, sinon que tout est corruptible. **De plus, pourquoi la première dégénérescence serait-elle Sparte (et la Crète, soit la timocratie) ? En fait, les constitutions versent**

---

[23] Mussolini ne dira pas autre chose.

dans leur contraire et non dans ce qui leur est apparenté. **De plus, contre Platon (la timocratie verse dans l'oligarchie qui verse dans la démocratie), on passe souvent d'une démocratie à une oligarchie.** Carthage est une démocratie (en vérité une aristocratie mercantile).

Commentons :

On voit là qu'Aristote aurait préféré l'anacyclose de Polybe à celle de Platon : on passe d'un contraire à l'autre, avec remontée vers un certain mieux, qui est cependant impuissante à inverser la tendance générale à aller vers le bas ; on va en effet de la monarchie à la tyrannie, du meilleur au pire, on va ensuite de la tyrannie à l'aristocratie (remontée imparfaite) et de l'aristocratie à l'oligarchie (chute), puis de l'oligarchie à la démocratie vertueuse (progrès relatif) et de la démocratie vertueuse à l'ochlocratie (chute). Ainsi qu'il l'a été suggéré ici plus haut, on pourrait prolonger ce processus comme suit : l'ochlocratie, qui est en vérité le pire des régimes, ne trouve les moyens de subsister que par le consentement à une tyrannie molle et cachée qui l'inspire de l'intérieur sans la détruire mais en l'accomplissant ; et cette ochlocratie est puissance des contraires : soit du fascisme qui est effort *réussi*, en tant qu'organicité antidémocratique et anti-économiste, de retour à la monarchie, soit de cette tyrannie molle et cachée qui n'est plus politique mais d'essence économique.

Le principe de la démocratie est (VI-2) la liberté. Les pauvres y sont plus puissants que les riches car plus nombreux, avec décision appartenant à la majorité absolue. On y vit comme on veut, règne de l'égalité. C'est le gouvernement de tous sur chacun et de chacun, tour à tour, sur tous. **Démocratie et oligarchie sont injustes. Ce sont toujours les plus faibles qui recherchent l'égalité et la justice, la classe dominante n'en prend aucun souci.** (VI-3). La classe agricole, en régime démocratique, est la plus digne d'intérêt, elle peut vivre en démocratie (VI-4). **L'autorité doit** (car il est bon d'être en état de dépendance pour réfréner ses penchants vicieux) **être aux mains des meilleurs citoyens, et c'est la forme la plus parfaite de la démocratie. Dans la pire démocratie, tout le monde prend part aux affaires publiques, et les chefs du parti populaire agrègent des bâtards et des non-citoyens,** d'où **rébellion des esclaves, des femmes et des enfants.**

La meilleure vie (VII-1 : livre ancien, époque du Protreptique, *Urpolitik* d'Aristote) est la vie vertueuse accompagnée d'un cortège de biens extérieurs assez abondants pour qu'on puisse participer aux actes conformes à la vertu. Aristote (VII-2) conseillait à Alexandre le Grand de gouverner les Grecs ἡγεμονικῶς et les Barbares δεσποτικῶς. L'inactivité n'est pas (VII-3) au-dessus de l'action, car le bonheur est une activité. Pour des individus semblables, le bon et le juste consistent dans l'exercice de leurs droits à tour de rôle. Plébiscite de la θεωρία, laquelle renvoie *Métaphysique* L 6-7-9 (νόησις νοήσεως). **La vie active est la meilleure de toutes, pour la communauté et pour l'individu. L'activité *ad intra* (contemplative) est la fin des individus comme des États,**

comme elle est celle de Dieu et de l'univers (il précisera en VII-15 que collectivités et particuliers ont une même fin : la σχολή).

Commentons :

Le monde et la cité, comme toute chose, imitent Dieu, or Dieu est Pensée de Pensée, donc le monde et la cité trouvent leur entéléchie en produisant en leur sein l'homme par lequel le monde accède au savoir de lui-même, et c'est la finalité de la cité, sa raison d'être ; si Dieu est créateur (on sort là de l'aristotélisme strict), Dieu a un projet pour ses créatures spirituelles, d'où l'annonce de la fin de l'esclavage et de l'exposition (criminelle) des enfants non souhaités par l'équilibre démographique de la cité. De plus, c'est en tant que la fin des individus et des États est la même (le monde et la cité imitent Dieu qui est Pensée de Pensée), que la cité doit imiter Dieu. Elle doit imiter Dieu comme réalité autarcique, et sous ce rapport elle est organique ; elle doit aussi imiter Dieu en tant que créateur de l'univers, d'où césure entre monarque et peuple ; parce qu'Aristote n'a pas accédé à l'idée du Dieu créateur, il a privilégié l'organicité et cette unilatéralité le fait basculer dans une certaine forme de démocratie ; on reviendra sur ce point plus bas.

« (...) **les cités repliées sur elles-mêmes et ayant fait choix de ce genre de vie [exercer des pensées qui ont leur fin en elles-mêmes et qui ont elles-mêmes pour objet] ne sont pas non plus nécessairement inactives : l'activité de l'État peut aussi avoir lieu entre ses divers secteurs, car il existe une foule de relations de ces secteurs les uns avec les autres. Ce peut d'ailleurs être pareillement le cas pour tout homme individuel quel qu'il soit : sinon, Dieu et le Monde entier, pour qui n'existe aucune activité externe qui soit en dehors de leur activité propre, seraient dans une condition passablement inférieure** » (VII-3). Un État trop grand ne peut être régi par de bonnes lois (VII-4). L'essence de l'État exige une limitation quantitative, comme toute chose. Pour distribuer les charges selon le mérite, les citoyens doivent se connaître tous. La cité doit pouvoir être embrassée d'un seul coup d'œil.

Commentons :

En fait, l'organicité et la césure entre dirigeants et dirigés, vont de pair ; la maximisation de l'organicité induit cette césure : la dépendance réciproque du tout et des parties, définitionnelle de l'organicité, s'exerce sous l'économie d'un primat du tout qui, pour cette raison, doit être doté d'une consistance ontologique supérieure à celle des parties pour être à même de se maintenir identique à soi dans le moment — positionnel des parties — de sa différenciation d'avec soi ; ce qui est organique est système, ce qui est système est à la fois processus et sujet de son processus, il a ce qu'il est ; par conséquent, ce qui est unité même inchoative de l'organicité et de la césure n'a pas besoin de cette limitation quantitative de la cité, qui est due au fait qu'on privilégie l'organicité seule ; un État peut être rationnel tout en étant un grand État, il doit même être un grand État afin que toutes les virtualités de la nature humaine soient actualisées en lui ; l'unité de la cité est hypostasiée dans le monarque, et les citoyens n'ont pas besoin de se connaître tous.

Platon (*Lois* IV) condamne l'accès de la Cité à la mer, monde de l'anonymat et de l'ouverture compromettant le caractère éducatif du regard d'autrui sur chacun, pour blâmer son inconduite et l'exhorter à la vertu : « *magna pars peccatorum tollitur si peccaturis testis adsistit* », dira plus tard Sénèque. Aristote souhaite cet accès, mais seulement avec un petit port : il condamne le marché ouvert à tout le monde (VII-6).

Dans les régions froides, on a du courage, mais peu d'intelligence et d'activité technique, ce sont des nations libres mais sans organisation politique. Les Asiatiques sont intelligents mais n'ont aucun courage, d'où esclavage continuel. Les Hellènes ont une position géographique intermédiaire, ils sont donc intelligents et courageux (VII-7). **Enseignement de Gorgias, de Lysias, d'Isocrate (*Panégyrique d'Athènes*), de Platon (*République* V) : il est vital de s'opposer aux rivalités entre États grecs au nom de la communauté de sang et de race. L'unité sera accomplie par Philippe de Macédoine à Chéronée en 338. Pour Aristote, même chose : les Grecs doivent gouverner le monde en atteignant l'unité de constitution, dans une forme de fédéralisme.**

Tout comme Platon (*République* II 370 b, III 394 e, *Lois* VIII), Aristote (VII-8) estime que **sont exclus de la cité les laboureurs, les ouvriers et les marchands, car il y a organicité si et seulement si les membres ont en commun une même fin, la vie heureuse, or il faut avoir du loisir pour cultiver en soi la vertu. Les seuls citoyens sont issus de la classe militaire et de la classe où se recrutent les juges et l'Assemblée délibérante.** Les citoyens doivent (VII-9) posséder de vastes ressources. L'essentiel des richesses (dont le sol) doivent appartenir aux soldats et à ceux qui délibèrent, à savoir les deux classes de citoyens. Les vieux citoyens exercent le sacerdoce. Les laboureurs sont des esclaves ou périèques de race barbare. La terre doit être divisée en deux (VII-10) : domaine public (dépenses de l'État relatives au culte, plus repas publics), et domaine des particuliers.

Commentons :

Cette position est évidemment inacceptable car elle exclut l'organicité, et au reste elle est incompatible avec V-3 qui exclut l'admission des étrangers.

C'est en *Politique* VII-13 que se trouve cette formule bien ambiguë d'Aristote : « (...) **Dans notre État, tous les citoyens ont part au gouvernement.** » Il précise (VII-14) que les citoyens doivent gouverner et être gouvernés, car la supériorité intellectuelle d'une personne à l'autre est faible. Gouvernés et gouvernants en un sens sont mêmes, en un autre sont autres : les jeunes sont invités à obéir aux vieux, mais les jeunes deviennent vieux. Le premier but de l'armée est de se défendre, et non de réduire autrui en esclavage.

Les jeunes filles doivent se marier assez tard (VII-16) ; il en est de même pour les jeunes gens (Aristote évoque la qualité du sperme et remarque que l'amour pratiqué trop jeune implique la débauche). Aristote et Pythagore (selon Diogène Laërce) pensent qu'il convient de se reproduire l'hiver. **Certains**

enfants doivent être exposés. Une loi doit interdire d'élever un enfant difforme. Platon (*Lois* V) : le nombre des citoyens doit être de 5 040, il préconise l'avortement en *République* V. **Aristote est partisan de l'avortement si et seulement si c'est un embryon doté de la seule vie végétative. La procréation est un service public.** Hésiode (*Les Travaux et les Jours*, 699) : « Épouse une vierge, afin de lui enseigner des mœurs respectables. » Pour les Pythagoriciens, l'adultère est une injustice. Aristote déclare ici : « **Quant aux relations du mari avec une autre femme ou de l'épouse avec un autre homme, qu'on regarde en tout temps comme une action déshonorante toute atteinte à la foi conjugale, et cela d'une manière absolue et sans exception, aussi longtemps que le mariage subsiste et qu'on est appelé mari et femme.** » Aristote préconise l'atimie (ἀτιμία) pour les contrevenants, c'est-à-dire la dégradation civique. **L'État est éducateur (VIII-1). Il doit par l'éducation renforcer les mœurs sans lesquelles la loi est impuissante. Il existe une fin unique pour l'État, donc l'éducation doit être la même pour tous et doit être publique, non laissée à l'arbitraire des parents. Un citoyen ne s'appartient pas à lui-même (même point de vue chez Platon : *Lois* VII). « En réalité, tous appartiennent à l'État. » Sur ce point, éloge des Lacédémoniens (éducation publique).**

Les citations qui précèdent permettent au lecteur, en dépit du manque d'unité de l'ouvrage d'Aristote, du caractère inachevé de la réflexion qui s'y mène, et de certaines erreurs, de prendre la mesure de l'extraordinaire sagesse du Stagirite, qui anticipe à bien des égards les initiatives de l'Église catholique en matière de mœurs, ce qui prouve en retour que les préceptes du catholicisme en ce domaine ont un fondement naturel et rationnel. Mais on voit aussi les limites de la vision aristotélicienne de l'homme et de la politique (avortement, exposition), en particulier en ce qui concerne sa préférence pour la « *politeia* », ainsi son indulgence coupable à l'égard d'une certaine forme de démocratie, que l'on retrouvera au reste dans la philosophie de saint Thomas d'Aquin, pour le plus grand bonheur des Maritain et des Gilson. Il est permis d'essayer de montrer, ici, que le Stagirite, sur ce point, n'est pas fidèle à ses propres principes.

Le rapport du monde à Dieu implique une double imitation, en tant que Dieu est à la fois cause exemplaire et cause finale : la cité imite, comme autarcique, le Dieu aséique, et dans ce cas le chef est la conscience de soi de la volonté objective de la multitude, il y a citoyenneté, la cité a en elle-même le principe de son unité, en ce sens qu'elle tire d'elle-même la puissance de se hiérarchiser. Mais la cité reproduit de plus, en son propre sein, la césure entre Dieu et sa production, et dans ce cas le chef est le « tenant-lieu » de Dieu, et les hommes sont des sujets. La cité ne peut pas ne pas être habitée par la tendance à reproduire une telle césure en son propre sein, pour la raison suivante : il est définitionnel de la cause d'être responsable de ce qu'une relation de dépendance existe entre son effet et elle, même si — ce à quoi, comme on sait, ne parvient pas Aristote — cet effet est parfaitement contingent, suspendu à la liberté créatrice de sa Cause. De sorte que l'imitation, par l'effet, de sa cause qui est son modèle, est en demeure, pour tendre à se parfaire, d'être une imitation de son modèle jusque dans sa puissance productrice d'effets, ainsi jusque dans cette responsabilité du fait qu'il existe une relation de dépendance de l'effet à l'égard de la cause. Or cette imitation, dans l'effet, de sa dépendance à l'égard de sa cause, qui invite l'effet à se dédoubler en lui-même afin d'être analogiquement cause et effet de lui-même, est une intériorisation de cette dépendance extrinsèque, c'est-à-dire une disposition qui, tendant à rendre dépendante de lui-même la relation de dépendance à l'égard de son principe, donne à cet effet de vivre cette dépendance extrinsèque sur le mode de l'indépendance. Plus est accusée, dans la cité, la différence entre dirigeants et dirigés, plus est signifiée l'aptitude de la cité à se suffire à elle-même ; plus est signifiée la vocation de l'autorité du monarque à faire de lui le lieutenant de Dieu, d'autant mieux est obtenue sa vertu de se faire la conscience de soi de la volonté objective[24] de la

---

[24] On entend ici par « volonté objective de la multitude » — supposé qu'il soit nécessaire de le préciser, mais il vaut mieux, en ce domaine, se répéter pesamment plutôt que de laisser subsister une équivoque trop aisément récupérable par les esprits malfaisants toujours pressés de faire des procès d'intention (« démocrate infiltré ! ») et de formuler niaisement des critiques bien-pensantes — non du tout la somme des volontés particulières, non du tout même ce qui se trouverait être de fait l'esprit réel, profond et pérenne d'un peuple (lequel esprit, comme « *Volksgeist* », peut être peccamineux), mais bien plutôt ce qui, en matière politique — ainsi relativement à la recherche du bien commun dont le souci est en droit immanent à chaque membre de la multitude , *devrait être idéalement voulu* par tous ses membres s'ils étaient compétents et vertueux, à l'intérieur d'une communauté de destin donnée, c'est-à-dire selon le génie d'une certaine manière d'être homme ethniquement repérable, et qui peut correspondre à l'esprit de ce peuple, ou dont l'esprit de ce peuple peut être l'expression historique et factuelle plus ou moins adéquate. Abel Bonnard écrit en ce sens : « Michel-Ange, quand il travaillait dans son atelier, plein d'une impatience sublime, n'imposait pas seulement au marbre une forme fille de lui-même, il réalisait aussi un rêve de la pierre, et parmi les éclats du ciseau et du marteau, frappant avec la violence et l'audace d'un démiurge, il allait au-devant d'une statue prisonnière dans le marbre. C'est pourquoi, dans la carrière, il choisissait les blocs avec tant de soin, il les tâtait, les caressait, les écoutait pour ainsi dire. Toute réalité est incomplète et nous appelle par là. Elle ne nous est jamais donnée comme une chose achevée, mais comme une chose qui se cherche, elle a toujours besoin de nous, elle est prête à nous complaire, pourvu que nous l'aidions. **Les peuples aussi ont leur vœu, mais on les contente moins en écoutant ce qu'ils disent qu'en devinant ce qu'ils attendent, car une nation ne connaît vraiment ses désirs que lorsqu'elle les a satisfaits** » (« Écrits politiques », le 7 septembre 1940, dans *Berlin, Hitler et moi*, Avallon, Paris, 1987, inédits politiques). Il faut comprendre par là qu'un peuple est incapable de se donner par lui-même, sans chef qui le dirige effectivement, qui l'organise et qui l'éduque, la forme politique incarnant ce qui vient d'être nommé sa « volonté objective », laquelle n'accède à la conscience claire d'elle-même que dans un homme d'exception. Cela dit, comme « appétit rationnel », la volonté en général est paradoxalement d'autant plus libre et d'autant plus volontaire qu'elle est plus parfaitement soumise à la raison, puisque celle-là est

multitude. Il n'y a donc aucune incompatibilité, sinon historique et accidentelle, entre organicité et hiérarchie, par là entre fascisme et monarchie ; il y a au contraire coextensivité entre les deux. Le propre de tout effet est d'imiter sa cause à la mesure des moyens limités qui lui sont conférés par sa cause, or il est définitionnel de la cause d'exercer actuellement sa causalité puisqu'elle a un effet actuel, donc l'effet est habité par la tendance à se faire cause lui aussi, cependant qu'il est effet ; il est donc cause et effet, et son statut ontologique de tout d'ordre (être une cité et non une personne), c'est-à-dire sa réalité communautaire, l'habilite à signifier en lui-même, sur le mode de la césure statique entre dirigeants et dirigés, cette différence entre cause et effet lui donnant de subsister hors de sa cause en tant qu'effet en acte. La cité est dès lors travaillée par la tendance à se différencier en elle-même pour s'identifier à soi, et c'est ce qu'elle fait en faisant surgir en son sein une cause efficiente immanente (son chef) dont elle se fait dépendre cependant qu'elle est cause efficiente de ce surgissement : elle hypostasie en son chef la fonction de cause motrice qu'elle est pour elle-même. Ce faisant, elle maximise sa propriété d'être imitation de sa cause, et cela, en retour, dispose à penser que la cause est en elle-même, indépendamment de l'actualisation de sa causalité, et de manière suréminente, cette identité de l'identité et de la différence qu'exerce l'effet de manière inchoative. Se laisse ainsi entrevoir l'idée que Dieu est une Société parce qu'Il est absolument simple.

Aristote croit réaliser cette unité des deux exigences par l'idée que chacun peut et doit être chef et sujet tour à tour, il est citoyen en tant qu'il peut devenir chef, et sujet en tant qu'il a un chef. C'est surtout cet aspect moral du politique (en tant que le politique assume la morale), fondé sur la deuxième forme d'imitation induisant l'idée du chef d'État mandaté par Dieu, que retient l'enseignement de l'Église, comme on le voit dans l'épître de saint Pierre (I II, 11-19, évoquée le 3ᵉ dimanche après Pâques) : « Soyez soumis pour l'amour du Seigneur à tout pouvoir humain : au roi, comme au souverain, aux gouverneurs comme à ses délégués pour punir les malfaiteurs et honorer les gens de bien. (…) Craignez Dieu, honorez le roi. » Mais cet aspect, qui rappelle la nécessaire subordination du politique à l'entreprise surnaturelle du Salut, n'épuise pas la vocation naturelle du politique, parce que la vocation de l'ordre naturel n'est pas seulement de servir d'instrument à une vie surnaturelle qui s'y substituerait. Si la

---

actualisée par celle-ci : vouloir mal, ainsi vouloir le mal, ce n'est pas seulement faire un mauvais usage de sa volonté, c'est trahir la puissance même de vouloir en méconnaissant ou en méprisant l'« *intentio naturae* » de la volonté dotée, comme toute puissance (active), d'une *nature* dont elle ne s'écarte qu'en dépérissant ; vouloir le mal, ce n'est pas seulement vouloir mal, c'est vouloir moins, c'est ne pas vouloir ce qu'on l'on veut vraiment, ce qui au reste n'empêche pas la volonté d'être responsable de sa déviation. Dès lors, ce même peuple, impuissant à signifier par lui-même ce qu'il veut vraiment (et qui, compte tenu de ce qui précède, est nécessairement l'expression de sa volonté objective), est néanmoins *potentiellement* porteur de cette perfection qu'actualise l'autorité du chef (« *auctoritas* » vient de « *augere* » : faire croître) qui, seul, est capable de la discerner dans ceux qu'il dirige, et sous ce rapport il répond, fût-ce en les contraignant, à leur vœu réel.

grâce perfectionne la nature dans l'acte de la surélever, elle la conforte dans l'excellence de son ordre propre, laquelle est le rayonnement même de l'ordre naturel pérenne en tant que similitude participée de la perfection divine. La première forme politique d'imitation de Dieu, porteuse de l'idée de cité autarcique inclusive de son principe immanent d'unité, subsiste, et même est en droit d'autant plus accusée que la seconde l'est plus. S'assimiler au modèle par imitation de ce dernier, c'est reproduire en son propre sein la relation de causalité unissant le modèle et l'image. C'est en devenant géniteur lui-même que l'enfant achève le processus d'imitation paternelle : même si l'on tient à rappeler, pour signifier la contingence de l'acte créateur, que la relation du Créateur à la créature est de pure raison, on ne peut se dispenser de rappeler que le pouvoir créateur, exercé ou non, est un attribut obligé du Créateur, de sorte que l'imitation de Créateur est aussi imitation de sa puissance créatrice. Et en retour, si la créature intériorise sa relation de dépendance, elle maximise par là, en achevant son imitation, sa similitude avec le Créateur, ce qui en retour permet de suggérer que le Créateur, de toute éternité, indépendamment du monde et d'un esprit créé, contient en son propre sein l'archétype de cette intériorisation, ce qui revient à dire que Dieu est non seulement tout-puissant mais encore, en vertu de cette perfection même lui enjoignant de se faire réflexive (la force absolue est maîtresse de tout, y compris d'elle-même), maître de sa puissance ; en d'autres termes : cette intériorisation, par la créature, de sa relation de dépendance à l'égard du Créateur, qui donne à la créature d'être en relation à l'égard d'elle-même et lui fait opérer une réflexion immanente constitutive d'elle-même (une unité qui se scinde — le tout pose ses parties — pour se faire positionnelle d'elle-même par négation souveraine de sa propre scission : le tout ramène à lui ses parties en les sommant de faire retour à lui, de sorte qu'il se pose lui-même par leur médiation), surexiste dans le Créateur comme son paradigme. En un sens qui n'est pas celui d'un acte créateur, mais en lequel s'enracine la puissance créatrice, Dieu est responsable de sa propre déité. Et c'est cette exigence qui sera prise en compte, dans la philosophie néo-platonicienne, et exprimée dans le vocable de la « réflexion ontologique », étrangère au corpus aristotélo-thomiste mais requise par ce dernier pour lever ses apories résiduelles, et redécouverte par Hegel qui, en retour, en dépit de son génial mérite, ne sut pas se dégager des influences théosophiques et gnostiques en lesquelles il avait redécouvert ce joyau conceptuel confisqué par de tels courants.

Ce qui conjugue organicité et monarchie est cette mono-archie nommée fascisme, pour autant qu'elle consente à se stabiliser en monarchie ; il n'existe pas de régime idéal historiquement réalisable, parce que ce qui est idéal exclut la contingence inhérente à la temporalité, et qu'un régime politique est nécessairement temporel ; mais cela ne signifie pas qu'il n'existerait pas un idéal réalisable du politique, c'est-à-dire quelque chose qui peut se rapprocher au mieux du régime idéal sans cesser d'être incarné dans l'espace et dans le temps ; ce qui se rapproche au mieux de l'idéal est un mouvement d'advenue du fascisme à partir d'une monarchie s'essoufflant, conjugué à un mouvement d'apaisement de la montée de sève fasciste jouissant des fruits de sa révolution dans la stabilité de la monarchie. Parce que la vérité du politique est — on l'a vu — la religion, l'identité concrète des deux moments constitutifs du meilleur régime fait s'excéder le politique dans l'Église, seule capable de demeurer identique à soi dans un devenir intérieur à son immobilité, lequel se manifeste dans le développement homogène du dogme, et dans la sublimation de l'Église militante en Église souffrante, puis de l'Église souffrante en Église triomphante prolongeant, pour l'éternité, la pulsation vitale de ce devenir-soi constitutif de son immobilité en se greffant sur la Vie trinitaire.

DIXIÈME DEVOIR
— dissertation —

Que veut-on dire quand on dit « c'est beau » ?

Selon l'usage le plus commun de l'expression « c'est beau », on veut dire par là, tout ensemble et dans un effort avorté pour accéder à ce qui dirait tout cela dans une seule caractéristique dont l'existence nous est certaine mais qui nous échappe invinciblement : cela me plaît, c'est agréable à voir ou à entendre, cela flatte ma subjectivité, cela ravit mes sens, suscite mon enthousiasme, cela est la cause d'une révélation qui me frappe en m'élevant au-dessus de moi-même dans un arrachement à moi-même qui en même temps me donne de me réconcilier avec moi, cependant que je ne savais pas que j'étais en conflit avec moi-même ; cela comble un désir par lequel je ne savais pas être habité, et ainsi cela me révèle à moi-même. C'est l'expression, semble-t-il au premier abord, d'un *sentiment* subjectif, car le beau ne semble pas pouvoir être objectivement défini : d'abord, il n'est pas *déductible*, autrement on aurait le secret de la production des œuvres d'art, *a priori* ; de plus, les œuvres d'art seraient inutiles : on cherche la beauté dans les choses belles, la valeur esthétique dans les œuvres concrètes et, si l'on disposait de cette perfection indépendamment des œuvres, on n'aurait plus besoin d'elles puisque c'est elle qu'on cherche en elles qui ne la manifestent que de manière fugitive, l'oblitérant dans l'acte de la dévoiler. En troisième lieu, un consensus est rarement obtenu, les goûts et les couleurs ne se discutent pas, semble-t-il ; tout consensus suppose un jugement universel, or, observe-t-on volontiers, le beau s'éprouve et ne se prouve pas : on le connaît au sens biblique, c'est-à-dire en tant qu'on l'épouse, ainsi en fusionnant avec lui et non en se l'objectivant ; on le connaît en ce sens que, selon l'expression de Paul Claudel, on le « co-naît », on naît à soi-même — on renaît — à son contact, on est comme réinventé par lui, révélé et réengendré par lui ; or, s'il est vrai que connaître, au sens d'objectiver, est aussi engendrer (et c'est en cela que le connaître prend la forme d'un rendre raison), alors, étant comme réengendré par lui, on est plus connu par lui qu'on ne le connaît, et c'est sous ce rapport qu'il paraît exclure, si

245

l'on s'en tient phénoménologiquement à la description de l'émotion esthétique, de pouvoir être prouvé ; c'est lui qui d'une certaine façon rend raison du contemplatif qu'il éveille à lui-même. Dans le même ordre d'idée, il serait aisé de montrer que les canons de ce qu'il est convenu de nommer la beauté sont éminemment variables, dans l'espace et dans le temps.

Pourtant, le beau semble résister à toute relégation dans la sphère de la pure subjectivité (ou de l'agréable), parce qu'il est des choses belles dont nous savons qu'elles sont telles bien qu'elles ne nous plaisent pas (« c'est beau et ennuyeux comme un chef-d'œuvre »), et en retour il existe des choses qui nous plaisent dont nous savons qu'elles sont laides (telle personne ou tel objet a une « laideur charmante »). Tout autant, on dit « c'est beau » pour éviter de dire « c'est agréable » ; on sent bien que définir la chose dite belle par l'évocation de la délectation qu'elle suscite, tronque la spécificité de l'émotion esthétique, qui, quelque impuissante qu'elle soit à justifier sa prétention à excéder l'ordre trivial de l'agréable et du subjectif, c'est-à-dire du jugement de goût n'engageant que la complexion singulière de celui qui le formule, exige, tout en étant singulièrement et subjectivement vécue, et du sein même de cette vie subjective, d'être aussi éprouvée par autrui. L'œuvre belle est perçue, en tant que reconnue comme belle, comme quelque chose qui a, en droit sinon en fait, la raison d'un *bien commun*. Ce qui le prouve, c'est que la chose belle suscite une délectation qui relève de l'*admiration*, c'est-à-dire d'un mouvement de l'âme qui semble réclamer, à partir du plaisir qu'elle éprouve, et comme constitutif de la spécificité de ce plaisir même, qu'un tel plaisir soit communiqué, comme si la pérennité, l'authenticité d'une telle délectation requérait, du domaine intérieur et privé où elle éclot, d'accéder à une existence extérieure et publique : « c'est beau » est une expression performative ; non seulement je dis que c'est beau, ainsi je dis que l'objet déclaré beau suscite en moi une émotion esthétique, mais encore l'acte même de le dire contribue à *faire être* cette émotion même, à tout le moins est requis pour qu'elle demeure telle ; dire « c'est beau » n'est pas seulement le constat d'une situation, il est, sinon l'acte même de la constituer, à tout le moins intrinsèque à sa constitution. Quand un bien comble un appétit qui se faisait cruellement sentir, en tant que manque, avant que d'être satisfait, c'est qu'un tel appétit est captatif : on a besoin d'un tel bien pour ne pas manquer de soi-même, et c'est pourquoi on se subordonne un tel bien pour se l'assimiler. Mais quand un bien révèle à lui-même, jusque dans son existence, un appétit en le satisfaisant, c'est qu'un tel appétit est oblatif : un tel bien a besoin de nous, sinon pour exister (s'il avait besoin de nous à ce titre, il serait une pénurie et se révélerait incapable de nous combler), à tout le moins pour surexister dans le regard que nous portons sur lui qui ainsi rayonne et célèbre sa gloire en se communiquant, mais par là se parfait lui-même en se prolongeant dans sa gloire. Et parce que l'appétit du beau est oblatif, il est désir d'un bien qui est voulu pour lui-même et non pour la satisfaction de l'appétit, de telle sorte que l'appétit se satisfait, selon une délectation originale qui le contre-divise à l'ordre des appétits triviaux et sensibles, du fait même que sa satisfaction n'a pas raison de fin du bien lui-même. Et cela est logique puisque les désirs sensibles aspirent à des biens sensibles, matériels, lesquels ne peuvent appartenir à quelqu'un qu'en se refusant à un autre ; ils ne peuvent être tout entiers en tous, au lieu qu'un bien spirituel peut l'être, et sans cesser d'être tout entier en lui-même. Quand on dit « c'est beau », on fait référence à un objet qui, révélant à l'homme, sur le mode intuitif et vécu, qu'il est habité par des désirs oblatifs, donne à cet homme de faire l'expérience de ce qu'il est irréductible à sa condition animale, de sorte que nous éprouvons à l'égard d'un tel objet une espèce de reconnaissance : tu me dévoiles le meilleur de moi-même, et je veux proclamer ma gratitude, sinon te dire merci à toi — beau paysage ou belle statue qui te moques bien de ce que je puis penser de toi —, à tout le moins signifier cette gratitude en exprimant mon étonnement, et prendre autrui à témoin pour l'inviter à jouir de la même révélation que celle dont je viens de faire l'épreuve enchantée. Ce faisant, je saurai que je contribue à ta gloire en te faisant rayonner dans d'autres, et cela est encore parfaitement rationnel puisque, comme bien commun, tu relèves du « *bonum diffusivum sui* », d'autant plus excellent que plus communicable. Ce qui peut être tout en tous, ou tout à tous, sans cesser de s'appartenir souverainement en ne cessant de demeurer en soi-même, c'est ce qui, étant en l'autre, est encore en soi, et cela suppose qu'il contienne superlativement, selon son mode propre ou idéellement, cet autre, tous ces autres auxquels il se donne : devant que de se donner aux autres, il *est* cet acte de se donner lui-même à lui-même en tant qu'autre, et ainsi, *étant* l'acte de se donner, il s'enrichit du fait de se donner aux autres. Et si le beau est une espèce de bien (il l'est en tant qu'il est appétible), et donc un bien essentiellement commun de droit sinon de fait, la gratitude qu'il induit chez ceux auxquels il se livre développe en eux le souci de lui rendre ce qu'il donne, précisément en œuvrant à sa communication.

Si le beau semble échapper à toute forme de déduction, ainsi se soustraire à l'ordre du logique ou du rationnel, il semble s'émanciper du magistère du concept et relever de l'émotion subjective incommunicable ; s'il répond à un désir oblatif, il convoque rationnellement sa communicabilité qui par là se révèle définitionnelle de lui-même ; or ce qui est communicable est universel. Dès lors,

Que doit être le beau, dans son essence même, pour prétendre à l'objectivité (universalité) sans relever du déductible ?

Quatre propositions peuvent être envisagées quand on se met à s'interroger sur l'essence du beau, deux concernant le beau en lui-même, deux concernant la réception qu'on en a : (a) le beau est une propriété du sujet, il est dans le regard et non dans l'objet regardé ; (b) le beau est dans l'objet comme une de ses propriétés, la chose est belle comme elle est rouge ou carrée, on la voit ou l'on se révèle incapable de la discerner, il existe des fautes de goût et un art est requis pour apprendre à apprécier les œuvres d'art ; (c) le jugement de goût esthétique est universel et nécessaire (à raison de son universalité même), il appelle de lui-même, de manière exigeante, de valoir en droit pour tout homme ; (d) le jugement de goût esthétique est particulier et contingent, il est aussi subjectif que les délectations purement sensibles : on aime telle œuvre comme on apprécie tel fromage, aucune autre raison n'est à chercher que le fait des inclinations physiologiques du sujet, parce que l'épreuve du beau n'a rien à voir avec l'ordre de la connaissance. Quatre combinaisons sont possibles : (a-c), (a-d), (b-c), (b-d). On peut d'avance écarter la position (b-d), qui est incohérente, impensable et donc impossible. En effet, si le beau est une propriété de l'objet, il est clair que le jugement porté sur la beauté de cet objet relèvera de la vérité ou de l'erreur, et sera erroné le jugement de celui qui trouve laide une chose belle, et vice versa ; ainsi divers sujets confrontés au même objet seront sommés de formuler le même jugement, s'il est vrai que la vérité est bien l'adéquation du jugement à la chose. La position (b-c) correspond à l'objectivisme ou encore à la philosophie réaliste : la beauté est une propriété de l'objet et elle est saisie dans un jugement actualisant un appétit de la raison, suscitant par là une émotion qui relève de l'intelligence, et qui est le propre de l'émotion esthétique. C'est cette position qui sera ici défendue. La position (a-d) correspond au subjectivisme radical. Enfin la position (a-c) définit la position kantienne, qui se veut une espèce d'intermédiaire entre objectivisme et subjectivisme.

C'est évidemment à la philosophie du Kant de la *Critique de la faculté de juger* que l'on pense spontanément pour élaborer le traitement de la problématique ci-dessus dégagée, traitement au cours duquel il sera procédé, pour cette partie du devoir, à l'évocation d'un certain nombre d'explications éclairantes et suggestives qui nous sont données d'une part par Alexis Philonenko dans l'*Introduction* qu'il consacre à sa traduction de l'ouvrage de Kant, d'autre part par le manuel devenu classique *Nouveau précis de philosophie*, de Vergez et Huisman. Kant, en effet, se propose d'établir, en disant pourquoi il en est selon lui ainsi, que le jugement de goût esthétique peut prétendre à l'universalité, par là n'être pas sans relation avec le domaine de la raison, sans toutefois relever de la connaissance. Les difficultés inhérentes à la position kantienne nous inviteront à examiner les lettres de crédit de la position subjectiviste, unique issue possible si l'on se refuse à définir le beau par l'intelligibilité de la chose belle, ainsi si l'on persiste à exclure que le beau soit objectif (comme propriété de la chose). L'échec de cette deuxième démarche nous invitera à proposer une résolution relevant du réalisme thomiste.

Dans la *Critique de la faculté de juger* (*CFJ*), Kant ne parle pas, au vrai, de l'essence du beau, mais, conditionné par sa perspective de l'idéalisme transcendantal (opposition entre chose en soi et phénomène), il se contente de traiter de l'émotion esthétique. Mais il n'est pas *a priori* interdit de partir de l'effet subjectif pour remonter à la cause objective, ainsi de l'émotion esthétique pour remonter à la beauté. Il existe selon lui quatre caractéristiques du beau (l'esthétique ne concerne pour lui que l'état du sujet, « la beauté n'est rien en soi », *CFJ* § 9) : « Le beau est l'objet d'un jugement de goût désintéressé » ; « le beau est ce qui plaît universellement sans concept » ; « est beau ce qui est reconnu sans concept comme l'objet d'une satisfaction nécessaire » ; la beauté est la « forme de la finalité d'un objet en tant qu'elle est perçue dans cet objet sans représentation d'une fin » (§ 17).

« Le beau est l'objet d'un jugement de goût désintéressé. » Contre les écoles naturalistes, le beau n'est ni l'utile, ni l'intérêt, il ne relève pas du plaisir subjectif tel qu'on peut l'éprouver dans le domaine de la sensibilité (éprouver de l'agrément pour telle sensation plutôt que pour telle autre). À moins de relever de la vomitive technique publicitaire, la nature morte ne donne pas faim ; à moins d'être une très mauvaise œuvre d'art en vérité apparentée aux jouissances pornographiques nommées par Céline « l'infini à la portée des caniches », un nu artistique n'éveille pas le désir charnel. Comme le montrera Schopenhauer, héritier de Kant, le beau nous délivre du désir, il est un remède au vouloir-vivre égoïste. Le plaisir que procure la contemplation de l'œuvre d'art n'est pas la satisfaction d'une tendance biologique. Dans la contemplation d'une œuvre d'art, on est « ravi », ravi à soi-même, à sa souffrance ontologique (l'essence de toute chose est désir), on s'oublie, on se subordonne à l'œuvre, on devient « clair miroir de l'objet » en s'émancipant de tout contenu propre ; pour Schopenhauer, la contemplation de la chose belle chasse de la conscience cette volonté souffrante dont elle était pleine, et, parce que la volonté entendue comme vouloir-vivre est désir d'individuation, chasser la volonté revient à s'émanciper de son individualité ; dans la contemplation esthétique, on devient « l'œil unique du monde » ; ce n'est plus mon œil qui voit, c'est l'œil par lequel le monde se voit. Inversement, sa condition incarnée destine l'homme à admirer des objets sensibles, de sorte que le beau n'est pas réductible au mathématisme, comme le pensait Leibniz, qui réduisait la contemplation esthétique à la perception d'une logique implicite, ainsi au fait que l'esprit jouit de penser mais en ne sachant pas qu'il pense : « La musique nous charme quoique sa beauté ne consiste que dans les convenances des nombres et dans le compte des nombres dont nous ne nous apercevons pas » (*Principes de la nature et de la grâce*, § 17). Par ailleurs, que le beau soit en tant que tel désintéressé ne signifie pas que la chose ne devrait servir à rien pour être belle, comme le pensait Théophile Gautier, théoricien de l'art pour l'art (« tout ce qui est utile est laid ») : « Le beau ne fleurit que sur l'utile, jusque dans la poésie où la mesure et la rime eurent d'abord pour fin de servir la mémoire » (Alain, *Système des beaux-arts*).

Considérons la deuxième caractérisation kantienne du beau : « *Schön ist das, was ohne Begriff allgemein gefällt* » (*CFJ* § 9).

Le beau est ce qui plaît universellement sans concept, ce qui est évidemment paradoxal, et peut-être même contradictoire (ainsi qu'on s'en apercevra ci-après) : si — dût-on comme Kant réduire l'être des choses connues en tant que connues à leur phénomène — le concept est bien expressif de ce qu'est une chose, ainsi de ce sans quoi elle ne serait pas ce qu'elle est, alors le concept signifie ce qu'il y a de nécessaire dans la chose, et qui est *commun* à toutes les choses de même espèce qui ne diffèrent entre elles que par des accidents, et pour cette raison le vecteur d'universalité d'une détermination de l'esprit est bien le concept. De sorte qu'il ne devrait pas y avoir universalité du jugement de goût s'il n'y a pas intervention du concept, c'est-à-dire constitution d'une connaissance, dans l'épreuve du beau. Et c'est pourtant la thèse singulière que soutient Kant, entre l'objectivisme qui, réaliste, répudie la philosophie transcendantale, et le subjectivisme qui, arbitraire et englué dans le sensible, ravale l'émotion esthétique à un plaisir quasiment physique. Ce que veut établir Kant, c'est que, selon lui, *le sentiment esthétique résulte d'une harmonie inattendue entre entendement et imagination, qui s'accordent sans que l'entendement la régisse. Il est ce qui satisfait le libre jeu de l'imagination transcendantale sans être en désaccord avec les lois de l'entendement*. Kant en vient, par ce biais, à trouver le fondement de cette satisfaction esthétique, dans ce qu'elle a de spécifique, dans **l'intersubjectivité**. En d'autres termes, pour un esprit naïvement réaliste, la chose est belle et sa beauté est perçue par tout le monde en suscitant ainsi un jugement identique chez tous les observateurs, mais cela même est l'effet de l'émotion esthétique enracinée dans l'unicité de l'objet et l'objectivité de sa beauté. Kant inverse le rapport de causalité entre intersubjectivité et émotion esthétique ; il n'y a pas intersubjectivité parce qu'il y a émotion commune à tous, il y a émotion *esthétique* parce qu'il y a occasion d'exercer une relation intersubjective. Ce n'est pas la satisfaction esthétique qui conditionne l'homologie, c'est au contraire de l'homologie même que naît la satisfaction. Et c'est là une manière ingénieuse — il faut en convenir — d'évacuer le problème métaphysique de l'essence du beau, en le réduisant au problème à la fois psychologique et moral de l'intersubjectivité. On sait que, chez Kant, l'homme est comme enfermé dans ses représentations transcendantales, immanentes au sujet, puisqu'il ne connaît pas le réel tel qu'il est en soi mais seulement tel qu'il est pour lui ; il ne se connaît même pas lui-même tel qu'il est en lui-même, mais seulement tel qu'il s'apparaît, conditionné par le sens interne ; ce même homme échappe en quelque sorte au solipsisme en se soumettant à la loi morale qui, d'une certaine façon, est une tentative pratique d'accéder à l'absolu : j'ai le devoir de me croire libre puisqu'il faut agir par devoir pour être libre, et j'affirme pratiquement ma liberté en étant moral, accédant par là à la certitude pratique — quoique relevant de la foi pratique — du fait de ma liberté nouménale, ainsi de ce monde intelligible qui peut être pensé mais qui ne peut être connu, et qui contient, en plus de la certitude de la liberté, celles de l'immortalité de l'âme et de l'existence de Dieu. Mais entre le moi de la conscience empirique et l'absolu, il y a tout de même la relation à autrui que la philosophie critique de Kant met à rude épreuve : si autrui n'est connu que comme phénomène ; si la subjectivité n'est pas un phénomène, alors l'intersubjectivité, l'intropathie, l'intuition de la vie intérieure de l'autre en tant qu'il est autre, est impossible ; on doit se contenter de « faire comme si », et toute la philosophie de Kant et de ses nombreux épigones est une philosophie du « comme si » : on doit faire « comme si » il y avait une vérité objective, un bon et un mauvais goût, des comportements nobles et des comportements avilissants, tout en maintenant que la subjectivité est souveraine en tout et qu'elle n'admet d'autres principes normatifs que ceux qu'elle se donne. C'est dire en quoi Kant pouvait être soucieux de se frayer une voie entre subjectivisme arbitraire qui révèle en sa nudité abjecte la déification du Moi opérée par le subjectiviste, source de toutes les impudences pestilentielles suffocantes que les narines délicates de l'esprit bourgeois libéral, relativiste et sceptique, a bien du mal à supporter, et le réalisme métaphysique qui crucifie le moi en lui enjoignant, en tant que dogmatique, de reconnaître qu'il est mesuré par la causalité d'une nature, c'est-à-dire d'une essence noumenale et connaissable. Et c'est dans l'établissement du fondement *subjectif* — quoique doté du droit de prétendre à l'universalité — du jugement de goût esthétique, ainsi de ce fondement découvert dans l'intersubjectivité, que Kant croit découvrir cette voie satisfaisante : le goût esthétique n'est pas seulement « *Gefühlsurteil* » (jugement du sentiment), il est surtout « *Urteilsgefühl* » (sentiment du jugement) ; il est jugement du sentiment *parce qu'*il est sentiment du jugement, c'est le sentiment du jugement qui fait être le sentiment dont il est question quand on parle de jugement du sentiment ; le goût esthétique est ainsi un jugement universel nécessaire, mais cantonné dans l'ordre de l'affectif.

La *CFJ* est la médiation entre la *Critique de la raison pure* et la *Critique de la raison pratique* ; entre la science (expérimentale) de la Nature et le rigorisme de la morale formaliste, on sent bien que quelque chose est nécessaire pour que l'homme ne soit pas un monstre, pour que la pensée ne soit pas réduite à un mécanisme sécrétant des lois physiques pour constituer le monde empirique, et des lois morales pour faire s'exercer la liberté, ainsi pour donner quelque consistance au souci indéracinable d'appréhender l'essence profonde de ce dont il y a lois : en particulier celle de l'homme, et des autres hommes, et de leur possible rencontre spirituelle dans la sympathie, l'amour, l'amitié, la poursuite d'une fin commune et le service d'un bien commun qui transgressent le plafond de finitude auquel l'homme est cantonné en tant que simple sujet de phénomènes construits par les lois de son entendement ; l'exercice de la légalité, en ses versions scientifique et morale, se réduit à un mauvais jeu stérile et obscène dans sa gratuité, à une mauvaise farce sous des dehors austères, s'il n'est d'aucune façon signifié pourquoi — en vue de quoi, selon quelle finalité — il y a légalité, c'est-à-dire, en dernier ressort, si n'est pas dégagé le pourquoi de la légalité en général, ainsi le pourquoi du comment. Dans sa *Logique* (1800), Kant résume toute la démarche de sa vie en rappelant les trois grandes questions qu'il s'est proposé de résoudre au travers de toute son œuvre : que puis-je savoir ? (*Critique de la raison pure*) ; que dois-je faire ? (*Critique de la raison pratique*) ; que m'est-il permis d'espérer ? (*CFJ*). Entre le « que puis-je savoir ? » de la première Critique (les phénomènes) et le « que dois-je faire ? » de la deuxième (agir selon le formalisme du devoir, ainsi agir pour être libre parce qu'on est libre, ce qui, de soi, ne dit nullement à quelle fin la liberté est ordonnée, en quoi son existence est justifiée, et pourquoi il faut vivre selon l'impératif de la liberté), il restait logiquement à aborder la question de *l'espérance* : sans elle, tout le reste est vain, *parce que seule elle pose la question des fins*. D'où l'importance que Kant accorde à cette question du jugement de goût esthétique, unique zone d'accès à l'intersubjectivité, c'est-à-dire plus précisément unique manière de réussir à croire en la possibilité de la vivre tout en maintenant qu'elle est impossible au niveau du connaître ; et il est clair pourtant qu'on a besoin d'y croire afin d'avoir le sentiment qu'on ne perd pas son temps en « faisant comme si » on avait des raisons d'exister, autant de raisons dont le dévoilement suppose en vérité que soit appréhendée la réalité en soi, car les raisons d'être sont évidemment enracinées dans l'être, et non dans la représentation que l'on s'en forge. Le jugement de goût esthétique en son acception kantienne est le subterfuge astucieux grâce auquel on en vient à vivre comme si la vie avait un sens accessible par la raison.

Dans la *CFJ*, dans le sillage de la dialectique transcendantale développée dans la *Critique de la raison pure*, Kant s'interroge sur les conditions de possibilité d'un rôle légitime des Idées métaphysiques, après la déconstruction de leur prétention à constituer une connaissance (l'entendement tomberait dans d'insolubles antinomies en méconnaissant l'opposition entre chose en soi et phénomène). La métaphysique (mais il s'agira d'une métaphysique du « comme si », d'un « comme si » on faisait de la métaphysique) peut, à titre de principe régulateur pour la réflexion, constituer un horizon de sens pour la pratique humaine, tant dans l'ordre scientifique qu'éthico-politique (la liberté est une Idée, tout comme le Contrat social). D'où l'apparition d'un deuxième divers unifié par les Idées. Le premier divers est celui de l'intuition sensible unifiée par les concepts ; le deuxième divers est celui des connaissances ainsi obtenues et unifiées par une Idée de la Raison. Or le sens commun est une Idée de cette espèce, une Idée régulatrice. En effet :

Dans la *CFJ*, Kant traite des jugements esthétiques et des jugements téléologiques. Ces derniers opèrent selon l'idée que les causes agissent intentionnellement, alors que la finalité n'est pas une catégorie de l'entendement ; la structure d'un oiseau, le creux de ses os, la disposition de ses ailes, tout cela est organisé « comme si » l'oiseau était fait *pour* voler, comme si la queue de l'oiseau avait été conçue *pour* garantir la direction du vol, etc., à la différence de la Nature considérée, du point de vue des lois qui la régissent et qui la constituent en tant que succession de phénomènes, comme un simple mécanisme, ainsi qu'il l'est rappelé en *CFJ* § 61. Le caractère commun de ces deux espèces de jugements est qu'ils ne subsument pas un donné particulier sous une règle universelle ou une loi déterminée. La détermination, comme subsomption sous une règle universelle, est l'opération schématique de l'imagination (régie par l'entendement) qui, *a parte subjecti*, réunit entendement et sensibilité, et, *a parte rei*, universel et singulier. L'imagination transcendantale est « l'art caché dans les profondeurs de l'âme humaine » (*Critique de la raison pure*, T et P, p. 153, PUF, 1950). Exemple : par le schème de la permanence, on peut subsumer le divers de l'intuition sensible sous un concept universel (la substance). Mais les jugements esthétiques et téléologiques partent du singulier et tentent de dégager une règle universelle ; ce sont là des jugements réfléchissants. La réflexion est le procès inverse de celui qui caractérise le schématisme transcendantal. Le schématisme transcendantal est le procédé de l'imagination pour procurer à un concept (universel) son image (particulière) ; la réflexion est le procédé de l'esprit pour procurer à ce qui est particulier sa signification universelle (on se place, par le jugement réfléchissant, du côté de la chose en soi ; on fait « comme si » on pouvait s'y placer, en s'y autorisant par le fait qu'on se donne l'Idée régulatrice d'une espèce d'entendement qui en aurait le pouvoir). Et la condition de possibilité de cette réflexion aboutissant à une signification universelle est la présupposition d'un *sensus communis* (*CFJ* § 27), entendu telle « la condition nécessaire de la communicabilité universelle de notre connaissance, qui doit être présumée en toute logique et en tout principe de connaissance, qui n'est pas sceptique ». De même (*CFJ* § 40, « du goût comme d'une sorte de *sensus communis* »), Kant explique : « Sous cette expression de *sensus communis*, on doit comprendre l'Idée d'un sens commun à tous, c'est-à-dire d'une faculté de juger, qui dans sa réflexion tient compte en pensant (*a priori*) du mode de représentation de tout autre homme, afin de rattacher pour ainsi dire son jugement à la raison humaine tout entière, et échapper, ce faisant, à l'illusion, résultant de conditions subjectives et particulières pouvant aisément être tenues pour objectives, qui exercerait une influence néfaste sur le jugement. C'est là ce qui est obtenu en comparant son jugement au jugement des autres, qui sont <en fait> moins les jugements réels que des jugements possibles et en se mettant à la place de tout autre, tandis que l'on fait abstraction des bornes, qui de manière contingente sont propres à notre faculté de juger. » [Le nom de « *sensus communis* » convient plus au goût qu'au bon sens]. « **On pourrait même définir le goût par la faculté de juger ce qui rend notre sentiment, procédant d'une représentation donnée, universellement communicable sans la médiation d'un concept.** » (...) « Le goût est ainsi la faculté de juger *a priori* de la communicabilité des sentiments, qui sont liés avec une représentation donnée (sans médiation d'un concept). » On notera que « se mettre à la place de tout autre », en s'autorisant de l'Idée régulatrice d'une faculté de juger habilitant l'homme à sortir de ses représentations transcendantales (autrui est pour moi un phénomène construit par les lois de ma vie subjective, je ne me mets à sa place que si je me place hors de moi-même et de mon univers immanent), équivaut bien à se placer du point de vue de l'autre comme chose en soi :

« Si l'art, conforme à la connaissance d'un objet possible, exécute seulement les actions nécessaires afin de le réaliser, alors il est *mécanique* ; si en revanche il possède pour fin immédiate le sentiment de plaisir, alors il s'appelle un art *esthétique*. Celui-ci relève soit des *arts d'agrément*, soit des *beaux-arts*. C'est le premier cas lorsque la fin de l'art est que le plaisir accompagne les représentations en tant que simples *sensations*, et c'est le second lorsque la fin de l'art est que le plaisir accompagne les représentations en tant que *modes de connaissances*. (...) **Les beaux-arts sont un mode de représentation qui est lui-même final et qui contribue, bien que ce soit sans fin, à la culture des facultés de l'âme en vue de la** *communication dans la société* » (*CFJ* § 44, Vrin, 1984, p. 136-137). Ce texte explique par lui-même l'expression qui suit, quatrième proposition caractérisant le beau selon Kant :

La beauté est la « forme de la finalité d'un objet en tant qu'elle est perçue dans cet objet sans représentation d'une fin » (§ 17). Soit : l'œuvre d'art a la forme (sans en avoir la réalité) d'une finalité parce qu'elle est une harmonie ; l'harmonie est un ordre, et un ordre est la disposition des choses en vue d'une fin ; mais cette forme (prise au sens de configuration) est perçue sans représentation d'une fin, parce qu'elle n'est pas extérieure à l'œuvre d'art elle-même : Kant semble bien exclure ou méconnaître l'idée (au sens non kantien du mot...) selon laquelle une forme (*idem*...), prise comme essence, a raison, dans une perspective aristotélicienne, de cause finale immanente à l'organisme qui s'actualise en direction de sa perfection propre ; il ne conçoit la fin que selon une modalité transitive ; et au vrai il ne peut la concevoir autrement puisque, prise comme principe immanent d'un mouvement substantiel, elle exigerait pour être connaissable que la chose telle qu'elle est en soi fût capable de « transapparaître » dans son apparition (ce qu'exclut l'idéalisme transcendantal).

Ainsi, l'harmonie inattendue entre entendement et sensibilité, définitionnelle de la cause du beau, révèle — ou plutôt invite à supposer — l'existence d'un sens commun qui est — ou plutôt a valeur de — fondement de l'intersubjectivité (un fondement « comme si », un « comme si c'était un fondement »), laquelle suscite la satisfaction. Si l'harmonie est inattendue, je sais qu'elle n'est pas l'œuvre de *mon* concept, de l'activité synthétique de mon entendement catégoriel, et je suis fondé à penser qu'elle peut être éprouvée par d'autres que moi, précisément parce que ce n'est pas *mon* entendement qui est à l'origine de cette harmonie, mais, dans l'indécision de ce fait, dans l'indétermination des raisons de cette coïncidence fortuite, je puis supposer que c'est l'œuvre d'un sens commun, ou plutôt décider de vivre cette situation comme si c'était l'œuvre d'un sens commun, d'une faculté de juger ou d'un entendement idéal qui pourrait se placer du point de vue de l'essence des choses, de l'être en soi. Tout le génie de la majestueuse escroquerie intellectuelle qu'est le kantisme consiste à dépenser beaucoup d'imagination, à se livrer à une débauche d'ingéniosité rationnelle pour donner aux hommes de vivre comme si la vérité objective et métaphysique était accessible (afin de leur donner de se tenir dans la décence d'une existence morale et optimiste), tout en professant un scepticisme métaphysique autorisant la subjectivité à se considérer comme soustraite à toute contrainte métaphysique réelle. Il s'agit au fond de consentir à sombrer dans le cloaque du consumérisme auquel mène immanquablement le subjectivisme, mais « en y mettant les formes », en conservant les manières — et seulement les manières — policées des hommes portés par des certitudes mais par là soumis au magistère du vrai objectif et accessible ; il s'agit d'une stratégie savante consistant à choisir le péché en évitant de subir ses effets, et telle est la psychologie fondamentale du bourgeois sapant les fondements de l'ordre aristocratique pour y substituer son propre règne, incapable de comprendre qu'il est à moyen terme son propre fossoyeur ; il s'agit de consentir à l'abjection des plaisirs bas, en laquelle se vautre le bas peuple, mais selon les manières raffinées de l'aristocratie (dont le bourgeois ne retient qu'une intention d'élitisme), et cette tournure d'esprit définit au fond l'esprit bourgeois ; telle est encore cette mentalité de la piétaille maçonnique constituée d'imbéciles satisfaits et d'arrivistes au petit pied, peuplant les grades inférieurs des loges (ceux d'en haut savent ce qu'ils font) et nourrissant un sentiment de sagesse et de modération face à la plèbe non initiée dont ils se contentent en vérité d'épouser — mais en les enrobant de verbiage progressiste et de grandiloquence amphigourique — les appétits les plus inavouables.

C'est, a-t-on dit, de l'homologie que naît la satisfaction. Dans le beau, les hommes éprouvent du plaisir à l'intersubjectivité, ils éprouvent le sens commun *en tant qu'Idée régulatrice tenant lieu de réalité effective* comme la communicabilité universelle d'un état d'esprit :

« Ne serait-il pas ridicule qu'un homme, qui se piquerait de quelque goût, crût avoir tout décidé en disant qu'un objet (comme, par exemple, cet édifice, cet habit, ce concert, ce poème soumis à notre jugement) *est beau pour lui* ? Car il ne doit pas appeler beau ce qui ne plaît qu'à lui. Beaucoup de choses peuvent avoir pour moi de l'attrait et de l'agrément, personne ne s'en inquiète, mais lorsque je donne une chose pour belle, j'attribue aux autres la même satisfaction ; je ne juge pas seulement pour moi, mais pour tout le monde, *et je parle de la beauté comme si c'était une qualité des choses*. Aussi dis-je que la chose est belle, et, si je m'attends à trouver les autres d'accord avec moi dans ce jugement de satisfaction, ce n'est pas que j'ai plusieurs fois reconnu cet accord, mais c'est que je crois pouvoir *l'exiger* d'eux » (*CFJ* § 7).

Venons-en à la troisième caractérisation kantienne du beau. Est beau, ce qui est reconnu sans concept comme l'objet d'une satisfaction nécessaire.

La beauté d'une œuvre d'art n'est pas relative à un sentiment subjectif et contingent. Le jugement de goût est subjectif, mais il peut prétendre à l'universalité chez tous les hommes parce que, chez tous, les conditions de la faculté de juger sont les mêmes. De plus, cette universalité des jugements de goût et des jugements téléologiques est subjective, car, étant réfléchissants et non déterminants, ils ne peuvent construire *a priori* (déterminer) leurs objets.

D'où l'idée du beau comme *symbole de la moralité* (cf. *CFJ* § 59) : « Je dis donc : le beau est symbole du bien moral ; et c'est à ce point de vue (relation qui est naturelle à chacun et que chacun attend des autres comme un devoir) qu'il *plaît* et prétend à l'assentiment de tous les autres et en ceci l'esprit est conscient d'être en quelque sorte ennobli et d'être élevé au-dessus de la simple aptitude à éprouver un plaisir par les impressions des sens et il estime la valeur des autres par une maxime semblable de sa faculté de juger. (...) Aussi bien le jugement moral n'est pas seulement susceptible de principes déterminés constitutifs, mais encore c'est seulement par la fondation des maximes sur ceux-ci et leur universalité qu'il est possible. »

Le beau est symbole de la moralité parce que le procédé de la réflexion pour l'un et pour l'autre est le même : identité purement subjective. Il n'y a pas de genre commun (autrement l'unité serait conceptuelle). Rappelons la formule de l'impératif catégorique : « Agis seulement d'après une maxime que tu puisses ériger en loi universelle. » Une maxime est la règle subjective de l'action. Or, de même qu'un jugement théorique est vrai s'il est valable pour tout esprit, de même une maxime pratique est bonne si elle est valable pour toute conscience. En effet, l'universalité est le propre de la raison, elle n'est pas seulement la marque ou le critère de la rationalité, elle la constitue. Comme l'explique Victor Delbos présentant les *Fondements de la métaphysique des mœurs* pour le public français, la représentation de la loi, en dehors de toute pensée d'effet attendu ou de résultat espéré, voilà ce qui selon Kant peut uniquement, en déterminant la volonté, produire le bien moral. Cette loi ne peut être définie par la conformité à quelque objet, et ainsi il faut et il suffit qu'elle soit définie par la conformité à l'idée même de loi : la maxime, ou règle subjective de la volonté, doit être telle que le sujet puisse vouloir qu'elle soit érigée en loi universelle (exemple : il n'est pas possible de promettre si tout le monde fait de fausses promesses). On va donc bien du particulier à l'universel, comme dans le jugement réfléchissant de la sphère esthétique. De plus, l'œuvre est détachée de tout intérêt utilitaire, comme l'action morale. Elle est sa propre fin, comme la liberté (volonté autonome). Cela dit, « est sublime ce qui, par cela seul qu'on peut le penser, démontre une faculté de l'âme, qui dépasse toute mesure des sens » (*CFJ* t. II, p. 1017, Vrin, Pléiade) ; le beau relève d'une esthétique de la mesure, le sublime d'une esthétique de la démesure, éprouvée ainsi dans l'acte moral héroïque, mais il ne relève pas du jugement de goût.

Les difficultés de la thèse de Kant relativement au jugement de goût sont celles-là mêmes du kantisme (dichotomie chose en soi-phénomène) : la raison ne saurait être limitée aux phénomènes, car en sachant sa limite, elle se l'objective, mais par là elle se place au-delà de la limite qu'elle se suppose. De plus, comme le fit observer Jacobi, « sans la chose en soi, je ne puis entrer dans le système (de Kant), avec la chose en soi je ne puis y demeurer » (*David Hume ou la croyance, ou idéalisme et réalisme*, 1788) ; Kant adopte un usage transcendant de la catégorie de cause (la chose en soi est déclarée cause des phénomènes) pour justifier la dichotomie (inaccessibilité de la chose en soi) fondatrice de son système, alors que le contenu de son système n'autorise qu'un usage transcendantal de cette catégorie (la synthèse du divers ne s'opère selon la causalité que s'il y a succession, or le phénomène ne succède pas à la chose en soi).

Si, dans une perspective plus élémentaire, la pensée se met à douter de son pouvoir de connaître le réel tel qu'il est en lui-même, alors elle use de ce dont elle conteste la valeur pour le contester, elle présuppose la valeur de ce dont elle doute pour en douter ; si elle est supposée ne connaître le réel que selon une manière de se le représenter qui ne coïncide pas avec ce qu'il est, alors, quand elle s'applique à connaître cette réalité qu'elle est elle-même, elle n'est pas supposée se connaître telle qu'elle est, mais seulement telle qu'elle s'apparaît ; si nos yeux sont flanqués de lunettes déformantes poussant naturellement sur notre visage, ainsi organiquement liées à lui, on ne voit pas que, ainsi outillés, nous puissions jamais savoir que nous portons des lunettes déformantes, car nous sommes dans l'incapacité structurelle de les ôter pour constater l'écart entre le réel et l'anamorphose qu'elles en renvoient. Il existe, selon Kant, des jugements synthétiques *a priori*, constitutifs de la science, parce que l'expérience ne nous livrerait rien d'universel et de nécessaire, ne nous informant que sur certains cas observés et non sur tous les cas possibles, nous donnant ce qui est de fait et non ce qui est de droit, c'est-à-dire des faits contingents et non du nécessaire, de telle sorte que ce qu'il y a de nécessaire et d'universel dans la connaissance ne serait pas empirique mais *a priori*. De là, la condition de possibilité des objets de l'expérience se révélerait identique à la condition de possibilité de l'expérience elle-même : l'entendement serait constructeur de sa représentation des objets qu'il connaît, l'ordre des raisons de connaître serait à jamais dissocié de l'ordre des raisons d'être. Tout cet échafaudage de raisons devient inutile si l'on observe que l'intellect, en abstrayant l'intelligible du sensible, restitue à son universalité et à sa nécessité l'essence qui, dans et comme la chose dont elle est l'essence, s'y trouve individuée selon une modalité contingente : *nihil est in intellectu quod non prius fuerit in sensu*.

Au reste, on peut se demander si Kant est bien possesseur du bon goût :
Oui, finissons sans trouble et mourons sans regret,
En laissant l'univers comblé de nos bienfaits.
Ainsi l'astre du jour, au bout de sa carrière,
Répand sur l'horizon une douce lumière,
Et les derniers rayons qu'il darde dans les airs,
Sont les derniers soupirs qu'il donne à l'univers.
(*CFJ* § 49, intitulé « Des facultés de l'esprit qui constituent le génie »)
Cette poésie est ici évoquée par Kant pour illustrer ce qu'il entend par génie. C'est là un exercice qui atteint l'excellence, mais dans le genre « pompier ».

Dans une philosophie qui répute l'intellect incapable d'accéder à l'être en soi, c'est-à-dire à l'être en tant qu'être, ne peut être atteint — au reste en tant que construit — que l'être en tant qu'apparaître, ou phénomène, de sorte que seule une connaissance du réel par les lois régissant les phénomènes est possible ; Kant confond lois et causes, ou réduit les causes aux lois. La loi répond à la question « comment ? », la cause répond à la question « pourquoi ? » Si, contre Kant, la nature d'une chose, son essence intérieure, est bien la cause de ses manifestations, on est invité avec Aristote à désigner la nature d'une chose comme une puissance active, tel un principe de mouvement et de repos dans un autre ou dans le même en tant qu'autre, voire dans le même en tant que même. Cela dit, l'être en puissance est l'être, sinon caché, à tout le moins non manifeste, en tant que non actuel. Et tel est bien l'intelligible (la beauté dans les choses belles, la triangularité dans les triangles) individué dans (et par) le sensible qui ne le cèle nullement, l'extériorisant fidèlement, mais comme individué. L'extériorisation sensible de l'intérieur intelligible est la manière sensible d'exister de l'intelligible, elle est donc sa révélation sans occultation, mais seulement pour qui sait y voir, pour qui consent à voir, car la tentation est grande de ne consentir à saisir, dans l'individué, que du pur individuel qui, dès lors, se présentera comme étranger à l'universel que de ce fait il ne manifestera plus (thèse de Kant), ou même en viendra à se substituer à cet universel (il n'y a que des singuliers : nominalisme et empirisme). L'Idée kantienne d'un sens commun (lequel n'a rien à voir avec la notion aristotélo-thomiste de sens commun) permettrait de se placer du point de vue de l'autre en tant qu'il est autre, c'est-à-dire autre que le phénomène que nous en avons, lequel ne dit que le contenu de notre univers immanent ; l'Idée du sens commun permettrait donc de se placer du point de vue de l'altérité nouménale de l'autre, et ainsi de postuler que tous les hommes sont dotés du même pouvoir de réflexion ; ce qui revient à les inviter à vivre leurs relations intersubjectives problématiques sous le régime du « comme si l'extérieur des choses était l'extériorisation de leur intérieur » ; dans cette perspective, le beau, en tant qu'il n'est pas l'objet d'une satisfaction biologique, relève d'une délectation intellectuelle, et sur ce point l'analyse de Kant est incontestable ; mais si l'intellect est convoqué dans l'épreuve de l'émotion esthétique, et convoqué non comme forme synthétisante d'un contenu sensible, mais comme faculté de saisir l'intérieur essentiel du réel, alors cette initiative ou cette contribution de l'intellect dans l'élaboration de l'émotion esthétique n'est plus — et ce sera là la perspective réaliste — une harmonie entre la législation purement formelle de l'entendement et la donation sensible du contenu de la connaissance ; c'est comme saisie de l'excellence de la manière dont l'intérieur intelligible s'extériorise sensiblement que s'exercera la contribution de l'intellect dans la genèse de l'émotion esthétique. Il s'agit bien encore d'une certaine forme d'harmonie entre entendement et sensibilité. Cela dit, le beau pour Kant est universel mais subjectif, il appartient au sujet et non à l'objet. Il est l'objectivité (au sens d'universalité) postulée (puisque le *sensus communis* est une simple Idée régulatrice) de la structure du procès de réflexion en tout homme. Si l'opposition entre phénomène et chose en soi est intenable, il faut, compte tenu de ce qui précède, dire ceci :

Puisque l'épreuve du beau résulte, en effet, d'une harmonie entre entendement et sensibilité, c'est que la cause de ce sentiment *appartient à la chose, en tant que le beau est propriété de la chose réalisant une harmonie entre matière et forme.*

Avant que de procéder à une justification de ce que les limites de la position kantienne nous invitent à soutenir, et qui n'est autre que la position objectiviste stricte, il convient, ainsi qu'il l'a été annoncé, d'éprouver la valeur de la position subjectiviste.

Le subjectivisme en art peut se définir diversement :
Jean-Pierre de Crousaz, philosophe et mathématicien protestant (suisse), déclarait dans son *Traité du Beau* (1715) : « Quand on demande ce que c'est que le Beau, on ne prétend pas parler d'un objet qui existe hors de nous et séparé de tout autre, comme quand on demande ce que c'est qu'un cheval et ce que c'est qu'un arbre. » De même David Hume (« De la norme du goût », in *Essais esthétiques*) : « La beauté n'est pas une qualité dans les choses elles-mêmes, elle existe seulement dans l'esprit qui la contemple ; et chaque esprit perçoit une beauté différente. » Montesquieu encore, dans son *Essai sur le goût* : « Ce sont ces différents plaisirs de notre âme qui forment les objets du goût, comme le beau... Les Anciens n'avaient pas très bien démêlé ceci. Ils regardaient comme des qualités positives toutes les qualités relatives de notre âme... Les sources du Beau, du Bon, et de l'Agréable sont donc dans nous-mêmes ; et en chercher les raisons, c'est chercher les causes des plaisirs de notre âme. » Et évidemment Voltaire, subjectiviste en art en tant que relativiste, dans son « Dictionnaire philosophique », article « beau » : « Demandez à un crapaud ce que c'est que la beauté : il vous répondra que c'est sa crapaude, avec deux gros yeux ronds sortant de sa petite tête... interrogez le diable, il vous dira que le beau est une paire de cornes, quatre griffes et une queue. Demandez à un Noir de Guinée : il vous répondra que c'est une bouche lippue, une chevelure crépue, une peau huileuse... Demandez à un philosophe : il vous répondra : un galimatias ! » Déjà Descartes, dans une *Lettre à Mersenne* de 1630, évoquait le comportement d'un chien qui, ayant ouï jouer des gaillardes alors qu'il était fouetté, fuyait, de manière compréhensible, aussitôt qu'il entendait à nouveau jouer du violon, bien qu'il n'y eût pas de relation de causalité objective entre le violon et le fouet ; il ajoutait : « Mais généralement ni le *beau* ni l'agréable ne signifient rien qu'un *rapport de notre jugement à l'objet.* »

Ce qui plaide en faveur du subjectivisme de l'émotion esthétique, ainsi de la relativité du beau, c'est d'abord la variété infinie des œuvres d'art, le fait qu'elles ne semblent pas obéir à quelque canon que ce soit, d'une époque à une autre et d'une culture à une autre. C'est ensuite le fait que, quand on demande à un objectiviste impénitent ce que c'est que le beau, il est bien en peine de répondre ; c'est encore que, dût-il savoir répondre à cette question, il est incapable de faire le lien entre la définition théorique et les œuvres, c'est-à-dire incapable d'expliquer, sinon de manière extrêmement vague, en quoi les œuvres dites belles sont autant d'applications des principes engagés dans la définition du beau. On peut bien dire que le beau s'éprouve et ne se prouve pas ; autant peut nous en dire celui qui, sacralisant de manière tout arbitraire ses propres préférences, en vient à les ériger en critères objectifs en excipant du fait que ceux qui ne sont pas de son avis sont des béotiens et n'ont pas d'yeux pour voir. L'objectiviste est, dit-on, incapable de rendre raison de sa position ; et s'il est à jamais impossible d'en rendre raison, on est fort tenté de penser que les arguments en faveur de l'objectivisme, étant introuvables, n'existent pas, et qu'ils n'existent pas parce que l'objectivisme est une erreur : il n'y a rien d'universel dans l'émotion esthétique. Ainsi pensait un Victor Basch dans son *Essai critique sur l'esthétique de Kant* (1897 et 1927). Un Léon Tolstoï, dans *Qu'est-ce que l'art ?* (1898), soutiendra que le beau serait ce qui plaît à telle classe sociale ou à telle époque donnée. De même Pierre Bourdieu (*L'Amour de l'art : Les Musées et leur public*) : le souci d'afficher son bon goût, né d'un conformisme inspiré par la vanité, consisterait à affirmer une apparence de classe, il serait un désir d'imiter les classes supérieures ; on assiste à des vernissages et aux concerts de musique « classique », on lit Marguerite Yourcenar et *Le Monde*, pour donner et se donner l'illusion d'appartenir à la bourgeoisie, quand bien même on ne dispose pas de la « surface sociale » et de l'aisance pécuniaire qui définit ses membres attitrés. Le bon goût serait le goût des dominants sociaux du moment.

Que répondre à cette série d'arguments ?

D'abord, comme le font observer Vergez et Huisman dans leur manuel de philosophie, on comprend par introspection — ce qui certes n'est pas une preuve — que le sentiment esthétique est non une émotion et un sentiment subjectif de la vie, mais la condition d'une révélation essentielle : il existe une spécificité de l'émotion esthétique, ce n'est pas n'importe quelle forme d'agrément ; si le beau était complètement subjectif, alors, ne signifiant rien d'autre qu'un certain type de réalité désirable congrue à la seule individualité des besoins du spectateur, le beau se confondrait avec les satisfactions biologiques. En effet, un bien spirituel — on a déjà dit pourquoi à plusieurs reprises — est un bien participable, un bien qui peut se communiquer à tous sans rien perdre de son intégrité, au rebours des biens matériels ; et ce qui est spirituel relève de l'être pensant, par là de l'être raisonnable qui, par sa raison précisément, peut être intentionnellement tout ce qu'il pense sans cesser de demeurer lui-même en sa singularité personnelle. Mais un bien qui peut se communiquer à tous est un bien commun, de telle sorte que ce qui relève du privé est renvoyé dans la sphère des biens matériels, répondant à des appétits biologiques. Si donc l'émotion esthétique pour tel objet précis n'est possible que par rapport à la complexion singulière, psycho-physique, de celui qui l'éprouve, c'est qu'elle relève du bien privé, et de ce fait appartient à l'ordre du biologique. On se représente toujours la dignité de la personne humaine comme le fait de son individualité, de son ineffabilité. Rousseau, anticipant le culte stirnerien de l'Unique, professait déjà, au début de ses *Confessions* (livre I), un nominalisme radical qu'il entendait justifier par des raisons morales (la singularité, en tant que telle, serait une valeur) : « Moi, seul. Je sens mon cœur et je connais les hommes. Je ne suis fait comme aucun de ceux que j'ai vus ; j'ose croire n'être fait comme aucun de ceux qui existent. Si je ne vaux pas mieux, au moins je suis autre. » Nietzsche, au passage, ne dira pas autre chose : « On n'aime plus assez sa connaissance dès l'instant qu'on la communique » ; « Et comment pourrait-il y avoir un "bien commun" ? Le mot enferme une contradiction. Ce qui peut être mis en commun n'a jamais que peu de valeur » (*Par-delà le bien et le mal*, § 160 et 43). Si l'universel était exclusif du particulier, lui et le particulier cohabiteraient extérieurs l'un à l'autre mais, ainsi juxtaposés, ils seraient les parties d'un tout qui serait le véritable universel, et l'universel aurait le statut de particulier ; si les particuliers étaient extérieurs à l'universel, ils auraient en *commun* d'être des particuliers, et cette communauté est une expression de l'universalité par là prédicable des particuliers eux-mêmes, qui se révéleraient non point particuliers mais universels ; pour que le particulier ne se convertisse pas en l'universel qu'il n'est pas, il doit se soustraire à ce qui lui enjoint de se convertir malgré lui en universel, aussi doit-il se soustraire à lui-même puisque c'est en vertu de sa particularité exclusive de l'universel qu'il est comme renvoyé à l'universel qu'il répudie ; cela dit, cette radicalisation de sa particularité équivaudra, pour le particulier, à la singularité : c'est pour se rendre unique que l'on cultive sa particularité ou différence ; mais se soustraire à sa propre particularité (pour demeurer le particulier qu'on est), ainsi la nier, c'est faire retour à l'universel ; il en résulte que *le singulier est l'universel lui-même, en tant qu'il se fait — sans cesser d'être universel — assomptif d'une manière particulière de se réaliser*. De ce fait, la dignité du singulier est la dignité de l'universel se faisant singulier ou s'individuant moyennant une particularité qu'il se donne afin d'être tout entier et non totalement en chacun des individus auxquels il se donne, ce qui révèle en lui la nature d'un bien commun. Si la personne humaine est digne, c'est à raison de la nature qui l'habite et dont elle est une individuation. Il n'y a donc pas lieu de s'ingénier à se découvrir des appétits originaux pour exalter sa dignité ; il suffit de se conformer aux exigences de sa nature rationnelle invitant la personne à manifester sa beauté d'« *imago Dei* » en se laissant ravir par ce bien commun qu'est le beau.

Ce qui corrobore cette universalité du beau, c'est, comme le font observer Vergez et Huisman, qu'elle se reconnaît à ce que l'œuvre belle trouve toujours des admirateurs dans le public éclairé, même lorsque les conditions psychologiques et sociales de son éclosion et de son succès sont dépassées. Le *Timocrate* de Thomas Corneille (1625-1709), frère de Pierre, est le plus gros succès théâtral du XVIIe siècle ; *Le Mouchoir bleu* d'Étienne Becquet est le plus gros succès de roman du XIXe siècle. Les deux auteurs du Manuel évoquent aussi les « arts d'assouvissement » qu'André Malraux nommait les « anti-arts » : la publicité, les images licencieuses, les romans populaires de très basse qualité (ils ne le sont pas tous), les chansonnettes d'une affligeante platitude destinées à susciter une émotion n'ayant que peu de rapports avec l'émotion esthétique, même si ceux (et celles) qui les éprouvent s'écrient en pleurant : « c'est beau » (dans ce cas, l'homme appelle « beau » ce qui lui donne des raisons de se grandir en suscitant en lui des sentiments violents qu'il a tôt fait d'apparenter au sublime) ; le subjectivisme est si enraciné dans la conscience moderne qu'on en vient à prendre les élans génitaux et gastriques, plus ou moins mêlés aux sentiments d'amour et de haine, pour de sublimes et spirituelles inspirations, alors qu'il s'agit d'amour du bien-être, d'envie, de ressentiment, et de fuite dans le rêve d'une vie de vedette de cinéma. Certaines platitudes peuvent émouvoir les hommes de goût, mais ils les savent telles et sourient de leurs épanchements sur leur jeunesse, sur un amour passé, etc. L'émotion du beau n'est pas l'émotion de l'agréable, le bon goût n'est pas le goût du bon.

S'il existe souvent beaucoup de snobisme et de cuistrerie — savoureusement brocardés par Marcel Aymé dans *Le Confort intellectuel* — dans les succès artistiques, il existe le contraire de ces travers, qui n'est autre que le philistinisme, cette absence de goût, d'esprit de finesse, cette incompréhension obtuse à l'égard des œuvres d'art qui va disposer les personnages grossiers à dénigrer ce qui les dépasse. Or, quand il existe deux erreurs contraires, il existe un juste milieu qui n'est nullement un compromis entre deux fautes, mais un extrême qualitatif, et qui n'est autre que le bon goût. On peut aussi alléguer, en faveur de l'objectivisme, le fait de la propension de chacun à vouloir justifier son jugement de goût : Nietzsche disait à bon droit : « des goûts et des couleurs, on ne dispute pas. Mais toute vie est lutte pour les goûts et les couleurs ! » (*Ainsi parlait Zarathoustra ; Des hommes sublimes*) Justifier son jugement de goût, c'est lui trouver des raisons. Or « *desiderium naturale nequit esse inane* » : un désir naturel (fût-ce un désir *de la raison*) ne saurait être vain ; si la raison est convoquée, c'est que l'émotion esthétique est rationnelle.

Les arguments qui précèdent sont autant d'indications utiles, mais ils ne constituent pas une preuve de l'objectivité du beau. Reste à proposer cette dernière.

Il existe deux réactions fondamentales d'un être à l'égard de son milieu : la connaissance et l'appétit. Mais l'appétit révèle ce dont on manque, or on ne saurait manquer de l'œuvre d'art puisqu'elle est produite par les hommes qui de ce fait doivent posséder, sur le mode de la puissance active, ce qu'ils se donnent. Même le beau naturel, non produit par l'homme, n'est appréhendé comme beau qu'en tant qu'il aurait pu être l'objet d'une production artistique humaine. Baudelaire affirmait dans un texte fameux : « Dans ces derniers temps nous avons entendu dire de mille manières différentes : "copiez la nature ; ne copiez que la nature. Il n'y a pas plus grande jouissance ni de plus beau triomphe qu'une copie excellente de la nature". Et cette doctrine, ennemie de l'art, prétendait être appliquée non seulement à la peinture, mais à tous les arts, même au roman, même à la poésie. À ces doctrinaires satisfaits de la nature un homme imaginatif aurait certainement eu le droit de répondre : "je trouve inutile et fastidieux de représenter ce qui est, parce que rien de ce qui est ne me satisfait. La nature est laide, et je préfère les monstres de ma fantaisie à la trivialité positive" » (« La Reine des facultés », in *Salon de 1859*, Pléiade, t. 2, 1976, p. 619 et 620). Sans aller jusqu'à accepter sans nuance ce que déclare Baudelaire, et qui cèle un gnosticisme latent, on doit néanmoins lui concéder que l'art ne saurait se réduire à une imitation de la nature, et que la beauté artistique n'est pas une imitation de la beauté naturelle ; s'il en était ainsi, on ne voit pas à quoi servirait l'art, la nature suffirait. S'il s'inspire de la nature, l'art la transfigure, ce qui revient à dire qu'il la nie sous un certain rapport, sans cependant — contre Baudelaire — prétendre à lui substituer un autre monde créé *ex nihilo*, quelque décevante que puisse paraître à l'artiste la laideur ordinaire de la vie naturelle, d'abord parce qu'il emprunte à la nature, pour œuvrer, ses couleurs, ses sons, ses mouvements et ses configurations, et plus généralement parce que la pensée qui inspire sa production artistique se nourrit elle-même de la nature. Si donc l'art se nourrit de la nature, c'est que la beauté artistique est sous un certain rapport une imitation de la beauté naturelle ; s'il la nie, tout en l'imitant, c'est qu'il la transfigure, ainsi la conserve en la niant, se pose lui-même en « *Aufhebung* » de la nature, laquelle sublimation se révèle vérité de la nature, achèvement de cette dernière. Ce qui achève est ce qui parfait, ce qui mène à son entéléchie ; ce n'est pas l'art qui procède de la nature, c'est la nature qui procède proleptiquement de l'art. Ainsi donc, la nature n'est dite belle qu'en tant qu'elle pourrait être tenue pour une œuvre d'art ; et le croyant sait bien que la nature est « *ratio indita rebus ab* arte *divina* » (*Somme théologique*, I^a II^{ae} q. 13 a. 2). On ne peut donc dire que l'œuvre d'art procéderait de l'appétit, puisque l'appétit est ce dont on manque, ce qu'on ne possède pas, ce que l'on est donc incapable de produire, quand tout art est produit par l'homme, et que toute beauté est ou aurait pu être le fruit d'une intention et d'une activité productrice humaines. Mais alors, s'il ne procède pas de l'appétit, c'est que l'art procède de la connaissance. Si appétit il y a, c'est un appétit d'extériorisation de ce qu'on ne se sait pas posséder, ce n'est pas un appétit pour quelque chose dont on serait privé ; dès lors, puisque l'art ne relève pas de l'appétit tout en mobilisant un certain appétit, c'est qu'il relève de la connaissance au sens où il procède d'un désir de connaissance. De plus, tout désir procède de l'essence du désirant, et il ramène à elle, de sorte que mon désir est désir de soi de mon essence en moi, il est enraciné en ce désir de soi de mon essence : aimer quelque chose que l'on rapporte à soi, c'est aimer ce dont on a besoin pour se rendre adéquat à soi-même, pour donner à notre essence de se réaliser en nous ; et aimer quelque chose en étant rapporté à lui, c'est aimer le bien de cet être, parce qu'il est la concrétisation ou le bien de l'essence à raison de laquelle on désire (j'aime mon ami comme un autre moi-même parce que lui comme moi sommes autant d'individuations d'une essence qui nous est commune) ; or désirer extérioriser ou produire quelque chose qui est voulu pour lui-même, c'est désirer ce quelque chose, c'est l'aimer comme lui voulant du bien et se réjouir qu'il existe. Donc désirer produire l'œuvre d'art, c'est désirer produire quelque chose qui est comme la réalisation *ad extra* d'une essence intérieure qui nous pousse à désirer la produire, et ainsi l'œuvre d'art est une « extraposition » d'un aspect de notre essence. Or ce qui fait l'essence humaine, sa différence spécifique, c'est sa raison. Donc toute œuvre d'art est une extériorisation d'une virtualité de la raison. Or la raison est universelle, donc le jugement de goût esthétique est en droit universel ; or cette universalité du jugement (toute intelligence est en droit sommée de porter le même jugement face à la même chose à connaître) s'enracine dans l'universalité du *concept* dont le jugement est le développement : tous les hommes jugent que *ce* triangle a trois côtés parce que l'intellect de chacun d'entre eux est habité par le *même* concept de triangularité réalisé *en ce triangle concret qu'ils ont en face des yeux et dont le concept est tiré*. Dès lors, l'universalité du jugement de goût esthétique s'enracine dans le concept de beauté réalisé dans cette beauté singularisée par la singularité de l'objet beau concret : la beauté est une propriété de l'objet, le jugement de goût est objectif en tant qu'il est universel *et* en tant qu'il est objectal, *le beau est ce qui plaît universellement avec et par le concept*.

Le raisonnement qui précède peut être mené dans des termes quelque peu différents mais analogues.

L'artiste, de son propre aveu, ne sait pas ce qu'il va produire, il est tourmenté par son œuvre à venir et dont il est gros, il est telle une femme en gésine, il n'est apaisé ou réconcilié avec lui même qu'après qu'il a produit son œuvre en l'extériorisation de laquelle il se repose. Ces divers constats, qui seront repris et justifiés plus bas, peuvent dès à présent être confirmés par ceci : s'il est un mérite qu'il convient en toute honnêteté de reconnaître au Kant de la *CFJ*, c'est d'avoir proposé une définition exacte et féconde du *génie*. « (…) Aucun Homère, aucun Wieland <1733-1813, écrivain allemand, profonde influence sur Goethe> ne peut montrer comment ses idées riches de poésie et toutefois en même temps grosses de pensées surgissent et s'assemblent dans son cerveau, parce qu'il ne le sait pas lui-même et aussi ne peut l'enseigner à personne. » L'artiste est dépassé par ce qui se fait en lui. Le génie <*ingenium, ii*, n., nature, disposition naturelle ; *genius, ii*, m., dieu particulier propre à chaque homme, démon, divinité tutélaire> n'est pas nécessairement l'exception. « **Le génie est le talent (disposition naturelle) qui donne des règles à l'art** (les règles ne précèdent pas l'œuvre d'art, à la différence de la technique artisanale). **Puisque le talent, comme faculté productive innée de l'artiste, appartient lui-même à la nature, on pourrait s'exprimer ainsi : le génie est la disposition innée de l'esprit (*ingenium*) par laquelle la nature donne des règles à l'art** » (*CFJ* § 46). Le génie est celui qui sait docilement laisser la nature parler en lui. Le génie n'est pas tant la puissance de se subordonner les moyens (règles de fabrication) en vue d'une fin (ce qui est le talent, au sens courant) que la puissance de laisser la fin (c'est-à-dire l'œuvre elle-même) s'anticiper et susciter en lui les moyens de son autoproduction ; c'est ce qui faisait dire à Alain, dans son *Système des beaux-arts* : « Ainsi la règle du beau n'apparaît que dans l'œuvre et y reste prise, en sorte qu'elle ne peut servir jamais, d'aucune manière, à faire une autre œuvre. » C'est là précisément pourquoi le subjectiviste est tenté de penser qu'il n'y a pas de règle objective pour discerner la qualité d'une œuvre, c'est-à-dire le génie de l'artiste : il est face à l'objet qui est comme l'essence d'un ange qui, selon l'Aquinate, épuise en sa singularité l'universalité spécifique de son essence (l'ange Gabriel est la « gabrieléité » même) ; qu'un seul individu, dans ce cas, épuise la richesse de l'universel, ne laisse pas cet individu d'être l'individuation d'un universel, c'est-à-dire d'une essence accessible, en droit, dans un concept. Puis donc que le génie est cette espèce de plasticité, de disponibilité de l'artiste à se faire féconder par l'Idée posant en lui les moyens — les règles de sa production, qui ne vaudront que pour elle — de sa propre incarnation, il est clair que le génie ne saurait s'apprendre, parce qu'on ne peut apprendre que des règles à suivre données avant la production d'un objet technique et indépendantes de lui, ou des vérités à connaître (ce ne sont plus, alors, des productions). De plus, le concept à raison duquel l'artiste produit son œuvre n'est pas le fruit de sa réflexion, mais celui, si l'on peut dire de l'œuvre elle-même qui attend d'exister, qui fait pression sur lui (à la manière dont, chez Leibniz, dans le *de Originatione radicali rerum*, les essences exigent d'être créées en faisant pression sur l'entendement divin : par cela même que quelque chose existe plutôt que rien, il faut admettre que chaque essence est dotée d'une sorte de quantité de densité ontologique la rendant plus ou moins exigitive de son existence), et qui forge en lui, ou lui souffle les règles à raison desquelles elle sera produite ; et évidemment, dans cette perspective, l'artiste est comme passif face à la construction de son œuvre.

L'artiste ne sait ce qu'il va produire. Cézanne (qui opère la synthèse de la tradition classique, faite d'amour de la forme et de la construction, *et* de l'impressionnisme avec son ambiance lumineuse en laquelle se fondent les objets, avec son « bougé » des formes et sa diffraction des couleurs) disait : « le paysage se pense en moi et je suis sa conscience », et de même Paul Valéry (« Poésie et pensée abstraite », in *Œuvres* I, Pléiade, Gallimard, p. 1322) confiait : le rythme est « je ne sais quel chant que je murmurais, ou plutôt qui se murmurait au moyen de moi ».

L'artiste se réconcilie avec lui-même : il n'extériorise quelque chose qui lui est étranger (par là dont il se libère en le libérant) *qu'en tant qu'il s'éprouvait comme étranger à lui-même* : « L'œuvre d'art n'est qu'un moyen destiné à faciliter la connaissance de l'Idée, connaissance qui constitue le plaisir esthétique » (Schopenhauer, *Le Monde comme volonté et comme représentation*, PUF, 1966, p. 251). [Les Idées sont pour lui, en une acception assez platonicienne, des archétypes ou prototypes du réel, des intermédiaires entre les êtres singuliers et la volonté qui est substance du monde et unique chose en soi ; ce sont les différents degrés d'objectivation de la Volonté dans la représentation.]

Mais ce désir d'extériorisation de l'œuvre d'art, qui travaille l'artiste, est lui-même l'œuvre de la causalité immanente de son essence. Donc l'œuvre d'art est extériorisation de l'essence humaine qui se réconcilie avec elle-même en posant l'œuvre ad extra *: l'artiste se réconcilie avec sa propre essence en produisant son œuvre, puisqu'il se repose en la position dans l'existence de cette dernière ; mais cette réconciliation de l'artiste avec son essence est réconciliation de l'essence avec elle-même, en ceci que l'essence de l'artiste, posant en lui la puissance à tendre vers elle en se rendant adéquat à elle, s'identifie réflexivement à elle-même en l'incitant à combler son désir ; donc la production ou extériorisation de l'œuvre est réconciliation de l'essence avec elle-même,* *et de ce fait l'acte pour l'essence de s'identifier réflexivement avec elle-même est l'acte pour l'essence d'« extraposer » l'œuvre ; mais de ce fait cette extraposition de l'œuvre est extraposition de l'essence elle-même se réalisant en elle, car se réconcilier avec soi, pour l'œuvre, cela revient pour elle à se concrétiser, à extérioriser comme réelle ce qu'elle n'est encore que comme virtuelle ou puissance active à se poser elle-même. Le désir de soi de l'œuvre, en l'artiste, est désir de soi de l'essence en lui (puisque le désir de produire l'œuvre est l'œuvre de la causalité de l'essence) ; donc la concrétisation de l'œuvre ou son extériorisation, terme de ce désir, est l'essence même en tant que terme pour elle-même, donc l'œuvre est projection de l'essence.* **Ou encore : L'artiste se réconcilie avec son essence, c'est-à-dire s'intériorise (il était extérieur à soi en tant que souffrant) en extériorisant l'œuvre ; mais dire que l'artiste se réconcilie avec son essence est dire que son essence se réconcilie avec elle-même ; donc son essence se réconcilie avec elle-même en faisant pression sur l'artiste pour qu'il produise son œuvre ; or l'intérieur n'est tel qu'en s'extériorisant (autrement l'intérieur serait *extérieur* à l'extérieur), dès lors : l'essence humaine s'intériorise en faisant s'extérioriser l'œuvre ; or l'extérieur est extériorisation de soi de l'intérieur, donc l'œuvre de l'art est extériorisation de soi de l'essence humaine.** Or l'essence humaine est la raison, donc l'œuvre d'art est extériorisation d'une virtualité de la raison ; or la raison est universelle, donc l'émotion esthétique est objective.

Et c'est bien là ce que veut dire Alain, dans son *Système des beaux-arts* : « Un beau vers n'est pas d'abord en projet et ensuite fait… La règle du beau n'apparaît que dans l'œuvre. » <L'artiste> « est spectateur aussi de son œuvre en train de naître ». Et, dans ses *Vingt leçons sur les beaux-arts* (1931, Gallimard, seizième leçon, 11 mars 1930) : « **Tous les arts sont comme des miroirs où l'homme connaît et reconnaît quelque chose de lui-même, qu'il ignorait.** » L'artiste, et le spectateur en général, reconnaissent dans l'œuvre la cristallisation d'une virtualité — une Idée — de leur raison commune. Même le spectacle le plus inhumain, en tant qu'il est transfiguré par l'art, parle encore de quelque repli caché de l'âme humaine. On voit bien que l'émotion esthétique est intrinsèquement liée à un acte de connaissance, et de connaissance conceptuelle, même si elle n'est pas discursive. Les choses sensibles *ont* un concept (une nature) dont elles sont la réalisation contingente ; l'ange *est* son concept ; or l'œuvre d'art est l'analogue sensible du mode d'être de l'ange ; donc l'œuvre d'art est un concept incarné, et c'est en tant qu'objet à connaître qu'elle est œuvre d'art.

Il reste à aborder la conception objectiviste du beau, la seule vraie. Les éléments de réflexion qu'il fut nécessaire de développer pour mettre en évidence les difficultés liées aux précédentes conceptions ont déjà fourni des éléments de résolution utiles. Mais avant de l'exposer, il convient de revenir un court moment sur une remarque précédente, afin d'écarter une objection fréquente aujourd'hui : le beau artistique, était-il dit, ne saurait se réduire unilatéralement au beau naturel, autrement la nature suffirait à combler l'appétit de beauté, et les œuvres d'art seraient inutiles. Le raisonnement qui fut mené est recevable à condition qu'il soit admis que toute œuvre d'art se définit par la recherche du beau : les beaux-arts sont les arts (les techniques) du beau. Or c'est là précisément quelque chose qui fut tenu pour une évidence pendant des millénaires, et qui est aujourd'hui fort contesté dans les milieux dits d'avant-garde. Peut-on concevoir qu'une œuvre puisse n'être pas nécessairement belle ?

On pourrait dire sans outrance que tout l'art contemporain semble se réduire à un grand manifeste artistique contre l'ordination de l'art au service du beau.

On laisse entendre, d'abord, que l'art aurait pour finalité le dévoilement, opéré par l'artiste, de sa vie intérieure, ou de sa vision singulière du monde ; ou alors on déclare que l'art est le support de la diffusion d'un message politique, ou religieux, social, moral, médical, etc., qu'il a vocation à communiquer un sens, à troubler, à interpeller, à provoquer, à intriguer, à déranger, à changer les mœurs et la société, et que le message est plus efficace coulé dans une telle forme d'expression que dans la forme classique et convenue d'un ouvrage de réflexion philosophique. Sous ce rapport, l'art est presque toujours politique, en tant qu'il relève d'une *praxis* et non d'une *poïesis*.

Mais, contre la première hypothèse, il faut remarquer qu'une vision singulière du monde est incommunicable, en tant même qu'elle se veut singulière, et qu'elle est dans ce cas, au mieux, un plaisir pris à l'intersubjectivité ; mais alors l'art n'est que l'instrument qui permet de mieux connaître l'artiste et de se mieux connaître, il se réduit à la technique d'une thérapie visant à la connaissance de soi.

Contre la seconde hypothèse, on doit remarquer qu'elle réduit l'art à un instrument, alors qu'il est désintéressé. Comme le dénonçait Walter Benjamin, pour ne discerner à bon droit — quoique par le moyen d'une illustration de son propos fort contestable dans son évocation du fascisme supposé, par un souci facile de symétrie, n'être que l'envers du stalinisme — dans cette conception de l'art qu'une adultération de ce dernier : « *"Fiat ars, pereat mundus"*, tel est le mot d'ordre du fascisme, qui, de l'aveu même de Marinetti, attend de la guerre la satisfaction artistique d'une perception sensible modifiée par la technique. *L'art pour l'art* semble trouver là son accomplissement. Au temps d'Homère, l'humanité s'offrait en spectacle aux dieux d'Olympe ; c'est à elle-même, aujourd'hui, qu'elle s'offre en spectacle. Elle s'est suffisamment aliénée à elle-même pour être capable de vivre sa propre destruction comme une jouissance esthétique de tout premier ordre. Voilà l'esthétisation de la politique que pratique le fascisme. Le communisme y répond par la politisation de l'art » (Walter Benjamin, *L'Œuvre d'art à l'époque de sa reproductibilité technique*, 1936).

Walter Benjamin est bien optimiste, qui pense naïvement que le subjectivisme, principe premier du nihilisme contemporain vécu dans sa forme la plus efficace, parce que la plus douce et la plus insidieuse, à savoir l'individualisme consumériste et libéral, pourrait encore s'incarner dans un désir de jouissance esthétique, laquelle, si elle est vraiment telle, exclut de sombrer dans le subjectivisme, précisément parce qu'elle est une jouissance de l'intelligence spéculative, au lieu que le subjectivisme est un renoncement à l'activité contemplative, parce qu'il est le fait d'une liberté déifiée incapable de se soumettre au magistère de la raison. Quoi qu'il en soit, et même s'il n'a rien compris à l'essence du fascisme, Walter Benjamin a le mérite de rappeler ici que l'art mis au service d'une « cause », ainsi converti en *praxis*, est un effet du subjectivisme (l'humanité se donne en spectacle comme elle se donnait en spectacle aux dieux) ; si l'on se souvient que l'art est, comme l'enseigne Aristote (*Éthique à Nicomaque* VI), une vertu intellectuelle perfectionnant l'intellect dans l'ordre du faire (*poïesis*), on comprend que Benjamin a aussi le mérite de faire saisir ceci, à savoir que l'art entendu tel le vecteur de diffusion d'une idée relative à une « cause » se consomme en nihilisme (« vivre sa propre destruction comme une jouissance esthétique ») en lequel l'art lui-même, déjà trahi du fait qu'il n'est plus ordonné à une *poïesis*, s'engloutit avec l'humanité de l'homme.

De plus, si l'art n'est pas finalisé par le beau, c'est qu'on sait ce qu'est le beau (pour pouvoir le dire : toute négation suppose une affirmation, on doit savoir ce que l'on nie pour le nier) ; mais cela revient à dire que l'on confesse, assurément sans l'avoir voulu, une conception objectiviste, ainsi intellectualiste, du beau. Mais alors on doit convenir qu'il ne se confond pas avec l'agréable, qu'il n'est pas réduit à ce qui ne plaît qu'à moi, et qu'il doit se définir tel un objet *d'admiration* : l'émotion esthétique consiste alors dans cette admiration même, dans cette disponibilité oblative par laquelle le spectateur jouit de faire de son œil l'instrument du rayonnement de l'œuvre ; l'art est alors ce qui est voulu pour lui-même, non seulement pour être seulement contemplé (il n'a pas de vocation transitive qui le reléguerait dans le rang des techniques et de l'utile), mais en tant que l'acte de contempler est vécu tel un hommage rendu à l'œuvre, et cela apparente la contemplation esthétique à l'attitude religieuse. Or même l'art contemporain est objet d'admiration, à tout le moins se veut tel, donc il est aussi, malgré qu'il en ait, ce qui vise la beauté. De plus, si l'artiste a le souci d'extérioriser son intérieur, *en y parvenant plus ou moins bien*, si donc il a le souci d'y tendre sur un mode communicable, c'est que son intérieur a le double statut de canon (d'idée normative) et d'universel (principe de communicabilité), de sorte que l'objet en lequel se concrétisera cette projection sera l'illustration de ce modèle. Il en résulte que l'art sera objectif et objet d'admiration (en tant qu'idéal à atteindre) dès lors il sera beau (car le beau est objet d'admiration). Les Modernes contestent la différence entre art et technique : « L'opposition courante entre art et technique était une fausse opposition » (Francastel, *Art et technique*, Gallimard, Tel, 1956, p. 265) ; le machinisme et le développement de la vitesse mécanique rendraient compte « du divisionnisme de Seurat après le luminisme de Monet ». Walter Benjamin développera, dans une perspective marxiste, un discours analogue : l'impressionnisme en peinture est né au moment de l'invention de la peinture en tube ; l'art vénitien est plutôt coloriste, le Florentin est plutôt dessinateur. Benjamin va même jusqu'à suggérer que l'œuvre d'art est l'expression des techniques de son temps : « Les Grecs se trouvaient contraints, de par la situation même de leur technique, de créer un art de "valeurs éternelles" » (*Écrits français*, Gallimard, 1991, p. 150). Mais, de même que le fait de l'influence du corps sur l'âme ne permet pas de réduire l'âme au corps (une relation n'est pas une identité), de même l'influence de l'évolution des techniques sur l'art ne saurait réduire l'art à un épiphénomène de l'activité technicienne. Et Kant est fondé à rappeler que « l'art est dit libéral, le métier est dit mercenaire » (*CFJ* § 43).

En fait, l'art est désintéressé, à la différence de la technique. Si l'art n'est pas finalisé par le beau, alors la spécificité de l'œuvre d'art par rapport au genre « technique » doit être repensée. Michel Onfray, dans son *Antimanuel* de philosophie, illustre cette nouvelle conception par l'évocation des « *ready-made* » de Marcel Duchamp (1887-1968), originaire de Haute-Normandie ; ce dernier envoie une « *fountain* » (un urinoir) en 1917 à un jury artistique américain, dont il est par ailleurs membre, de manière anonyme. Ce qui distingue l'urinoir des autres objets fabriqués en série est la signature (il avait choisi le pseudonyme de R. Mutt, en référence à un héros de bande dessinée : « petit rigolo »). Duchamp appelle cet objet un « *ready-made* », c'est-à-dire un « tout prêt fait », et c'est l'intention de l'artiste qui fait l'œuvre d'art. Ce qui, comme Onfray le signale de manière éclairante, est une véritable révolution : Duchamp met à mort la Beauté comme on avait mis Dieu à mort (par la Révolution française, ou sous la plume de Nietzsche). *On aborde l'art comme quête du sens et non du beau.* Une œuvre doit non être belle mais faire sens. Il n'y a plus d'intelligibles ou d'essences pures qu'il s'agirait d'incarner. *Duchamp donne les pleins pouvoirs à l'artiste, décideur de ce qu'est l'art et de ce qui n'est pas lui, et c'est en cela que le regard fait le tableau.* Selon ce point de vue, le contenu de l'art est le dire et l'illustration de ce que l'art doit être, de ce que doit être une œuvre d'art. Dès lors, à force de se prendre pour objet, l'art, en droit activité transitive, devient stérile (l'activité transitive devient immanente, il n'y a plus de production, et à terme c'est la subjectivité vide de l'artiste, terroriste en tant qu'elle est émancipée de toute forme qui limite, qui s'exprime dans cette prétention à créer la définition de l'œuvre d'art). En fait, il ne suffit pas de faire sens pour être une œuvre d'art : un panneau indicateur fait sens ; pour qu'il y ait œuvre d'art, il faut que le sens ou l'idée s'incarnant soit la révélation, en même temps que de l'essence intérieure des choses, d'un aspect de l'essence intelligible de l'âme humaine, ce qui suppose l'existence d'une nature humaine, et la conception de l'art comme art du beau. Aussi cet « art » contemporain n'est-il en dernier ressort que la technique par laquelle on signifie que ni l'art du beau, ni le beau objectif n'existent, qu'il n'y aurait que des conventions et des circonstances. Cette technique ne se rattache à l'art qu'en tant qu'elle participe encore de ce qu'elle conteste. Les fossoyeurs de l'art ne sont plus des artistes, mais les techniciens d'une propagande philosophique et politique, un avatar du subjectivisme qui, au passage, sait très bien ménager ses propres intérêts, à la manière dont le sceptique déclaré sait parfaitement distinguer avec certitude, lui qui se dit n'être sûr de rien, entre ce qui va dans sa bourse et ce qui va dans celle d'un autre. Pablo Picasso, stalinien sur le *Guernica* duquel on s'extasie parce qu'il s'agissait d'une ville détruite par Franco, auteur de *Les Demoiselles d'Avignon* qui n'est qu'une scène de maison close, confessait en 1952, dans l'ouvrage *Libro Negro* de Giovanni Papini : « Ce furent de grands peintres que Giotto, le Titien, Rembrandt et Goya ; je suis seulement un amuseur public, qui a compris son temps et a épuisé le mieux qu'il a pu l'imbécillité, la vanité, la cupidité de ses contemporains. » On peut en dire autant de Piero Manzoni (son œuvre est un ensemble de boîtes de conserve recouvertes d'une étiquette sur laquelle était inscrit : « *merda d'artista* »), ou plus récemment de Andres Serrano (auteur de *Piss Christ*). Ces pitreries malsaines, blasphématoires et scatologiques (qu'on pense à la « Joconde » de Duchamp représentée avec une moustache, intitulée *L.H.O.O.Q.*, « œuvre » offerte par Louis Aragon au Parti communiste français) sont peut-être la seule expression possible vraiment adéquate du subjectivisme par nature condamné, dans son terme, au silence et à la stérilité absolue.

L'émotion esthétique relève en vérité d'une intuition intellectuelle, et ce qui le prouve est que seuls les sens les plus spirituels, la vue et l'ouïe, instruments naturels de l'esprit pour connaître les objets concrets, sont — à la différence du toucher, des saveurs et des odeurs — convoqués par l'art : il n'y a pas d'art du toucher, des papilles gustatives ou de l'odorat. Or précisément le cubisme est un courant dit artistique qui prétend contredire ce constat :

« La peinture cubiste cherche à donner une représentation absolue de la réalité. Et quelle est cette perspective ? Quel est cet espace que Braque peint comme du plein ? Nous touchons là un point essentiel : l'espace classique est celui de la vue, l'espace cubiste est celui du toucher. Avec la vue, nous voyons à la fois un seul côté des choses et nous les « mettons en perspective » selon chaque changement de position ; avec le toucher, nous tenons la chose de plusieurs côtés à la fois. Le cubisme est la traduction en termes visuels de la connaissance procurée par le toucher » (Jean-François Revel, *L'Œil et la Connaissance*, Plon, 1998, p. 111-112). Plus une perfection est élevée, plus elle est connaissante, car le degré d'être est proportionnel au degré de vie, lequel culmine dans l'acte de connaître ; plus elle est connaissante, plus elle tend à être la connaissance qu'elle a d'elle-même, car plus la connaissance est parfaite, plus le verbe en lequel elle s'exprime lui est consubstantiel ; plus elle tend à être sa connaissance, plus elle est simple ; donc, moins elle est parfaite, plus est diverse la manière dont elle se manifeste. La connaissance sensible est moins parfaite que la connaissance intellectuelle, parce qu'elle n'atteint que les accidents des choses, et il est ainsi rationnel qu'elle s'exerce selon une pluralité de sens irréductibles l'un à l'autre. Dès lors, vouloir faire dire par un sens (la vue) ce que seul un autre sens (le toucher) peut dire, c'est vouloir retrouver au niveau inférieur cette simplicité qui n'appartient qu'au niveau supérieur. Et cela même relève de la prétention à destituer le supérieur (l'ordre conceptuel) de sa dignité en investissant la sensibilité des prérogatives de l'intellect. C'est là une projection, dans les hiérarchies des puissances de connaître, de cette inversion opérée au niveau de la hiérarchie entre Dieu et ses créatures. Il s'agit bien d'une mort de Dieu signifiée, dans les formes de l'art, par la mort de l'art célébrée dans la mort de la Beauté.

Il est vrai que l'œuvre d'art n'est pas une imitation de la nature, et que l'artiste ne sait pas ce qu'il va produire, de sorte que l'œuvre d'art est le déploiement de la subjectivité de l'artiste qui ne vise pas, semble-t-il, nécessairement la beauté, mais la simple extériorisation de sa vie intérieure, de sorte qu'il peut y avoir une esthétique ou un art du laid. Cette esthétique doit être entendue telle la révélation sensible d'une vie intérieure non nécessairement belle, et même la plupart du temps tourmentée, mais communicable et dotée de sens : les hommes se reconnaissent en cette révélation objectivante, ils accèdent à eux-mêmes par elle et se réconcilient avec eux-mêmes grâce à elle, et telle est la vocation de la tragédie telle que la comprend Aristote : « Donc la tragédie est l'imitation d'une action de caractère élevé et complète, d'une certaine étendue, dans un langage relevé d'assaisonnements d'une espèce particulière suivant les diverses parties, imitation qui est faite par des personnages en action et non au moyen d'un récit, et qui, *suscitant la crainte et la pitié, opère la purgation propre à pareilles émotions* » (*Poétique*, 1449 B). La tragédie grecque, fête bi-annuelle commandée par la Cité-État, renvoie aux rites religieux archaïques et sacrificiels du culte de Dionysos. C'est un tyran (c'est-à-dire l'homme d'un pouvoir fort opposant à l'aristocratie autrefois dominante mais devenue oligarchique une légitimité issue du peuple ; il s'agit donc d'un fascisme) qui instaura le théâtre tragique en -534. Dans l'objectivation de l'hubris agitant l'intériorité de l'artiste, en laquelle les spectateurs reconnaissent leurs propres désordres, l'homme est invité à vivre sur le mode irréel (il s'agit de théâtre et non de vie réelle) ce qu'il sait devoir ne jamais vivre sur le mode réel ; sous ce rapport, l'art est une catharsis, une purgation ou purification, une libération à vocation morale et politique, et, semble-t-il, quelque chose qui ne relève pas du souci du beau. *Mais en fait on rejoint là la conception classique et objectiviste de l'art* : on dévoile une vérité, la vérité d'un monde intérieur et extérieur. Même l'essence de la laideur est une idée, laquelle vaut pour l'ordre spirituel autant que pour l'ordre sensible, précisément parce qu'elle est abstraite (a valeur analogique), et ainsi il peut y avoir *une belle représentation d'une laideur spirituelle*. Ce qui nous donne ici l'occasion de distinguer entre le laid et le mauvais goût. Est laid ce qui est inadéquat à son concept, et de plus ce dont la représentation ne transcrit même pas adéquatement cette inadéquation. Le laid naturel peut être beau en tant que représenté, car ce qui transcrit cette inadéquation naturelle peut viser à définir une privation dotée de sens et d'intelligibilité, à savoir la révélation d'un aspect de l'âme déchue. La représentation artistique du laid naturel peut être belle (et Kant est fondé à déclarer que l'art n'est pas la représentation d'une belle chose, mais la « belle représentation d'une chose ») en tant que, par l'art, est révélée la laideur du péché, ou du mal moral (lequel par nature tend à se dissimuler derrière des aspects physiques agréables) ; par lui est excellemment rendue visible une laideur invisible ; Paul Klee observait de manière suggestive : « **l'art ne reproduit pas le visible, il rend visible** » (*Théorie de l'art moderne*, Denoël-Gauthier, 1964, p. 31-32) ; et Flaubert se plaisait à remarquer : « L'ignoble me plaît, c'est le sublime d'en bas. » Le mauvais goût, au contraire, est l'inauthentique, ce qui recherche non vraiment la révélation sensible d'une intériorité intelligible, mais bien plutôt l'effet que cette révélation est supposée produire. Le mauvais goût consiste à chercher à émouvoir plus qu'à révéler une vérité, à ébranler des sentiments plus qu'à capter l'intelligence, à manipuler les procédés par lesquels le dévoilement du vrai suscite un sentiment, mais en les déconnectant de la vérité ; le mauvais goût est le romantisme qui aurait perdu toute relation avec le classicisme, le romantisme qui ne serait que du romantisme. S'il est vrai, cela dit, que l'ordre a la structure obligée d'une victoire sur la possibilité du désordre (la chose fut illustrée ici dans le devoir n° 6 quand fut évoqué Carl Schmitt), que donc le vrai a la forme d'une victoire intemporelle sur la possibilité de l'irrationnel et de l'inintelligible, que par là le beau a la structure ontologique d'une victoire sur la possibilité du confus et du laid, on comprend que la manifestation la plus artistique du beau soit à trouver dans une forme de beauté qui, telle la rose faisant mémoire du fumier où elle éclot, sait faire mémoire du passionnel et du démesuré dont elle est la négation souveraine ; c'est peut-être ce que voulait dire Marinetti, et que Walter Benjamin n'a pas compris. En se refusant à assumer ce dont on procède en le niant, on se rend incapable de s'en émanciper et l'on en vient à s'identifier dialectiquement à lui. Il existe un subjectivisme larvé dans cette pathologie psychologiquement judéo-janséniste de la pureté, célébrée par les idolâtres d'un classicisme qui se voudrait innocent de toute chair et de toute passion. La chose peut être illustrée par Nietzsche dont le but, en soi légitime, est de lever la condamnation platonicienne de l'art réduit à un mensonge en tant qu'imitation d'une imitation (imitation du sensible lui-même imitation de l'Idée). Mais, comme le montre Michel Haar (*L'Œuvre d'art : Essai sur l'ontologie des œuvres*, Hatier), le subjectivisme de Nietzsche l'invite à ne comprendre l'art qu'en fonction de la subjectivité créatrice avide de jubilation démiurgique, en négligeant la valeur intrinsèque des œuvres. Dans *La Naissance de la tragédie*, il déclare que Platon, jaloux, n'aurait condamné l'art que pour rivaliser avec la tragédie en inventant une forme littéraire nouvelle… « L'homme n'est plus artiste, il est lui-même œuvre d'art » (Gallimard, p. 46). Et cela consiste à réduire l'œuvre au moyen d'obtenir cette exaltation liée à « l'élan créateur artistique ». Or c'est dans ce contexte que Nietzsche exprime sa prédilection pour l'art classique, tel celui d'un Claude Lorrain, en ce que le classicisme serait l'imposition arbitraire, en tant qu'expression de la Volonté de puissance, d'un ordre à un chaos.

Mais il ne s'agit là que de procès d'intention doublés de cette misérable fascination pour la puissance définitionnelle des faibles et des malades. Pour Hegel, l'exaltation du créateur au détriment de l'œuvre est l'une des causes de la mort de l'art, l'autre cause plus profonde étant l'exténuation du contenu religieux de l'art, et en fait ces deux causes n'en sont qu'une : le créateur s'oublie dans son œuvre, il s'ordonne à l'œuvre comme à sa vérité, puisqu'elle est extraposition de l'essence humaine se voulant elle-même en se subordonnant la subjectivité. Si l'homme en vient à désirer l'œuvre pour se glorifier en elle, il ne cherche qu'à y exalter sa propre subjectivité créatrice, *et créatrice d'elle-même*, car faire œuvre d'art, c'est produire, c'est créer ; donc, si le moi créateur se veut objet de l'art, c'est qu'il se veut produit ou créé par l'art, c'est donc qu'il se veut créateur de lui-même : il n'a pas d'essence préétablie, il est subjectivité vide, or l'art est en soi extraposition de l'essence, donc s'il n'y a pas d'essence il n'y a pas d'art. Nietzsche en vient à exténuer l'art lui-même. **Et il se révèle au fond tel le précurseur des pitreries de l'art contemporain, du culte du « n'importe quoi ».**

Abordons désormais le point de vue objectiviste. **Le Beau est ce qui, sous le magistère du *concept*, ainsi de l'*essence* en sa manière idéelle d'exister, suscite une harmonie *attendue* entre intellect et sensibilité, en tant qu'il s'agit de la réfraction, dans le spectateur, de ce qui, du côté de l'objet admiré, réalise une harmonie entre matière et forme.** Dès lors, **à la délectation intellectuelle du côté du sujet répond un resplendissement de la forme du côté de l'objet** : le beau est « *splendor formae supra partes materiae proportionatas relucens* », resplendissement de la forme sur les parties bien ordonnées de la matière (*de Pulchro*, opuscule attribué à saint Thomas d'Aquin).

Comme resplendissement de la forme, le beau est la parfaite adéquation des moyens à la fin, en tant que la chose est adéquate à sa fonction en réalisant adéquatement l'idée qu'elle incarne :

« Il nous reste à parler de la nature vivante, sans laisser de côté aucun détail, ou bas ou relevé, selon la mesure de nos forces. À vrai dire, certains de ces êtres n'offrent pas un aspect agréable ; mais la connaissance du plan de la nature en eux réserve à ceux qui peuvent saisir les causes, aux philosophes de race, des jouissances inexprimables. En vérité, il serait déraisonnable et absurde que nous trouvions du plaisir à contempler les images de ces êtres, parce que nous y saisissons en même temps le talent du sculpteur ou du peintre, et que, les examinant en eux-mêmes, dans leur organisation par la nature, nous n'éprouvions pas une joie plus grande encore de cette contemplation, au moins si nous pouvons saisir l'enchaînement des causes. Il ne faut donc pas céder à une répugnance enfantine et nous détourner de l'étude du moindre de ces animaux. En toutes les parties de la nature il y a des merveilles ; on dit qu'Héraclite, à des visiteurs étrangers qui, l'ayant trouvé se chauffant au feu de sa cuisine, hésitaient à entrer, fit cette remarque : "Entrez, il y a des dieux aussi dans la cuisine." Eh bien, de même, entrons sans dégoût dans l'étude de chaque espèce animale ; en chacune, il y a de la nature et de la beauté. Ce n'est pas le hasard, mais la finalité qui règne dans les œuvres de la nature et à un haut degré ; or, *la finalité qui régit la constitution ou la production d'un être est précisément ce qui donne lieu à la beauté* » (Aristote, *Les Parties des animaux*, I 5).

C'est ainsi que Saint-Exupéry remarquait combien les efforts d'efficacité dans la construction d'un avion induisaient comme malgré eux la beauté du fuselage :

« Notre maison se fera sans doute, peu à peu, plus humaine. La machine elle-même, plus elle se perfectionne, plus elle s'efface derrière son rôle. Il semble que tout l'effort industriel de l'homme, tous ses calculs, toutes ses nuits de veille sur les épures, n'aboutissent, comme signes visibles, qu'à la seule simplicité, comme s'il fallait l'expérience de plusieurs générations pour dégager peu à peu la courbe d'une colonne, d'une carène, ou d'un fuselage d'avion, jusqu'à leur rendre la pureté élémentaire de la courbe d'un sein ou d'une épaule. Il semble que le travail des ingénieurs, des dessinateurs, des calculateurs du bureau d'études ne soit ainsi en apparence, que de polir et d'effacer, d'alléger ce raccord, d'équilibrer cette aile, jusqu'à ce qu'on ne la remarque plus, jusqu'à ce qu'il n'y ait plus une aile accrochée à un fuselage, mais une forme parfaitement épanouie, enfin dégagée de sa gangue, une sorte d'ensemble spontané, mystérieusement lié, de la même qualité que celle du poème. Il semble que la perfection soit atteinte non quand il n'y a plus rien à ajouter, mais quand il n'y a plus rien à retrancher. Au terme de son évolution, la machine se dissimule. La perfection de l'invention confine ainsi à l'absence d'invention. Et, de même que, dans l'instrument, toute mécanique apparente s'est peu à peu effacée, et qu'il nous est livré un objet aussi naturel qu'un galet poli par la mer, il est également admirable que, dans son usage même, la machine peu à peu se fasse oublier. Nous étions autrefois en contact avec une usine compliquée. Mais aujourd'hui nous oublions qu'un moteur tourne. Il répond enfin à sa fonction, qui est de tourner, comme un cœur bat, et nous ne prêtons point, non plus, attention à notre cœur. Cette attention n'est plus absorbée par l'outil. Au-delà de l'outil, et à travers lui, c'est la vieille nature que nous retrouvons, celle du jardinier, du navigateur et du poète » (*Terre des hommes*, Gallimard, 1939, Poche, p. 64-65).

On part de machines effrayantes et de carburateurs monstrueux pour aboutir à des formes simples, et sur ce point force est de souligner le caractère unilatéral de la théorie de l'art pour l'art. Un beau champ de blé n'a pas de coquelicots, il n'est pas « joli », il est pleinement champ de blé, ses épis sont lourds et mûrs. Il en est de même pour un bel homme, une belle femme, une belle maison : ils sont pleinement ce qu'ils ont vocation à être. À toute distance des canons de la publicité ou des revues sportives, le bel homme est l'incarnation de cette force maîtrisée mise au service du bien commun, qui culmine en privé dans la vocation de l'époux aimant protecteur de sa famille, et en public dans la vocation du guerrier ; la belle femme n'est pas la femelle étique des défilés de mode, elle est l'incarnation de la maternité (Hippocrate : *tota mulier in utero* ; la femme se sauve par la maternité : saint Paul, I Timothée II), laquelle n'est pas sans quelques vergetures, quelques fatigues plastiques, quelque lourdeur de sein ou d'échine. Est beau ce qui est adéquat à son concept. On parle même d'une belle grimace, d'une belle haine, d'une belle tristesse, ou d'une belle amertume, déconfiture ou langueur, ou même d'une belle crapule. Platon parle aussi, dans le *Phédon*, de la mort comme « beau danger » (ὁ καλὸς κίνδυνος) : ce qui est pleinement danger parce que le statut de l'âme en sa vie éternelle s'y risque. Un beau portrait signifie, de l'homme qu'il représente au travers des accidents de son âge et de sa position physique, sa forme même, le beau portrait n'est pas un enjolivement de la réalité ; il fait resplendir l'universel (à la fois l'âme singulière en tant que principe universel de ses puissances opératives et de ses accidents, à la fois l'essence de l'âme dont la personne est l'individuation) dans le particulier, l'humanité dans tel homme. Mallarmé, dans *Le Tombeau d'Edgar Poe*, disait : « Tel qu'en lui-même enfin l'éternité le change » : la mort révèle l'essence, s'il est vrai que « *Wesen* » (essence) est bien « *gewesen* » (le devenu). Le beau révèle l'intemporel dans le temporel. Parce qu'il est resplendissement de la forme, il est l'exaltation de l'adéquation d'une chose à son concept, or cette adéquation est ce que l'on nomme vérité ontologique. Donc le beau est le vrai. Cela dit, l'universel n'est pas sans son procès de particularisation. C'est pourquoi l'épreuve du beau, contre Leibniz, n'est pas la seule perception d'une logique implicite (comme si cette perception, devenue claire, devait être un concept ; comme si le sensible n'était que de l'intelligible confus). L'épreuve du beau est la perception claire (contre Kant) d'une logique et d'une finalité, ainsi d'une *vérité* dans leurs conditions d'existence concrètes (c'est-à-dire selon une individuation qui se manifeste dans des accidents adéquats), non en tant que d'abord sources de certitude, mais en tant que sources de délectation et de complaisance.

Pour ces raisons, on peut être un esthète et avoir, comme on le dit un peu trivialement, le cœur sec (la perception du beau n'est pas affaire de « cœur », mais de raison), ainsi être « insensible ». On peut de plus déclarer un objet beau, réussi, sans avoir du goût pour lui (il ne correspond pas à notre sensibilité), on peut « trouver beau » sans « aimer ». C'est aussi pourquoi le beau ne se limite pas aux beaux-arts, ni même au sensible : on peut parler d'une belle démonstration, et saint Thomas définit le beau moral comme bien moral : « *honestas est quaedam spiritualis pulchritudo* ». En termes scolastiques, le beau est un transcendantal, il est convertible avec l'être en tant qu'être. L'être est *un* en tant qu'indivis en soi et distinct de tout autre. Il est *vrai* en tant qu'adéquat à l'intellect. Il est *bon* en tant qu'il convient à l'appétit. Il est *beau* en tant qu'objet d'admiration : il est cette espèce de bonté en quoi consiste la vérité en tant qu'elle est objet de jouissance pour l'intellect. « *Pulchrum dicitur cujus ipsa apprehensio placet* » (*Somme théologique*, I^a II^{ae} q. 27 a. 1), le beau est ce dont la connaissance est source de plaisir, ce qui plaît, et qui évidemment plaît à l'œil de l'intelligence, dans un acte immédiat ou intuitif, en ce sens que la connaissance même de l'objet fait se reposer en elle l'appétit volontaire : « Le moulage est moins vrai que ma sculpture. (...) Le moulage ne reproduit que l'extérieur, moi je reproduis en outre l'esprit, ce qui certes fait bien aussi partie de la nature. (...) Je vous accorde que l'artiste ne voit pas la nature comme elle apparaît au vulgaire, puisque son émotion lui révèle les vérités intérieures sous les apparences. (...) Un homme médiocre regarde sans voir. (...) L'artiste au contraire *voit* : c'est-à-dire que son œil enté sur son cœur lit profondément dans le sein de la nature » (Rodin, cité par Henri Charlier dans *L'Art et la Pensée*, Bouère, DMM, 1995, p. 46-47). Selon une formule souvent attribuée à Platon, mais qui ne figure nulle part dans son œuvre, le beau est excellemment défini telle la *splendeur du vrai*. Il est la bonté du vrai ontologique (adéquation d'une chose à son essence ou concept) en tant que sa clarté éminente — ainsi son intelligibilité —, qui le révèle comme éminemment simple, comble l'appétit de connaître. Il est comme la synthèse des autres transcendantaux : vérité (intelligibilité), bonté (objet d'amour), unité (par sa clarté).

Ainsi le beau est l'être en tant qu'objet de connaissance, mais de connaissance en tant que source de délectation. Or : « *Multo enim magis delectatur homo de hoc quod cognoscit aliquid intelligendo, quam de hoc quod cognoscit aliquid sentiendo : quia intellectualis cognitio et perfectior est et etiam magis cognoscitur, quia intellectus magis reflectitur supra actum suum, quam sensus* » (*Somme théologique*, I^a II^{ae} q. 31 a. 5 : l'homme jouit beaucoup plus de ce qu'il connaît par l'intellect que de ce qu'il connaît par le sens, car la connaissance intellectuelle est plus parfaite et elle est elle-même plus connue du fait que l'intellect revient sur son acte plus parfaitement que ne le fait le sens). Soit : c'est en se pensant penser que l'intellect jouit de son opération, car c'est par là qu'il se sait être dans sa fin et qu'il n'est vraiment dans sa fin qu'en tant qu'il le sait. Or sa fin immanente est une intellection (acte commun de l'intellect et de l'intelligible). *C'est donc en tant qu'il est une intellection qu'un objet peut être source de délectation pour l'appétit intellectif.* Puis donc que l'objet beau est source de délectation intellectuelle, c'est qu'il est *intelliger*, une intellection cristallisée. Il est ce dans quoi l'intellect reconnaît sa propre nature. Aussi le beau est-il la forme de l'intelligibilité en tant que voulue et extraposée pour elle-même. Au reste, c'est l'exister qui est la raison de la forme elle-même : l'essence en est la puissance puisque l'exister n'en fait pas partie cependant qu'il n'est pas sans elle (« *non possumus dicere quod ipsum esse sit* », enseignait saint Thomas en commentant Boèce ; Ravaisson disait que l'idée d'une existence qui ne serait l'existence de rien, c'est l'idée tout à fait abstraite de la simple existence qui équivaut au néant), l'essence n'est essence que si elle *est*, l'essence tire son existence d'essence de l'exister dont elle est l'essence, et c'est pourquoi elle en est la puissance ; aussi, puisque l'exister est l'acte de l'essence, alors il est l'essence en acte, l'essence pleinement essence dans son ordre d'essence, ainsi l'essence en tant que cause et pleinement cause, l'essence en tant que raison de la position des principes individuants par lesquels elle se fait conditionner, l'essence en tant qu'identité à soi réflexive, ou l'essence dans la forme d'un cogito : l'exister, c'est l'identité concrète de l'essence et du savoir qu'elle a d'elle-même, mais de ce fait, l'essence ou forme n'est vraiment connue que comme essence existante, comme réifiée, comme objectivée, comme extériorisée, comme produite en tant qu'œuvre ; on ne connaît vraiment que ce qu'on engendre, et c'est dans l'art que se saisit ou se révèle ce processus d'engendrement du réel, cette recréation du réel qui révèle l'acte créateur (ainsi l'intellection divine qui fait être les choses), et que nous ne pouvons exercer directement parce que nous ne sommes pas créateurs des choses. **L'art est le complément obligé de la connaissance chez les êtres incarnés qui, à ce titre, ne savent pas faire coïncider leur intellection du monde avec l'Intellection créatrice du monde.**

Dans la connaissance purement conceptuelle, il y a bien délectation de l'intelligence, qui est l'excellence de la compréhension. La connaissance purement intellectuelle, l'acte de l'intellect, qui est acte de l'intelligible, est encore l'intellect se connaissant soi-même puisque, étant lui-même un intelligible en acte, il est nécessairement pour lui-même un intellect en acte, ce qui revient à dire qu'il se connaît dans l'acte où il connaît : l'acte réflexif est constitutif de l'acte extatique. Et en effet : l'intelligible en acte est nécessairement universel, et l'universel ne peut subsister que dans un intellect. C'est pourquoi l'intelligible en acte est nécessairement un intellect, au rebours d'un sensible en acte, qui n'est pas un sentir en acte. Être un intelligible en acte, c'est être un être dont l'acte est exhaussé à l'acte d'être pensé, c'est un être dont l'être *est* son acte d'intelligibilité, qui n'a pas d'autre être que celui d'être intelligé ; en effet, si l'acte d'être pensé d'un intelligible en acte était différent de son acte d'être intelligible, cet acte d'être pensé serait un accident de son acte d'être intelligible, mais il n'appartient d'avoir des accidents qu'à ce à quoi il appartient d'être matériel, ou en puissance, ainsi de n'être pas intelligible : la raison pour laquelle il n'y a, des êtres individuels, ni science ni démonstration, ce n'est nullement leur individualité en tant que telle, c'est le fait qu'ils contiennent de la matière et qu'à ce titre ils enveloppent une part de contingence intrinsèque, comme le montre Aristote (*Métaphysique* Z 13). De plus, l'acte d'être sensible n'est pas l'essence de la substance du sensible, laquelle est une forme. L'acte d'être intelligible est l'essence de la substance du sensible, laquelle est ce qu'il y a d'intelligible en lui ; dès lors, quand la substance est intelligible en acte, elle est sa forme, et n'est plus sensible, donc elle est dans un intellect, et elle est un intellect. Ainsi donc, dans la contemplation esthétique, l'intellect connaît une intellection, ainsi reconnaît sa propre essence comme intellection cristallisée, mais c'est une intellection qu'il n'a pas posée, ainsi reconnaît-il sa nature en cette forme individuée, mais il ne perçoit pas le processus d'individuation d'une telle nature. Il sait induire l'universel à partir du particulier, il sait déduire le particulier de l'universel, mais seulement par un moyen terme extérieur à l'universel, il ne sait pas faire exister le singulier à partir de l'universel qui se médiatiserait avec lui-même, c'est-à-dire qui se ferait positionnel des déterminations par lesquelles en retour il se fait conditionner. Soit : **l'intellect humain n'a pas la loi de cette conversion de l'esprit en nature, ou de l'Idée en réalité.** L'intellect reconnaît sa propre nature dans la substance individuée qu'il admire, mais il se sait n'être pas à l'origine de cette conversion. Il reconnaît donc, en cette matière pétrie de réflexion, un intelliger cristallisé qui n'est pas son œuvre, mais l'œuvre de Celui qui fait être les choses en les pensant, qui introduit en elles une « *ratio indita rebus ab arte divina* ». Dès lors, dans l'émotion esthétique, l'intellect tend à coïncider avec l'action créatrice. Sous ce rapport l'art est bien, comme l'enseignera Hegel, une révélation de l'absolu dans sa forme intuitive. L'esprit humain reconnaît dans le beau naturel une idée cristallisée qu'il aurait pu vouloir, et, en tant qu'artiste qui suscite le beau, il se fait l'instrument d'une conversion non humaine de l'idée en nature, idée qui est certes une virtualité de son intelligence, mais dont il n'exerce pas la causalité comme si son intelligence en était la racine productrice, mais plutôt en tant qu'elle se médiatise dans son intellect qu'elle se subordonne : l'artiste ne « crée » pas, il se fait l'instrument d'une genèse non humaine de son œuvre dans la plasticité de la matière. D'où la différence entre talent (art d'appliquer des règles) et génie (être inspiré). C'est bien plutôt l'œuvre d'art qui se fait en lui, qui travaille en lui, qui *le* travaille, l'Idée qui se le subordonne pour se faire Nature, qui se réfléchit en lui, et il ne sait trop ce qu'il va produire, il explicite le contenu de son idée inconsciente dans la confrontation avec des éléments déjà donnés (matériaux préexistants). C'est pourquoi l'artiste, véritablement « inspiré », est comme une gargouille qui transmet des flots d'eau ; il est, à la manière de ce génie presque absolu qu'est le Mozart du *Requiem*, un esprit qui peut être intellectuellement médiocre mais que sa complexion idiosyncratique habilite à être désigné comme le messager des Muses. Cézanne, qui crevait ses toiles lorsqu'elles le décevaient, confiait : « un artiste, voyez-vous, il n'y a ni gloire ni ambition qui compte pour lui. Il doit faire son œuvre parce que le Bon Dieu le veut, comme un amandier fait sa fleur, comme l'escargot fait sa bave » (*Écrits de Paris*, janvier 1998, p. 95).

On a déjà fait allusion à cette relation entre art et religion, qu'il n'est pas possible de ne pas évoquer si l'on entend répondre adéquatement à la question : « qu'est-ce que le beau ? » L'émotion esthétique s'est en effet révélée, dans le spectateur, telle une participation à l'acte à raison duquel l'œuvre se fait exister, et par là telle une participation à l'acte créateur, qui parle de Celui qui crée. Il reste, pour achever cette dissertation, à tenter de rendre raison de manière plus rigoureuse d'une telle relation.

Au début de ses cours sur la philosophie de la religion, Hegel dit : « que signifie signifier ? » L'expression a deux sens : on se demande ce que signifie un plan d'architecte en essayant de se représenter le monument, et en retour, devant un objet complexe dont on ignore la finalité et le fonctionnement, on se demande ce qu'il est, quel est son sens ; soit : on veut aller à la fois de l'universel au particulier (de l'idée à la réalité) et du particulier à l'universel (de la réalité à l'idée) ; l'essence du réel, dont le beau est le resplendissement, a trois modes d'existence : dans les choses comme individuée et masquée en elles, dans l'esprit comme concept, en Dieu comme cause du réel, comme plus réelle que le réel. Et, de fait, quand on veut connaître une essence, on veut la connaître selon tous ses modes, comme universel se singularisant et comme singulier s'universalisant, ainsi comme identité à soi réflexive ayant forme de cogito et de cette rationalité absolue consistant à poser ce qu'on présuppose. Mais à ce titre on veut la connaître comme sujet-objet, comme idée se pensant ou concept se concevant, comme idée se donnant sa réalité objectale d'idée, comme unité de l'idée et du réel, comme idée absolue, comme idée en Dieu, comme Idée qui est Dieu (car une simple idée, par le seul fait qu'elle accède à la manière d'exister lui donnant d'être savoir de soi, est processus circulaire, ainsi négation de négation, par là processus inclusif de toute altérité, et de ce fait inclusif de toutes les idées, et en dernier ressort Idée, au sens hégélien), et ainsi toute expression de l'idée ou essence, en tant que vouée à faire transparaître l'essence comme idée dans sa réalité, est acte de faire mémoire de l'absolu.

Comme on l'a vu en montrant que le beau est objectif, l'œuvre est ce dont l'artiste accouche et dont il se libère en le libérant, et c'est un désir de soi de l'œuvre qui se fait en lui, en tant que désir de soi de son essence en lui. L'artiste est l'auteur de ce dont il manque, il est en peine de ce qu'il se donne : l'œuvre est une virtualité de l'essence humaine extraposée comme son acte et sa vérité, c'est-à-dire l'essence humaine extraposée selon l'une de ses virtualités en acte. Mais, dût-on lui prêter sa propre subjectivité en la pensant, l'œuvre humaine (et non divine : l'artiste est seulement démiurge) n'est pas une subjectivité universelle, ou encore elle n'est pas l'essence humaine devenue singulière en accédant à la conscience de soi, tel un paradigme hypostasié ; elle n'est pas Idée. Aussi, l'artiste, et l'esthète, s'ordonnent à l'œuvre, mais plutôt à l'activité contemplative à travers l'œuvre, et cela pour que la nature humaine en tant que contemplative soit. L'esthète ne réintériorise pas l'œuvre comme s'il en était la fin, il la réintériorise en son abstraction chosiste et unilatéralement objectale (aucune œuvre de mortel n'est une conscience de soi) en tant qu'il se subordonne à son essence prise comme actuellement contemplative : le sujet et l'objet se convertissent à leur identité concrète dont ils procèdent, et l'acte commun des deux (le sujet en tant qu'intellection en puissance, l'objet en tant qu'intelligible sans son intellection) ou concept de concept au sens hégélien, ainsi Pensée de Pensée (analogiquement), est une épiphanie du divin. L'artiste s'ordonne à son œuvre comme à sa vérité, pour que l'essence humaine soit, en tant qu'universel concret. Mais cette essence humaine en acte d'intellection n'est telle que comme virtualité de la pensée divine. Dès lors, toute production artistique est un acte implicitement religieux. Son désir de produire du beau est un désir implicite de se restituer à son origine : **si l'art est projection de l'essence humaine, laquelle est origine de ce que nous sommes, l'art fait mémoire de l'origine en laquelle s'enracinent les essences ou formes elles-mêmes, entendues comme le savoir éternel que Dieu a de sa propre essence, en tant que participable par des créatures possibles :**

« La plus haute destination de l'art est celle qui lui est commune avec la religion et la philosophie. Comme celles-ci, il est un mode d'expression du divin, des besoins et exigences les plus élevées de l'esprit. Nous l'avons déjà dit plus haut : les peuples ont déposé dans l'art leurs idées les plus hautes, et il constitue souvent pour nous le seul moyen de comprendre la religion d'un peuple. Mais il diffère de la religion et de la philosophie par le fait qu'il possède le pouvoir de donner de ces idées élevées une représentation sensible qui nous les rend accessibles. [**Hegel montre ici que les Anciens voulaient réaliser une expression inchoative de l'Incarnation, et que telle est l'essence de l'art.**] La pensée pénètre dans les profondeurs d'un monde suprasensible qu'elle oppose comme un au-delà à la conscience immédiate et à la sensation directe ; elle cherche en toute liberté à satisfaire son besoin de connaître, en s'élevant au-dessus de l'en-deçà représenté par la réalité finie. Mais cette rupture, opérée par l'esprit, est suivie d'une conciliation, œuvre également de l'esprit ; il crée lui-même les œuvres des beaux-arts qui constituent le premier anneau intermédiaire destiné à rattacher l'extérieur, le sensible et le périssable à la pensée pure, à concilier la nature et la réalité finie avec la liberté infinie de la pensée compréhensive » (Hegel, *Esthétique*, I 29).

Or, s'il est vrai que seul l'absolu peut se permettre de se mettre en relation avec le fini sans cesser d'être absolu, il n'y a religion effective que pour autant que l'absolu se révèle, et se révèle dans une initiative divine telle que l'absolu se fait lui-même religion, comme ce moyen terme entre lui et le fini, comme unité divine du divin et de l'humain, et telle est l'Incarnation proclamée par le christianisme. Mais alors, répondant au vœu le plus intime de l'art, la « religion manifeste », selon Hegel, rend l'art en lui-même obsolète :

« L'art reste pour nous, quant à sa suprême destination, une chose du passé » (*Esthétique*, 1832, posth., 1re section, III, Introduction, chapitre 1, I, Flammarion, p. 34) ; de même (I, p. 152) : « Pour nous, l'art n'est plus la forme la plus élevée sous laquelle la vérité affirme son existence. » La religion est vérité de l'art. La pure subjectivité ne peut s'exprimer adéquatement dans l'élément de l'extériorité (objectivité), l'art est dans son essence l'expression du désir d'incarner l'identité du sujet et de l'objet, de l'essence et du savoir qu'elle a d'elle-même, c'est-à-dire du divin, et c'est pourquoi, depuis le décret subjectiviste de la mort de Dieu, le vœu de cette identité disparaît, la déconnexion s'opère entre les deux instances dont l'art est l'identité concrète ; il en résulte que le genre humain n'est plus capable de produire autre chose que ceci : soit de l'art abstrait (non figuratif, pure signification sans manière d'être, qui équivaut à une pure matière chaotique désertée par l'esprit), soit de l'imitation pure (du roman réaliste à la photographie, plate restitution de l'objet sans transfiguration) ; pour Hegel (ou plutôt pour ceux qui s'efforcent aujourd'hui à tirer les leçons des intuitions de Hegel), c'est parce que l'art est « passé » qu'il y a de l'audiovisuel envahissant, non le contraire.

Mais, quelque suggestive et explicative que soit la réponse de Hegel à la question du sens de l'art et du souci du beau, cette réponse présente des difficultés incontournables. Pour l'établir, on rappellera d'abord que le vivant est ce qui possède en soi-même le principe de ses mouvements, dont en particulier ce mouvement ontogénique en quoi consiste sa croissance et sa régénération permanente ; plus le vivant s'achemine vers son accomplissement, plus il confirme cette puissance intestine à se régénérer qui le constitue comme vivant. On rappellera aussi que pour le christianisme, en sa version intègre qu'est le catholicisme romain, l'Église, « Jésus répandu et communiqué » (Bossuet), est le Corps mystique du Christ, à ce titre est éminemment vivante : c'est en et par elle, sous l'inspiration de l'Esprit-Saint, que la foi a vocation à être explicitée selon un développement dogmatique homogène. Il est clair qu'on quitte ici le luthéranisme dont Hegel s'est voulu le penseur.

Dès lors, si la religion est vivante, si elle est la vraie religion, la religion absolument religion ou religion absolue, une révélation où Dieu se donne dans une foi qui a vocation à être explicitée dans un effort d'intelligence de la foi, alors, comme toute réalité vivante, la religion contient en soi-même le « *terminus a quo* » de sa propre provenance, c'est-à-dire de sa genèse, de sorte que la religion confirme ce dont elle est la vérité ; dans cette perspective, si elle est — comme religion naturelle qu'assume en la dépassant la religion révélée — la vérité de l'art dans la forme de la sublimation de ce dernier, alors l'art, comme « *terminus a quo* » de la religion, est comme ressuscité dans l'élément du christianisme. Et l'Histoire confirme bien que le surgissement du christianisme n'a pas exténué la pulsation de créativité artistique de l'humanité ; c'est bien plutôt la mort de la religion qui exténue aujourd'hui cette pulsation. Sans cesser d'être la vérité de l'art dont elle est l'« *Aufhebung* », la religion catholique nourrit la créativité artistique, et l'art n'est pas « au passé ».

D'autre part, selon Hegel, c'est une même chose pour Dieu que de créer le monde et de se révéler, or il est — toujours selon Hegel — de l'essence de Dieu de se révéler, donc Dieu crée nécessairement le monde, Dieu n'est pas sans le monde, ce qui revient à dire que le monde est consubstantiel à Dieu. S'il en est ainsi, le monde n'a pas de consistance ontologique si Dieu ne s'investit pas en lui ; le monde n'est qu'une ombre d'être si Dieu ne fait pas paraître cet investissement, comme la prise de conscience de soi de ce dernier dans son élément propre, dans l'Incarnation, de sorte que, en retour, le monde et l'homme n'ont de consistance que celle de Dieu lui-même, au point que le savoir que Dieu a de lui-même n'est autre que le savoir que l'homme a de Dieu, en tant que savoir que Dieu a de lui-même en l'homme. Ce qui confirme cette interprétation de la démarche de Hegel, c'est que l'homme, selon le Maître de Berlin, ne peut conquérir sa propre individualité, ou encore ne peut attester sa différence réelle d'avec Dieu, qu'en se faisant pécheur, en se « donnant l'indépendance du mal » (§ 568 de l'*Encyclopédie*). Et en cela Hegel se contente, d'une certaine façon, de rationaliser le luthéranisme (comme l'avait déjà fait Zwingli) : l'homme pécheur n'a plus de libre arbitre, sa raison n'est que déraison, la nature humaine n'est pas seulement blessée mais complètement détruite au point d'être logiquement incapable de demeurer le sujet de la grâce recréatrice, de telle sorte que, par un raisonnement exact fondé sur des prémisses fausses, on parvient à professer (ce que n'osa penser Luther) que la grâce ou vie divine se *substitue* à la nature humaine par là paradoxalement déifiée et rendue consubstantielle à Dieu. Hegel comprend cette perte d'autonomie morale (le « serf-arbitre ») comme une perte de consistance ontologique : si c'est de la vitalité de la nature humaine intègre que la volonté tient sa puissance d'autonomie, la destruction du libre arbitre est le corrélat d'une destruction complète de la nature humaine ; n'être plus sujet de ses actes, c'est être déréalisé, c'est donc requérir que Dieu s'investisse en sa création, lui confère sa propre pesanteur d'être, pour faire être cette créature ; Hegel professe qu'il n'y a pas d'esprit fini en face de l'esprit infini, sinon en tant que l'esprit fini n'est qu'un moment de l'esprit infini. L'effectivité ou existence en acte de l'esprit créé est pour lui une même chose avec la liberté en acte de cet esprit, et sa liberté n'est selon lui ontologiquement possible que si la créature s'oppose à Dieu (ainsi comprend-il, dans une perspective *gnostique*, l'épisode de la Chute), se pose en s'opposant, mais dans une perspective *panthéiste* (en s'opposant à Dieu, c'est encore Dieu qui s'oppose à lui-même et surmonte son opposition en se restituant réflexivement à soi par la résurrection du Christ en et comme l'Église luthérienne). Soucieux de réhabiliter la valeur de la raison contre le volontarisme irrationaliste de Luther, mais en restant prisonnier de Luther dans sa conception erronée des effets du péché, Hegel ne fait rien d'autre que de tirer avec rigueur les conséquences ontologiques de la théologie luthérienne. Mais par là il bascule, dans une perspective évidemment irrecevable, dans ce qu'il faut bien appeler une espèce de panthéisme gnostique. Cela rappelé, on comprend mieux le sens qu'il reconnaît à la création artistique entendue dans sa perspective *comme révélation de Dieu dans la forme intuitive de la connaissance sensible et du *sentiment* (puisque le dernier mot de la religion revient à la philosophie — hégélienne — exercée par le citoyen de l'État rationnel prussien, philosophie en laquelle se sublime la religion, comme l'art se sublimait lui-même en religion) :

« Nous pouvons d'une façon générale qualifier de vie religieuse la vie dans cette sphère <sphère de la vérité, liberté et satisfaction où l'esprit est chez lui>, cette jouissance de la vérité qui se traduit par le bonheur suprême du point de vue du sentiment, par la connaissance du point de vue de la pensée. Car la religion constitue la sphère générale dans laquelle l'homme prend conscience de la totalité concrète *unique* comme étant à la fois sa propre essence et l'essence de la nature, et cette réalité véritable et unique témoigne qu'elle a seule toute puissance sur le particulier et le fini et qu'elle parvient à rétablir dans une unité supérieure et absolue ce qui jusque-là était divisé et opposé. Ainsi, dans la mesure où il a affaire au vrai, objet absolu de la conscience, l'art appartient aussi à la sphère absolue de l'esprit et se place, de par son contenu, sur le même terrain que la religion, au sens spécial du mot, et que la philosophie. Car la philosophie, elle aussi, n'a d'autre objet que Dieu et est de ce fait une théologie essentiellement rationnelle, une sorte de service divin perpétuel conservé au service de la vérité » (*Esthétique*, p. 134, traduction Jankélévitch).

« Car n'est vraiment réel que ce qui est en soi et pour soi, la substance de la nature et de l'esprit, ce qui, tout en se manifestant dans l'espace et le temps, continue d'exister en soi et pour soi et est ainsi véritablement réel. Or c'est précisément l'action de cette force universelle que l'art présente et fait apparaître. Sans doute cette réalité essentielle apparaît aussi dans le monde ordinaire — intérieur et extérieur — mais confondue avec le chaos des circonstances passagères, déformée par les sensations immédiates, mêlée à l'arbitraire des états d'âme, des incidents, des caractères, etc. L'art dégage des formes illusoires et mensongères de ce monde imparfait et instable la vérité contenue dans les apparences, pour la doter d'une réalité plus haute créée par l'esprit lui-même. Ainsi, bien loin d'être de simples apparences purement illusoires, les manifestations de l'art renferment une réalité plus haute et une existence plus vraie que l'existence courante » (*Esthétique*, p. 7, traduction Bénard).

Que la philosophie de Hegel soit irrecevable dans ses conclusions, cela peut se prouver non seulement du point de vue de la Révélation, mais même du point de vue de la simple raison, non en se refusant à être systématique, mais en vertu de sa systématicité même :

Si l'absolu est composé, il admet un principe de composition qui ne peut être que lui-même puisque, absolu, il n'a pas de cause, ce qui revient à dire qu'il est ce principe et qu'il est cause de soi ; donc il est, en tant que résultat composé, au principe de sa composition, il est l'origine du processus dont il est le résultat, il est réflexion circulaire, il est cogito, il *est* son objectivation ; mais en tant qu'il l'est, et qu'il s'objective son être, il s'objective l'objectivation de soi qu'il est, par là se soustrait à la contradiction en quoi consiste l'acte d'être son objectivation (ou l'acte d'être cause de soi) par l'acte même de se poser comme contradictoire ; il s'émancipe de lui-même en ravalant le résultat, qu'il est, du processus qu'il inaugure, au statut de moment de ce processus, ce qui revient à dire qu'il se réfléchit dans son processus, confirme, dans l'acte où il fait se renier un tel moment, le moment de son opposition à soi. Il est simple en tant que sublimation d'une composition intestine qu'il assume. Et il est rationnel qu'un moment soit contradictoire, puisqu'il a pour propre de se renier, de passer en un autre. Si le simple excluait le composé sans l'assumer, il serait extérieur et juxtaposé à lui à l'intérieur d'un tout en lequel il *composerait* avec le composé pour constituer ce tout, et c'est pourquoi il est identité concrète de lui-même et du composé. Si l'absolu est composé, il se révèle, à peine de n'être pas absolu, être l'absolument simple, mais concrètement simple : identité concrète du simple et du divers.

Si l'absolu est simple, alors la nécessaire identité, en lui, de l'être et du savoir, exige que l'être de son savoir soit l'être dont il est le savoir, exige donc que l'être de son savoir soit le savoir de son être ; mais si cette identité, en lui, de l'être et de la pensée, se contentait elle-même d'*être*, sans être *posée* par la pensée qu'il en a, alors l'être dont il est le savoir (qui est cette identité même de l'être et du savoir) ne serait pas l'être de son savoir : si *l'être* de l'absolu est l'identité de l'être et du savoir, alors il est nécessairement le savoir de cette identité, la position de l'identité de l'être et du savoir, ainsi de l'être comme savoir ; s'il y a identité de l'être et du savoir (de cet être), alors il y a savoir de cette identité, lequel est une opération par définition, comme toute opération, positionnelle de son terme, donc cette identité de l'être et du

savoir, qu'est l'absolu, est elle-même posée par son savoir. Mais alors, derechef, l'absolu ne se contente pas d'*être* absolu, il est absolu en tant que maître absolu de son être. Ce qui revient à dire, ayant ce qu'il est, qu'il est origine du processus dont il est le résultat. Puisque le processus est circulaire, l'identité de l'origine et du résultat fait qu'un tel mouvement équivaut à l'immobilité absolue. Et un processus circulaire posant ce qu'il présuppose est un système : ce qui demeure identique à soi dans le moment de sa différenciation d'avec soi.

Cela dit, si la conscience que l'absolu a de lui-même se réduit à la conscience que l'homme a de lui et entendue telle la conscience que l'absolu a de lui-même en l'homme, on aboutit à une contradiction dirimante parce que non réductible au statut de moment. En effet, parvenue au terme de l'exposition du système — lequel, en tant que système *de l'être*, exige que cette exposition de lui-même, cette décision de s'exposer comme système, soit encore intérieure à lui au titre de son ultime moment —, la conscience du philosophe devrait saisir le secret de l'acte à raison duquel la substance universelle, sans cesser d'être identique à soi, se différencie ; elle devrait attester son aptitude, étant supposée être la conscience de soi du faire de ce qu'elle dit être en train de se faire, à saisir dans un même acte absolument simple le moment de la différenciation aliénante de soi et celui de l'identification réflexive rédemptrice à soi ; si le résultat du processus est identique à son origine et au principe de l'origine elle-même, alors c'est comme résultat riche des moments dont il est le résultat, et non comme seule origine vide en attente de ses moments, que la conscience philosophante faisant retour à l'origine devrait identifier le résultat. Or, au terme du système, il ne reste à cette conscience d'autre issue que celle de relancer le système dans le mauvais infini *linéaire* d'une réitération que l'exposition systématique, en tant que *circulaire*, avait pour propos de conjurer. On voit que ce qui fait difficulté dans l'entreprise hégélienne n'est pas le projet d'exposition de l'être comme système, mais l'affirmation gnostico-panthéiste de la consubstantialité entre l'homme et Dieu.

Néanmoins, le projet hégélien de rationalité systématique absolue présente, à propos de l'art, le grand mérite de montrer d'une part que le beau est objectif, d'autre part que l'art reconnaît la vérité de la pulsation qui l'anime dans l'attitude religieuse, et ainsi permet de comprendre les véritables raisons de la profonde décadence de la production artistique contemporaine. Il est clair que, mené dans un contexte catholique et non luthérien, ce projet, habilité à assumer le réalisme thomiste lui-même en attente de sa systématisation, eût donné de tout autres résultats.

Si la pensée philosophante se révèle capable, dans l'épreuve du développement du Système, de poser la clôture de ce dernier comme position de son point de départ, selon un progrès immanent, donc nécessaire, au cours duquel le processus se pose en un moment de lui-même signifiant que celui qui le pense lui est intérieur, alors cette même pensée philosophante — faisant l'épreuve de son échec à clore le système autrement qu'en le relançant, dans un acte circulaire pourtant réussi en tant qu'il atteste qu'elle est bien parvenue à poser son point de départ — est en demeure d'en conclure qu'elle est ontologiquement hors d'un absolu qui, cependant, au titre de moment de lui-même, l'assume idéellement tel un possible dont elle n'est que la réalisation contingente ; et cette conclusion enjoint à la raison humaine de se reconnaître dans le sillage de la raison absolue lui conférant son invincibilité opérative, mais sans la sommer de se déifier.

DIXIÈME DEVOIR

Quand on dit qu'une chose est belle, on entend signifier que son essence intérieure transparaît dans ses manières d'être, en faisant mémoire de la manière divine dont cette essence préexiste à ses modes, créaturels, d'existence mondaine.

Cette conclusion ne serait pas satisfaisante si n'était esquissée une tentative d'exhiber ce qui pourrait être tenu pour le sommet historique de la production artistique : le jugement de goût esthétique mesure la beauté d'une œuvre ; mais tout jugement qualitatif s'opère à partir d'un maximum pris comme idéal. Peut-on penser, en notre époque d'exténuation de la production artistique, qu'il existe un degré de perfection dont on s'est éloigné ?

La Bruyère, au début de ses *Caractères* (« Des ouvrages de l'esprit »), définit la pensée classique : « Il y a dans l'Art un point de perfection. Il y a donc un bon et un mauvais goût, et l'on dispute des goûts avec fondement. (...) Entre les expressions, il n'y en a qu'une qui soit la bonne. (...) Tout est dit et l'on vient trop tard depuis plus de sept mille ans qu'il y a des hommes et qui pensent. » Les Classiques dénoncent ce qu'ils perçoivent comme l'obscurité et l'emphase des Précieux et des Baroques, ils aspirent à l'adéquation du style (forme) à la pensée (contenu). La vérité objective est celle que l'art a pour propos de dévoiler (l'art est mensonge pour Platon, mais porteur de vérité pour Aristote), et l'artiste doit saisir, par l'imitation entendue comme « *mimesis* » (imitation non du réel en sa contingence, mais de l'Idée dont il est la réalisation : thèse développée par Aristote dans sa *Poétique* et reprise par Boileau dans son *Art poétique*), la signification intérieure de ce qu'il représente et que, à ce titre même, il ne se contente pas de représenter mais qu'il transfigure.

Toute production artistique est — on l'a vu dans la résolution — projection objectale de l'essence humaine dont les essences des choses sont autant de virtualités. Mais cette projection est décevante en tant qu'elle oblitère le processus par lequel l'essence, entendue comme puissance active à l'exister, se fait réalité : nous savons aller du singulier à l'universel par l'opération abstractive, mais nous ne savons pas aller de l'abstrait au concret. Or ce processus de singularisation de l'universel est l'acte à raison duquel est conférée à une essence la vertu — et c'est en cela qu'elle est puissance active — de se faire le savoir d'elle-même s'objectivant elle-même, ainsi se faisant objet ou réalité. C'est pourquoi une production artistique classique offre en fait une représentation des choses où s'opère une restitution quelque peu abstraite de l'essence ou intérieur des choses, mais, de ce fait, c'est paradoxalement une représentation *subjective* de l'essence, une représentation de l'essence selon nos manières humaines de la faire exister dans une représentation statique ; notre verbe expressif de l'essence des choses présente le mérite de dégager cette essence des accidents contingents qui la masquent, mais il présente le défaut de faire perdre à l'essence qu'il exprime son pouvoir dynamique de poser la réalité dont elle est l'essence.

Le souci moderne de la conscience artistique n'est pas, en droit, une rupture avec le projet classique, il est son prolongement, s'il est vrai que le processus à raison duquel l'essence se fait réalité est définitionnel d'elle-même. Ce souci est d'exposer l'essence comme une représentation objectivante qui contient le processus d'objectivation lui-même ou qui le prend pour objet, afin de saisir l'essence objectale dans sa complétude, c'est-à-dire avec ce pouvoir dynamique de se faire principe d'objectivation du réel, qui est réification de soi de l'essence. Mais il n'est d'autre procédé, pour l'homme, de signifier un tel pouvoir dynamique, sinon celui consistant à projeter, dans la représentation de l'essence, la réflexion par laquelle l'intellect se pense en pensant ce qu'il pense, car c'est par ce procédé que l'intellect profère un verbe en lequel il pense l'objet qu'il connaît, et qui est l'analogue, en l'homme, de la chose produite en tant que créée par l'intellection divine. Pour cette raison, l'inclination de l'inspiration artistique vers les tourments de la création, l'incurvation du sujet sur lui-même, n'est pas nécessairement un mépris subjectiviste du réel ou de l'œuvre, au profit d'une complaisance narcissique dans la contemplation de sa vie intérieure. Une telle inclination peut le devenir, et c'est ce qui se produira dans l'explosion du romantisme. Mais cette inclination est, en ses débuts, commandée non par un choix de rupture avec l'idéal classique, mais, objectivement, et même s'il n'en eut pas conscience, comme une exigence interne de ce dernier ; sous ce rapport, il n'est pas jusqu'à certaines œuvres romantiques qui, conservant des affinités avec le classicisme, ne réalisent les vœux inavoués et peut-être inconscients de l'idéal classique lui-même. Deux abstractions, mortifères pour l'art, bornent les limites de ce prolongement possible du classicisme : l'existentialisme (le sujet est son œuvre, par résorption de l'œuvre dans son auteur qui s'y substitue en se définissant telle la série de ses actes), et le romantisme (l'essence objectivée n'est plus que l'expression de la perspective du sujet, le sujet est son œuvre, en ce sens qu'il fait de lui-même le sujet de l'œuvre qu'il produit). Les Classiques répugnent à faire des tourments de la création artistique un sujet de création, comme s'ils tenaient pour une impudeur de dévoiler l'atelier spirituel où une œuvre advient à l'existence. Qu'il soit permis de faire observer aux idolâtres du classicisme répudiant sans mesure toute inspiration romantique que l'idéal d'un classicisme achevé serait pourtant la conversion à leur identité concrète des deux extrêmes suivants : un élément existentialiste selon lequel le sujet est son œuvre, où le sujet se forge plutôt que de forger une œuvre ; et un élément du romantisme : l'œuvre est sujet, l'artiste fait de lui-même en tant que sujet l'objet de son inspiration ; l'unité des deux, qui les transforme intrinsèquement, est ceci : l'objet auquel est ordonnée l'activité de l'artiste est tel qu'il enveloppe l'activité subjective ayant présidé à sa genèse, et cet enveloppement est destiné à servir de substitut au désir de produire une œuvre qui soit sujet, ainsi d'objectiver l'essence comme sujet du processus dont le réel est le résultat. Cette identité concrète d'un sujet se faisant lui-même comme objet de son activité, et d'un objet se faisant sujet immanent de sa propre objectivation, est impossible dans l'élément de l'art qui est transitif et objectivant. Mais il est un moment où l'on s'approche au mieux de cette unité dans l'élément de l'art, et il n'est pas interdit de le discerner dans le Baroque. Parce que l'équilibre entre les deux extrêmes est précaire, et qu'on refuse de quitter la sphère de l'art pour faire se réaliser son vœu ultime (religieux) au-delà de lui, on en vient, en passant par les outrances romantiques, aux aberrations contemporaines, tels les « shows avant-gardistes », c'est-à-dire les « happenings » introduits en France par le « poète » et « plasticien » Jean-Jacques Lebel dans les années 1960 : l'œuvre d'art est l'artiste lui-même faisant une « œuvre d'art » qui dès lors peut être n'importe quoi, et qui de ce fait est effectivement n'importe quoi.

L'art classique, illustré par exemple par Vinci, Dürer, et Raphaël, s'étend sur une période qui va de la fin du XVe siècle au début du XVIIe. L'art baroque, illustré par Rubens et Rembrandt (XVIIe siècle) s'étend de la fin du XVIe siècle au milieu du XVIIIe. Au souci de parfaite symétrie expressif d'un idéal d'intelligibilité (mais d'une intelligibilité de type cartésien, mathématique et non métaphysique), propre aux Classiques (on le voit dans *La Cène* de Vinci et dans *L'École d'Athènes* de Raphaël), les Baroques — qui se voulaient classiques — opposent, ou plutôt ajoutent, un idéal de vitalité obligeant à faire investir, dans la rationalité du classicisme, une dimension d'irrationalité, mais sous l'égide du rationnel, en ce sens qu'il s'agit désormais de signifier qu'il est rationnel qu'il y ait de l'irrationnel ; on l'aperçoit dans *Les Pèlerins d'Emmaüs* de Rembrandt. Chez les Baroques, il ne s'agit nullement de s'insurger contre l'intelligible, mais plutôt de faire resplendir l'Idée dans sa vertu dynamique de produire la réalité, ainsi de se faire le sujet de sa réflexion positionnelle d'exister ou de réalité. Si la subjectivité s'introduit dans l'œuvre, c'est pour en faire l'analogue de la vitalité de la forme créatrice. Le Baroque, comme aspiration à la totalité (la réalité est l'identité concrète du rationnel et de l'irrationnel, l'Idée victorieuse du chaos dont elle se fait provenir et en lequel elle se risque), est en quelque sorte et par définition « catholique » (l'universalité étant convertible avec la totalité), et, de fait, postérieur à la Renaissance classicisante et opposé à l'austérité désincarnée du protestantisme ; il est le mode artistique d'expression de la Contre-Réforme catholique (le concile de Trente se déroule de 1545 à 1563) et rayonne dans les œuvres du Bernin, de l'esplanade de la Basilique Saint-Pierre à Rome à *Sainte Thérèse en extase* de l'église Sainte-Marie-de-la-Victoire. Sans cesser d'être classique dans la fin qu'il poursuit (dévoiler le beau entendu comme identité concrète du vrai et du bon), le Baroque, qui culmine en musique avec Bach, n'hésite pas à décrire l'inquiétude et l'angoisse, ou à user, pour objectiver cette réflexion de l'Idée en Nature (mais définitionnelle de l'Idée, et en quoi se résout la production artistique), du théâtre dans le théâtre, comme on le voit chez Corneille (*L'Illusion comique*) et Shakespeare (*Hamlet*).

L'incurvation romantique du sujet sur lui-même est le versant esthétique de l'esprit révolutionnaire jacobin, la traduction poïétique de la « *sola fides* » volontariste luthérienne transcrite, par Kant, en incurvation de l'entendement sur ses propres catégories désormais incapables de se reconnaître une portée nouménale. Cette incurvation est parvenue à avoir gain de cause après que le classicisme jansénisant, postérieur au baroque — qu'il enterrera mais qui sera lui-même balayé par le romantisme subjectiviste —, aura dédaigné, sur le fondement d'une fausse conception de la vraie tradition, l'invitation baroque à intégrer la subjectivité à l'objectivité de l'œuvre ; ce dédain est évidemment regrettable, car l'invitation baroque, se purifiant avec le temps d'un certain maniérisme, eût été la seule manière pérenne de prévenir les ravages du romantisme.

Les scansions de cette dérive se retrouvent, *mutatis mutandis*, dans le domaine politique, qui vit les tenants de l'ordre ancien balayé par l'esprit révolutionnaire mépriser l'espérance fasciste pourtant objectivement inscrite dans les vœux de l'Ancien Régime. Cette espérance fut méconnue par les laudateurs bien-pensants de ce dernier, et complètement incomprise par les velléités modernes et contemporaines de restauration de cette monarchie. Cela tient au fait que de tels nostalgiques s'étaient fourvoyés dans l'illusion d'optique selon laquelle, puisque le fascisme procède de la Révolution jacobine, il serait de même nature qu'elle.

L'avènement des décadences et subversions polymorphes, en philosophie spéculative, en morale, en politique, en art, en théologie, est toujours la réalisation en acte, mais dévoyée, d'une virtualité contenue dans la doctrine des dépositaires de la vérité et du bon goût. N'ayant pas su discerner ces virtualités dans leur propre héritage, ils les ont laissées fleurir hors de leur camp, mais fleurir en poussant de travers. De sorte que le dépassement des décadences et subversions n'est jamais un retour en arrière, mais une réappropriation de ce qui fut confisqué par les corrupteurs chez lesquels il faut bien aller le chercher puisqu'il fut ignoré par ses dépositaires légitimes. C'est peut-être dans l'élément du romantisme le plus réussi que le classicisme non réduit à un formalisme trouvera les conditions de son renouvellement et parviendra à en finir avec le subjectivisme consubstantiel au romantisme et à ses rejetons vénéneux.

ONZIÈME DEVOIR
— commentaire de texte —

L'esprit de commerce

« La Démocratie n'est nullement un système politique ; elle serait plutôt la négation de tout système politique, car la Hiérarchie, et l'obéissance religieuse qui est attachée à toute hiérarchie, sont éliminées par l'effort démocratique, qui, considéré de ce côté, est toujours anarchique au fond. Mais une négation n'est rien. Le positif de la démocratie, et qui n'est pas peu, est un effort pour régler toute la vie sociale d'après la Justice d'Échange, et donc sous l'idée d'Égalité. (...) Autant donc que l'esprit démocratique triomphe en nos sociétés, c'est l'Ordre Mercantile qui triomphe. (...) Il faut (...) considérer avec attention ce droit de propriété, à la fois né des échanges et condition des échanges et qui se trouve lié par ses racines avec l'égalité des personnes. Supposez la propriété commune instituée partout, ce qui est d'ailleurs le régime des armées, et aussitôt il faut dire adieu à la Justice commutative, humble, mais qui a du moins ses règles, pour revenir à la Justice distributive, toujours despotique en ses démarches décisives, puisque tout dépend finalement, aux frontières de l'obéissance, de l'appréciation du maître, sans aucun recours à l'arbitre, comme on voit lorsque le caporal donne un ordre ou lorsque l'examinateur apprécie une composition de candidat.

« Il apparaît donc que c'est l'ordre mercantile (...) qui porte tout notre droit moderne, qui, à vrai dire, n'a point changé depuis les anciens temps, mais s'est seulement étendu, passant du commerce des choses à l'achat de la force de travail, et s'efforçant par ce chemin de soumettre la puissance politique et même la puissance militaire, qui n'existe que par le travail forcé. Afin de mieux apprécier ce puissant effort (...), il faut considérer que le Travail Forcé, sans espérance, sans confiance, sans crédit, séparé enfin de la Justice commutative, descend de lui-même à ce niveau qui permet tout juste au travailleur de manger. L'excédent se trouve à peu près annulé, d'où une misère universelle, contre quoi nul

> pouvoir ne peut rien (...). Aussi voyons-nous que la force armée est toujours attentive à protéger la propriété, les marchés, les juges et les lois, afin d'établir et de conserver le Crédit. C'est par ces lois inflexibles que les rois furent dans la dépendance des banquiers (...). Ainsi meurt et mourra le régime tyrannique dès qu'il s'attaque à l'Économique. »
> **Alain**, *Études*, Idées, Gallimard NRF, 1968, p. 105 à 110, « L'Esprit égalitaire » (*Les Idées et les Âges*, 1927).

On aura beau dire à l'homme moyen que les choses vont mieux aujourd'hui que jadis, que l'homme est plus éclairé qu'il ne le fut jamais, que le genre humain est enfin adulte, que l'obscurantisme disparaît, que la science dissipe les miasmes de la superstition, que l'homme est enfin libre qui, revenu de toutes les idéologies, de tous les fanatismes religieux, ne s'en laisse plus conter ; que les maux sociaux du passé furent des crises de croissance dont il maîtrise aujourd'hui la portée et le sens, que certes le monde est dans l'incertitude dans sa confrontation avec les bouleversements de la mondialisation, mais qu'il dépassera de telles angoisses comme il a dépassé les autres : que tout est affaire d'homogénéisation du monde et que bientôt, après quelques soubresauts douloureux, la différence entre Monde occidental et Tiers-Monde sera obsolète ; que cette homogénéisation consommée sera facteur de paix éternelle en tant qu'avènement d'un monde nouveau dont toute l'histoire passée n'aura été que la succession des douleurs de son enfantement ; que les intégrismes du jour ne sont que des hystérèses ou des produits de manipulations sans lesquelles ils n'auraient pas vu le jour ; que le progrès technique est devenu si performant qu'un temps viendra où l'homme pourra se livrer, débarrassé de l'aliénation ancestrale du travail, à l'épanouissement de ses qualités personnelles et à la culture de sa créativité oblitérée jusqu'à présent par la seule obsession de survivre et l'antique malédiction du travail ; quelque naïf et vaniteux que soit l'homme en sa propension à se mentir, à se croire plus éclairé, plus savant et plus intelligent que ses ancêtres, un murmure de conscience accusatrice ne cessera de lui signifier que, peut-être, l'humanité est sur une pente descendante, même si, mieux nourrie, mieux soignée et beaucoup plus oisive qu'avant, elle a désappris de souffrir et de se sacrifier. Il en est ainsi parce que l'homme actuel se sent d'abord insondablement fatigué ; il s'éprouve tel le rejeton d'une fin de cycle, il sait que sa race et sa culture seront bientôt débordées et balayées par l'immigration extra-européenne massive, prolifique et conquérante. Il sait aussi comparer entre le Centre Beaubourg et la cathédrale de Chartres, entre le Colisée et les Twin Towers, entre un grand vin et le coca-cola, entre Haendel et Pierre Boulez. Il sait encore constater que ses ancêtres savaient rire d'un rire libérateur et roboratif, et éprouver de la joie, au lieu qu'il ne sait plus que se livrer aux rires crispés des cyniques, et jouir frénétiquement dans l'angoisse. Il sait enfin pressentir que la vie n'a un sens et que — à moins de se réfugier dans le mensonge à soi — l'homme n'est supportable, à lui-même et aux autres, que pour autant qu'il sait se sacrifier pour une cause. Si la seule préoccupation de l'homme est de s'épanouir en se prenant pour fin, il entrevoit la contradiction en laquelle il s'enferme, de s'avouer imparfait du fait des besoins qui l'assaillent, et de ne consentir à aimer que des biens dont il se veut la fin, comme s'il était plus aimable qu'eux, se voulant leur raison d'être.

Notre contemporain sait bien qu'en se prenant pour fin il se rend absurde, même s'il est incapable de se ressaisir et de se détacher de lui-même. Or ce qui contribue à l'empêcher de se libérer de soi-même, de reprendre le flambeau de l'héroïsme ordinaire qui fut celui de tous nos aïeux, c'est peut-être un sentiment de fatalité, une voix insidieuse et fielleuse comme le mensonge mais calme et douce comme les injonctions raisonnables : il existerait une logique du pire à l'œuvre dans toutes les civilisations, selon laquelle les efforts de redressement ne seraient que des sursis. Et Alain nous expose ici une modalité de cette vision fataliste. Quelque soucieux de ses prérogatives que soit le pouvoir politique en sa prétention à se subordonner l'économie comme la forme arraisonne la matière rétive, c'est toujours l'économie qui, selon cet auteur, a le dernier mot et, avec et par elle, la démocratie dont les lois de l'économie sont porteuses en leur lutte implacable contre les prétentions coercitives de la politique : la démocratie n'est pas un régime politique, une forme politique d'exercice du pouvoir, elle est l'exténuation du politique, elle est ce qui reste de la société quand le politique l'a désertée pour donner libre cours au magistère sans rival de l'économie souveraine, elle est le mode de vivre ensemble propre à la souveraineté de l'économie libérée pour toujours des liens qui la limitaient en la subordonnant.

Tout ce qui, en matière de politique, prétend juguler l'Économique sera brisé, parce que le Politique, toujours par nature enclin à se subordonner tous les aspects de la vie sociale, requiert la libération de l'Économique s'il entend ne pas mourir de faim, cependant qu'il est de l'essence de l'Économique de s'insurger contre la férule du Politique se révélant par là, en dernier ressort, intrinsèquement contradictoire : qu'il s'y soumette ou qu'il le répudie, le Politique sera toujours dévoré par lui ; mais l'Économique est le système démocratique débarrassé de ses justifications politico-morales plus ou moins illusoires ; donc tout ce qui s'oppose à l'Économique s'oppose à la démocratie ; or la démocratie s'oppose — par la définition qu'elle se donne afin de se justifier — à la tyrannie ; dès lors, tout ce qui s'oppose à l'Économique est par essence tyrannique. Telle est l'idée centrale du texte.

Se fait jour, dans ces déductions en cascade, l'idée que l'Économique est le Bien ; que le Politique, en tant que pouvoir de l'homme sur l'homme, est contre nature et représente le Mal ; que pourtant — quelque effort que fasse Alain pour plaider en faveur du positif de la démocratie — ce fatalisme ne rend pas l'homme heureux, et que les raisons qu'il aurait de s'estimer et de trouver un sens à sa vie (les deux choses s'impliquent réciproquement) seraient du côté du refus prométhéen — même si Prométhée doit avoir le destin de Sisyphe — de consentir au diktat de l'Anankè économique. Alain confessait en effet, dans son *Journal intime*, en juillet 1940 : « J'espère que l'Allemand vaincra ; car il ne faut pas que le général de Gaulle l'emporte chez nous. Il est remarquable que la guerre revient à une guerre juive, c'est-à-dire à une guerre qui aura des milliards et aussi des Judas Maccabées. Qui peut savoir ? Je ne crois pas absurde de faire débarquer 400 000 hommes en Angleterre. » Ce qui signifie qu'il ne se faisait guère d'illusions sur le mensonge démocratique ; il y a ce qu'on écrit, mais aussi ce qu'on dit, et encore ce qu'on pense et qu'on ne confie, au reste imprudemment, qu'à son journal privé, dans l'espoir secret mais non avoué que ce journal en vienne à être lu un jour. Le radicalisme d'Alain le rend attaché aux « acquis » de 89, mais cette prééminence de la liberté entendue socialement comme indépendance le rend suspicieux et même hostile à l'égard de quelque forme d'embrigadement que ce soit, qu'il s'agisse du parti de la guerre, de l'engouement nationaliste, des manipulateurs israélites poursuivant leurs fins hégémoniques, du parti des trusts (il aime les petits ateliers et la paysannerie, abhorre les grandes entreprises) ou du parti collectiviste. Mais si ce tour d'esprit le rendait pacifiste, il est douteux qu'il ait consenti, fût-ce secrètement, à préférer la victoire de l'Allemagne à celle des Gaullistes, au nom de sa seule pathologie de l'indépendance à la manière presque poujadiste du terme, parce qu'il ne pouvait pas ignorer que l'individualisme le faisant freiner des quatre fers devant les risques d'embrigadement planant de manière polymorphe sur les acteurs de la cause des démocraties risquerait fort d'être mis à mal, dans une perspective certes autrement plus noble, par les fascismes victorieux. C'est pourquoi il est permis de penser que, héritier des principes de 89 dont il retint essentiellement le refus du principe traditionnel de l'autorité, il en est progressivement venu, désabusé, à faire se retourner contre eux-mêmes de tels principes, constatant que le parti des insurgés contre l'ordre des choses (parti dont il se fait encore le héraut dans le texte ici étudié) est encore lui aussi une forme d'embrigadement, ne valant pas mieux que les autres plus classiques, et plus honnêtes en tant que plus cohérentes et plus avouées ; et cette critique implicite de ses propres convictions s'accompagna probablement d'une remise en cause de son idée fixe : à quoi bon l'indépendance, en dernier ressort, si, utile le temps de se dégager des mauvaises causes, elle ne s'accompagne pas du service d'une bonne cause ?

Un observateur honnête sait aisément discerner le bien-fondé du constat qui précède en interrogeant ses contemporains qui, tous, lui signifient plus ou moins directement ceci :

Il y a du chômage mais c'est une fatalité économique, il est structurel et nécessaire à la mondialisation elle-même requise à moyen terme par l'enrichissement de tous. Les élections ne servent pas à grand-chose — tout est déjà joué avant qu'elles ne se déroulent, et déjà par le simple fait de la sélection des candidats selon des critères échappant complètement à la souveraineté du peuple — mais on ne peut s'en passer sans quoi ce serait la tyrannie. L'immigration qui est en passe de détruire trois mille ans de civilisation, les lois sur le mariage des invertis, la suppression de la peine de mort, suscitent la nostalgie des Trente Glorieuses qui donnèrent l'illusion d'un monde capable de concilier progrès matériel fulgurant et maintien des valeurs spirituelles traditionnelles, mais il faut être réaliste, cela ne pouvait pas durer indéfiniment. L'inflation des fichages et les surveillances inquisitoriales sont bien ennuyeuses, mais elles constituent le prix à payer à l'exigence de prévisibilité que requiert la sécurité dans tous les domaines ; le monde se désenchante sous la pression des visions techno-scientifiques de la vie, qui chassent sans retour toute considération des fins ; le progrès technique entretenu par la multiplication des échanges économiques induit des comportements individualistes ablatifs de la vie de famille, de la spontanéité des rencontres amicales, des joies de la conversation ; l'ouverture toujours plus nombreuse de voies autoroutières, qui détruit la campagne et rend impossible, en quelque lieu que ce soit de cette France-carrefour, la découverte des bienfaits du silence ; tout cela, oui, est fort regrettable, mais que voulez-vous, on ne revient jamais en arrière, et personne au fond n'entend revenir en arrière pour y retrouver l'inconfort des maisons mal isolées, la hiérarchie dans les familles à direction patriarcale, la frustration sexuelle, la vie lente et monotone, le silence des couvents, l'ordinaire des vies personnelles qui se déroulaient parfois tout entières sur moins de cent hectares, la rareté du renouvellement des élites, l'absence d'aventure, la pénibilité du travail physique, l'invitation à la méditation — immanquablement porteuse de l'horizon de la mort — que rendait possible l'absence des gadgets et autres formes artificielles de divertissement, « la vie simple aux travaux ennuyeux et faciles », tout cela suscite un effroi plus glaçant, chez l'homme d'aujourd'hui, que la prise de conscience du caractère déshumanisant et profondément médiocre, spirituellement parlant, du monde actuel. C'est ainsi que, Monsieur le réactionnaire tourmenté, vous perdez votre temps à prétendre contribuer à changer les choses. Cessez de vous lamenter, ou bien plutôt dépêchez-vous de mourir, votre tristesse même est vaine ; le temps des chevaliers, c'est fini ; la figure du guerrier, c'est dépassé ; le monde moderne, c'est la revanche du boutiquier sur l'aventurier, de l'économiste sur l'esthète, du bourgeois sur le saint, de l'échappé de ghetto sur les faiseurs de peuples et d'empires, et au fond c'est très bien ainsi. La liberté est la nécessité comprise, épousons le monde tel qu'il est. Le sublime, la spiritualité, l'héroïsme, ce sont des bulles de savon, c'est comme les bulles financières qui éclatent tôt ou tard ; la réalité est triviale et médiocre par essence, telle une pâte ingrate travaillée en vain pour lever ; au commencement étaient le trivial et le lourd, et c'est en lui que tout finit ; autant le savoir et l'accepter si l'on entend éviter la déception et le ridicule. Et c'est bien ce que professe aussi Alain dans cet autre texte qui n'est ici évoqué que pour éclairer le premier :

« L'échange crée des liens forts. L'activité de la plupart des hommes se passe en marchandages. Et, quoique marchands et acheteurs semblent vouloir se tromper les uns les autres, l'un feignant de n'être pas pressé de vendre et l'autre de n'avoir pas besoin d'acheter, on se tromperait beaucoup en considérant comme une sorte de vol l'opération heureuse qu'ils espèrent l'un et l'autre. Le vol et le voleur sont parfaitement définis par l'acte de prendre le bien d'un homme sans qu'il y consente, soit qu'il l'ignore, soit qu'il soit forcé. Au contraire c'est le consentement qui détermine tout marché (…). La publicité des marchés est une institution aussi ancienne que le commerce, et qui fait voir une profonde sagesse. Quand le cours s'établit par des marchandages, qui sont comme des enchères diffuses où chacun limite prudemment les concessions, c'est comme si chacun prenait conseil de tous, et s'assurait d'avance d'être approuvé par tout homme raisonnable (…). Un marché est (…) le plus bel exemple de l'élaboration d'opinions vraies dans une réunion d'hommes ; c'en est même, à bien regarder, le seul exemple. Car, dans les réunions qui n'ont pas pour objet le commerce, les opinions vraies ou fausses en chacun sont plutôt confirmées qu'éclairées (…). Si l'on veut expliquer d'où sont venues dans notre espèce les idées communes d'investigation, d'enquête, de critique des témoignages, il vaut mieux considérer le marché que le prétoire (…). L'achat et la vente sont nos maîtres de raison. Les assises de toute Humanité sont donc économiques. Les modèles de la paix, de la justice et du droit sont dans ces heureux échanges, si communs et si peu remarqués, d'où le vendeur et l'acheteur s'en reviennent contents l'un et l'autre (…). Ces remarques ramènent à considérer toujours attentivement les relations d'échange comme formant l'armature de toute société humaine un peu étendue. Et le préjugé Marxiste est sain pour l'esprit, d'après lequel toutes les transformations des sociétés sans en excepter les institutions, les croyances et même les idées, résultent toujours et sans exception d'un certain changement dans le régime de la production et des échanges. Et ce système est très bien nommé le Matérialisme de l'Histoire » (Alain, *Études*, Idées, Gallimard NRF, 1968, p. 99 à 105, « L'Esprit de commerce » [*Les Idées et les Âges*]).

La dialectique aristotélicienne, examen critique des arguments probables, l'idéal de la Justice, le fondement de la vie spirituelle, de l'art, de la religion, de la philosophie, la divine surprise et la douceur purificatrice des amitiés réussies, tout cela est un épiphénomène de la matière, résulte de l'esprit et de la pratique du commerce, et se résout prosaïquement en lui. Il n'y a donc rien à faire pour humaniser ce monde, et au reste le monde n'a pas à être humanisé, il l'est déjà, parce que l'homme est matière ; l'humaniser au sens où l'entendent les idéalistes, cela reviendrait à l'« angéliser », et cela, mon bon Monsieur, c'est vraiment ce qui n'est pas souhaitable, il n'y a rien de tel pour rendre la vie infernale.

Il sera procédé ici à une explication du texte d'Alain, et à une réflexion critique s'efforçant à mettre en évidence les conditions à raison desquelles pourrait être déjoué le réalisme désespéré — ou plutôt le désespoir consenti à prétention réaliste — de l'auteur.

La première phrase du texte est riche d'informations. D'abord la démocratie n'est pas un régime politique, elle est plutôt la négation du Politique en général. Un non-démocrate se lamente de ce pouvoir démocratique destiné à dissoudre tout pouvoir politique, mais Alain s'en réjouit. Quoi qu'il en soit, l'auteur est fondé à définir ainsi la démocratie. Est politique ce qui est relatif à la *Polis*, à la cité qui a raison de fin pour les autres communautés naturelles, et qui a raison de fin parce qu'elle est finalisée par un bien dont le propre est d'être raison des autres biens, à savoir le bien commun. S'il est vrai que, comme transcendantal, le bien est convertible avec l'être et l'Un, la primauté du bien commun sur le bien particulier fait qu'il a plus d'unité que celui-ci. Or l'unité d'un tout d'ordre — c'est-à-dire d'un tout à vocation organique mais dont la forme, non substantielle, exclut qu'elle soit la raison première, ontologiquement, de ses parties —

suppose l'efficience d'une volonté singulière pour être réalisée, ainsi d'une volonté qui donne à ce tout l'unité dont elle est dotée en tant qu'elle est personnelle. Or une démocratie réelle, par-delà les utopies grandiloquentes de ses laudateurs, n'est qu'une pétaudière invivable (et c'est pourquoi elle se trahit pour subsister, entretenant en son sein une direction non démocratique inavouable) qui, laissant proliférer, en donnant autant d'importance aux volontés déviées qu'aux volontés droites, les opinions et les exigences les plus contradictoires, n'obtient que la paralysie générale, c'est-à-dire l'annulation des volontés les unes par les autres ; mais de ce fait, sans volonté *du tout* pris comme tout, elle est telle que le tout perd son unité, de sorte que la cité se décompose. La démocratie est le régime de l'anarchie, c'est-à-dire l'absence de régime. À l'idée de régime politique est logiquement liée celle de hiérarchie, ce qu'il convient d'expliquer :

Comme réalisation en acte, à l'intérieur d'une communauté historique de destin déterminée, de toutes les potentialités de la nature humaine, la cité ne saurait se contenter de faire prévaloir de manière exclusive la plus haute de ces potentialités, car le supérieur ne serait pas tel s'il ne se faisait assomptif de tous les degrés inférieurs qu'il dépasse. La doctrine classique de la participation enseigne que ce qui est premier dans un genre est cause de tout ce qui appartient à ce genre, mais il en est ainsi parce que le premier est d'autant plus élevé dans l'ordre de la causalité qu'il donne plus à ce à quoi il se communique, jusques et y compris le pouvoir de réceptivité de ce dernier qui alors, recevant tout de sa cause, reçoit l'acte qui le perfectionne *et* la puissance à être perfectionné par cet acte ; mais cela même n'est possible que si le causé est donné à lui-même, selon un don faisant s'identifier le don et le donataire. Cela dit, la cause ne saurait s'épuiser dans l'exercice de son don, ainsi dans l'usage de sa vertu causatrice, car s'il en était ainsi on aboutirait à cette impossibilité selon laquelle une cause perdrait son pouvoir de causer dès l'instant où elle l'exerce ; il faut dire au contraire qu'une cause possède d'autant plus sa vertu causatrice, souveraine et immobile, qu'elle exerce sa causalité avec plus de prodigalité, et c'est en cela que le bien est de manière générale défini comme diffusif de soi. Cela dit, ce qui est d'autant plus riche, d'autant plus apte à donner, qu'il donne plus, c'est ce qui consiste dans l'acte de se donner lui-même à lui-même puisque, dès lors, en donnant, il opère en confirmant son être, il se régénère dans l'acte de s'aliéner. Or ce qui consiste dans l'acte de se donner soi-même à soi-même, c'est ce qui a ce qu'il est, et ne l'est qu'en tant qu'il l'a ; mais avoir ce qu'on est, c'est n'être pas ce qu'on est (pour l'avoir), et être ce qu'on est dans l'épreuve de cette altérité par rapport à soi. Et cette dernière condition est remplie seulement dans l'acte de nier souverainement la négation de soi en laquelle on s'anticipe, c'est être la réflexion sur soi positionnelle de son départ. Mais être cela, c'est se faire assomptif de tous ses degrés d'être inférieurs, jusques au néant de la perfection qu'on exerce, et corrélativement se reconduire réflexivement à soi par l'acte de confirmer cette altérité par rapport à soi. Le premier du genre n'est tel que s'il est cause de tout ce qui appartient à ce genre, et il n'en est cause que parce qu'il assume en lui-même et préalablement à l'exercice de sa causalité, en se faisant souverain de tout ce dont il se fait dépendre, tous les degrés du genre dont il est le premier ; c'est même dans l'épreuve de son aptitude à aller jusqu'au bout de sa propre finitude qu'il dépasse tous les degrés finis de la perfection qu'il exerce, et qu'il est son absoluité en tant qu'il les dépasse. On voit là qu'il n'est pas d'excellence d'une perfection sans l'exposition de la hiérarchie de ses degrés inférieurs. C'est en cela que saint Thomas d'Aquin enseigne que la création serait moins parfaite si tous les degrés de perfection n'étaient pas réalisés (*Somme théologique*, I^a q. 48 a. 2 : la perfection infinie de Dieu ne pouvait être analogiquement signifiée que par une pluralité de perfections finies concourant à la bonté du tout). Dès lors, la cité, comme réalisation en acte de toutes les potentialités de la nature humaine, est nécessairement une hiérarchie. De surcroît, comme l'indique l'étymologie, il y a quelque chose de sacré, par là de naturellement religieux, dans l'idée de hiérarchie politique, car toute mesure qualitative, définitionnelle des degrés de la hiérarchie, se prend à l'aune d'un maximum idéal. Or la nature humaine n'est idéalement réalisée qu'en Dieu, en tant qu'Idée divine créatrice. Donc l'obéissance à la hiérarchie revêt nécessairement quelque chose de religieux. Or la démocratie, qui fait de chaque homme un petit souverain exclusif de tout rival, est le refus de toute obéissance religieuse qui, par définition théocentrique, est incompatible avec cet anthropocentrisme définitionnel de la souveraineté populaire. Donc la démocratie est bien le refus de toute société organisée.

Ce résultat acquis, Alain, dans les phrases deux, trois et quatre, s'emploie à mettre en évidence les mérites de la démocratie dont il a seulement, jusqu'à présent, souligné le pouvoir négateur de tout ordre. Le mérite essentiel selon lui consiste dans le fait que toute la vie sociale y est réglée d'après la Justice d'Échange, c'est-à-dire la justice commutative, laquelle s'exerce sous l'idée d'égalité. Il semble que l'égalité soit perçue par lui comme un bien du fait qu'elle exclut la possibilité de la dépendance de l'homme à l'égard d'un autre homme, ou du pouvoir de l'homme sur l'homme, de sorte que ce qui est visé à travers l'égalité, c'est la liberté entendue comme indépendance ; Jean-Jacques Rousseau, dans le *Contrat social*, concevait lui aussi la liberté de cette façon : dans l'état de nature, l'homme est libre en ce sens qu'il ne dépend que des choses, et la société à reconstruire sur le principe du contrat aura pour propos de conserver, de la société hiérarchique, les mérites du progrès intellectuel et technique, mais en faisant revivre l'indépendance propre à l'état de nature que cette société avait détruite (« l'homme est né libre, et partout il est dans les fers »). C'est aussi ce qui explique l'attachement farouche d'Alain au principe de la propriété privée, qui permet au propriétaire de se rendre matériellement indépendant, jusqu'à un certain point, de l'État et de ses concitoyens. Si l'on observe, conjointement, que la démocratie est anarchique et asociale en tant même que fanatisme de l'indépendance, mais qu'une certaine forme de vie relationnelle doit être préservée pour ne point retourner à l'état de nature propre à l'homme en sa manière d'être « animal stupide et borné », on comprend qu'Alain tienne à fonder sa société sur le principe de la Justice d'Échange : l'échange commercial suppose à la fois commerce avec autrui, à la fois égalité. Ce qui invite à montrer en quoi l'échange régi par la seule justice commutative, ainsi par l'échange commercial « libéré » de toute contrainte politique, a pour condition de possibilité et pour effet l'égalité.

La justice, vertu cardinale, est cette disposition qui permet, en perfectionnant moralement l'âme qu'elle habite, de viser l'ordre en toute chose. Mais il existe une réciprocation de causalité entre l'âme et la cité, comme le montre Platon en *République* IV : la cité n'est pas sans les individus qui s'intègrent en elle, mais ils ne sont pas sans elle qui les fait advenir à leur propre humanité, de sorte que, comme toutes les choses qui s'impliquent réciproquement, l'individu et le tout sont identiques « *secundum quid* » ; ils le sont quant à la forme, en ce sens que c'est l'économie ontologique de la même structure qui les régit ; d'où la conception tripartite de la cité qui répond à celle de l'âme ; Aristote à sa manière enseigne la même chose : au livre I de sa *Politique*, il montre que la cité est la fin des autres communautés naturelles, et que la nature d'une chose est sa fin, laquelle est son bien le meilleur ; mais il ajoute que « la cité est par nature antérieure à la famille et à chacun de nous pris individuellement. Le tout est, en effet, nécessairement antérieur à la partie, puisque, le corps entier une fois détruit, il n'y aura ni pied ni main, sinon par homonymie ». Puis donc que la cité est antérieure à l'individu sous le rapport de la causalité, c'est qu'elle a raison de fin pour l'individu lui-même, car toute chose fait retour à ce dont elle procède. Dès lors, elle est le bien le meilleur de l'homme et l'expression de sa nature profonde ; qu'est-ce à dire, sinon que, étant la nature même de l'homme, celle qui lui est intérieure (son essence) et celle en laquelle il s'inscrit (celle de la cité) ont même structure ontologique ? Mais alors, à la justice entendue en son acception morale correspond une justice politique nommée justice générale, qui ordonne au bien commun les actes des membres d'une société ; la justice est ainsi ce principe qui ordonne à chacun de remplir sa propre fonction, dans l'homme où elle hiérarchise ses puissances opératives, et dans la cité où elle hiérarchise les fonctions sociales ; elle est l'ordre qu'impose à l'homme et à la cité la nature profonde des choses. Or le bien commun d'une totalité organique a un double statut, ou plutôt il peut être considéré sous un double rapport : d'abord comme bien du tout pris comme tout, ensuite comme le meilleur du bien particulier de chacun des membres de ce tout. En tant qu'immanent au bien particulier, le bien commun peut et doit être considéré du point de vue de la justice particulière, laquelle concerne le bien particulier de chaque individu. Cela dit, une dans l'âme et dans la cité prise comme tout, la justice se divise dans la cité considérée du point de vue de ceux dont elle est la fin : la cité n'est pas une forme substantielle, mais une forme accidentelle en tant que tout d'ordre ; donc le rapport du tout aux parties n'est pas absolument identique au rapport de la partie à la partie, ce qui aurait lieu si la vie dont vit chaque partie était absolument la vie du tout, comme dans un être vivant substantiel. Aussi la justice particulière se subdivise en justice distributive et en justice commutative.

La justice distributive est celle qui concerne le rapport du tout à la partie, et qui définit une distribution des biens et des charges publics proportionnelle aux mérites et aptitudes de chacun ; elle est fondée sur l'égalité géométrique, dans un contexte social où la différence entre le privé et le public, réelle, n'exclut pas que le privé ait en dernier ressort une vocation publique : se suicider, attenter à sa vie individuelle, qui est le meilleur bien privé, n'en est pas moins une injustice dans la mesure où celui qui se tue prive la cité des efforts qu'il aurait pu déployer pour la servir. La justice commutative, fondée sur l'égalité arithmétique, concerne les rapports entre particuliers, et elle a pour vocation de régir les échanges. Ces derniers peuvent avoir une portée pédagogique et morale, dans la mesure où les hommes aiment échanger afin d'actualiser leur tendance au juste. Et l'objet de la justice particulière est le droit, c'est-à-dire le juste inductivement circonscrit par la vertu du juge, ainsi le rapport le mieux ordonné où, comme le dit Michel Villey, l'on reconnaît la valeur de l'ordre dans lequel sont réparties les choses distribuées entre les personnes.

On dispose à présent des éléments requis pour comprendre l'argumentation d'Alain. Celui qui opère selon la justice distributive, c'est l'autorité de l'État, exercée par ses représentants à tous les niveaux hiérarchiques de la communauté. Mais les échanges privés, les échanges *commerciaux*, n'ont pas d'arbitre, ils sont pratiqués sans une autorité tutélaire, puisqu'ils ne s'actualisent que moyennant la libre volonté des échangeurs s'entendant sur un prix, au terme d'un marchandage. Chaque échangeur est son propre maître, il est *indépendant*. Dès lors, si seules sont supportables, aux yeux d'Alain, les relations humaines ne compromettant pas la liberté entendue comme indépendance, et au contraire tendant à la favoriser, alors seule la justice commutative est recevable, par là le sont seulement les relations d'échanges fondées sur et inspirées par le commerce. Mais on a vu que l'indépendance considérée comme valeur équivaut à l'égalité, car toute inégalité induit une dépendance, directe ou indirecte. Et le régime fondé sur l'égalité est la démocratie. Donc il y a coextensivité entre prospérité de la démocratie et prospérité de l'Ordre mercantile.

Montesquieu insistera beaucoup sur le fait que le commerce est la profession des gens égaux, c'est-à-dire des roturiers riches, ainsi des bourgeois. On le comprend si l'on se souvient qu'une société d'ordre est une société d'ordres. Une société d'ordre est une cité qui se reconnaît une nature normative ne dépendant pas des caprices, appétits et rapports de force induits par les initiatives intéressées, anarchiques et individualistes de ses membres ; elle n'a pas pour forme ce qui serait le résultat aléatoire et mouvant de l'entrechoquement des libertés individuelles. Et la nature qu'elle se reconnaît est celle d'une projection dans le macrocosme social de la structure du microcosme personnel ; l'homme ne décide pas plus de la forme de la cité qu'il ne décide de la sienne propre. Et c'est pourquoi il existe des ordres, et non des classes, des genres hiérarchisés entre eux de fonctions sociales, en particulier de métiers eux-mêmes hiérarchisés entre eux. Par ailleurs, il existe ici comme en toute chose une solidarité entre qualité et quantité, chaque détermination qualitative ou essentielle ayant sa quantité propre, avec une certaine marge de variation et de contingence, mais fixée entre des limites au-delà desquelles la démesure quantitative induit un changement qualitatif, c'est-à-dire un désordre.

On obtient, dans cette perspective, que la quantité des biens distribués, et leur qualité, dépendent de l'ordre social auquel on appartient, chaque métier se révélant solidaire d'une manière particulière d'exercer son honneur professionnel, et plus généralement d'une manière de vivre particulière. C'est que, dans ce contexte, on n'exerce pas un métier pour gagner de l'argent ; bien plutôt on gagne de l'argent pour vivre selon son état, et l'on vit selon son état pour servir le bien commun, en l'occurrence pour exercer son métier dont la raison d'être est un service rendu à vocation publique. Dès lors, on ne vend pas n'importe quoi à n'importe qui, on n'achète pas n'importe quoi. Il est naturel que les goûts et les besoins puissent varier d'une personne à l'autre, d'une famille à l'autre, d'une époque à l'autre, et d'une région à l'autre. Mais cette variation doit se tolérer dans certaines limites définies par l'ordre naturel de la cité. Il en résulte que l'échange a pour forme naturelle le troc, en ceci qu'il est destiné à rendre complémentaires les fonctions sociales, et non à viser « *primo et per se* » l'enrichissement individuel ; et le troc peut quant à lui fort bien s'exercer par le moyen de la monnaie, représentant fiduciaire commode de la valeur des biens, mais pour autant que l'argent demeure un moyen, c'est-à-dire ne devienne pas fin en « faisant des petits » par l'effet contre nature du prêt à intérêt ; l'échange sur le marché est alors finalisé par la recherche dialectique (au sens aristotélicien) ou inductive du juste prix, c'est-à-dire le prix qu'il convient de reconnaître à un bien pour que soit pérennisé l'ordre social ; le juste prix est tel qu'il doit permettre au producteur de vivre selon son état, et rendre possible la vocation sociale du bien considéré, c'est-à-dire être accessible à ceux qui en ont besoin en fonction de leur état.

Si en revanche la distribution des biens, en qualité et en quantité, est livrée à l'appétit individuel déconnecté de toute mesure déterminée par une finalité politique (ultimement le bien commun), alors il est requis que n'importe quoi puisse être vendu à n'importe qui. Mais c'est là en retour bouleverser les hiérarchies sociales et égaliser les échangeurs qui se révéleront n'être inégaux que sous le rapport de la pure richesse matérielle. Et de fait, dans les sociétés démocratiques, les hommes de niveau social différent ont quand même les mêmes manières de se distraire, les mêmes lectures, les mêmes appétits, les mêmes références et inclinations culturelles, les mêmes préjugés, les mêmes aversions, les mêmes espérances. Jadis, les différences qualitatives faisaient que les hommes ne se comparaient qu'entre personnes du même état social. On obtient ainsi que dans une société individualiste, où seul l'entrechoquement des libertés décide de la forme résiduelle de la cité, les hommes sont qualitativement » égaux. Cela dit, le commerce, considéré dans sa différence d'avec le troc, est une guerre sans violence physique — et cela est inévitable puisque l'on est d'emblée placé, par lui, en climat individualiste par définition exclusif de tout bien commun —, dans laquelle chacun essaie de vendre le plus cher possible et d'acheter le moins cher possible, considérant l'échange non plus comme un moyen de subvenir à ses besoins définis par son état social, mais comme le moyen privilégié de s'enrichir. Le commerce ainsi entendu aura donc tout intérêt, pour proliférer, à émanciper les personnes des exigences de leurs états respectifs, ainsi à nier toute hiérarchie sociale qualitative ; mais la pratique du commerce aura aussi pour effet d'oblitérer les différences d'états, puisque chacun aura le loisir de substituer, aux conditions du respect des limites de cet état, l'enrichissement devenu fin dernière de la vie sociale. Telle est la raison pour laquelle l'égalité est à la fois la condition et la conséquence de l'échange commercial. Si l'on ajoute que dans l'échange commercial il est interdit d'avoir recours à d'autre force que celle de la persuasion pour l'emporter, et que l'autre ne doit pas être trop pauvre pour que l'on puisse lui vendre sa camelote, ni trop riche pour qu'il ne lui soit pas loisible d'exercer une position de force sur le marché qui en viendrait à compromettre le libre jeu de la concurrence, on s'aperçoit que, sous ces trois rapports, le commerce est effectivement la profession des gens égaux.

On aura compris qu'une société d'ordre, ainsi une société d'ordres, est d'abord régie par le principe de la justice distributive, puisque les relations privées entre personnes sont déterminées par la fin de la vie sociale qui est le bien commun. À l'inverse, dans une société individualiste, où chacun prétend être souverain, ainsi fin de la vie sociale, c'est-à-dire indépendant, il y aura nécessairement tendance à substituer la justice commutative à la justice distributive. Ce qui permet de mieux comprendre ce que Alain entend par « droit de propriété » dans la phrase cinq. Il ne s'agit pas seulement de la propriété en tant que telle, mais de la propriété entendue comme possession par principe dissociée du service médiat d'un bien commun. Dans cette perspective, une telle propriété est liée à l'égalité entre personnes, et par là elle est, elle aussi, à la fois condition et conséquence des échanges, comme le dit Alain. Et elle est liée à l'égalité entre personnes puisque, ne signifiant plus rien d'autre que la richesse quantitative, elle exclut toute qualité différentielle la rendant solidaire d'une vocation communautaire organique dans la vie d'une cité dont les parties, entendues comme autant de particularisations de soi du tout, seraient complémentaires et ordonnées à la vie du tout. Il est à présent possible d'en venir à l'explication de la dernière phrase du premier alinéa du texte d'Alain.

Le chaland peut flâner dans les grands magasins, il ne lui est nullement imposé de se faire escroquer en cédant aux sollicitations des marchands ; il n'a besoin que de lui-même pour se ruiner. Et le marchand n'est pas autorisé à lui imposer l'achat de sa camelote. Ils sont indépendants l'un de l'autre. Et si cette indépendance, qui tient dans le libre consentement, en vient par accident à être compromise, par la force physique ou tout autre procédé, il y a toujours possibilité d'en appeler à l'autorité de l'État et de ses tribunaux, arbitres souverains mais dont tout l'office, dans une perspective nomocratique exclusive de toute téléonomie, est de faire respecter les contrats privés ; c'est au reste la vocation que le libéralisme de Locke assigne à l'État en général. La Justice est alors le garant du respect de la justice commutative, selon laquelle le consensus obtenu sur le prix d'une denrée garantit l'égalité subjective des choses échangées. Ce qu'Alain appelle la propriété commune, c'est cette distribution des biens opérée, non par le jeu du consensus entre acteurs indépendants se réunissant sur un marché, mais, directement ou indirectement, par l'État lui-même, lequel évidemment se voit assigner un rôle qui ne le limite pas à celui d'arbitre. L'État, ce « divin terrestre » (Hegel) est l'opérateur de Némésis, déesse de la vengeance et de la justice distributive, c'est-à-dire de la juste rétribution céleste corrigeant les démesures humaines. La justice au sens vrai du terme, celle qui réalise l'ordre en toute chose, est bien la justice distributive, pour autant que soit reconnue l'existence d'un ordre naturel, c'est-à-dire divin en tant que naturel. Pour Alain et les individualistes en général (et le libéral est d'abord un individualiste), tout ordre naturel étant un insupportable fardeau incompatible avec la souveraineté de la liberté, il est logique que le magistère de la justice distributive soit reçu tel un despotisme ; appliquée au domaine du travail, une telle justice impose ce que l'auteur, pour la condamner, nomme « travail forcé » (deuxième alinéa). Étant à la fois l'arbitre et l'opérateur des distributions, l'opérateur de la justice distributive est évidemment, pour Alain, juge et partie, c'est-à-dire despote, à la manière dont l'examinateur attribuant une note à une copie est juge du travail de l'élève, rémunérateur de la qualité de son effort, et unique juge de la rectitude de son propre jugement. Derrière ces indignations contre le supposé arbitraire des chefs se dessine toujours cette double idée selon laquelle d'une part tout jugement est faillible et à ce titre ne mérite pas la confiance (inspiration sceptique) d'autrui, d'autre part le pouvoir de l'homme sur l'homme est mauvais en tant qu'il corrompt celui qui le possède.

Dans le deuxième alinéa du texte, Alain entend montrer que le droit procéderait dans son essence et ses développements des activités mercantiles dont il ne serait que la transcription abstraite et la superstructure, et que l'activité mercantile a pour vocation à se subordonner tous les domaines de la vie humaine, en particulier l'ordre politique. Il entend ensuite et surtout établir que le politique en général est contradictoire, et à ce titre a vocation, pour le plus grand bien de l'humanité, à disparaître dès qu'il prétend se soustraire à l'hégémonie de l'Économique.

Selon l'auteur, il n'y aurait qu'une différence de degré et non de nature entre l'ancien droit et le droit moderne, puisque tous deux seraient inspirés par la logique mercantile et la pratique spontanée de la justice commutative. Passant de l'achat des choses à celui de la force de travail, le droit, réductible selon Alain à une formalisation de l'égalité pratiquée dans les échanges, se serait contenté pour devenir le droit moderne d'étendre le champ de son application, et cette extension, ayant valeur d'universalisation, aurait permis d'en transposer les principes d'égalité et de réciprocité d'intérêts dans des domaines moins directement commerciaux mais au fond économisables, tel celui de la famille par exemple. Il est vrai qu'un Kant, dans sa *Métaphysique des mœurs* (*Doctrine du droit* § 26), n'avait pas dit autre chose en définissant le mariage tel le contrat, garantissant l'égalité dans la possession, par lequel deux personnes s'accordent la propriété réciproque de leurs organes sexuels. Il est inutile d'insister sur le caractère pour le moins prosaïquement réducteur d'une telle conception de l'union conjugale.

Puis Alain s'applique à montrer que le conflit entre État politique armé de la justice distributive, et puissance économique revendiquant l'autorité de la justice commutative, est inévitable, puisque, aussi bien, la justice distributive, telle Némésis, est cette vengeance divine contraignant la tendance à l'hubris des appétits matériels, ce qui signifie que, livré à lui-même, l'appétit du bien privé est illimité, et n'en vient à se subordonner au bien commun que par la fonction coercitive, voire castigatrice, de la justice distributive : l'ordre politique, pour qui reconnaît son caractère naturel et par là nécessaire (ce qui n'est pas le cas d'Alain), est le résultat d'une victoire opérée sur des tendances consuméristes, à la manière dont la forme est pour saint Thomas une victoire exercée sur la matière (*Somme contre les Gentils*, II 68) naturellement encline à se soustraire au magistère de son principe d'actualisation. Et l'auteur d'ajouter que ce conflit se fera au profit de l'Économique, parce que, quelle que soit l'hostilité de principe existant entre les deux formes de justice, l'État, et la Force armée son auxiliaire obligé, est dans l'incapacité de se passer des vertus de l'Économique. Ce que, semble-t-il, l'auteur veut faire comprendre, c'est que, sans le concours de la justice commutative, ainsi de la recherche de l'intérêt privé, l'hypostase des intérêts universels, à savoir l'État, est incapable de susciter l'amour du bien commun : sans l'appât du gain, sans le respect de l'appétit de l'indépendance, ainsi dans le contexte du travail dit « forcé », l'homme ne travaille pas, ou peu, ou bien il le fait de manière inefficace, sans être mû par l'espoir d'améliorer sa situation, ainsi tel un esclave auquel serait interdite toute quête d'affranchissement, ne pouvant considérer son maître autrement que comme un ennemi, et pour lequel la mort est presque préférable à sa misérable condition. Dans cette situation, évidemment, il travaille juste assez pour ne pas périr sous les coups, il n'a aucun intérêt à faire du zèle, et son maître, en tant qu'incapable de l'intéresser à sa tâche, n'est en retour guère disposé à lui donner plus que sa pitance minimale nécessaire à la reconstruction de ses forces. Le résultat global de cette disposition des rapports humains est que le rendement du travail est faible, que l'État est pauvre, par là fragile.

Aussi l'État a-t-il, au moins à court terme, intérêt, pour entretenir ses propres forces, à tempérer le poids de sa férule sur la population, et à retenir la vindicte de la justice distributive ; selon l'auteur, seul l'intérêt privé fait travailler les hommes, or l'intérêt privé passe par l'entretien d'un appareil judiciaire servant d'arbitre et garantissant l'intégrité et la fécondité des échanges commerciaux, mais aussi il passe par le respect et la diffusion de la propriété privée, de l'existence des marchés, et de celle de la pratique du Crédit. Dès lors, l'État est intéressé à favoriser de telles institutions, nonobstant leur tendance invincible à prétendre à se substituer à lui. Il est donc contraint de se rendre dépendant des banquiers, par une fatalité structurelle intangible, ce que vérifie l'histoire qui montre que les rois — autant de despotes pour Alain — durent pour asseoir leur puissance accepter de devenir les obligés de la Banque (Jacques Cœur, les Fugger). Pour lutter contre une aristocratie frondeuse et financer la Guerre de Succession d'Espagne, Louis XIV par exemple fut mis en demeure de s'appuyer sur une bourgeoisie gagnée à la logique de l'hégémonie bancaire, en l'occurrence sur le protestant et négrier Samuel Bernard. L'affaire est donc entendue : il existe une fatalité inscrite dans la nature en soi mauvaise des choses humaines, qui veut que l'idéalisme et l'héroïsme soient à jamais vaincus par l'argent ; la Révolution française était le destin du royaume des Lys, tout comme l'actuelle domination judéo-protestante sur le monde, et doit être reléguée au magasin des utopies toute velléité politique du type suivant :

« Quant à la puissance des trusts, elle a cherché à s'affirmer, de nouveau, en utilisant pour ses fins particulières l'institution des Comités d'organisation économique. Ces comités avaient été créés, cependant, pour redresser les erreurs du capitalisme. (...) Ces organismes provisoires, créés sous l'empire d'une nécessité pressante, ont été trop nombreux, trop centralisés et trop lourds. Les grandes sociétés s'y sont arrogé une autorité excessive et un contrôle souvent inadmissible. À la lumière de l'expérience, je corrigerai l'œuvre entreprise et je reprendrai, contre le capitalisme égoïste et aveugle, la lutte que les souverains de France ont engagée et gagnée contre la féodalité. J'entends que notre pays soit débarrassé de la tutelle la plus méprisable, celle de l'argent.[1] » « Un chef d'entreprise, un patron, pour mériter le commandement dont il est investi, doit se considérer comme ayant charge d'existences et même, en un certain, sens, charge d'âmes. Il doit avoir le souci majeur de la dignité, du bien-être, de la santé, du moral de ses collaborateurs et de leurs familles. Il doit même faire un pas de plus et, respectant la liberté de ses ouvriers, ne pas vouloir, à toute force, leur bien tel qu'il le conçoit lui, mais tel qu'ils le conçoivent eux.[2] » <C'est-à-dire> : « S'évader de l'anonymat où ils ont été jusqu'ici trop souvent confinés, ne pas vendre leur travail comme une marchandise, ne pas être traités comme des machines mais comme des êtres vivants, pensants, souffrants, avoir avec leurs chefs des relations d'homme à homme. (...) Ils veulent être protégés contre les aléas du chômage, trouver dans leur métier une sécurité ou, pour mieux dire, une propriété (...). Ils veulent en outre, participer dans une mesure raisonnable aux progrès de l'entreprise (...). Lorsque, dans chaque groupe d'entreprises, patrons, techniciens, ouvriers, auront pris l'habitude de se réunir pour gérer en commun les intérêts de leur profession, voire administrer en commun leurs œuvres sociales (...), il ne tardera pas à se créer entre eux une solidarité d'intérêts et une fraternité de sentiments.[3] »

Resterait donc à considérer que la messe est dite, que l'individualisme a gagné, qu'il n'est plus d'autre perspective que s'adapter, ou bien en s'efforçant à battre les Judéo-Protestants sur leur propre terrain, quitte à y perdre son âme à force de leur ressembler, ou bien à consentir à leur domination en ne se préoccupant que de soi, éventuellement — pour qui estime encore pertinent de s'en

---

[1] Philippe Pétain, message du 12 août 1941.
[2] *Idem*, 1ᵉʳ mai 1941, lors de la « Fête du travail et de la paix sociale ».
[3] *Idem*. Ce même Philippe Pétain, dans la *Revue des deux mondes*, le 15 septembre 1940, déclarait : « L'idée nationale-socialiste de la primauté du travail et de sa réalité essentielle par rapport à la fiction monétaire, nous avons d'autant moins de peine à l'accepter qu'elle fait partie de notre héritage classique. »

soucier — pour faire son salut, selon cette forme surnaturaliste d'individualisme dévot qu'est la subordination violente de la politique à la morale.

Résumons :
Il y a, selon l'auteur, coextensivité entre esprit démocratique ou égalitaire et esprit de commerce. De plus, l'idéal démocratique et marchand est inscrit dans la nature des sociétés qui trouvent en lui la consommation de la fin de l'histoire. Le droit moderne supprime la justice distributive qui ordonne au bien commun les biens particuliers, et y substitue la justice commutative qui est égalitaire en tant qu'elle égalise les échangeurs, parce que, dans l'échange commercial, on ne retient de chacun que le fait qu'il est consommateur, sans tenir compte de sa position sociale et des types de biens qui correspondent à cette position. L'échange marchand suppose l'égalité des échangeurs, il exclut le bien commun facteur de hiérarchie, il n'y a plus que des biens privés, parce que le bien commun est la réalisation de cet ordre même qui veut que les biens et les charges soient distribués en fonction des états de chacun. Les protagonistes d'une relation purement commerciale sont égaux en tant que rien, en dehors de l'intérêt privé et du libre consentement de chacun, ne vient conditionner les termes de l'échange, et surtout pas une hiérarchie politique qui serait définie sans référence à la puissance financière. En retour, si toute hiérarchie devient dépendante de la puissance financière, alors tout peut s'acheter.

Contre la thèse d'Alain, on doit d'abord faire observer qu'il est faux de dire que l'ordre mercantile n'aurait point changé depuis les anciens temps. La matière a toujours été, et est par nature rétive à la suzeraineté de la forme, et la chose s'est accusée depuis le péché originel, mais enfin, on peut dire que, dans l'ensemble, toute l'histoire du monde, après la Chute et jusqu'au XVIIe siècle, a été une tentative plus ou moins réussie, non exempte de rechutes, de conjurer cette entropie spirituelle dont le monde est désormais la victime responsable.

Alain montre bien que le développement du salariat (« force de travail »), anarchiquement exercé, soustrait le peuple à l'autorité des princes en faisant éclater les formes féodales ou communautaires de la propriété. Il rappelle avec vigueur que l'esprit de commerce, qui déconnecte la propriété du service du bien commun, engendre l'égalité qui est en même temps sa condition de possibilité, laquelle suscite la démocratie. On peut même faire observer qu'il dénonce une carence dans les régimes monarchiques, et lui savoir gré de la dénoncer : c'est peut-être là la vérité captive de sa position. Il fait comprendre à sa manière que la royauté d'Ancien Régime, du seul fait qu'elle n'avait pas prévu de mesure lui permettant de maintenir l'Économique à sa place, manifestait qu'elle n'était pas, en l'état historique où elle se trouvait quand elle fut balayée, la maturité du politique.

Mais son postulat éminemment contestable est que la justice distributive serait par essence exploiteuse, que le bien commun serait exclusif du bien particulier et, par là, exclusif de la propriété privée. La vérité est que le bien commun est la part la plus précieuse du bien particulier, et telle était la leçon d'Aristote. Alain fait bien comprendre, avec un réalisme non cynique, que la justice distributive, à peine de s'adultérer, requiert absolument de se médiatiser dans la justice commutative, en ce sens que le bien commun doit absolument s'anticiper, s'il entend ne pas se particulariser lui-même en se juxtaposant à eux, dans les biens particuliers en lesquels il doit avoir l'audace de se risquer. Mais c'est cela même, semble-t-il, qu'Alain croit impossible. Et sous ce rapport c'est son pessimisme qui manque de réalisme. C'est son postulat ci-dessus évoqué qui le fait errer à propos de la vraie nature de la liberté politique, qu'il identifie unilatéralement à l'indépendance[4].

Selon la justice distributive, chacun doit posséder d'autant plus de pouvoir que sa place dans la société est plus élevée, étant acquis qu'il jouit des capacités requises pour occuper une telle place ; or l'argent est un pouvoir ; il doit donc, en ce qui concerne toutes les choses auxquelles le pouvoir de l'argent donne moralement accès, être d'autant plus riche qu'il est plus susceptible de conditionner la réalisation du bien commun, et cette place dans la hiérarchie sociale ne dépend pas de l'aptitude à gagner de l'argent (ainsi à commercer), mais de l'aptitude à l'ordonner au bien commun ; les vertus requises pour s'enrichir ne sont pas celles que requiert l'ordination de sa fortune au bien commun. Supposé que le pouvoir de l'argent ne soit pas, selon l'époque, le facteur de puissance le plus déterminant, il est possible qu'il existe des gens riches et qui soient placés au bas de la hiérarchie sociale ; mais, pour être juste, la société doit être organisée en sorte telle que, en ces circonstances, on obtienne la situation suivante :

Les conditions des échanges doivent être limitées dans les mœurs et les institutions par la fixité de la hiérarchie politique, puisqu'un destrier ne convient qu'au chevalier, comme un cheval de labour ne peut être attribué qu'à un paysan ; n'importe quelle denrée n'est pas destinée à n'importe qui. Ces conditions doivent être telles que la richesse ne permette pas aux riches en tant que riches de s'élever politiquement. Elles doivent limiter les possibilités d'enrichissement qui demeurent pour l'essentiel liées à la justice distributive, c'est-à-dire, médiatement, au pouvoir politique (jouir du privilège d'anoblir, et surtout être le garant et le régulateur du système des *corporations* ; c'est en l'organisation corporative du travail et des arts libéraux — au sens moderne du terme, qui renvoie aux ordres, celui des médecins ou celui des juristes, par exemple — que réside le moyen de maintenir la fixité de la hiérarchie politique : en haut les « *oratores* », au milieu les « *bellatores* », en bas les « *laboratores* »). Il faut comprendre que le consensus, certes pacifiquement obtenu, qui régit les échanges, n'est pas, de soi, une discrimination de ce qui est juste. Dût-il, par le perfectionnement

---

[4] Voir sur ce point le passage, dans le traitement du devoir n° 9, relatif à la solidarité obligée entre les trois formes de la liberté (condition sociale, indépendance, libre arbitre) : « être libre de » s'enracine en vérité dans le consentement à « être libre pour ».

des mœurs que développent la religion et la moralité, ne pas se limiter à un compromis entre deux égoïsmes liés par un rapport de force, dût-il donc s'efforcer à tendre vers le *juste prix* (d'un bien, d'un travail, d'une prestation de service), un tel consensus n'est pas, de soi, la preuve que le juste prix a été obtenu car, comme tel, il signifie seulement ou bien le résultat d'un rapport de force, ou bien une appréciation de bonne foi mais subjective et à ce titre incapable de prévoir les effets sociaux de son acceptation. Il faut précisément, pour dégager le juste prix, l'intervention de l'organisation corporative du travail. Le juste prix est la mesure de la valeur économique d'un bien rendant ce dernier capable de remplir sa fonction sociale : ne pas être trop élevé pour satisfaire les besoins réels de ceux auxquels il est destiné ; ne pas être trop bas pour permettre au producteur de vivre décemment selon son état. Le juste prix n'est pas un nombre idéal inscrit au ciel des intelligibles, il varie, « *materialiter* », en fonction des mœurs, des peuples, des époques, des circonstances. Mais, « *formaliter* », il doit toujours être le même, en tant qu'il conditionne la pérennité de la hiérarchie sociale idéale définitionnelle du bien commun. Cela dit, aucune institution publique n'est capable *a priori*, sans de graves erreurs, de fixer le juste prix pour chaque bien échangeable, tout comme un juge est incapable de hiérarchiser des concurrents sans les faire entrer en compétition ; ce qui revient à dire que l'ordre social régi par la justice distributive est en demeure de s'anticiper dans la compétition loyale entre producteurs, laquelle est régie par la sanction du marché régi par la justice commutative. Ainsi donc se dévoile la nécessité d'un marché, afin de donner libre cours à ce travail d'induction permettant de dégager, *a posteriori*, comme évaluation seulement probable — et cela de manière indépassable (il est rationnel qu'il y ait de l'irrationnel) —, ce qui serait, dans chaque cas particulier, le plus susceptible de se rapprocher de l'exigence formelle du juste prix.

S'il y a échange sur un marché, il doit nécessairement y avoir propriété privée, car on ne peut aliéner que ce que l'on possède. La propriété est de droit naturel. D'abord, tout a été, sur Terre, donné par Dieu aux hommes en tant qu'ils sont cause finale de l'univers matériel ; ce don, qui fait du genre humain, par nature, le possesseur des biens sensibles, n'a pas été accompagné, par son Donateur, des règles de leur répartition ; la propriété est de droit naturel, mais c'est une propriété commune quant à l'usage ; il reste qu'elle doit aussi être privée, pour deux raisons ; la première est que l'on s'occupe mieux — l'expérience l'apprend — de ce que l'on possède ; la deuxième est que, dans une certaine mesure, il faut avoir pour être : la conscience, apparaître à soi de l'esprit, est le caractère de ce qui sait s'objectiver, c'est-à-dire être identique à soi dans sa différence (être soi-même, à savoir un Moi, à raison de son pouvoir de se faire autre que soi-même, être un sujet qui n'est sujet qu'en se faisant objet pour lui-même), c'est-à-dire encore de ce qui est capable d'avoir ce qu'il est ; or c'est dans l'instinct de l'avoir que la conscience apprend à se connaître, en ce sens qu'elle sait reconnaître dans la possession des choses une objectivation de cette « identité à soi dans la différence » qu'elle est elle-même ; c'est d'ailleurs pour cette raison — Marx l'a rappelé — que la propriété privée peut devenir aliénante, quand la conscience, fascinée par son avoir, en vient à oublier qu'il ne s'agit là que d'un moment de sa vie intestine (on n'est pas son objectivation, on l'a, et l'on s'identifie réflexivement à soi comme Moi à partir de cette objectivation immanente), et en vient à croire qu'elle n'est que ce qu'elle a : pathologie de l'avoir, aliénation du propriétaire.

Puis donc que la recherche du juste prix, condition d'actualisation et de pérennité de l'ordre naturel politique, requiert à la fois le marché et la propriété juridiquement instituée, il faut, pour que les initiatives privées et publiques soient justes, que la libre confrontation opérée sur le marché, régie par la justice commutative, soit génératrice de la réalisation de l'ordre politique défini par la justice distributive. Et c'est l'office de la corporation professionnelle, médiatrice entre le privé et le public, que de rendre possible cette génération. En tant qu'elle régit les métiers en fonction de leur vocation à rendre un service public, imposant par là une déontologie du travail bien fait, la corporation, qui règle l'exercice des métiers selon tout ce que concerne ces derniers (de la formation professionnelle aux conditions des retraites, des assurances sociales à la détermination des règles du métier garante de produits d'excellence), structure *a priori* le marché (qui n'en est pas moins libre) de telle sorte que la recherche par chacun — réglée par la justice commutative — de son bien propre, soit spontanément génératrice de l'ordre social réglé par la justice distributive. Mais parce que l'État, en tant que forme et ordre de la cité, réalisation en acte du bien commun, est à la fois l'origine, le garant et la fin des initiatives privées, c'est à lui qu'il appartient d'instituer les corporations, organismes semi-publics comme il convient à une instance médiatrice. La corporation, réunissant des maîtres pour chaque spécialité, définit les règles du métier afin de garantir l'excellence du produit fini, entretient l'honneur et la morale professionnels et fixe les fourchettes de prix et de salaires. Il existe une corporation verticale réunissant des entreprises privées dirigées par des chefs seuls habilités à être chacun dans son entreprise des décideurs patronaux, à toute distance de la lubie de la cogestion, et une corporation horizontale réunissant des métiers, où tout homme compétent a droit de regard sur l'élaboration des règles de son métier ; tout travailleur appartient ainsi à la corporation verticale de l'entreprise qui l'emploie, et à la corporation horizontale du métier qu'il exerce. Ainsi sont rendues compatibles les exigences de la justice commutative et celles de la justice distributive. La corporation est une catégorie essentielle du politique, condition *sine qua non* de l'organicité de la cité ; elle est le lieu de la juste démocratie, qui ne doit pas excéder le domaine professionnel.

Historiquement, c'est dans le fascisme que se dessina le projet de corporation ainsi entendue.

Reste à montrer, contre le propos d'Alain, que, loin de s'accomplir en s'émancipant de la justice distributive, la justice commutative, ce faisant, prépare sa propre liquidation.

Le développement sans mesure (sous l'effet corrupteur de l'esprit libéral) de l'inégalité économique n'est que le corollaire d'une égalité politique de principe. Cela dit, quand l'économique en est venu à se substituer au politique, alors cette égalité politique disparaît, et c'est là que la démocratie révèle sa contradiction constitutive, dans le moment où l'économisme, en sa forme marchande, accuse lui aussi réception de sa propre vocation à mourir. La démocratie se révèle contradictoire : il n'y a plus d'égalité politique, c'est l'argent qui régit les élections. Il n'y a plus de libre échange : les puissances d'argent se subordonnent les pouvoirs politiques pour supprimer la concurrence et instaurer des monopoles ; actuellement, elles détruisent les souverainetés nationales pour maximiser la concurrence en ouvrant un marché devenu mondial, mais elles finiront, après avoir aspiré toutes les ressources de la Terre, par rendre impossible cette concurrence dans un État mondial, faute d'échanges ; ce sera la société communiste où les puissances bancaires séculairement hostiles à l'État en viendront, en se substituant à lui, à se convertir elles-mêmes en État. Ou plutôt, elles auront vocation à se convertir en ce qui reste de l'institution étatique quand elle est dépossédée de sa prérogative (réaliser le bien commun) qui fait sa différence spécifique, à savoir une administration tentaculaire ou dépolitisation de la cité dégénérant en social pur : administration des choses et non gouvernement des hommes, parce que les hommes seront devenus des choses. Aussi n'est-il pas étonnant qu'un homme de gauche qu'une coquetterie extrême-droitière se plaît à monter au pinacle, à savoir Proudhon, socialiste antithéiste et franc-maçon, puisse développer, tout comme le fera Alain, un plaidoyer en faveur de cette justice commutative ablative de la justice distributive actualisatrice de l'ordre politique : « la justice commutative, le règne des contrats, en autres termes, le régime économique ou industriel, telles sont les différentes synonymies de l'idée qui, par son avènement, doit abolir les vieux systèmes de justice distributive, de règne des lois, en termes plus concrets, de régime féodal, gouvernemental ou militaire. L'avenir de l'humanité est dans cette substitution » (*Idée générale de la Révolution au XIXe siècle*).

On ne sait pas grand-chose officiellement des maîtres financiers du monde, parce que leur puissance dépend de leur discrétion. Les « révélations » croustillantes sur ce sujet vont bon train, et une bonne partie d'entre elles relève probablement de la désinformation, qu'elle procède de manipulateurs ou de mythomanes. On sait cependant, de sources officielles et vérifiables, que la moitié de la richesse mondiale est possédée par 1 % de la population, et que les 85 personnes les plus riches possèdent autant que 3 milliards des plus pauvres ; que les cinq cents plus grosses firmes du monde ont un chiffre d'affaires (30 000 milliards de dollars) équivalant à la moitié du PIB mondial. Il n'est donc pas absurde d'accorder un certain crédit à ceux qui estiment que le système financier planétaire repose sur un nombre très restreint de « tribus » s'étant enrichies démesurément par le crédit depuis plusieurs siècles, et ayant favorisé de manière aussi constante que polymorphe la montée de la subversion de l'ordre naturel (sociétés monarchiques et chrétiennes) afin d'instaurer une situation dans laquelle les États (démocratiques, ainsi structurellement faibles et dépendants des puissances d'argent) en viennent à exercer le rôle d'instrument d'appauvrissement tendanciel de la classe moyenne par le moyen de la fiscalité endémique. Ainsi, quand ces « tribus » (tels les Rockefeller et les Rothschild) constitutives du premier cercle des maîtres du monde (relayées par la Trilatérale, le groupe Bilderberg, les loges maçonniques, etc.) auront drainé les richesses de la Terre par le moyen du prêt à intérêts et de la substitution des banques au pouvoir régalien étatique de battre monnaie[5], elles administreront la richesse mondiale et seront un État mondial, pratiqueront un capitalisme d'État, et, en vertu de ce qui précède, elles seront communistes. Elles seront les Apparatchiks de l'État mondial communiste qui, ayant préalablement pris soin d'imposer systématiquement le métissage et l'avilissement moral les plus radicaux, aura fait perdre à ses sujets le désir et jusqu'au souvenir des grandeurs spirituelles passées de l'humanité, par là ne possédera plus en ses flancs populaires les ressources physiques, morales, religieuses et intellectuelles requises pour que le projet même d'un renversement de son iniquité soit possible. Et ce sera la fin de l'histoire.

Peut-être Alain, nonobstant son plaidoyer unilatéral en faveur de la justice commutative, a-t-il entrevu ce danger. Ainsi que le rapportait la défunte *Nouvelle Revue d'Histoire* (n° 58 de janvier-février 2012, p. 42), son ancien élève l'helléniste Claude Jamet, père du journaliste opportuniste Dominique Jamet qui rapporte son propos, sera fidèle à cet enseignement caché, ici évoqué plus haut, de son vieux professeur, en écrivant par pacifisme — mais pas seulement pour cette raison si l'on analyse bien son propos — les phrases suivantes :

« La France doit rester neutre ; ce n'est pas une posture flatteuse, mais c'est la seule attitude raisonnable, dont nous recueillerons les bénéfices au jour de la paix. Si toutefois nous devions nous engager d'un côté, ce que je ne souhaite pas, c'est évidemment du côté allemand. L'intérêt de la France n'est ni dans la victoire de la Russie ni dans celle de l'Amérique qui soumettraient l'une comme l'autre notre vieux continent à une hégémonie plus ou moins dure, mais extra-européenne. L'Allemagne est forte de son unité, de sa démographie, de sa capacité industrielle et militaire. Nos deux pays sont complémentaires. Leur réconciliation sera la base d'une Europe stable et enfin apaisée. La France apportera dans sa corbeille son espace, sa culture, sa civilisation. La Collaboration est une nécessité alimentaire, économique, mais aussi une chance politique et historique que nous devons saisir. Hitler et la guerre ne sont pas éternels : de son vivant ou après lui, le retour de la paix humanisera l'hitlérisme. »

---

[5] Ce qui revient à créer de l'argent *ex nihilo* prêté aux États, lesquels se réduisent au statut de collecteurs d'impôts destinés à déposséder les classes moyennes au profit des « tribus », de telle sorte que ces emprunts excluent structurellement de pouvoir jamais être remboursés ; on doit toujours faire appel à de nouveaux emprunts, dans une spirale sans fin aboutissant à la paupérisation complète de toutes les nations de la Terre.

ANTIDOTE

    Ce à quoi nous n'avons rien à objecter, prenant acte du fait qu'un Claude Jamet ne pouvait pas ne pas savoir que cette « humanisation » de l'hitlérisme ne serait pas, pour réelle et même souhaitable qu'elle eût pu être, un retour au radicalisme boutiquier d'inspiration jacobine, à la « Monsieur Homais », publiquement professé par son vieux maître. On peut néanmoins ajouter que les plus lucides des Français, les plus courageux aussi, ceux qui surent voir le plus loin, ceux dont la mémoire permettra peut-être à la France de se relever un jour, furent ces soldats révolutionnaires qui crurent à l'Europe nouvelle, et qui ne se contentèrent pas de se réfugier dans la neutralité, lui préférant un engagement guerrier par lequel ils auraient pu mériter de s'asseoir à la table des vainqueurs germaniques et latins de la Chrétienté.

DOUZIÈME DEVOIR
— dissertation —

Suis-je celui que j'ai conscience d'être ?

Au sens strict, la conscience n'est pas une faculté, une puissance opérative, en dépit de l'usage courant qui l'identifie à la faculté d'être attentif à quelque chose, ou d'apparaître à soi-même tel ce moi entendu comme sujet des opérations qu'il exerce par diverses facultés de connaissance. Comme l'explique saint Thomas d'Aquin (*Somme théologique*, I^a q. 79 a. 13), la conscience n'est pas une faculté, parce qu'une faculté ne peut pas être déposée (*deponi*), c'est-à-dire ignorée ou écartée, alors que la conscience peut l'être. On peut en effet n'être pas attentif à sa conscience, et même décider de ne l'être pas. Mais, par métonymie (prendre l'effet pour la cause), on en est venu, de manière non absolument arbitraire ou erronée, à prendre la conscience, effet ou terme d'une certaine actuation de l'intellect, pour l'intellect lui-même, de sorte que son champ d'application s'en est trouvé éminemment agrandi. Relevant primitivement du registre moral, elle est un acte (et non une puissance), elle est cet acte consistant en un jugement de valeur que notre intellect, en tant qu'il se meut, c'est-à-dire en tant qu'il est raison, peut porter sur les actes réfléchis de la personne exerçant cette raison. L'étymologie révèle que « conscience » vient de « *scientia cum (alio)* », science accompagnée de quelque chose, connaissance mise en rapport avec quelque chose, c'est-à-dire connaissance appliquée. Elle est ainsi l'application (cela même est un acte) d'une connaissance à un acte. Saint Thomas rappelle (*ibid.*, I^a q. 79 a. 8) que l'intellect spéculatif doit toujours partir de quelque connaissance immédiate, de principes « *per se nota* », car on ne peut tout démontrer : on serait renvoyé à l'infini ; tout raisonnement part de principes connaturels à l'intellect (« *absque investigatione rationis* »). Mais il en est de même dans l'ordre pratique (*ibid.*, I^a q. 79 a. 12) : naturellement doté de la saisie des principes généraux définissant la différence du bien et du mal, l'intellect pratique — ainsi l'intellect dans son usage pratique (domaine de l'agir) — applique le savoir qu'il a de tels principes aux actions que le sujet de cet intellect exerce ou a exercées. Mais on en vient à faire s'identifier l'acte pratique, opéré par l'intellect, d'application aux cas particuliers des principes qu'il sait, avec l'intellect lui-même, de sorte qu'on peut sous ce rapport déclarer que la conscience atteste, pousse à l'action, oblige (moralement), réprouve, accuse, suscite des remords ou exprime des blâmes. On en vient même à parler d'elle comme d'un autre Moi, comme d'un interlocuteur du Moi : « la conscience m'en rend témoignage » (Rom. IX, 1).

Un tel glissement de sens n'est pas illégitime dans la mesure où, d'abord, le premier et fondamental principe inné du savoir spéculatif est le même que celui de l'agir, non en tant que bon mais en tant que vrai (le vrai et le bien étant convertibles), de telle sorte que ce qui est exercé par l'intellect pratique (application du savoir à un acte) peut l'être par l'intellect spéculatif :

« (...) ce qui est saisi en premier lieu, c'est l'être, dont la notion est incluse dans tout ce que l'on conçoit. Et c'est pourquoi le premier axiome indémontrable est que "l'on ne peut en même temps affirmer et nier", ce qui se fonde sur la notion d'être et de non-être ; et c'est sur ce principe que toutes les autres vérités sont fondées, comme il est dit dans le livre IV des *Métaphysiques*. Mais de même que l'être est en tout premier lieu objet de connaissance proprement dite, de même le bien est la première notion saisie par la raison pratique qui est ordonnée à l'action. En effet, tout ce qui agit le fait en vue d'une fin qui a raison de bien. C'est pourquoi le principe premier de la raison pratique est celui qui se fonde sur la raison de bien, et qui est : "Le bien est ce que tous les êtres désirent." C'est donc le premier précepte de la loi qu'il faut faire et rechercher le bien, et éviter le mal. C'est sur cet axiome que se fondent tous les autres préceptes de la loi naturelle » (*Somme théologique*, I^a II^{ae} q. 94 a. 2).

De même :

« Il est accidentel à l'objet coloré qu'il soit un homme, qu'il soit grand ou petit ; aussi tout cela est-il saisi par la même puissance de voir. Or, il est accidentel à un objet saisi par l'intelligence qu'il soit ordonné à l'action ou non. Et c'est en cela que diffèrent intellect spéculatif et intellect pratique. L'intellect spéculatif est celui qui, lorsqu'il appréhende quelque chose, ne l'ordonne pas à l'action, mais seulement à la contemplation de la vérité. Au contraire, l'intellect pratique ordonne à l'action ce qu'il appréhende. C'est pourquoi le Philosophe dit que "l'intellect spéculatif diffère du pratique par sa fin". Aussi l'un et l'autre sont-ils dénommés d'après leur fin : l'un spéculatif, et l'autre pratique, c'est-à-dire opératif.

« 1. L'intellect pratique est une faculté de mouvement, non en tant qu'il exécute le mouvement, mais en tant qu'il le dirige. Et cela lui appartient en raison de sa façon de connaître.

« 2. Le vrai et le bien s'impliquent mutuellement. Car le vrai est un bien, sans quoi il ne serait pas désirable ; et le bien est un vrai, autrement il ne serait pas intelligible. Donc, de même que l'objet de l'appétit peut être du vrai en tant qu'il a raison de bien, par exemple lorsque l'on désire connaître la vérité ; de même, l'objet de l'intellect pratique est un bien qui a raison de vrai et, comme tel, peut être ordonné à l'action. En effet l'intellect pratique connaît la vérité, comme l'intellect spéculatif, mais cette vérité connue, il l'ordonne à l'action.

« 3. Il y a beaucoup de différences d'objet qui peuvent entraîner une distinction dans les puissances sensibles, mais qui n'ont pas le même effet dans les puissances intellectuelles » (*ibid.*, Iª q. 79 a. 11).

Ensuite, et pour cette raison même (le même intellect est tantôt théorique tantôt pratique), l'acte d'appliquer une connaissance à un acte peut aussi, en quittant le domaine strictement moral ou pratique, être l'acte d'appliquer une connaissance à cet acte particulier qu'est l'acte même de connaître, de sorte que le sujet, connaissant quelque chose de particulier, en vient à appliquer le savoir qu'il a des principes à lui connaturels et innés de tout savoir, à cet acte même de savoir telle chose qu'il connaît ; mais puisque de tels principes lui sont connaturels, c'est sa nature qu'il saisit en saisissant leur nature, c'est lui-même qu'il connaît en les connaissant ; aussi, en appliquant les principes de tout savoir à tel savoir, il ne fait qu'appliquer le savoir qu'il a de lui-même au savoir qu'il a des choses ; en particulier, il applique le savoir qu'il a de lui-même connaissant quelque chose, au savoir qu'il a de ce quelque chose, ce qui revient pour lui à saisir l'adéquation de lui-même aux choses, ou encore à savoir qu'il est dans la vérité ; et cela même n'est autre qu'un jugement (juger quelque chose, c'est faire mesurer le savoir qu'on a de cette chose par le savoir qu'on a de soi-même en train de savoir cette chose car, en se sachant, l'intellect sait sa vocation à être conforme aux choses). Il exerce l'acte de se regarder — si l'on peut dire —, en train de regarder ce qu'il regarde, et c'est moyennant cette opération qu'il sait qu'il la regarde telle qu'elle est ; c'est en sachant qu'il sait, qu'il sait effectivement ; il revient sur soi par réflexion et saisit l'acte de savoir ce qu'il sait, il s'identifie réflexivement à soi dans un acte circulaire dont l'acte de savoir l'objet est un moment du cercle qu'il parcourt. Mais si les principes premiers par lesquels on sait, sont eux-mêmes sus, alors le savoir qui procède d'eux ramène à eux, et ils se révèlent par là être quelque chose qui s'atteint réflexivement par le moyen du savoir que l'on a d'eux, comme s'ils étaient savoirs d'eux-mêmes ; il est alors normal que la connaissance que l'on a des principes premiers du savoir prenne la forme d'un savoir — en forme de conseil — que ces principes nous communiqueraient ; en cela, la conscience est syndérèse, habitus naturel des principes, s'exerçant sur le mode de quelqu'un qui nous parle, qui nous incite au bien et nous détourne du mal : « *instigare ad bonum et murmurare de malo* » (*ibid.*, Iª q. 79 a. 2). On voit que le glissement de la conscience en son acception primitivement morale, à la conscience psychologique, n'est pas illégitime. Saint Thomas observe lui-même que l'habitus des premiers principes, la syndérèse, est le principe des actes de l'intellect pratique, c'est-à-dire de la conscience, et que la conscience en vient à désigner cet habitus même ; l'usage moderne va quant à lui jusqu'à désigner le sujet de cet habitus — à savoir l'intellect — par un tel habitus. Le même intellect, en tant que pratique, sait que ce qu'il sait en vue de l'agir est su par lui-même, en tant que spéculatif, en vue de l'activité contemplative, et vice versa.

Ces questions de vocabulaire éclaircies, on voit que la conscience désigne de manière commune une espèce d'intuition immédiate qu'un être pensant, c'est-à-dire un sujet, a de lui-même, de sa vie intérieure, de ses actes immanents, de ses actions et de ses pâtirs, de ses tendances et de ses modifications. Dans cette acception, la conscience est une connaissance, et la conscience de soi est une connaissance de soi :

Selon le réalisme de la noétique aristotélo-thomiste, brièvement évoquée ici dans le devoir n° 7, l'intellection est l'acte commun de l'intellect et de l'intelligible, et c'est à raison de la communauté de cet acte que la connaissance est réaliste, n'est pas un acte exclusivement immanent qui enfermerait le sujet dans ses représentations ; la connaissance de l'être est elle-même une modalité dans l'être, elle est l'être (connu) en tant qu'exhaussé au savoir de lui-même, et c'est pourquoi elle est d'emblée objective. L'être de la connaissance de cet être est cet être même en tant qu'exhaussé à une nouvelle manière d'être qui perfectionne cet être en tant qu'il est être. Si l'intellection est l'acte commun de l'intellect et de l'intelligible, tout ce qui est intelligible en acte est ou peut être l'acte d'une intellection, il a par nature le pouvoir d'actualiser un intellect, lequel est spirituel (ce qui est matériel est incapable de se réfléchir, or l'intellect peut revenir sur ses actes, donc il est spirituel comme le sont ses actes réflexifs), et ainsi l'intelligible en acte est nécessairement immatériel ; il est la forme de l'objet à connaître, abstraite du sensible. Or les choses à connaître, en ce monde, sont matérielles, donc elles ne sont pas intelligibles en acte ; si elles l'étaient, les choses seraient pensantes, étant des intellects en acte. Mais alors, puisque rien ne passe à l'acte que sous l'effet d'une réalité en acte, il faut qu'il existe dans l'homme un principe d'actualisation des intelligibles subsistant en puissance dans le sensible ; l'Aquinate nomme « intellect agent » un tel principe, lequel doit être éminemment l'actualité de tous les intelligibles. Cela dit, il doit aussi exister dans l'homme un intellect ayant vocation à recevoir les intelligibles, que saint Thomas nomme « intellect possible ». Dès lors, dans le phantasme, plus haut degré d'élaboration de la connaissance sensible, l'intellect agent, par sa lumière, actualise l'intelligible qui, ainsi constitué, peut être reçu par l'intellect possible, lequel n'a pas de forme propre car, immatériel, il serait, s'il avait une forme propre, toujours actualisé par lui-même et se connaîtrait directement sans avoir à connaître les choses, ce qui n'a pas lieu : le Moi ne s'apparaît, ne se connaît comme un Moi, ne sait qu'il est un Moi, qu'en connaissant quelque chose qu'il n'est pas ; comme le rappellera beaucoup plus tard Husserl, « toute conscience est conscience *de quelque chose* » ; le cogito n'est actuel que s'il enveloppe un « *cogitatum* », une conscience de rien équivaut à un néant de conscience. Mais recevoir une forme, c'est devenir quelque chose que l'on n'était pas. Si donc l'intellect possible est actualisé par la forme de la chose (sans sa matière), il devient cette chose ; il devient la chose à connaître pour la faire advenir à lui comme connaissable, c'est-à-dire comme « *species* » (espèce). Or à ce stade, il n'est pas possible encore de parler de connaissance en acte. En effet, l'intellect joue à l'égard de la forme, sur le plan noétique, le rôle que joue la matière à l'égard de cette même forme sur le plan réel ; or la matière désire la forme qui la perfectionne en tant qu'elle l'actualise, donc l'intellect possible est désir de la forme, mais cet amour, comme — d'une certaine façon — tout amour, est contradictoire, en tant qu'il est « *vis unitiva et concretiva* » (*ibid.*, I^a q. 20 a. 1), force d'union et de concrétion, *et* amour de lui-même (*ipsum velle quoddam bonum*) ; en tant qu'il aime son objet, il fait un avec lui, mais de ce fait l'oblitération de la différence du sujet (aimant) et de l'objet (aimé) est destruction de la relation qui les unit et qui est cet amour même : l'amour se consomme dans sa destruction ; en tant qu'il s'aime, il entend ne pas se perdre dans son objet et aspire à instaurer une différence entre les termes dont il est principe d'unification ; autant dire que l'amour n'est pas sans une instance de discorde qu'il ne surmonte que dans un engendrement, en lequel le sujet et l'objet sont effectivement un, sans cesser d'être deux : devenu l'objet à connaître, l'intellect aspire à se différencier de lui, à conjuguer identité et différence du sujet et de l'objet, dans l'engendrement d'un verbe en lequel l'intellect possible connaît ce qui est à connaître, à savoir lui-même en tant que devenu la chose, c'est-à-dire la chose à connaître en tant que devenue connaissable en acte du fait qu'elle est devenue le sujet qui la connaît ; et cet engendrement est objectivation de soi de l'intellect qui, dans un même acte, connaît la chose et se connaît. Jean-Paul Sartre faisait justement observer, dans les premières pages de son maître ouvrage, que si ma conscience de table n'était pas conscience d'être conscience de table, elle serait conscience de cette table sans avoir conscience de l'être, elle serait consciente inconsciente, ce qui est absurde ; il en déduisait qu'il existe un cogito préréflexif à l'origine du cogito cartésien ; cette observation contient une vérité captive : toute connaissance d'objet est corrélativement connaissance de soi, mais non réfléchie, non objectivée, vécue mais non pensée. On peut rapprocher ce vocable moderne, *mutatis mutandis*, de la notion leibnizienne d'aperception : percevoir en sachant qu'on perçoit. Et, pour notre propos, il convient de remarquer que, dans la prolation du verbe, acte de connaissance de l'objet, est engagé un savoir de soi mais, ne se prenant pas pour objet de connaissance visé par une intention, l'intellect ne sait pas qu'il pense, il doit revenir sur son acte, c'est-à-dire sur lui-même en tant qu'il est en acte (actué par son verbe), pour penser qu'il pense. Dans ce contexte sémantique, il est permis de nommer « conscience » l'actualisation de l'intellect par une « *species* » de la chose à connaître, et « conscience de soi » l'actualisation de l'intellect par retour sur son intentionnalité extatique. Dans la conscience, on est sa connaissance de soi sans l'avoir (tout en ayant conscience d'autre chose que de soi, car être une connaissance de quoi que ce soit sans l'avoir équivaut à l'inconscience, en tant que ne sait pas qu'on sait) ; dans la conscience de soi, on a cette connaissance de soi.

Cela dit, qu'on ait ou qu'on soit cette connaissance de soi, elle n'est jamais que latérale, car l'intellect n'est objet pour lui-même qu'en tant qu'il est devenu intentionnellement quelque chose qu'il n'est pas, cependant qu'il peut devenir maintes autres choses, de sorte qu'il ne sait de lui-même, en chaque occurrence de son actualisation, qu'une virtualité ; car il lui est impossible de se prendre pour objet en tant qu'intellect possible pur, puisque ce dernier n'est, de soi, que pure puissance : l'intelligibilité de l'intellect est celle de la forme qu'il intellige, et il doit être intelligible en acte s'il entend être pour lui-même objet d'intellection. Pourtant, cet intellect qui vise telle chose à connaître se reconnaît tel ce même intellect qui en visait telle autre, et par là fait l'expérience de son identité à travers la multiplicité des opérations qu'il accomplit et en lesquelles il est engagé, ce qui suppose qu'il ait une certaine capacité de s'objectiver. On voit déjà poindre une première question suscitée par l'intitulé du sujet : *la conscience de soi, requise par l'acte de connaître en général, est-elle seulement capable d'être une connaissance de soi ?*

D'autre part, et de manière générale :
La personne humaine, esprit incarné, peut se connaître de deux façons. D'une part, elle est capable d'introspection, par l'exercice de sa conscience psychologique et de sa conscience morale (l'analyse conceptuelle qui précède autorise désormais l'usage de ce vocable). D'autre part, elle a la possibilité d'être révélée à elle-même par le regard d'autrui, ainsi par ce jugement qu'autrui porte sur elle de l'extérieur, et qui lui en dit parfois plus que ce que la saisie immédiate d'elle-même peut lui révéler. La subjectivité s'atteignant elle-même est en effet encline à se mentir, à se masquer ses défauts et responsabilités, bref, elle risque d'avoir une vision « subjective » d'elle-même, partiale ; de plus, elle a beaucoup de mal à s'objectiver, à se saisir comme si c'était un autre, puisque dans le cas présent le sujet connaissant coïncide avec l'objet connu : ce qu'elle est, c'est certes sa vie intérieure, irréductible à la série de ses manifestations (elle s'éprouve tel le principe et non la somme de ses manières d'être ou de ses actes), mais sa vie intérieure ne s'actualise que dans l'acte de s'extérioriser ; ainsi la peur (détermination psychologique intérieure) n'est-elle pas sans le tremblement du corps (l'« *immutatio corporalis* » de saint Thomas), qui lui est intrinsèque et qui, de ce fait, ne se contente pas de la manifester, mais contribue à la constituer. Puis donc que l'intérieur n'est intérieur que comme s'extériorisant, c'est par le regard d'autrui — lequel me réfléchit en quelque sorte des manifestations de moi-même qui par définition m'échappent (elles sont bien « extérieures » à ma vie intérieure) — que j'accède à la conscience véritable de ce que je suis ; quand, par exemple, une personne tombe amoureuse, bien d'autres personnes, inquiètes ou goguenardes, gentiment amusées, aigrement jalouses ou stupidement cyniques, s'en sont aperçues avant elle ; et quand quelqu'un est en train de « prendre quelqu'un d'autre en grippe », de laisser naître en lui-même une haine sourde à l'égard d'autrui, il est le dernier à s'en rendre compte. Il reste que ces deux manières pour le Moi d'accéder à lui-même semblent adéquates pour lui donner de se former un savoir suffisant de lui-même, une connaissance de ce qu'il *est*. Sous ce rapport, je suis tout de même le mieux placé pour savoir qui je suis. C'est seulement de l'intérieur, derrière son masque, que quelqu'un se révèle tel qu'il est et non tel qu'il paraît ; l'homme n'est réductible ni à son paraître ni à ses actes ; l'existence de ce que je suis, à savoir ma conscience (sujet et principe de mes opérations), ne peut subsister qu'en ayant conscience qu'elle existe ; Sartre enseignait joliment à ce sujet : « il n'y a pour la conscience qu'une

façon d'exister, c'est d'avoir conscience qu'elle existe » (*L'Imagination*). Surtout, la conscience ne peut être saisie que par elle-même, car la conscience que la conscience a d'elle-même est cette conscience même : être une conscience consiste à s'atteindre par réflexion, or dans une réflexion l'objet coïncide avec le sujet ; donc la conscience que je suis et qui définit seule ce que je suis ne peut être connue que par elle-même. Autrement dit, *douter qu'on se connaît suppose qu'on sache ce que c'est que de se connaître, suppose ainsi qu'on ait l'idée de ce que c'est que de se connaître, car le doute présuppose la certitude (douter c'est juger douteux et tout jugement est comparaison qui présuppose un idéal de certitude) ; or c'est en se connaissant qu'on a une telle idée, car la conscience est réflexion qui fait s'identifier le sujet et l'objet ; cette chose qu'est la conscience de soi ne peut être reconnue que par elle-même ; donc on ne peut douter qu'on se connaît autrement qu'en ayant une connaissance de ce qu'on est.* De sorte que, dans cette perspective, la contribution d'autrui à la connaissance de soi ne devrait pas être essentielle, elle ne serait requise que pour qui ne sait pas « faire attention » à ce qui se passe en lui.

Pourtant, s'il est vrai que l'homme est libre, doté d'un libre arbitre, il est, de soi, indéterminé, puisque, aussi bien, se déterminer suppose qu'on commence par n'être affecté d'aucune détermination nécessitante. Mais ce qui est indéterminé n'offre pas prise au savoir, car il faut être (être en acte) pour être connaissable, or être indéterminé n'est autre qu'être en puissance, et la puissance est une modalité du n'être pas. De plus, tout homme fait l'expérience, souvent passionnelle, de ce qu'il peut poser des actes ou exercer des réactions dont il ne se serait pas cru capable, qui lui révèlent des aspects inconnus de lui-même, au point que d'aucuns (tel Freud) sont allés jusqu'à faire l'hypothèse (vite convertie en dogme) de l'existence d'un inconscient qui contiendrait la vérité sur moi-même, et dont la conscience ne révélerait que des aspects lacunaires, tronqués et même trompeurs. Une puissance se révèle par son acte (*operari sequitur esse*), et il est probable que maintes potentialités en nous ne se sont pas encore révélées, faute d'occasions de s'actualiser, de sorte que maints aspects de nous-mêmes nous échappent. N'étant ni ange, ni bête, l'homme est doté d'une conscience qui, comme connaissance immédiate de soi, ne lui révèle pas le tout de lui-même (une grande partie de sa vie corporelle, par exemple, est inconsciente, mais aussi toutes ces potentialités que son histoire individuelle ne lui a pas encore donné de révéler), et qui, comme conscience *libre*, le révèle à lui-même telle une espèce de néant d'être déterminé, de sorte que le principe de la connaissance de soi (la conscience) se révèle tout autant principe d'inconnaissance. Je puis être « hors de moi », ne pas me reconnaître dans ce que j'ai dit ou fait, ou même pensé : se peut-il que j'aie jamais pu penser cela, se dit-on volontiers en se relisant plus tard ? Le Moi peut ainsi être étranger à lui-même en tant précisément qu'intériorité, il peut s'ignorer du fait même qu'il est auprès de soi ; je suis sujet et en me connaissant je m'objective, par là je me trahis, puisque je dois me faire autre que ce que je suis — un sujet — pour m'habiliter à m'atteindre, me défigurer pour me rendre connaissable ; et puis, comme on le dit souvent plus d'autrui que de soi-même, la connaissance de soi est toujours subjective, au sens où elle est entachée de partialité, c'est-à-dire de complaisance. Qu'est-ce donc qu'une subjectivité, qui répugne à être objet pour un autre (lequel n'en saisit que les manifestations dont l'interprétation est hasardeuse), cependant qu'elle semble échapper à elle-même ? Faut-il penser que le principe de la connaissance serait inconnaissable ? Je m'étonne moi-même de certaines de mes réactions, autrui me renvoie de moi-même une image dans laquelle, au moins dans certains cas, je me reconnais malgré moi, de sorte que c'est paradoxalement dans l'apparence extérieure, chosiste et trompeuse — celle dont on use pour mentir, l'opérateur du mensonge — que se déjouent les ruses du mensonge à soi ; de même, c'est dans l'acte de s'échapper de soi que se dévoile le contenu objectif véritable de l'intériorité subjective : dans le lapsus, j'ai dit autre chose que ce que je pensais dire, mais c'est pourtant cela que je voulais dire sans savoir que je le voulais. Et c'est cela qu'il faut expliquer : d'où vient que ce qui n'est que le cadavre de ma vie intérieure, chosiste, actualise et signifie la vie de cette dernière ?

Que doit être le moi véritable pour s'échapper de lui-même par cela même — la conscience — qui se veut promesse de transparence à soi ?

On est invité dans un premier temps, afin de dissiper le problème contenu dans l'intitulé, à nier que le Moi puisse jamais s'échapper de lui-même : ce ne serait là qu'une illusion. « La raison pour laquelle je crois que l'âme pense toujours est la même qui me fait croire que la lumière luit toujours, bien qu'il n'y ait point d'yeux qui la regardent ; que la chaleur est toujours chaude, bien qu'on ne s'y chauffe point ; que le corps, ou la substance étendue, a toujours de l'extension ; et généralement, que ce qui constitue la nature d'une chose est toujours en elle, pendant qu'elle existe ; en sorte qu'il me serait plus aisé de croire que l'âme cesserait d'exister quand on dit qu'elle cesse de penser, que non pas de concevoir qu'elle fût sans pensée. » Ainsi s'exprime Descartes (*Lettre au Père Gibieuf* du 19 janvier 1642), dont le dualisme est bien connu : l'âme est substance pensante, le corps est substance étendue, l'étendue est l'essence des corps, toute la nature de l'âme est de penser, et toute la pensée est la conscience, elle s'atteint infailliblement dans l'expérience du « cogito », première vérité permettant de fonder la science en tant qu'elle est seule à être indubitable (on ne peut douter qu'on pense puisqu'il faut penser pour douter) ; le corps n'est qu'une machine et les animaux sont des machines, le devenir s'explique par grandeurs, figures et mouvements, et l'aversion profonde de Descartes pour la scolastique lui fait abandonner l'idée d'être en puissance. Dès lors, il n'y a pas d'inconscient psychique, en ce sens qu'il n'y a pas de conscience en puissance ; ce que l'on nommera inconscient est le corps, l'âme pense toujours et, quand elle croit que la pensée s'est éclipsée, c'est qu'elle ne se souvient pas qu'elle a pensé et de ce qu'elle a pensé ; elle est seule à connaître ce qui se passe en elle, et elle se connaît telle qu'elle est. Dans la *Deuxième Méditation*, il évoque ces silhouettes qui déambulent sous ses fenêtres, qui, portant des chapeaux, sont peut-être des hommes feints : autrui n'est qu'une conjecture, et chacun d'entre nous n'est qu'une conjecture pour autrui, de sorte qu'il ne peut nous atteindre mieux que nous ne nous atteignons nous-mêmes ; nous nous atteignons nous-mêmes tels que nous sommes parce que nous sommes cet acte de s'atteindre soi-même à quoi se résume le cogito. Je suis toujours ce que j'ai conscience d'être.

Mais Descartes, de son propre aveu, est bien incapable d'expliquer l'union de l'âme et du corps. L'âme n'est pas dans le corps tel un pilote en son navire (*Sixième Méditation*), le rocher qui détruit la coque du bateau ne fait pas souffrir le pilote comme le glaive qui lui transperce la poitrine : « j'ai mal » n'est pas vécu sur le mode de « mon corps a mal ». Dans une *Lettre* du 28 juin 1643 à la princesse Élisabeth, il déclare que l'union de l'âme et du corps lui semble inintelligible, « à cause qu'il faut pour cela les concevoir comme une seule chose, et ensemble les concevoir comme deux, ce qui contrarie ». Par ailleurs, le problème cartésien de l'union de l'âme et du corps conditionne une difficulté subséquente : comment opérer la jonction entre les idées et les choses ? Si les idées — qui selon Descartes sont des modes de la pensée, quand les choses sont des modes de l'étendue — ne sont pas produites par les choses, elles sont innées, unilatéralement tirées par l'esprit de son propre fonds ; elles sont alors le seul objet qui soit immédiatement présent à l'esprit et atteint par lui ; mais alors, comment donc passer de l'immanence de l'esprit à lui-même, à la réalité ? On ne dispose plus d'aucun moyen pour savoir si le contenu de la pensée est conforme aux choses, et sous ce rapport Descartes anticipe Kant. Tout au plus pourra-t-on comparer les idées entre elles, mais non point les idées des choses aux choses connues par elles. Descartes, en fait, pose comme un axiome évident ce dualisme de l'âme et du corps, et « il quitte là-dessus la partie » (Leibniz, *Système nouveau de la Nature et de la communication des substances*). Se présente encore une autre difficulté, qui invitera Descartes à se contredire. Dans la 4e série des objections, Arnauld remarque : « L'esprit d'un enfant qui est dans le ventre de sa mère, a bien la vertu ou la faculté de penser, mais il n'en a pas la connaissance. » Donc il faut réhabiliter contre Descartes l'être en puissance et l'hylémorphisme, et admettre que les idées proviennent des choses, et enfin que la pensée n'est pas réductible à la conscience. Voici la réponse de Descartes : « (…) je ne doute point que l'esprit, aussitôt qu'il est infus dans le corps d'un enfant, ne commence à penser, et que dès lors il ne sache qu'il pense, encore qu'il ne se ressouvienne pas par après de ce qu'il a pensé, parce que les espèces de ses pensées ne demeurent pas empreintes dans sa mémoire. Mais il faut remarquer que nous avons bien une actuelle connaissance des actes ou des opérations de notre esprit, mais non pas toujours de ses puissances ou de ses facultés, si ce n'est en puissance ; en telle sorte que, lorsque nous nous disposons à nous servir de quelque faculté, tout aussitôt si cette faculté est en notre esprit, nous en acquérons une actuelle connaissance ; c'est pourquoi nous pouvons alors nier assurément qu'elle y soit, si nous ne pouvons en acquérir cette connaissance actuelle ». Ainsi, tout comme dans une *Lettre à Mesland* de 1645, Descartes réhabilite la notion de faculté, et admet ainsi qu'il y a de la conscience en puissance, c'est-à-dire de l'inconscience. L'essence de l'esprit n'est pas l'acte de penser, mais la puissance à penser. Dès lors, si l'esprit peut être en puissance à connaître, non seulement il se peut que soient conservées par devers lui, en tant qu'objet à connaître, des virtualités qui lui demeurent actuellement inconnues, mais encore, étant lui-même, en tant que sujet connaissant, l'actualisation d'une puissance à connaître plus ou moins adéquatement actualisée, il peut se tromper, manquer de vivacité et de clarté dans l'élaboration des idées qu'il forge sur lui-même. Il ne coïncide pas avec ce qu'il a conscience d'être.

Il est une autre raison qui invite à ne pas se satisfaire de la réponse de Descartes, qui n'est autre que le fait de la mauvaise foi. Il s'agit de cette triste tendance inhérente à la condition pécheresse du genre humain, à se mentir à soi-même. Si l'on peut se mentir et en venir à croire à son mensonge, c'est que l'on n'est pas nécessairement le mieux placé pour savoir ce que l'on est en vérité, ainsi qu'on n'est pas obligatoirement ce que l'on a conscience d'être. Or le fait même du mensonge à soi est établi, suggestivement décrit par Sartre par exemple dans le texte suivant :

« Voici, par exemple, une femme qui s'est rendue à un premier rendez-vous. Elle sait fort bien les intentions que l'homme qui lui parle nourrit à son égard. Elle sait aussi qu'il lui faudra tôt ou tard prendre une décision. Mais elle n'en veut pas sentir l'urgence : elle s'attache seulement à ce qu'offre de respectueux et de discret l'attitude de son partenaire. (…) L'homme qui lui parle lui semble sincère et respectueux comme la table est ronde ou carrée, comme la tenture murale est bleue ou grise. Et les qualités ainsi attachées à la personne qu'elle écoute se sont ainsi figées dans une permanence chosiste qui n'est autre que la projection dans l'écoulement temporel de leur strict présent. C'est qu'elle n'est pas au fait de ce qu'elle souhaite : elle est profondément sensible au désir qu'elle inspire, mais le désir cru et nu l'humilierait et lui ferait horreur. Pourtant, elle ne trouverait aucun charme à un respect qui serait uniquement du respect. Il faut, pour la satisfaire, un sentiment qui s'adresse tout entier à sa *personne*, c'est-à-dire à sa liberté plénière et qui soit une reconnaissance de sa liberté. Mais il faut en même temps que ce sentiment soit tout entier désir, c'est-à-dire qu'il s'adresse à son corps en tant qu'objet. Cette fois donc, elle refuse de saisir le désir pour ce qu'il est, elle ne lui donne même pas de nom, elle ne le reconnaît que dans la mesure où il se transcende vers l'admiration, l'estime, le respect et où il s'absorbe tout entier dans les formes plus élevées qu'il produit, au point de n'y figurer plus que comme une sorte de chaleur et de densité. Mais voici qu'on lui prend la main. Cet acte de son interlocuteur risque de changer la situation en appelant une décision immédiate : abandonner cette main, c'est consentir de soi-même au flirt, c'est s'engager. La retirer, c'est rompre cette harmonie trouble et instable qui fait le charme de l'heure. Il s'agit de reculer le plus loin possible l'instant de la décision. On sait ce qui se produit alors : la jeune femme abandonne sa main, mais ne *s'aperçoit pas* qu'elle l'abandonne. Elle ne s'en aperçoit pas parce qu'il se trouve par hasard qu'elle est, à ce moment, tout esprit. Elle entraîne son interlocuteur jusqu'aux régions les plus élevées de la spéculation sentimentale, elle parle de la vie, de sa vie, elle se montre sous son aspect essentiel : une personne, une conscience. Et pendant ce temps, le divorce du corps et de l'âme est accompli ; la main repose inerte dans les mains chaudes de son partenaire : ni consentante, ni résistante — une chose.

« Nous dirons que cette femme est de mauvaise foi » (*L'Être et le Néant*, II, I, Gallimard, Tel, 1943, « La mauvaise foi »).

Le chrétien sait que ce que Sartre nomme « mauvaise foi », et dont il a courageusement tenté d'expliquer le mécanisme psychologique, est au fond cette duplicité qui gît au fond de toute tendance au péché. La « *voluntas* », « *appetitus rationalis* », est cette tendance éveillée par la connaissance intellectuelle d'un bien ; non seulement je désire ce gâteau (l'appétit concupiscible est actualisé par une connaissance sensible), mais encore je le veux : je juge *hic et nunc* qu'il est opportun de céder à la tentation, et dès ce moment je suis responsable de mon acte, il m'est moralement imputable. C'est que la volonté est nécessitée par le Bien absolu inscrit en elle naturellement au titre d'idéal, et moteur de ses appétitions : est bon sous tous les rapports ce qui ne manque d'aucune forme de bonté, tant d'un point de vue qualitatif que quantitatif, et cela ne peut être que la Bonté même hypostasiée en et comme Dieu ; par là, un bien fini n'est pas nécessitant, en tant qu'il peut avoir raison de non bon s'il est considéré du point de vue des formes de bonté dont il manque (la délectation liée à la lecture est privée de celle qui est attachée à la bonne chère, et vice versa), de sorte que, si la volonté tend malgré tout vers lui, c'est qu'elle *se* détermine à le vouloir ; elle tend nécessairement vers le bien que l'intellect juge être le meilleur, mais c'est elle qui fait en dernier ressort que ce bien soit nécessitant pour elle, parce que c'est elle qui décide d'arrêter le mouvement de délibération (tendre vers le gâteau au détriment de la joie de faire un sacrifice, ou tendre vers la privation volontaire au détriment de la délectation gustative) sur tel bien plutôt que sur tel autre ; l'intellect meut la volonté « *quantum ad specificationem actus* » (vouloir ceci plutôt que cela), mais la volonté meut l'intellect « *quantum ad exercitium actus* » (vouloir ou ne pas vouloir). Il faut vouloir penser pour penser, même s'il faut penser pour vouloir. C'est pourquoi, par ailleurs, un acte est toujours motivé : la motivation d'arrêter la souffrance liée à l'acte de délibération peut suffire, même si rien dans les objets à propos desquels il faut trancher n'est vraiment déterminant pour choisir telle chose plutôt que telle autre ; il n'y a pas d'acte gratuit pour l'homme. Aussi, entre la considération du bien et celle du mal, c'est-à-dire du vrai bien et d'un bien inférieur au premier mais qui contracte la raison de mal en tant qu'il nous prive d'un bien plus grand, la volonté choisirait toujours le meilleur bien si elle ne se décidait à cesser de prendre en considération l'éclairage de la raison l'invitant à préférer ce que cette dernière lui désigne comme étant le meilleur : elle a décidé de pécher, la vision du bien l'empêche de céder au mal, elle éclipse la vision du bien en éclipsant le témoignage de la raison, et cette décision d'éclipser un tel témoignage est elle-même suscitée tant par l'appétibilité de l'arrêt d'une délibération douloureuse que par l'évitement de la souffrance liée à l'arrachement au bien fini. Mais cela ne laisse pas la volonté d'être informée par l'intellect du fait que l'assomption de cette délibération douloureuse idéalement achevée dans le choix du vrai bien eût été elle-même un bien en soi préférable à celui d'éclipser le choix de la raison. En termes modernes, la conscience décide de ne pas savoir ce qu'elle sait, pour s'habiliter à choisir le mal qu'un tel savoir l'eût empêchée de choisir, sans pour autant cesser de savoir que, ce faisant, elle fait le mal : « *video meliora proboque, deteriora sequor* » (Ovide, *Métamorphoses* VII, repris par saint Paul dans l'Épître aux Romains VII). Qu'est-ce à dire, sinon que toute volonté peccamineuse est de mauvaise foi ? Le péché en général serait ontologiquement impossible si la conscience n'était dotée du pouvoir d'être de mauvaise foi. Or il est bien difficile d'expliquer la mauvaise foi, car elle suppose, comme tout mensonge, un menteur et un menti, un menteur qui nécessairement sait qu'il ment, et menti qui ignore qu'on lui ment, dans le moment où, en l'occurrence, le menteur et le menti ne font qu'un, en même temps et sous le même rapport ; comment la conscience peut-elle être et n'être pas consciente de son objet ? Comment, en termes scolastiques, peut-elle être en puissance et en acte en même temps et sous le même rapport ? On notera au passage que ce qu'il est convenu d'appeler un homme de gauche est comme l'archétype de l'esprit de mauvaise foi, qui, selon une fausse conception de la justice, prône l'égalité pour détrôner les vrais maîtres, mais ne détrône les vrais maîtres que pour se mettre à leur place en jouissant de leurs privilèges et d'un pouvoir sans partage parfaitement inique, mais sans cesser de se persuader qu'il agit pour le bien du genre humain, en libérateur de ce dernier ; et la populace n'est pas en reste qui sait au fond d'elle-même que l'inégalité est en soi bienfaisante pour tous, y compris pour elle, mais qui préfère, mue par l'envie (la tristesse du bien d'autrui), l'égalité dans la pénurie à l'inégalité dans l'abondance, sans cesser de vouloir et de parvenir à se croire soulevée par un appétit de justice indignée, quand elle n'ignore pas, comme une voix sourde qu'elle ne peut réprimer, que son ressort profond est précisément l'envie. Et l'on peut en dire autant aujourd'hui des terroristes musulmans souvent issus des banlieues, dont le mobile inavoué, au nom de la fierté arabo-musulmane ou d'une justice de vindicte (erronée) à l'égard du souvenir de la colonisation, est le ressentiment des moins doués à l'égard de la race blanche et de l'Occident. Force est encore de confesser que le chrétien n'est pas exempt de mauvaise foi — il n'est même pas interdit de croire que l'habitus de la mauvaise foi procède de la mentalité chrétienne dénaturée, corrompue par le surnaturalisme —, selon lequel, invité à rendre le bien pour le mal reçu, le pseudo-croyant converti en hongre en vient à se faire un mérite de ne pas venger les offenses qu'on lui inflige parce qu'il en arrive, condamnant la nature au nom de la grâce, à haïr la force qui les lui impose, mais aussi la force qui est en lui et qui reste en attente stérile de son usage naturel l'inclinant à répliquer, mais qui de ce fait pèche lourdement, en toute bonne conscience, à la fois par lâcheté contre la vertu de courage, et par orgueil contre celle de l'humilité. Il y a des vérités captives dans les analyses nietzschéennes de l'homme de ressentiment.

DOUZIÈME DEVOIR

Sartre donne plusieurs exemples de mauvaise foi, laquelle est l'attitude du « salaud », dont le propre est de jouer sur deux tableaux : s'il n'y a pas de nature humaine, il n'y a pas de valeurs morales objectives, et c'est la seule liberté qui décide de conférer une valeur à ce qui culturellement est déjà tenu par d'autres comme une valeur. Mais si c'est la liberté qui décide des valeurs, elle est antérieure à toutes selon la causalité, au point que, « en tant que ce par quoi les valeurs existent, je suis injustifiable ». Ce caractère injustifiable de l'existence humaine la condamne à s'éprouver dans l'angoisse, et c'est pour échapper à cette dernière que le « salaud » décidera de créer des valeurs, puis d'oublier qu'il les a posées pour se sentir justifié par ce qu'il aura décidé de tenir pour autant de commandements divins transcendant sa liberté. C'est dans la figure de Franco que Sartre, semble-t-il, discernait le modèle du « salaud » : « Je trouve que la meilleure façon de donner envie aux Français que Franco meure, c'est de publier son portrait. Il a une gueule qui appelle exactement un coup de couteau ou de guillotine. Sa tête porte presque quarante ans d'assassinats auxquels il s'est livré. Mussolini était un salaud, Hitler avait une gueule antipathique, mais il n'avait pas cette gueule abominable de salaud latin » (*Libération*, 28 octobre 1975). Est aussi de mauvaise foi la femme coquette qui fut décrite plus haut. Est encore de mauvaise foi l'homosexuel qui ne veut pas s'avouer tel (les choses ont bien changé depuis la mort de Sartre). Est de mauvaise foi l'ivrogne concédant qu'il aime bien prendre des apéritifs, mais qui jamais n'accepte de se regarder en face en s'avouant marqué par cette pathologie qu'est l'alcoolisme chronique. Au reste, pour Sartre, il est impossible d'être jamais « sincère » (la sincérité est un mythe), parce que toute objectivation de soi serait trahison du sujet que l'on est, c'est-à-dire de cette anti-nature qu'est la conscience s'inventant encore une nature jusque dans l'acte de confesser ses défauts (à la notion de sincérité, Sartre préfère celle d'authenticité).

L'idée de Sartre est que la conscience est néant. Est doté de conscience cet être matériel (être, c'est être de la matière, Sartre se veut matérialiste) en lequel s'opère sans raison un « trou d'être » aussi radical que contingent, non pas un vide (qui serait encore de l'espace), mais un « rien » par définition inaccessible à la science puisque cette dernière ne circonscrit que du spatio-temporel. Être une conscience, c'est être doué du pouvoir d'être à distance de soi, à distance de ce que l'on *est*, c'est donc n'être pas ce qu'on est, et être ce que l'on n'est pas, et c'est à ce titre que, intrinsèquement contradictoire, la conscience ou « pour-soi », comme souffrance subsistante, conserve comme la nostalgie de la plénitude de l'en-soi chosiste dont elle est la fêlure, et s'en trouve habitée par le désir non d'être un « en-soi » (qui serait la suppression du pour-soi), mais d'être « en-soi-pour-soi », liberté dotée d'un être ou d'une nature, liberté se donnant sa nature, existence se donnant son essence, « *ens causa sui* » selon l'acception cartésienne de Dieu. Et, parce que Dieu n'existe pas, l'homme subit une passion qui est l'envers de celle du Christ : Jésus meurt pour que l'homme (re)naisse ; l'homme s'épuise et meurt dans son désir que, en, par et comme l'homme, Dieu naisse ; en fin de compte, « l'homme est une passion inutile ». Étant non-être, la conscience se confond avec cet indéterminé pur seul capable de se donner sa détermination, à savoir la liberté. Mais il n'est qu'une manière pour le non-être d'être plus qu'un «*flatus vocis*», c'est d'être une négation, une privation essentiellement relative à ce qu'elle conteste, à la manière d'une maladie qui est terriblement réelle, bien que son être se réduise au non-être de la santé. En tant qu'elle est néant d'être, la conscience a pour être de n'être pas ce dont elle est la conscience ; toute conscience est conscience de quelque chose (Sartre est husserlien, et il est même réaliste — contre Husserl —, en cela que, portée par ce dont elle est la conscience, cette dernière ne saurait faire retour à l'idéalisme transcendantal d'origine kantienne[1]), la conscience de rien est un rien de conscience. Donc la conscience de soi pure, ou conscience de ce qu'elle *est*, comme conscience de néant (ou de ce néant qu'elle est), est un néant de conscience ; dès lors, être conscient de quelque chose revient à n'être pas ce dont on a conscience. Mais en même temps et pour la même raison, l'être de la conscience est l'être dont elle a conscience. Par conséquent elle est de soi néant, et c'est bien ce qu'enseignent à leur manière Aristote et saint Thomas lorsqu'ils parlent de l'intellect possible, qui n'est pas intelligible en acte par une autre forme que celle qu'il intellige[2]. C'est pourquoi il n'y a pas de « vie intérieure » dissociable d'une

---

[1] Bien que refusant la chose en soi kantienne, Husserl affirme dans ses *Méditations cartésiennes* (1929) : « Celui qui ne comprend pas le sens de l'analyse transcendantale, ou le sens de la réduction transcendantale, ou les deux, celui-là seul peut vouloir séparer la phénoménologie de l'idéalisme transcendantal. » « Tout ce qui existe pour la conscience se constitue en elle. » « Tout être et tout sens imaginables, qu'ils s'appellent immanents ou transcendants, font partie de la subjectivité transcendantale qui constitue tout être et tout sens. » « Toute transcendance se constitue uniquement dans la vie de la conscience, comme inséparablement liée à cette vie. » Et dans *Idées directrices pour une phénoménologie*, § 32 (Gallimard, Tel, 1950, p. 102) : « Je ne nie donc pas ce monde comme si j'étais sophiste ; je ne mets pas son existence en doute, comme si j'étais sceptique ; mais j'opère l'épochè (ἡ ἐποχή, ῆς : temps d'arrêt, suspension) phénoménologique qui m'interdit tout jugement portant sur l'existence spatio-temporelle. »

[2] Si l'intelligible en acte est un intellect en acte (puisque l'intellection est l'acte commun des deux), l'intellect en puissance est intelligible en puissance. Si l'intellect était en acte selon une forme entitative qui, en tant que forme d'un intellect, serait spirituelle ou immatérielle, il serait immédiatement intelligible en acte et rien ne l'empêcherait de s'intelliger lui-même. Ce que saint Thomas n'admet pas : l'intellect s'intellige comme il intellige les autres intelligibles, à savoir par une *species* : « Ce n'est pas par son essence, mais par son acte que notre intellect se connaît. » Par là : « (...) L'intellect en acte est l'intelligé en acte en vertu d'une similitude de la chose intelligée, qui est la forme de l'intellect en acte. C'est pourquoi l'intellect humain, qui devient en acte par l'espèce de la chose intelligée, est intelligé par la même espèce *comme par sa propre forme* » (*Somme théologique*, Iª q. 87 a. 1 ad 3). Ce qui revient à dire que la forme entitative de l'intellect pris comme faculté *est* la forme qu'il intellige. De soi, il est pure puissance. *Il est intellect en puissance en tant qu'il est puissance à être de l'intellect* ; il est la puissance intérieure à l'âme, à raison de laquelle l'âme est dite intellect. C'est ainsi que saint Thomas peut

ouverture au monde, puisque la conscience est néant. Elle ne se pose comme conscience que comme conscience de quelque chose ; dès lors, elle ne se pose comme néant que comme néant de quelque chose, ce qui revient à dire que la conscience de quelque chose est le néant de quelque chose, ou la néantisation de ce dont elle est la conscience ; être conscience de quelque chose, c'est faire advenir le réel sur le mode du n'être pas ; c'est, sans évidemment empêcher les choses d'exister en elles-mêmes, leur donner, dans et par le Moi (le « dans » ne connotant aucune intériorité), de n'être pas, à la manière dont une image fait être ce qui est sur le mode de son absence ; si l'image fait être ce qui n'est pas, en retour, pour Sartre, faire advenir une image est faire advenir le néant de ce dont elle est l'image. Et c'est pourquoi la conscience est nécessairement réaliste, le réel est tel qu'il apparaît ; la conscience ne saurait élaborer un monde noétique à distance d'une réalité dont l'existence serait problématique, puisque — Sartre nomme « preuve ontologique cette assurance de l'existence du monde tel qu'il se donne à la conscience — l'« existence » de la conscience (son être de non-être) est la garantie de l'existence de ce monde, en tant que la conscience s'épuise à le néantiser ; elle garantit l'existence du monde comme la maladie garantit celle du corps qu'elle ruine, car elle n'existerait plus si elle en venait à le tuer. La conscience ne peut être créatrice ou formatrice de son objet, puisqu'elle n'est que néantisation de ce qu'elle n'est pas, de son objet même. Puis donc que la conscience peut être définie tel un néant, il est possible d'expliquer le mensonge à soi : si je commence par me déclarer alcoolique ou colérique, dans un acte de franchise qui se veut « sincère », je commence à me mentir puisque, aussi bien, je ne suis pas alcoolique ou colérique comme la table est ronde ; au vrai je ne suis rien, n'ayant pas d'essence, je me constitue ou me choisis comme l'alcoolique ou le colérique dont autrui peut constater les aspects, mais à tout instant je puis en tant que liberté décider de n'être pas ce que je suis ; dès lors, je ne suis pas l'alcoolique que je suis ; c'est alors que, entrevoyant subrepticement que je suis néant, je décide de viser la figure de

---

affirmer sans se contredire que l'intellect est forme du corps (*ibid.*, I^a q. 76 a. 1) *et* puissance de l'âme (*ibid.*, I^a q. 79 a. 1). L'intellect, *en tant que forme du corps*, est entitativement l'âme elle-même, dans le *terminus a quo* radical — en tant qu'il en est la *radix* — de son éduction. *En tant que puissance de l'âme*, l'intellect est fonctionnellement l'une de ses facultés : l'âme humaine, prise comme identité à soi réflexive (elle présuppose ce qu'elle pose : elle est éduite du corps dont elle est l'acte et qu'elle transgresse parce que spirituelle), confirme et révèle sa spiritualité en posant le *terminus a quo* potentiel de son éduction d'âme comme détermination potentielle intestine à elle-même, ou faculté cognitive et volitive. Et le *terminus a quo* de son éduction d'âme, via le corps, est ce néant à partir duquel elle est créée, néant qu'il convient de prendre ici comme la radicalisation ou limite extrême de cette pénurie ontologique qu'est l'être en puissance. Et puisque la puissance est un mode du n'être pas, en pénurie d'être d'autant plus grande qu'elle est puissance à plus de choses (et l'intellect est le « lieu » de *toutes* les formes), l'intellect (possible) est un certain néant, la pure puissance que l'âme, en tant que forme, ouvre et pose en elle-même comme envers absolu de l'acte qu'elle est.

l'homme tempérant que je ne suis pas, en me persuadant que cette visée me définit ; je crois à ma tempérance, parce que croire est ne pas savoir ; on pallie le défaut d'évidence par le renchérissement bientôt fanatique et aveugle de la croyance volontariste ; quand la conscience accède à la conscience de son étoffe de néant, elle a besoin, pour subsister (puisqu'une conscience de néant est un néant de conscience : une conscience d'être conscience sans objet autre qu'elle est une conscience qui s'éclipse nécessairement), de viser le courageux qu'elle n'est pas, sur le mode de la croyance ; la conscience d'être un néant est ainsi le subterfuge qui lui permet de se désengluer de la conscience d'être alcoolique, afin de renaître à elle-même comme conscience de tempérance. Elle sait bien qu'elle est la conscience d'un alcoolique, mais elle se démène astucieusement pour vivre son savoir sur elle-même, peu gratifiant, sur le mode d'une détermination qu'elle sait ne pas la définir dans son être, et le comble est que, ce faisant, elle n'est pas dans l'illusion : il est bien établi que l'alcoolique n'est pas alcoolique comme la table est ronde. Sous ce rapport, elle coïncide avec elle-même, ce qu'elle dit et pense d'elle-même est bien ce qu'elle est, à savoir un néant d'être ; elle coïncide avec elle-même en tant que néant d'être, mais au vrai ce n'est pas une coïncidence parce qu'il faut être quelque chose de déterminé, ainsi relever de l'En-soi, pour être identique à soi, de sorte que c'est tout de même un mensonge, en tant qu'il s'agit d'une coïncidence *négative* avec soi, comme mauvaise foi qui se consomme en se reniant ; elle se consomme puisqu'elle parvient à être à la fois le menteur (la conscience de l'ivrogne sait qu'elle n'est pas celle du tempérant qu'elle voudrait être) et le menti (elle se sait sans mentir être ce néant d'alcoolique, puisqu'elle est néant), elle est « de bonne foi » en déclarant qu'elle *n'est pas* celle d'un alcoolique, puisque, de soi, elle n'est rien. Il reste qu'elle demeure éminemment menteuse sous le rapport suivant : *elle n'a en vérité pas l'être d'un non-être*, car elle n'est comme non-être qu'en étant conscience de quelque chose ; être conscience de quelque chose, c'est être le néant de ce quelque chose, qui ne se pose comme tel qu'en référence au quelque chose dont elle est la conscience ; mais elle peut vivre cette ignorance voulue du fait de ne pas avoir l'être d'un non-être, sur le mode d'un vrai savoir, parce qu'elle s'éclipse dans le moment même où elle se reconnaît n'avoir même pas l'être d'un néant d'être : le néant d'être qu'elle vise est le néant qui le vise, et comme tel il s'éclipse, de sorte qu'en se mettant à viser le tempérant qu'elle n'est pas, la conscience, contractant en cette visée le statut de néant d'être, peut bien continuer à se croire, sans mentir, être « en soi » le néant d'être qu'elle se disait être, en particulier le néant de cet être alcoolique qu'elle ne veut pas être.

S'il est toléré de la part du lecteur de procéder à une anticipation de ce qui sera ici proposé comme une résolution de la problématique générale de ce devoir, on voudra bien noter que, si l'on définit le sujet conscient telle une puissance à être conscient, si donc on définit l'inconscient telle une conscience en puissance, alors, la puissance en général se révélant telle l'identité de contraires qui s'excluent dans l'être en acte, les analyses de Sartre sur la mauvaise foi peuvent être intégrées à la psychologie thomiste, dès lors que l'être en puissance peut être reçu tel un certain néant. Évidemment, une telle solution ne sera recevable que s'il est établi que *la puissance à être conscient est elle-même posée par la conscience ainsi dotée du redoutable pouvoir de demeurer identique à soi dans le moment de son oubli de soi* ; ou encore : *la conscience est capable de demeurer vigile dans le moment même où elle se pose en régime psychologique de conscience onirique, ou même s'aliène dans l'inconscience* ; l'homme de mauvaise foi peut avoir conscience sourde d'être dans le mensonge dont il est responsable tout en étant « sincèrement » attaché au fait d'être victime de ce mensonge ; il est victime « innocente » d'un mensonge, ainsi n'a pas conscience de ce dont, en tant que menteur, il ne peut pas ne pas avoir conscience ; et il conviendra alors de parler non de cogito préréflexif, mais de réflexion précogitive. Ce que, précisément, accomplit toute conscience quand elle se fait peccamineuse. Par ailleurs, ce n'est pas seulement comme peccamineuse qu'elle exerce ce pouvoir :

Le meunier dort quand son moulin tourne bruyamment, et c'est le silence qui le réveille ; la femme épuisée sombre dans le sommeil au milieu d'une foule bruyante mais s'éveille au murmure de son enfant lové dans ses bras ; le soldat en opération perd conscience, harassé, dans les rizières nonobstant la présence d'un grondement régulier de camion militaire à deux pas de lui, mais le minuscule cliquetis d'une bretelle de fusil-mitrailleur le fait se réveiller en sursaut, haletant, prêt à faire feu sur le Viet-Cong tapi dans le feuillage ; les états hypnagogiques donnent au rêveur de se voir rêver, de se savoir sorti d'un songe dans lequel il est encore plongé ; la conscience souffrante si lucidement décrite par Louis Lavelle, telle l'expérience de la jalousie (on se nourrit d'images déchirantes), de l'amertume (on ressasse toutes les phases de son échec) ou du deuil d'un être aimé (on se remémore tous les heureux moments passés ensemble en s'enivrant d'occasions de verser des pleurs), au lieu de fuir — comme elle le ferait en cas de douleur physique : la main brûlée s'empresse de s'éloigner du feu —, convoque, « par une espèce de contradiction » (puisqu'elle aspire à ne pas souffrir), tout ce qui peut la nourrir. La conscience est bien là dans l'acte de son éclipse. Et c'est au fond ce qu'il faudrait expliquer.

Il reste, pour l'heure, que la réponse de Sartre, en l'état, n'est pas satisfaisante.

S'il n'y a pas de nature humaine faute d'un Dieu pour la penser, alors, en toute logique (mais le fou — l'insensé du psaume — est celui qui — *dixit* Chesterton — a tout perdu sauf sa raison), il n'existe pas de valeurs morales objectives, et les valeurs sont posées par la liberté condamnée, en les créant, à contracter l'absolue responsabilité de Dieu sans avoir sa puissance, puisque, par elle, l'homme se choisit, ne choisissant pas pour lui seul mais pour tous les hommes : « en me choisissant, je choisis l'homme ». Cela dit, ainsi qu'on l'a dit déjà dans le devoir n° 6, choisir est délibérer, délibérer est juger, juger est comparer, comparer est se référer à un maximum, ainsi à un idéal ou à une *valeur* qui, comme principe de choix, ne saurait être objet de choix ; ce qui revient à se reconnaître en demeure d'accepter l'existence d'une nature humaine, puisque l'affirmation de l'existence de valeurs antérieures à la liberté est corrélative de celle de la causalité d'une essence. De plus, si l'existence précède l'essence, si donc l'homme est liberté, il est la série de ses choix, de ses engagements. Il n'y a pas d'être en puissance qui précéderait l'être en acte, parce que l'idée d'une puissance ayant vocation à être actualisée est celle d'une nature ayant pour vocation d'être cultivée. Si le génie de Proust n'est que la série de ses œuvres, il n'y a pas de talent ou de puissance innée (qui connoterait l'existence d'une nature humaine et qui, de ce fait, selon Sartre, condamnerait l'homme à être ce qu'il est, l'empêchant de se choisir) qui précéderait l'acte libre[3]. Et si le sujet libre n'est en puissance à être ce qu'il est en acte, que dans le moment où il est en acte, alors il relève de cette ontologie qu'Aristote attribuait aux Mégariques et réfutait comme suit :

« Il y a des philosophes, les Mégariques par exemple, qui prétendent qu'il n'y a de puissance que lorsqu'il y a acte, et que lorsqu'il n'y a pas acte, il n'y a pas puissance : ainsi celui qui ne construit pas n'a pas la puissance de construire, mais seulement celui qui construit, au moment où il construit. Et de même pour tout le reste. — Il n'est pas difficile de voir les conséquences absurdes de cette théorie. Il est clair, en effet, qu'on ne sera pas architecte, si l'on n'est pas en train de construire, car l'essence de l'architecte réside dans la puissance de construire. Et de même pour tous les autres arts. Si donc il est impossible de posséder les arts de ce genre sans les avoir appris à un moment donné et sans les avoir acquis, et s'il est impossible de ne plus les posséder sans les avoir perdus à un moment donné (soit par l'oubli, soit en vertu de quelque maladie, soit par l'effet du temps, mais non du moins par la destruction de l'objet même, car cet objet est une forme éternelle), quand on cessera de l'exercer, on ne possédera pas l'art, et pourtant on pourra se remettre immédiatement à bâtir : comment donc aura-t-on recouvré l'art ? (...) Si donc nous appelons aveugle l'être qui ne voit pas, quoiqu'il soit dans sa nature de voir, au moment qu'il est dans sa nature de voir, et quand il existe encore, les mêmes êtres seront aveugles plusieurs fois par jour, et sourds également. (...) Si l'on ne veut pas admettre ces conséquences, il est évident que la puissance et l'acte doivent être des choses différentes. Or, le raisonnement des Mégariques identifie la puissance et l'acte ; en quoi faisant, ce n'est pas peu de chose qu'ils cherchent à ruiner. — Quelque chose peut donc avoir la puissance d'être, et cependant n'être pas, avoir la puissance de n'être pas, et être. De même pour toutes les autres catégories : un être peut avoir la puissance de marcher, et ne pas marcher ; avoir la puissance de ne pas marcher, et marcher. (...) Toute puissance est en même temps puissance de contradictoires : ce qui n'a pas puissance d'être dans un sujet ne pourra jamais lui appartenir, mais tout ce qui est puissance peut ne pas s'actualiser. Donc ce qui a puissance d'être, peut être et ne pas être. La même chose est

---

[3] Présentant en 1952 son ouvrage *Saint Genet, comédien et martyr*, Sartre déclara : « Montrer les limites de l'interprétation psychanalytique et de l'explication marxiste et que seule la liberté peut rendre compte d'une personne en sa totalité, faire voir cette liberté aux prises avec le destin d'abord écrasée par ses fatalités puis se retournant sur elles pour les diriger peu à peu, ***prouver que le génie n'est pas un don mais l'issue qu'on invente dans les cas désespérés***, retrouver le choix qu'un écrivain fait de lui-même, de sa vie et du sens de l'univers jusque dans les caractères formels de son style et de sa composition, jusque dans la structure des images, et dans la particularité de ses goûts, retracer en détail l'histoire d'une libération : voilà ce que j'ai voulu ; le lecteur dira si j'ai réussi. »

donc puissance d'être et de ne pas être, et il est possible que ce qui a puissance de ne pas être, ne soit pas » (*Métaphysique* Θ 3 1046 b 30 et Θ 8 1050 b 8, traduction Tricot, Vrin).

Ce qu'on peut ajouter, c'est qu'il est dans la logique des Mégariques de nier toute contingence dans la succession des événements du monde, mais par là de rendre impossible toute liberté. Les Mégariques de l'Antiquité niaient l'existence de l'être en puissance. Mais ils en déduisaient logiquement qu'il n'y a pas de futur contingent. En effet, le principe de contradiction s'applique à l'être en acte (je ne puis, en acte, être à la fois bachelier et non bachelier en même temps et sous le même rapport), mais les contradictoires s'identifient dans l'être en puissance (je puis bien, en même temps et sous le même rapport, être ces deux choses, bachelier et non bachelier, en puissance : en tant qu'écolier de classe terminale, je suis en puissance à être bachelier, mais je suis aussi en puissance à être recalé, tout dépendra de ma bonne volonté et de mon travail). Et c'est précisément parce que les contradictoires s'identifient dans l'être en puissance que le futur est contingent, ou encore qu'il n'est nullement fixé (sinon dans l'entendement divin, mais Dieu fait s'accomplir infailliblement Ses décrets — paradoxe unique — par des libertés humaines effectives) que je serai bachelier ou que je ne le serai pas. C'est parce qu'il y a de l'être en puissance, en lequel s'identifient les contradictoires, que l'acte les sépare et que, de ce fait, la liberté est possible (si le futur est déjà posé, je ne puis choisir mon futur, je ne puis contribuer à l'actualiser puisqu'il est supposé être déjà actuel). Dès lors, si l'on nie l'existence de l'être en puissance, on est condamné à plaider en faveur du déterminisme. Sartre, une fois de plus, ne s'aperçoit pas qu'en prétendant émanciper la liberté de la causalité d'une nature (humaine, et en particulier d'une nature rationnelle), il en vient à exténuer la liberté. La doctrine de la conscience comme « trou d'être », comme « pour-soi » qui serait décompression ou fêlure de l'« en-soi », comme néant d'être qui coïncide avec la liberté, souffre de la difficulté suivante : si l'homme se choisit et n'est que l'acte de se choisir, c'est qu'il se détermine arbitrairement et en vérité sans raison ; en effet, si son choix fondamental est motivé, c'est que sa liberté est guidée par la raison, mais cela revient à reconnaître que sa volonté est dotée d'une nature, qui est celle d'un « *appetitus rationalis* », et l'existentialisme de Sartre ne saurait y consentir puisque pour ce dernier l'existence précède l'essence et la crée par ses actes (engagements) ; de sorte que la liberté décide despotiquement, de manière injustifiable et absurde ; aussi la conscience volontaire, dans l'acte de choisir, est-elle incapable de prévoir le résultat de son opération (si elle pouvait le prévoir, elle serait habitée et déterminée par un projet rationnel, elle obéirait à et serait actualisée par la raison) ; et si la liberté est incapable de prévoir le résultat de son choix, c'est qu'elle opère comme un réflexe, lequel n'est pas libre ; de sorte que, en prétendant « libérer » la volonté de la férule de la raison, Sartre exténue involontairement la liberté du vouloir. Et parce que sa théorie de la mauvaise foi est liée à celle de la conscience réduite au statut de néant *entendu tel un néant d'être qui ne sera pas ce dans quoi l'être (une essence) s'anticipe pour se poser réflexivement, par négation de négation, tel l'être qu'il est* ; parce que, en d'autres termes, Sartre exclut l'existence de l'être en puissance (suspendu à l'acte qu'il conteste, lequel, par là, *se* conteste en la puissance dont il se fait provenir), il est nécessaire d'éprouver la valeur de la théorie freudienne proposant d'adopter la thèse de l'existence d'une instance psychique *autonome* complètement inconsciente, nommée « inconscient », ayant pour première caractéristique d'élaborer des représentations qui non seulement sont inconscientes, mais qui ne peuvent pas devenir conscientes et qui, pour cette raison, ne pourront être circonscrites que de manière indirecte, par le moyen d'une interprétation ; dans cette perspective, le rôle du menti revient à la conscience, celui du menteur incombe à l'inconscient. Ainsi :

« Tu crois savoir tout ce qui se passe dans ton âme, dès que c'est suffisamment important, parce que ta conscience te l'apprendrait alors. Et quand tu restes sans nouvelles d'une chose qui est dans ton âme, tu admets, avec une parfaite assurance, que cela ne s'y trouve pas. Tu vas même jusqu'à tenir "psychique" pour identique à "conscient", c'est-à-dire connu de toi, et cela malgré les preuves les plus évidentes qu'il doit sans cesse se passer dans la vie psychique bien plus de choses qu'il ne peut s'en révéler à la conscience. Tu te comportes comme un monarque absolu qui se contente des informations que lui donnent les hauts dignitaires de la cour et qui ne descend pas vers le peuple pour entendre sa voix. Rentre en toi-même profondément et apprends d'abord à te connaître, alors tu comprendras pourquoi tu vas tomber malade, et peut-être tu éviteras de le devenir. (…) *Le moi n'est pas le maître dans sa propre maison* » (*Essais de psychanalyse appliquée*, Idées-Gallimard, 1933, p. 145-146).

Ou encore :

« On nous conteste de tous côtés le droit d'admettre un psychique inconscient et de travailler scientifiquement avec cette hypothèse. Nous pouvons répondre à cela que l'hypothèse de l'inconscient est nécessaire et légitime, et que nous possédons de multiples preuves de l'existence de l'inconscient. Elle est nécessaire parce que les données de la conscience sont extrêmement lacunaires ; aussi bien chez l'homme sain que chez le malade, il se produit fréquemment des actes psychiques qui, pour être expliqués, présupposent d'autres actes qui, eux, ne bénéficient pas du témoignage de la conscience. Ces actes ne sont pas seulement les actes manqués et les rêves, chez l'homme sain, et tout ce qu'on appelle symptômes psychiques et phénomènes compulsionnels chez le malade ; notre expérience la plus quotidienne nous met en présence d'idées qui nous viennent sans que nous en connaissions l'origine, et de résultats de pensée dont l'élaboration nous est demeurée cachée » (*Métapsychologie*, Gallimard, 1968, p. 66).

Les idées sont rationnelles, donc le processus de leur genèse l'est aussi ; tel est le présupposé de l'hypothèse de Freud. Cela dit, il suppose que nos rêves et nos actes anodins ont un sens, lequel serait différent de ce pour quoi ils se donnent. Est-ce imputable à l'inconscient (autonome et menteur) ou à l'inconscience (conscience en puissance) ? Dans la pure inconscience, il y a de l'irrationnel et de la contingence, dans l'inconscient il y a intention de cacher et de tromper. Si le désir de connaître la rationalité immanente à la vie inconsciente est bien immanent à la conscience, c'est qu'elle sait qu'il y a une intelligibilité à découvrir, elle ne prend conscience de ses lacunes que parce qu'elle sait qu'elle en a, et elle le sait parce qu'elle les connaît, elle est au-delà de sa limite, elle y est précisément comme en puissance ou comme inconscience, elle reconnaît son être en puissance dans son être en acte.

Freud nous invite à travailler scientifiquement avec l'hypothèse de l'inconscient. Il s'agit de tester expérimentalement une théorie. Mais on ne peut vérifier une théorie, tout au plus peut-on, comme l'a montré Karl Popper, la nier en exhibant un cas particulier, en reconnaissant dans la « falsifiabilité » le critère de la scientificité de cette théorie. En fait, Freud interprète les phénomènes pour qu'ils requièrent une explication fournie par la théorie proposée, puis il déclare que l'existence des phénomènes prouve la théorie, ce qui est une pétition de principe. La succession des actes psychiques conscients est parfois inintelligible, et cette série devient intelligible si l'on procède à l'interpolation d'actes inconscients. Le problème est qu'il faut avoir conscience d'une raison suffisante de rendre cette série intelligible. Pourquoi n'y aurait-il pas de fantaisie dans la succession des idées et des images ? Si nous prenons conscience de la nécessité de rendre intelligible une série d'idées, c'est que l'inconscience est relative à la conscience, c'est-à-dire se manifeste confusément à elle, et il faut avouer qu'il n'y a pas d'inconscient. Avoir conscience de la rationalité cachée des séries d'idées, c'est avoir le pressentiment de l'existence des actes supposés inconscients, soit : la conscience doit avoir conscience de l'inconscient, ce qui est possible si et seulement si la conscience, en se connaissant, connaît que l'inconscient lui est relatif (il est dans la vocation de la conscience de s'anticiper dans l'inconscience). Freud suppose qu'il y a quelque chose à comprendre (alors qu'il pourrait y avoir de la fantaisie dans la vie de l'esprit), mais cette supposition revient à supposer l'inconscient, donc il y a pétition de principe.

Cela dit, il n'est probablement pas de réfutation plus brillante du freudisme que celle de Sartre lui-même, dans *L'Être et le Néant*, qui sera résumée comme suit :

Faisons, pour expliquer la mauvaise foi, l'hypothèse d'un inconscient et d'une censure. Le sujet est devant le lapsus, le rêve, la phobie, comme le trompé devant les conduites du trompeur, et il doit les interpréter. « Je suis moi mais je ne suis pas ça. » Je suis par exemple mes phénomènes psychiques (telle mon impulsion à voler, à dérober quelque chose), mais je ne suis pas ces faits psychiques en tant que je les reçois passivement (le vol est pour Freud un processus dérivé d'autopunition). Le psychanalyste se veut médiateur entre mes tendances inconscientes et ma vie consciente : je suis par rapport à mon ça dans la position d'autrui. Or Freud constate des résistances lorsque le médecin approche de la vérité : le malade se dérobe à la cure. *Qui résiste ?* Ce ne peut être le moi, qui est placé, tout comme le psychiatre, devant le sens de ses propres réactions comme devant une énigme à déchiffrer. Au reste, pour le psychanalyste, les résistances ont leur racine dans la chose même qu'on veut élucider. *Et seule le peut la censure*. En effet, elle est seule à savoir ce qu'elle refoule ; elle doit choisir, se représenter : d'où viendrait en effet qu'elle puisse laisser passer les seules impulsions sexuelles licites (par exemple) ? Elle doit saisir les tendances maudites, mais elle doit les saisir *comme à refouler*, ce qui revient à dire qu'elle a une représentation de sa propre activité : « comment la censure discernerait-elle les impulsions refoulables sans avoir conscience de les discerner ? » (*L'Être et le Néant*, p. 88) La censure doit par un acte de liaison synthétique comparer la vérité du complexe refoulé à l'hypothèse psychanalytique qui le vise. Elle doit être une conscience de soi. « La censure doit être conscience (d') être conscience de la tendance à refouler, mais précisément pour n'en être pas conscient. Qu'est-ce à dire, sinon que la censure doit être de mauvaise foi ? La psychanalyse ne nous fait rien gagner puisque, pour supprimer la mauvaise foi, elle a établi entre l'inconscient et la conscience une conscience autonome et de mauvaise foi. (...) On a hypostasié et "chosifié" la mauvaise foi, on ne l'a pas évitée. » Et Sartre de citer le psychiatre viennois Stekel (disciple de Freud pourtant), auteur de *La Femme frigide* : « Chaque fois que j'ai pu pousser mes investigations assez loin, j'ai constaté que le nœud de la *psychose* était *conscient*. »

Ainsi est-on amené à en conclure qu'il n'y a pas d'inconscient autonome. La censure supposée être inconsciente (selon Freud[4]) est en fait dotée de toutes

---

[4] Qu'il soit permis d'évoquer, à propos de Freud, la figure intéressante de Karl Kraus. Dans *Le Choc du mois* (du 30/06/1990, n° 30), on apprend que l'auteur de *La Littérature démolie* et de *Cette grande époque* (Collection « Rivages »), Karl Kraus, juif de Bohême, naît en 1874. Pamphlétaire, il meurt le 12/06/1936. Il écrivit en autres choses : « Le progrès est en soi une des plus ingénieuses inventions car il suffit d'y croire pour qu'il fonctionne. » Pour lui, *la réalité des choses se joue à leur surface, il développe une psychologie des surfaces*. Ce qui revient à dire que, pour lui, l'intérieur s'extériorise nécessairement. C'est pourquoi, à ses yeux, la psychanalyse, « activité de rationalistes lubriques, qui ramènent toute chose au monde des causes sexuelles, leur activité exceptée », est « ce nouveau mal juif » dont « le seul nom semble associer la psyché à l'anus ». « Ils ont la presse, ils ont la Bourse, ils ont aussi le subconscient maintenant. » Assimilationniste fervent, il écrit en 1898 *Une couronne pour Sion*, pamphlet contre la campagne sioniste de Théodore Herzl, et dévoile le consensus entre sionistes et antisémites. *Il se fait baptiser à Vienne en 1911.* Il s'en prend en 1914 au « gros juif, l'homme assis à la caisse de l'histoire universelle ». Mais, dès l'automne 1933, dans *La Troisième Nuit de Walpurgis*, il identifie la dictature du IIIe Reich tel un rejeton de l'idéologie du progrès. Cette position du sympathique Kraus nous invite à procéder, en passant, à la remarque suivante :
Au terme de l'atroce guerre de 14-18 qui fit comprendre à la civilisation occidentale qu'elle était mortelle, le peuple allemand, subissant de plein fouet l'iniquité du Traité de Versailles organisé par la maçonnerie, réagit, dans un courant fasciste (pris au sens large, comme recherche d'une troisième voie entre communisme et libéralisme tous deux issus des principes du jacobinisme) dont le national-socialisme n'était qu'une dimension, de manière passionnelle et brutale, ainsi confuse et peu éclairée, en comprenant avant les autres que la race blanche et la civilisation chrétienne et gréco-latine étaient en grand danger. Si l'on met de côté les excès et les caractères circonstanciels liés à cette réaction, on doit retenir aujourd'hui, avec le recul du temps, que : a) le fascisme fut, comme l'a rappelé Jules Monnerot, une entreprise efficace de lutte contre le communisme menée par les moyens des communistes eux-mêmes ; b) conscient de ce que l'avènement des principes de 89 était l'effet d'une incomplétude de la doctrine monarchiste traditionnelle ; conscient aussi du fait que le capitalisme est objectivement porteur, du fait de ses

les propriétés de la conscience, ce qui revient à dire qu'elle se confond avec elle. Et le problème reste entier : la conscience est à la fois le menteur et le menti, elle est en acte et en puissance en même temps et sous le même rapport.

Avant que de poursuivre, on notera qu'on peut faire à Marx et à Nietzsche les mêmes critiques qu'à Freud. Si, comme l'enseigne Marx, ce n'est pas la conscience qui détermine la vie sociale, mais la vie sociale qui détermine la conscience ; si le contenu idéologique de la pensée personnelle n'est que le reflet mystifiant et mystifié d'une infrastructure économique tissée par le conflit entre forces productives et rapports de production (rapports de solidarité ou de conflit — exprimés par les rapports de propriété — entre les hommes dans l'exercice laborieux des rapports des hommes au monde) ; alors la conscience qu'un homme a de lui-même n'est que le reflet des conflits de classe, qui les masque dans l'acte d'en procéder ; la question n'est plus : « qui es-tu ? », mais « d'où parles-tu ? », « de quel point de vue de classe es-tu le porte-parole inconscient ? » Et dans ce cas, si l'homme est victime d'un déterminisme social lui enjoignant de penser selon sa classe, sa liberté personnelle devient complètement illusoire ; il se croit libre de ses actions parce qu'il est ignorant des causes réelles qui les déterminent (Spinoza). Freud enseignait : « Je m'étais déjà une fois permis de vous reprocher votre croyance profondément enracinée à la liberté et à la spontanéité psychologiques, et je vous ai dit à cette occasion qu'une pareille croyance est tout à fait antiscientifique et doit s'effacer devant la revendication d'un déterminisme psychique » (*Introduction à la psychanalyse*, Payot, 1970, p. 92). On trouve le même déterminisme chez Nietzsche, la même affirmation d'une ignorance profonde du moi par lui-même, voire, à la limite, une négation de l'identité du moi : « (...) il faudra montrer à quel point tout ce qui est conscient demeure superficiel, à quel point l'action diffère de l'image de l'action, combien nous savons peu de ce qui précède l'action ; combien chimériques sont

---

contradictions internes, du socialisme égalitaire, le fascisme s'appliqua, dans la hâte, à élaborer une doctrine s'efforçant à actualiser les principes traditionnels d'ordre moral et politique, en évitant de retomber dans les travers de l'Ancien Régime. Que les réalisations historiques de son projet aient été fort imparfaites ne laisse pas ce projet d'avoir été pertinent, et de le demeurer même pour le XXIe siècle, si tant est que quelque chose demeure encore à sauver. Sous ce rapport, les réticences d'un Kraus à l'égard du national-socialisme participent, en dépit de sa lucidité dans maints domaines, de cette espèce de nostalgie peu réfléchie, sentimentale et irréaliste des émigrés de Coblence, qui n'avaient rien oublié mais aussi rien appris, et que l'histoire se fit un mauvais plaisir de balayer sans scrupule. Leur progéniture actuelle, victime de la même illusion d'optique, ressasse de manière pénible l'antienne bien-pensante selon laquelle le fascisme — « contre les Rouges et la Réaction » — serait « de gauche » parce qu'il critique le traditionalisme politique. Encore Kraus avait-il une circonstance atténuante : son émouvant souci de s'enraciner dans le monde occidental masquait à ses yeux les dysfonctionnements de ce dernier, et le disposait mal à embrasser la critique exaspérée que nourrissait l'espérance fasciste à l'égard de ce monde finissant aux charmes désuets.

nos intuitions d'une "volonté libre", de "cause et d'effet" ; comment les pensées, les images et les mots ne sont que les signes des pensées, à quel point toute action est impénétrable » (*Volonté de puissance*, I, § 261 ; Gallimard, Tel, 1995, p. 314) ; pour Nietzsche en effet, l'identité d'un moi fixe immanent à ses actions changeantes est illusoire, le réel n'est que la série de ses effets, « l'éclair luit » signifie que ce que l'on nomme « éclair » n'est rien d'autre que son luire (et en cela Nietzsche anticipe Sartre : l'homme est la série de ses actes). « De longues périodes durant, on a considéré la pensée consciente en tant que la pensée au sens absolu : à partir de maintenant seulement la vérité se fait jour en nous que la majeure partie de notre activité intellectuelle se déroule inconsciente et insensible à nous-mêmes » (*Le Gai Savoir*, 1882, § 333, traduction Klossowski, Club français du livre, p. 316). « *Autrefois on croyait à l'âme comme on croyait à la grammaire et au sujet grammatical. On disait "je" déterminant, "pense" prédicat déterminé ; penser est une activité à laquelle il est indispensable de supposer un sujet comme cause* » (*Par delà le bien et le mal*, § 54). Et, ainsi, comme on le voit chez maints malades chroniques, chez les gens fragiles aux nerfs exacerbés adorateurs de la force brutale et de la santé corporelle dont ils manquent douloureusement, Nietzsche en vient à doter le corps en tant que corps d'une sagesse et d'une spiritualité plus grandes que celle du Moi : « *Derrière tes pensées et tes sentiments mon frère, se tient un maître plus puissant, un sage inconnu, qui a nom "soi". Il habite ton corps, il est ton corps. Il y a plus de raison dans ton corps que dans ta meilleure sagesse* » (*Ainsi parlait Zarathoustra*). « *Tu dis "moi" et tu es fier de ce mot. Mais ce qui est plus grand, c'est ce à quoi tu ne veux pas croire — ton corps et sa grande raison : il ne dit pas moi, mais il est moi en agissant* » (*ibid.*). Ce qu'on appelle l'âme ou l'esprit n'est que le produit du corps ayant « *créé pour lui-même l'esprit comme une main de sa volonté*[5] » (*ibid.*).

---

[5] Sans tomber dans un mépris des femmes aussi stupide que révélateur d'une faiblesse de l'homme incertain de sa virilité (c'est ce genre d'arrogance qui faisait dire à Baudelaire qu'aimer converser avec les femmes intelligentes est un plaisir de pédéraste), il est difficile de ne pas penser, en lisant Nietzsche qui se révèle dans ce qu'il dit, à cette forme d'intelligence intuitive et presque organique, charnelle et proche de l'instinct, qui caractérise l'intellectualité féminine : « C'est par des questions sans réponse, dont elles se créditent le bénéfice, que les femmes progressent en rampant dans l'intimité la plus jalouse de leurs victimes. Elles cultivent les plates-bandes de l'implicite pour en faire surgir des roses qui s'évanouissent et des épines qui perdurent. La femme la plus gourde a un sixième sens pour réduire au silence, avec une déconcertante facilité, l'homme le plus intelligent » (Hubert Monteilhet, *Mourir à Francfort*). La forme est éduite de la matière qui lui est ontologiquement suspendue ; elle se fait provenir, en faisant se renier la matière en elle, de ce qui dépend d'elle dans son être et a vocation à être perfectionné par elle ; c'est pourquoi la forme est réflexion. La femme est cette matière que féconde et parfait la forme masculine. Mais, parce que la forme humaine en général n'est pas la raison suffisante de la réflexion qu'elle exerce, en vertu de laquelle elle existe, la matière est pour l'homme en général comme un mystère, le mystère de ce qui procède de lui sans qu'il sache comment il en procède, et dont il procède lui-même ; la femme n'est pas

DOUZIÈME DEVOIR

Et contre ce qui ne fut pas mal nommé « ontologies du soupçon » (Paul Ricœur, Michel Foucault), à savoir toutes les doctrines selon lesquelles l'extérieur ne manifesterait la présence d'un intérieur qu'en le trahissant, on est contraint de rétorquer :

Si la superstructure (pour user du langage marxiste : idéologie, art, religion, philosophie) n'exprime l'infrastructure qu'en la trahissant, alors l'acte supposé dénoncer cette trahison — qui incontestablement, selon de telles prémisses, appartient à la superstructure en tant qu'il relève d'une réflexion philosophique — est lui-même, comme détermination de la superstructure, une trahison de la pulsation secrète dont il est l'expression. Il suffit, comme d'habitude, de soumettre les doctrines fausses au critère immanent de leur propre verdict, pour leur faire avouer leur fausseté. Quant à la négation polymorphe du libre arbitre, on doit observer que l'acte même de s'objectiver le déterminisme que l'on est supposé subir est lui-même la preuve, « *in actu exercito* », qu'on ne le subit pas. S'objectiver quelque chose, c'est s'en libérer ; si tout est prédéterminé, l'acte de croire qu'on est libre est lui aussi prédéterminé, et l'acte de dissiper une telle croyance revient à réduire à néant le supposé fait de la prédétermination.

Et il est clair que les ontologies du soupçon procèdent toutes, directement ou non, consciemment ou non, de manière avouée ou non, de la thèse kantienne selon laquelle la conscience de soi n'est pas la connaissance de soi. Kant se demande comment et pourquoi les catégories de l'entendement, qui sont autant de modalités du fonctionnement de ce dernier, peuvent acquérir une valeur objective, ainsi être applicables à l'expérience ; après tout, dira-t-on, elles ne sont que des lois de liaison du divers donné par l'intuition sensible, elles n'expriment que les lois de fonctionnement de l'entendement, elles se présentent comme subjectives. Sa réponse, dans la *Déduction transcendantale*, consistera à établir que l'expérience n'est possible que par les catégories. Il lui appartient donc de montrer comment les catégories sont unifiées, comment elles constituent des objets dotés d'unité. Pour ce faire, il distingue la conscience empirique, ou sens interne, qui est la faculté de se représenter à soi tel qu'on s'apparaît selon les formes *a priori* de la sensibilité (espace et temps), de la conscience pure ou « aperception transcendantale », qui sera ce principe d'unité recherché, en tant qu'elle est ce principe-un, actif, de synthèse catégorielle réunissant dans un acte unique la collaboration des diverses catégories objectivement séparées ; et c'est l'unicité de cet acte qui donnera son unité à l'objet, qui en fait le constituera comme objet.

La conscience pure ou aperception transcendantale ne contient que l'existence pensée du je ; l'intuition sensible ou l'intuition du sens interne donne,

---

l'avenir de l'homme mais son passé, et à ce titre, bien qu'elle soit pour l'homme, elle est comme le symbole personnifié du mystère de ses Origines, faisant, de ce fait, mémoire, en témoin vivant qui ne sait pas dire son message en tant qu'il est ce message même, de ce qu'il a vocation à reconnaître telle sa fin dernière.

seule, son existence réelle. Donc l'existence du Moi est connue, mais seulement à titre de phénomène :

« Or il est bien évident que je ne saurais connaître comme objet cela même qu'il me faut supposer pour connaître en général un objet » (*Critique de la raison pure*, TP 373 A).

« J'ai conscience de moi-même — dans la synthèse transcendantale du divers des représentations en général, par conséquent dans l'unité synthétique originaire de l'aperception — non pas tel que je m'apparais, ni tel que je suis en moi-même, mais seulement conscience que je suis. Cette représentation est une pensée, et non une intuition. (...) Je n'ai donc aucune connaissance de moi tel que je suis, mais je me connais seulement tel que je m'apparais à moi-même. La conscience de soi n'est donc pas encore, il s'en faut, une connaissance de soi-même. (...) J'existe comme une intelligence qui a simplement conscience de son pouvoir de synthèse, mais qui, par rapport au divers qu'elle doit lier, étant soumise à une condition restrictive qu'elle nomme le sens interne, ne peut rendre perceptible cette liaison que suivant des rapports de temps, qui sont tout à fait en dehors des concepts propres de l'entendement. **Elle ne peut, par conséquent, se connaître elle-même que si elle s'apparaît à elle-même, par rapport à une intuition (qui ne peut pas être intellectuelle ni donnée par l'entendement lui-même), et non comme elle se connaîtrait si son intuition était intellectuelle** » (*Critique de la raison pure*, Déduction transcendantale, 158/3).

Laissons s'exprimer un spécialiste seul capable de commenter ce texte et cette thèse avec la rigueur requise :

« La déduction transcendantale opère en deux temps. Elle établit d'abord que le donné sensible ne peut être donné que s'il est pensé par les catégories. Elle est suspendue au principe selon lequel "le <Je pense> doit pouvoir accompagner toutes mes représentations" (C1, *Anal. transc.* § 16). Toute détermination ou différence sensible n'est donnée au Moi qu'insérée dans l'identité réflexive à soi qui le définit et selon laquelle il s'aperçoit nécessairement ("unité analytique de l'aperception"). Cependant, une telle identité à soi du Moi, comme réflexion, comme revenant à elle-même à partir et au sein des déterminations qui le font se différencier de lui-même, n'est possible que comme identification de lui-même ("unité synthétique de l'aperception") à travers et moyennant l'identification de ces déterminations mêmes ; or celle-ci s'opère par les catégories. Il n'y a donc un donné sensible pour le Moi qu'autant qu'il est pensé par l'entendement catégoriel. Dans une seconde étape, développée jusqu'à la fin de l'Analytique transcendantale, Kant établit que cette condition est réalisable, et toujours réalisée. D'abord, le donné sensible empirique est bien pensable *a priori*, en tant que sensible. Car le sensible, même spatial, est toujours temporel par le cours même de son appréhension. Or, la forme pure du temps, comme sens interne, est déterminable immédiatement, *a priori*, par l'intériorité pensante, c'est-à-dire par les concepts purs de l'entendement. À travers une telle traduction temporelle de ceux-ci, constitutive des « schèmes » de l'imagination (entendement appliqué à la sensibilité), tout donné empirique peut être pensé, puisqu'il est soumis à sa forme sensible. Ensuite, les principes de l'entendement pur établissent la nécessaire schématisation des phénomènes en en fixant les diverses modalités : à toute catégorie correspond un principe qui la rend applicable au donné sensible en liant nécessairement à tel aspect temporel de celui-ci tel schème de l'imagination. Ainsi le schème de la causalité, à savoir la succession constante, est-il lié à l'apparition d'un phénomène dans le temps envisagé comme simple succession. L'entendement règle donc par ses principes la lecture du donné sensible par une imagination elle-même déjà soumise à ses concepts. Le "Je pense" réunit par là sous son autorité les divers pouvoirs et capacités dont l'exercice apriorique, nécessaire et universel, ainsi totalisé constitue l'expérience de l'objet comme tel, l'essence ou possibilité de l'expérience. (...) Les objets de l'expérience ne sont rien d'autre que ce que compose cette expérience, comme synthèse active de la passivité (sensible) et de l'activité (intellectuelle). L'Analytique transcendantale se résume bien dans la célèbre affirmation : "Les conditions de possibilité de l'expérience en général sont en même temps les conditions de la possibilité des objets de l'expérience" » (C1, *Anal. transc.* II 2) (Bernard Bourgeois, *La Philosophie allemande classique*, p. 65 et 66, PUF, 1995).

Ludwig Wittgenstein (1889-1951) exprimera la même idée que Kant en faisant observer que « le sujet n'est pas une partie du monde, mais une frontière du monde » (*Tractatus logico-philosophicus*, 5.632). Et Kant, dans la dialectique transcendantale, prétendra dénoncer ce qu'il nommera le « paralogisme de la substantialité », à savoir le passage selon lui illégitime, cartésien, du cogito à la substance pensante, par abus supposé de la catégorie de substance, laquelle peut bien désigner en chimie un ensemble stable de phénomènes, mais ne saurait désigner le sujet par quoi il y a des phénomènes, puisque ce dernier n'est pas phénoménal.

On ne peut ici, pour indiquer les limites de la démarche kantienne, que renvoyer le lecteur au contenu du devoir n° 6, où est exposée la difficulté liée à l'usage transcendant, contradictoirement exercé par Kant, de la catégorie de cause. De plus :

Au § 59 de la troisième partie des *Prolégomènes à toute métaphysique future*, Kant déclare : « Je me suis servi au commencement de cette observation de l'image d'une limite pour établir les bornes de la raison par rapport à son usage légitime. Le monde sensible ne contient que des phénomènes, qui ne sont pas des choses en soi. Celles-ci (*noumena*) doivent être admises par l'entendement, par la raison précisément qu'il reconnaît les objets de l'expérience pour de simples phénomènes. » Mais si l'entendement est limité, on ne voit pas qu'il puisse saisir sa limite, ou se l'objectiver, puisque s'objectiver quelque chose revient à s'en libérer ; il faut bien connaître ce que l'on dit ne pas connaître pour se rendre capable de déclarer qu'on ne le connaît pas. Kant s'autorise certes à distinguer entre penser (*denken*) et connaître (*erkennen*) pour expliquer que la chose en soi est pensable mais non connaissable ; **cela dit, c'est le même entendement qui pense et qui connaît, de sorte qu'il est permis de se demander, en observant que l'entendement doit penser la chose en soi pour *savoir* qu'il ne la connaît pas, si un tel *savoir* relève de la pensée ou de la connaissance. Il ne saurait relever de la connaissance puisque l'entendement ne peut accéder à une connaissance que moyennant la donation d'une intuition sensible dont l'entendement ne saurait, par définition, être l'objet. Il relève donc de la pensée, mais, par là, l'affirmation d'une limite (ou plutôt d'une borne) assignée au pouvoir de connaître n'a pas plus de valeur que celle de la pensée**

de la chose en soi, elle n'est qu'une idée. Déclarer que la chose en soi est inconnaissable, en affirmant que cette déclaration est elle-même une connaissance, c'est en fait, en éclipsant subrepticement la différence entre penser et connaître, se placer dans une position intellectuelle qui devrait logiquement faire admettre la cognoscibilité de la chose en soi. Ce qui est évidemment contradictoire. Et c'est bien parce qu'il tient pour acquis sans vouloir le savoir que la chose en soi est d'une certaine façon connue, que Kant ne peut s'empêcher de déclarer qu'elle est cause, car il signifie par là qu'il la connaît, étant donné qu'elle n'est cause qu'à raison de ce qu'elle est ; accéder à sa causalité revient à saisir son être, ainsi son essence, fût-ce confusément ; si l'on ne sait rien de la chose en soi, on ne voit pas comment il serait possible de savoir seulement qu'elle est en soi. L'essence d'une cause, c'est la puissance active à produire ses effets ; et parce que la puissance est essentiellement relative à son acte, aussi bien ontologiquement que logiquement, l'acte révèle la puissance aussi bien dans son essence que dans son existence ; on ne peut identifier un effet comme effet, qu'en identifiant la cause dont il est l'effet. Dès lors, force est d'en conclure qu'on ne saurait prétendre que la conscience de soi serait d'un tout autre ordre que celui d'une connaissance de soi.

Suis-je, pour autant, sans réserve, ce que j'ai conscience d'être ? Il le semble bien, si la conscience de soi s'est révélée être une connaissance de soi. Mais il resterait à expliquer alors que cette même conscience de soi ait aussi le pouvoir, comme vie intérieure seule capable de s'atteindre directement — seule capable, par là, de faire mentir à autrui le visage où elle se manifeste —, de se leurrer sur elle-même et de s'ignorer à un point tel qu'elle ait besoin d'être objectivée par le regard d'autrui pour apprendre, en se reconnaissant en cette objectivation dont elle n'est pas l'auteur, à se connaître elle-même : si je suis ce que j'ai conscience d'être, c'est que la conscience, comme connaissance de soi, est conscience de ce moi qui se définit par sa conscience. Il resterait aussi à comprendre comment il se fait que la conscience vigile puisse demeurer immanente à la conscience onirique, voire à l'inconscience, ce qui semble contradictoire et donc impensable, de sorte que je ne saurais accéder à ce que j'ai conscience d'être si je suis inintelligible. C'est en effet la difficulté à penser ces choses qui empêche l'esprit de juger que la conscience de soi est une connaissance de soi, ainsi de conclure que je suis ce que j'ai conscience d'être.

On est donc confronté à la tâche périlleuse consistant à proposer une conception de la conscience permettant de rendre raison de ses comportements singuliers qui viennent d'être rappelés ci-dessus. Commençons par procéder à une récapitulation :

Le Moi pur que je suis est ce que je désigne — ainsi ce par quoi il se désigne — par opposition à ce que j'ai et que donc je ne suis pas : mon corps, mes facultés, mes souvenirs, mes actes, mon passé, mes projets, mes sentiments, mon caractère et mes idées. On serait tenté de dire, après avoir éprouvé les difficultés du kantisme et des ontologies du soupçon, que ce Moi qui s'atteint dans le cogito se révèle à lui-même dans son essence. Or il est vide, il semble faire résider tout son être dans l'affirmation — à laquelle il se réduit — de ce qu'il n'est pas ; la subjectivité est apophatique en cela qu'elle ne dit d'elle-même que ce qu'elle n'est pas, tout en sachant qu'il n'y a rien de positif à dire d'elle parce que tout son être est de n'être pas ce dont elle peut avoir conscience ; de plus, rien n'est plus commun que le Moi, tout le monde est un Moi, ce que j'ai de plus propre est commun à tous ; il ne me définit pas, par là le savoir qu'il a de lui-même ne le définit pas. Mais en retour, je suis mon corps autant que je puis l'avoir (ce n'est pas mon corps qui a mal, j'ai mal au corps), et l'on en peut dire autant de tout ce que je dis avoir : mes idées, mes souvenirs, mes projets, mes actions, mes sentiments, mon apparence, sont autant de déterminations qui actualisent le Moi, en lesquelles il se reconnaît ou, par accident, ne se reconnaît pas. Paul Valéry disait (*L'Idée fixe*, 1931, idée que Gide fait dire par l'un de ses personnages dans *Les Faux Monnayeurs*) : ce qu'il y a de plus profond en l'homme, c'est la peau. Il y a une vérité dérangeante dans ce paradoxe que d'aucuns pourront juger facile : le Moi pur n'est que puissance à être ce que je suis, et il ne s'actualise que dans ce que j'ai ; je suis sous ce rapport, non certes la simple série de mes actes et apparitions, à tout le moins suis-je tout entier quoique non totalement en chacune d'elles (la plus récente conservant comme passées toutes les précédentes), lesquelles apparitions peuvent bien être saisies par autrui mieux que par Moi, et sous ce rapport j'ai besoin d'être objectivé par l'autre pour me reconnaître dans l'objectivation de moi qu'il me renvoie, comme le fait comprendre Hegel dans sa dialectique de la maîtrise et de la servitude. Ce qu'il y a de remarquable et de conceptuellement fort délicat, c'est que les opérations de mon Moi actualisent le Moi, ainsi le manifestent (plus à autrui qu'à moi), mais aussi le définissent intrinsèquement, le constituent comme ce Moi-ci : il m'est donné de coopérer à l'individuation de ma nature, en ce sens que ce que je fais de moi n'est pas tel un ornement, un trophée, ou un fardeau que je porte et qui n'est pas moi ; ce que je fais de moi, c'est moi. Et de ce point de vue je suis ce que j'ai. Mais si je coopère à l'individuation de ma nature, c'est que je suis déjà là pour coopérer, tout en étant le résultat de ma coopération : la personne est, « *secundum quid* », « *causa sui* », et cela même est bien difficile à penser puisque cette notion semble contradictoire ; il faut *être* pour être cause, et n'être pas pour être cause *de soi*, au point qu'un thomiste récuse la pertinence de cette notion. Et ce paradoxe se retrouve, en fait, dans toute substance et non seulement dans la personne : l'accident, d'un certain point de vue, n'est pas la substance qui *a* des accidents, qui peut en changer sans cesser d'être la même ; mais l'exister de l'accident est l'exister de la substance (au rebours du manteau qui doit avoir un exister propre pour que je puisse l'avoir), et sous ce rapport *il est la substance même en tant qu'elle est en acte*. La substance a ce qu'elle est. Et le Moi, en tant qu'il est puissance à être ce que je suis, est donc à la fois puissance et acte, intérieur et extérieur, identité de l'être et de l'avoir, ce qui paraît contradictoire et, partant, impensable.

Ajoutons que, contre Freud, il n'y a pas d'inconscient *autonome* ; contre Kant, il n'y a pas de chose en soi, et la conscience de soi est une connaissance de soi ; contre Descartes et contre Sartre, il y a de la conscience en puissance ; contre Sartre, la liberté n'est pas sans une nature humaine.

Abordons la leçon que nous donne saint Augustin (*de Trinitate*, X, IX, 12, sur le γνῶτι σεαυτόν) dans le texte suivant :

« Cette phrase qu'elle entend : "connais-toi toi-même", comment l'âme s'en souciera-t-elle, si elle ne sait ni ce qu'est "connais" ni ce qu'est "toi-même" ? Mais si elle sait ces deux choses, elle se connaît elle-même. Car on ne dit pas à l'âme : "connais la volonté de cet homme" ; cette volonté ne nous est présente, pour être saisie et comprise, que par des signes matériels qu'il donne ; et encore de telle manière que nous y croyons plus que nous ne comprenons. Ce n'est pas non plus comme quand on dit à un homme : "Regarde ton visage", ce qui ne peut avoir lieu que dans un miroir. Car notre visage échappe à notre regard, n'étant pas là où l'on peut diriger les yeux. Mais quand on dit à l'âme : "connais-toi toi-même", en même temps qu'elle comprend ce qu'on lui dit, "toi-même", elle se connaît elle-même, sans autre raison que sa présence à elle-même. Si elle ne comprend pas ce qu'on lui dit, de toute façon, elle ne le fait pas. Il lui est donc ordonné de faire ce qu'elle fait au moment où elle comprend l'ordre. »

En comprenant ce qu'est l'acte de manger, on ne mange pas, il y a distance entre le savoir de la chose et la chose ; comprendre l'ordre auquel on est invité n'est pas l'acte de l'exécuter. Mais en comprenant ce qu'est l'acte de se connaître, c'est-à-dire l'ordre qui lui est adressé, l'âme se connaît ; entrer dans la compréhension des mots qui signifient une opération à accomplir, c'est immédiatement accomplir cette opération. *Comprendre l'initiative, c'est l'honorer. Saisir le sens des mots qui signifient l'acte de se connaître, par là comprendre ce que c'est en général que l'acte de se connaître, ou encore appréhender **l'essence de l'acte de se connaître** en général, c'est se connaître, et ainsi, logiquement, le soi est bien effectivement son connaître.* Dès lors, le soi dont il est question, en l'occurrence le Moi ou le Je, est son connaître, *l'âme est sa connaissance*. Dire de l'âme qu'elle est sa connaissance, c'est signifier que le sujet qui connaît est l'objet connu, et encore que l'acte de se connaître est le contenu de cet objet intelligible qui est sujet. Et cela n'est possible que si le Moi est réflexion, position de sa présupposition, puissance à lui-même et acte de cette puissance. En termes modernes, le Moi est son objectivation. Mais puisqu'il l'*est*, cependant qu'il s'objective son *être*, alors, nécessairement, *il s'objective l'objectivation de soi qu'il est*, et il est cette objectivation d'elle-même. Le Moi est en effet, comme réflexion, le processus de se poser. Mais s'il en restait là, il serait l'acte de se poser comme ce qui a vocation à se poser, il se réduirait à un processus sempiternellement avorté. Cela dit, si le terme de ce qui est appréhendé comme un devenir, est par définition, en tant que terme, la négation du point de départ ; si de surcroît ce point de départ coïncide avec le point d'arrivée, alors la position, par un tel devenir, du départ, est négation du départ, c'est-à-dire négation de ce dont le propre est de se nier dans le lancement du processus, ainsi est-ce une négation de négation : la position, par le processus, du point d'arrivée, est position du point de départ et, corrélativement elle a pour sens d'être la négation de ce dernier. Si l'on est attentif au fait qu'une réflexion a elle-même la forme d'une négation de négation, c'est-à-dire d'un processus dont l'avancée est régression en direction de l'origine, l'extrême inférieur de l'orbite, qui fait face au point de départ, est ce point en lequel le processus qui était éloignement à partir du départ se convertit en retour vers ce dernier. On obtient par là que l'âme en sa réflexion constituante, s'objectivant l'objectivation de soi qu'elle est, s'objective (elle-même en tant qu'extrême supérieur de l'orbite) dans sa réflexion (dans l'extrême inférieur de cette même orbite). Elle qui, en tant que sujet-objet, puissance et acte, origine et résultat, était contradictoire, se libère d'elle-même, c'est-à-dire de sa contradiction, en réduisant ce qu'elle est, à savoir sa contradiction même, au statut de moment du processus circulaire dont elle est le résultat. Et parce que le propre du moment d'un mouvement est de se nier, ainsi d'être contradictoire, il n'est pas contradictoire que le résultat du processus (extrême supérieur de l'orbite) s'émancipe de sa contradiction en se réduisant, s'objectivant en ce dernier, à un moment contradictoire du processus circulaire dont il est l'origine et le produit ; ce faisant, l'origine qui est résultat, soustraite à sa contradiction qu'elle *a* désormais et que de ce fait elle n'est plus, se sublime en résultat non contradictoire, et telle est l'âme : comme réflexion, ainsi comme contradictoire en tant qu'identité de la puissance et de l'acte, l'âme est puissance en vérité (elle *est* puissance à penser), car le mode d'être de l'être en puissance est l'unité des contradictoires (comme l'établit Aristote au chapitre IX de son *De l'interprétation* et, comme on l'a vu, en *Métaphysique* Θ 8) ; et cette puissance s'objective dans le circuit de son processus constituant, posant en face de soi son objectivation entendue telle la puissance à penser qu'elle *a* ; en retour, se révélant désormais non contradictoire, elle se sublime ou se convertit, en et comme origine qui est résultat, ainsi en et comme extrême supérieur de l'orbite, elle qui était puissance, en acte : elle est âme en acte *ayant* sa puissance à penser du fait qu'elle est sublimation de la puissance à penser qu'elle *est*. L'objectivation de soi dans son processus réflexif est ce par quoi la cause de soi, contradictoire, se pose comme non contradictoire : si le non-contradictoire était exclusif du contradictoire, il serait contradictoire au contradictoire ; et il n'est véritablement non contradictoire qu'en tant qu'il est identité concrète du non-contradictoire et du contradictoire ; et il n'est pas contradictoire parce que ce qui était puissance, ainsi contradictoire, s'objective comme puissance, ainsi s'actualise dans la position d'un acte qui est cette puissance même objectivée, car cela prouve qu'il s'agit bien d'une objectivation de ce qu'elle *est*. Le mode humain, discursif, d'exposition du processus se ravalant au statut de moment de lui-même, ne doit pas faire oublier qu'il a pour propos de signifier quelque chose qui, en soi, fait s'exercer comme concomitantes les deux opérations de se poser par réflexion *et* de s'objectiver dans son processus. C'est parce que l'âme s'objective — la posant par là, et se posant en la posant, se posant en se l'opposant — en sa puissance à penser, qu'elle s'habilite à s'atteindre par réflexion, et c'est parce qu'elle s'atteint par réflexion qu'elle s'habilite à s'introniser puissance à s'objectiver dans son processus.

Le grand hégélianisant contemporain Bernard Bourgeois, que son engagement maçonnique n'empêche pas d'être un commentateur éminent, et que son conformisme politique ne dispense pas d'être aigrement critiqué par un philosophe médiatique aussi surfait et boursouflé qu'Emmanuel Lévinas (qu'eût dit de lui un Karl Kraus s'il l'avait connu ?), fait observer, évoquant ce qu'il faut bien appeler, quoi qu'en dise Bourgeois, le monisme de l'Esprit et le panthéisme gnosticisant de Hegel : « la solidarité de toutes choses fait s'exprimer, dans ce qui est fini, le tout qu'il n'est pas comme une puissance autre, hostile, négatrice. Seul le tout n'*est* pas contradictoire, parce qu'il *se* contredit, parce qu'il *a* en lui sans l'*être* la contradiction du fini qu'il comprend, restant ainsi identique à lui-même dans sa différenciation d'avec lui-même » (*Encyclopédie des sciences philosophies, Hegel*, Ellipses, 2004, p. 63). Ce qui est ici dit de l'âme humaine est analogue à ce que Hegel dit de l'absolu ; avec cette différence essentielle que, l'âme n'étant pas la raison suffisante de la réflexion constituante qu'elle exerce (elle doit être pensée par Dieu pour exister), elle se révèle avoir la forme de l'absolu sans l'être.

On parviendrait au même résultat en s'interrogeant sur l'intellect agent de l'Aquinate. Toujours en acte, comme principe d'actualisation des intelligibles en puissance dans le sensible, l'intellect agent est nécessairement — mais il est vrai que saint Thomas ne l'enseigne pas, au rebours de ses propres principes — une intellection, puisque l'intellection, acte commun de l'intellect et de l'intelligible, est par là l'acte de l'intellect, son opération propre ; saint Thomas se contente d'y reconnaître une lumière créée (et qu'elle soit créée n'est pas contestable) qui actualise les intelligibles sans être elle-même un intelligible en acte superlativement riche de l'actualité des intelligibles qu'elle leur communique, ce qui est peu satisfaisant, s'il est vrai que la cause (la causalité étant une communication d'actualité) ne peut donner que ce qu'elle possède. Puis donc qu'on est fondé à reconnaître, avec ou sans saint Thomas, un acte d'intellection subsistant dans l'intellect agent, il faut bien qu'il ait la forme d'une réflexion : il est objet pour lui-même, il est l'acte d'un intellect posant cet intellect comme son acte d'intellection. Il a de ce fait la forme contradictoire d'une cause de soi, d'un sujet qui opère et qui est son opération. On remarquera au passage que cette affirmation ne gêne aucun thomiste quand il parle de Dieu, ainsi quand il enseigne (au reste légitimement) que la simplicité de Dieu exige que son essence (qui exerce l'exister) soit son existence, et que son essence soit son opération ; ce faisant, le thomiste confesse — *horresco referens* ! — que Dieu est « *causa sui* ». Mais il ne veut pas s'en rendre compte, afin de se dispenser de convenir que le non-contradictoire effectif est l'identité concrète du contradictoire et du non-contradictoire, ce qui lui enjoindrait d'intégrer le thème néo-platonicien de la réflexion ontologique à l'hylémorphisme. Pour Aristote (*de Anima* III 5), l'intellect agent est « séparé, sans mélange, seul immortel et éternel », il investit l'embryon en venant du dehors (*Génération des animaux* II 3) ; pour Alexandre d'Aphrodise, il est Dieu même (et les augustiniens attribueront à l'illumination divine le rôle qu'Aristote attribuait à l'intellect agent) ; pour les philosophes arabes médiévaux, il est une créature angélique ; pour saint Thomas, il est créé et propre à chaque homme, et c'est la thèse qui est ici retenue, mais il est probablement erroné d'attribuer cette thèse à Aristote. Il n'est donc pas question, répétons-le, d'insinuer que l'intellect agent serait Dieu : il a été affirmé que l'âme humaine n'est pas la raison suffisante de la réflexion qu'elle exerce. Mais il est nécessaire de lui reconnaître la forme d'une réflexion. Afin de se libérer de sa contradiction, l'intellect agent doit s'objectiver, se posant en s'opposant à ce en quoi il s'objective. Ce faisant, il se convertit, dans le « *terminus a quo* » de son objectivation, en intellect agent non contradictoire. Mais, comme principe d'objectivation, et comme contradictoire, il est puissance d'objectivation, et c'est comme puissance qu'il s'objective, mais dans ce qui sera nommé l'intellect possible, la puissance humaine à penser proprement dite. Si l'intellect possible est l'objectivation de soi de l'intellect agent — lequel est son intellection sans l'avoir, ou encore tel que son intellection coïncide avec sa puissance à intelliger, de sorte qu'il est son intellection sans savoir qu'il l'est : il est inconscient —, en retour l'intellect possible est lui-même une intellection mais, en attente de l'objet lui donnant d'être conscience de quelque chose, il est conscience pure, conscience vide, ce qui équivaut à un vide de conscience. L'inconscient, c'est l'inconscience, la conscience en puissance, la conscience pure qui n'est conscience de rien ; comme le dit Bergson, dormir — être inconscient — est se désintéresser, c'est être une conscience qui n'est focalisée par rien. L'intellect agent *est* son intellection sans jamais en *avoir* d'autre que celle de l'intellect possible qu'il fait procéder de lui comme son verbe en s'objectivant en lui ; l'intellect possible *a* des intellections sans jamais *être* son intellection, sinon comme intellection vide qui équivaut à un vide de toute intellection. Cela dit, l'intellect possible, en s'actualisant par prolation d'un verbe en lequel, tout uniment, il se connaît et sait ce qu'il connaît, opère inchoativement en direction de l'intellect agent dont il procède et auquel, par là, il aspire à faire retour. Or plus il tend à s'identifier intentionnellement à l'intellect agent, mieux ce dernier le confirme en tant que son objectivation, s'il est vrai que l'acte, pour l'âme considérée dans son « *terminus a quo* » en tant qu'intellect agent, de se poser par réflexion, est identique à l'acte pour cette âme, en tant que « *terminus a quo* » de son objectivation, de se réfléchir dans son processus — ainsi de s'objectiver — comme intellect possible. *Ce qui revient à dire que l'intellect possible est d'autant plus confirmé dans son être de puissance pure qu'il est plus et mieux actualisé.* Au reste, comme extrême inférieur d'un processus circulaire dont l'intellect agent est l'extrême supérieur, quand l'intellect possible s'actualise dans un verbe, il est à même à partir de ce verbe de s'atteindre lui-même réflexivement comme puissance à intelliger ; ce faisant, il épouse le processus à raison duquel l'intellect agent le pose lui-même. Il se connaît comme puissance pure par l'acte à raison duquel l'intellect agent tend à se connaître en lui. Or, comme puissance pure, il est l'inconscience même, en tant que conscience sans objet ; donc l'inconscience est d'autant plus immanente à la conscience que la conscience est plus vivement vigile. Et en retour la conscience demeure immanente à l'inconscience dans le fait que l'inconscience n'est autre que la pure puissance à être conscient de soi.

Dans sa *Physique* (IV 3), Aristote propose une sorte de dialectique de l'intérieur et de l'extérieur, de l'amphore et du vin : parce qu'elle est matérielle, l'amphore est incapable de se contenir elle-même, mais par là elle est extérieure à soi ; de ce fait elle n'est pas véritablement elle-même, elle est à distance de soi, c'est-à-dire de son essence. Cette mise à distance de son essence est sa matérialité même, à savoir cette instance à raison de laquelle elle est potentiellement autre chose, autre que ce qu'elle est. De même Proclus, dans ses *Éléments de théologie* (§ 15) enseigne qu'aucune réalité matérielle ne peut se convertir à elle-même, à cause de l'extériorité des parties : elle ne peut se réfléchir ; elle ne peut faire coïncider toutes ses parties les unes avec les autres, il y aura toujours un recto et un verso, un côté droit et un côté gauche, quel que soit le nombre de pliures, ainsi de *réflexions* que l'on opère sur une feuille de papier. La matière est, dans un être, ce coefficient de décompression ontologique à raison duquel cet être ne coïncide pas avec son essence et n'est pas réflexif ; plus généralement, la matière est dans un être ce par quoi il est potentiellement autre que lui-même, cette instance à raison de laquelle il lui est donné de se fuir et de se nier, de se résoudre dans le néant, cette dimension de non-être relatif qui fait qu'il n'est pas radicalement soi-même. Mais la réflexivité, qui est cette unité de l'intérieur et de l'extérieur (avoir dans soi-même son extériorité), est précisément le propre de la conscience et de la connaissance ; être une conscience de soi, c'est s'objectiver, c'est se mettre à l'extérieur de soi, mais selon une opération qui demeure à l'intérieur de soi-même, telle une extériorisation intérieure, soit encore : être capable de mettre son extérieur à l'intérieur de son intérieur, ou encore réaliser à l'intérieur de soi-même l'acte de se mettre à l'extérieur de soi. Donc la matière est cette dimension à raison de laquelle un être n'est pas son intellection. **Il en résulte que le corps est principe d'inconscience**, sans pour autant que l'inconscience se réduise, comme le pensait Descartes, au mécanisme corporel ; l'inconscience est une puissance de l'âme *en tant qu'âme*, mais qui ne subsiste qu'aussi longtemps que l'âme est unie au corps : « C'est la matérialité qui met en nous l'oubli » (Ravaisson). L'âme, qui est forme du corps ou essence de l'homme, pour autant qu'elle ait appris à ne se point mentir, n'est son connaître exhaustif de soi qu'en tant que séparée de ce dernier.

Les considérations qui précèdent permettent de formuler quelques résultats généraux qui permettront de répondre à la problématique en ses diverses formulations.

1) L'âme est son savoir, ainsi son objectivation, de sorte que : il n'y a pas lieu de se demander comment un corps ou même un être en général, peut devenir pensant (comme si la pensée était un attribut de l'être) ; il n'y a pas lieu de

se demander ce que doit être l'être pour être connaissant : c'est l'être du connaître qui explique la structure de l'être en tant qu'être. Le savoir, c'est l'être en vérité. C'est pourquoi Aristote peut dire : « Le fait de vivre doit être posé comme une sorte de connaissance » (*Éthique à Eudème*, VII 12). La connaissance n'est pas une modalité dans l'être, elle est l'être en vérité.

2) La conscience, l'âme, le moi, le sujet, n'est pas (contre Kant) un principe d'objectivation qui, de soi, serait inobjectivable, puisqu'elle *est* l'acte de son objectivation (le Moi est son connaître).

3) Si l'on se souvient que l'âme est l'acte premier d'un corps organisé ayant la vie en puissance (Aristote, *de Anima* II), alors l'âme est au corps comme l'acte à la puissance, et, parce que le corps est principe d'inconscience, alors *l'inconscience est bien la conscience en puissance*.

4) Parce que l'âme n'est intelligible en acte que séparée du corps, ainsi dans l'épreuve de la mort, on comprend que la conscience ne nous fasse pas connaître notre inconscience. Parce que l'âme est son savoir sans l'avoir (sinon comme connaissance de quelque chose qu'elle n'est pas), on comprend qu'elle soit elle-même inconsciente aussi longtemps qu'elle ne connaît pas quelque chose en tant que conscience vigile, ainsi qu'elle soit, comme conscience, immanente au moment de sa propre éclipse. Si l'essence de l'âme, en tant qu'identité à soi réflexive, est son savoir, alors l'âme en tant qu'elle est son objectivation doit, pour se connaître positivement en elle-même, s'objectiver son objectivation ; elle doit, pour être vraiment ce qu'elle est, avoir ce qu'elle est. L'âme, en tant qu'identité à soi réflexive, est son verbe (son savoir), mais elle ne l'a pas, elle ne sait pas qu'elle sait, et c'est pourquoi la conscience pure équivaut à l'inconscience. Mais c'est aussi pourquoi l'inconscience *est* la *conscience* pure : ce qui explique que la conscience vigile soit immanente à la conscience onirique, comme on le verra à propos du sommeil.

5) Contre Sartre, la conscience pure n'est pas la négation de toute nature (ou essence), elle est la négation dans soi-même de l'essence, ou l'essence dans sa négativité. Il n'y a pas de cogito préréflexif qui serait condition du cogito cartésien, mais réflexion ontologique qui est condition du cogito augustino-thomiste : « *Nullus potest cogitare cum assensu se non esse : in hoc enim quod cogitat, percipit se esse* » (*de Veritate*, X 12 ad 7).

6) Il n'y a pas de réelle différence entre cette conscience dont on parle quand on dit qu'elle est conscience d'avoir rêvé, et cette même conscience dont on parle quand on dit qu'on rêvait qu'on exerçait sa conscience. La conscience d'avoir rêvé est cette même conscience rêveuse ou imageante. Et cette conscience rêveuse, qui se souvient rarement qu'elle l'a été, n'est autre que l'inconscience. Henri Poincaré, dans *Science et Méthode* (p. 55), écrivait : « L'inconscient est capable de discernement, il a du tact, de la délicatesse ; il sait choisir, il sait deviner. » Soit : la conscience vigile est immanente à sa propre éclipse, ce qui revient à dire que le sommeil est *actif : l'âme est intéressée à la mise en gestation de ses propres puissances* ; et cela est possible puisque les puissances de l'âme sont

autant de manières pour elle de s'objectiver dans elle-même (on a insisté ici surtout sur l'intellect possible). Le sommeil n'est pas tant le résultat de la fatigue (par intoxication des centres cérébraux) que manifestation vitale de défense contre la fatigue ou le développement des toxines accumulées pendant la veille. Le but le plus immédiat du sommeil est de préserver l'intégrité des organes, dont en particulier le cerveau et le système nerveux (conditions sensibles de l'abstraction). Il est surtout de *mémoriser*. On se désole parfois que la condition humaine nous oblige à dormir si longtemps, à perdre tant de temps à refaire ses forces dans une vie si courte. Mais les choses sont bien faites : sans sommeil, il n'y aurait pas de mémoire. Dans le sommeil, l'âme se « re-pose », se pose à nouveau ou reproduit le processus de son ontogenèse en intériorisant le vécu de ses actes opératifs ; les souvenirs ne sont pas « dans » la conscience, ils sont la conscience elle-même en tant qu'elle fait de son devenir opératif un moment temporel de son intemporel devenir ontologique : il y a une différence réelle entre la substance et ses facultés, bien que l'acte de la substance (puissance active) soit celui de ses facultés (puissances passives) dont l'acte est identification inchoative à la forme de la substance positionnelle de ses facultés intestines ; l'imagination et la mémoire consistent dans le fait que l'habitus de la faculté est transporté dans la substance par la médiation de leur acte commun ; la substance tend à devenir ses opérations. L'âme qui est sa connaissance ne connaît qu'en tant qu'elle l'a ; l'âme qui a des opérations les mémorise en tant qu'elle tend à les être. Mais « se reposer », qui désigne l'acte, pour ce qui est en acte, de se poser en régime ontologique de puissance à soi-même afin d'y intégrer son vécu, désigne aussi, ordinairement, dans une intuition populaire riche de sens, l'acte de se reposer en son acception triviale de prendre part au sommeil.

7) En tant qu'elle est capable, comme objectivation de soi de l'âme *identique* à sa connaissance, d'*avoir* sa puissance à connaître en retour positionnelle d'actes noétiques — qu'elle a tout autant — l'invitant à s'identifier à son origine, l'âme, en tant que puissance à connaître, s'actualise dans le moment où elle se confirme comme puissance, s'atteignant là « *ad tergum* », ce qui revient à dire qu'elle est conscience de quelque chose dans l'acte de confirmer cette inconscience en quoi elle consiste en tant que potentielle. L'acte par lequel elle se regarde en tant qu'actuée équivaudrait à son éclipse si, pendant qu'elle exerce cet acte réflexif, elle ne se maintenait tendue vers ce qu'elle connaît. Parce que l'acte extatique et l'acte réflexif sont concomitants, elle peut vivre son acte extatique sur le mode de l'acte réflexif, ou plutôt n'être attentive qu'au caractère réflexif de son acte, afin de ne plus savoir ce qu'elle savait : parce que le Moi n'est que pure puissance à savoir qui n'est effectivement cette puissance que par la forme intelligible qu'il reçoit, ainsi un pur pouvoir-savoir qui n'est tel que par son savoir, il peut toujours, dans le moment où il est ce qu'il est en et comme ce qu'il sait (je suis le pécheur que je sais être), se déclarer — sans mentir — qu'il n'est pas ce que sa pensée lui dit qu'il est (je ne suis pas le pécheur que je suis), puisqu'il n'est, comme pur pouvoir-savoir, rien de plus qu'un pur pouvoir-être ; cependant, il tient objectivement son être de pouvoir-être, de l'être dont il

est le pouvoir, de sorte qu'il ne peut se saisir comme pur pouvoir-être qu'en s'éclipsant : il voudrait se saisir (afin de se soustraire à ce qu'il sait de lui-même : être pécheur) tel le rien qu'il est (pure puissance à être saint ou damné), mais, en se visant comme rien, il se fait ce rien se visant, il se réduit à un néant de visée, il s'éclipse. *La mauvaise foi, entendue comme mensonge à soi, est possible parce qu'elle consiste dans l'acte, pour la conscience, de s'annihiler (comme conscience connaissante se visant comme conscience pure connue), afin de se désengager de cette vérité indésirable dont elle était consciente, dans le but dernier de se faire renaître en visant une erreur (cet innocent que le Moi voudrait être) à laquelle elle peut croire sans savoir qu'elle ment, et sans savoir qu'elle ment précisément parce qu'elle s'est soustraite à ce qu'elle se savait être. La conscience de mauvaise foi est assez maligne pour ne pas s'imposer de croire à ce qu'elle sait être faux ; elle se contente de s'éclipser pour se réveiller comme mentie : **se détourner du bien sans choisir le mal, en le laissant la choisir**.* Et tel est « le tiède » vomi par Notre Seigneur : l'essence du tiède de l'Évangile, c'est la conscience de mauvaise foi. C'est Pilate qui ne veut pas savoir la vérité qu'il sait, mais aussi c'est Caïphe qui ne veut pas savoir que le Christ est le Messie, alors que les Écritures lui hurlaient qu'Il était bien l'Attendu ; c'est encore la Belle âme kantienne et la générosité maçonnique, c'est le libéral qui ne veut pas le mal, mais sans vouloir le bien, en ne voulant pas savoir qu'il consent au mal du seul fait de ne pas s'ordonner au bien. « On ne veut pas le savoir et à force de ne pas vouloir le savoir on arrive à ne pas pouvoir savoir » (Simone Weil, *Œuvres complètes, Cahiers* [septembre 1941-fin 1942], volume 2, Gallimard, Paris, 1997, p. 470-473). Ce qui se traduit par les comportements suivants : je pense sur le mode de « cela pense en moi », « ce n'est pas moi qui le pense », je suis à distance de ce qui se pense en moi, je ne veux pas ce que je veux, je suis innocent du crime que je commets, je me donne l'absolution — comme Jean-Jacques — dans l'acte où je consens au péché. Le « je veux et fais ce que je réprouve » (mauvaise foi) devient (mauvaise foi qui se consomme en se réfléchissant, mauvaise foi à l'égard d'elle-même) : « je réprouve ce qui se fait en moi, que je ne saurais vouloir et dont je ne saurais être l'auteur, puisque, précisément, je le réprouve ».

L'âme se connaît par ses actes, l'intellect est rendu intelligible par l'intelligible qu'il reçoit, il se connaît dans l'acte de savoir ce qu'il sait ; le Moi pur (sans ses actes intentionnels) n'est intelligible qu'en puissance ; ainsi, le Moi s'éclipse quand il veut se saisir sans médiation, cependant qu'il est bien principe, capable de se saisir et de saisir le monde tels qu'ils sont. On peut accéder à un véritable savoir de soi-même, et telle est au reste la devise de Socrate (« connais-toi toi-même », connais ce que tu as à être et qui définit l'actualité de ton être en devenir, la norme immanente de ton être essentiel). Il reste que l'accident ou opération est acte de la substance, c'est en lui qu'elle se manifeste et se révèle, la nature d'un être est connaissable par ses actes, et c'est seulement dans la mort que le Moi se connaît exhaustivement, pour le meilleur et pour le pire. Il en est ainsi parce que, d'une part, le corps est principe d'inconscience ; d'autre part parce que le Moi s'actualise moralement, se fait affecter d'habitus, dans et par l'exercice d'une liberté qui peut décider de son destin aussi longtemps qu'il lui a été donné de se déterminer en vue de sa fin dernière. La volonté peut se faire affecter par sa propre activité pendant tout le temps de la vie terrestre (elle contracte des habitus), elle peut changer d'orientation, se faire vertueuse ou vicieuse, elle peut nous faire changer de caractère, de convictions, de « personnalité », de sorte que le Moi peut décider de n'être pas ce qu'il est (accidentellement), ainsi se transformer, aussi longtemps qu'il n'est pas fixé dans cette manière d'être définitive en laquelle le fixe la mort : « Tel qu'en lui-même enfin l'éternité le *change* » (Mallarmé, *Le Tombeau d'Edgar Poe*). C'est pourquoi le Moi n'est définitivement ce qu'il croit être, et ne sait vraiment ce qu'il est, que dans l'acte de mourir. **Sous ce rapport, le philosopher comme acte d'apprendre à mourir est l'acte d'apprendre à conjurer la mauvaise foi.**

Je suis bien dès ici-bas, en dernier ressort, ce que j'ai conscience d'être, si et seulement si je me rends capable, aidé par le regard des observateurs éclairés et autorisés, de me considérer moi-même du point de vue du regard de Dieu, ce qui, humainement, est analogiquement accessible par la conscience morale (éclairée par la Révélation).

TREIZIÈME DEVOIR
— commentaire de texte —

Qu'est-ce que la vérité ?

« Qu'est-ce en effet que la vérité, et en quel sens Christ fut-il la vérité ? Pilate, comme on sait, posa la première de ces questions[1] ; mais l'on peut se demander s'il se souciait vraiment d'une réponse ; en tout cas sa question était en un sens pleinement justifiée, et en un autre, complètement déplacée. "Qu'est-ce que la vérité ?", dit-il à Christ fort à propos, puisque Christ était la vérité[2].

« (...) Christ est la vérité en ce sens que le fait de l'*être* est la seule véritable explication de ce qu'elle est. On peut donc interroger un apôtre, un chrétien : ils répondraient en montrant Christ et en disant : "Regarde à lui, apprends de lui, il fut la vérité." C'est-à-dire au sens où Christ l'est, non comme une somme de propositions, non comme une définition de concept, mais comme une vie. L'être de la vérité n'est pas le redoublement direct de l'être rapporté à la pensée, opération qui donne simplement l'être pensé et préserve simplement l'exercice de la pensée d'être une chimère dénuée d'être, en conférant à l'acte de penser sa légitimité, de sorte que la chose pensée *est*, c'est-à-dire a une valeur légitime. Non, l'être de la vérité est son redoublement en toi, en moi, en lui, de sorte que ta vie, la mienne, la sienne, dans l'effort où elle s'en approche, exprime la vérité, de sorte que ta vie, la mienne, la sienne, dans l'effort où elle s'en approche est l'être de la vérité, comme la vérité fut en Christ une *vie*, car il fut la vérité.

« Et c'est pourquoi, pour le christianisme, la vérité ne consiste pas à la savoir, mais à l'être. En dépit de toute la philosophie la plus moderne,

---

[1] Évangile selon saint Jean XVIII, 33-38. Les Juifs ont livré le Christ à Pilate (préfet de Judée) pour qu'il le mette à mort. Pilate interroge Jésus en particulier sur le fait qu'on l'accuse de se prendre pour le « roi des Juifs ». À quoi le Christ répond : « Mon royaume n'est pas de ce monde (...). Je ne suis venu dans le monde que pour rendre témoignage à la vérité. » Pilate lui dit : « Qu'est-ce que la vérité ? »

[2] Jean XIV, 6 : Je suis la voie, la vérité, la vie.

il y a sur ce point une différence infinie, comme il ressort avec une particulière netteté de l'attitude de Christ devant Pilate ; car il ne pouvait répondre à la question du Romain sans s'écarter de la vérité, et justement parce qu'il n'était pas celui qui savait ce qu'est la vérité, mais était la vérité. Non qu'il ignorât ce qu'elle est ; mais quand on est la vérité et que l'exigence est d'être la vérité, la savoir, c'est en être privé. Car si l'on est la vérité, il va de soi que l'on sait ce qu'elle est, mais non inversement ; et c'est justement pourquoi l'on tombe dans l'erreur quand on dissocie savoir la vérité d'être la vérité, ou quand on identifie le savoir et l'être, puisqu'il faut dire l'inverse : être la vérité, c'est la même chose que la savoir, et Christ n'aurait jamais su la vérité s'il ne l'avait été ; et nul ne sait la vérité plus qu'il n'en exprime dans sa vie. »

Kierkegaard (Søren), *L'École du christianisme* (1850), traduction P.H. Tissot et E.M. Jacquet-Tissot, *in* Œuvres complètes, t. 17, Éditions de l'Orante, 1982, p. 180-182.

Tout l'effort de Kierkegaard est ici de croiser le fer avec Hegel, dont la philosophie consiste, selon celui-là, et dans la perspective d'une interprétation peut-être forcée mais fort commune de la philosophie de celui-ci, à réduire l'être au concept et à affirmer l'identité du réel et du rationnel. L'évocation du Christ et de la religion (protestante) n'est qu'un exemple destiné à nous faire comprendre que la vérité, pour Kierkegaard, n'est pas quelque chose qui s'objective, mais quelque chose qui se vit ; telle est l'idée centrale. Connaître l'essence du courage par exemple, sa définition (obtenue par la circonscription de son genre prochain et de sa différence spécifique), ce n'est pas être courageux, et c'est pourtant seulement si l'on est courageux qu'on peut se targuer de connaître véritablement ce que c'est que le courage. Ce dernier se vit, et ne se dévoile en vérité qu'en étant vécu, exercé. Donc, à travers une évocation historique qui a valeur d'analogie, Kierkegaard veut montrer que la vérité réfère à l'existence, car rien ne mérite le nom d'être et n'a de valeur qui ne soit existant. Or l'existence est vécue et, selon l'auteur, non objectivable, en ce sens qu'il est possible de s'interroger sur l'essence de ce qui existe, mais non point sur l'essence de l'acte d'exister en tant que tel ; il n'est pas douteux que sa foi protestante influence sa philosophie (la raison, pour Luther, est « putain du diable »), mais cette philosophie vaut pour elle-même et doit être considérée en elle-même, indépendamment des causes subjectives ayant présidé à son élaboration. La naissance de la philosophie de Kierkegaard, laquelle est tout entière posée comme un refus du rationalisme hégélien, s'inscrit dans la problématique de la « querelle du panthéisme », qui opposa, en 1785, Friedrich Heinrich Jacobi à Moses Mendelssohn et à Lessing, maître et ami de ce dernier. Pour Jacobi, que Mendelssohn accusait de « *Schwärmerei* » (illuminisme irrationaliste), toute philosophie rationaliste aboutirait, quoi qu'elle en ait, au panthéisme spinoziste, et toute philosophie serait condamnée à verser dans le rationalisme. Il est clair que Kierkegaard s'inscrit dans le sillage de Jacobi : toute philosophie qui ne se limiterait pas à une description argumentée de l'acte de foi préalablement posé par-delà toute raison, ou bien aboutirait au panthéisme, ou bien se réduirait à un palais d'idées inhabitable et que le philosophe existant pourrait au mieux contempler, en étant condamné à vivre comme un chien dans une niche réelle à côté de ce palais virtuel.

Ce texte — dont l'enjeu, enveloppé par l'idée centrale, est qu'il n'y a pas, qu'il ne peut pas y avoir de concept de l'existence, que donc une ontologie de l'être comme « *actus essendi* » est d'avance condamnée à l'échec — présente, pour un thomiste en particulier, un intérêt évident, car cette idée centrale semble bien signifier la même chose que le cœur de la philosophie de saint Thomas, à savoir ce qui ne fut pas mal nommé « apophatisme de l'*esse* », cependant que saint Thomas ne verse pas pour autant — comme y invite allégrement Kierkegaard — dans le volontarisme et le fidéisme pour dépasser cet agnosticisme métaphysique. De sorte que ce texte invite le thomiste à s'interroger sur la pertinence et la solidité de ses thèses essentielles. Selon saint Thomas d'Aquin, l'être en tant qu'être, objet de la philosophie, doit être considéré comme l'« ens », « *ens inquantum ens* », ou mieux peut-être : « *ens qua ens* ». Or l'« ens » renvoie à l'exister comme à sa raison : ce qui est, à savoir l'essence, exerce cette perfection qu'est l'acte d'exister, et n'existe soi-même qu'en l'exerçant. L'essence ne reçoit l'exister qu'en tant qu'elle l'exerce, et elle reçoit son pouvoir de le recevoir du fait même de le recevoir ; c'est que, pour être quelque chose, il faut être ; il faut exister pour être essence ; l'essence ne saurait, pour recevoir l'exister, être constituée dans son ordre d'essence, sinon en le recevant ; l'essence est ainsi comme donnée à elle-même, dans un don qui identifie le don et le donataire : ce qu'on lui donne, c'est elle-même, puisque le don est porteur du donataire, puis donc que le donataire est intrinsèque au don. Ce qui est donné à soi-même est libre, en ce sens, ici, qu'il jouit d'un acte d'exister qui le différencie réellement de sa cause à laquelle il n'est plus immanent ou intérieur ; il lui est extérieur, il n'est plus seulement un possible enveloppé par sa cause et suspendu à l'exister de cette dernière, il jouit, sans cesser de subsister tel un possible dans sa cause, d'un acte d'exister qui lui est propre. Aussi cette essence qui existe, qui exerce un acte d'exister n'appartenant qu'à elle, est invitée à reconnaître dans cet acte d'exister qu'elle exerce, l'origine et la cause de son statut d'essence en tant qu'elle est essence ; c'est bien là reconnaître que l'être en tant qu'être n'est essence que parce qu'il est exister. Il en résulte que la science de l'essence en tant qu'essence ne saurait être le dernier mot de la science de l'être en tant qu'être.

Mais, en toute chose, une perfection inégalement réalisée en plusieurs n'est absolument réalisée que dans ce qui, parmi eux, est cause de la perfection qu'ils exercent, en tant qu'il la possède en plénitude : « *oportet enim si aliquid unum communiter in pluribus inveniatur, quod ab aliqua una causa in illis causetur; non enim potest esse quod illud commune utrique ex seipso conveniat, cum utrumque,* secundum *quod ipsum est, ab altero distinguatur* » (*QD de Potentia*, q. 3 a. 5) ; si une perfection est commune à plusieurs, elle doit être causée en toutes par une unique cause, car il ne se peut pas que ce qui est *commun* à plusieurs convienne à chacun d'eux à raison de lui-même en ce qu'il a de singulier, ainsi à raison de ce qu'il est en tant que singulier, puisque c'est cela même qui le *différencie* des autres. De plus, c'est la saisie de l'essence de cette perfection qui permet de reconnaître, dans ce qui la possède imparfaitement, le fait même qu'il la possède ; on ne saurait réduire, unilatéralement, l'essence de la beauté au résultat d'une comparaison entre diverses choses inégalement belles, puisque l'acte de les identifier comme belles et de les rassembler pour en tirer l'essence de la beauté, suppose la considération préalable de l'essence de la beauté ; on ne saurait, de même, faire de l'idée d'être, unilatéralement, le résultat d'une comparaison entre divers étants inégalement étants, puisque l'acte de les identifier comme étants, et de les rassembler pour en tirer l'essence de l'être, suppose la considération préalable de cette essence. Or on vient de voir que l'essence d'une perfection réside dans ce qui la possède en plénitude ; donc l'essence de l'être en tant qu'être réside dans ce qui est l'être même, dans ce qui est l'acte d'exister. Or ce qui est l'acte d'exister, c'est Dieu : l'absolue *simplicité* de l'absolu, ainsi de Dieu, requise par son absoluité (s'il était composé, il faudrait admettre un principe de composition qui lui serait antérieur, et il ne serait pas cause première, par là serait causé et ne serait pas l'absolu), exclut qu'il soit *composé* d'essence et d'existence ; dès lors, son essence est d'exister. Le sujet qui exerce l'exister est l'exister qu'il exerce. Donc, reconnaître qu'il y a des existants, et qu'ils ont en commun d'exister, suppose la précognition au moins implicite de Dieu. Mais cette même simplicité de Dieu exclut qu'il soit possible de distinguer, en Lui, son essence de son agir ; il est exclu qu'on puisse distinguer réellement, en Dieu, entre ce qu'il est, et l'acte de se penser ; donc Dieu ne peut être pensé que par lui-même, puisque l'acte de penser Dieu est Dieu. On est alors conduit à admettre que la pensée que l'homme a de Dieu est la pensée que Dieu a de lui-même en l'homme, et que la raison humaine est la raison divine, ce qui évidemment ne saurait être recevable pour le thomiste qui estime que, puisque Dieu est parfait, *immobile* à raison de sa perfection, alors la raison est intellect en tant qu'il se *meut*, par là imparfait.

Force est de tirer de ces diverses considérations, si elles sont à tous égards fondées, qu'il n'y a pas de science de l'exister en tant qu'exister. Cela dit, cette négation sera diversement reçue, selon les présupposés théologiques de chacun. Pour le luthérien qui hait les prétentions de la raison, toute philosophie ayant le projet de développer une ontologie indépendamment de la foi aveugle sera jugée panthéiste. Pour saint Thomas, il y aura possibilité d'échapper au volontarisme fidéiste, mais non par élaboration d'une ontologie dont le propos est tout de même, par définition, de s'interroger sur l'être en tant qu'être, ainsi de définir positivement le sens ou l'essence de l'être, de cet être qui s'est révélé, dans ce qu'il a de plus propre, être l'acte d'exister ; il y aura possibilité de parler de l'être en tant qu'absolument être, mais seulement sur le mode d'une affirmation de l'existence d'un Premier être dont on dira qu'il est son exister. Et ce sera le dernier mot de la métaphysique. Il y aura métaphysique mais non pas ontologie à proprement parler, puisque l'on conviendra en dernier ressort qu'il n'y a pas de concept de l'exister ; à la question : « qu'est-ce que l'étant ? », laquelle enveloppe celle du « ce que c'est que l'exister à raison duquel l'étant est étant », on ne pourra répondre que par : c'est ce qui est dit tel à raison de sa dépendance à l'égard du Premier étant. Et c'est ce rapport de causalité qui sera supposé fonder tant l'analogie que la participation : les choses sont dites participer à Celui qui est son exister, en tant qu'il est cause de leur exister propre ; et l'être sera analogiquement prédiqué de Dieu et de l'homme en tant que, l'être de Dieu étant cause de l'être de l'homme, alors cet être de Dieu entretient à l'égard de Dieu le même rapport que l'être de l'homme à l'égard de l'homme. Le thomiste admettra la possibilité d'une ontologie, mais seulement sous le rapport de l'analogie : les termes par lesquels on parle de Dieu, ainsi de l'être absolument être, sont empruntés à ceux dont on use pour parler de ce qui n'est être que relativement (le créé), et ils ne se prédiquent de l'être absolument être qu'au sens où cet absolument être est cause des êtres dont de tels termes sont prédiqués adéquatement (analogie d'attribution) ; et, dans le sillage de cette forme d'analogie, on pourra déclarer (analogie de proportionnalité propre) que tel nom emprunté au créé convient à l'Incréé mais proportionnellement : « sagesse » se dit de Dieu et de l'homme, en ce sens que la sagesse de l'homme est à l'intellect humain ce que la sagesse de Dieu est à Dieu. On peut certes s'autoriser, pour affirmer que l'essence de l'exister est un étant, du raisonnement suivant :

L'essence du triangle est le déterminant à raison duquel tous les triangles concrets sont des triangles. L'essence de l'acte d'exister est donc le déterminant à raison duquel tous les étants sont. Mais il y a une différence entre l'essence du triangle (ou de n'importe quoi) et l'essence de l'acte d'exister. L'essence du triangle n'est pas un triangle, elle n'est un triangle que dans les individus dont elle est l'essence, elle n'est pas dotée par soi de l'exister lui donnant d'être un triangle. Alors que l'essence de l'exister, c'est-à-dire l'exister à l'état pur, est nécessairement, *s'il existe*, un étant, sans quoi il faudrait dire qu'il lui manque quelque chose pour être ce qu'il est ; or on ne peut pas dire de l'essence de l'exister qu'il lui manque l'exister pour être un étant, parce que l'essence de l'exister, consistant par définition dans l'exister sans limite, contient superlativement tous les modes de l'exister, lesquels limitent l'exister dans les étants auxquels il se donne.

La réponse thomiste, considérée en l'état, n'est pas sans difficultés. Non qu'elle soit irrecevable, mais l'Aquinate ne semble pas s'être préoccupé de définir les conditions de sa recevabilité, lesquelles sont diversement appréciées entre philosophes se revendiquant de l'héritage de saint Thomas. Pour maints thomistes de l'École, tels Cajetan et Jean de Saint-Thomas, le rôle de l'être en tant qu'essence doit être réévalué, et l'intellectualisme thomiste a vocation à être approfondi dans le sens d'un certain rationalisme ; le problème n'est pas de savoir ici s'ils y sont parvenus. Pour Étienne Gilson et les prédécesseurs qu'il se targue d'avoir (tel Báñez), il faut s'enraciner dans l'« apophatisme de l'*esse* », et en venir à déclarer (ce qu'insinua Gilson dans des textes écrits en anglais et non traduits) que Dieu n'aurait pas d'essence, que de toute façon l'essence n'est jamais que la menue monnaie de l'être, que le principe de raison suffisante et le rationalisme seraient des monstruosités (nonobstant le fait que Pie XII reconnut, dans *Humani generis*, un tel principe comme principe inébranlable de la métaphysique, avec le principe de causalité et le principe de finalité), que le thomisme est une « métaphysique de l'*Exode* (III 14 : *Ego sum qui sum*) », que Dieu est un Dieu caché, tellement caché en fait qu'on n'en peut rien dire et que (tel est le sens de la récupération montinienne, moderniste, de la philosophie de Gilson), de ce fait, aucune Révélation ne peut se prévaloir d'être la meilleure, ou d'être seulement la vraie puisque Celui qui se révèle en elle est à jamais en retrait par rapport à sa manifestation, de telle sorte qu'il est permis, dans ce contexte apophatiste, de déclarer que l'Esprit-Saint soufflerait dans toutes les religions, en tant qu'il n'aurait aucune prédilection pour une forme particulière de dévoilement de Lui-même.

Et l'on voudra bien noter que cette espèce d'érotologie « heideggérroïde » développée par un Jean-Luc Marion, promoteur de l'idée de « Dieu sans l'être », Dieu étant amour et non être absolument être, se situe dans le sillage de l'apophatisme gilsonien de l'*esse*.

La réponse thomiste, en l'état, n'est pas sans difficulté, d'abord dans la mesure où le principe de causalité, par lequel sont menées les démonstrations de type « *quia* » (remonter de l'effet à sa cause, par opposition aux démonstrations de type « *propter quid* », en vertu desquelles on déduit l'effet de sa cause, selon l'exigence du principe de raison suffisante : rien n'est sans raison suffisante, qui permette d'expliquer *a priori* pourquoi telle chose est et se comporte ainsi plutôt qu'autrement), n'est pas un principe analytique :

« L'être contingent est causé » n'est pas réductible au principe de contradiction, parce que le concept du prédicat n'est pas inclus dans celui du sujet, ce qui en revanche est le cas pour le jugement « l'être causé est contingent » ; « l'être contingent est causé » est un jugement « *per se secundo modo* », c'est-à-dire un jugement dans lequel ce n'est pas le prédicat qui est inclus dans le sujet, c'est bien plutôt le sujet qui est inclus dans le prédicat, en tant que sujet. « L'être contingent est causé », c'est un jugement du type « le nez est camus » : tout camus est nez, mais tout nez n'est pas camus ; tout être causé est contingent mais tout être contingent n'est pas causé, si l'on en reste à la logique formelle. D'aucuns diront : « l'être contingent est l'être qui aurait pu ne pas être, qui n'a pas en lui-même sa propre cause, donc il tient son existence d'un autre qui est sa cause, donc il est nécessairement causé, et il est contradictoire d'affirmer qu'il pourrait ne l'être pas » ; mais tenir un tel discours suppose ce qui est en question, à savoir que ce qui n'est pas pour soi-même sa cause, devrait la tenir d'un autre ; prétendre que « l'être contingent est causé » est une évidence parce qu'on ne pourrait le nier sans se contredire, c'est commettre une pétition de principe, parce que c'est tenir pour acquis que tout être contingent, n'ayant pas de cause en lui-même, la tiendrait d'un autre et serait causé. On peut déclarer avec l'Aquinate que la proposition « l'être contingent est causé » montre analytiquement sa vérité par le seul fait qu'on se place du point de vue de l'origine de l'être contingent, où l'on voit, le considérant du point de vue de sa cause, que le fait d'être causé lui appartient comme un accident propre : le rire, qui certes n'est pas inclus dans le concept d'homme, est l'accident propre de l'homme et découle de son essence ; le fait d'être causé, qui certes ne fait pas partie de la définition de l'être contingent, est l'accident propre de cet être contingent et découle de son essence ; le rire ne fait pas partie de la définition de l'homme mais, si l'on s'aperçoit que l'homme rit, on comprend que c'est à cause de la présence en lui de la raison : être causé ne fait pas partie de la définition de l'être contingent, mais, si l'on s'aperçoit que l'homme est causé (si on le considère du point de vue de son origine), on comprend que c'est à cause du fait qu'il est contingent.

Mais raisonner ainsi est encore une pétition de principe, car se placer du point de vue de l'origine de l'être contingent, c'est encore supposer qu'il a une cause, c'est ainsi supposer ce qui est en question. Le principe de causalité, pour être recevable comme une proposition analytique, suppose le principe de raison suffisante : l'être en tant qu'être est cause, il est définitionnel de l'être en tant qu'être d'être la raison suffisante de lui-même, il est « *causa sui* », or l'être contingent n'est pas cause de soi, donc il a une cause.

Dès lors, on ne peut se contenter du principe de causalité pour poser l'existence de Dieu et déclarer que c'est là le jugement qui clôt la métaphysique et n'autorise qu'une ontologie placée sous le sceau de l'analogie. Il faut passer par un concept d'être qui enveloppe tous les étants, ainsi un concept *univoque*, au moins sous un certain rapport ; il faut ainsi reconnaître l'être dans les êtres comme on reconnaît le beau dans les choses belles. Et cela signifie, fût-ce de manière *infiniment* confuse, que Dieu est *a priori* connu, que l'idée d'être est l'idée de Dieu et qu'elle est la première idée dont toutes les autres dépendent ; et « infiniment » est ici pris au sens propre, comme néant de connaissance, s'il est admis que la connaissance du néant, qui est néant de connaissance, *est encore connaissance de l'être considéré dans le point nul des degrés — qu'il assume nécessairement en tant qu'être, et toute la question sera de savoir s'il est possible de l'établir — de cette perfection qu'il est*. Si la chose se révèle possible, on notera que l'univocité du concept d'être n'exclut pas son caractère analogique : si l'être absolument être est assomptif de tous ses degrés, indépendamment des êtres créés, c'est qu'il est la *réflexion* par laquelle il se diminue jusqu'au néant qu'il fait se renier pour faire retour à soi, comme victoire éternelle sur son propre envers auquel il consent et en lequel il se risque ; si le fascisme conçoit la vie comme une lutte, on peut dire qu'une intromission de la réflexion ontologique dans l'hylémorphisme consiste à introduire le fascisme dans l'être, à fonder le politique sur une conception fasciste de l'être en tant qu'être ; et si l'être est victoire sur le néant dont il fait un moment obligé de lui-même, alors, Dieu étant seul la raison suffisante de la réflexion qu'il exerce, il est *ipso facto* à part des autres qui, cependant, exerçant — au niveau de leur propre essence entendue, dans son origine créatrice, tel un moment de la réflexion divine — la même réflexion que lui, mais sans être la raison suffisante de cette réflexion, sont dits être des êtres au sens même, formellement, où Dieu est dit être ; le caractère identique de la forme réflexive fonde l'univocité de l'être, le privilège d'être ou de n'être pas la raison suffisante de sa réflexion fonde l'analogie de l'être.

En tant que négation souveraine de tous les degrés qualitatifs d'être, l'être absolument être est tel que la notion d'être se dit analogiquement de lui et des autres êtres ; en tant qu'assomptif — intemporellement, indépendamment de la création du monde et d'un esprit fini — de tous ses degrés d'être auxquels il est de ce fait immanent, ils peuvent être considérés tels autant de moments de lui-même, il les fait s'identifier en lui, et sous ce rapport la notion d'être peut se prédiquer univoquement de tous les êtres. Que les bonnes gens ne s'effraient pas de telles audaces, une telle position n'est nullement solidaire du panthéisme. Le néant, comme néant de ceci, est aussi, en tant que néant radical, le néant de cela ; s'il est définitionnel de l'être en tant qu'être de se poser comme tel en tant que victorieux du non-être en lequel il s'anticipe et qui sera son moment, alors le néant de ceci, intrinsèque à ceci, est encore ceci ; mais il est aussi le néant de cela, intrinsèque à cela, et il sera donc aussi cela ; et ainsi ceci et cela seront identifiés négativement, non au sens apophatiste du terme, mais en ce sens que, n'ayant *positivement* en commun que le rien, ils n'auront rien de commun ; et telle est cette communauté d'ordre générique (ou plutôt transcendantale) reconnue au concept d'être quand il est pris univoquement : « *Deus includitur sub ente* » (Capreolus).

Supposé, au reste, que l'on se contente du principe de causalité, donné telle une proposition « *per se nota* », pour élaborer une ontologie de l'être placée sous l'économie de l'analogie, ainsi au fond une métaphysique apophatiste, on se voit confronté aux mêmes difficultés que celles consistant à se donner le principe de causalité sans passer par le principe de raison suffisante. En effet, il ne suffit pas d'être assuré que l'essence de l'exister est un étant, pour affirmer qu'elle est possible. Supposé qu'on soit fondé, à partir de la contingence du monde, à affirmer l'existence nécessaire d'un Premier, encore faut-il, pour poser cette affirmation, que le Premier ne soit pas, dans la manière forcément négative dont on va le définir, intrinsèquement contradictoire. Un étant exerce l'exister ; ce qui exerce peut-il être ce qui est exercé ? En d'autres termes, supposé qu'il puisse être tenu pour acquis que l'exister à l'état pur est un étant, resterait à expliquer qu'un tel étant puisse communiquer cette perfection à ceux auxquels il la donne en la proportionnant à leur puissance ou capacité de la recevoir : si le Premier la communique, c'est qu'il l'a, mais peut-il être ce qu'il a ? À quelle condition peut-il avoir ce qu'il est, sinon en tant qu'il est réflexion ? Or s'il est réflexion, il faut adopter le principe de raison suffisante, et accepter la thèse d'une certaine univocité du concept d'être. En tant qu'origine de sa réflexion, il *a* sa perfection qu'il pose, et qu'il peut de ce fait maîtriser ; en tant que l'arrivée est position du point de départ, il *est* sa perfection. Si l'être en tant qu'être est réflexion, il se fait dans lui-même positionnel de ce dont il se fait provenir, il est cause de ce dont il est l'effet, il *se* pose, il est l'identité concrète de la cause et l'effet ; il est, en tant qu'essence de lui-même, puissance active à se poser lui-même en tant qu'acte d'exister ; il a ce qu'il est et consiste dans l'acte de se donner lui-même à lui-même ; il *a* des effets contingents, des effets qu'il n'est pas mais qui cependant sont, précisément parce qu'il a ce qu'il est avant de poser des effets hors de soi ; il a des effets créés pour autant qu'il laisse librement aller hors de soi, en les donnant à eux-mêmes, ainsi en les faisant se réfléchir hors de lui-même, certains moments intestins de lui-même ; dans ce cas, en effet, la cause se déduit d'elle-même en tant qu'effet et fait se renier l'effet dans sa cause ; le geste créateur qui s'achève hors de Dieu est superlativement exercé en et par Dieu, et en retour, étant de ce fait assumé par la cause, il est reproduit, selon son mode fini, par les effets eux-mêmes ; par là il est permis de remonter de l'effet à sa cause parce que la cause est dans elle-même cause de son effet immanent, c'est elle qui fait remonter de l'effet à la cause, même si l'esprit qui procède à une telle remontée ne sait pas ou ne veut pas savoir que c'est sous l'impulsion de la cause, immanente à lui sur le mode de son absence à elle-même, c'est-à-dire comme néant, qu'il remonte à elle ; l'avancée *dialectique* dans le processus circulaire est identité concrète de la démonstration « *propter quid* » et de la démonstration « *quia* », et elle se développe sous l'égide de la démonstration « *propter quid* ». L'être en tant qu'être est don de soi-même à soi-même, impavide dans l'acte de donner parce qu'il est cet acte même de se donner à soi-même, et tel est ce qui est cause de soi en tant que réflexion : plus il donne, plus il est ; autant il donne, autant il est riche ; autant il se dépossède, autant il gagne ; autant il est riche, autant il conserve jalousement par-devers soi sa plénitude inviolable.

Et l'on ne saurait se dispenser — comme le font les thomistes de métier contemporains frénétiquement attachés à leur orthodoxie psittaciste comme à leur chasse gardée nourricière — d'avoir recours à la réflexion (entendue en sa portée ontologique, c'est-à-dire en son acception néo-platonicienne de conversion substantielle), requise pour fonder le principe de causalité, en se contentant de la preuve de Dieu par la doctrine de la participation ; en effet, la participation suppose elle-même la causalité, parce que déclarer (comme il l'est enseigné dans le *de Potentia* plus haut cité) que ce qui n'est que par participation requiert l'existence d'un participé, c'est supposer que ce qui est contingent a nécessairement une cause, de sorte qu'il n'est pas contradictoire, s'il n'est pas rendu raison du principe de causalité, et si ce dernier se révèle ne pas appartenir aux propositions « *per se nota* », que des réalités diverses aient chacune une perfection commune à toutes sans que chacune se la soit donnée. Il n'est pas absurde, dans ces conditions, qu'il soit tenu pour acquis qu'on ne puisse aller plus loin : il y a des choses contingentes qui ne se sont pas donné la perfection que chacune réalise diversement et inégalement, cependant qu'il n'est aucune perfection subsistante qui leur préexiste ; une telle perfection n'existe à l'état pur que dans l'esprit, au titre d'idéal. Si l'on admettait un tel discours, on donnerait gain de cause au nominalisme. Le nominaliste dirait que cette aptitude, soulignée par Platon, à discerner le beau dans les choses belles, et à se prévaloir de la possession de ce que l'esprit cherche pour s'habiliter à le chercher, n'est autre que le mode de fonctionnement de sa raison n'engageant qu'elle en sa loi physiologique immanente, et que sa représentation du réel est celle qu'il constate, mais qu'il n'a aucune garantie que le réel soit bien tel qu'il l'appréhende, ce qui pour lui n'a aucune importance puisqu'il ne conçoit pas que la raison soit spéculativement en attente de quoi que ce soit ; ce faisant, le nominaliste est évidemment de mauvaise foi, parce qu'il refuse de prendre acte de cette *expérience* vécue (sous ce rapport, il n'est pas assez empiriste) d'une exigence de la pression de la raison en lui, qui, connaissant l'effet, veut connaître la cause, dont en particulier cette cause immanente des choses en quoi consiste leur essence, et que signifie le concept, en son universalité logique expressive du caractère causalement universel de l'essence : il y a évidemment solidarité entre l'acte de reconnaître aux concepts le pouvoir d'exprimer des essences, et l'acte de reconnaître que ces essences, dans les choses, ont raison de cause.

Et il est bien évident que la causalité ne saurait être réduite à une habitude de l'esprit consécutive à l'expérience répétée d'une succession de cas semblables, ainsi à une succession de conjonctions semblables. Déclarer que la causalité n'est qu'une habitude, c'est signifier — si l'on soumet l'empirisme (et le nominalisme qui est son corollaire obligé) au critère de ses propres résultats — que l'acte d'interpréter en termes d'habitude (de voir B succéder à A, par exemple de voir la brûlure succéder au feu) la causalité de A sur B, est lui-même une habitude : **la succession répétée de B par rapport à A *cause* cette habitude que l'on interprète, à tort selon Hume, en termes de relation réelle (« *in rebus* ») de causalité de A sur B ; mais dire que la succession *cause* une habitude, et que toute cause se réduit à une habitude, c'est nécessairement déclarer ceci : l'habitude de voir succéder l'acquisition d'une habitude à l'expérience répétée d'une conjonction de cas semblables, est ce qu'on interprète à tort comme une causalité de la succession de cas semblables sur un observateur donné ; or affirmer cela revient à nier que la succession de cas semblables suffise à causer une habitude ; si elle ne suffit pas, c'est que la vraie cause de cette habitude est à chercher dans la causalité qui s'exerce du côté des choses elles-mêmes, et confesser cela revient à nier, en dernier ressort, que la causalité se réduise à une habitude**. Reprenons en effet la formule suivante, qui définit la critique empiriste de la causalité : « La succession répétée de B par rapport à A *cause* cette habitude que l'on interprète, à tort selon Hume, en termes de causalité de A sur B. » Puisqu'il est question de causalité (signifiée en italique) dans cette formule, il est légitime d'interpréter les termes dont une telle formule est constituée selon le sens général dont cette même formule est porteuse. On obtient alors ceci : la succession de l'habitude (que l'on interprète à tort en termes de causalité de A sur B) par rapport à (la succession de B par rapport à A) *cause* cette habitude que l'on interprète, à tort selon Hume, en termes de causalité de (la succession de B par rapport à A) sur cette habitude (que l'on interprète à tort en termes de causalité de A sur B) ; plus simplement, **la succession de l'habitude par rapport à une conjonction de cas semblables (ou encore : le fait qu'une habitude succède à une conjonction répétée de cas semblables)** *cause* **cette habitude que l'on interprète à tort en termes de causalité de la conjonction de cas semblables sur l'observateur ayant contracté la première habitude.** Ou encore : si la succession d'une conjonction de cas semblables *cause* une habitude que l'on interprète à tort comme causalité du premier cas sur le second, alors, cette nouvelle conjonction répétée de cas semblables constituée par la première conjonction répétée de cas semblables d'une part, et par la première habitude qui lui succède d'autre part, va *causer* la seconde habitude (celle dont il est question quand on dit qu'on a *l'habitude* de voir une habitude succéder à une conjonction répétée de cas semblables) ; si l'on se refuse à déclarer qu'elle la cause, alors, ainsi qu'on vient de le voir, on admet que cette succession répétée de cas semblables n'explique pas la genèse de l'habitude, et l'on doit en appeler à l'effectivité d'une relation de causalité réelle dans les choses pour l'expliquer ; si l'on admet qu'elle la cause, on est renvoyé à l'infini. On voit bien que, étant renvoyé à l'infini, le nominaliste est incapable d'interpréter en termes d'habitude cette causalité qu'il évoque quand il entend expliquer que la conjonction de cas semblables est cause de l'illusion selon laquelle la causalité serait une relation réelle dans le réel. Si l'on se refuse à être renvoyé à l'infini, c'est-à-dire à faire resurgir la causalité que l'on entendait dissoudre, il faudra, pour expliquer que la relation de causalité n'est rien de plus qu'une habitude dans l'esprit, en venir à convoquer la nature humaine qui, par là, redevient cette cause en tant qu'essence alors qu'elle était supposée n'être qu'un « *flatus vocis* » commode pour désigner des individus qui se ressemblent. C'est la réflexion qui dit au nominaliste que la nature humaine est cause de la causalité entendue comme habitude, de sorte que, dans l'acte même où il identifie la causalité (considérée par lui comme illusoire relation dans les choses) à l'habitude (conjonction répétée de cas semblables), resurgit la causalité de l'habitude elle-même (dans et sur l'entendement) : l'habitude serait *cause* de notre croyance à la causalité dans les choses ; mais si cette croyance est une illusion, on ne voit pas que l'habitude entendue comme cause réelle de l'illusion ne soit pas autre chose qu'une illusion.

Ce qui est tenté d'être exposé ici, c'est que, si la causalité exclut d'être réduite à une habitude (thèse empiriste de Hume), si elle est un principe de la raison ayant une portée réaliste (la relation de causalité existe bien dans les choses), en revanche, se fonder sur cet incontestable fait pour user sans réserve du principe de causalité, cela suppose qu'il soit fait usage du principe de raison suffisante, lequel induit logiquement que l'essence en général, dans son rapport avec l'existence, ait le statut de puissance active, ainsi de cause de son acte d'exister auquel en retour elle demeure suspendue (car l'acte est raison de la puissance), de sorte que cette réciprocation de causalité entre essence et existence exige que l'être en tant qu'être soit reconnu comme réflexion, c'est-à-dire comme ce dont la forme même est celle du connaître en général, du cogito. Le pouvoir de connaître n'est pas un accident ou une manière d'être, ou quelque chose qui survient à l'être, il est la forme que se donne l'être lui-même pour être pleinement être. Mais alors, si cette position est adoptée, c'en est fini de l'apophatisme de l'exister : l'intelligibilité de l'exister est celle de l'essence qui se donne la forme de son intellection d'elle-même par elle-même pour être existante.

Le thomiste de stricte obédience — excluant que l'être soit jamais univoque, et par lequel il serait possible, s'il l'était, d'expliciter le contenu d'un concept enveloppant l'être absolument être définitionnel de l'essence de l'être en tant qu'être — développe une ontologie fondée sur l'analogie de l'être, en considérant que cette analogie est fondée par la dépendance causale des êtres dérivés par rapport au Premier ; ce faisant, il tient pour acquis que le principe de causalité, par lequel il établit l'existence du Premier, est une évidence qui se dispense de toute démonstration, et que l'existence du Premier, fondement de l'analogie de l'être qu'il entend exposer, est acquise par ce principe. Mais on vient d'établir que le principe de causalité requiert le principe de raison suffisante, lequel est solidaire d'une conception univociste (au moins sous un certain rapport) de l'être : l'être en tant qu'être rend raison de lui-même, or ces êtres finis — qui devraient, en tant qu'êtres, rendre raison de soi — s'en révèlent incapables, donc ils ont une cause qui rend raison d'eux. Dès lors, le thomiste de stricte allégeance est incapable, sans abus, de développer une ontologie même placée sous l'économie de l'analogie, et il est contraint de se réfugier dans un apophatisme strict de l'exister, qui devrait le condamner à s'en remettre à la foi seule pour s'approcher du mystère de l'être. Par là, ne faut-il pas confesser que tout apophatisme de l'exister renvoie son défenseur au fidéisme non seulement antirationaliste, mais encore anti-intellectualiste ?

Il est temps de se livrer à l'examen des raisons de Kierkegaard.

Le premier alinéa n'est qu'une introduction visant à illustrer le thème dont il va traiter par un exemple religieux ; la vérité est ce que l'on est et non ce que l'on sait, et il se trouve précisément que Celui qui est Dieu, qui est parfait en tant que Dieu et par définition, mais aussi qui est l'homme parfait, l'absolument homme, plus humain que tous les hommes parce que plus divin que tous leurs dieux, est aussi celui qui s'est défini comme étant la vérité, laissant là entendre que la vérité n'est pas un discours abstrait et impersonnel, mais quelque chose que l'on vit, qu'on exerce, quelque chose qui se personnifie et s'incarne, quelque chose à qui l'on parle et qu'on imite, et non quelque chose dont on parle et qu'on oublie, ou dont on se distancie ; on ne saurait faire le tour d'une personne, qui est ineffable, infinie, non définissable, et il en est de la vérité en général comme d'une personne, elle demeure un mystère, non de l'absurde mais du trop riche pour être réduit à une idée ou à une essence. En tant que Dieu, le Christ est la vérité en ce sens qu'il est ce en quoi s'enracine toute vérité, l'Origine et la Fin, l'alpha et l'oméga, ce qui fait tout exister et qui réalise suréminemment la vérité ontologique de toute chose (en Dieu seul les choses sont telles qu'elles ont à être, existent de fait comme elles ont vocation à exister en droit) ; en tant qu'homme parmi les hommes, le Christ est celui qui s'est le plus parfaitement assimilé à cette vérité divine, celui dont toute la vie a témoigné de ce qu'il possédait la vérité : il ne ment jamais, et il sait toute chose.

Le deuxième alinéa a pour propos de nous faire comprendre en quoi la connaissance abstraite ou conceptuelle échoue à s'emparer de la vérité, parce qu'elle dénature à la fois le sujet connaissant et l'objet connu.

Le troisième alinéa fait retour à la figure du Christ, non pour donner une leçon d'apologétique ou de théologie, mais pour expliciter les enjeux et contenus de la thèse de l'auteur.

Le premier alinéa tente de nous montrer que, comme le dira plus tard Paul Claudel, connaître est « co-naître », naître ensemble, être auprès de ce à quoi l'on s'éveille en le faisant vivre en soi, mais en vivant de sa vie, non pas en l'assimilant mais en étant assimilé par lui. En prétendant dominer la vérité par connaissance objectivante ou par concept, on la rate, on ne la rencontre pas, parce qu'on oblitère l'existence de ce dont on parle (un concept ne saisit qu'une essence), et aussi parce que, en se faisant le porte-voix de l'universel et du nécessaire (« ceci est cela », le moi qui le dit est effacé), on néglige la subjectivité qui s'investit en ce jugement de connaissance, alors que seule la subjectivité est capable de s'assimiler vitalement à la vérité, de l'éprouver comme seule une passion sait éprouver quelque chose, alors que le connaître revient à en produire un spectre mort : connaître l'essence de l'amour, c'est se soustraire à cet amour que l'on dit connaître ; connaître par concepts et définitions, c'est bien s'objectiver quelque chose, c'est le mettre à distance de soi, c'est se rendre étranger à lui, impavide, c'est se mettre en dehors de lui (de son élément), c'est au fond l'ignorer en refusant de se faire affecter et transformer par lui. Il n'appartient qu'à une subjectivité d'éprouver quelque chose, et l'impersonnalité du jugement se voulant « objectif » abolit la subjectivité. Corrélativement, ce qui se veut objectif est aussi, outre le fait qu'il dépersonnalise et rend le connaissant incapable de se fondre dans ce qu'il aspire à connaître, ce qui universalise le singulier qui est toujours contingent et existant. La connaissance par concepts prétend saisir du nécessaire, elle consiste à référer le contingent au nécessaire (juger est comparer, réduire l'autre à l'absolu et le divers à l'un), de sorte que le concept, en universalisant, oblitère le singulier et avec lui l'existant et l'existence. Il y a donc une affinité de principe entre la subjectivité et l'existence, et tel est le but de Kierkegaard que de l'établir ici en montrant que l'on ne connaît la vérité qu'en étant la vérité ; la vérité est à la fois l'existence et la subjectivité, parce que l'existence s'exerce et ne s'objective pas, et que seule une subjectivité peut exercer ou vivre l'exister, l'acte d'exister de toute chose : l'animal n'exerce que le sien, la pensée existentielle, qui n'est pas conceptuelle, exerce l'exister d'elle-même et de toute chose.

« L'être de la vérité n'est pas le redoublement direct de l'être rapporté à la pensée, opération qui donne simplement l'être pensé et préserve simplement l'exercice de la pensée d'être une chimère dénuée d'être, en conférant à l'acte de penser sa légitimité, de sorte que la chose pensée *est*, c'est-à-dire a une valeur légitime. (...) l'être de la vérité est son redoublement en toi, en moi, en lui, de sorte que ta vie, la mienne, la sienne, dans l'effort où elle s'en approche, exprime la vérité, de sorte que ta vie, la mienne, la sienne, dans l'effort où elle s'en approche est l'être de la vérité, comme la vérité fut en Christ une *vie*, car il fut la vérité. »

Ce passage du deuxième alinéa, qu'il n'est pas inopportun d'avoir sous les yeux en même temps que l'explication qui s'en voudra l'éclaircissement, n'est pas sans obscurité, et il est à espérer que le commentaire ne sera pas aussi obscur que le texte commenté. Il nous semble que l'auteur veut dire ceci : la vérité n'est pas un objet extérieur à la pensée, qui n'affecte pas la vie du sujet ; d'ailleurs, pour savoir si notre pensée de la vérité a « une valeur légitime », on se demande si la pensée que nous avons d'un objet est conforme à cet objet : on « redouble » ainsi l'être pensé ; ce qui signifie qu'on se demande si l'être pensé, entendu tel ce qui est pensé de cet être, est conforme à l'être visé par la pensée.

Quand l'auteur parle de redoublement direct de l'être pensé, il veut dire que, pour connaître par concepts, on pense l'objet, puis on pense la conformité de cette pensée à l'objet, afin de vérifier qu'il y a bien adéquation entre la chose connue et la connaissance de cette chose ; on essaie d'être fidèle à la vérité en commençant par la définir formellement telle la classique « *adaequatio rei et intellectus* ». Mais cet effort semble illusoire, parce que, ce faisant, on se contente de répéter la même opération, comme si la deuxième tentative pouvait constituer un critère de validité de la première, alors qu'elle est aussi aléatoire qu'elle et appelle d'être mesurée à l'aune d'un autre critère. Vérifier que la pensée des choses est conforme aux choses pensées, cela suppose que l'on puisse voir sa pensée et voir la chose, et comparer ces deux visions. Mais c'est encore par la pensée qu'on voit sa pensée et qu'on voit la chose, de sorte que comparer la chose à la pensée qu'on en a, cela revient en fait à comparer la pensée de la chose à la pensée qu'on élabore une deuxième fois de cette chose ; on ne sort pas de la pensée, ce faisant on est bien incapable d'attester cette illusoire adéquation : le concept est ce qui nous sépare de la chose plus qu'il n'est ce qui nous la fait connaître, il est par essence pervers parce qu'il prend la place de la chose en se faisant passer pour elle ; on met ainsi entre parenthèses l'existence de la chose puisque cette existence est précisément ce qui a été mis de côté pour que la pensée de la chose puisse prendre la place de la chose même afin de consentir à se laisser objectiver par le sujet concevant, et, en mettant cette existence entre parenthèses, on met la chose elle-même entre parenthèses, laquelle n'est chose à connaître que dans, par et comme son acte d'exister ; il n'y a que de l'existence, il n'y a rien en dehors de l'existence, comme l'expérience de la racine du marronnier, dans un jardin public, le révélera à Sartre dans *La Nausée* (1938) : « Si l'on m'avait demandé ce que c'était que l'existence, j'aurais répondu de bonne foi que ça n'était rien, tout juste une forme vide qui venait s'ajouter aux choses du dehors, sans rien changer à leur nature. Et puis voilà : tout d'un coup, c'était là, c'était clair comme le jour : l'existence s'était soudain dévoilée. Elle avait perdu son allure inoffensive de catégorie abstraite : c'était la pâte même des choses, cette racine était pétrie dans l'existence. Ou plutôt la racine, les grilles du jardin, le banc, le gazon rare de la pelouse, tout ça s'était évanoui : la diversité des choses, leur individualité n'était qu'une apparence, un vernis. Ce vernis avait fondu, il restait des masses monstrueuses et molles, en désordre — nues, d'une effrayante et obscène nudité. (...) J'étais là, immobile et glacé, plongé dans une extase horrible. Mais, au sein même de cette extase quelque chose de neuf venait d'apparaître ; je comprenais la Nausée, je la possédais. À vrai dire je ne me formulais pas mes découvertes. Mais je crois qu'à présent, il me serait facile de les mettre en mots. L'essentiel c'est la contingence. Je veux dire que, par définition, l'existence n'est pas la nécessité. Exister, c'est être là, simplement ; les existants apparaissent, se laissent rencontrer, mais on ne peut jamais les déduire. Il y a des gens, je crois, qui ont compris ça. Seulement ils ont essayé de surmonter cette contingence en inventant un être nécessaire et cause de soi. Or, aucun être nécessaire ne peut expliquer l'existence : la contingence n'est pas un faux semblant, une apparence qu'on peut dissiper ; c'est l'absolu, par conséquent la gratuité parfaite. Tout est gratuit, ce jardin, cette ville et moi-même. Quand il arrive qu'on s'en rende compte, ça vous tourne le cœur et tout se met à flotter. » Si l'on procède ici à un rapprochement entre Kierkegaard et Sartre, ce n'est pas pour insister sur la contingence en tant que telle de l'existant en tant qu'existant, puisque Kierkegaard se veut croyant. C'est pour indiquer en quel sens l'invitation de Kierkegaard à considérer l'exister est une espèce de révélation, gravide d'une conversion, comme pour Sartre : l'essentiel dans le réel, ce n'est pas son essence, c'est son acte d'exister ; et, parce que nous sommes conceptuellement outillés pour saisir des essences (la preuve en est qu'on parle de « l'essentiel » pour désigner « le plus important »), nous tendons invinciblement à mettre l'exister entre parenthèses chaque fois que nous nous efforçons à penser le réel, c'est-à-dire l'existant, en termes relevant du concept.

Ainsi donc, on procède à un redoublement de la visée de l'objet pour voir s'il est conforme à cette visée, mais, ce faisant, on se contente de rapporter l'être à la pensée, d'assimiler l'être à une pensée, et ce redoublement ne garantit qu'une vraie pensée, non une pensée vraie. On ne sort pas véritablement du sujet (on rate l'existence de l'objet). De plus, on ignore la subjectivité, c'est-à-dire ce qui peut pâtir de l'objet, ce qui peut être informé et transformé par lui, ainsi ce qui peut le vivre. La pensée conceptuelle, qui se veut objectivante, est menteuse sous un double rapport ; non seulement elle substitue le concept au réel, ainsi la pensée de l'objet à l'objet qu'il s'agit de penser, mais elle s'exerce ainsi de manière à masquer son forfait, en se faisant elle-même oublier, en celant son opération de travestissement du réel, c'est-à-dire de conversion de l'exister en essence : dans l'acte d'objectivation, le sujet objectivant s'oublie, fait croire qu'il est pur reflet passif du réel, assez inconsistant pour ne le point dénaturer en s'ouvrant à lui, alors qu'il procède à une construction de sa représentation du réel, qui se substitue au réel lui-même. En vérité, l'être de la vérité est son redoublement en nous, il s'agit là de vérité ontologique et non de vérité logique ; on doit se rendre conforme à la vérité ontologique, on s'assimile à elle. La vérité est l'acte de s'assimiler à l'être, de rapporter son être à ce qui est, lequel est singulier et ineffable. C'est en ce sens qu'on ne peut connaître la vérité qu'en l'étant. « Christ est la vérité en ce sens que le fait de l'*être* est la seule véritable explication de ce qu'elle est » : **ce** qu'est la vérité est le *fait* qu'elle *est*, c'est son existence et non son essence, ou plutôt c'est ce dont l'essence consiste dans son existence ; ce qu'est la vérité est l'acte d'exister de ce qu'on cherche à connaître, or l'existence ne peut être connue qu'en étant exercée, donc elle ne peut être objectivée. Il n'y a pas de concept de l'existence, l'essence n'est qu'une idole de la raison. La vérité sur l'être, c'est d'être la vérité, et être la vérité, c'est se rendre présent, en personne, ainsi qu'il l'est développé dans le troisième alinéa.

Le Christ ne voulait et ne pouvait pas dire ce qu'est la vérité, non qu'il ne la sût pas, non qu'il n'ait pu (n'ait pas eu le pouvoir de) la dire, mais en ce sens que, *pour signifier qu'il l'était, il ne pouvait la dire*, car c'eût été opérer à la manière de ceux qui prétendent la savoir sans l'être, et qui, ne l'étant pas, ne la savent pas. Nul ne sait de la vérité plus qu'il n'en exprime dans sa vie, en ce sens que la savoir revient à la vivre, à en faire l'expérience toujours unique, et l'homme n'est un être vrai, non mensonger, non inadéquat à soi-même, qu'à proportion de la série des actes à raison desquels il se fera identique à la vérité et manifestera cette identité de lui-même et de la vérité qui est toujours sa vérité vécue ; cela dispose à penser que l'homme sera bientôt défini telle la série de ses actes. Et parce que la série de mes actes est toujours finie, toujours inadéquate à l'infini de la signification de l'existence (un acte d'exister est singulier, et le singulier est ineffable, son extension est nulle et sa compréhension infinie), alors tout savoir absolu est impossible. Au fond, c'est par une autre expérience que celle du savoir que l'absolu se laisse appréhender : c'est par celle de la passion dans l'amour ; toute connaissance est captative et fermeture sur soi, le savoir n'est savoir qu'en identifiant l'être à lui-même, c'est-à-dire en se substituant à l'être même ; s'il n'y avait pas d'amour, il n'y aurait que du savoir, et l'homme serait un monstre de solipsisme ; on retrouvera ce discours chez un Lévinas. Et ceux qui, aujourd'hui, préfèrent la sagesse de l'amour à l'amour de la sagesse disent au fond la même chose ; ces afféteries, en leur forme doucereuse comme les sourires vipérins, ne sont rien de moins qu'une insurrection contre la philosophie. José Antonio Primo de Rivera déclarait au contraire que, si le cœur a ses raisons que la raison ne connaît pas, la raison a sa manière d'aimer comme ne sait pas le faire le cœur.

TREIZIÈME DEVOIR

Dans *Post-scriptum aux miettes philosophiques* (traduction Paul Petit, Gallimard, Paris, 1941, 2ᵉ partie, 2ᵉ section, chapitre II), Kierkegaard déclare : « La vérité subjective, l'intériorité ; la vérité est subjectivité » ; il enseigne que si la vérité s'entend comme vérité-copie, alors l'adéquation est telle que (p. 126) : « la formule est une tautologie, c'est-à-dire que la pensée et l'être signifient une seule et même chose et que l'accord dont il est question n'est que l'accord de l'identité abstraite avec elle-même ». Il y a en effet dans cette définition de la vérité-copie une double abstraction qui est opérée : « L'être doit dans cette définition, être bien plutôt entendu abstraitement comme la réplique abstraite ou le modèle abstrait de ce que l'être est *in concreto* comme être empirique » (p. 126). Soit : l'adéquation est l'accord de la pensée avec l'être *pensé*, ce qui est une tautologie. D'autre part, « la réponse abstraite [à la question de la vérité] n'est que pour cette abstraction que devient un esprit existant en faisant abstraction de lui-même en tant qu'existant, ce qu'il ne peut faire que de façon momentanée, cependant qu'il paye pourtant lui-même en de pareils instants sa dette à l'existence, en existant tout de même » (p. 126). Soit : en définissant la vérité comme le rapport d'*un* sujet, ou de *tout* sujet, c'est-à-dire d'un sujet *possible*, à l'être, on ne parle que d'un sujet *abstrait*, et non d'un existant. C'est pourquoi (p. 127) : « Pour la réflexion objective, la vérité est quelque chose d'objectif, un objet, et il s'agit de faire abstraction du sujet ; pour la réflexion subjective, la vérité est l'appropriation, l'intériorité, la *subjectivité*, et *il s'agit de s'approfondir en existant dans la subjectivité.* » Encore p. 223 : « Qu'est-ce que la pensée abstraite ? C'est la pensée dans laquelle il n'y a pas de sujet pensant. Elle fait abstraction de toute autre chose que la pensée et seule la pensée se trouve dans son propre milieu. L'existence n'est pas sans pensée, mais *dans l'existence la pensée se trouve dans un milieu étranger.* Que signifie alors de poser des questions de réalité au sens d'existence, dans la langue de la pensée abstraite, puisque celle-ci en fait justement abstraction ? » C'est pourquoi (p. 222) : « Dieu ne pense pas, il crée ; Dieu n'existe pas, il est éternel. L'homme pensant existe, et l'existence sépare la pensée et l'être, les tient distants l'un de l'autre dans la succession. » Donc : la pensée et l'être sont irréductiblement extérieurs l'un à l'autre. Dès lors voici sa solution : *la vérité est la subjectivité* (p. 131) : « (...) toute connaissance éthique et éthico-religieuse se rapporte essentiellement [c'est-à-dire réellement] au fait que le sujet connaissant existe ». Ce qui revient à dire qu'elle est la seule à ne pas faire abstraction du sujet, et c'est pourquoi (p. 131) : « (...) seule la connaissance éthique et éthico-religieuse est une connaissance essentielle » [ou réelle]. Et en effet : lorsque le sujet se rapporte à un objet, la vérité est dans le rapport, c'est-à-dire dans les deux endroits, il faut être à la fois sujet et objet, et : « Quand il est le plus près d'être en même temps aux deux endroits, il est passionné, mais la passion ne se produit que par moments, et *la passion est justement le sommet de la subjectivité* » (p. 132). Or, « (...) *Dieu, étant sujet, n'existe qu'intérieurement pour la subjectivité* » (p. 132). Ainsi, celui qui choisit le chemin subjectif « a Dieu non en vertu d'une réflexion objective, mais en vertu de la passion infinie de l'intériorité » (p. 132). Soit : la connaissance subjective est la seule qui ne fasse pas abstraction de l'existence du sujet : elle est la seule réelle. Or la connaissance subjective est d'autant plus subjective qu'elle éprouve une passion plus grande. Donc la passion de la subjectivité est la seule chose qui fasse saisir la vérité. Or la passion de la subjectivité est infinie seulement dans son souci de Dieu. Donc seule la subjectivité éthico-religieuse, ou foi aveugle, est la vérité. Accéder à la vérité, c'est l'embrasser dans une fusion affective qui suppose que le connaissant la devienne en tant qu'elle s'est faite chair.

Rien ne peut être philosophiquement objecté à quelqu'un qui se soustrait, en le proclamant, à la philosophie, c'est-à-dire à la raison, car alors n'importe quoi signifie n'importe quoi. Kierkegaard nous convie à une expérience ineffable, et incommunicable. Par ailleurs, *in actu exercito*, son discours sur la valeur infinie de la subjectivité est certes une confidence, mais elle se veut communicable, puisque *ce discours est une objectivation de l'expérience subjective*, et le lecteur est supposé reconnaître son aptitude à s'enraciner dans sa propre subjectivité à travers ce discours objectivant. Dès lors, ou bien la subjectivité est le vrai (*l'essence de la vérité est une intuition mystique de l'absolu*), mais on ne peut pas le dire (car *la* subjectivité est encore le *concept* d'une subjectivité existante), ou bien on peut le dire — et Kierkegaard le dit — mais alors la vérité de l'expérience subjective est objectivable, la relation de l'auditeur ou du lecteur à la parole objective qu'il reçoit constitue alors la vérité, entendue comme adéquation — qui reste à expliquer — de sa connaissance à l'essence de la vérité.

D'autre part :
Si le principe à raison duquel une chose est identique à soi, est différent du principe à raison duquel elle est différente des autres, c'est qu'il est indifférent à cette chose (à son identité de chose) d'être différente des autres, ce qui la fait s'identifier aux autres faute d'entretenir une relation différentielle à leur égard et, par là, en tant que ne répugnant pas à être identique aux autres qu'elle n'est pas, elle est différente d'elle-même : ce qui est identité exclusive de la différence est différent de la différence, et n'est pas identité.

Si le principe à raison duquel une chose est identique à soi, est lui-même identique au principe à raison duquel elle se différencie des autres, alors cette chose n'est identique à soi qu'en se différenciant des autres, le contenu de son identité consiste à se différencier, cultiver sa différence équivaut à nier son identité avec autrui, identité qu'il faut bien commencer par assumer pour la nier, de telle sorte qu'une telle identité avec soi est toute négative, n'a pas de contenu positif propre, et ce qui n'est identique à soi que par négation des autres n'a d'autre identité positive que celle des autres (ce dont tout l'être est de n'être pas les autres, c'est ce qui n'a rien en propre), de telle sorte que sa différence, supposée faire son identité, est en vérité une identité : la différence exclusive de l'identité est une identité sans différence (si chacun n'a d'être que par les autres qu'il conteste et auxquels il est de ce fait suspendu, alors tous s'identifient les uns aux autres dans le néant de leur identité positive commune).

Quand une chose n'est ni identique à A ni différente de A, elle ne peut, dès lors qu'il n'y a pas de troisième terme, trouver, pour la rendre possible, ce nécessaire troisième terme que dans l'identité de son identité avec A et de sa différence d'avec lui. Il en résulte que la véritable identité est nécessairement identité de l'identité et de la différence, une identité qui se renie dans une différence radicalisée au point d'être différente de toute chose y compris d'elle-même, et par là de reconduire à l'identité de départ. Mais, à ce titre, une telle identité de l'identité et de la différence est contradictoire (puisqu'elle n'est identique à soi que comme différente de soi), et elle ne conquiert son identité non contradictoire d'identité de l'identité et de la différence qu'en se libérant de sa contradiction, ainsi d'elle-même en tant que contradictoire, par là en niant son identité (d'identité et de la différence, ainsi en se posant dans sa différence), mais en la niant de telle sorte qu'elle se conserve dans sa négation (puisque c'est pour se conquérir qu'elle se nie), ce qui a pour réquisit qu'elle s'objective : s'objectiver, c'est être identique à soi dans sa différence, ou se faire autre que soi dans soi, et n'être un « soi » qu'à raison de cette altérité même. Aussi, cette identité de l'identité et de la différence doit-elle se nier, se faire différence, mais dans elle-même, par là confirmer sa différence (cette même différence engagée dans l'identité de l'identité et de la *différence*), la (re)poser dans l'acte où elle l'indifférencie, s'introniser identité non contradictoire de l'identité et de la différence dans et comme l'acte, en forme de « contrecoup » (le « *Gegenstoß* » de la logique hégélienne de l'Essence), de se libérer dans soi — la libérant corrélativement — de sa différence. Si la négativité s'ensourçant dans l'identité est, en direction de la différence, une négativité redoublée, la négativité réflexive restituant l'identité à elle-même à partir de sa différence intestine, est simple. Est véritablement identique à soi ce qui se pose telle l'identité de son identité à soi et de sa différence d'avec soi, ce qui se réfléchit dans son processus, ce qui est capable d'opérer l'« *Aufhebung* » de sa propre identité contradictoire sans cesser de la conserver comme contradictoire dans son identité sublimée non contradictoire, car c'est ainsi qu'une telle identité s'émancipe de sa contradiction la vouant à la mort, sans cesser de se conserver telle cette contradiction qu'elle est, et qu'elle doit être pour conjurer la contradiction mortifère en laquelle elle glisserait si elle se contentait d'être une identité sans différence ou une différence sans identité. Cela dit, l'exister qui n'est l'exister de rien se convertit en néant : être, c'est être quelque chose, il n'est pas d'acte d'exister qui ne soit celui d'une essence ; mais il faut être, pour être une essence, l'essence sans son acte d'exister n'est pas, ainsi n'est pas essence ; l'essence *a* un exister qui lui donne d'*être* essence, et l'exister *a* une mesure essentielle qui lui donne d'*être* cet exister ; or cette essence existante est cet exister « essencifié » : ne pouvant subsister que l'un par l'autre, l'essence et l'exister ne sont non pas deux êtres, mais deux principes d'être *un* être ; donc cette essence qui *a* un exister *est* cet exister qui *a* une essence ; mais avoir quelque chose est ne l'être pas ; donc l'essence qui n'est pas son exister est cet exister qui n'est pas son essence ; l'essence est une même chose avec son exister, *et* elle est différente de lui ; l'exister est ainsi l'identité concrète de l'exister et de l'essence, il a la structure même de cette identité de l'identité et de la différence, et au reste l'exister est bien ce qui est commun à tous, ce qui les identifie « *secundum quid* » les uns aux autres (aussi différentes soient-elles, deux choses ont au moins en commun d'être des actes d'exister), quand tous se distinguent ou se différencient les uns des autres par leurs essences respectives ; compte tenu de ce qui précède, l'exister est sa réflexion, son identité à soi réflexive réduisant sa contradiction à un moment de sa réflexion, il est objectivation de soi, il est son savoir ; en termes scolastiques empruntés à Cajetan et à Cornelio Fabro, l'« *esse in actu* », c'est l'essence dotée d'un « *esse essentiae* », en attente de son « *esse existentiae* » qui sera l'« *esse ut actus* » ; l'essence dotée d'un être d'essence requis (car il faut être, pour être essence) pour qu'elle soit cette essence invitée à recevoir son exister, c'est l'identité abstraite de l'essence et de son exister, elle est contradictoire et s'objective, se libère d'elle-même, par là se sublime, dans le « *terminus a quo* » de son objectivation, en exister (non contradictoire, telle est la substance existante) mesuré par une essence (cet *esse* est « *esse ut actus* »), et, dans le « *terminus ad quem* » de son objectivation, elle s'objective elle-même comme contradictoire, comme moment du processus de sa réflexion circulaire, et c'est pourquoi l'essence, considérée dans sa différence d'avec l'exister, est la puissance de ce dernier : le mode d'être de ce qui est contradictoire, c'est l'être en puissance. L'identité concrète de l'essence et de l'existence n'est pas contradictoire, parce que l'acte à raison duquel elle se pose comme contradictoire *est* l'acte selon lequel elle se soustrait à sa contradiction. Et ce qui est discursivement exposé en termes de moments et de réflexion est absolument simple, pour la raison que ce « mouvement » circulaire, absolument immanent, fait s'identifier l'origine et le résultat, ce qui équivaut à l'absolu repos.

L'exister, a-t-on dit, est réflexion, et, à ce titre, l'essence de l'exister, c'est l'identité concrète de l'essence et du savoir qu'elle a d'elle-même ; quand un tel exister est raison suffisante de sa réflexion, il est l'exister absolu, il est Dieu. Quand il n'en est pas la raison suffisante, il est créature. Il est aisé de s'apercevoir, sous ce rapport, que la déité a la forme d'une staurologie subsistante : même dans l'ange, son essence n'est pas son acte d'exister, et il est une essence qui a un exister tout en étant un exister qui est mesuré par une essence, de sorte qu'il a ce qu'il est, ce qui revient à dire qu'il n'est pas absolument ce qu'il est, dès lors que, n'étant pas la raison suffisante de cette identité de l'être et de l'avoir, il ne réalise pas complètement cette identité ; ce qui est absolument identique à soi, au point d'être l'Identité comme concept, c'est l'identité concrète de l'identité et de la différence, l'identité *concrète* (ce que mésestime un certain thomisme) de l'essence et de l'exister, c'est-à-dire une identité de l'acte d'être et du sujet essentiel qui exerce cet acte, mais victorieuse d'une déchirure intestine faisant se différencier l'essence et son exister, déchirure qu'elle conserve tel le principe immanent de sa pulsation vitale éternelle. Il en résulte que, pour qui est voué à ressembler, analogiquement, à son Auteur, la voie du renoncement à soi est nécessaire. C'est parce que la différence absolutisée se renie en identité, que l'identité (de l'identité et de la différence) contracte la forme d'une identité réflexive à soi, ainsi d'un cogito ou Moi, l'habilitant à s'objectiver, à se libérer de sa différence, et c'est parce que l'identité donne la différence à elle-même (ou la libère) et la confirme, que cette dernière est à même de se maintenir dans son identité de différence dans l'acte où elle renonce à soi. Il en résulte, selon ce double effet du « *Gegenstoß* », que c'est en renonçant à soi (et la souffrance y invite), que la créature ratifie l'acte, coopérant avec lui, à raison duquel Dieu la donne à elle-même en lui donnant par là d'exercer un acte d'exister propre, distinct de celui de sa Cause, et d'être libre et de se posséder.

Il faut retenir, de ceci, que c'est dans l'identité que la différence trouve le secret de sa position ; or l'universel dit la totalité, laquelle désigne l'unité de l'unité et de la pluralité, ainsi l'identité de l'identité et de la différence ; donc l'universel concret est l'identité concrète, de sorte que c'est dans l'universel que le particulier s'enracine, et c'est comme identité de l'universel et du particulier qu'il est singulier ou existant. Cela dit, c'est le concept qui saisit l'universel, et c'est comme conception (intuitive) de soi, signifiée discursivement dans l'exposition systématique de nos concepts désignant l'être (ainsi dans l'exposition systématique de nos catégories), que l'être, universel absolu, se fait la perfection hypostatique de l'acte d'être.

Donc il y a, nécessairement, un concept de l'exister.

L'exister, c'est l'acte de l'essence ; c'est donc l'essence en tant qu'elle est en acte, l'essence en tant qu'elle est pleinement essence, c'est-à-dire pleinement *cause*, par là raison suffisante ou positionnelle de toutes les déterminations par lesquelles elle se fait conditionner pour être cette essence singulière existante, de sorte que l'essence en acte est l'essence en tant que réflexion, ou savoir d'elle-même. L'essence de l'exister est l'identité concrète de l'essence et du savoir ; notre raison finie désigne une telle essence de l'exister tel le passage à la limite, inobjectivable en vertu de la finitude de notre raison, d'un mouvement asymptotique d'identification, toujours successif pour notre raison finie, de réflexion sur soi de l'essence (elle est son objectivation) et de réflexion dans soi de cette essence (elle s'objective l'objectivation de soi qu'elle est, elle se réfléchit dans son processus). Que cette identification ne soit pas objectivable pour nous ne laisse pas une telle définition de l'exister de n'être pas apophatique. Il y a bien un concept de l'exister. On peut désigner, en montrant le caractère rationnel et conceptuel de cette désignation, le terme d'un processus asymptotique, terme qu'on se sait ne pouvoir s'objectiver mais qui révèle, par le fait qu'il consent à se faire désigner, son caractère en soi conceptuel et rationnel.

C'est pourquoi, s'il entend conjurer le destin kierkegaardien auquel le condamne objectivement son apophatisme de l'exister, le réalisme thomiste est en demeure d'accueillir le concept de réflexion substantielle comme principe d'achèvement de son hylémorphisme. Telle est la leçon à laquelle nous convie la provocation irrationaliste de Kierkegaard.

S'il est à jamais impossible de forger un concept de l'exister, on est confronté aux conséquences suivantes :

« Sens » a deux sens, intelligibilité et direction (ou finalité). Mais ces deux sens, d'une certaine façon, n'en sont qu'un, car le sens ou l'essence d'une chose est défini par sa finalité : l'essence du couteau est de couper, à tout le moins est-elle définie par rapport à la fonction qui est attendue de lui. Si donc l'intelligibilité d'une chose est inaccessible, sa finalité l'est aussi. Dès lors, si l'acte d'exister échappe à tout concept, il est sans finalité, ainsi sans raison d'être, de sorte qu'il devient strictement impossible de répondre à la question de Leibniz (*de Originatione radicali rerum*) reprise par Heidegger (*Introduction à la métaphysique*) : pourquoi y a-t-il quelque chose et non pas plutôt rien ? Or, sans réponse, une telle question fait conclure à l'esprit méditant que l'être se détache gratuitement sur fond de néant, qu'il est absurde. Mais, parce que rien n'est en dehors de l'être, fors le néant, si l'être est absurde, toutes les finalités qu'il enveloppe sont frappées d'absurdité. La vie humaine est sans raison, tel sera le diagnostic de la raison, et seule la foi aveugle pourra tirer l'homme de sa déréliction. Les thomistes et Bergson pourront toujours déclarer que cette question est une fausse question, que le néant n'est que privation d'être, qu'une privation est essentiellement relative à ce qu'elle conteste, que par là le néant présuppose l'être, et qu'il n'y a possibilité de néant qu'au sens relatif du terme, mais non point au sens absolu ; force est de leur répondre que toute privation présuppose ce dont elle est la privation (la cécité présuppose la vue), mais pour autant que ce dont elle est la privation *existe* : il y a des trous dans le gruyère, qui ne sont que par le gruyère dont ils sont les trous, mais, après qu'on a mangé une tranche de gruyère, il ne reste même plus les trous. Il y a du néant relatif seulement s'il y a de l'être : oui, mais pour autant qu'il y ait de l'être. S'il n'y a pas d'être du tout, il n'y a pas de néant relatif, en revanche il y a du néant absolu. Si l'existence humaine est sensée, il doit être possible de rendre raison du fait qu'il y a de l'être. Et parce que tout est de l'être, jusques et y compris le rendre raison de l'être, et la raison qui opère ce rendre raison, alors, si l'existence humaine est sensée, il doit être possible de faire se refléter, dans la pensée, l'acte à raison duquel l'être rend raison de lui-même, ainsi rend raison du fait qu'il est, et consiste dans cet acte même de rendre raison de soi ; or cela même suppose que le concept par quoi la raison s'empare de l'être ou le fait se réfléchir en elle, soit l'acte par lequel le concept d'être, c'est-à-dire l'être comme concept de lui-même, déduit de lui-même l'être dont il est le concept. On voit bien qu'il est illusoire, en rigueur, de justifier le fait d'exister, si l'apophatisme a gain de cause.

QUATORZIÈME DEVOIR
— dissertation —

Qu'attendons-nous de la technique ?

D'une manière générale, la technique, au sens propre, désigne l'art entendu comme vertu intellectuelle perfectionnant l'intellect dans l'ordre du faire (activité transitive). Ici, « technique » renvoie à la technique en son acception moderne, celle qui est mise en œuvre par les sociétés industrielles ; on entend par société industrielle une société qui se voue en masse — au point d'en faire sa finalité qui conditionnera son organisation interne, sa hiérarchie, la mentalité et le mode de vie de ses membres — au progrès matériel, c'est-à-dire à l'amélioration indéfinie des moyens de vivre. Sous ce rapport, il est clair que la technique moderne est problématique, puisque la mise en œuvre de ce qui se veut moyen oblige à lui conférer la valeur d'une fin, et cela revient à substituer le moyen de vivre à la fin de la vie, par là à oblitérer la vraie fin, au point d'en venir à subir mécaniquement une vie qui se déroule sans raison, de manière insensée ou absurde ; de surcroît, une telle vie, consentant à subir un progrès technique ayant raison de fin, en arrive à faire de l'homme le jouet d'un développement impersonnel qui se le subordonne ; on assiste alors à la concrétisation de ce paradoxe, selon lequel la technique, œuvre de l'homme n'existant que par lui, en vient à vivre de sa vie propre en faisant de l'homme son instrument, dans un renversement des rôles proprement inhumain.

On attend de la technique, communément, une libération des servitudes de la nature : cette dernière est hostile et/ou indifférente aux besoins des hommes ; elle ne leur livre pas, sans la médiation du travail, les conditions de leur survie. Il est inutile d'insister longtemps sur les ravages des ouragans, du froid, de la chaleur, sur les dangers des bêtes féroces, sur la stérilité des terres non cultivées, sur la présence des microbes, etc. En libérant l'homme des contraintes naturelles, la technique lui permet, en droit, de se livrer aux activités proprement humaines, qui relèvent de la spéculation désintéressée. Par la technique entendue comme ruse (ainsi que l'a souligné Hegel), l'homme, au lieu de travailler la nature, fait travailler la nature pour lui. Mais la technique semble obéir à une logique propre qui en vient à se subordonner les hommes au point d'être source de nouvelles servitudes. La technique suscite en effet des désirs qui relancent la technique (« Il n'y a pas de désirs corporels », dit Platon dans le *Philèbe*), elle devient la fin de la société de telle sorte que la recherche des moyens de vivre devient, comme on l'a vu, fin de la vie. Elle induit une focalisation des énergies qui en vient à oblitérer en l'homme sa vocation contemplative, elle détourne les désirs spirituels de leur fin. Finalisée par des biens matériels, elle appelle d'elle-même (quoique ce travers ne soit pas intrinsèque à la technique en tant que telle) une organisation productiviste du travail, qui fait que, comme le remarque Marx, le machinisme ne délivre pas l'homme du travail, mais délivre le travail de son intérêt, au point que la vie laborieuse devient abrutissante. De plus, l'homme n'est plus entouré que d'objets humanisés, de choses en lesquelles s'est cristallisée une intelligence humaine, et l'homme perd le sentiment de l'altérité, le monde qui l'entoure ne lui apprend plus rien d'essentiel, il ne féconde plus son intelligence puisqu'il ne lui parle que d'elle-même. On voit que la technique n'est pas « neutre », comme si elle était de soi indifférente aux fins auxquelles on la destine ; indépendamment des fins qu'on lui fait poursuivre, elle est gravide d'un pouvoir de conditionner l'homme au point de le faire ressembler aux machines et aux robots qu'il construit, le dénaturant par là. **Que doit être l'essence de la technique pour aliéner l'homme par l'acte même de le libérer ? Si la technique outrepasse dans les faits les finalités que l'homme dit lui assigner et qui devraient la limiter, n'est-ce pas qu'une finalité plus secrète anime les désirs de l'« *homo faber* » ? Que doit être la technique pour servir des fins vraiment humaines ?**

Dans un premier temps, on est invité, à distance d'une « verdurolâtrie » aujourd'hui très prisée, laquelle n'est que le cache-sexe d'un hédonisme matérialiste fort trivial, à insister sur le fait que la technique est libératrice ; elle dégage du temps libre, elle permet à l'homme de faire plus et mieux que de perdre sa vie en s'épuisant à survivre ; elle dispense l'homme de réduire à l'état d'esclave une partie de l'humanité pour que l'autre puisse vivre de manière humaine, constituée d'hommes libres, au sens antique du terme, comme cette condition sociale consacrant la vocation de l'homme à vivre selon son essence. En fait, même si l'esclavage fut jugé juste par Aristote, force est de se souvenir que même ceux qui étaient réduits à la condition d'esclaves étaient de même espèce que leurs maîtres ; un Épictète n'était pas moins humain que Marc Aurèle. La technique non seulement accroît la puissance de l'homme sur la nature, lui permettant de se poser en sujet face au monde, au lieu de rester objet des forces inhumaines de la nature cosmique ; elle lui permet de concrétiser sa vocation à être fin de l'univers matériel, et de reconnaître cette fin dans le statut conquis de maître et possesseur de la nature, pour parler comme Descartes ; la réduction cartésienne de la nature à un immense mécanisme, tout comme celle des animaux à des machines, a quelque chose de dérisoire, qui méconnaît la valeur spirituelle de l'ordre naturel en lequel l'homme a vocation à s'intégrer, mais aussi qui ignore cette prodigieuse œuvre d'art divin inscrite dans chaque réalité naturelle, à tel point que l'homme de la conception de Descartes s'interdit de discerner dans la contemplation de la nature la signature de son Auteur, la marque de ce dernier, de cette nature qui parle de Lui comme l'œuvre de l'artisan ; ce faisant, elle compromet la vocation de l'homme à voir au-delà de la nature mondaine, elle l'enferme dans une condition temporelle et mondaine précisément par prétention à faire de l'homme un manipulateur démiurgique de la nature réduite à sa dimension de matière prime, informe, comme si les seules formes dont cette matière pourrait être digne devaient éclore dans le cerveau des hommes. Néanmoins, quelque chose doit être retenu de la révolution cartésienne, qui n'est pas solidaire de son subjectivisme : la nature n'est pas divine, l'infini des espaces et des variétés végétales et animales ne suffit pas à égaler le moindre des esprits. De plus, au rebours de cette liberté stoïcienne tout intérieure consistant à maîtriser la seule chose qui soit réputée maîtrisable, la seule qui dépende de nous, à savoir la maîtrise des représentations, tout en plébiscitant le cours d'un monde supposé rationnel pour autant qu'on le regarde d'assez haut, l'exigence cartésienne invite l'homme à comprendre que l'intérieur n'est pas sans son extériorisation, à peine de se convertir en extérieur du fait que, comme intérieur unilatéralement, il est *extérieur* à l'extérieur. En tant que refuge dans l'intériorité, la souveraineté sur soi que prône le stoïcisme risque fort, comme souveraineté dans l'imaginaire, de se convertir en souveraineté imaginaire. Et le repli dans les délices capiteuses de la vie intérieure, rendant l'âme indifférente à la réalité de la vie extérieure, risque tout autant de susciter un scepticisme, ainsi que l'a montré Hegel dans sa *Phénoménologie de l'esprit* : « le réel m'est indifférent, seule ma pensée compte », en vient, dès lors que la pensée ne se peut assurer d'être dans le vrai qu'en faisant référence au réel qu'elle conteste, à se solder par le constat suivant : « ma pensée ne vaut rien, elle est à distance du vrai » ; si, en d'autres termes, l'être est l'être pensé (stoïcisme), l'être que la pensée pense n'est pas, mais par là c'est la pensée qui confesse sa vacuité et se réfugie dans la non-pensée (scepticisme), laquelle, d'indifférente à l'égard du réel, devient indifférente à l'égard d'elle-même et devient par là la proie du réel en son cours irrationnel et violent. Si donc l'intérieur n'est tel qu'en s'extériorisant, la liberté intérieure n'est réelle qu'en s'incarnant, et en s'incarnant dans la maîtrise de la nature que consacre le développement technique. Et la technique permet encore à l'homme de se mieux connaître (elle l'oblige à actualiser maintes potentialités de son intelligence) et de mieux connaître la nature : la technique précède la science, c'est le besoin technique qui suscite l'expérimentation scientifique ; si Carnot n'avait projeté de dérober à la perfide Albion sa domination des mers, le Second principe de la thermodynamique n'aurait pas vu le jour. En radicalisant ce point de vue, on en vient à la position marxiste qui, définissant l'homme comme travail, le conçoit tel cet animal qui se naturalise en humanisant la nature, qui se pose en s'opposant à elle, qui se donne sa nature et se crée. Même si cette doctrine est évidemment fausse, il reste que la technique favorise la socialisation en accroissant l'interdépendance.

Cela dit, la technique ne peut jamais produire que des biens matériels, lesquels, ainsi qu'on l'a vu plusieurs fois, sont divisibles et imparticipables ; la technique unifie le monde, elle ne l'unit pas.

Il est opportun, à ce stade de la réflexion, d'évoquer les leçons d'Hannah Arendt et de Bertrand Russell, qui tous deux, dans des optiques complémentaires, soulignent le caractère aliénant de la technique moderne.

« C'est l'avènement de l'automatisation qui, en quelques décennies, probablement videra les usines et libérera l'humanité de son fardeau le plus ancien et le plus naturel, le fardeau du travail, l'asservissement à la nécessité. (...) C'est une société de travailleurs que l'on va délivrer des chaînes du travail, et cette société ne sait plus rien des activités plus hautes et plus enrichissantes pour lesquelles il vaudrait la peine de gagner cette liberté. Dans cette société qui est égalitaire, car c'est ainsi que le travail fait vivre ensemble les hommes, il ne reste plus de classe, plus d'aristocratie politique ou spirituelle, qui puisse provoquer une restauration des autres facultés de l'homme. Même les présidents, les rois, les premiers ministres voient dans leurs fonctions des emplois nécessaires à la vie de la société, et parmi les intellectuels il ne reste que quelques solitaires pour considérer ce qu'ils font comme des œuvres et non comme des moyens de gagner leur vie. Ce que nous avons devant nous, c'est la perspective d'une société de travailleurs sans travail, c'est-à-dire privés de la seule activité qui leur reste. On ne peut rien imaginer de pire » (Hannah Arendt, *Condition de l'homme moderne*).

Paradoxalement, la suppression du travail, parce qu'elle est conduite par l'automatisation induite par l'hédonisme consumériste et une conception utilitariste du travail, supprime, avec le travail, les raisons en vertu desquelles il pouvait être légitime de s'émanciper du travail : le loisir studieux, l'activité théorétique, la vie politique (qu'Arendt tend à substituer à l'activité contemplative que privilégiait Aristote). L'homme conditionné par le fonctionnement des sociétés modernes (travailler pour vivre) ne sait plus vivre humainement sans travailler. Les nouveaux libérés ne savent plus que faire de leur liberté, ce qui est pire que la servitude (il faudrait apprendre à être « libre pour » et non « libre de »). Le but de leur vie se réduit à la recherche des moyens de vivre. Le fardeau du travail vaut mieux que l'oisiveté immorale, en tant que, si le travail est subordonné à la vie contemplative (ce qui n'a pas lieu avec l'automatisation), alors quelque chose des vertus de la contemplation se préfigure dans le travail traditionnel. Le travail a vocation à être dépassé (en tant qu'il est un fardeau) mais en tant qu'il doit être assumé (en tant qu'il est naturel), ce qui revient à dire qu'il doit être exercé, médiatement ou non, en vue d'activités désintéressées et contemplatives.

Il fut un temps où beaucoup travaillaient pour qu'une aristocratie spirituelle pût s'ordonner à une activité désintéressée. De plus, non automatisé, le travail était encore intéressant et en partie épanouissant (l'homme s'intéressait à ce qu'il faisait, il se reconnaissait dans son œuvre. Ce savoir spéculatif s'anticipait dans l'activité laborieuse de produire, parce que la production était tout entière politiquement ordonnée à la spéculation). L'automatisation compromet le but spéculatif de la vie humaine, parce que la recherche d'un bien commun consistant dans l'extraposition de l'âme humaine (ainsi une société inégalitaire assomptive de tous les degrés de perfection) *fait partie* de cet idéal spirituel. L'automatisation ne produit que du consumérisme et se résume dans le « *panem et circenses* » de Juvénal (mort en 130, *Satires* X). La société moderne est égalitaire, la hiérarchie est seulement quantitative (répartition inégale des moyens de jouir), tous les hommes sont égalisés par le bas dans une égale dépendance à l'égard des fonctions de production et des plaisirs sensibles. Dans les sociétés traditionnelles, il existait des activités exprimant un souci spirituel transcendant la simple satisfaction des besoins. Parce que le travail est un fardeau *naturel*, il a vocation à être dépassé en étant assumé. On n'atteint la liberté qu'en assumant la nécessité. L'automation prétend libérer de la nécessité, mais par là elle empêche d'atteindre la vraie liberté. Même les élites sont contaminées par le consumérisme, à part quelques individualités inactuelles et souvent déclassées. Par son opposition établie entre « œuvres » et « moyens de gagner leur vie » (4ᵉ phrase), Arendt entend montrer que la fonction est plus qu'un travail. Le travail est un moyen, l'œuvre est l'objectivation ou la cristallisation d'une activité noble exercée pour elle-même ; la fonction, c'est une vocation, une fin et non un moyen ; on gagnait sa vie pour travailler, parce que le travail était porteur d'un au-delà du travail : l'activité désintéressée, la production d'une œuvre d'art ; le travail traditionnel, quoique « fardeau » (« asservissement à la nécessité »), est virtuellement porteur d'un au-delà de lui-même, ainsi d'une valeur pédagogique et spirituelle ; **en se reconnaissant dans l'œuvre qu'il avait pensée, l'artisan entrevoyait la vocation de sa pensée à contempler l'univers philosophiquement, c'est-à-dire en tant qu'image de Celui qui le crée en le pensant, en y reflétant Ses Idées ; l'« *homo laborens* » de jadis comprenait le pouvoir pratique créateur des Idées en général en voyant les siennes forger des réalités ; c'est ce que voulait montrer Hegel dans sa description de la formation par le travail de la conscience servile, dans la fameuse dialectique de la maîtrise et de la servitude : le travail forme, l'esclave qui travaille accède à la vraie liberté avant le maître qui ne travaille pas, s'endort dans l'oisiveté de Sardanapale, et végète dans son abstraite singularité**. L'œuvre peut être voulue pour elle-même en tant que l'homme, à travers elle, souscrit au désir de se rendre adéquat à son essence ; l'homme s'accomplit dans l'acte de se faire instrument de l'œuvre à produire, il s'atteint en s'oubliant. Ce qui suppose que le faire ne soit pas seulement travail (utile), mais art (l'artisan était artiste, son œuvre servait un art de vivre s'inscrivant dans une certaine conception de la société, il se justifiait dans le service d'une tâche qui excédait sa singularité) ; cela suppose aussi que la société soit tout entière ordonnée à une fin désintéressée. Le travail est épanouissement si et seulement si il ne se réduit pas à un moyen de gagner sa vie, mais vise une fin qui vaut pour elle-même. La vraie fin de l'homme se définit comme suit : on existe pour connaître, parce que la plus haute forme d'existence est un acte de connaître. L'univers entier est une tendance (qui se satisfait dans l'homme) à se constituer comme un acte de connaître, c'est-à-dire à coïncider avec l'acte (divin) d'intellection dont l'univers lui-même est le produit. La société moderne est égalitaire par suite d'une disparition, consécutive à l'avènement de l'ère industrielle, de l'aristocratie spirituelle. Et c'est la pire des sociétés parce que les hommes qui la composent ne savent plus rien faire d'autre que travailler, ce sont des hommes qui se définissent par leur travail, lequel leur est ravi par suite des progrès techniques. Le travail traditionnel avait une valeur formatrice qui l'apparentait médiatement à la « *theoria* », et ainsi la technique moderne, en supprimant la condition sociale des esclaves, fait de tous les hommes des esclaves, en tant qu'elle leur ôte jusqu'à ce qui permettait aux esclaves de se rapporter médiatement à la vie spirituelle, ainsi proprement humaine, des hommes libres. On voudra bien comprendre, compte tenu de ce qui précède, quel sens il convient de reconnaître à l'apologie *fasciste* du travail : à toute distance de la conception marxiste, la conception fasciste fait du travail quelque chose de subordonné à l'activité contemplative. Elle ne subordonne ni l'agir au faire, ni la « *theoria* » à l'agir. Elle rappelle opportunément, en revanche, et contre une certaine conception du travail, traditionaliste et nostalgique, passablement adornée et au reste élaborée bien après la chute de l'Ancien Régime, que la noblesse de l'activité contemplative, quand cette dernière est incapable de s'anticiper dans la rugosité du travail manuel, dans la confrontation polémique avec le réel, dans la nécessité d'inventer des stratégies pratiques pour dominer la nature, risque fort de dégénérer en paresse, en passivité, en jouissance de privilèges sociaux indus, et en décadence sociale et morale.

Considérons à présent la leçon de Bertrand Russell.

« L'esprit typique moderne ne s'intéresse à rien de ce qui *est*, mais uniquement à ce que les choses *peuvent* et *doivent* devenir. De ce point de vue, ce ne sont pas les qualités intrinsèques des choses, mais leur usage possible qui constitue leurs caractéristiques importantes. Tout est instrument. Si vous demandez : instrument en vue de quoi ? On vous répondra que c'est un instrument pour fabriquer des instruments, avec lesquels on fabriquera des instruments encore plus puissants, et ainsi de suite à l'infini. En termes psychologiques cela veut dire que l'amour de la puissance a refoulé toutes les impulsions qui rendent la vie humaine complète. Amour, paternité, plaisir, beauté, tout cela a moins de valeur aux yeux de l'industrialiste moderne qu'ils n'en avaient pour les magnats princiers des temps passés. Manipuler et exploiter : telles sont les passions dominantes de l'industrialiste scientifique typique (...). Le pouvoir de faire changer la face du monde, pouvoir que possèdent les dirigeants des grosses affaires de nos jours, dépasse de loin celui que jamais des individus aient possédé dans le passé. Ils peuvent ne pas avoir la même liberté de couper des têtes que Néron (...) mais ils peuvent faire en sorte que les uns meurent de faim et que d'autres s'enrichissent, ils peuvent faire dévier le cours des fleuves et décréter la chute d'un gouvernement » (*L'Esprit scientifique et la science dans le monde moderne*, traduction Jankélévitch, J.B. Janin, 1947, p. 142-143).

QUATORZIÈME DEVOIR

La liberté humaine n'est plus pensée comme le pouvoir de se maîtriser en parvenant à la connaissance de soi et du monde, de son ordre en lequel l'homme avait vocation à s'intégrer. Elle est devenue le pouvoir de transformer le monde réduit à un réservoir d'énergie ; le monde n'intéresse l'homme que pour ce que ce dernier peut en faire ; ou encore l'homme se veut extérieur au monde, il rapporte le monde à lui, le monde entier est devenu instrument ; on substitue, à l'amour désintéressé de connaître et au souci d'être ce qu'on doit être, l'amour pathologique du faire et de l'avoir. Il n'y a plus d'ordre à découvrir (lequel renvoyait à un au-delà du monde), il y a seulement une matière à transformer. D'« *homo sapiens* », l'homme est devenu « *homo faber* ». La science (le savoir en général) n'est plus voulue pour elle-même, elle n'est exercée que comme instrument de la technique. Lorsque l'auteur parle de manipulation, il s'agit de manipulation et d'exploitation de la nature, non de l'homme, la seconde exploitation n'en est qu'une conséquence indirecte ; c'est la passion du pouvoir (l'amour de la puissance) qui est à l'origine de la technique moderne. La condition humaine devient absurde : la recherche indéfinie des moyens s'est substituée à celle des fins, et c'est alors la liberté qui est devenue vaine. De plus, s'étant réduit à son faire pour se soustraire au magistère de son être (sa nature), l'homme ne peut plus cesser de faire, à peine de cesser d'être. Le refus d'aimer, comme son meilleur bien, un bien auquel on est rapporté (amour, paternité, beauté, et même plaisirs nobles : autant de biens qui élèvent ceux qui les appètent), c'est-à-dire le refus de l'abnégation, implique une recherche indéfinie des biens que l'on rapporte à soi, c'est-à-dire des moyens, et cette recherche est infinie en tant qu'elle se substitue à celle des fins, et elle se substitue à celle des fins puisque c'est l'homme qui est devenu sa propre fin (l'homme n'a plus de fin, puisqu'il est fin : il se fait l'esclave d'une volonté de puissance exercée sur le monde, en se prenant pour fin, une fin qui le mène il ne sait où), d'où cette nouvelle conception de la liberté (acte pour la liberté de se donner un contenu) : si l'homme est fin, il est parfait, il n'a plus à se perfectionner moralement, sa liberté devient passion du pouvoir voulu pour lui-même, et ce pouvoir voulu pour lui-même s'éprouve comme transformation de la nature. C'est là le corrélat de la satisfaction indéfinie des désirs particuliers que la liberté suscite pour se donner de s'éprouver en eux, d'éprouver son pouvoir en eux ; en fait c'est la conscience confuse de l'absurdité de la vie qui fait relancer les désirs pour que l'homme ait une fin sans cesser d'être à lui-même sa propre fin : ce qui est à soi-même sa propre fin (et Dieu seul est dans ce cas), n'est pas absurde parce qu'il ne manque de rien, pas même de l'expérience du fait même de manquer, afin d'éclipser sa puissance sans la perdre, pour s'introniser maître absolu de sa puissance et absolutiser cette dernière par ce fait même : « *non coerceri maximo, contineri tamen a minimo, divinum est* ». Ce faisant, la puissance absolue ou divine est don de soi-même à soi-même, surabondance épanchant son trop-plein à l'intérieur de soi, mais par là elle est sa raison d'être, elle est l'éternel rendre raison de soi. Mais ce qui se veut sa propre fin sans être puissance absolue est incapable de rendre raison de soi, de se satisfaire de soi-même, et c'est pourquoi, n'ayant pas de finalité, il est absurde. Et l'unique manière dont dispose le révolté pour se masquer son absurdité, c'est d'entretenir son désir pour se proposer comme fin crédible de le satisfaire sans cesse. Tel est le secret de la pulsion hédoniste. On substitue l'ornement du bien au bien, la recherche du plaisir à la recherche du bien. Mais c'est le subjectivisme qui inspire l'hubris matérialiste du consumérisme. En se réduisant à être l'instrument d'une technique impersonnelle dont il est pourtant l'auteur, l'homme révolté instaure les conditions de réalisation du stratagème ci-dessus évoqué : se donner des raisons de vivre sans cesser de vouloir être pour soi-même sa propre fin. Et c'est pourquoi il supporte si bien, en dernier ressort, même s'il geint pour la forme, les retombées négatives du « progrès » matériel. On voit là la profonde mauvaise foi de l'écologisme contemporain, qui était déjà celle de Jean-Jacques Rousseau en son apologie austère de frugalité spartiate : prétendre à se soustraire aux effets destructeurs et déshumanisants d'une technique désordonnée et indéfinie, sans cesser d'être subjectiviste, alors que la manière privilégiée de concrétiser son subjectivisme est, par le moyen du développement technique effréné, de se livrer à l'appétit de puissance sans fin (âme tyrannique), générateur de cette ivresse du pouvoir où se célèbre l'illimitation d'un Moi se nourrissant de sa propre contemplation, en faisant se confirmer cette toute-puissance par l'inflation (âme érotique, envers de la première) des plaisirs sensibles, essentiellement réitérables.

Cette liberté devenue passion du pouvoir, qu'évoque Russell, n'est plus intérieure, elle est tout investie à l'extérieur, elle devient passion de dominer le monde. Mais il est alors impossible de viser un bien politique, c'est-à-dire un bien commun, lequel a pour essence de réguler et de finaliser la recherche des biens particuliers, et si l'homme est sa fin, il n'a plus de bien commun comme fin ; d'où le pouvoir illimité des industriels, qui se substituent aux politiques. La toute-puissance des industriels ne vient pas d'abord du désir d'exploiter le prolétariat, mais du fait que, *en tout le monde, prolétariat compris,* la liberté s'est prise pour fin, et ainsi la passion du pouvoir pour le pouvoir s'est prise pour fin. Le subjectivisme est cause *et* de l'industrialisme, *et* de l'esprit démocratique ou égalitaire. Et c'est pourquoi la liberté démocratique ne peut pas ne pas se consommer dans la dictature des industriels. De plus, par l'industrialisation, l'homme devient dépendant de l'homme plus que jamais. La plèbe reconnaît, dans la dictature des industriels, l'expression de sa propre souveraineté.

Pour la plupart de nos contemporains, il n'y aurait qu'une différence de degré et non une différence de nature entre la technique moderne et la technique traditionnelle. La technique moderne serait « neutre », indifférente, de soi, aux finalités que l'homme peut lui prescrire, et elle se contenterait de prolonger un effort ancestral en accumulant l'expérience et les savoirs de nos ancêtres. L'auteur entend ici nous montrer qu'il n'en est rien, qu'il existe une différence de nature entre la technique traditionnelle et la technique moderne, et cela, précisément, parce que la technique en général n'est pas « neutre ». Son inflation contemporaine révèle une différence qualitative entre elle et la technique traditionnelle, différence induite par un changement substantiel de finalité. L'auteur, en dressant un constat pessimiste à propos du monde moderne, souligne les relations logiques nécessaires, quoique voilées, entre développement technique, psychologie collective, structures sociales et philosophie de la vie. Tels sont les rapports de causalité dont la mise en évidence permet d'expliciter le sens de la réponse que Russell apporte au problème suivant : que doit être l'essence de la technique moderne pour que cette entreprise révolutionnaire, qui se veut un acte de libération, en vienne à se révéler telle une opération sans pareille d'asservissement des hommes et des sociétés ? Ce qui caractérise l'esprit moderne, c'est qu'il ne s'agit plus d'un esprit contemplatif, mais d'un esprit prométhéen ou pratique. Il ne s'agit plus de connaître le monde et de l'aménager pour s'intégrer dans son ordre, mais de le transformer pour le refaire au gré de la volonté de puissance infinie de l'homme supposé créateur d'ordre. L'univers est désormais réduit à un réservoir d'énergie manipulable, destiné à satisfaire les désirs de l'homme, non au sens où la technique serait un instrument de ces désirs, mais au sens où la puissance de la technique, suscitée par les désirs sensibles, n'est que l'expression d'une volonté de puissance voulue pour elle-même. Au fond, de statut d'instrument, la technique s'est mise à devenir fin, expressive d'une volonté se prenant pour fin. Si le progrès technique est en général corrélatif, dans l'ordre politique, d'avancées formellement démocratiques, il est en vérité le résultat d'une mentalité s'actualisant dans l'exercice de pouvoirs fort peu démocratiques : les grands industriels, relayés par les grands financiers, sont les vrais maîtres de la planète, et ils se jouent de la puissance délibérante qu'ils manipulent au gré de leurs intérêts.

La réalité naturelle n'a plus de sens, il n'y a plus de finalité dans la nature, les choses n'ont d'intérêt qu'au titre d'élément d'un tout à construire ; par là, implicitement, il n'y a plus de nature des choses, plus d'ordre naturel parce qu'il n'y a plus d'Auteur de la nature pour le penser ; l'homme moderne est athée, il est son propre démiurge, il est créateur du sens du monde et de la vie.

Tout est instrument : le monde n'est plus un cosmos, il est réduit à une matière en vue d'exalter la volonté de puissance organisatrice s'appliquant à utiliser ces instruments, ce qui engendre une perte qualitative considérable de qualité humaine, l'homme moderne est un monstre, un homme tronqué, sa frénésie technicienne a dévoré tout ce qui ne relevait pas, en l'homme, de l'ordre de l'avoir et du faire, tout ce qui relevait de l'ordre de l'être et du connaître. Pour s'être insurgé contre toutes les dépendances ontologiques attestant sa finitude (à l'égard d'un ordre des choses, à l'égard de Dieu, d'une finalité transcendante), pour avoir maximisé sa liberté en l'identifiant à une libération, à une émancipation de toutes les limites naturelles, l'homme s'est réduit lui-même à une machine sans âme. C'est que, en effet, la condition de la créature est d'être telle que ce qui la limite à n'être que ce qu'elle est, est aussi ce qui lui donne d'être quelque chose : être, c'est être quelque chose de déterminé, refuser sa limite est au fond choisir, dans un délire nihiliste, le non-être, entendu tel l'envers de l'être absolu que la créature n'est pas et que, devenue orgueilleuse, elle aspire secrètement, voire inconsciemment, à être. La leçon de Russell, peut-être inconsciente à ses propres yeux, c'est que la technique moderne inflationniste est l'expression d'un désir suicidaire d'être Dieu.

Tout ce qui faisait le charme de la vie, tout ce qui attestait l'existence d'un sens et d'un ordre du monde conjurant le caractère insensé ou absurde du monde moderne désaxé, tout cela a disparu depuis que l'homme s'est pris pour fin, sortant de son axe propre, se faisant l'axe du monde que par là il désaxe. L'homme n'est pas pour lui-même sa propre fin ; il trouve, en droit sinon en fait, son équilibre dans le service d'un bien auquel il est rapporté et qui le précède : l'amour véritable est amour de bienveillance, et l'amour est rendu impossible dans le monde moderne. Il en est de même pour le service de la beauté : l'art véritable est mort. Il n'est pas jusqu'au plaisir qui ne soit atrophié, parce que le plaisir pris pour fin se détruit lui-même, dès lors qu'il est par nature, selon le mot d'Aristote, « ce qui s'ajoute à l'acte comme à la jeunesse sa fleur », d'où l'inflation dans la recherche quantitative et artificielle du plaisir parce que la qualité du plaisir dépérit. Ce qui nous donne l'occasion de proposer une explication, implicite dans le texte, du rapport entre hédonisme et subjectivisme, recherche du plaisir et volonté de puissance. Il n'appartient d'être réflexif qu'à un appétit spirituel, or les plaisirs sensibles ne sont pas spirituels, donc, s'ils sont réflexifs, c'est qu'un appétit spirituel — la volonté se faisant volonté de puissance — s'investit et s'anticipe en eux.

Dans la dernière partie du texte de Russell nous est dévoilée la logique qui prévaut, politiquement, dans le passage de la société traditionnelle à la société industrialiste. Jadis, l'homme se proposait de découvrir l'ordre du monde, par une réflexion philosophique et religieuse, afin de s'intégrer en lui et, au terme, de jouir d'une béatitude spéculative. Par là, l'homme découvrait un ordre hiérarchique des êtres et des biens, ordre qu'il transcrivait dans l'organisation sociale, qui n'était pas égalitaire précisément parce qu'elle était organique. À partir du moment où l'homme en vient à se prendre pour fin, à s'absolutiser, alors il ne tolère politiquement que l'égalité, d'où les aspirations démocratiques. Mais la liberté absolue équivaut au vide absolu : je suis libre de tout, de toute limite, de toute détermination, je suis capable de me donner mon être, je suis un néant créateur se donnant son être célébrant sa puissance dans l'être qu'il se donne, qu'il a désormais, et qu'il conquiert dans la transformation indéfinie du monde. Or cet appétit de puissance dominatrice exercée sur le monde suppose lui-même, pour être efficace, une organisation, une concentration des pouvoirs, d'où la puissance illimitée des industriels et des financiers qui court-circuitent et même qui manipulent, par le biais du contrôle de l'opinion, les pouvoirs politiques eux-mêmes réduits à une scène de théâtre, à la caution démocratique d'un pouvoir réel qui ne l'est pas. Ce n'est pas à dire que la démocratie serait trahie : la société industrielle ne fonctionne qu'avec l'aval, le consentement au moins tacite de la multitude trop heureuse de jouir dans sa chair et d'oublier ses devoirs moraux. La multitude reconnaît bon gré mal gré (témoin ce refus catégorique d'en revenir à une société d'ordre), dans la puissance des nouvelles élites qui souvent la broient, l'expression de sa propre souveraineté. Ce qu'il faut comprendre, c'est que le régime démocratique n'est possible concrètement qu'en se donnant une élite non démocratique inavouée, et tel est le fameux « Législateur » de Rousseau. Aujourd'hui, ce sont les médiats eux-mêmes dirigés par des puissances obscures, puissances idéologiques et puissances d'argent. Il est quelque peu étonnant, voire déroutant, que cet anarchiste individualiste que fut Russell, partisan de l'union libre et hostile aux « tabous sexuels », violemment antireligieux, pour qui le rôle de la philosophie devait se limiter à apprendre à vivre sans certitudes, ait pu, en dépit du subjectivisme inspirant tous ses engagements, manifester une telle lucidité à propos de la société industrielle, qui à certains égards, préfigure certains aspects de la critique heideggérienne de la technique : en évoquant le Rhin muré dans la centrale électrique, ou la nature réduite à un élément de la chaîne agro-alimentaire, Heidegger montre bien que l'inversion du rapport de l'homme à la nature met l'homme en état de conflit avec lui-même. Il se rend insurgé contre lui-même puisqu'il devient incapable, en réduisant la nature à un réservoir d'énergies, de se poser, à partir de la nature, la question de l'être, qui suppose une attitude méditante, une disponibilité de l'esprit, une recherche des causes premières afin de les contempler, une recherche du sens des choses et du monde en étant attentif à leur raison, à l'opposé de la convoitise de mettre les choses à la raison, de les arraisonner ; ainsi devient-il incapable de philosopher, et par là il perd son humanité. Heidegger aurait pu, aujourd'hui, dénoncer la valeur symbolique des satellites, ces formidables machines de fer enserrant la Terre entière dans leurs griffes en la violentant de leurs yeux inquisitoriaux et avides : par le moyen de tels engins, et par-delà les avantages qu'elle confesse en attendre, l'humanité se mire, s'affirme digne d'être observée jusque dans ses moindres recoins, engendre un objet qu'elle dote du pouvoir de se faire le sujet de contemplation d'elle-même ; en eux, elle s'objective comme sujet, elle s'objective dans ce qui l'objective, elle se fait sujet-objet et Pensée de Pensée, elle se confère la forme substitutive caricaturale et infernale d'une vie trinitaire à laquelle, en tant que déifiée, elle prétend.

Puisque le plaidoyer liminaire en faveur de la technique moderne s'est révélé être un échec, on est invité à se demander si la technique ne serait pas, dans son essence même, profondément antinaturelle, et substantiellement aliénante. Tel est le diagnostic d'un Jean-Jacques Rousseau dont la position est sommairement résumée (mais cela suffit ici à notre propos) par la fiche que Wikipédia consacre au *Discours sur les sciences et les arts* :

> « "On ne peut réfléchir sur les mœurs, qu'on ne se plaise à se rappeler l'image de la simplicité des premiers temps. C'est un beau rivage, paré des seules mains de la nature, vers lequel on tourne incessamment les yeux, et dont on se sent éloigner à regret. Quand les hommes innocents et vertueux aimaient à avoir les dieux pour témoins de leurs actions, ils habitaient ensemble sous les mêmes cabanes." Mais : "Nos âmes se sont corrompues à mesure que nos sciences et nos arts se sont avancés à la perfection. (...) On a vu la vertu s'enfuir à mesure que leur lumière s'élevait sur notre horizon, et le même phénomène s'est observé dans tous les temps et dans tous les lieux." Selon Rousseau, les sciences et les arts n'ont fait que corrompre les mœurs et camoufler le joug des tyrans en

occupant les hommes à des futilités et leur faisant oublier leur servitude. En effet "les sciences, les lettres et les arts étendent des guirlandes de fleurs sur les chaînes de fer dont les hommes sont chargés, étouffent en eux le sentiment de cette liberté originelle pour laquelle ils semblaient être nés, leur font aimer leur esclavage et en forment ce qu'on appelle des peuples policés". La multiplication des commodités de la vie, le perfectionnement des arts firent s'évanouir les vertus militaires. "Si la culture des sciences est nuisible aux qualités guerrières, elle l'est encore plus aux qualités morales. C'est dès nos premières années qu'une éducation insensée orne notre esprit et corrompt notre jugement. Je vois de toutes parts des établissements immenses, où l'on élève à grands frais la jeunesse pour lui apprendre toutes choses, excepté ses devoirs." Contre le savoir corrupteur des sciences, des lettres et des arts, Rousseau valorise l'ignorance et la simplicité vertueuse. Il attaque le raffinement et l'affinement des hommes habitués aux sciences et aux arts, et leur oppose une image d'hommes vigoureux et guerriers. »

La technique, dans cette perspective, doit être tenue pour intrinsèquement mauvaise, l'hubris est telle que la technique ne peut pas ne pas en venir à polluer la planète, l'homme devient prométhéen, l'inégalité (quantitative, donc abstraite) devient démesurée puisque la technique maximise les forces et différences individuelles ; nous attendons de la technique qu'elle nous donne ce que par définition elle ne peut pas nous donner (la paix de l'âme), puisqu'elle inaugure ce processus infernal selon lequel la technique répond aux appétits sans fin qui la suscitent, mais que les succès de la technique relancent indéfiniment, dans une complexification sans limite de la vie humaine ; ce qui est finalisé est mesuré par la fin qu'il sert, ce qui est illimité est pour soi-même sa fin ; si la technique est douée du pouvoir de nourrir ses exigences de ses progrès mêmes, c'est qu'elle est devenue une fin en soi, et c'est l'homme qui est devenu son esclave, elle est tel un Golem échappant à ses maîtres. La perfectibilité, caractère propre de l'homme selon Rousseau, est plus le principe d'une dépravation de sa nature originelle que d'un progrès, et, si elle doit être elle-même tenue pour naturelle, c'est qu'une telle nature humaine, foncièrement contradictoire, est structurellement insurgée contre elle-même ; c'est donc qu'un ferment de démesure est comme consubstantiel à l'homme en tant qu'homme qui, de ce fait, s'il entend conjurer sa congénitale tendance à faire de lui-même un monstre inhumain, est en demeure de se maintenir à un stade pré-humain. Pour cette raison, il faut revenir à une vie primitive où l'émergence de l'homme atteste encore abondamment son origine animale, et demeure encore prise en la condition instinctive de cette dernière, sans quoi, aussitôt qu'il donne congé à sa vie sensitive et statique, il enclenche le processus, tissé d'historicité, qui le fait se détruire en s'opposant à soi puisque, aussi bien, c'est cette opposition à soi qui le définit ; l'homme est une anomalie dans la nature, non la promesse d'un dépassement spirituel de la nature cosmique, mais la retombée tératologique d'un effort avorté, mené par la nature, de se soustraire — sans en avoir les moyens — à la fatalité de la réitération du même ; aussi doit-il garder la mémoire de ce qu'il est, avoir la sagesse de demeurer en-deçà de lui-même s'il entend ne pas se défaire en devenant lui-même, car devenir ce qu'il est, c'est déjà être au-delà de soi. Qui peut dire qu'il existe une limite au progrès humain ?

Selon quels critères définir cette limite ? Et est-elle seulement susceptible d'être respectée ? Le hongrois Dennis Gabor, Prix Nobel de Physique, se plaisait à dire que tout ce qui est techniquement possible se fera un jour, tôt ou tard, quelque soucieux que l'homme soit de se conformer à un idéal moral coercitif. Est techniquement possible ce qui est révélé faisable par la science théorique. Il existe depuis toujours une compétition entre les hommes, et entre les grands groupes humains, parce que chaque peuple particulier est porteur d'une culture ou vision du monde déterminée, à prétention universelle en tant que culturelle : ne relève véritablement de la culture que ce qui se veut l'expression réfléchie adéquate de ce que veut la nature humaine, or cette dernière est tout entière quoique non totalement en chaque homme et en chaque ethnie ; aussi chaque peuple est-il spontanément et invinciblement habité par le souci d'authentifier la portée universelle de sa culture propre, ainsi l'authenticité du caractère culturel de sa manière historique d'être humain, et il n'a d'autre moyen, pour ce faire, que celui de tenter d'imposer sa culture au monde entier, ainsi de la faire reconnaître — au sens hégélien de l'« *Anerkennung* » finalisant la dialectique de la maîtrise et de la servitude —, de gré ou de force. Dès lors que l'homme ne nourrit son humanité qu'en consentant à la compétition, il ne peut souffrir qu'un autre dispose d'un pouvoir dont il pourrait être privé ; si tel peuple peut accéder à telle technique, il sera comme contraint de l'adopter, pour cette simple raison qu'il redoutera qu'un autre ne le fasse à sa place. Cette ascension aux extrêmes, impersonnelle, indépendante des mobiles des uns et des autres, fait que le progrès technique est inévitable et littéralement infini. Or il a été vu que la technique est tel un Golem formidable dont le destin est de se retourner contre ses auteurs en se les subordonnant. Puis donc que l'humanité dans l'homme est actualisée dans, par et comme la culture qu'il se donne ; que cette dernière est indissociable d'une instance polémique enjoignant à l'homme d'accéder en toute chose à cette situation de force par rapport à autrui, génératrice de progrès technique sans fin, c'est que l'homme ne peut conjurer l'ensorcellement mortifère du progrès technique qu'en se cantonnant dans une manière d'être humainement embryonnaire. Entre le Bon Sauvage et l'horreur transhumaniste, il n'y a pas de moyen terme. Tout se passe comme s'il y avait une espèce d'anacyclose du progrès technique, transcendant les anacycloses historiques qu'elle se subordonne, et scandée par le rythme infernal des tragédies antiques où c'est en essayant de conjurer le destin que le héros malheureux l'accomplit : l'homme est issu du chaos, et c'est en s'efforçant à se donner les moyens de n'y jamais retourner — ainsi en s'efforçant à substituer une temporalité linéaire (inspirée par l'Idée régulatrice du Progrès) à une temporalité cyclique — qu'il assure la victoire de la seconde, l'Éternel Retour du Même :

> « D'un point de vue proprement métaphysique le progrès technique des sociétés modernes peut apparaître comme une sorte de rechute. La nature dans sa merveilleuse organisation, dans sa diversité complexe, est la manifestation splendide de *l'information* (au sens aristotélicien). Or la progression technique la ramène fatalement vers son passé oublié de matérialité élémentaire. L'histoire de l'univers est pour ainsi dire l'information

graduelle de la matière : dans la naissance des galaxies au niveau cosmique, dans l'évolution des espèces au niveau de notre propre planète. Quant à l'expansion industrielle, elle retourne l'aiguille de l'horloge et va dépouillant la matière de son réseau de formes chèrement acquis. La nature, jusqu'alors respectée et vénérée, conçue comme une grande autonomie vivante, devient de plus en plus malléable : elle se rapproche, pour tout dire, des conditions de la *materia prima*. Et la matière première n'est pas à comprendre comme une simple potentialité neutre mais plutôt comme une puissance active de déstructuration (…), une hostilité violente à tout ordre. Cette puissance maléfique que les Anciens ont discernée cachée au sein de la matière, organisée et jugulée par la forme, l'homme moderne l'a pour ainsi dire réveillée et déchaînée. Ce réveil progressif atteint son paroxysme dans la fission nucléaire, au cœur sans formes de la matière » (Miklos Vetö, « La Piété et la Patience : Une apologie de l'extériorité », in *Revue de métaphysique et de morale*, avril-juin 1982, p. 159-160).

Une illustration certes très analogique, et anodine mais parlante, du processus qui vient d'être évoqué, peut être trouvée dans l'invasion victorieuse — du jazz au rap — de la musique Nègre, de ses rythmes saccadés et syncopés, qui rencontre, évidemment sans relation de cause à effet, les rythmes répétitifs des machines, les vrombissements des moteurs, les bruits caractéristiques des dispositifs d'automatisation innombrables qui tissent la vie quotidienne de l'homme contemporain ; ce dernier s'est psychologiquement fait coloniser par la négritude, parce que, conditionné par l'environnement des machines dont il est l'auteur, il s'est mis à leur ressembler, respirant selon leur pulsation mécanique, et s'est au fond reconnu en cette négritude. Tout se passe comme si le terme de l'évolution occidentale rejoignait l'humble origine de l'humanité. L'homme est donc voué à ne s'arracher à la nature que pour y retourner, à y échouer après une série colossale d'efforts et d'espoirs aussi fous qu'avortés. Mais tel est le triste destin de Sisyphe, père supposé d'Ulysse aux mille ruses stériles : dans ces conditions, autant se dispenser de se fatiguer à chercher ici-bas une perfection et une immortalité qu'on sait inaccessibles ; autant se contenter d'émerger de la nature et d'en rester à ce moment d'émergence. Dans un contexte chrétien qui sait que la vie terrestre est une vallée de larmes, un moment de lutte tissé de souffrance méritoire en vue du Ciel, cette parcimonie prudente prend, semble-t-il, son sens, et trouve sa réalisation historique dans l'apogée de la chrétienté, le monde médiéval, où l'homme n'habitait la Terre que pour y contempler les symboles de l'autre Monde, où il n'était question d'autre progrès que celui, spirituel, de l'élévation surnaturelle.

Qu'imaginer Sisyphe heureux relève non tant d'une superbe diabolique que du goût du paradoxe propre au parisianisme, du mot d'esprit spécieux vaniteusement paré des oripeaux de la tragédie, certes. Cela dit, maintenir l'humanité dans un état de dépendance passive à l'égard des caprices d'une nature hostile dont tous les soubresauts ravageurs devraient relever des décrets providentiels, où l'intromission de la grâce devrait avoir pour condition l'inachèvement du processus à raison duquel l'homme se reconnaît seigneur de la nature, c'est là une attitude qui relève du surnaturalisme. C'est oublier que la grâce ne détruit pas la nature mais la perfectionne jusque dans son ordre propre. C'est choisir de rester enfant malpropre par crainte de devenir l'adulte capable de se damner. C'est là peut-être que l'adage nietzschéen « il faut vivre dangereusement » (*Le Gai Savoir*, § 283) est le plus susceptible de contracter une résonance catholique, s'il est vrai que le vrai catholicisme est antisurnaturaliste. On ne saurait écarter d'un revers de main dédaigneux le discours bien peu spéculatif, fort unilatéral mais non dénué d'un certain bon sens d'un John Stuart Mill :

> « Si le cours naturel des choses était parfaitement bon et satisfaisant, toute action serait une ingérence inutile qui, ne pouvant améliorer les choses, ne pourrait que les rendre pires. Ou, si tant est qu'une action puisse être justifiée, ce serait uniquement quand elle obéit directement aux instincts, puisqu'on pourrait éventuellement considérer qu'ils font partie de l'ordre spontané de la nature ; mais tout ce qu'on ferait de façon préméditée et intentionnelle serait une violation de cet ordre parfait. Si l'artificiel ne vaut pas mieux que le naturel, à quoi servent les arts de la vie ? Bêcher, labourer, bâtir, porter des vêtements sont des infractions directes au commandement de suivre la nature.
>
> « (…) Tout le monde déclare approuver et admirer de grandes victoires de l'art sur la nature ; joindre par des ponts des rives que la nature avait séparées, assécher des marais naturels, creuser des puits, amener à la lumière du jour ce que la nature avait enfoui à des profondeurs immenses dans la terre, détourner sa foudre par des paratonnerres, ses inondations par des digues, son océan par des jetées. Mais louer ces exploits et d'autres similaires, c'est admettre qu'il faut soumettre les voies de la nature et non pas leur obéir ; c'est reconnaître que les puissances de la nature sont souvent en position d'ennemi face à l'homme, qui doit user de force et d'ingéniosité afin de lui arracher pour son propre usage le peu dont il est capable, et c'est avouer que l'homme mérite d'être applaudi quand ce peu qu'il obtient dépasse ce qu'on pouvait espérer de sa faiblesse physique comparée à ces forces gigantesques. Tout éloge de la civilisation, de l'art ou de l'invention revient à critiquer la nature, à admettre qu'elle comporte des imperfections, et que la tâche et le mérite de l'homme sont de chercher en permanence à les corriger ou les atténuer » (*La Nature ; Three Essays on Religion, Nature, Utility of Religion, Theism*, 1874).

Qu'il soit dans la vocation naturelle du lion de dévorer l'antilope, et dans celui de l'antilope d'être dévorée par lui, cela ne laisse pas l'antilope de fuir tout aussi naturellement le prédateur avec la dernière énergie, voire de lutter contre lui autant que faire se peut, protégeant en particulier ses petits avec toutes les forces et toutes les ruses dont elle dispose. Qu'il soit naturel à l'homme de mourir, ainsi antinaturel d'aspirer à une sempiternité terrestre qui serait le substitut misérable de l'éternité, cela n'enjoint pas à l'homme de se laisser détruire par le froid, la chaleur, les bactéries, les microbes et prédateurs de toutes espèces. Et si la technique est le moyen requis pour se sauver des maux physiques menaçant sa vie, il est dans l'ordre qu'il développe des techniques toujours plus appropriées à la fin qui leur est assignée de dominer la nature afin de limiter, autant que possible, son hostilité.

Certes, Stuart Mill conteste ici, au moins implicitement, l'idée même d'ordre naturel et de nature humaine. L'homme, en tant que liberté et raison, est un étranger dans une nature hostile, inadéquate à lui, et de ce fait l'ordre qui régit cette nature est en droit contestable, et en fait il est contesté par la culture, en particulier par la technique. On ne saurait, pour Mill, tenir avec Aristote que la nature ne fait rien en vain, et affirmer avec les Stoïciens qu'il faut suivre la nature en toute chose. Le vrai devoir de l'homme serait de transformer la nature. Sa vraie dignité serait celle de Prométhée : son intelligence se manifeste comme antithèse de sa faiblesse physique. Il est bien question d'artificiel et d'infraction, de violence et de viol, ainsi de conflit entre l'homme et la nature, et sous ce rapport l'homme est antinaturel.

Stuart Mill se plaît à réfuter la thèse convenue selon laquelle la nature serait parfaite et, étant parfaite, n'aurait nul besoin d'être modifiée. La manière pour Stuart Mill d'exclure l'initiative humaine dans l'hypothèse où la nature serait un ordre parfait revient à supposer que la nature de l'homme (ce qu'il y a de naturel en lui) se réduit à ses instincts (donné biologique ou animal), de sorte que la raison, l'intelligence et la liberté seraient antinaturelles. L'esprit de l'homme est, par essence, antinaturel, et il est nécessairement pratique : si l'intelligence et la volonté sont contre nature, elles se posent en s'opposant, elles sont relatives à ce qu'elles contestent et, parce que ce qu'elles contestent est d'ordre physique, alors elles sont essentiellement pratiques. Ainsi la nature universelle ne serait-elle pas, pour Stuart Mill, un ordre humain : sa finalité n'est pas l'homme, ce dernier est comme jeté dans un univers hostile et non préparé pour recevoir l'homme ; ce dernier surgit par hasard, et c'est lui qui donne un sens au monde.

En vérité, et à distance de ce qu'il y a d'unilatéral dans le constat sommaire de Stuart Mill, il est dans la nature de l'homme d'être technicien, et cette nature humaine assume en le dépassant l'ordre extérieur. L'homme est livré à lui-même et invité à coopérer à l'achèvement de lui-même, comme l'établit Aristote, en son éloge de la main :

« Ce n'est pas parce qu'il a des mains que l'homme est le plus intelligent des êtres, mais parce qu'il est le plus intelligent des êtres qu'il a des mains. En effet, l'être le plus intelligent est celui qui est capable de bien utiliser le plus grand nombre d'outils : or, la main semble bien être non pas un outil, mais plusieurs. Car elle est pour ainsi dire un outil qui tient lieu des autres. C'est donc à l'être capable d'acquérir le plus grand nombre de techniques que la nature a donné de loin l'outil le plus utile, la main. Aussi ceux qui disent que l'homme n'est pas bien constitué et qu'il est le moins bien partagé des animaux (parce que dit-on, il est sans chaussures, il est nu et n'a pas d'armes pour combattre) sont dans l'erreur. Car les autres animaux n'ont chacun qu'un seul moyen de défense et il ne leur est pas possible de le changer pour un autre, mais ils sont forcés, pour ainsi dire, de garder leurs chaussures pour dormir et pour faire n'importe quoi d'autre, et ne doivent jamais déposer l'armure qu'ils ont autour de leur corps ni changer l'arme qu'ils ont reçue en partage. L'homme au contraire, possède de nombreux moyens de défense, et il lui est toujours loisible d'en changer et même d'avoir l'arme qu'il veut quand il veut. Car la main devient griffe, serre, corne ou lance ou épée ou toute autre arme ou outil. Elle peut être tout cela, parce qu'elle est capable de tout saisir et de tout tenir » (*Les Parties des animaux*).

Contre le mécanisme antifinaliste d'Anaxagore, selon lequel la présence accidentelle des mains suscite l'intelligence, c'est l'intelligence qui induit l'existence des mains : plus une cause est élevée en dignité et en puissance, plus elle est simple ; mais tout autant, plus elle est élevée, plus elle produit des effets qui sont aussi des causes. Aussi, plus elle est élevée, plus elle est capable de produire des effets qui ont raison de causes plus simples d'effets plus divers potentiellement inclus en elles par là dotées du statut de puissances actives ; l'intelligence humaine fait ainsi se réfléchir l'universalité de sa causalité dans des moyens en lesquels elle se médiatise et qui seront simples au regard de leurs propres effets : telle est la main, qui est potentiellement tous les outils ; ce dispositif naturel permet ainsi à l'intelligence de préserver sa vocation essentiellement spéculative et non pratique, puisque, par cette médiation potentielle, il autorise l'homme qu'il habite à se délester de sa vocation technicienne : l'homme peut déposer armes et outils, au lieu que l'animal, s'en voyant congénitalement doté, est conditionné par eux en permanence et comme rivé aux fonctions qu'ils lui assignent ; ainsi les choses sont-elles bien faites, au rebours de la conception implicitement gnostique d'un Protagoras, le sophiste rapporteur du mythe de Prométhée, l'ami luciférien des hommes dérobant le feu du ciel, la « sagesse qui sait *faire* », selon le mot d'Eschyle, pour le donner aux hommes. En vérité, l'homme est invité à s'achever en achevant la nature, mais en respectant son ordre parce que, si elle est matériau, elle est aussi modèle. Cela dit, même si la nature était déjà achevée, il resterait à la penser, et en fait — ainsi qu'il le sera établi plus bas —, parce que la « *theoria* » s'anticipe de manière obligée dans la « *praxis* » et dans la « *poïesis* », il est dans l'ordre que la nature soit inachevée. Il est rationnel qu'il y ait de l'irrationnel, de l'hostilité, dans la nature ; même les violences de la nature ont un sens, car la nature invite ainsi l'homme à s'accomplir en la niant, en s'y opposant, et elle l'invite à comprendre que sa vocation est de vivre en « *homo viator* ». La nature fait bien les choses, et même ses désordres régionaux ou ponctuels contribuent à l'ordre universel, ils invitent l'homme à se faire le coopérateur de Dieu. Puisque l'homme s'inspire de la nature pour la transformer, c'est qu'elle a, sous un certain rapport, raison de modèle, d'ordre ; donc il y a de la finalité en elle, et l'homme est régi par cette finalité puisqu'il est lui-même dans la nature ; donc elle n'est pas hostile à tous égards, cependant qu'il est nécessaire de la changer en tant qu'elle est hostile. Il convient de la faire s'affirmer dans sa négation, à la manière du bourgeon qui s'affirme dans sa négation en devenant fleur, et cette finalité de la nature est l'homme lui-même ; elle surmonte sa contradiction en accouchant de l'homme qui est sa vérité, et il l'achève, aux deux sens du terme, ainsi coopère à son propre surgissement à partir de la nature, il apprend à se connaître en la changeant. Surtout, l'ordre du faire est en quelque sorte le complément obligé de l'intellect spéculatif, quand ce dernier, capable d'aller du singulier à l'universel, ainsi de l'existence à l'essence, du contingent au nécessaire ou du concret à l'abstrait, se révèle incapable, en vertu de sa finitude, de passer de l'universel au singulier, c'est-à-dire d'entrevoir l'acte à raison duquel l'essence, raison d'être de l'exister, se fait positionnelle de ce par quoi elle se fait conditionner pour se faire exister :

L'émotion esthétique, on l'a vu plus haut (devoir n° 10) est la connaissance même en tant que source de délectation. Or : « *Multo enim magis delectatur homo de hoc quod cognoscit aliquid intelligendo, quam de hoc quod cognoscit aliquid sentiendo : quia intellectualis cognitio et perfectior est et etiam magis cognoscitur, quia intellectus magis reflectitur supra actum suum, quam sensus* » (*Somme théologique*, I^a II^{ae} q. 31 a. 5). Ce qui revient à dire, comme on a tenté de l'établir, que l'intellect ne sait et ne jouit de savoir, qu'en tant qu'il sait qu'il sait. L'acte de son savoir est son entéléchie, il se sait dans sa fin en tant qu'il sait son intellection : l'objet à connaître se révèle source de délectation en tant qu'il est une intellection ; aussi ce qui est source de délectation intellectuelle est-il toujours un intelliger cristallisé en lequel l'intellect reconnaît l'actualisation d'une virtualité de sa propre nature. Or, ainsi qu'on l'a montré, l'essence du réel devient la réalité même en tant que cette essence contracte la forme d'une identité à soi réflexive à raison de laquelle elle se voit conférer, comme cogito créateur, le statut de principe d'objectivation d'elle-même comme réalisation d'elle-même, c'est-à-dire le statut de puissance active. Il en résulte que l'essence n'est pleinement connue que moyennant la saisie de sa vertu de puissance active productrice de sa propre réalité, ce qui — au vrai — ne serait noétiquement possible que si notre intellect était habilité à coïncider, dans son opération naturelle productrice d'un verbe, avec l'acte créateur positionnel du réel. Ainsi donc, on ne connaît pleinement que ce que l'on engendre. L'art, comme activité transitive transfigurant la réalité, est aussi une participation à l'acte créateur : le « faire » humain est comme le complément obligé du connaître, le substitut de cette capacité, inaccessible à l'esprit incarné, à conserver, avec l'essence qu'il abstrait du réel, la vertu productrice de réalité de cette essence.

Mais ce qui est dit des arts du Beau doit pouvoir être dit des arts en général, ainsi des techniques, s'il est vrai que l'être en tant qu'être est beau. Il reste que l'artiste, mais aussi l'artisan, et plus prosaïquement le technicien moderne, en tant qu'inventeur de techniques dont la mise en œuvre atteste, comme leur objectivation, l'effectivité de son ingéniosité, c'est-à-dire de son génie, est celui qui, pour parler comme Kant, sait actualiser cette disposition innée par laquelle la nature donne des règles à l'art : en lui, la fin s'anticipe pour y tracer les conditions de sa propre genèse ; l'artiste vit le processus à raison duquel l'Idée se fait réalité ; et l'esthète qui contemple jouit d'une participation, à partir de l'œuvre produite, à cette expérience vitale. Et cette expérience vitale est comme le complément obligé de l'acte d'abstraire, son envers, sa face cachée. C'est pourquoi Aristote, comme presque toujours, a raison contre ses nombreux détracteurs, quand il ose affirmer ce lieu commun qui n'est commun que pour les esprits superficiels, à savoir que l'art est imitation du réel ; ou plutôt : même s'il n'était que cela, plate imitation du réel et non imitation du « réellement réel » qu'est l'Idée, il serait encore délectable : « Nous éprouvons naturellement du plaisir devant les imitations de la peinture, de la sculpture et de la poésie, et en présence de chaque objet fidèlement représenté, même si cet objet n'est pas attrayant en lui-même. En ce cas, nous n'éprouvons pas de plaisir par ces choses mêmes, *mais parce que nous les identifions par une sorte de raisonnement syllogistique et accroissons de la sorte notre connaissance* » (Aristote, *Poétique*, 1971 b 4) ; l'imitation et le plaisir esthétique sont naturels, l'œuvre d'art appelle un raisonnement, implicite ou explicite, qui nous fait comparer le portrait avec le modèle (1448 b). Dès lors, la technique en général, comme activité poïétique, ou engendrement à partir d'une idée, est ce dont l'exercice fait indirectement appréhender l'envers du processus abstractif à raison duquel le réel est converti en idée ; mais parce que cet envers est en droit une propriété de l'Idée elle-même en tant qu'elle se fait principe d'objectivation (il s'agit ici, on l'a compris, de cette Idée divine créatrice produisant comme son verbe — image ou trace du Verbe — la réalité qu'elle crée), l'activité technique est gravide d'un complément de connaissance, même dans l'ordre spéculatif. S'il est permis de discerner, dans l'art de trouver le mot ou l'expression juste, une illustration — et probablement l'illustration privilégiée — de cet aspect noétique de l'ordre technique, on comprendra mieux pourquoi nous pensons nécessairement dans les mots. Convertie à la spiritualité du sens, la naturalité du mot, comme incarnation ou « signi-fication » du sens, est un moment nécessaire, quoique subordonné, de l'acte d'intellection : on ne pense vraiment que ce que l'on sait dire, or dire est un mode du faire, s'il est vrai que la production de la parole est une activité transitive. Il n'est donc pas excessif d'affirmer que l'activité technique est ce en quoi s'anticipe et se complète de manière obligée l'activité spéculative ; qui veut la spéculation désintéressée doit aussi vouloir l'activité technicienne. Contre Heidegger, le principe de raison n'est pas l'avènement de l'oubli du souci de l'être en tant qu'être, il est l'accomplissement de l'effort antique et scolastique de saisir l'être par concept, et saisir l'être par concept est la seule manière adéquate de s'ouvrir à l'être en tant qu'être, s'il est vrai que le plus haut degré de vie, qui est le plus haut degré d'être, trouve aussi son plus haut degré d'actualisation dans l'acte d'intellection ; c'est pourquoi le souci du développement technique, en effet suscité par la mentalité induite par l'adoption du principe de raison, n'est pas, de soi, antinomique du souci métaphysique. Au reste, les promoteurs occidentaux de la technique moderne sont les héritiers des inventeurs grecs de la philosophie, et ce n'est pas là un hasard. La Renaissance néopaïenne, systématiquement dénoncée — à cause de ses dimensions, certes bien regrettables, antichrétiennes et judéo-gnostiques — par les idolâtres contemporains d'un Moyen Âge reconstruit par les chimères de la nostalgie surnaturaliste, sacralisant en ce dernier même ce qu'il avait d'inachevé, n'est pas née *ex nihilo* ; elle était porteuse d'un besoin légitime, inspiré par le christianisme lui-même, de réassomption par ce dernier des grandeurs païennes, et c'est seulement par accident que cette Renaissance, en laquelle, au reste, maints historiens discernent le prolongement obligé de la renaissance médiévale, fut antichrétienne.

    L'homme a le devoir de respecter la nature puisqu'il vit d'elle et en elle, et est solidaire du destin de la nature ; elle n'est pas réductible à un stock d'énergie ou de matière première ; sous ce rapport, la technique moderne a en effet quelque chose de satanique, d'intrinsèquement pervers. Mais il faut aussi la modifier et lutter contre elle, ainsi la nier d'une certaine façon, si l'on entend y vivre. Il faut donc la confirmer dans l'acte de la nier, ce qui revient à dire qu'il faut la faire s'affirmer ou s'accomplir dans sa négation. Mais cela suppose qu'elle soit en conflit à l'égard d'elle-même : elle est une contradiction à surmonter. Mais l'homme est dans la nature, *et* il est voué à la nier ; il est à la fois en elle et au-dessus d'elle (puisqu'il agit sur elle), il est en elle comme le fruit est dans l'arbre, comme son entéléchie, sa finalité immanente ; il est sa sublimation, elle est ce qu'il conserve en ses flancs comme puissance à se régénérer (elle est bien, avant la genèse de l'homme, ce qui est en puissance à poser l'homme), il est sous ce rapport une intériorisation de la Nature entière, il est vérité de la Nature, de sorte que c'est en lui qu'elle surmonte sa contradiction qu'elle est, qui lui est intestine et qui la constitue en tant que Nature, et ainsi il est dans son vœu d'être transformée par l'homme, mais selon les exigences spirituelles de la nature de l'homme.

Des développements qui précèdent, on est invité à retenir ceci : a) quand la technique en vient à faire de la nature un élément du monde technique, l'homme est déshumanisé ; b) la technique, livrée à sa propre dynamique, comme instrument de pouvoir, est inflationniste, de sorte que le danger d'aliénation de l'homme lui est consubstantiel ; on serait donc conduit à envisager de faire renoncer le genre humain, pour sauver son humanité, au principe même d'une activité technique, quelle qu'elle soit ; néanmoins, c) il est naturel que l'homme soit technicien, il est non seulement impossible de retourner dans un mythique Âge d'Or, mais encore il n'est pas dans la nature méditative de l'homme de le faire, parce qu'il est définitionnel de l'activité spéculative de s'anticiper dans l'activité technique. Il est donc temps de proposer une résolution à la question : « que doit être l'essence de la technique pour aliéner l'homme dans et par l'acte de le libérer ? »

La cité est extraposition de l'âme, or le travail technique est aussi extraposition de l'essence humaine dans l'objet, objectivation du contenu de ses pensées subjectives ; donc les exigences de l'essence humaine, explicitées dans et par celles de la cité rationnelle, sont la mesure du développement technique légitime ; est rationnelle la cité qui, conjuguant au mieux organicité (accusant sa vocation autarcique) et hiérarchie (instaurant une césure entre dirigeants et dirigés, comme intériorisation et analogue de la dépendance extrinsèque du créé à l'égard de l'Incréé), fait, comme il l'a été esquissé dans le devoir n° 9, se renforcer ces deux aspects l'un par l'autre, assurant par là la fonction de réalisation en acte de toutes les potentialités temporelles de la nature humaine, et, par ce moyen, servant de médiateur entre le mode d'existence temporel de l'homme et sa vocation éternelle. Parce que l'homme, en projetant ses idées dans les choses par la technique, reconnaît dans les fruits de son travail intelligent autant de virtualités de sa raison qui fait sa nature, alors, puisque, aussi bien, la Nature est ce que l'homme achève, et ce qu'il achève *en l'imitant*, c'est qu'elle a, en tant qu'achevée, la structure de la vie intérieure qu'il projette en elle. Dès lors, aussi longtemps que le développement technique est mené sous l'égide du souci de l'avènement de l'État rationnel, organique et finalisé par le Bien commun, la technique est innocente de tout effet aliénant ; on rappellera que l'État rationnel est corporatiste, ainsi antilibéral, par là non consumériste, non démocratique, et qu'il assume toutes les exigences de la moralité qui, comme ordonnée au bien particulier, n'est subordonnée au Bien commun qu'en tant que l'État, opérateur du Bien commun, la respecte dans son ordre propre et la fait respecter. Ces rappels devraient suffire à apaiser l'indignation du lecteur sourcilleux passablement déçu par l'absence, ici, du rappel des méfaits de la télévision, de l'énergie nucléaire, de l'agriculture intensive, du téléphone portatif, des vaccins endémiques et du Web. Qu'on nous comprenne bien. Il y a des techniques intrinsèquement perverses, en ce sens que non seulement la fin qu'elles poursuivent est contre nature, mais encore parce qu'elles charrient des effets désordonnés quand bien même on en userait à des fins honorables. Cela n'est pas douteux, et le refus, ici professé, de fixer une limite *a priori* au développement technique, procède du fait qu'elle serait arbitraire et se réduirait à la projection de nostalgies toutes subjectives mûries au gré des préférences historiques et/ou affectives de chacun ; cela dit, un tel refus ne doit pas s'entendre telle une légitimation de toute forme d'innovation technique. Il s'agit simplement de signifier que c'est par la médiation du souci politique de recherche de l'ordre, que se discerne le dévoilement des limites légitimes en lesquelles doit être maintenu le domaine subordonné du faire.

En revanche, quand naît le subjectivisme qui inverse le rapport de subordination naturel entre l'homme et la cité, quand le bien privé devient raison du bien public, alors la technique dans son essence moderne est la forme que prend le désir d'être Dieu, le désir d'instaurer sans Dieu le paradis sur terre. Quand il accepte la technique moderne, l'homme entend se faire le créateur de lui-même, reconstruire la Nature et sa nature, et il aboutit à se faire esclave d'un devenir technique qu'il ne maîtrise plus. La technique dans son essence intègre, c'est-à-dire telle qu'elle doit être et selon ce que l'homme vertueux doit en attendre, est l'activité pratique en laquelle s'anticipe l'activité spéculative, qui doit s'anticiper dans son contraire pour se faire spéculative, comme on l'a vu : penser est toujours engendrer, c'est parce que la pensée est pensante qu'elle engendre un verbe, et c'est parce qu'elle l'engendre qu'elle est pensante.

L'homme attend de la technique (ou plutôt doit attendre d'elle) qu'elle lui permette de s'intégrer dans la Nature (puisque l'essence de la nature est ce dont l'intériorisation est l'essence de l'homme) comme chez lui, c'est-à-dire en tant que vérité de la nature, afin de la dépasser en la pensant (en se l'objectivant et en se pensant en elle, par là en se faisant sujet-objet, comme similitude participée de Celui qui est Pensée de Pensée). Si la technique est finalisée par l'intégration dans la Nature, alors elle n'est pas aliénante, car l'acte contemplatif s'anticipe en elle : le travail traditionnel, quoique « fardeau » (« asservissement à la nécessité »), est virtuellement porteur d'un au-delà de lui-même, ainsi d'une valeur pédagogique et spirituelle. L'œuvre peut être voulue pour elle-même en tant que l'homme à travers elle souscrit au désir de se rendre adéquat à son essence ; l'homme s'accomplit dans l'acte de se faire instrument de l'œuvre à produire, il s'atteint en s'oubliant. Ce qui suppose que le faire ne soit pas seulement travail (utile), mais art, et que la société soit tout entière ordonnée à une fin désintéressée. Le travail est épanouissement si et seulement si il ne se réduit pas à moyen de gagner sa vie, mais vise une fin qui vaut pour elle-même. La vraie fin de l'homme, c'est d'exister pour connaître, parce que la plus haute forme d'existence est un acte de connaître. L'univers entier est une tendance (qui reconnaît dans l'homme méditant le moins mauvais degré de sa satisfaction) à se constituer comme un acte de connaître, c'est-à-dire à coïncider inchoativement avec l'acte (divin) d'intellection dont l'univers lui-même est le produit.

INDEX

A

Abrahamovich, Roman 217
Absurde (philosophie de) 57
Adalbéron de Laon 149
Alain 182, 249, 264, 266, 290 et suiv.
Alexandre d'Aphrodise 343
Alexandre le Grand 237
Amitié 52
Analogie 86, 355
Anaxagore 386
Andropov, Iouri 217, 218
Aragon, Louis 270
Arendt, Hannah 374
Aristogiton 236
Aristophane 235
Aristote 33, 35, 37, 52, 63, 64, 77, 111, 131, 142, 143, 149, 152, 166, 211, 214, 226 et suiv., 242, 257, 268, 271, 274, 277, 285, 297, 305, 324, 328, 341-345, 372, 374, 380, 385, 386, 388, 389
Arnauld, Antoine 319
Aron, Raymond 229
Art 245 et suiv., 277 *(et connaissance)*, 279-280 *(et religion)*
Athéisme 64
Attali, Jacques 216
Augustin (St) 65, 220, 340
Auschwitz 203
Austin, John Langshaw 156
Autrui (intersubjectivité) 47, 77, 316
Aymé, Marcel 262

B

Bach, Jean-Sébastien 287
Bakounine, Michel 64
Báñez, Domingo 354
Baraglioul, Lafcadio de 185
Baroque 287
Barth, Karl 107
Barthes, Roland 173
Basch, Victor 260
Basilide 28
Bataille, Georges 123
Baudelaire, Charles 48, 262, 334
Beau (le) 245 et suiv.
Beaumarchais 127
Beauvoir, Simone de 118, 119, 176
Becquet, Étienne 261
Benjamin, Walter 267, 268, 272
Benoît XVI 107
Benveniste, Émile 166, 172, 173
Berezovsky, Boris 217
Bergson, Henri 140, 159-162, 170, 173, 343, 370
Bernard, Jean 202
Bernard, Samuel 303
Bernard de Clairvaux (St) 221
Bernays, Edward 100
Bertaux, F. 93
Bien commun 69, 78, 79, 191
Blum, Léon 131
Bonald, Louis de 31, 32, 164, 165, 170, 226
Bonheur et plaisir 101
Boniface VIII 221
Bonnard, Abel 152, 241
Bossuet, Jacques-Bénigne 281
Bourdieu, Pierre 260
Bourgeois, Bernard 146, 337, 342
Braque, Georges 270
Bruaire, Claude 104, 190
Brunschvicg, Léon 166, 172
Buisson, Patrick 133
Butler, Judith 119
Butler, Nicholas Murray 219

C

Caïphe 347
Cajetan 353, 368
Caligula 220
Calliclès 116, 136, 182
Capreolus 356
Carnot, Sadi 373
Carpocrate 28

Carrouge, Michel 202
Carter, Brandon 111
Cassin, René 208
Cause et effet, causalité 90, 295, 354
Céline, Louis-Ferdinand 249
Cézanne, Paul 265, 278
CFR 219
Chamfort 183
Charlier, Henri 276
Chelomova, Maria Ivanova 217
Chesterton, G. K. 327
Chirac, Jacques 133
Chrématistique 227
Cicéron 127, 149, 197
Claudel, Paul 245, 361
Cléon 235
Clisthène 232
Clouscard, Michel 135
Codrus 235
Commerce 289 et suiv.
Communisme 215-216
Comte, Auguste 92, 104, 140
Condillac, Étienne Bonnot de 164
Conscience 311 et suiv.
Constantin (Donation de) 221
Corneille, Pierre 287
Corneille, Thomas 261
Corporation 307
Cratès 134
Cratyle 164
Crousaz, Jean-Pierre de 259
Cyrille (patriarche) 217

D

Dagognet, François 117
Darwin, Charles 143
Decossas, Jérôme 109
Décrétales (Fausses) 221
Delbos Victor 256
Démocratie 197 et suiv.
Démocratie et communisme 218
Denys le Tyran 235
Deleuze, Gilles 180-182
Descartes, René 76, 118, 120, 129, 259, 318-320, 340, 344, 372, 373
Désir 101 et suiv., 180, 181, 377-378 *(et plaisir)*

Déterminisme 333
Dewavrin, André 216
Dialectique 33, 78 et suiv., 88, 97 et suiv., 260, 261, 366-367 *(identité et différence)*
Diderot, Denis 118
Diogène de Sinope 134
Diogène Laërce 239
Dortiguier, Jean 93
Droite (Nouvelle) 30, 131, 133, 166
Droits de l'Homme 69, 93, 183, 191, 225
Duchamp, Marcel 269, 270
Dumézil, Georges 149
Duns Scot, Jean 192
Dürer, Albrecht 287

E

Elhaik, Eran 229
Empédocle 142-143
Éphialtès 231
Épictète 372
Epstein 217
Eschyle 387
Essence (de l'exister) 84
Étienne II 221
Euripide 227
Evola, Julius 229
Existence 350 et suiv.

F

Fabro, Cornelio 368
Fascisme 198, 332-333
Ferro, Marc 229
Ferry, Jules 131
Feuerbach, Ludwig 65, 67
Fichte, Johann Gottlieb 145, 191
Flaubert, Gustave 48, 225, 272
Fleurissoire, Amédée 185
Foi (et raison) 43, 107
Foi (mauvaise) 121, 322 et suiv., 347
Foucault, Michel 335
Francastel, Pierre 268
Franc-maçonnerie 67, 201
Franco, Francisco 323
Freud, Sigmund 100, 180, 317, 330-333, 340

INDEX

Fugger 303

G

Gabor, Dennis 383
Gaulle, Charles de 133-135, 216, 292
Gautier, Théophile 249
Génie 264
Gide, André 185, 339
Gibieuf (père) 318
Gilson, Étienne 353-354
Giotto 270
Gnose 27-29, 206 et suiv., 282
Golitsyn, Anatoly 218
Gorgias 97, 136, 182, 239
Gourmont, Remy de 94
Goya, Francisco de 270
Grand Orient de France 201
Grégoire VII 221

H

Haar, Michel 272
Halter, Marek 229
Harmodios 236
Hasard (et finalité) 143 et suiv.
Hegel 30, 33, 34, 53, 71, 75, 76, 83 et suiv., 112, 137, 139, 144, 145, 146, 161, 162, 168, 182, 184, 190, 191, 216, 243, 272, 218, 280-283, 301, 339, 342, 350, 371, 373, 375
Hégésias de Cyrène 101
Heidegger, Martin 38, 93, 118, 370, 381, 389
Héraclite 162, 273
Hérodote 235
Herriot, Édouard 115
Herzl, Theodor 332
Hésiode 236, 240
Hiéron 202
Himmler, Heinrich 30
Hipparchia 134
Hipparque 235
Hippocrate 274
Hippodamos de Milet 230
Histoire 91
Hitler, Adolf 30, 99, 100, 138, 139, 216, 309, 323
Hobbes, Thomas 173

Holomodor 99
Homère 264, 267
Hume, David 256, 259, 358, 359
Husserl, Edmund 38, 314, 324
Huisman, Denis 248, 260, 261

I

Individuation 130
Innocent III 221
Interprétation 168-169
Intersubjectivité 250
(pseudo) Isidore 221
Isidore de Séville (St) 221
Isocrate 239

J

Jacob, Yves 201
Jacobi, Friedrich Heinrich 145, 256, 350
Jacques Cœur 303
Jamet, Claude 309, 310
Jamet, Dominique 309
Jankélévitch, Samuel 116
Jaspers, Karl 93
Jean de Saint-Thomas 353
Joachim de Flore 41
Judaïsme 67
Justice 297-298
Juvénal 375

K

Kaganovitch, Lazare 99
Kant, Emmanuel 38, 104, 118, 144 et suiv., 187 et suiv., 248 et suiv., 264, 269, 271, 275, 287, 301, 319, 335-338, 340, 345, 388
Kelsen, Hans 173
Kierkegaard, Søren 350 et suiv.
King, Martin Luther 65
Kissinger, Henry 217
Klee, Paul 272
Koestler, Arthur 228
Kraus, Karl 315, 332-333
Kriegel, Annie 36

L

La Bruyère, Jean de 285
Lamennais, Félicité Robert de 163
Langage 127, 139 et suiv., 155 et suiv.
Lazare, Burel 217
Le Bernin 287
Le Bon, Gustave 100, 211
Le Titien 270
Lebel, Jean-Jacques 287
Lecadre, Renaud 201
Ledru-Rollin, Alexandre 215
Leibniz, Gottfried Wilhelm 118, 249, 265, 275, 319, 370
Lénine, Vladimir Ilitch 100
Léon XIII 213
Lessing, Gotthold Ephraim 350
Lévinas, Emmanuel 38, 342, 364
Lévi-Strauss, Claude 124-129, 134, 150, 173
Lévy, Véronique 228
Liberté 48 et suiv., 120 *(et morale)*, 155 et suiv., 174-175, 185, 191 et suiv., 208-212, 335, 336
Locke, John 300
Lorrain, Claude 272
Loubavitch 217
Lozac'hmeur, Jean-Claude 27 et suiv.
Luciano, Lucky 100
Lucrèce 127
Luther, Martin 109, 281, 282, 282
Lycurgue 231, 234
Lysias 239

M

Machiavel, Nicolas 197
Macron, Emmanuel 216
Main (et outil) 386-387
Maine de Biran, Pierre 165
Maistre, Joseph de 163, 222
Mal (le) 87-88
Malebranche, Nicolas 78, 165
Mallarmé, Stéphane 275, 348
Malraux, André 261
Manzoni, Piero 270
Marc Aurèle 71 et suiv., 372
Marcion 28, 29
Marcuse, Herbert 135

Mariage (fidélité) 240
Marinetti, Filippo Tommaso 267, 272
Marion, Jean-Luc 354
Marrou, Henri-Irénée 114 et suiv.
Marsile de Padoue 222
Marx, Karl 32, 70, 104, 124, 216, 219, 307, 333, 372
Mattogno, Carlo 218
Maulnier, Thierry 40
Maurras, Charles 217
Mégariques 328-329
Mendelssohn, Moses 350
Merleau-Ponty, Maurice 117
Michéa, Jean-Claude 135
Misrahi, Robert 56
Mitterrand, François 201
Monet, Claude 268
Monnerot, Jules 225, 332
Montaigne, Michel de 134
Montalembert, Charles de 106
Monteilhet, Hubert 334
Montesquieu 207, 259, 298
Montherlant, Henry de 100
Morale (et liberté) 120
Morale (et devoir) 187 et suiv.
Mozart, Wolfgang Amadeus 278
Mussolini, Benito 216, 236, 323

N

Nature (et culture) 111 et suiv.
Néant (et création) 184, 185
Néron 376
Nietzsche, Friedrich 104, 136, 148, 167-169, 172, 173, 177 et suiv., 219, 225, 260, 262, 269, 272, 273, 333, 334
Nominalisme 123, 142, 358

O

Onfray, Michel 269
Ortega y Gasset, José 94
Orwell, George 172
Ottenheimer, Ghislaine 201
Ousmane, Sembene 133
Ovide 322

INDEX

P

Palewski, Gaston 208
Papen, Franz von 99
Papini, Giovanni 270
Parménide 162
Participation 295, 357
Pascal, Blaise 116
Paul (St) 107, 274, 312, 322
Péguy, Charles 191
Peillon, Vincent 65-66
Penthésilée 229
Périandre 235
Périclès 231
Pétain, Philippe 303
Peyrefitte, Alain 133
Peyrefitte, Roger 208
Phalaris 235
Philippe de Macédoine 239
Philon d'Alexandrie 220
Philonenko, Alexis 248
Philosophie 83
Picasso, Pablo 270
Pie IX 106
Pie XI 213
Pie XII 210, 212, 213, 354
Pierre (St) 242
Pike, Albert 206
Pilate 347, 349, 350
Pindare 148
Pisistrate 235
Platon 57, 97, 102, 104, 122, 136, 149, 164, 165, 167, 168, 180, 182, 202, 213, 214, 215, 217, 218, 220, 221, 226, 229, 230-237, 239, 240, 272, 275, 276, 285, 297, 358, 372
Plotin 28
Poe, Edgar 203
Poincaré, Henri 345
Polybe 197, 198, 215, 217, 220, 232, 237
Popper, Karl 44, 331
Poutine, Vladimir 217-220
Primo de Rivera, José Antonio 364
Prix (juste) 299, 306
Proclus 344
Protagoras 387
Proudhon, Pierre-Joseph 308
Proust, Marcel 328

Pythagore 239

R

Race (et culture) 138
Racisme 129
Raison (et foi) 43, 107
Raison (et intuition) 51
Raison et système 71 et suiv., 83 et suiv., 107, 108, 147
Raison (principe de _ suffisante) 355
Raphaël 287
Ravaisson, Félix 276, 344
Réflexion ontologique 243, 295, 340 et suiv., 355
Reichman, Leonid 100
Rembrandt 270, 287
Renan, Ernest 228
République 68, 69
Revel, Jean-François 199, 207, 270
Rhétorique 97 et suiv.
Ricœur, Paul 335
Rivarol, Antoine de 172
Robespierre, Maximilien 63, 68, 191
Rockefeller, David 219
Rodin, Auguste 276
Roosevelt, Franklin Delano 201
Rothschild, Edmond de 219
Rougier, Louis 166, 172, 173
Rousseau, Jean-Jacques 55, 64, 73, 128, 135, 136, 191, 204, 205, 224, 296, 378, 381, 382
Rubens, Pierre Paul 287
Russell, Bertrand 374, 376, 378, 379, 380, 381
Ruyer, Raymond 225

S

Sade, Donatien Alphonse François de 61 et suiv., 123, 134
Saint-Exupéry, Antoine de 274
Saint-Just, Louis Antoine de 121, 225, 274
Sand, George 225
Sand, Shlomo 229

Sartre, Jean-Paul 116, 118, 119, 120, 121, 128, 134, 136, 137, 189, 315, 316, 320, 321, 323-332, 334, 340, 345, 363
Shakespeare, William 287
Schmitt, Carl 150, 272
Schopenhauer, Arthur 47 et suiv., 102, 145, 151, 178, 182, 249, 265
Schulze, Gottlob 145
Schumann, Maurice 216
Sénèque 239
Senghor, Léopold Sédar 138
Seurat, Georges 268
Sidos, Pierre 208
Simonide 202
Sociabilité 73, 77-78
Société 65
Solon 231, 234
Sophistique 97-98, 104
Sophocle 229
Soral, Alain 133
Soros, George 44
Spinoza, Baruch 38, 74, 181, 185, 190, 333
Structuralisme 128
Stuart Mill, John 385, 386
Sylvestre Ier 221

T

Talmud 29, 99
Technique 371 et suiv.
Théocratie 222
Théopompe 236
Thion, Serge 235
Thomas d'Aquin (St) 27, 28, 34, 75, 77, 89, 106, 107, 108, 129, 140, 148, 152, 156, 192, 221, 230, 240, 264, 273, 275, 276, 296, 302, 311, 313, 314, 316, 324, 342, 343, 351, 352, 353, 355
Thrasybule 235
Tocqueville, Alexis de 219, 223
Tolstoï, Léon 260

Trente (Concile de) 287
Trotski, Léon 100

V

Valentin 28
Valéry, Paul 48, 90, 166, 265, 339
Valla, Lorenzo 221
Vallaud-Belkacem, Najat 119
Vergely, Bertrand 135
Vergez, André 248, 260, 261
Vergniaud, Pierre Victurnien 214
Vérité 349 et suiv.
Vetö, Miklos 384
Veuillot, Louis 106
Villey, Michel 298
Vinci, Léonard de 287
Volonté de puissance 177 et suiv.
Voltaire 118, 136, 224, 259

W

Warburg, James Paul 219
Washington, George 201
Weil, Simone 78, 347
Wieland, Christoph Martin 264
Wiesel, Elie 65
Wittgenstein, Ludwig 337

X

Xénophon 202

Y

Yagoda, Guenrikh 100
Yourcenar, Marguerite 260

Z

Zemmour, Éric 133
Zénon de Citium 134
Zwingli, Ulrich 281

TABLE DES MATIÈRES

Préface de Jérôme Bourbon	9
Introduction	25
Premier devoir :	
Nul ne peut voir par-dessus soi. (Schopenhauer)	47
Deuxième devoir :	
La religion, berceau du despotisme (Sade)	61
Troisième devoir :	
Raison et sociabilité (Marc Aurèle)	71
Quatrième devoir :	
La philosophie, une affaire sérieuse (Hegel)	83
Cinquième devoir :	
La rhétorique (Platon)	97
Sixième devoir :	
La notion de nature est-elle une notion claire ?	111
Septième devoir :	
Parler n'est-ce pas toujours, en un sens, donner sa parole ?	155
Huitième devoir :	
La volonté de puissance est-elle la forme suprême de la volonté ?	177
Neuvième devoir :	
Peut-on critiquer la démocratie ?	197
Dixième devoir :	
Que veut-on dire quand on dit : « c'est beau » ?	245
Onzième devoir :	
L'esprit de commerce (Alain)	289
Douzième devoir :	
Suis-je celui que j'ai conscience d'être ?	311
Treizième devoir :	
Qu'est-ce que la vérité ? (Kierkegaard)	349
Quatorzième devoir :	
Qu'attendons-nous de la technique ?	371
Index	393

Mai 2018 (1ʳᵉ édition) / Juillet 2021 (2ᵉ édition)
Reconquista Press
www.reconquistapress.com

www.ingramcontent.com/pod-product-compliance
Lightning Source LLC
Chambersburg PA
CBHW070526010526
44118CB00012B/1062